태평광기 6

이 책은 2001년도 한국학술진흥재단의 지원에 의하여 연구되었음.
(KRF-2001-045-A11005)

태평광기 6

(宋)李昉 등 모음
김장환·이민숙 外 옮김

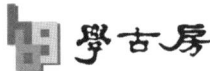

【일러두기】

1. 본서는 총 21책으로 구성되어 있는데, 제 1책부터 제 20책까지는 각 책마다 원서의 25권 분량을 수록했으며, 마지막 제 21책에는 「편목색인」·「인명색인」·「인용서목색인」·「지명색인」과 기타 참고자료를 수록했다.
2. 본서는 汪紹楹 點校本(北京中華書局, 1961) 10책을 저본으로 했다. 이 판본은 台灣 文史哲出版社 (1981)에서 5책으로 覆印한 바 있다.
3. 淸代 黃晟의 「重刻太平廣記序」는 본래 저본에는 없지만 보충하여 수록했다.
4. 본서의 번역은 가능한 한 직역을 위주로 하되 직역으로 문맥이 통하지 않을 경우에는 본래 뜻을 벗어나지 않는 범위 내에서 의역을 했다. 그리고 원문에는 없지만 내용 전개상 부연 설명이 필요하다고 판단되는 부분은 [ ] 안에 넣어 보충했다.
5. 본서의 역주는 의미의 전달이 어렵다고 판단되는 경우에 한해 간략하게 달았다.
6. 본서에서 언급되는 인명과 지명·서명 등 고유명사는 모두 우리말 발음으로 표기하고, 각 고사마다 처음에만 ( ) 안에 원문을 넣었다.
7. 본서의 각 고사 처음에 표기되어 있는 숫자는 차례대로 각 권의 순서, 각 권에서의 고사 순서, 전체 고사의 순서를 나타낸다. 예) 5·2(0023) : 제 5권의 2번째 고사로서 『태평광기』 전체로는 제 23조에 해당하는 고사.

추천의 말

전인초
(연세대 중문과 교수)

김장환 교수가 주관하여 '중국필기문헌연구소'에서 『태평광기』 500권의 번역을 시작했다니, 정말 뭐라고 찬사를 보내야 할지 모르겠다. 우리 속담에 시작이 반이라는 말이 있듯이 이미 반은 이루어진 것이나 다름이 없다는 생각이 든다. 일찍이 필기문헌 연구를 시작한 김 교수가 이제까지 이어온 연구를 일관성 있게 추진하는 모습이 옆에서 보기에도 든든하다. 요즘 젊은 학자들은 시세와 영합하여 일시적인 명예와 재부(財富)를 탐하기가 보통인데, 이와는 무관한 어렵고 힘들고 많은 시간을 요하는 작업을 김 교수가 중심이 되어 드디어 시작했다. 이제껏 어떤 작업이든 시작하여 마무리짓지 않은 적이 없는 것이 김 교수의 성품인지라 일정한 시간이 지나면 이 엄청난 작업의 결과가 우리 앞에 드러나 모든 사람들을 놀라게 해 줄 것으로 믿는다.

『태평광기』는 단순히 중국 북송 초의 태종(太宗) 태평흥국연간(太平興國年間: 976~984)에 이루어진 민간문학의 총집(叢集)으로만 끝나는 문헌이 아니다. 우리나라 고려 고종(高宗: 1214~1259 재위) 때 한림(翰林)

제유(諸儒)의 소작으로 알려진 「翰林別曲」의 제 2절에서 다음과 같이 노래하고 있는 점에 주목해 보아야 한다.

> 唐漢書 莊老子 韓柳文集 李杜集 蘭臺集 白樂天集 毛詩尙書 周易春秋 周戴禮記
> 위 註조쳐 내외온景 긔 엇더ᄒ니잇고 太平廣記 四百餘卷 太平廣記 四百餘卷 위 歷覽ㅅ景 긔 엇더ᄒ니잇고

이로써 이미 우리나라 고려시대 후기에 한림원의 여러 유생들 사이에서 『태평광기』가 널리 애독되었음을 알 수 있다. 경기체가(景幾體歌)인 「한림별곡」은 적어도 양반 계층에서 애독되었는데, 『태평광기』가 북송에서 간행된 지 불과 200여 년 만에 우리나라에까지 널리 퍼졌음은 특기할 만한 일이다. 언해본(諺解本) 『태평광기』까지 조선시대 초기에 나왔음을 볼 때 얼마나 많은 독자를 가지고 있었는지 가히 짐작이 가고도 남는다.

과거의 기록을 들추어 『태평광기』의 중요성을 거론하는 것은 오히려 궁색한 표현에 지나지 않는다. 그 이유는 번역된 내용을 통해 실증될 수 있을 것이기 때문이다. 『태평광기』에 기록되어 전해지는 내용은 한대(漢代)부터 당대(唐代)에 이르는 동안 수집된 것으로, 지괴(志怪)·일사(軼事)·잡기(雜記)적 내용의 고사가 위주이다. 또한 비록 야사적 성격을 띠고 있기는 하지만 부분적으로는 정사(正史)의 부족한 면을 채워 주고 있어, 실로 민간문학의 보고라고 할 수 있을 것이다. 널리 알려진 당대

전기(傳奇)도 대부분 이 『태평광기』에 실려 전해지고 있다. 그래서 중국소설을 연구하는 사람이라면 누구든지 이 책을 필독서로 여기고 있다. 뿐만 아니라 우리나라에서 국문학과 한문학, 특히 고대소설을 전공하는 사람에게도 이 『태평광기』는 또한 필독서이다. 『태평광기』가 조선시대 소설 문학에 끼친 영향에 대한 연구는 이미 상당한 연구결과가 축적되어 있다.

먼저 제 1책을 검토해 보았다. 우선 고사명의 괄호 속에 원제를 한자로 넣어 읽고 보는 데 편리하며, 주요 인명·지명과 연호·연대를 국한문과 숫자로 병기하여 독자의 이해를 쉽게 하고 있다. 또한 번역상 보충이 필요하다고 인정되는 곳에서는 원문의 생략된 부분을 괄호로 처리하여 이해를 돕고 있다. 그리고 등장인물의 대화체 문장은 자연스런 구어체로 소화하여 내용 파악을 한결 쉽게 느끼도록 번역했다. 그간 역자 김장환 교수의 오랫동안 쌓아 온 번역 경험이 이제는 완숙의 경지에 들었음을 볼 수 있었다.

총 21책이나 되는 거질(巨帙)의 번역이 완성되는 날, 이 책은 우리나라에서 중국문학번역사의 새로운 이정표가 될 수 있을 것으로 확신한다. 찬찬하고 꼼꼼한 자세를 그대로 견지하며 대업을 성취하는 그 때를 느긋한 마음으로 기대하면서, 두서 없는 추천의 글로 대신한다.

송파(松坡) 설악산방(雪嶽山房)에서
전인초(全寅初) 씀

추천의 말

정재서
(이화여대 중문과 교수)

 지난해 가을쯤인가, 『태평광기』 국역에 착수했다는 말을 김장환 교수로부터 들었을 때 필자는 마음속으로 "마침내 큰 일이 벌어졌구나" 하는 생각을 하였다. 『태평광기』! 그 이름만 들어도 광막하기 그지없는 이야기의 바다가 펼쳐질 듯한 느낌이 드는, 중국 아니 동아시아 설화 문학의 보고(寶庫)이자 집대성, 도대체 그 엄청난 분량에 감히 손 댈 엄두조차 못냈던 그런 굉장한 책이 아니었던가? 사실 이전부터 필자는 김교수와 『태평광기』의 학술적 가치, 그리고 국역의 필요성에 대해 이야기를 나누어 왔고 은근히 김교수에게 번역을 권유한 적도 있었다. 그러나 그 대단한 책을 번역한다는 것은 경황없는 요즘의 대학 현실, 경제성, 소요해야 할 시간과 노력 등을 고려할 때 보통 모험적인 일이 아니다. 이 점은 김교수보다 일찍 번역계에 발을 들여놓은 바 있는 필자로서 능히 짐작할 수 있는 일이다. 그런데 막상 김교수가 그것을 실행에 옮기겠다고 통고해 왔을 때 필자가 어찌 놀라지 않을 수 있었겠는가? 그러나 놀람도 잠깐, 추천인은 이러한 대작업은 결국 김교수 같은 근면하고 용의 주도한 학자에 의해 이루어질 수밖에 없다는 확신 같은 느낌이 들었다. 김교수는 일찍이 『열선전(列仙傳)』 국역을 통해 젊은 번역가로서 만만치 않은 역량을 인정받은 바 있었고 최근에는 『세설신어(世說新語)』를 전3권으로 완역하여 사계의 학자들을 경탄케 하기도 하였다. 마침내 김교수는 거서(巨書) 『태평광기』를 만나게 되었고 한국의 고전 국역상 획기적이랄 수 있는 대작업을 시작하게 되었던 것이다. 과연 김교수는 패기만만하고 유능한 젊은 학인들을 이끌고 번역에 착수하여, 1년여의 세월이 흐른 오늘 그 첫 성과를 이룩하고 필자에게 추장(推奬)의 글을 청해왔다.

실로 놀랍지 아니한가? 이 책이 전역(全譯) 21책 중의 제1책이라 하나 결국 이 땅에서 『태평광기』의 완역이 시도되었다는 사실이. 과거 조선시대에 선인들에 의해 『태평광기』의 언해(諺解)가 시도된 적은 있었다. 그러나 완역에는 이르지 못하였다. 앞으로 김교수의 번역팀은 분명히 완역의 소임을 다 해내고야 말 것이다. 계속 한 책, 한 책이 나올 때마다 그것들은 사계의 촉목(囑目)하는 바가 될 것임에 틀림없고, 마침내 전질(全帙)이 완성될 때의 그 감동과 영향력이란 가히 상상하기 어려울 정도일 것이다. 아마 국문학이든 중문학이든 이 땅의 서사학은 『태평광기』의 완역으로 인해 공전(空前)의 큰 혜택을 입게 될 것이다. 서사학 뿐이겠는가? 우리는 이 전집을 통하여 동아시아 설화의 힘을 도처에서 실감하게 될 것이다. 그러나 앞에서 말했듯이 이 영광된 종착지를 향한 행로는 고달프고도 멀다. 번역에 대한 한국 학계의 열악한 인식에서 이러한 일은 자기희생이고 대가 없는 노력이나 진 배 없다. 인기도 없고 누구도 원하지 않는 그 길을 순수한 사명감 하나만으로 감연(敢然)히 선택한 김 교수와 젊은 학인들에게 우리는 마땅히 경의와 격려를 보내야 할 것이다. 그것이 동도(同道)를 걷는 학인으로서의 최소한의 예의가 아닐까 한다. 가을이 성큼 다가온 이 때 삽상(颯爽)한 서풍인양 들려온 첫 책 출간의 낭보에 두서없는 글을 부쳐 추천사에 대신하고자 한다.

경진(庚辰) 초추(初秋)
온성후인(溫城後人) 정재서(鄭在書)

옮긴이의 말

김장환
(연세대 중문과 교수)

당시 설화인(說話人)들은 반드시 어려서는 『태평광기』를 익혔고, 장성해서는 역대 사서(史書)를 공부했다. —— 宋 羅燁 『醉翁談錄』

비록 패관(稗官)의 야사(野史)일지라도 시속을 치료하는 훌륭한 약이 아닌 것이 없으니, 『태평광기』는 약상자 속의 대단한 약제(藥劑)가 아니겠는가! —— 明 馮夢龍 「太平廣記鈔小引」

내가 삼가 이 책을 살펴보았더니, 그 일을 모은 것이 넓고 그 부류를 취한 것이 광범위하여, 안으로는 성명(性命)의 요체를 참조할 수 있고 밖으로는 술수의 쓰임에 통달할 수 있으며, 멀게는 시세(時勢)에 적합한 일을 두루 섭렵할 수 있고 가깝게는 시문을 읊는 자료를 제공받을 수 있으니, 참으로 설부(說部)의 으뜸이다. —— 淸 黃晟 「重刻太平廣記序」

고래의 숨은 이야기와 자질구레한 일, 보기 드문 책과 없어진 문장이 모두 여기에 있는데, 그 권질(卷帙)이 적은 것은 종종 전부 수록해 놓았으니,

대개 소설가의 깊은 바다이다. ……이 책은 비록 신괴(神怪)를 많이 얘기하고 있지만 채록한 고사가 매우 풍부하고 명물(名物)과 전고(典故)가 그 사이에 섞여 있기에, 문장가들이 늘 인용하는 바이고 고증가들 역시 자료로 삼는 바가 많다. 또한 당(唐) 이전의 책 가운데 세상에 전해지지 않는 것으로 잔결(殘缺)된 서적이 10분의 1이나 여전히 보존되어 있으므로 더욱 귀중하다. ── 淸 紀昀 『四庫全書總目提要』

고래의 기문(奇文)과 비적(秘籍)이 모두 여기에 있으며, 소설가의 깊은 바다이다. ── 淸 永瑢 『四庫全書簡明目錄』

무릇 신괴(神怪)를 두루 언급한 것은 특히 빠짐없이 망라했으니, 진실로 소설의 총집결이다. ── 淸 周中孚 『鄭堂讀書記』

나는 『태평광기』의 장점에 두 가지가 있다고 생각한다. 첫째는 육조(六朝)에서 송초(宋初)까지의 소설이 거의 전부 그 안에 수록되어 있으므로 만약 대략적인 연구를 한다면 많은 책을 따로 살 필요가 없다는 것이고, 둘째는 요괴·귀신·화상(和尙)·도사 등을 한 부류씩 매우 분명하게 분류하고 아주 많은 고사를 모아 놓았으므로 우리들이 물리도록 실컷 볼 수 있다는 것이다. ── 魯迅 「破『唐人說薈』」

패사(稗史)와 설화(說話)의 깊은 바다일 뿐만 아니라 그 당시 문학적 관심사에 대한 통계이기도 하다. —— 魯迅 『中國小說史略』

우리나라 문인들은 모두 『태평광기』를 공부했다. —— 朝鮮 柳夢寅 『於于野談』

『태평광기』는 북송의 이방(李昉)이 후몽(扈蒙)·이목(李穆)·서현(徐鉉) 등 12명과 함께 태종(太宗)의 명을 받들어 태평흥국(太平興國) 3년(978)에 수찬했으며, 태평흥국 6년(981)에 판각했다. 나중에 이것이 학자들에게 시급히 요구되는 책이 아니라는 논의가 있어서 인판(印版)을 태청루(太淸樓)에 거두어들이는 바람에 당시에는 거의 통행되지 못했다. 그러나 세간에는 이미 통행되던 판본이 있어서 남송 때 번각(翻刻)했지만 이것은 전해지지 않는다. 현재 전해지는 『태평광기』의 주요 판본은 다음과 같다.

- 명가정담각본(明嘉靖談刻本): 명대 가정연간(1522~1566)에 무석(無錫)의 담개(談愷: 號 十山先生)가 초본(鈔本)을 얻어 교감하고 융경(隆慶) 원년(1567)에 간행함.
- 명활자본(明活字本): 명대 융경연간(1567~1572)에 담각본에 근거하여 활자로 간행함.[2차 담각본]
- 명만력허각본(明萬曆許刻本): 명대 만력연간(1573~1619)에 장주

(長洲)의 허자창(許自昌: 字 玄祐)이 담각본에 근거하여 교간(校刊)함.[3차 담각본]

- 명심씨야죽재초본(明沈氏野竹齋鈔本): 명대 고소(姑蘇)의 심여문(沈與文: 字 辨之)이 사초(寫鈔)함.
- 청건륭황각본(淸乾隆黃刻本): 청대 건륭 20년(1755)에 오현(吳縣)의 황성(黃晟: 字 曉峯)이 3차 담각본에 근거하여 교간하고 이를 다시 수진소자본(袖珍小字本)으로 번각함.
- 청가경방각본(淸嘉慶坊刻本): 청대 가경 11년(1806)에 소주(蘇州) 취문당(聚文堂)에서 황각본에 근거하여 번각함.
- 민국필기소설대관본(民國筆記小說大觀本): 민국 11년(1922)에 상해(上海) 문명서국(文明書局)에서 황각본에 근거하여 필사 간행함.
- 민국소엽산방석인본(民國掃葉山房石印本): 민국 12년(1923)에 상해 소엽산방에서 황각본에 근거하여 석판 인쇄함.
- 왕소영점교본(汪紹楹點校本): 1959년에 북경 중화서국(中華書局)에서 배인(排印) 출판함. 왕소영은 담본을 저본으로 하고 진전교송본(陳鱣校宋本)·심씨야죽재초본·허각본·황각본을 참고하여 점교함.

이상에서 보았듯이 『태평광기』 판본은 담각본 계통과 황각본 계통으로 크게 나뉘는데, 담각본 계통이 보다 훌륭한 판본으로 인정받고 있다.

현재 가장 완비된 판본으로는 왕소영점교본을 꼽는다.

『태평광기』는 한대(漢代)부터 북송 초에 이르는 소설·필기·야사 등의 전적에 수록되어 있는 고사들을 광범위하게 채록하여, 총 500권을 내용에 따라 92대류(大類)로 나누고 150여 소류(小類)로 세분했으며, 총 7000여 조에 달하는 고사를 수록했다. 각 고사는 모두 인물명을 제목으로 삼았으며, 고사의 끝에는 채록 출처를 밝혀 놓았다. 인용된 책은 거의 500종에 가까운데, 그 중에서 절반 가량은 이미 망실된 것으로 『태평광기』에 의거해서 적지 않은 내용이 세상에 전해지게 되었다. 또한 현존하는 절반 가량의 인용서도 『태평광기』에 인용된 해당 고사에 근거하여 잘못된 부분을 고증하거나 교감할 수 있다. 따라서 고소설의 일문(佚文)을 보존하고 있는 측면과 고소설의 변화 발전을 연구하는 측면에서 볼 때 『태평광기』의 중요성은 지대하다고 하겠다.

『태평광기』에 수록된 고사는 신선귀괴(神仙鬼怪)와 인과응보(因果應報)에 관한 것이 비교적 큰 비중을 차지하고 있다. 어떤 경우는 한 부류가 한 권으로 되어 있기도 하고 어떤 경우는 한 부류가 여러 권으로 되어 있기도 한데, 「신선(神仙)」류는 55권이며 「귀(鬼)」류는 40권, 「보응(報應)」류는 33권, 「신(神)」류는 25권, 「여선(女仙)」류는 15권, 「요괴(妖怪)」류는 9권으로 기타 다른 부류의 권수보다 상대적으로 분량이 많다. 이것은 고대 민간풍속과 위진남북조 이래 지괴(志怪) 소설의 흥성을 반영하고 있다. 또한 「잡전기(雜傳記)」류 9권은 모두 당대(唐代)의 전기(傳

奇) 작품을 수록했는데, 이를 통하여 당대 전기에 주로 어떤 종류의 내용이 기록되었는지를 구체적으로 이해할 수 있다. 부류별로 고사를 배열하는 이러한 체제는 독자들이 이를 분석하고 연구하는 데에 많은 편리함을 제공하고 있다. 그래서 송대 이전 고소설의 변천과 발전 상황을 알고 싶으면 이 책에 근거해서 탐색해 나갈 수 있다. 따라서 청대 기윤(紀昀)이 이 책을 "소설가의 깊은 바다[小說家之淵海]"라고 칭송한 것은 결코 과찬이 아니다.

그러나 금본(今本)『태평광기』는 결코 완전무결한 책이 아니며, 그 중에는 후대 사람들이 고치거나 보충하고 삽입한 고사들도 있다. 100여 조에서는 채록 출처를 밝히지 않았고, 권수(卷首)의『인용서목』도 후대 인들이 여러 차례 증보했으며, 수록된 고사들 또한 모두 원서에서 직접 채록한 것은 아니고 경우에 따라서는 여러 유서(類書)에서 채록한 것이 상당히 많다. 또한 이 책의 분류는 기타 유서(類書)와 마찬가지로 나누고 합친 것이 부분적으로 합당하지 않거나 중복되어 있다. 예를 들어「신선」류 이외에도「여선」류가 있고 다시 별도로「신」류를 한 부류로 나눈 것은 타당하지 못하다. 그리고 같은 조의 고사가 종종 두 부류 혹은 몇 부류에 걸쳐 중복 출현하기도 하는데, 이 문제는 여러 사람들이 이 책을 수찬하는 과정에서 각기 다른 각도에서 분류했기 때문에 자료를 선택할 때 중복된 것으로 보인다. 그밖에도 이 책은 권수가 너무 많고 분류가 상당히 복잡하여 특정한 고사를 쉽게 찾아보기에 곤란한 점이 있는데, 이 문제는 그 동안 이루어진 「편목색인」·「인명색인」·「인용서목색인」 등을 통하여 해결할 수 있다.

그렇지만 이로 인해 『태평광기』의 가치가 흔들리는 것은 결코 아니다. 왜냐하면 『태평광기』는 각종 대량의 고소설을 모아 놓았을 뿐만이 아니라 역사·지리·종교·민속·명물·전고·문장·고증 등등의 풍부한 내용을 포함하여 다방면의 연구와 참고 자료를 제공할 수 있기 때문이다. 특히 위진남북조와 당대의 사회 상황을 연구하는 데에 있어서도 이 책에서 많은 유용한 자료를 찾아 낼 수 있다.

『태평광기』가 처음 우리나라에 전래된 시기는 분명히 알 수 없지만, 『삼국사기(三國史記)』·『삼국유사(三國遺事)』·『고려사(高麗史)』 등에 그 서명이나 내용이 보이는 것으로 보아 대체로 고려 고종(高宗: 1214~1259 재위) 이전에 전래된 것으로 추정한다. 이것은 『태평광기』가 중국에서 간행된(981년) 지 약 200여 년 뒤의 일이다. 그 뒤 조선 초기에 중국 판본이 재차 수입되어 당시 식자층의 필독서가 되었다. 그러나 원서는 분량이 너무 방대하고 중국에서 수입해야 했기 때문에 구해 보기가 쉽지 않았다. 그래서 세조(世祖) 8년(1462)에 성임(成任: 1421~1484)이 원서를 50권으로 축약하여 143항목에 843편의 고사를 수록한 『태평광기상절(太平廣記詳節)』을 간행했으며, 그 후 다른 여러 책에서 채록한 30권 분량의 고사를 합쳐 80권으로 된 『태평통재(太平通載)』를 다시 간행했다. 『태평광기상절』과 『태평통재』는 여러 차례의 간행을 통해 많은 독자층을 확보했지만 어디까지나 한문을 이해할 수 있는 식자층에 국한되어 있었다. 따라서 한문을 해독할 수 없는 일반 서민이나 여성 독자들을 위해서는 우리말로 된 번역본이 필요했다. 이러한 필요에 의해 명종(明宗: 1545~1567 재위) 때를 전후해서 나온 것이 바로 『태평광기언해(太平廣記諺解)』이다. 그 저본은 이전에 간행된 『태평광기』 축약본이 아닌 중국 명대 판본인 것으로 추정된다. 『태평광기언해』는 현재 2가지 판본이 있는데, 하나는 멱남본(覓南本) 5권 5책[필사본, 제2권 1책 缺, 총 106편의 고사 수록]이고 다른 하나는 낙선재본(樂善齋本) 9권 9책[필사본, 全本, 총 268편의 고사 수록]이다. 이 책은 조선시대 번역문학의 양상을 고찰하는 데 귀중한 사료적 가치를 지니고 있다.

이상에서 살펴보았듯이 고려시대에 우리나라에 전래된 『태평광기』는 조선시대 이르러 중국 판본의 수입과 함께 원서를 축약한 축약본이 여러 차례 간행되었으며, 마침내 우리말로 번역한 번역본까지 나오게 되었다. 이러한 과정을 통하여 당시 설화와 소설에 대한 흥미와 관심을 가진 독자층이 확대되었고, 소설문학에 새로운 소재와 기법을 제공함으로써 우리나라 소설문학의 생성과 발달을 촉진했다. 특히 이인로(李仁老)의 『파한집(破閑集)』, 이규보(李奎報)의 『백운소설(白雲小說)』, 최자(崔滋)의 『보한집(補閑集)』, 이제현(李齊賢)의 『역옹패설(櫟翁稗說)』 등과 같은 잡록식 패관(稗官) 문학과, 임춘(林椿)의 「국순전(麴醇傳)」·「공방전(孔方傳)」, 이규보의 「청강사자현부전(淸江使者玄夫傳)」 등과 같은 가전체(假傳體) 문학에 커다란 영향을 미쳤다.

　옮긴이가 『태평광기』에 관심을 갖고 읽어 본 것은 대학원에 입학해서부터이니 벌써 15년이 넘는 셈이다. 그 동안 혼자 틈나는 대로 우리말로 옮겨 보았는데, 이런저런 일에 쫓기다 보니 최근 3년 동안 겨우 10권 밖에 옮기지 못했다. 그러다가 올해 초에 옮긴이가 재직하고 있는 연세대 중문과 대학원의 필기문학 전공자들을 중심으로 '중국필기문헌연구소'를 설립하면서부터 『태평광기』 번역 작업의 일정을 구체화하고 번역 인원을 조직하여 5월부터 마침내 본격적인 번역에 착수했다. 본 연구소는 학술적 가치가 높은 중국 필기문헌과 연구서를 역주하거나 원전을 교간(校刊)하여 국내외 학계에 소개하는 것을 주요 목적으로 한다. 앞으로 본 연구소에서 나오는 결과물은 '중국필기문헌번역총서'로 출판할 예정인데, 『태평광기』가 바로 그 총서의 처음이다. 아직은 연구소의 문패도 없고 연구 인원도 부족하지만, 이번 『태평광기』의 번역 작업을 바탕으로 하여 착실히 내실을 다져 나간다면 머지않아 긍정적인 결과가 나오리라 기대한다.

　총 21책으로 발간될 예정인 『태평광기』 번역본 가운데 그 첫 번째 책을 이제 학계에 내 놓게 되었다. 그러나 기쁨은 잠시이고 당장 부끄러움과 두려움이 앞선다. 가능한 거의 모든 참고자료와 있는 사전 없는 사전을 총 동원하여 한 글자 한 구절 정확하게 옮기려고 무척 애를 쓰긴 했지만, 여전히 석연치 않은 부분이 남아 있음을 고백하지 않을 수 없다.

또한 그렇게 눈 씻고 보면서 글자 귀신하고 싸웠지만 행여 오탈자가 나오지나 않을지, 역주는 제대로 달았는지, 무엇보다도 원문의 의미를 적절한 우리말로 매끄럽게 표현해 내었는지 등등 걱정스럽기만 하다. 다만 이 책이 간략한 역주를 병행한 완역이자 초역(初譯)이라는 점에 다소 용기를 갖고 부끄러움과 두려움을 감수하기로 했다. 앞으로 보다 나은 번역서가 될 수 있도록 여러 명현(名賢)들께 호된 꾸지람을 부탁드린다.

끝으로 그야말로 천학비재한 옮긴이를 늘 옆에서 학문의 곧은 길로 인도해 주시는 전인초 은사님과, 비슷한 전공을 하고 있다는 이유만으로 부족한 옮긴이를 애써 격려해 주시는 정재서 선생님께 깊은 감사를 드리며, 어려운 여건 속에서도 21책이나 되는 전집 출판을 흔쾌히 수락하고 지난(至難)한 편집작업에 선뜻 나선 학고방(學古房) 출판사 하운근 사장님과 편집실 직원 여러분께 고마움을 드린다.

2000년 9월 5일
옮긴이를 대표하여
김장환 삼가 씀

차 례

추천의 말 - 전인초(全寅初) · 5
추천의 말 - 정재서(鄭在書) · 8
옮긴이의 말 - 김장환(金長煥) · 11

권제126 보응25

정보(程普) · 33
양담(羊聃) · 35
유의(劉毅) · 35
장화사(張和思) · 37
양원제(梁元帝) · 38
두궤(竇軌) · 39
무유녕(武攸寧) · 41
최진사(崔進思) · 41
기만수(祁萬壽) · 42
곽패(郭霸) · 43
조유사(曹惟思) · 45
형숙(邢璹) · 50
만국준(萬國俊) · 51
왕요(王瑤) · 52
진현(陳峴) · 54

소회무(蕭懷武) · 55
이귀정(李龜禎) · 57
진결(陳潔) · 58

권제127 보응26

소아(蘇娥) · 61
부령처(涪令妻) · 63
제갈원숭(諸葛元崇) · 65
여경조(呂慶祖) · 67
원휘(元徽) · 68
이의염(李義琰) · 69
기주사주(岐州寺主) · 70
관요주부(館陶主簿) · 71
승담창(僧曇暢) · 72
오교민(午橋民) · 74
노숙민(盧叔敏) · 76
정생(鄭生) · 80

차 례 · 21

권제128 보응27
　　공손작(公孫綽)·85
　　왕안국(王安國)·86
　　니묘적(尼妙寂)·90
　　이문민(李文敏)·97
　　번종량(樊宗諒)·99
　　형양씨(榮陽氏)·101

권제129 보응28 - 婢妾
　　왕제비(王濟婢)·109
　　왕범첩(王範妾)·110
　　송궁인(宋宮人)·112
　　금형(金荊)·113
　　두의첩(杜嶷妾)·115
　　후주여자(後周女子)·116
　　장공근첩(張公瑾妾)·118
　　범략비(範略婢)·123
　　호량첩(胡亮妾)·123
　　양인유비(梁仁裕婢)·125
　　장경선비(張景先婢)·125
　　이훈첩(李訓妾)·127
　　화엄(花嚴)·128
　　진양인첩(晉陽人妾)·130

권제130 보응29 - 婢妾
　　두응첩(竇凝妾)·135
　　엄무도첩(嚴武盜妾)·140
　　녹교(綠翹)·145

마전절비(馬全節婢)·149
노사언녀(魯思郾女)·150
악주소장(鄂州小將)·152
김치(金巵)·154

권제131 보응30 - 殺生
　　전창(田倉)·157
　　임해인(臨海人)·158
　　진갑(陳甲)·160
　　마고(麻姑)·161
　　사성(謝盛)·162
　　이영(李嬰)·163
　　허헌(許憲)·164
　　익주인(益州人)·165
　　장안인(章安人)·165
　　원치종(元稚宗)·166
　　왕담략(王曇略)·168
　　광주인(廣州人)·169
　　동흥인(東興人)·170
　　진망(陳莽)·170
　　패국인(沛國人)·171
　　제조청(齊朝請)·173
　　오사지(伍寺之)·174
　　소항(蘇巷)·174
　　완예(阮倪)·175
　　소문립(邵文立)·175
　　양원제(梁元帝)·176
　　망채령(望蔡令)·177

승담환(僧曇歡)·178
석승군(釋僧羣)·179
축법혜(竺法惠)·180
기주소아(冀州小兒)·181

권제132 보응31 - 殺生
왕장군(王將軍)·187
강략(姜略)·188
하열(賀悅)·189
이수(李壽)·189
방산개(方山開)·191
왕준(王遵)·193
이지례(李知禮)·194
육효정(陸孝政)·198
과의(果毅)·199
유마아(劉摩兒)·200
점부(店婦)·202
도인(屠人)·203
유지원(劉知元)·204
계전문(季全聞)·206
당도민(當塗民)·207
장종(張縱)·208

권제133 보응32 - 殺生
주화(朱化)·213
이첨(李詹)·215
왕공직(王公直)·216
황민(黃敏)·219

진군릉(陳君稜)·220
왕동미(王洞微)·220
손계정(孫季貞)·221
최도기(崔道紀)·223
하택(何澤)·224
악주인(岳州人)·225
서가범(徐可範)·226
건업부인(建業婦人)·227
광릉남자(廣陵男子)·228
하마자(何馬子)·229
장소(章邵)·229
한립선(韓立善)·230
승수준(僧修準)·231
우문씨(宇文氏)·231
이정(李貞)·232
승수영(僧秀榮)·233
무건소(毋乾昭)·234
이소(李紹)·235

권제134 보응33 - 宿業畜生
죽영통(竹永通)·239
의성민(宜城民)·240
위경식(韋慶植)·242
조태(趙太)·244
이신(李信)·245
사씨(謝氏)·247
왕진(王珍)·249
왕회사(王會師)·250

해봉선(解奉先) · 251
동안우(童安玗) · 252
유자연(劉自然) · 254
이명부(李明府) · 256
유약시(劉鑰匙) · 258
상공(上公) · 260
시변(施汴) · 261
공승통(公乘通) · 262
승심언(僧審言) · 263

권제135 징응(徵應)1 - 帝王休徵
제요(帝堯) · 267
주무왕(周武王) · 267
월왕(越王) · 269
임조장인(臨洮長人) · 269
한고조(漢高祖) · 270
육가(陸賈) · 270
한원후(漢元后) · 271
후한장제(後漢章帝) · 272
오대제(吳大帝) · 273
위명제(魏明帝) · 273
진사마씨(晉司馬氏) · 275
백연(白燕) · 275
진무제(晉武帝) · 276
진혜제(晉惠帝) · 277
진원제(晉元帝) · 278
촉이웅(蜀李雄) · 278
송고조(宋高祖) · 279

송효무제(宋孝武帝) · 280
송명제(宋明帝) · 281
제태조(齊太祖) · 282
북제신무(北齊神武) · 283
후주태조(後周太祖) · 284
진고조(陳高祖) · 286
수문제(隋文帝) · 286
수양제(隋煬帝) · 287
당고조(唐高祖) · 288
당태종(唐太宗) · 289
당제왕원길(唐齊王元吉) · 289
당중종(唐中宗) · 290
당상왕(唐相王) · 291
노주별가(潞州別駕) · 292
금와우(金蝸牛) · 293

권제136 징응2 - 帝王休徵
당현종(唐玄宗) · 297
질금상(叱金像) · 299
천보부(天寶符) · 300
촉당귀(蜀當歸) · 301
만리교(萬里橋) · 302
당숙종(唐肅宗) · 303
당무종(唐武宗) · 307
당선종(唐宣宗) · 307
영광왕(迎光王) · 308
당의종(唐懿宗) · 310
당희종(唐僖宗) · 311

이태(李邰)・312
후당태조(後唐太祖)・313
후당명종(後唐明宗)・314
노왕(潞王)・315
진고조(晉高祖)・317
위촉주구(僞蜀主舅)・318

권제137 징응3 - 人臣休徵
여망(呂望)・323
중니(仲尼)・323
문옹(文翁)・325
동중서(董仲舒)・325
하비간(何比干)・326
오록충종(五鹿充宗)・327
왕부(王溥)・327
응추(應樞)・329
원안(袁安)・329
진중거(陳仲擧)・330
장승(張承)・332
장씨(張氏)・333
사마휴지(司馬休之)・334
두자(杜慈)・335
무사확(武士彠)・336
장문성(張文成)・337
상관소용(上官昭容)・338
최행공(崔行功)・339
이정기(李正己)・339
이규(李揆)・341

가은림(賈隱林)・343
장자량(張子良)・345
정인(鄭絪)・346

권제138 징응4 - 人臣休徵
배도(裴度)・349
단문창(段文昌)・352
이봉길(李逢吉)・354
우승유(牛僧孺)・355
왕지흥(王智興)・356
우사(牛師)・358
두중립(杜中立)・359
이빈(李蠙)・360
마식(馬植)・360
고병(高駢)・362
공온유(孔溫裕)・362
손악(孫偓)・363
이전충(李全忠)・364
후홍실(侯弘實)・366
대사원(戴思遠)・369
장전(張籛)・370
제주민(齊州民)・370
주경원(朱慶源)・372

권제139 징응5 - 邦國咎徵
지양소인(池陽小人)・375
배명조(背明鳥)・375
왕완(王琬)・376

장빙(張聘)·377
장림(張林)·378
동영공(東瀛公)·379
장광인(長廣人)·380
황구촌(黃丘村)·381
한승진(韓僧眞)·381
낙양금상(洛陽金像)·382
양무제(梁武帝)·383
혜소사(惠炤師)·383
주정제(周靖帝)·389
소씨(蘇氏)·390
돌궐수령(突厥首領)·391
진후주(陳後主)·392
위남인(渭南人)·392
묘귀(貓鬼)·393
장성(長星)·394
대오(大烏)·395
하마(蝦蟆)·395
유주인(幽州人)·396
묵철(默啜)·397
장역지(張易之)·398
손검(孫儉)·399
태백주견(太白晝見)·400

권제140 징응6 - 邦國咎徵
대성(大星)·403
화재(火災)·404
수재(水災)·405

승일행(僧一行)·406
왕봉(汪鳳)·408
승보만(僧普滿)·411
진성파초(秦城芭蕉)·412
예릉승(睿陵僧)·414
흥성관(興聖觀)·415
낙타장(駱駝杖)·416

권제141 징응7 - 人臣咎徵
공자(孔子)·419
소사의(蕭士義)·419
왕도(王導)·420
사안(謝安)·421
유량(庾亮)·421
왕중문(王仲文)·422
제갈간(諸葛侃)·423
유파(劉波)·424
정미(鄭微)·425
주초(周超)·426
사남강(謝南康)·426
부량(傅亮)·427
왕휘지(王徽之)·428
유흥도(劉興道)·429
곽중산(郭仲産)·429
심경지(沈慶之)·430

권제142 징응8 - 人臣咎徵
유덕원(劉德願)·435

이진(李鎭) · 435
유원경(柳元景) · 436
상현계(向玄季) · 437
등경직(滕景直) · 438
왕안(王晏) · 438
유총(留寵) · 439
이주세륭(爾朱世隆) · 440
유민(劉敏) · 440
이광(李廣) · 441
왕씨(王氏) · 442
장조호(張雕虎) · 443
강련(强鍊) · 444
이밀(李密) · 445
장작(張鷟) · 446
당망지(唐望之) · 447

권제143 징응9 - 人臣咎徵
서경(徐慶) · 451
주인궤(周仁軌) · 452
서경업(徐敬業) · 453
두경전(杜景佺) · 454
흑치상지(黑齒常之) · 454
고종(顧琮) · 455
노경순(路敬淳) · 456
장역지(張易之) · 457
정촉빈(鄭蜀賓) · 457
유희이(劉希夷) · 458
최현위(崔玄暐) · 460

송선위(宋善威) · 461
이처감(李處鑒) · 462
국선충(麴先沖) · 462
여숭수(呂崇粹) · 463
원건요(源乾曜) · 464
무민(毋旻) · 464
양신긍(楊愼矜) · 466
왕표(王儦) · 468
최서(崔曙) · 469
원재(元載) · 469
팽언(彭偃) · 470
유면(劉沔) · 471
한황(韓滉) · 472
엄진(嚴震) · 473
이덕유(李德裕) · 474
이사도(李師道) · 474
위온(韋溫) · 475

권제144 징응10 - 人臣咎徵
여군(呂群) · 479
주극융(朱克融) · 484
왕애(王涯) · 485
온조(溫造) · 486
이종민(李宗閔) · 487
유공제(柳公濟) · 488
왕애(王涯) · 489
왕잠(王潛) · 490
한약(韓約) · 491

왕씨(王氏) · 492
왕철(王哲) · 492
두목(杜牧) · 493
노헌경(盧獻卿) · 494
노병(盧騈) · 495
봉망경(封望卿) · 496
최언증(崔彦曾) · 497
최옹(崔雍) · 499
방종(龐從) · 501

권제145 징응11 - 人臣咎徵
이균(李鈞) · 507
고병(高騈) · 508
거록수(鉅鹿守) · 510
섬사(陝師) · 511
엄준미(嚴遵美) · 512
성예(成汭) · 514
유지준(劉知俊) · 515
전군(田頵) · 516
상유한(桑維翰) · 517
종부(鍾傅) · 518
돈금(頓金) · 519
호남마씨(湖南馬氏) · 519
왕신사(王愼辭) · 520
안수범(安守範) · 521

권제146 정수(定數)1
보지(寶誌) · 527

사부(史溥) · 527
경순(耿詢) · 528
울지경덕(尉遲敬德) · 529
위징(魏徵) · 531
누사덕(婁師德) · 533
왕현(王顯) · 534
장보장(張寶藏) · 535
수판명인관(授判冥人官) · 538
왕무애(王無㝵) · 539
우문융(宇文融) · 541
노잠(路潛) · 542
감자포(甘子布) · 543
이형수(李逈秀) · 544
적인걸(狄仁傑) · 545
최원종(崔元綜) · 546
소미도(蘇味道) · 548
노숭도(盧崇道) · 549
유인궤(劉仁軌) · 550
임지선(任之選) · 551

권제147 정수2
전예(田預) · 555
왕준(王晙) · 556
고지주(高智周) · 557
왕표(王儦) · 560
배주선(裴俑先) · 561
장문관(張文瓘) · 569
원가조(袁嘉祚) · 570

제한(齊澣)·571
　　장수규(張守珪)·572
　　배유창(裵有敞)·573
　　왕초(王超)·574
　　장제구(張齊丘)·575
　　풍칠언사(馮七言事)·576
　　환신범(桓臣範)·577
　　장가정(張嘉貞)·579
　　승김사(僧金師)·580

권제148 정수3
　　위씨(韋氏)·585
　　장가복(張嘉福)·586
　　송운(宋惲)·586
　　방관(房琯)·588
　　손생(孫生)·589
　　장가정(張嘉貞)·590
　　두섬(杜暹)·592
　　정건(鄭虔)·593
　　최원(崔圓)·596

권제149 정수4
　　국사명(麴思明)·603
　　마유진(馬遊秦)·607
　　소화(蕭華)·608
　　일행(一行)·609
　　술사(術士)·610
　　두붕거(杜鵬擧)·612

　　이서균(李栖筠)·613
　　두사온(杜思溫)·615
　　유급(柳及)·618
　　위범(韋泛)·623

권제150 정수5
　　현종(玄宗)·629
　　교림(喬琳)·630
　　장거일(張去逸)·633
　　이필(李泌)·635
　　유막지(劉逸之)·638
　　장인위(張仁禕)·642
　　배서(裴諝)·643
　　이규(李揆)·647
　　도소(道昭)·651

태평광기 권제 126 보응 25

1. 정　　보(程　　普)
2. 양　　담(羊　　聃)
3. 유　　의(劉　　毅)
4. 장 화 사(張 和 思)
5. 양 원 제(梁 元 帝)
6. 두　　궤(竇　　軌)
7. 무 유 녕(武 攸 寧)
8. 최 진 사(崔 進 思)
9. 기 만 수(祁 萬 壽)
10. 곽　　패(郭　　霸)
11. 조 유 사(曹 惟 思)
12. 형　　숙(邢　　璹)
13. 만 국 준(萬 國 俊)
14. 왕　　요(王　　瑤)
15. 진　　현(陳　　峴)
16. 소 회 무(蕭 懷 武)
17. 이 귀 정(李 龜 禎)
18. 진　　결(陳　　潔)

126 · 1(0992)
정 보(程 普)

정보는 자가 가모(嘉謀)이며 오(吳)나라 손권(孫權)의 장군이었다. 그는 강하태수(江夏太守) 겸 탕구장군(盪寇將軍)으로 있을 때, 일찍이 반란군 수백 명을 죽여서 모두 불에 던져버리게 한 적이 있었는데, 그날로 정보는 열병을 앓다가 100여 일만에 곧바로 죽었다. (『삼국지』 주에 인용된 『오서』)

程普, 字嘉謀, 吳孫權將也. 領江夏太守・盪寇將軍, 嘗殺叛者數百人, 皆使投火, 卽日普病熱, 百餘日便死 (原闕出處, 今見『三國志』「吳志・普傳」裵注引『吳書』)

126 · 2(0993)
양 담(羊 聃)

양담은 자가 팽조(彭祖)이며 진(晉)나라의 여강태수(廬江太守)였다. 그는 사람됨이 강퍅하고 몹시 사나운데다가 나라의 인척임을 믿고 방종함이 너무 심하여, 조금이라도 눈에 거슬리는 사람이 있으면 곧바로 형벌을 씌워 죽였다. 그래서 정서대장군(征西大將軍) 유량(庾亮)이 그를 호송 수레에 태워 압송하고 장계(狀啓)를 갖추어 아뢰었더니, 우사마(右司馬)가 상주했다.

"양담은 군(郡)의 장수와 관리 및 백성 간량(簡良) 등 290명을 죽였고 100여 명을 노역에 처하거나 유배시켰으니 기시형(棄市刑)에 처함이 마땅하오나, 팔의(八議: 범법자를 심의하여 죄를 감면해주는 8가지 조건으로, 議親・議故・議賢・議能・議功・議貴・議勤・議賓을 말함. '八辟'이라고도 함)에 의거하여 용서해주시길 청하옵니다."

현종(顯宗: 成帝 司馬衍)이 조서를 내려 말했다.

"이러한 일은 고금에 있어본 적이 없으니, 이것을 용서할 수 있다면 무엇을 용서할 수 없겠는가! 무슨 팔의가 있단 말인가? 하옥시켜 죽음을 내리도록 하라."

양담의 형의 아들 양분(羊賁)은 그전에 남군공주(南郡公主)에게 장가 들었는데, [양담의 사건이 일어나자] 스스로 이혼하겠다는 표문을 올렸으나 현종은 윤허하지 않았다. 낭야효왕(瑯琊孝王)의 왕비 산씨(山氏)는 양담의 외조카였는데, 한사코 [양담을 살려달라고] 청원했다. 그래서 사도(司徒) 왕도(王導)가 아뢰었다.

"양담의 죄는 용서할 수 없으니 극히 무거운 형법으로 다스려야 마땅하옵니다. 하오나 산태비(山太妃: 山氏)께서 근심 걱정으로 병이 드셨으니, 폐하의 망극하신 은혜로 그의 목숨만은 살려주셔야 할 것이옵니다."

그래서 현종이 조서를 내려 말했다.

"산태비께서는 오직 그 외숙 하나 뿐인지라 말할 때마다 목이 막혀 피를 토하는 지경에 이르셨으니, 걱정하는 마음이 너무 깊으시다. 짐이 고초를 당할 때 태비의 길러주신 은혜를 입었으니 자애로운 모친과도 같다. 만약 태비께서 참기 어려운 고통을 감내하지 못하여 갑자기 돌아가시기라도 한다면, 짐은 또한 무슨 낯으로 살아가겠는가? 지금 곧 양담의 목숨을 살려주어 태비의 위양지은(渭陽之恩: 외숙과 조카 사이의 恩情)을 위로해드리고자 한다."

그래서 양담의 명적(名籍)을 삭탈하여 평민이 되게 했다. 얼마 후 양담은 질병에 걸렸는데, 늘 간량 등이 나타나 말했다.

"어찌 이 억울함을 당하고만 있겠느냐? 지금 너를 잡아가려고 황천(黃泉)에서 왔다."

하룻밤 뒤에 양담은 죽었다. (『환원기』)

羊聃, 字彭祖, 晉廬江太守. 爲人剛克麤暴, 恃國姻親, 縱恣尤甚, 睚眦之嫌, 輒加刑戮. 征西大將軍庾亮檻送, 具以狀聞, 右司馬奏: "聃殺郡將吏及民簡良等二百九十人, 徒讁一百餘人, 應棄市, 依八議請宥." 顯宗詔曰: "此事古今所未有, 此而可忍, 孰不可忍! 何八議之有? 下('下'明鈔本作'可')獄所賜命." 聃兄子貢, 先尙南郡公主, 自表解婚, 詔不許. 瑯琊孝王妃山氏, 聃之甥也, 苦以爲請. 於是司徒王導啓: "聃罪不容恕, 宜極重法. 山太妃憂感動疾, 陛下罔極之恩, 宜蒙生全之宥." 於是詔下曰: "山太妃唯此一舅, 發言摧鯁, 乃至吐血, 情慮深重. 朕丁荼毒, 受太妃撫育之恩, 同於慈親. 若不堪難忍之痛, 以致頓斃, 朕亦何顔自處? 今便原聃生命, 以慰太妃渭陽之恩." 於是除名爲民. 少時, 聃病疾, 恒見簡良等曰: "枉豈可受? 今來相取, 自由黃泉." 經宿死. (出『還寃記』)

126·3(0994)
유 의(劉 毅)

송(宋)나라 고조(高祖)는 환현(桓玄)을 평정한 뒤에 유의를 무군장군(撫軍將軍) 겸 형주자사(荊州刺史)로 삼았다. 유의는 형주에 도착하자마자 곧바로 목우사(牧牛寺)의 주지를 체포했으며, 환씨 집안의 아들 환경(桓慶)을 숨겨서 사미승이 되게 했다고 하면서 4명의 스님을 함께 죽였다. 나중에 유의의 꿈에 그 스님이 나타나 말했다.

"당신은 어찌하여 빈도(貧道)를 억울하게 죽였소? 빈도가 이미 천제께 사실을 아뢰었으니, 아마 당신도 오래 살수 없을 것이오."

그로 인해 유의는 마침내 병이 들어 먹지 못했으며, 날이 갈수록 더욱 파리해졌다.

유의가 양도(揚都: 建康)에서 출병할 때 많은 쟁론이 벌어지자 재상을 능멸했기에, 송 고조는 군대를 파견하여 그를 토벌하게 했다. 유의는 패전한 뒤, 밤에 단기(單騎)로 도망쳐서 목우사의 승려에게 몸을 맡겼는데, 승려가 말했다.

"무군장군(撫軍將軍: 劉毅)은 예전에 나의 사형을 억울하게 죽였는데, 나는 승려이므로 본디 원수를 갚는 법은 없지만, 그렇다고 어떻게 [뻔뻔스럽게] 여기로 온단 말이오! 주지 스님께서 여러 차례 혼령으로 나타나, 천제께서 틀림없이 이 절에서 무군장군을 체포하여 죽일 것이라고 말씀하셨소."

유의는 곧 탄식하면서 절을 나가 커다란 나무로 올라간 뒤, 스스로 목을 매어 죽었다. (『환원기』)

宋高祖平桓玄後, 以劉毅爲撫軍·荊州刺史. 到州, 便收牧牛寺主, 云藏桓家兒慶爲沙彌, 倂殺四道人. 後夢見此僧來云: "君何以枉殺貧道? 貧道已白於天帝,恐君亦不得久." 因遂得疾不食, 日彌羸瘦.

當毅發揚都時, 多有爭競, 侵凌宰輔, 宋高祖因遣人征之. 毅敗後, 夜單騎突投牧牛寺僧, 僧曰: "撫軍昔枉殺我師, 我道人, 自無報仇之理, 然何宜來此 主師屢有靈驗, 云天帝當收撫軍於寺殺之." 毅便歎叱出寺, 因上大樹, 自縊而死 (出『還冤記』)

126・4(0995)
장화사(張和思)

북제(北齊)의 장화사는 죄수들을 심문할 때, 선악과 귀천을 따지지 않고 반드시 칼[枷]・쇠사슬・쇠고랑 등의 형구를 사용했기에 그 고통이 극심했다. 죄수들은 그를 보면 간담이 서늘해지고 넋이 나갔으므로 그를 '살아 있는 나찰(羅刹: 지옥에서 죄인을 못살게 군다는 食人鬼)'이라 불렀다. 그의 처는 차례대로 4명의 아들과 딸을 임신했는데, 출산할 때면 곧 숨이 막혀 죽을 것만 같았다. 태어난 아들과 딸은 모두 쇠사슬 모양의 덧살이 달려 있었으며, 손과 발은 모두 쇠고랑 모양의 덧살에 묶여진 채로 연결되어 땅에까지 닿았다. 나중에 장화사는 현령(縣令)이 되었지만, 법을 어겨 곤장을 맞고 죽었다.

北齊張和思, 斷獄囚, 無問善惡貴賤. 必被枷鏁杻械, 困苦備極. 囚徒見者, 破膽喪魂, 號'生羅刹'. 其妻前後孕男女四人, 臨產即悶絶求死 所生男女, 皆著肉鏁, 手脚並有肉杻束縛, 連絆墮地. 後和思爲縣令, 坐法杖死

126 · 5(0996)
양원제(梁元帝)

　후주(後周: 北周)의 문제(文帝) 우문태(宇文泰)는 당초에 위(魏: 西魏)나라의 승상(丞相)으로 있었다. 그때 양(梁)나라는 내란으로 어지러웠는데, 당시 상동왕(湘東王)으로 형주(荊州)에 있던 양 효원제(孝元帝)는 우문태에게 사신을 보내 화친(和親)할 것을 알리고 매우 지극한 예의를 표했으며, 우문태와 함께 굳건한 맹약을 하고 결의형제(結義兄弟)했다. 나중에 후경(侯景)의 난을 평정하고 효원제가 제위에 올랐는데, 우문태는 신하의 지위에 있으면서도 효원제를 능멸하고 모욕하는 일을 자행했으며, 또 만족할 줄 모르고 요구하면서도 여전히 흡족해하지 않았다. 마침내 우문태는 군대를 파견하여 강한(江漢)을 습격하여 조정 관리로부터 일반 백성에 이르기까지 140만 명을 포로로 잡았으며, 효원제를 살해했다.
　또 서위(西魏)의 문제는 이전에 여여왕(茹茹王: 茹茹는 柔然. 몽고 지역에 살았던 옛 유목 민족) 욱구려아나괴(郁久閭阿那壞)의 딸을 황후로 맞이하여 친애함이 매우 돈독했다. 우문태가 양 효원제를 살해한 이듬해에 아나괴는 제(齊: 北齊)나라에게 멸망당했기에 남은 무리 수천 명을 거느리고 서위로 망명했다. 그런데 예전부터 여여국과 원수지간이었던 돌궐(突厥)이 즉시 우문태에게 말 3천 필을 보내면서 아나괴 등을 주살해 달라고 청하자, 우문태가 허락했다. 그래서 우문태는 돌궐 병사를 매복시켜 놓은 상태에서 아나괴와 연회를 벌리다가 아나괴가 취하자 곧바로 그를 포박했으며, 그날로 욱구려 성(姓)을 가진 500

여 명을 죽였다. 여여왕은 죽으면서 하늘을 우러르며 원통함을 호소했다.

다음해 겨울에 우문태는 농우(隴右)에서 사냥을 하다가 병에 걸렸는데, 효원제와 아나괴가 나타나 재앙을 일으켰다. 우문태는 성을 내며 마구 욕을 해대다가 술과 음식을 가져와서 그들에게 주라고 명했다. 두 달 뒤에 우문태는 죽었다.

後周文帝宇文泰, 初爲魏丞相. 值梁朝喪亂, 梁孝元帝爲湘東王, 時在荊州, 遣使通和, 禮好甚至, 與泰斷金立盟, 結爲兄弟. 後平侯景, 孝元卽位, 泰猶人臣, 頗行淩侮, 又求索無厭, 乃不愜意. 遂遣兵襲江漢, 虜係朝士, 至于民庶, 百四十萬口, 而害孝元.

又魏文帝先納茹茹主郁久閭阿那壞女爲后, 親愛殊篤. 害梁主之明年, 壞爲齊國所敗, 因率餘衆數千奔魏. 而突厥舊與茹茹怨讎, 卽遣餉泰馬三千匹, 求誅壞等, 泰許諾. 伏突厥兵馬, 與壞醼會, 醉便縛之, 卽日滅郁久閭姓五百餘人. 茹茹臨死, 仰天而訴.

明年冬, 泰獵於隴右, 得病, 見孝元及壞爲祟. 泰發怒肆罵, 命索酒食與之. 兩月泰卒.

126·6(0997)
두 궤(竇 軌)

당(唐)나라 낙주도독(洛州都督) 찬국공(酇國公) 두궤는 태목황후(太穆

皇后: 高祖의 황후 竇氏)의 셋째 사촌 오라비이다. 그는 성격이 엄격하고 살생을 좋아하여, 익주(益州)의 행대복야(行臺僕射: 行臺는 정벌 업무를 위해 설치한 임시 기관. 여기에 속한 관직으로 尙書·僕射·主事 등이 있었음)로 있을 때 장수와 병사를 많이 죽였으며, 또 행대상서(行臺尙書) 위운기(韋雲起)를 살해했다. 정관(貞觀) 2년(628)에 두궤가 낙주에서 병이 심해졌을 때, 별안간 이렇게 말했다.

"어떤 사람이 나에게 오이를 보내왔구먼."

좌우 사람들이 아뢰었다.

"겨울철에는 오이가 없습니다."

두궤가 말했다.

"한 쟁반 가득 맛있는 오이가 있는데 어찌하여 없다고 하느냐?"

그리고는 즉시 놀라 쳐다보며 말했다.

"오이가 아니라 모두 사람 머리구나!"

두궤는 또 말했다.

"나에게 목숨을 내놓으라고 하는군."

또 이어서 말했다.

"나를 부축해 일으켜라. 위상서(韋尙書: 韋雲起)가 보이는구나."

두궤는 말을 마치고 죽었다.

唐洛州都督鄧國公竇軌, 太穆皇后三從兄. 性剛嚴好殺, 爲益州行臺僕射, 多殺將士, 又害行臺尙書韋雲起. 貞觀二年, 在洛病甚, 忽言: "有人餉我瓜來." 左右報之: "冬月無瓜." 軌曰: "一盤好瓜, 何謂無耶?" 即而驚視曰: "非瓜, 並是人頭!" 軌曰: "從我償命." 又曰: "扶我起. 見韋尙書." 言畢而薨.

126 · 7(0998)
무유녕(武攸寧)

당(唐)나라 건창왕(建昌王) 무유녕은 별도로 구사(勾使: 未詳.『舊唐書』 권37에는 '內庫'라 되어 있음)를 설치하고 불법적으로 재물을 마구 징수했기에, 파산한 백성들이 열에 아홉이었다. 그들이 하늘에 원통함을 호소하느라 탄식하는 소리가 길에 가득했다. 무유녕은 길이 100보(步)에 200여 칸이나 되는 거대한 창고를 만들어 징수한 재물을 그 안에 저장해 놓았는데, 원인 모를 불이 나서 그것을 태워 한순간에 몽땅 잿더미가 되었다. 그것은 여러 사람들이 빌던 바이었다. 무유녕은 얼마 후 발이 붓는 병을 앓아서 발이 옹기보다 커졌는데, 그 쑤시는 고통을 참을 수 없었다. 결국 무유녕은 몇 달 뒤에 죽었다.

唐建昌王武攸寧, 任(明鈔本'任'作'別')置勾任(明鈔本'任'作'使'), 法外枉徵財物, 百姓破家者十而九. 告寃於天, 吁嗟滿路. 爲大庫, 長百步, 二百餘間, 所徵獲者, 貯在其中, 天火燒之, 一時蕩盡. 衆口所呪. 攸寧尋患足腫, 麤於甕, 其酸楚不可忍. 數月而終.

126 · 8(0999)
최진사(崔進思)

당(唐)나라 건주참군(虔州參軍) 최진사는 낭중(郎中) 손상용(孫尙容)의 세력을 믿고, 강(綱: 唐代에 시작된 대량 화물 운송 조직. 주로 米・鹽・茶・花石 등을 운송했음)을 조직하여 도성으로 들어가면서 5천 관(貫)[어치의 물품]을 수송했는데, 매 관(貫)마다 300문(文)의 여비를 갈취했기에, 백성들은 원망하고 탄식하면서 큰소리로 통곡했다. [그런데 최진사는] 과보강(瓜步江)에 이르렀다가 풍랑을 만나 배가 침몰하는 바람에 남은 것이 하나도 없게 되었다. [그는 이를 배상하기 위해] 집안의 재산과 논밭을 남김없이 모두 팔았으며, 관직에서 파면당하여 살 곳조차 구하지 못했다. 이것은 바로 재물을 마구 긁어모은 것에 대한 보응이었다.

唐虔州參軍崔進思, 恃郎中孫尙容之力, 充綱入都, 送五千貫, 每貫取三百文裹頭, 百姓怨歎, 號天哭地. 至瓜步江, 遭風船沒, 無有孑遺. 家資田園, 貨賣並盡, 解官落職, 求活無處. 此所謂聚斂之怨.

126・9(1000)
기만수(祁萬壽)

당(唐)나라 건봉현(乾封縣)의 녹사참군(錄事參軍) 기만수는 본래 사람 죽이길 좋아했다. 현관(縣官)이 죄인을 판결할 때마다 그는 죄인들에게 금전을 요구했는데, 죄인이 미처 돈을 주지 않거나 [정한 액수에서] 차이가 나면 곧바로 우악스런 몽둥이로 때렸다. 이렇게 해서 죽은 사람이 셀 수 없이 많았으므로, 죄수들은 그를 보면 모두 혼비백산했다. [그는 또한] 조금이라도 마음에 들지 않는 죄수가 있으면, 곧장 감옥으로 가서 때려 거의 죽을 때까지 고통을 주었다. 그의 처가 자식을 낳았는데, 어떤 이는 칼[枷] 모양의 덧살이 달려 있기도 하고, 어떤 이는 쇠고랑 모양의 덧살이 있기도 하고, 어떤 이는 입과 코가 없기도 하고, 어떤 이는 손과 발이 없기도 했으며, 태어나자마자 모두 죽었다.

唐乾封縣錄事祁萬壽, 性好殺人. 縣官每決罰人, 皆從索錢, 時未得輿間, 卽取䕩杖打之. 如此死者, 不可勝數. 囚徒見之, 皆失魂魄. 有少不稱心, 卽就獄打之, 困苦至垂死. 其妻生子, 或著肉枷, 或有肉杻 或無口鼻, 或無手足, 生而皆死

126 · 10(1001)
곽 패(郭 霸)

당(唐)나라 시어사(侍御史) 곽패는 송주(宋州) 사람 300명을 죽여야 한다고 상주하여 갑자기 오품관(五品官)이 되었다. 한 달 뒤에 곽패의 병환이 위중해지자, 대관(臺官: 尙書 또는 御史의 별칭)이 병 문안하러 갔다가 늙은 무당을 만났는데, [그 무당이] 말했다.

"곽공(郭公: 郭霸)은 살려낼 수 없습니다. 수백 명의 귀신들이 온 몸에 피를 흘린 채 소매를 걷어붙이고 이를 갈면서 모두들 놓아주지 않겠다고 말했습니다. 또 어떤 푸른 적삼 입은 사람이 붉은 옷 입은 사람에게 소리치며 '빨리 떠나야 하거늘 무슨 이유로 시간을 지체하느냐?'라고 하자, 그들은 '아직 [그가 당한 고통이] 오품관[으로 있을 때 저지른 죄악]에 미치지 못하기 때문에 놓아주어서는 안됩니다'라고 대답했습니다."

잠시 후 곽패는 칼로 자신의 젖가슴 밑을 찔러 후벼파면서 말했다.
"정말 통쾌하다!"
집안 사람들이 달려가 물었더니, 곽패가 말했다.
"어사(御史) 손용사(孫容師)가 나를 찌른 것이다."

그래서 그의 아들이 어사 고종(顧琮)을 찾아가 손용사를 고소했으나, 고종은 터무니없는 말이라고 여겨 조사하지 않았다. 그날 밤에 곽패는 죽었고, 손용사는 이듬해 6월 곽패가 죽은 그날에 죽었는데, 모두 어찌된 영문인지 알 수 없었다.

사훈랑중(司勳郎中) 장원일(張元一)이 말했다.
"봄부터 큰 가뭄이 들더니 곽패가 죽고 나서야 비가 흡족하게 내렸습니다."
칙천무후(則天武后)가 물었다.
"[궁궐] 밖에 무슨 일이 있었는가?"
장원일이 말했다.
"밖에 3가지 경사가 있는데, 가뭄에 비가 내렸으니 이것이 첫째 경사이고, 중교(中橋)가 새로 완성되어 만대(萬代)에 이로움을 주게 되었으니 이것이 둘째 경사이며, 곽패가 죽어 백성들이 모두 기뻐하니 이것이 셋째 경사입니다."
칙천무후가 웃으며 말했다.
"곽패에 대한 증오가 그와 같았단 말인가!"

唐侍御史郭霸, 奏殺宋州三百人, 暴得五品. 經月患重, 臺官問疾, 見老巫, 曰:

"郭公不可救也. 有數百鬼, 遍體流血, 攘袂齕夬齒, 皆云不相放. 有一碧衫人喝緋衣人曰: '早合去, 何因許時?' 答曰: '比緣未得五品, 未合放.'" 俄而霸以刀子自刺乳下, 攪之, 曰: "大快!" 家人走問之, 曰: "御史孫容師刺我." 其子經御史顧琮訟容師, 琮以荒亂言不理. 其夜而卒, 容師以明年六月霸死日而終, 皆不知其所以.

司勳郎中張元一云: "自春大旱, 至霸死雨足." 天后問: "在外有何事?" 元一曰: "外有三慶, 旱降雨, 一慶. 中橋新成, 萬代之利, 二慶. 郭霸身死, 百姓皆歡, 三慶也." 天后笑曰: "霸見憎如此耶!"

126 · 11(1002)
조유사(曹惟思)

당(唐)나라 촉군(蜀郡)의 법조참군(法曹參軍) 조유사는 장구겸경(章仇兼瓊)이 군수로 있을 당시에 서산운량사(西山運糧使)가 되었는데, [장구겸경으로부터] 두터운 신임을 받았다. 조유사는 장구겸경에게 업무를 보고했는데, 장구겸경은 그와 얘기를 마친 뒤 [즉시 그에게] 돌아가 수송 업무를 하게 했다. 그때 조유사는 부인이 아들을 낳다가 병이 들었기에, 장구겸경에게 사실을 고하고 며칠만 머물게 해달라고 청했다. 그러나 장구겸경은 대노하여 그를 꾸짖고 끌어내게 하여 군중을 모아놓고 참수하라 했다. 그의 부인은 그 소식을 듣고 수레를 타고 두 아들을 데리고 가서 그와 영결하고자 했다. 조유사는 이미 머리카락을 묶고 포박당한 상태였으며, 장구겸경이 나와서 그의 참수형을 감독하고 있었다.

조유사의 두 아들이 머리를 조아리고 아버지의 목숨을 살려달라고 애원하면서, 달려가 말 다리를 끌어안는 바람에 말이 나아가지 못했다. 장구겸경은 이것을 보고 눈물을 흘리며 말했다.

"벌써 참수했어야 하는데."

그렇지만 여전히 그를 석방시키지는 않았다. 촉군에 도행(道行)이 매우 높은 어떤 선승(禪僧)이 있었는데, 장구겸경의 모친이 그를 스승으로 모셨다. 선승이 장구겸경을 만나 말했다.

"조법조(曹法曹: 曹惟思)는 [그냥 두어도] 목숨이 금방 끝날 것이니, 죽일 필요 없이 사면해주시지요."

그래서 장구겸경은 조유사를 사면해주었다.

다음날 장구겸경은 조유사를 노부장사(瀘府長史: 원문에는 '瀘'가 '盧'로 되어 있는데 誤記로 추정함. 아래 문장에는 정작 '瀘'로 되어 있음)의 일을 대행케 하고, 붉은 명주로 된 어대(魚袋: 唐代 관리들이 符信을 넣어 가지고 다니던 물고기 모양의 주머니)를 하사하면서 서산전운사(西山轉運使) 직을 전담하게 했으며, 그의 부인과 함께 가는 것을 허락했다. 조유사는 노주(瀘州)에 도착한 뒤 병이 들었는데, 꿈에 어떤 스님이 나타나 그에게 말했다.

"조유사 그대는 일생 동안 양심을 저버린 채 아주 많은 사람을 죽였고 착한 일이라곤 털끝만큼도 하지 않았기에, 지금 빚 받으러 온 원수들이 곧 닥칠 것이니 이를 어찌하나?"

조유사가 간절히 애원하자, 스님이 말했다.

"그대가 두 아들을 제도시켜 스님이 되게 하고 집안의 재물과 의복을 모두 절에 보시하며, 또 온 집안이 채식을 하면서 당(堂) 앞에 도량을 만들고 이름난 스님을 모셔와서 밤낮으로 불경을 염송하고 예불하면서 참회할 수 있다면, 100일의 수명을 연장할 수 있을 것이오. 만약 그럴 수 없다면 당장 죽을 것이오."

조유사가 말했다.

"나머지 일들은 쉽게 할 수 있지만 괴롭게도 채식은 하지 못하겠으니 어찌하면 좋겠습니까?"

스님이 말했다.

"양(羊) 간을 물에 담갔다가 초장(椒醬: 산초 열매를 넣어 만든 간장)을 넣어 먹으면 곧 채식을 할 수 있을 것이오."

[조유사가 꿈에서] 깨어난 뒤에 그의 부인에게 자세히 일러주었더니, 부인도 그 일에 찬성했다. 그래서 즉시 두 아들을 승려로 만들고, 또 [꿈에 나타난] 스님의 말대로 도량을 만들고 불경을 전독(轉讀: 정확한 음조와 박자로 불경을 낭송하는 것)했으며, 또 양 간을 먹었더니 즉시 채식을 할 수 있게 되었다.

이렇게 한 달 남짓 지나서 조유사가 새벽에 앉아 있을 때, 그의 돌아가신 모친과 죽은 누나가 함께 그를 보러 오자, 조유사는 크게 놀라며 달려나가 맞이했다. 그때 어떤 귀신 하나가 손에 진홍색 깃발을 들고 앞으로 나오더니 서쪽 계단으로 올라가 그곳에 진홍색 깃발을 꽂았다. 그의 죽은 누나는 아무 말도 없이 그저 깃발 아래에서 춤을 추었는데, 마치 술에 취한 듯이 쉬지 않고 춤추었다. 그의 모친이 울면서 말했다.

"유사 네가 살아가면서 죄인 줄도 모르고 수많은 사람을 죽였기에 지금 원수들이 [너를 잡아가려고] 올 것인데, 나는 네가 고통받는 것을 차마 볼 수 없기 때문에 너를 만나보러 온 것이다."

조유사가 모친을 위한 제사상을 차리게 했더니, 모친이 그것을 먹었다. 그의 누나는 계속 쉬지 않고 춤을 추면서 한 마디 말도 나누지 않았다. 모친은 식사를 마친 뒤 그의 누나와 함께 떠났다. 조유사는 병이 점점 깊어지자 양 간도 먹지 않았다.

조유사는 늘 도량에 누워 있었는데, 하루는 낮잠을 자다가 깨어났더니 난쟁이처럼 키가 작은 푸른 옷 입은 동자 두 명이 와서, 한 명은 그의 머리에 앉고 다른 한 명은 그의 발에 앉았다. 조유사가 그들에게 [누구냐고] 물었지만, 동자들은 말해주지 않았다. 동자들은 모습이 매우 여유 있었으며, 4개의 어금니가 입술 밖으로 삐져나와 있었다. 다음날 식사할 때 조유사는 그가 죽인 사람들을 보았는데, 어떤 이는 산발하고 창자가 터지고 손발이 절단되었으며, 어떤 이는 머리가 잘린 채 피를 흘리면서, 노기등등하게 와서 조유사에게 욕하며 말했다.

"역적 네놈이 우리와 함께 일을 하다가 사정이 다급해지자 우리를 죽여서 입을 막아버렸다. 우리는 지금 이미 천제께 호소했기 때문에 너를 잡으러 온 것이다."

그들은 말을 마치고 계단을 올라갔지만, 두 동자가 밀쳐내는 바람에 다가갈 수 없게 되자, 그저 욕을 해대면서 말했다.

"끝내 기필코 잡아갈 것이다!"

조유사는 피할 수 없음을 알고서 자기가 저지른 일을 자세히 털어놓았다. 그들은 이처럼 매일 찾아왔지만 모두 동자들이 밀쳐내는 바람에 조유사가 있는 곳에 다가갈 수 없었다. 한 달 남짓 지났을 때 갑자기 두 동자가 사라지자, 조유사는 크게 두려워하면서 처자식과 작별했다. 그리하여 [조유사의 손에] 죽은 자들이 한꺼번에 몰려왔는데, 사람들은 조유사가 마치 끌려가는 듯한 모습을 보았다. 조유사는 결국 당(堂) 아래로 떨어져 마침내 죽었다.

조유사는 착한 사람이 아니었다. 그는 예전에 천우비신(千牛備身: 禁衛官名으로 侍衛를 관장함. '千牛'는 刀名으로 御刀라고도 함)으로 있다가 택주(澤州)·상주(相州)의 판사(判司)로 승진했는데, 늘 도적 수십 명을 기르면서 그들을 시켜 도처에서 도적질하게 했으며 그들에게 머물 곳을 제공했다. 그러다가 일이 발각되면 그들을 죽여 입을 막았는데, 이렇게 차례로 100여 명을 죽였기 때문에 화가 그에게 미친 것이었다.

唐蜀郡法曹參軍曹惟思, 當章仇兼瓊之時, 爲西山運糧使, 甚見委任. 惟思白事於兼瓊, 瓊與語畢, 令還運. 惟思妻生男有疾, 因以情告兼瓊, 請留數日. 兼瓊大怒, 叱之令出, 集衆斬之. 其妻聞之, 乘車攜兩子與之訣. 惟思已辮髮束縛, 兼瓊出監斬之. 惟思二男叩頭乞命, 來抱馬足, 馬爲不行. 兼瓊爲之下泣云: "業已斬矣." 猶未釋. 郡有禪僧, 道行至高, 兼瓊母師之. 禪僧乃見兼瓊曰: "曹法曹命且盡, 請不須殺, 免之." 兼瓊乃赦惟思.

明日, 使惟思行盧府長史事, 賜緋魚袋, 專知西山轉運使, 仍許與其妻行. 惟思至瀘州, 因疾, 夢僧告之曰: "曹惟思一生中, 負心殺人甚多, 無分毫善事, 今寃家債主將至, 爲之奈何?" 惟思哀祈甚至, 僧曰: "汝能度兩子爲僧, 家中錢物衣服, 盡用施寺, 仍合家素湌, 堂前設道場, 請名僧, 晝夜誦經禮懺, 可延百日之命. 如不能, 卽當死矣." 惟思曰: "諸事易耳, 然苦不食, 若之何?" 僧曰: "取羊肝水浸加以椒醬食之, 卽能食矣." 旣覺, 具告其妻, 妻贊之. 卽僧二子, 又如言置道場轉經, 且食羊肝, 卽飯矣.

如是月餘, 晨坐, 其亡母亡姊皆來視之, 惟思大驚, 趨走迎候. 有一鬼子, 手執絳旛前引, 昇自西階, 植絳旛焉. 其亡姊不言, 但於旛下儛, 傲傲不輟. 其母泣曰:

"惟思在生不知罪, 殺人無數, 今寃家欲來, 吾不忍見汝受苦辛, 故來視汝." 惟思命設祭母, 母食之. 其姊舞更不已, 不交一言. 母食畢, 與姊皆去. 惟思疾轉甚, 於是羊肝亦不食.

常臥道場中, 晝日眠覺, 有二靑衣童子, 其長等僬僥也, 一坐其頭, 一坐其足. 惟思問之, 童子不與語. 而童子貌甚閒暇, 口有四牙, 出於脣外. 明日食時, 惟思見所殺人, 或披頭潰腸, 斷截手足, 或斬首流血, 盛怒來詬惟思曰: "逆賊與我同事, 急反殺我滅口. 我今訴於帝, 故來取汝." 言畢昇階, 而二童子推之, 不得進, 但謾罵曰: "終須去!" 惟思知不免, 具言其事. 如此每日常來, 皆爲童子所推, 不得至惟思所. 月餘, 忽失二童子, 惟思大懼, 與妻子別. 於是死者大至, 衆見惟思如被曳狀. 墜於堂下, 遂卒.

惟思不臧人也. 自千牛備陞爲澤州・相州判司, 常養賊徒數十人, 令其所在爲盜而館之. 及事發, 則殺之以滅口, 前後殺百餘人, 故禍及也.

126・12(1003)
형 숙(邢 璹)

당(唐)나라의 형숙은 신라(新羅)에 사신으로 갔다가 돌아오는 길에 탄산(炭山)에서 정박했다. [그곳에서 그는] 상인 100여 명을 만났는데, 몇 척의 배에 실려 있는 화물은 모두 진주와 비취, 침향목(沈香木), 상아와 무소 뿔 등으로 수천만 금 어치나 되었다. 형숙은 그들이 방비하지 않는 틈을 타서 모두 죽이고 바다 속에 던져버린 뒤 그 화물을 차지했다. 형숙은 도성에 도착한 뒤 사람들이 알까봐 두려워서 표문(表文)을 올려 그 화물을 진상했는데, 형숙에게 다시 하사하라는 칙명이 내려져 형숙은 그것을 마음대로 사용했다. 나중에 그의 아들 형재(邢縡)가 왕홍(王銲)과 모반을 꾀했다가[玄宗 天寶 11년(752)에 邢縡가 王銲의 동생 王鉷과 함께 역모를 꾀해 楊國忠·李林甫·陳希烈 등을 제거하려 했으나 사전에 발각되어 실패로 끝난 사건. 本書 권121 제17조「楊愼矜」에도 나옴] 형씨 일족이 결국 죽었으니, 이 역시 [악업에 따른] 보응이었다.

唐邢璹之使新羅也, 還歸, 泊于炭山. 遇賈客百餘人, 載數船物, 皆珍翠·沈香·象犀之屬, 直數千萬. 璹因其無備, 盡殺之, 投於海中而取其物. 至京, 懼人知也, 則表進之, 敕還賜璹, 璹恣用之. 後子縡與王銲謀反, 邢氏遂亡, 亦其報也.

126 · 13(1004)
만국준(萬國俊)

당(唐)나라 시어사(侍御史) 만국준은 영사(令史) 출신으로, 잔인한 일만 생각하고 악독한 일에만 힘썼다. 그는 6도(道)의 절도사(節度使)에게 유랑민을 주살해야 한다고 상주하여 무수한 사람을 살해했다. 만국준은 나중에 어느 날 관청에서 나와 천진교(天津橋) 남쪽에 이르렀을 때, 귀신들이 길을 가득 메우고서 말을 막아 세우는 바람에 앞으로 나아갈 수 없었다. 그때 만국준이 외치는 소리가 들렸다.

"이렇게 빌테니 날 좀 놓아주시오!"

만국준은 연거푸 비명을 지르며 고통을 참았다. 잠시 후 그는 말안장을 움켜쥐고 혀를 몇 척이나 내밀었는데, 온 몸이 시퍼렇게 멍들고 부어 있었다. 만국준은 수레에 실려 집에 도착한 뒤 밤중에 죽었다.

唐侍御史萬國俊, 令史出身, 殘忍爲懷, 楚毒是務. 奏六道使, 誅斬流人, 殺害無數. 後從臺出, 至天津橋南, 有鬼滿路, 遮截馬足, 不得前進. 口云: "叩頭緩我!" 連聲忍痛. 俄而據鞍, 舌長數尺, 遍身靑腫. 輿至宅, 夜半而卒.

126 · 14(1005)
왕 요(王 瑤)

[당나라] 회창연간(會昌年間: 841~846)에 왕요라는 사람이 있었는데, 스스로 다음과 같은 이야기를 했다.

왕요의 조부[원문은 '遠祖'라 되어 있으나 '瑤祖'의 오기로 보임. 아래 문장에는 모두 '瑤祖'라 되어 있음]는 본래 청주(靑州) 사람으로, 평로절도사(平盧節度使)를 모셨다. 당시 주공(主公: 平盧節度使)은 성이 이씨(李氏)였고 이름은 기억나지 않는데, 늘 등창을 앓았지만 여러 의원들이 모두 고칠 수 없었다. 그래서 요조의 조부가 희생물과 비단을 청하여 대종산(岱宗山: 泰山)에 기도 드렸더니, 마침내 [태산신(泰山神)이] 감응하여 모습을 드러내고 머물면서 물었다. 그래서 요조의 조부가 머리를 조아리고 울며 피를 토하면서 [태산신에게 주공을] 불쌍히 여겨주시기를 애원했더니, 태산신이 말했다.

"너의 주사(主師: 主公)는 방백(方伯)의 지위에 있고 백성을 기르는 직분에 있으면서도, 생령(生靈)을 잔인하게 해치고 무도함을 널리 자행하며 형벌을 가혹하게 남발하여 원혼들이 고발하기에 이르렀다. 그가 앓고 있는 등창은 [저승에서] 채찍과 곤장에 맞은 결과이니 결코 나을 수 없다. 하늘의 법을 어긴 자는 용서받을 수가 없다."

요조의 조부는 절을 올리고 주공을 한 번 만나보길 청했다. [요조의 조부가] 청구(靑丘: 靑州)로 돌아왔을 땐, 주공은 이미 죽은 뒤였다. 요조의 조부가 태산에서 목격한 일을 주공의 부인에게 자세히 아뢰었더니, 부인이 말했다.

"어떻게 증명할 수 있겠소?"

요조의 조부가 말했다.

"제가 명부(冥府)에 있을 때, 돌아가 말씀드려도 부인께서 믿지 않으실까봐 걱정하여 주공을 뵙길 청했는데, 주공께서는 온 몸이 포승에 묶여 계셨습니다. 마침내 주공께서 사방 둘레가 1촌 남짓 되는 속옷 소매를 찢어서 저에게 주시면서, '그대는 돌아가 이것을 우리 집안 사람들에게 보여주게'라고 말씀하셨는데, 그 옷소매가 지금 여기에 있습니다."

부인은 그것을 받아들고 가서 남편이 임종할 때 입었던 옷을 검사해 보았더니, 과연 찢겨나간 곳이 있었으며 등창에서 나온 피가 그대로 묻어 있었기에, 그의 말이 거짓이 아님을 알게 되었다. (『이목기』)

會昌中, 有王瑤者, 自云: 遠祖本靑州人, 事平盧節使. 時主公姓李, 不記其名, 常患背疽, 衆醫莫能愈. 瑤祖請以牲幣禱於岱宗, 遂感現形, 留連顧問. 瑤祖因叩頭泣血, 願垂矜憫, 岳神言曰: "爾之主師, 位居方伯, 職在養民, 而虐害生靈, 廣爲不道, 淫刑濫罰, 致冤魂上訴. 所患背瘡, 蓋鞭笞之驗, 必不可愈也. 天法所被,無能宥之." 瑤祖因拜乞一見主公. 洎歸靑丘, 主公已殂歿矣. 瑤祖具以泰山所覩之事, 白於主公夫人, 云: "何以爲驗?" 瑤祖曰: "某當在冥府之中, 亦慮歸之不信, 請謁主公, 備窺縲絏. 主公遂裂近身衣袂, 方圓寸餘, 以授某曰: '爾歸, 將此示吾家.' 具衣袂見在." 夫人得之, 遂驗臨終服之衣, 果有裁裂之處, 瘡血猶在, 知其言不謬矣. (出『耳目記』)

126·15(1006)
진 현(陳 峴)

[五代十國의] 민중(閩中)의 왕심지(王審知)가 처음 진안현(晉安縣)에 들어갔을 때, 관부(官府)를 설치하는 데 일이 많았지만 경비가 넉넉하지 않았다. 그래서 공목리(孔目吏: 공문서와 도서 수집을 담당하는 관리) 진현이 계책을 올려, 부자(富者)를 화시관(和市官: 나라 안의 물가를 조절하는 관리)에 임명하고 [그들로부터 재물을] 마음대로 징수하되 그 값은 박하게 쳐주기를 청했기에, 부자들이 그를 원망했다. 진현은 이로 인해 총애를 받아 지계관(支計官: 會計를 담당하는 관리)으로 승진했다. 몇 년 뒤에 어떤 관리 2명이 문서를 들고 진현이 사는 마을을 찾아와 물었다.

"진지계(陳支計: 陳峴)의 집이 어디오?"

사람들이 그 까닭을 물었더니, 그 관리들이 대답했다.

"그 사람이 계책을 올려 화시관을 설치했는데, 이 때문에 파산한 자들이 많아졌소. 그래서 파산한 자들의 조상들이 모두 수서대왕(水西大王)에게 고발했기에 대왕께서 그를 잡아오라고 보내셨소."

진현은 당시 권세를 쥐고 있었으므로 사람들은 두려워서 감히 그 말을 하지 못했다. 다음날 진현은 관부에서 집으로 달려 돌아가더니 하인을 급히 불러 제수(祭需)를 마련하고 제사를 올리게 했는데, 두렵고 당황하는 기색이 역력했다. 그날 마을에서는 2명의 관리가 진현의 집으로 들어가는 것을 또 보았는데, 마침내 진현이 갑자기 죽었다. 처음 왕심지가 거사(擧事)할 때 그의 형 왕심조(王審潮)가 앞장섰기에, 왕심지는 민중을 점거하게 되자 왕심조를 위해 수서 땅에 사당을 세웠다. 그래서 민간에서 그를 '수서대왕'이라 불렀다고 한다.

閩王審知初入晉安, 開府多事, 經費不給. 孔目吏陳峴獻計, 請以富人補和市官, 恣所徵取, 薄酬其直, 富人苦之. 峴由是寵, 遷爲支計官. 數年, 有二吏執文書詣峴里中, 問: "陳支計家所在?" 人問其故, 對曰: "渠獻計置和市官, 坐此破家者衆. 凡破家者祖考, 皆訴於水西大王, 王使來追爾." 峴方有勢, 人懼不敢言. 翌日, 峴自府馳歸, 急召家人, 設齋置祭, 意色悼惶. 是日, 里中復見二吏入峴家, 遂暴卒. 初審知之起事, 其兄潮首倡, 及審知據閩中, 爲潮立廟於水西, 故俗謂之'水西大王'云.

126 · 16(1007)
소회무(蕭懷武)

위촉(僞蜀: 前蜀)에 있던 심사단(尋事團: 일부러 시비를 걸거나 트집을 잡는 집단이라는 뜻)은 중단(中團)이라고도 하며 소원사(小院使) 소회무가 이

끌었는데, 대개 군순(軍巡: 관할지역의 모든 분쟁 사건을 심문하는 관리)의 직무에 해당되었다. 소회무는 자신이 조직한 중단을 거느리고서 수년간 도적을 체포함으로써, 관직이 매우 높아졌으며 수만 금의 돈을 모았다. 또한 그의 저택은 왕후(王侯)에 버금갔고, 여색(女色)과 가기(歌妓)들은 당시의 으뜸이었다. 그가 관할하는 중단의 100여 명은 각자가 모두 부하 10여 명씩을 길렀는데 금세 모였다가 금세 흩어지곤 하여, 사람들은 분간할 수 없었으므로 그들을 그냥 '주구(走狗)'라고 불렀다. 으슥한 마을이나 외진 골목의 수의사, 술집 심부름꾼, 비렁뱅이, 품팔이꾼과 사소한 물건을 파는 아이들까지도 모두 그 주구였다. 민간에서 불평하는 자가 있으면 관부(官府)에서 모르는 법이 없었다. 또한 주군(州郡)과 공훈 귀족의 집에 침투하여 요리를 하거나 마구간을 돌보거나 수레를 몰거나 악기를 연주하는 자들도 모두 그 주구였다. 공적이거나 사적인 동정도 소회무에게 곧장 전달되지 않음이 없었기에, 사람들은 두려운 마음을 품고서 자신들 신변의 측근들이 모두 그 주구일까 봐 늘 의심했다. 소회무가 죽인 사람은 그 숫자를 헤아릴 수 없었는데, 촉이 막 망했을 때 자기에게 협조하지 않거나 돈을 몰래 감추어둔 사람이 있으면, 밤낮으로 체포하여 관부로 끌고 와서 모두 죽였기에, 원통함에 울부짖는 소리가 큰길과 골목까지 들렸다. 나중에 곽숭도(郭崇韜)가 촉에 입성한 뒤, 어떤 사람이 소회무가 모반을 꾀하려 한다고 고발하여, 그의 일족 100여 명이 노소(老少)를 막론하고 저자거리에서 처형당했다. (『왕씨견문』)

僞蜀有尋事團, 亦曰中團, 小院使蕭懷武主之, 蓋軍巡之職也. 懷武自所團捕捉賊盜多年, 官位甚隆, 積金巨萬, 第宅亞於王侯, 聲色妓樂, 爲一時之冠. 所管中團百餘人, 每人各養私名十餘輩, 或聚或散, 人莫能別, 呼之曰'狗'. 至于深坊僻巷, 馬醫酒保, 乞丐傭作, 及販賣童兒輩, 並是其狗. 民間有偶語者, 官中罔不知. 又有散在州郡及勳貴家, 當庖看廐, 御車執樂者, 皆是其狗. 公私動靜, 無不立達于懷武, 是以人懷恐懼, 常疑其肘臂腹心, 皆是其狗也. 懷武殺人不知其數蜀破之初, 有與己不相協, 及積金藏鏹之夫, 日夜捕逐入院, 盡殺之, 冤枉之聲, 聞于街巷. 後郭崇韜入蜀, 人有告懷武欲謀變者, 一家百餘口, 無少長戮于市. (出『王氏見聞』)

126・17(1008)
이귀정(李龜禎)

건덕연간(乾德年間: 919~924)에 위촉(僞蜀: 前蜀)의 어사(御史) 이귀정은 오랫동안 사법(司法) 관직에 있었다. 한번은 어느 날 외출했다가 삼정교(三井橋)에 이르렀을 때, 갑자기 머리가 부러지고 머리카락을 풀어헤친 10여 명의 사람들이 억울하다고 소리치며 점점 다가오는 것을 보았다. 이귀정은 너무 두려운 나머지 말을 돌려 곧장 집으로 돌아가 처자식에게 [목격한 일을] 말해주면서 그의 아들에게 훈계했다.

"너희들은 장성하여 벼슬을 하게 되더라도 형옥관(刑獄官)은 절대 되지 말아라. 나는 [옥사를 처리할 때] 공정하고 신중하고 삼가고 두려워했는데도 오히려 억울한 경우가 있었으니, 지금 그것을 후회하려 해도 어찌 가능하겠느냐!"

그로부터 이귀정은 병에 걸려 죽었다.

乾德中, 僞蜀御史李龜禎久居憲職. 嘗一日出至三井橋, 忽覩十餘人, 摧頭及被髮者, 叫屈稱冤, 漸來相逼. 龜禎慴懼, 廻馬徑歸, 說與妻子, 仍誡其子曰: "爾等成長筮仕, 愼勿爲刑獄官. 以吾淸愼畏懼, 猶有冤枉, 今欲悔之何及!" 自此得疾而亡.

126 · 18(1009)
진 결(陳 潔)

 위촉(僞蜀: 前蜀)의 어사(御史) 진결은 성격이 잔인하고 악독하여, 형벌을 심의하고 판결할 땐 늘 혹독하게 하려고 힘썼다. 그는 10년 동안 천여 명에게 사형 판결을 내렸다. [어느 날 그는] 더위를 피하려고 정자에 갔는데, 갈거미가 거미줄에 매달려 바로 앞에 있기에 손을 뻗어 잡았더니, [그 갈거미가 갑자기] 커다란 거미로 변하여 그의 가운뎃손가락을 깨물었다. 그가 계단 아래로 거미를 털어 내동댕이치자, 거미는 사나운 귀신으로 변하더니 그의 목숨을 거두어가려 왔다고 했다. 그는 놀랍고도 의아해 마지않았다. [거미에게 물린] 손가락에 점점 종기가 생기더니 [결국 그는] 열흘 동안 고통에 시달리다 죽었다.

 僞蜀御史陳潔, 性慘毒, 讞刑定獄, 嘗以深刻爲務. 十年內, 斷死千人. 因避暑行亭, 見蟢子懸絲面前, 公引手接之, 成大蜘蛛, 銜中指, 拂落階下, 化爲厲鬼, 云來索命. 驚訝不已. 指漸成瘡, 痛苦十日而死

태평광기 권제127 보응26

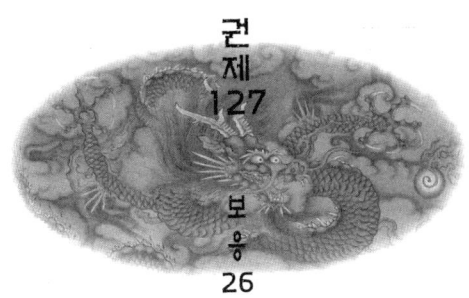

1. 소　아(蘇　娥)
2. 부령처(涪令妻)
3. 제갈원숭(諸葛元崇)
4. 여경조(呂慶祖)
5. 원　휘(元　徽)
6. 이의염(李義琰)
7. 기주사주(岐州寺主)
8. 관요주부(館陶主簿)
9. 승담창(僧曇暢)
10. 오교민(午橋民)
11. 노숙민(盧叔敏)
12. 정　생(鄭　生)

127 · 1(1010)
소 아(蘇 娥)

한(漢)나라의 하창(何敞)이 교지자사(交趾刺史)로 있을 때 정치 행적을 살피러 창오현(蒼梧郡) 고요현(高要縣)으로 순찰 나갔다. 날이 저물어 작분정(鵲奔亭)에서 묵게 되었는데, 채 한밤중도 되기 전에 한 여자가 누각 아래에서 나와 스스로 이렇게 말했다.

"신첩은 성은 소씨(蘇氏)이고 이름은 아(娥)이며 자는 시주(始珠)로, 본래 광신현(廣信縣) 수리(修里) 사람입니다. 일찍 부모님을 여의었고 형제 또한 없으며 지아비도 오래 전에 죽었습니다. 저에게는 여러가지 비단 120필과 치부(致富)라는 하녀 한 명이 있었는데, 저희들은 외롭고 가난할 뿐만 아니라 몸까지 쇠약하여, 스스로 살아갈 방도가 없었습니다. 그래서 이웃 현에 가서 비단을 팔고자 하는 마음에 같은 현(縣) 사람 왕백(王伯)에게 만 이천 냥의 돈을 주고 소달구지 한 대를 빌려서 비단을 싣고 신첩도 타고 앉아서 치부에게 고삐를 맡겼습니다. 지난 해 4월 10일 이곳 작분정 근처에 왔을 때 날은 이미 저물고 지나가는 사람들도 없었기에 더 이상 갈 수 없어 이곳에 머물게 되었습니다. 치부가 갑자기 복통을 일으키는 바람에 신첩이 정장(亭長: 秦·漢代 때는 향촌 10리마다 亭을 설치하고 亭長을 두어 治安을 담당하고 도적을 체포하며 민간의 일을 다스리고 여행객들의 숙박을 담당케했음)이 머물고 있는 곳으로 가서 마실 것을 구하고 불을 달라고 했더니, 정장 공수(龔壽)는 칼과 창을 들고 수레 곁으로 와서 신첩에게 물었습니다.

'부인은 어디에서 오시는 길이오? 수레에다 무엇을 실었소? 남편은 어디에 계시오? 무슨 까닭에 혼자 길을 가시오?'

그래서 신첩은 이렇게 대답했습니다.

'무엇 때문에 번거롭게 물어 보십니까?'

그러자 공수가 신첩의 팔을 잡고 신첩을 욕보이려 했습니다. 신첩이 따르지 않자 공수는 바로 칼로 신첩의 어깨를 찔렀습니다. 신첩이 그 자리에서 죽자 공수는 다시 치부를 살해하고, 누각 아래를 파더니 신첩과 하녀를 파묻은 뒤 재물을 빼앗아 달아나면서 소를 죽이고 수레를 불태웠습니다. 지렛대와 소뼈는 정자의 동쪽 빈 우물에 던졌습니다. 신첩은 고통스럽게 죽었지만, 어디 알릴 데가 없었기에 이렇게 현명하신 사군(使君: 刺史) 나리를 찾아 왔습니다."

하창이 말했다.

"지금 그대의 시체를 찾아낸다 하더라도 어떻게 증명할 수 있겠는가?"

여자가 말했다.

"신첩은 아래위로 모두 흰색 옷을 걸치고 청실로 만든 신을 신고있는데, 아직 썩지 않은 채로 있을 것입니다."

누각 아래를 파보았더니 과연 여자의 말 그대로였다. 하창은 관리를 보내 공수를 사로잡아 와 고문하여 자백을 받은 뒤, 다시 광신현에 가서 물어보았더니 소아의 말과 같았다. 그리하여 하창은 공수의 부모형제를 잡아들여 옥에 가두었다. 그리고 하창은 공수의 살인죄는 보통 형법에 근거해서 보면 가족까지 죽이지 않아도 되지만, 공수는 죄를 짓고도 일

년동안 은밀히 숨겼기에 왕법도 그를 구할 수 없으며, 귀신이 직접 와서 고소하는 경우는 천년동안 한번도 없었던 일이니, 청컨대, 그들을 모두 죽여서 음주(陰誅)를 도우라는 내용의 표문을 올렸다. 상부에서도 그 청을 들어주었다. (『환원기』)

漢何敞爲交趾刺史, 行部蒼梧郡高要縣. 暮宿鵲奔亭, 夜猶未半, 有一女從樓下出, 自云: "妾姓蘇名娥, 字始珠, 本廣信縣修里('廣信'原作'信廣', 據下文及明鈔本改, '理'明鈔本作'里')人. 早失父母, 又無兄弟, 夫亦久亡. 有雜繒帛百二十疋, 及婢一人, 名致富, 孤窮羸弱, 不能自振. 欲往傍縣賣繒, 就同縣人王伯賃車牛一乘, 直錢萬二千, 載妾並繒, 令致富執轡. 以前年四月十日, 到此亭外, 于時已暮, 行人旣絶, 不敢前行, 因卽留止. 致富暴得腹痛, 妾往亭長舍乞漿取火, 亭長龔壽操刀持戟. 來至車傍, 問妾曰: '夫人從何所來? 車上何載? 丈夫安在? 何故獨行?' 妾應之曰: '何勞問之?' 壽因捉臂欲汙妾. 不從, 壽卽以刀刺脅. 妾立死, 又殺致富, 壽掘樓下, 埋妾並婢, 取財物去, 殺牛燒車. 杠及牛骨, 投亭東空井中. 妾死痛酷, 無所告訴, 故來告於明使君." 敞曰: "今欲發汝屍骸, 以何爲驗?" 女子曰: "妾上下皆著白衣, 靑絲履, 猶未朽也." 掘之果然. 敞乃遣吏捕壽, 拷問具服, 下廣信縣驗問, 與娥語同. 收壽父母兄弟皆繫獄. 敞表壽殺人, 於常律不至族誅, 但壽爲惡, 隱密經年, 王法所不能得. 鬼神自訴, 千載無一, 請皆斬之, 以助陰誅. 上報聽之 (出『還冤記』)

127·2(1011)
부령처(涪令妻)

한(漢)나라의 왕돈(王忳)은 자가 소림(少琳)으로, 그가 미현령(郿縣令)

으로 있을 때 그곳 태정(邰亭)에서 늘 귀신이 난동을 부렸다. 왕돈이 태정에서 머물던 날 밤 저녁에 한 여자가 억울함을 호소하고자 한다면서 옷을 입지 않은 채로 안으로 들어오겠다고 했다. 왕돈이 여자에게 옷을 내어주자, [여자는 옷을 입고] 들어와 말했다.

"신첩은 본래 부현령(涪縣令)의 처로, [남편이 봉직하고 있는] 임지로 가던 중에 날이 저물자 이곳 태정에서 묵게 되었습니다. 그런데, 정장(亭長: 秦・漢代때는 향촌 10里마다 亭을 설치하고 亭長을 두어 治安을 담당하고 도적을 체포하며 민간의 일을 다스리고 여행객들의 숙박을 담당케 했음)이 신첩을 비롯해 어른 아이해서 모두 열 사람을 죽이고 누각 아래에 파묻은 뒤 옷가지와 재물을 가지고 갔습니다. 정장은 지금 현 문하의 유격(游徼: 官名으로, 도적체포를 담당하는 관리)으로 있습니다."

왕돈이 말했다.

"내 마땅히 너를 위해 원한을 갚아줄 테니 더 이상 무고하게 선량한 사람들을 죽이지 마라."

그러자 귀신은 옷을 내려놓더니 밖으로 나갔다. 왕돈이 유격을 불러 [그러한 사실이 있냐고] 물어보았더니, 유격은 스스로 그 사실을 인정했다. 또한 당시에 공모했던 10여 사람을 잡아들여 함께 죽였다. [왕돈이] 사람들의 시체를 파내어 그 집으로 돌려보내 장사지내게 했더니, 그 뒤로 태정은 영원히 조용해졌다. ([『환원기』])

漢王忳, 字少琳, 爲郿縣令, 之邰亭, 亭素有鬼. 忳宿樓上, 夜有女子, 稱欲訴冤, 無衣自進. 忳以衣與之, 進曰: "妾本涪令妻也, 欲往官, 過此亭宿. 亭長殺妾大小十口, 埋在樓下, 取衣裳財物. 亭長今爲縣門下游徼." 忳曰: "當爲汝報之,無復妄殺良善也." 鬼投衣而去. 忡且召游徽問, 卽服. 收同時十餘人, 並殺之. 掘取諸喪, 歸其家葬之, 亭永淸寧. (原闕出處, 今見『還冤記』)

127・3(1012)
제갈원숭(諸葛元崇)

낭야(瑯琊) 사람 제갈복(諸葛覆)은 송(宋)나라 원가연간(元嘉年間: 424~453. 본문에는 永嘉로 되어 있으나, 元嘉의 오기로 보임. 西晉때 永嘉가 있지만, 시대상 맞지 않음)에 구진태수(九眞太守)가 되었을 때, 집안의 가솔들은 모두 양도(揚都: 建康)에 남겨두고 장자 제갈원숭만을 데리고 임지로 갔다. 제갈복이 구진군에서 병으로 죽자, 막 19살이 된 제갈원숭이 제갈복의 상여를 매고 고향으로 돌아오려 했다. 제갈복의 문하에 하법승(何法僧)이란 사람이 있었는데, 제갈복의 재산을 탐하여 그 동료들과 함께 제갈원숭을 물에 빠뜨려 죽이고 그 재산을 나누어 가졌다. 제갈원숭의 모친 진씨(陳氏)는 제갈원숭이 집으로 돌아오는 꿈을 꾸었다. 제갈원숭은 부친의 죽음과 자신이 살해된 까닭을 자세하게 말하고 시신이 물에 떠내려갔으니, 비할 데 없이 원통하다고 했다. 또 어머니를 모시다 헤어진지 여러 해가 지났는데, 이렇게 하루아침에 오랫동안 이별하게 되어 슬픔에 한을 품게 되었다며 어떻게 말을 해야 할 지 모르겠다고 했다. 그러다 흑흑 흐느껴 울면서 스스로 그 감정을 이기지 못하는 듯 다시 말했다.

"빨리 걸어오는 바람에 피곤한 나머지 창문 아래의 침상에 드러누워

창문을 베개삼아 누워 있었습니다. 내일 소자가 잠들어 있는 곳을 살펴 보시면 제 말이 거짓이 아님을 아시게 될 것입니다."

진씨는 아들을 애달파 하면서 깜짝 놀라 일어나서는 불을 들고 가 아들이 잠들어 있었다는 곳을 비추어보았더니 그 자리가 마치 사람의 형태대로 젖어 있었다. 그리하여 집안 식구들은 마치 다른 사람에게 그 소식을 알리려는 듯 소리 놓아 통곡했다. 이때 서삼지(徐森之)가 막 교주(交州)에 제수되었고, 서도립(徐道立)은 장사(長史)로 있었는데, 서도립은 진씨의 종고모의 아들이었다. 진씨는 꿈에서 본 내용을 갖추어 말하면서 두 사람에게 그 일을 살펴보라고 부탁했다. 서도립은 제갈복의 상여를 실은 배를 보고는 그 부자가 죽은 날짜를 알아보았더니, 모두 귀신의 말과 같았다. 이에 제갈원숭을 죽인 두 사람을 잡아들여 [그런 일이 있었냐고] 물어보았더니 모두 그 죄를 인정했기에 법에 따라 그들을 죽였다. 그리고 사람을 보내 상여를 양도로 돌려보냈다. (『환원기』)

瑯琊諸葛覆, 宋永嘉年爲九眞太守, 家累悉在揚都, 唯將長子元崇赴職. 覆於郡病亡, 元崇始年十九, 送喪欲還. 覆門生何法僧貪其資, 與伴共推元崇墮水而死, 因分其財. 元崇母陳氏夢元崇還. 具叙父亡及身被殺委曲, 尸骸流漂, 怨酷無雙. 奉違累載, 一旦長辭, 銜悲茹恨, 如何可說. 歔欷不能自勝, 又云: "行速疲極, 因臥窓下牀上, 以頭枕窓. 明日視兒眠處, 足知非虛矣." 陳氏悲怛驚起, 把火照兒眠處, 沾濕猶如人形. 於是擧家號泣, 便如發聞. 于時徐森之始除交州, 徐道立爲長史, 道立卽陳氏從姑兒也. 具疏夢, 託二徐驗之. 徐道立遇諸葛喪船, 驗其父子亡日, 悉如鬼語. 乃收行兇二人, 卽皆款服, 依法殺之. 差人送喪還揚都. (出『還冤記』)

127 · 4(1013)
여경조(呂慶祖)

송(宋)나라 영강(永康) 사람 여경조는 집안이 매우 부유했다. 여경조는 늘 교자(敎子)라는 하인을 시켜 별장을 지키게 했는데, 어느 날 직접 별장을 둘러보러 나갔다가 갑자기 누군가에게 살해되었다. 집안의 동생 여무기(呂無期)가 일전에 여경조의 돈을 빌린 적이 있었기 때문에 사람들은 모두 여경조가 그에게 살해되었다고 생각했다. 여무기는 곧장 술과 안주를 가지고 여경조의 관이 안치되어 있는 곳으로 가서 이렇게 빌었다.

"그대가 이렇게 참혹한 고통을 당하게 되자, 모두들 내가 한 짓이라고 합니다. 혼백이 있다면 그 주모자를 알게 하여 주십시오."

그리고는 집으로 돌아와 있는데 삼경이 되자 여경조가 나타나 이렇게 말했다.

"근자에 별장을 둘러보다가 하인 교자가 밭을 돌보지 않는 것을 보고 마땅히 호되게 다스려야 한다고 생각했다. 그런데 그 놈이 도끼로 내 등을 찍고 모자로 입을 틀어막고자 했기에 내가 그 놈의 세 번째 손가락을 깨물어 그곳에 상처가 났다. 그러자 그 놈은 바로 칼로 내 목을 찌르더니 후문으로 나를 끌고 갔다. 내가 막 살해되었을 때 나를 따라온 사람들도 함께 그 사실을 고발하지 않았기 때문에 범인을 잡지 못했다. 지금 그 놈이 달아나려 하기에 내가 이미 못으로 그 머리를 벽에다 박아 두었다."

말을 다하고 여경조는 사라졌다. 여무기는 이러한 사실을 그 부모님께 자세하게 알리고 몰래 하인이 사는 집의 벽을 살펴보았더니, 정말 머리채 하나가 대나무 못에 박혀 있었다. 다시 그 손가락을 살펴보았는데 모두 상처가 나 있었기에 그를 사로잡아 따져 물었더니, 그 하인은 자신의 죄를 인정했다. 또 그에게 주인을 반역했으면서도 어째서 달아나지 않았냐고 물어보았더니 하인이 말했다.

"누군가가 내 머리를 치는 바람에 달아나려고 했지만 그렇게 할 수 없었습니다."

이 일을 함께 본 다른 사람들의 말과 모두 맞아떨어졌기에 교자는 그의 두 자식과 함께 화형에 처해졌다. (『환원기』)

宋永康人呂慶祖, 家甚殷富. 常使一奴名敎子守視墅舍, 慶祖自往案行, 忽爲人所殺. 族弟無期, 先貸擧慶祖錢, 咸謂爲害. 無期便齎酒脯至柩所而祝曰: "君荼酷如此, 乃謂是我. 魂而有靈, 使知其主." 旣還, 至三更, 見慶祖來云: "近履行, 見奴敎子畦疇不理, 許當痛治. 奴遂以斧砍我背, 將帽塞口, 因得齧奴三指, 悉皆破碎. 便取刀刺我頸, 曳著後門. 初見殺時, 從行人亦在其中, 而不同, 執罪之失也. 奴今欲叛, 我已釘其頭著壁." 言卒而遂滅. 無期具以告其父母, 潛視奴所住壁, 果有一把髮, 以竹釘之. 又看其指, 並見傷破, 錄奴詰驗, 承伏. 又問汝旣反逆, 何以不叛, 奴曰: "頭如被擊, 欲逃不得." 諸同見者事相符. 卽焚敎子並其二息. (出『還冤記』)

127 · 5(1014)
원 휘(元 徽)

후위(後魏: 北魏) 장제(莊帝) 영안연간(永安年間: 528~530)에 북해왕(北海王) 원호(元顥)가 낙양(洛陽)을 침범해 들어가자 장제는 북쪽으로 달아났다. 성양왕(城陽王) 원휘(元徽)는 집을 희사하여 선중사(宣中寺)를 세웠다. 이주조(爾朱兆)가 장제를 사로잡자, 원휘는 전 낙양현령(洛陽縣令) 구조인(寇祖仁)에게 투항했다. 구조인은 이주조가 현상금을 내걸고 원휘를 체포한다는 소문을 듣고 곧바로 원휘의 머리를 잘라 이주조에게 보냈다. 이주조는 꿈에 원휘가 나타나 말하는 것을 보았다.

"나는 황금 200근(斤)과 말 100필(匹)을 가지고 있었는데, [지금] 구조인의 집에 있으니 그대가 가져오시오."

이주조는 구조인의 목을 높은 나무 위에 매달고 큰돌을 발에 묶어 늘어뜨리고 채찍으로 그를 때리면서 [원휘의] 황금과 말에 대해서 물었다. 결국 구조인은 이렇게 죽었는데, 당시 사람들은 이를 나쁜 짓을 한 대가라고 생각했다. (『광고금오행기』[『가람기』・『환원기』])

後魏莊帝永安中, 北海王顥入洛, 莊帝北巡. 城陽王徽捨宅爲宣中寺. 爾朱兆擒莊帝, 徽投前洛陽令寇祖仁. 祖仁聞爾朱兆購徽, 乃斬徽首送兆. 兆夢徽曰: "我有金二百斤, 馬一百匹, 在祖仁家, 卿可取之." 兆於是懸祖仁首於高樹, 以大石墜其足, 鞭箠之, 問得金及馬. 而祖仁死, 時以爲禍報. (出『廣古今五行記』, 明鈔本作'出『伽籃記』及『還冤記』')

127・6(1015)
이의염(李義琰)

당(唐)나라 농서(隴西) 사람 이의염은 정관연간(貞觀年間: 627~649)에 화주현위(華州縣尉)로 있었다. 그 현에서 갑자기 한 사람이 실종되었는데, 어디로 갔는 지 알 길이 없었기에 그 부모와 형제들은 원수에게 살해된 것이라고 생각하여 현에 가서 그 사정을 아뢰었다. 이의염은 사건을 조사해보았지만, 판단을 내릴 수 없었다. 그리하여 이의염은 밤에 촛불을 밝혀놓고 자세하게 사건을 따져보았다. 한밤중이 되어 이의염이 책상에 기대어 머리를 숙이고 있는데, 어느 사이에 죽은 사람이 그 자리에 와 있었다. 몸에는 매맞은 상처 같은 것이 있었는데, 그가 말했다.

"아무개가 저를 때려죽여 제 시신을 모 우물 속에 던져두었으니, 공께서는 빨리 가서 살펴보십시오. 그렇지 않으면 시신을 다른 곳으로 옮겨 결국 찾을 수 없을 지도 모르겠습니다."

이의염은 곧바로 친히 [우물가로] 가서 살펴보았는데, 그가 말한 그대로였고 원수도 그 죄를 인정했다. 그 이야기를 보고들은 사람들 가운데 놀라고 감탄하지 않는 이가 없었다. (『법원주림』)

唐隴西李義琰, 貞觀年中, 爲華州縣尉. 此縣忽失一人, 莫知所在, 其父兄疑一讎家所害, 詣縣陳情. 義琰案之, 不能得決. 夜中執燭, 委細窮問. 至夜, 義琰據案俛首, 不覺死人卽在. 猶帶被傷之狀, 云: "某乙打殺, 置於某所井中, 公可早驗. 不然, 恐被移向他處, 不可尋覓." 義琰卽親往, 果如所陳, 而讎家始具款伏. 當聞見者, 莫不驚歎. (出『法苑珠林』)

127·7(1016)
기주사주(岐州寺主)

당(唐)나라 정관(貞觀) 13년(639)년에 기주성(岐州城) 내에 한 주지스님이 있었는데, 같은 절의 도유나(都維那: 維那라고도 하는데, 승려들의 雜事를 관리하는 승려직을 말함)와 사이가 좋지 않았기에 결국에는 도유나를 죽이고 시체를 열두 도막내어 뒷간에 버렸다. 절의 스님들은 도유나가 오랫동안 보이지 않자 별가(別駕: 刺史가 州를 순행할 때 수행하는 벼슬) 양안공(楊安共)에게 그 사실을 알리고 와서 조사하게 했지만, 그의 종적을 찾을 길이 없었다. 별가가 절을 나서려 하자 스님들이 별가를 전송하는데, 주지스님의 왼쪽 팔에 걸친 가사에 선혈이 묻어 있었다. 별가가 심문해보았더니, 주지스님이 말했다.

"도유나를 죽이던 날 밤에 가사를 걸치지도 않았는데, 지금 선혈이 묻어 있는 것은 여러 부처와 보살께서 이렇게 하신 것 같습니다."

주지스님은 결국 죄를 인정하고 죽음을 받았다. (『광고금오행기』)

唐貞觀十三年, 岐州城內有寺主, 共都維那爲隙, 遂殺都維那, 解爲十二段, 置於廁中. 寺僧不見都維那久, 遂告別駕楊安共來驗檢, 都無蹤跡. 別駕欲出, 諸僧送別駕, 見寺主左臂上袈裟, 忽有些鮮血. 別駕勘問, 云: "當殺之夜, 不著袈裟, 有其鮮血, 是諸佛菩薩所爲." 竟伏誅. (出『廣古今五行記』)

127·8(1017)
관요주부(館陶主簿)

당(唐)나라 익주(冀州) 관요현(館陶縣)의 주부(主簿: 문서나 장부를 맡은 漢代 이후의 벼슬)는 성이 주씨(周氏)이고, 그 이름은 기억나지 않는다.

주씨는 현경연간(顯慶年間: 656~661)에 어명을 받들고 임투관(臨渝關) 아시(牙市)로 일을 보러 가게 되었다. [아시로] 떠나던 날 좌사(佐史: 州 또는 縣의 屬官) 등 두 사람이 함께 그를 따라갔다. 주씨가 돈과 비단을 좀 많이 가져갔기에 두 사람은 모래주머니로 그를 눌러 죽였다. 그리고 주씨가 가지고 있던 돈과 비단을 훔쳐 달아나면서 [주씨를] 옷 입은 채로 땅에 묻어버렸다. [주씨는] 그 해가 다 지나갈 무렵에 처의 꿈에 나타나 [자신이] 살해된 상황을 구체적으로 말하고 그들이 훔쳐간 재물을 숨겨둔 장소까지 말해주었다. 처는 그의 말에 따라 관에다 그들을 고소했다. 관에서 사건을 조사하고 살펴보았더니, 그러한 사실이 있었고 돈과 비단이 함께 발견되었기에, 결국 두 사람은 사형에 처해졌다. 상주(相州) 지력사(智力寺)의 스님 혜영(慧永)이 이전에 명정관(明庭觀) 도사 유인관(劉仁寬)이 말하는 것을 직접 들었다고 했다. (『법원주림』)

唐冀州館陶縣主簿姓周, 忘其名字. 顯慶中, 奉使於臨渝關牙市. 當去之時, 佐史等二人從往. 周將錢帛稍多, 二人乃以土囊壓而殺之. 所有錢帛, 咸盜將去, 唯有隨身衣服充歛. 至歲暮, 妻夢, 具說被殺之狀, 兼言所盜財物藏之處. 妻乃依此訴官. 官司案辨, 具得實狀, 錢帛並獲, 二人皆坐處死. 相州智力寺僧慧永云, 嘗親見明庭觀道士劉仁寬說之. (出『法苑珠林』)

127・9(1018)
승담창(僧曇暢)

당(唐)나라 건봉연간(乾封年間: 666~668)에 도성 서명사(西明寺)의 스님 담창은 하인 한 명과 당나귀 두 마리를 끌고 기주(岐州)의 능법사(稜法師)에게 설법을 들으러 갔다. 담창 스님은 기주로 가던 길에 자칭 현자오계(賢者五戒)라는 사람을 만났는데, 그는 기운 모자에 해진 옷을 입고 염주를 세면서 자신도 능법사의 설법을 들으러 가는 길이라고 했다. 밤에 마외(馬嵬)의 객사에서 머물게 되었는데, 오계가 한밤이 되도록 쉬지 않고 예불을 올리면서 불경을 염송(念誦)했기에 담창스님은 그가 아주 정진한다고 생각했다. 사경이 되어 함께 출발했는데, 객사에서 10리 남짓 떨어진 곳에 이르렀을 때 오계가 갑자기 소매에서 양날 칼을 꺼내더니 담창 스님을 찔러 죽였다. 담창 스님의 하인은 말에서 내려 풀숲으로 달아났고, 오계는 당나귀를 타고 물건을 싣더니 바로 떠나갔다. 객사의 주인은 아직 잠에서 깨지 않았는데, 꿈에 담창 스님이 나타나 이렇게 말하는 것이었다.

"어제 밤에 오계가 빈도를 죽였습니다."

잠시 후에 하인이 달려와 [객사의 주인에게] 그 사실을 알렸는데, 꿈에서 들은 그대로였다. 그때 함께 객사에 머물렀던 삼위(三衛: 唐代 禁衛軍 가운데 親衛・勳衛・翊衛를 말함)의 병사가 활과 화살을 들고 말을 타고 40리 남짓 쫓아가서 활을 겨누자 오계는 곧 바로 당나귀의 등에서 내려와 살려달라고 했다. 이에 그를 포박하여 현으로 보내서 사형에 처했다. (『조야첨재』)

唐乾封年中, 京西明寺僧曇暢, 將一奴二驢向岐州稜法師處聽講. 道逢一人, 著衲帽弊衣, 招數珠, 自云賢者五戒. 講. 夜至馬嵬店宿, 五戒禮佛誦經, 半夜不歇, 暢以爲精進一練. 至四更, 卽共同發, 去店十餘里, 忽袖中出兩刃刀子, 刺殺暢. 其奴下馬入草走, 其五戒騎騾驅馱卽去. 主人未曉, 夢暢告云: "昨夜五戒殺貧道." 須臾奴走到, 告之如夢. 時同宿三衛子, 披持弓箭, 乘馬趁四十餘里, 以弓箭擬之, 卽下騾乞死. 縛送縣, 決殺之. (出『朝野僉載』)

127 · 10(1019)
오교민(午橋民)

 당(唐)나라의 위주사마(衛州司馬) 두(杜) 아무개가 낙양현위(洛陽縣尉)로 있었을 때 도적 잡는 일을 맡아보았다. 당시 낙양성 남쪽에 있는 오교(午橋)라는 마을의 한 집에서 불이 나 집안 식구 일곱 명이 함께 불타 죽은 일이 있었다. 두 아무개가 청사(廳事)에 앉아 있을 때 갑자기 어떤 사람이 문지기에게 사로잡혀 허둥지둥 앞으로 다가오고 있었다. 두 아무개가 그 까닭을 물었더니 문지기가 말했다.

 "이 사람이 크게 놀라고 겁에 질린 채 방금 [이곳에] 와서는 다시 급하게 현문(縣門) 안으로 들어갔다가 곧바로 다시 급하게 뛰어나오기에 [수상한 생각이 들어] 사로잡았습니다."

 그 사람이 말했다.

 "저는 오교의 사람들을 죽인 범인이기에 이렇게 자수하러 왔습니다. 일찍이 동료 다섯 사람과 함께 그 집을 털었는데, 재물이 몇 10만은 되었습니다. 일이 들통날까 두려워 그 집사람을 죽이고 그 집을 불태웠는데, 마치 자연히 불이나 사람이 죽은 것처럼 위장했기에 사람들의 의심을 받지 않을 수 있었습니다. 재물을 가지고 성으로 가서 도덕리(道德里)

에 물건을 놓아두고 동료들과 함께 성밖으로 나가려 했는데, 갑자기 길이 험해지면서 갈 수가 없었습니다. 오늘 도덕방(道德坊)에서 나와서 남쪽으로 가려 했는데, 갑자기 하늘에 예닐곱 개의 불덩어리가 나타났습니다. 큰 것은 표주박 만하고 작은 것은 술잔 만했는데, 우리 앞을 가로막고 있어 남쪽으로 나갈 수 없었습니다. 그래서 북쪽으로 달아났는데, 작은 불길이 곧장 가슴 안으로 들어와 오장육부를 태웠기에 몹시 뜨거워 발광하게 되었습니다. 그러자 다른 불길도 저를 가로막고 휘휘 돌면서 현문 안으로 저를 몰아넣었습니다. 제가 현문 안에 들어서자 불길이 사라졌고, 가슴속의 불길도 모두 꺼졌습니다. 그래서 현문을 다시 나서는데, 불길이 또 공중에서 저를 가로막으면서 나가지 못하게 했습니다. 그래서 스스로 이 상황에서 벗어날 수 없음을 알고 이렇게 모두 말씀드리는 것입니다."

그리하여 두 아무개는 그 무리들을 잡아들이고 재물을 모두 가져오게 한 뒤, 관아에서 그들을 죽였다. (『기문』)

唐衛州司馬杜某嘗爲洛陽尉, 知捕寇. 時洛陽城南午橋, 有人家失火, 七人皆焚死. 杜某坐廳事, 忽有一人爲門者所執, 狼狽至前. 問其故, 門者曰: "此人適來, 若大驚恐狀, 再馳入縣門, 復馳出, 故執之." 其人曰: "某卽殺午橋人家之賊也, 故來歸命. 嘗爲伴五人, 同劫其家, 得財物數百千. 恐事泄, 則殺其人, 焚其室, 如自焚死者, 故得人不疑. 將財至城, 舍於道德里, 與其伴欲出外, 輒坎軻不能去. 今日出道德坊南行, 忽見空中有火六七團. 大者如瓠, 小者如盃, 遮其前, 不得南出. 因北走, 有小火直入心中, 蒸其心腑, 痛熱發狂. 因爲諸火遮繞, 驅之令入縣門. 及入則不見火, 心中火亦盡. 於是出門, 火又盡在空中, 遮不令出. 自知不免,故備言之." 由是命盡取其黨及財物, 於府殺之. (出『紀聞』)

127 · 11(1020)
노숙민(盧叔敏)

당(唐)나라 노숙민은 구씨현(緱氏縣)에서 살았는데, 옛날 태부(太傅) 문정공(文貞公) 최우보(崔祐甫)의 외조카이다. 최우보는 막 재상에 임명되었을 때, 노생(盧生: 盧叔敏)에게 편지를 보내어 명경과(明經科)에 응시하라고 했다. 그리하여 노생은 구씨현에서 도성으로 올라오게 되었는데, 행색이 빈곤하여 당나귀 한 마리에 두 개의 차대(叉袋: 주머니 입구가 작살 모양의 형태를 띤 포대자루)를 들고, 겨우 10살 남짓 된 하인 한 명을 데리고 갈 뿐이었다. 막 현을 나서는데, 자색 옷 입은 사람이 작은 두건을 벗어 들고 노생에게 함께 갈 것을 청하며 "도성에 편지를 전하러 가는 길입니다"라고 말하는데, 그 말씨가 매우 조심스러웠다. 노생은 하인이 너무 어렸기에 그 사람을 만나게 되어 잘 됐다고 생각하여 함께 동행을 하게 되었다. 객사에 머물 때마다 노생은 술과 차를 나누어주었는데, 자색 옷 입은 사람은 염치도 차릴 줄 알았다. 악령(鄂嶺)에 이르러 일찍 출발해서 10리 정도 갔을 때 비로소 날이 밝기 시작했다. 자색 옷 입은 사람은 어린 하인과 뒤에서 당나귀를 몰고 있었다.

갑자기 하인이 이렇게 고함치는 소리가 들렸다.

"자색 옷 입은 사람이 저를 때립니다."

이에 노생이 말했다.

"하인 놈이 잘못했으면 그저 내게 말만 하면 내가 처리할 것인데, 어째서 마음대로 때리시는가?"

노생이 말을 다하고 [뒤를 돌아] 보았더니, 자색 옷 입은 사람이 품속에서 칼을 꺼내들고 하인의 배를 찔러 피가 흐르고 있었다. 노생은 [그 광경을 보고] 놀라서 도망쳤는데, 처음에는 당나귀를 타고 수십 걸음 달아나다가 자색 옷 입은 사람이 뒤쫓아 따라오는 것을 보고는 당나귀와 신발을 버리고 십여 걸음 도망갔다. 자색 옷 입은 사람은 급기야 그를 따라잡더니 칼로 노생을 찔러 거꾸로 넘어뜨리고 하인과 함께 악령에서 죽여버렸다.

당시 구씨현의 현위(縣尉)로 있던 정초상(鄭楚相)은 노생과 외사촌 사이였다. 정초상은 새벽에 일어나 대청에 앉아 있다가 피곤해서 언뜻 잠들었는데, 꿈에 노생이 머리를 풀어헤치고 얼굴에 피를 덮어 쓴 채 나타나 그에게 말했다.

"저는 이미 도적에게 살해되었습니다."

이에 정초상이 [어쩌다가 그렇게 되었냐고] 이유를 묻자, 노생이 말했다.

"저는 억울하게 죽었는데, 그 도적은 아직 잡히지 않았습니다."

그리고는 흰 소 한 마리를 끌고 왔는데, [보았더니] 왼쪽 다리를 절뚝거리고 있었다. 노생이 말했다.

"형님은 이 소만 기억하고 계십시오. 내년 8월 1일 새벽에 도적이 하중부(河中府)에서 동료들과 함께 소를 사러 올 것입니다. 그들은 이곳을 지나 서곽문(西郭門) 안으로 들어갈 것인데, 맨 뒤에서 이 소를 몰고 있는 사람이 바로 저를 죽인 사람입니다."

정군(鄭君: 鄭楚相)은 깜짝 놀라 잠에서 깨어나서 동료들에게 꿈에서 본 일을 말했다. 이튿날 도적을 잡으라는 관아의 문서가 내려오자 정군은 그때서야 비로소 노생이 도적에게 살해되었음을 알았다. 책 속에서 재상 최우보의 수찰(手札)이 나오자 하남윤(河南尹)은 급히 도적을 체포하려 했지만, 그 종적을 전혀 알 수 없었다.

이듬해 7월 말에 정군은 현재(縣宰: 縣令)와 계획을 세웠다. 약속한 날 오경이 되자 서곽문 밖에다 궁수와 사수를 몰래 배치해두고, 자신은 하인들을 이끌고 길옆에서 매복하고 있었다. 막 동이 틀 무렵에 정말 어떤 사람이 소를 몰고 서쪽에서 오고 있었고 그 뒤를 따라 다리를 절뚝거리는 흰 소가 따르고 있었는데, 걸음걸이가 너무 늦어 그 무리들을 따라가지 못했다. 한 사람이 그 소를 몰고 있었는데, 그 소는 바로 정군이 꿈에서 본, 노생이 끌어왔던 바로 그 소였기에 그들을 사로잡고 그 무리 예닐곱 명도 모두 사로잡게 되었다. 그 절뚝거리던 소를 몬 사람이 바로 노생을 죽인 도적이었다. 정생이 [그런 일이 있었냐고] 심문하자 [흰 소를 몰고 온 사람은] 그 죄를 모두 인정하며 말했다.

"그 나리께서 제게 은혜를 베푸셨는데, 저는 그분이 들고 계시던 봇짐 속의 책을 모두 비단이라 생각하고 그 분을 죽였습니다. 그 분을 죽이고 나서 봇짐을 풀어보고 나서야 제 생각이 잘못된 것을 알았습니다. 봇짐 속에는 겨우 명주 두 필밖에 없었습니다. 그 날 이후로 마치 그 분이 늘 제 곁에 보이는 것 같았기에 그 일이 탄로 나지 않는다 하더라도 도리어 죽을 생각을 하고 있었습니다. 이미 이렇게 잡힌 이상 어찌 감히 꺼리고 숨기겠습니까!"

그리하여 [노생을 죽인 도적은] 그 일의 전말을 자세하게 말하고 나서 그 무리들과 함께 저자거리에서 처형되었다. (『일사』)

唐盧叔敏, 居緱氏縣, 卽故太傅文貞公崔祐甫之表姪. 時祐甫初拜相, 有書與盧生, 令應明經擧. 生遂自緱氏赴京, 行李貧困, 有驢, 兩頭叉袋, 一奴纔十餘歲而已. 初發縣, 有一紫衣人, 擎小㡌, 與生同行, 云: "送書狀至城." 辭氣甚謹. 生以僮僕小, 甚利其作侶, 扶接鞍乘. 每到店, 必分以茶酒, 紫衣者亦甚知愧. 至鄂嶺, 早發十餘里, 天才明. 紫衣人與小奴驅驢在後. 忽聞奴叫呼聲, 云: "被紫衣毆擊." 生曰: "奴有過但言, 必爲科決, 何得便自打也?" 言訖, 見紫衣人懷中抽刀, 刺奴洞腸流血. 生乃驚走, 初尙乘驢, 行數十步, 已見紫衣人趁在後, 棄驢並靴馳十數步. 紫衣逐及, 以刀刺倒, 與奴同死於嶺上.

時緱氏尉鄭楚相, 與生中外兄弟. 晨起, 於廳中忽困睡, 夢生被髮, 血污面目, 謂尉曰: "某已被賊殺矣." 因問其由, 曰: "某枉死, 然此賊今捉未得." 乃牽白牛一頭來, 跛左脚. 曰: "兄但記此牛. 明年八月一日平明, 賊從河中府, 與同黨買牛來. 於此過, 入西郭門, 最後驅此者卽是." 鄭君驚覺, 遂言於同僚. 至明日, 府牒令捉賊, 方知盧生已爲賊所殺. 於書帙中得崔相手札, 河南尹捕捉甚急, 都無蹤跡.

至明年七月末, 鄭君與縣宰計議. 至其日五更, 潛布弓矢手力於西郭門外, 鄭君領徒自往, 伏於路側. 至日初出, 果有人驅牛自西來者, 後白牛跛脚, 行遲, 不及其隊. 有一人驅之, 其牛乃鄭君夢中所見盧生牽者, 遂擒掩之, 並同黨六七盡得. 驅跛牛者, 乃殺盧生賊也. 問之悉伏, 云: "此郎君於某有恩, 某見其囊中書, 謂是綾絹, 遂劫殺之. 及開之, 知非也. 唯得絹兩疋耳. 自此以來, 常髣髴見此郎君在側, 如未露, 尙欲歸死. 已就執, 豈敢隱諱乎!" 因具言其始末, 與其徒皆死於市. (出『逸史』)

127 · 12(1021)
정 생(鄭 生)

　　당(唐)나라 형양(滎陽) 사람 정생은 사냥과 활쏘기에 뛰어나고 용감하고 민첩하기로 소문이 나 있었다. 정생은 공락(鞏雒)의 교외에서 살았는데, 한번은 술에 취해 손에 활을 들고 허리에 화살을 묶은 채 말을 타고 질주했다. [그런데 한참 말을 타다 보니] 자신의 집에서 수 십리 떨어진 들판 사이에서 혼자 말을 타고 있는 것이었다. 마침 날이 저물고 비바람이 세게 불었기에 정생은 큰 나무 아래로 몸을 피했다. 잠시 뒤에 비는 그쳤지만 이미 날이 저문 뒤였기에 정생은 그만 길을 잃고 말 가는 대로 몸을 내 맡겨 두었는데, 길옆으로 신을 모셔둔 사당 한 채가 보였다. 정생은 말을 문 밖에다 묶어두고 사당 안으로 들어가 쉬려다 말고 갑자기 두려운 생각에 동쪽 처마 아래로 몸을 숨겼다. 사당 왼쪽 빈방에서 바스락거리는 소리가 들리기에 정생은 귀신이 아닌가 하는 마음에 활을 당기고 활시위를 겨누며 살펴보았다. 별안간 짧은 옷을 걸친 키 큰 사내가 등에 가사를 걸치고 봇짐을 지고 칼을 들고 빈집에서 나오더니 칼을 휘두르며 소리쳤다.

　　"나는 도적인데, 너도 도적이냐?"

　　정생이 말했다.

　　"나는 공락 교외에서 살고 있는데, 조금 전에 혼자 들판을 거닐다가 큰 비바람을 만나 길을 잃고 헤매다가 이곳에 몸을 피하게 되었소."

　　칼을 들고 있는 사람이 말했다.

　　"네가 도적이 아니라고 하니, 나를 죽이지는 않겠지? 내가 달아나려면 반드시 이 동쪽 처마 아래를 지나가야 하니, 활을 놓고 화살을 내게 주어 지나가게 해다오. 그렇지 않으면 네 녀석을 죽이고 말겠다."

정생은 늘 화살을 따로 품속에 넣고 다녔기 때문에 바로 시위를 풀어 화살을 칼을 든 사람 앞에다 던졌다. 그리고나서 몰래 품속에서 활시위를 꺼내 활에 매달았다. 도적은 화살을 받자 동쪽 처마 아래로 와서 정생을 죽여 입을 막고자 했다. 이에 정생이 급히 화살을 꺼내 활시위에 걸자 도적은 달아나면서 말했다.

"네 녀석은 과연 똑똑하구나. 내가 죽을죄를 지었다."

정생이 말했다.

"내가 너에게 해를 입히지 않았는데, 너는 어찌하여 나를 의심하느냐?"

그러자 도적은 두 번 절하며 사죄했다. 정생은 곧 바로 서쪽 처마 아래로 가서 도적을 피했다. 도적이 사라지자, 정생은 도적이 그 무리를 이끌고 다시 올까 두려워 나무에 올라가 스스로 몸을 숨겼다.

한참 후에 달이 뜨고 별이 빛나기 시작하자 갑자기 잘 단장한 부인이 빈방에서 나와 정원에서 울었다. 정생이 그 까닭을 묻자 부인이 말했다.

"저는 마을에서 살고 있었는데, 도적에게 유괴되어 이곳까지 오게 되었습니다. 도적은 제 옷가지가 탐이 나 빈방에서 저를 죽인 뒤 시신을 버리고 떠나갔습니다. 그러니 나리께서 제 원한을 갚아 주셨으면 합니다."

그리고는 또 말했다.

"오늘 밤 그 도적놈이 밭의 무덤 사이에서 몸을 숨기고 있을 테니, 급히 쫓아가셔서 놓치지 말아 주십시오."

정생이 그렇게 하겠다고 약속하자, 부인은 감사의 절을 올린 뒤 물러났다. 날이 밝은 뒤 정생이 [빈 방을] 살펴보았더니 과연 [한 부인의] 시

체가 있었다. 정생은 급히 말을 달려 낙양(洛陽)으로 가서 하남윤(河南
尹) 정숙칙(鄭叔則)에게 그러한 사실을 갖추어 말해주었다. 하남윤은 하
급관리에게 명을 내려 도적을 잡게 했는데, 그 도적은 정말 밭의 무덤
사이에서 잡혔다.(『선실지』)

唐榮陽鄭生, 善騎射, 以勇悍趫捷聞. 家於鞏雒之郊, 嘗一日乘醉, 手弓腰矢, 馳捷馬. 獨驅田野間, 去其居且數十里. 會天暮, 大風雨, 生庇於大木下. 久之, 及雨霽, 已夕矣, 迷失道, 縱馬行, 見道旁有門宇, 乃神廟也. 生以馬繫門外, 將止屋中, 忽慄然心動, 卽匿身東廡下. 聞廟左空舍中窸窣然, 生疑其鬼, 因引弓震弦以伺之. 俄見一丈夫, 身長衣短, 後卓衣負囊仗劍自空舍中出, 旣而倚劍脼言曰: "我盜也, 爾豈非盜乎?" 鄭生曰: "吾家於鞏雒之郊, 向者獨驅田間, 適遇大風雨, 迷而失道, 故匿身於此." 仗劍者曰: "子旣不爲盜, 得無害我之心乎? 且我遁去, 道必經東廡下, 願解弓弦以授我, 使我得去. 不然, 且死於豎子矣." 先是生常別以一弦致袖中, 旣解弦, 投于劍客前. 密以袖中弦繫弓上. 賊旣得弦, 遂至東廡下, 將殺鄭生以滅口. 急以矢繫弦, 賊遂去, 因曰: "吾子果智者. 某罪固當死矣." 生曰: "我不爲害, 爾何爲疑我?" 賊再拜謝. 生卽去西廡下以避賊. 旣去, 生懼其率徒再來, 於是登木自匿.

久之, 星月始明, 忽見一婦人, 貌甚冶, 自空舍中出, 泣於庭. 問之, 婦人曰: "妾家於村中, 爲盜見誘至此, 且利妾衣裝, 遂殺妾空舍中, 棄其尸而去. 幸君子爲雪其冤." 又曰: "今夕當匿於田橫墓, 願急逐之, 無失." 生諾之, 婦人謝而去. 及曉, 生視之, 果見尸. 卽馳馬至洛, 具白於河南尹鄭叔則. 尹命吏捕之, 果得賊於田橫墓中. (出『宣室志』)

태평광기 권제128 보응27

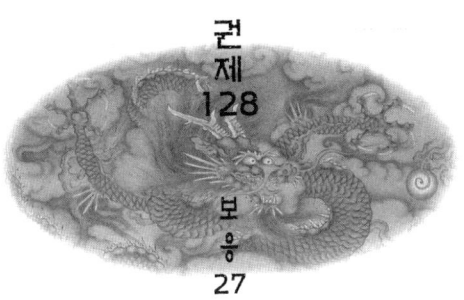

1. 공손작(公孫綽)
2. 왕안국(王安國)
3. 니묘적(尼妙寂)
4. 이문민(李文敏)
5. 번종량(樊宗諒)
6. 형양씨(滎陽氏)

128 · 1(1022)
공손작(公孫綽)

당(唐)나라 왕옥현(王屋縣)의 주부(主簿) 공손작은 임지에 도착한 지 몇 달만에 급작스런 병으로 죽었다. 아직 장례를 치르지 않았을 때 현령은 홀로 관청에 있다가 공손작이 관복을 입고 문으로 들어오는 모습을 보았다. 현령은 놀라서 일어서며 말했다.

"공과 나는 저승과 이승에 있어 갈 길이 다른데 무슨 까닭으로 나를 찾아왔소?"

공손작이 말했다.

"저는 억울한 일이 있어서 나으리를 뵙고 원한을 씻어달라고 부탁드리러 왔습니다. 일찍이 부족한 재주로 나으리를 도와드렸는데 어찌 벌써 무정하게 대하십니까! 저는 수명이 아직 다할 때가 되지 않았지만 하인에게 미움을 받아 재물을 도둑맞았습니다. 제 집은 하음현(河陰縣)에 있는데, 나으리께서 [저를 도와주실] 마음이 있으시다면 몰래 건장한 관리를 선발하여 체포문서를 가지고 가서 잡게 하십시오. [그렇게 하면] 절대로 포위망을 벗어나지 못할 것입니다. 제 집 대청 처마의 동쪽에서 7번째 기왓고랑 아래에 오동나무로 만든 제 형상이 있을 것인데, 그 위에는 못이 박혀 있으며 이미 변질되었을 것입니다."

공손작은 말을 마치고 사라졌다. 현령은 매우 기이하다고 생각하여 건장한 병사 가운데 평소 공손작과 친분이 두터운 자를 뽑은 후, 체포문서와 하음현의 현령에게 보내는 서신을 가지고 가서 공손작의 하인들을 모두 체포하게 했다. 대청의 처마를 수색하여 과연 인형을 발견했는데, 길이는 1척 남짓 되었고 그 몸의 주위에 못이 박혀 있었다. [인형의] 나무는 점차 살덩이로 변했고, 그것을 때리면 '아야' 하는 소리를 냈다. 공손작이 모아둔 곡식들은 장차 벼슬에서 물러났을 때 사용하려고 준비해둔 것이었으나 모두 하인들에게 도둑맞았다. 현에서는 결국 [이 일을] 주부(州府)에 알렸고, 하인 몇 사람은 모두 고목처럼 말라죽었다. (『일사』)

唐王屋主簿公孫綽, 到官數月, 暴疾而殂. 未及葬, 縣令獨在廳中, 見公孫具公服, 從門而入. 驚起曰: "與公幽顯異路, 何故相干?" 公孫曰: "某有冤, 要見長官請雪. 嘗忝僚佐, 豈遽無情! 某命未合盡, 爲奴婢所厭, 以利盜竊, 某宅在河陰縣, 長官有心, 儻爲密選健吏, 齎牒往捉. 必不漏網. 宅堂簷從東第七瓦土龍下, 有某形狀, 以桐爲之, 釘布其上, 已變易矣." 言訖而沒. 令異甚, 乃擇彊卒素爲綽所厚者, 持牒幷書與河陰宰, 其奴婢盡捕得. 遂於堂簷上搜之, 果獲人形, 長尺餘, 釘遍其身. 木漸爲肉, 擊之啞然有聲. 綽所貯粟麥, 以俟閒居之費者, 悉爲所盜矣. 縣遂申府, 奴婢數人, 皆殪枯木. (出『逸史』)

128 · 2(1023)
왕안국(王安國)

경수(涇水) 북쪽 마을의 농부 왕안국은 부지런히 농사를 지어 입을 것과 먹을 것이 넉넉했다. 당(唐)나라 보력(寶曆) 3년(827) 겨울의 어느 날 밤에 두 명의 도둑이 담장을 넘어 들어왔는데 모두 날카로운 칼을 쥐고 있었다. 왕안국은 감히 저항하지 못했고, 도둑들은 집안의 의복을 하나도 남김없이 훔쳐가 버렸다. 왕안국에게는 예닐곱 살 정도 된 하칠(何七)이라는 아들이 있었는데, 막 잠들었다가 놀라서 일어나 도둑이 들었다고 소리쳤다. 하칠은 즉시 도둑의 화살에 맞았는데 '쉭'하는 화살소리와 동시에 죽었다. 왕안국의 집의 문밖에 있던 자주색 당나귀 두 마리 역시 도둑에게 끌려가 버렸다. 날이 밝은 후 마을 사람들은 한 데 모여 도둑을 쫓아가서 잡을 방법을 함께 상의했다. 그런데 얼마 후 하칠의 혼백이 방문으로 올라와서 울며 말했다.

"제가 죽은 것은 본래 운명인데 더 무엇을 애통해 하겠어요? 제가 애통해 하는 것은 부모님과 영원히 헤어지는 것뿐이예요."

하칠은 억울해하며 한참을 울었다. 모여있던 50~60명의 마을 사람들이 모두 눈물을 흘리자 하칠이 말했다.

"도적을 쫓아갈 생각은 마세요. 내년 5월에 스스로 목숨을 잃게될 거예요."

그리고 왕안국을 불러 귀엣말로 도둑의 이름과 성을 알려주면서 거듭 발설하지 말라고 했다.

보리가 익을 때가 되었을 때 왕안국은 반 경(頃) 넓이의 보리밭을 가지고 있었는데, 막 수확을 하려 하던 어느 날 새벽에 소 두 마리가 오더니 보리를 마구 짓밟아 못 쓰게 만들어버렸다. 왕안국은 소를 끌고 돌아와 마을을 두루 돌아다니며 사람들에게 말했다.

"누구네 소가 내 보리를 망친 것이오? 내가 이미 소를 끌고 왔으니 소 주인은 물건으로 배상하고 소를 가져가시오. 그렇게 하지 않으면 나는 관가에 고발하겠소."

마을 사람들이 함께 가서 보더니 모두 말했다.

"이 소는 우리 이웃에서 평소에 기르는 소가 아닌걸."

모여서 한참동안 소를 보고 있는데 갑자기 두 사람이 와서 말했다.

"우리 소요. 어제 저녁에 놀라 도망쳤는데 여기에 올 줄은 몰랐소. 손해본 밭은 갑절로 배상할 것이니 우리 소를 돌려주시오."

모여있던 마을 사람들이 어디서 왔느냐고 묻고 [소를 산] 계약서를 살피자 그 중 한 사람이 자주색 당나귀로 배상했다. 왕안국은 즉시 하칠의 말을 떠올렸고, 그들의 이름과 성을 물어보니 모두 [하칠의 말과] 같았다. 왕안국은 결국 그들을 포박하고 말했다.

"너희가 바로 지난 겨울에 내 아들을 쏘고 내 재물을 빼앗아간 놈들이로구나!"

두 도둑이 서로 바라보며 더 이상 숨길 수 없음을 깨닫고 말했다.

"하늘의 운명이니 죽음을 피할 수 없겠구나."

두 도둑은 곧 그 까닭을 말했다.

"우리는 재물을 빼앗고 아이를 죽인 후 북쪽에 있는 영주(寧州)와 경주(慶州)의 교외로 달아났는데, 그 일이 이미 한참 전의 일이라고 생각하고 소를 사서 기산(岐山)으로 돌아가고 있었소. 어제 소가 마을 북쪽 20리쯤 되는 곳에 도착하더니 배회하면서 앞으로 가지 않았으므로, 날이 어두워진 후에야 겨우 이곳을 지나게 되었소. 잠을 자다가 꿈속에서 다섯 살 정도의 한 어린아이가 발가벗은 채 어지럽게 춤을 추었는데, 머리가 어지럽고 혼란스러워 하루 온종일을 자고서야 겨우 깨어났소. 깨어보니 소 두 마리의 고삐가 끊어지지는 않았으나 마치 풀린 듯 했으며 이미 소는 도망친 후였소. 우리는 발자국을 따라가다가 이곳에 오게 되었소. 우리가 지난 겨울의 강도이니 어찌 감히 달아나겠소?"

마을 사람들은 두 도둑을 관부로 보냈고, 두 도둑은 모두 법에 따라 처벌되었다. (『집이기』)

涇之北鄙農人有王安國者, 力穡, 衣食自給. 唐寶曆三年冬, 夜有二盜踰牆而入, 皆執利刃. 安國不敢支梧, 而室內衣裘, 挈之無孑遺. 安國一子, 名何七, 年甫六七歲, 方眠驚起, 因叫有賊. 登時爲賊射, 應弦而斃. 安國圊外有二驢紫色者, 亦爲攘去. 遲明, 村人集聚, 共商量捕逐之路. 俄而何七之魂登房門而號: "我死自是命, 那復多痛? 所痛者, 永訣父孃耳." 遂冤泣久之. 隣人會者五六十人, 皆爲雪涕, 因曰: "勿謀追逐. 明年五月, 當自送死" 乃召安國, 附耳告之名氏, 仍期勿('勿'下疑脫'洩'字).

泊麥秋, 安國有麥半頃, 方收拾, 晨有二牛來, 蹂踐狼籍. 安國牽歸, 遍謂里中曰: "誰牛傷暴我苗? 我已繫之, 牛主當齎償以購. 不爾, 吾將詣官焉." 里中共往, 皆曰: "此非左側人之素畜者." 聚視久之, 忽有二客至曰: "我牛也. 昨暮驚逃, 不虞至此 所損之田, 請酬倍資而歸我畜焉." 共里人詰所從, 因驗契書, 其一乃以紫驢交致也. 安國卽醒何七所謂, 及詢名姓皆同. 遂縛之, 曰: "爾卽去冬射我子盡我財者." 二盜相顧, 不復隱, 曰: "天也命也, 死不可逭也." 卽述其故, 曰: "我旣行刼殺, 遂北竄寧慶之郊, 謂事已積久, 因買牛將歸岐上. 昨牛抵村北二十里, 徘徊不進, 俟夜黑, 方將過此 旣寐, 夢一小兒五歲許, 裸形亂舞, 紛紜相迷, 經宿方寤. 及覺, 二牛之縻紖不斷, 如被解脫, 則已竄矣. 因蹤跡之, 由徑來至此 去冬之寇, 詎敢逃焉?" 里人送邑, 皆准於法. (出『集異記』)

128 · 3(1024)
니묘적(尼妙寂)

　여승 묘적(妙寂)은 성이 섭씨(葉氏)이며 강주(江州) 심양(潯陽) 사람이다. 처음에 임화(任華)에게 시집갔는데, 그는 심양의 상인이었다. 아버지 섭승(葉昇)은 임화와 함께 장사(長沙)와 광릉(廣陵) 사이를 오고갔다. 당(唐)나라 정원(貞元) 11년(795) 봄, 섭승과 임화는 담주(潭州)에 갔다가 돌아오지 않았다. 돌아올 날짜에서 몇 달이 지난 후 묘적은 갑자기 꿈에서 아버지를 보았는데, 머리는 풀어헤치고 옷은 걸치지 않은 채 온몸에 피를 흘리고 있었다. 아버지가 울며 말했다.

　"나와 네 남편은 호수에서 도적을 만나 이미 모두 죽었다. [평소에 보기에] 네 마음은 의지가 강한 듯 하니 하늘이 복수를 허락하겠지만, 저승의 일은 분명하게 말해서는 안 되기 때문에 내가 은어로 [원수의 이름을] 네게 알려주겠다. 진실로 [내가 해주는 말을] 잘 생각해서 그에게 원한을 갚을 수 있다면 내가 또한 무엇을 한스러워 하겠느냐!"

　묘적이 말했다.

　"은어로는 무엇입니까?"

　섭승이 말했다.

　"나를 죽인 자는 수레 속의 원숭이[車中猴], 문 동쪽의 풀[門東草]이다."

　잠시 후 그의 남편을 보았는데 모습은 아버지와 같았으며 울면서 말했다.

　"나를 죽인 자는 벼 사이로 가고[禾中走], 하나의 해가 있는 남자[一

日夫]요."

묘적은 가슴을 치며 울다가 여동생이 부르는 바람에 잠에서 깨었다. 묘적이 울면서 그의 어머니께 말씀드렸더니 온 집안 사람들이 크게 놀랐고, 그 은어의 속뜻을 생각해 보았으나 아득하여 알 수 없었다. 이웃의 노인과 마을의 유식한 이에게 물어보았으나 아무도 그 은어를 풀지 못했다.

묘적은 가을에 상원현(上元縣)에 갔는데, 상원현은 배들이 교차하는 곳이어서 각지에서 온 사대부들이 대부분 그곳에서 쉬었다. 또 성읍에는 와관사(瓦棺寺)가 있고 와관사 위에는 누각이 있었는데, 산을 등지고 강을 내려다보는 위치에 있었으므로 만리의 경치가 한눈에 들어와, 또한 강호(江湖)의 절경이었다. 유람하는 사람들이 이곳에 이르면 반드시 노를 멈추고 누각에 올라 멀리 바라다보았다. [이 때문에 묘적은 이렇게 생각했다.]

"내가 승복을 입고 와관사에 있으면서 물어볼 만한 사람을 기다린다면, 반드시 나의 의혹을 해결해줄 사람이 있을 것이다."

이에 남루한 옷을 입고 상원현으로 가서 와관사에 들어가 힘을 들이는 것으로 보시(普施)하기로 하고, 날마다 쓰레받기와 빗자루를 들고 누각 아래를 깨끗이 청소했으며, 한가할 때는 난간에 기대어 학식 있는 사람을 기다렸다. 높은 관에 넓은 허리띠를 하고 시를 읊조리며 오는 사람을 보면 반드시 절을 올리고 물었으나, 몇 년을 머물러도 은어를 해결할 수 있는 사람은 나타나지 않았다.

정원 17년(801)은 신사년(辛巳年)이었다. 이공좌(李公佐)라는 사람이 영남종사(嶺南從事)를 그만두고 오던 길에 옷을 떨치며 누각에 올랐는데, 풍채가 수려하고 호방해서 보통 사람과는 사뭇 달랐다. 묘적이 앞으로 나아가 절하고 울면서 예전의 일을 이공좌에게 물었더니 그가 말했다.

"나는 평생 다른 사람을 위해 의혹을 풀어주기를 좋아했는데, 하물며 부인의 경우에는 원통함이 간절하고 귀신이 이와 같이 알려주었으니 마땅히 부인을 위해 그 일을 생각해 보겠소이다."

이공좌는 말없이 몇 걸음을 걷더니 기뻐하며 묘적을 불러 말했다.

"내가 그것을 알겠소. 부인의 아버지를 죽인 자는 신란(申蘭)이고, 부인의 남편을 죽인 자는 신춘(申春)이오."

묘적은 슬픔과 기쁨이 엇갈려 오열하더니 절하며 무슨 뜻인지 물었다. 이공좌가 말했다.

"무릇 원숭이는 12간지(干支)로 볼 때 신년(申年)에 해당하고 '거(車)'자에서 양끝을 없애면 원숭이를 말하게 되니, '신(申)'자일 것이오. 풀 '초(草)'에 문 '문(門)'이 있고 또 동녘 '동(東)'이 있으니, '란(蘭)'자가 아니겠소이까! 벼 사이로 가는 것[禾中走]은 밭을 가로질러 지나치는 것[穿田過]이니, 이 역시 '신(申)'자일 것이고, 하나의 해[一日]에 다시 남자[夫]를 더하면 아마도 '춘(春)'자일 것이오. 귀신은 사람을 미혹시키고 싶어하므로 그 말을 엇섞은 것이오."

묘적은 슬픔과 기쁨을 스스로 주체하지 못하는 듯 하더니 이윽고 눈물을 거두고 절하며 감사를 표했다.

"도적의 이름이 이미 드러났으니 원한을 씻을 길도 있을 것입니다. 만약 당신이 의혹을 풀어주신 것이라면 맹세하건대 이 큰 은혜를 갚겠습니다. 저는 여인이라서 다른 것은 가지고있지 않으니, 오직 정결하고 성실한 마음으로 부처님을 받들면서 나으리의 복이 바다만큼 크기를 기원하겠습니다."

예전부터 사주(泗州)의 보광왕사(普光王寺)에는 범씨계단(梵氏戒壇: 佛敎에서 僧侶들이 戒律을 전파하는 壇)이 있었는데, 사람들 가운데 스님이 되려는 자는 반드시 이 계단을 거쳐야했다. 바퀴축에 바퀴살이 모이듯 스님과 여승들이 빈번하게 모였으며, 그 주위에서 구경하는 사람들의 모습은 마치 시장과 같았다. [하루는] 이공좌가 초(楚) 땅에서 진(秦) 땅으로 가는 길에 배를 타고 가서 그 계단을 보았다. [그곳에는] 눈이 맑고 눈썹이 고운 여승 한 명이 있었는데, 면식이 있는지 매번 지나갈 때마다 반드시 이공좌를 응시했으며, 마치 마음속에 있는 말을 꺼내지 못하는 듯했다. 한참 후 이공좌가 떠나려는데 그 여승이 급히 불렀다.

"시어사께서는 혹시 정원연간에 남해종사(南海從事)를 지내지 않으셨는지요?"

이공좌가 말했다.

"그렇소."

묘적이 말했다.

"그렇다면 소승(小僧)을 기억하시는지요?"

이공좌가 말했다.

"기억나지 않소."

묘적이 말했다.

"예전에 와관사의 누각에서 '수레 속의 원숭이'라는 은어를 풀이해달라고 부탁드린 적이 있습니다."

이공좌가 말했다.

"결국 도적을 잡았소?"

묘적이 말했다.

"저는 꿈속의 은어의 뜻을 깨달은 이후 남자의 복장을 하고 이름을 사적(士寂)으로 바꾼 채 강호에서 일꾼 노릇을 했습니다. 몇 년 후 기주(蘄州)와 황주(黃州) 사이에 신씨(申氏) 마을이 있다는 말을 듣고 곧 그곳으로 갔습니다. 이리저리 몇 해를 돌아다니다가 그 마을의 북쪽 모퉁이에 이름이 란(蘭)인 사람이 있다는 말을 듣고 말없이 가서 품을 팔기를 청했는데, 품삯을 싸게 불렀더니 신란이 기뻐하며 저를 불렀습니다. 저는 또 그의 사촌동생 가운데 이름이 춘(春)인 자가 있다는 말을 들었으므로, 이에 근면하고 공손하게 일하면서 밤낮으로 손에서 일을 놓지 않았으며, 보기에 할 수 있는 일이기만 하면 경중을 가리지 않고 일하면서 주인의 명령이 떨어지기를 기다리지 않았더니, 신란은 저를 기특하다고 여겼습니다. 낮에는 군(郡)의 일꾼들과 함께 고된 일을 하고 밤에는 다른 곳에서 잤더니 제가 남자가 아니라는 것을 아는 사람이 없었습니다. 1년이 지나도록 스스로 더욱 부지런히 일하자 신란은 저를 더욱 존중하여 자신의 아들보다도 낫다고 여겼습니다. 신란은 농사도 짓고 장사도 했으며 어떤 때는 무창(武昌)에 물건을 쌓아두기도 했는데, 창고를 열고 닫는 일을 모두 저에게 위임했습니다. 이에 창고의 궤짝 안에 들어있는 물건을 살펴보았더니, 절반은 저희 집안의 물건이었고 제 남편과 아버지가 늘 입고 다니던 의복도 보였으므로, 저는 눈물을 흘리며 그것을 기억해 두었습니다. 그러나 신란과 신춘은 따로따로 행동해서 함께 다니는 적이 없었으므로, 한 사람을 잡으면 다른 사람이 놀라 달아날 것이

근심하여 몇 년 동안 그 일을 묻어두고 있었습니다. 영정년(永貞年: 805) 중양절(重陽節)에 두 도적이 술을 마시고 취하자 저는 주부(州府)로 달려가 그들을 고발했으며, 그들이 취한 틈을 타 사로잡았습니다. 한 차례의 심문을 거친 후 그들이 죄를 자복하자 법에 따라 처벌했고, 저는 그들에게 빼앗겼던 재물을 가지고 돌아와 모두 어머니께 드린 후 불교에 귀의하겠다고 청했습니다. 제 스승은 홍주(洪州) 천궁사(天宮寺)의 여승 동미(洞微)인데, 바로 예전에 가르침을 주셨던 분입니다. 저는 일개 여인일 뿐이지만, 정성을 다해 복수했더니 하늘도 제 뜻을 꺾지 않으셨습니다. 마침내 꿈속의 말로 나으리께 깨달음을 얻어 그 원수들과 같은 하늘아래 살지 않게 되었으니, 이 보잘 것 없는 몸이 부서진들 어찌 나으리의 명철함에 보답할 수 있겠습니까? 불가의 사원에 다른 것은 없으나, 오직 경건하고 성실한 마음으로 불법을 받들어 나으리의 은혜에 보답하고자 할 뿐입니다."

이공좌가 이 일을 매우 기이하게 생각하더니 마침내 묘적을 위해 전기(傳記)를 지었다.

대화(大和) 경술년(庚戌年: 830)에 농서(隴西)의 이복언(李復言)이 파남현(巴南縣)에서 노닐다가 진사(進士) 심전(沈田)과 봉주(蓬州)에서 만났는데, 심전이 이 기이한 일을 말하면서 전기를 가져다 보여주었고, 이복언은 한 번 읽어보더니 다시 글을 지었다. 기이한 일을 기록하는 날 그 글을 여기에 합쳤다. (『속유괴록』)

尼妙寂, 姓葉氏, 江州潯陽人也. 初嫁任華, 潯陽之賈也. 父昇, 與華往復長沙·廣陵間. 唐貞元十一年春, 之潭州不復. 過期數月, 妙寂忽夢父, 被髮裸形,流血滿身. 泣曰: "吾與汝夫, 湖中遇盜, 皆已死矣. 以汝心似有志者, 天許復讎, 但幽冥之意, 不欲顯言, 故吾隱語報汝. 誠能思而復之, 吾亦何恨!" 妙寂曰: "隱語云何?" 昇曰: "殺我者, 車中猴, 門東草." 俄而見其夫, 形狀若父, 泣曰: "殺我者, 禾中走, 一日夫." 妙寂撫膺而哭, 遂爲女弟所呼覺. 泣告其母, 闔門大駭, 念其隱語, 杳不可知. 訪於隣叟及鄕閭之有知者, 皆不能解.

秋詣上元縣, 舟檝之所交處, 四方士大夫多憩焉. 而又邑有瓦棺寺, 寺上有閣, 倚山瞰江, 萬里在目, 亦江湖之極境. 遊人弭棹, 莫不登眺. "吾將緇服其間, 伺可問者, 必有醒吾惑者." 於是褐衣上元, 捨力瓦棺寺, 日持箕帚, 灑掃閣下, 閒則徙倚欄檻, 以伺識者. 見高冠博帶, 吟嘯而來者, 必拜而問, 居數年, 無能辯者.

十七年, 歲在辛巳, 有李公佐者, 罷嶺南從事而來, 攬衣登閣, 神彩雋逸, 頗異常倫. 妙寂前拜泣, 且以前事問之, 公佐曰: "吾平生好爲人解疑, 況子之冤懇, 而神告如此, 當爲子思之." 默行數步, 喜招妙寂曰: "吾得之矣. 殺汝父者申蘭, 殺汝夫者申春耳." 妙寂悲喜嗚咽, 拜問其說. 公佐曰: "夫猴申生也, 車去兩頭而言猴, 故申字耳. 草而門, 門而東, 非蘭字耶! 禾中走者, 穿田過也, 此亦申字也, 一日又加夫, 蓋春字耳. 鬼神欲惑人, 故交錯其言." 妙寂悲喜, 若不自勝, 久而掩涕拜謝曰: "賊名旣彰, 雪冤有路. 苟或釋惑, 誓報深恩. 婦人無他, 唯潔誠奉佛, 祈增福海."

初, 泗州普光王寺有梵氏戒壇, 人之爲僧者必由之. 四方輻輳, 僧尼繁會, 觀者如市焉. 公佐自楚之秦, 維舟而往觀之. 有一尼, 眉目朗秀, 若舊識者, 每過必凝視公佐, 若有意而未言者. 久之, 公佐將去, 其尼遽呼曰: "侍御貞元中不爲南海從事乎?" 公佐曰: "然." "然則記小師乎?" 公佐曰: "不記也." 妙寂曰: "昔瓦官寺閣求解車中猴者也." 公佐悟曰: "竟獲賊否?" 對曰: "自悟夢言, 乃男服, 易名士寂, 泛傭於江湖之間. 數年, 聞蘄黃之間有申村, 因往焉. 流轉周星, 乃聞其村西北隅有名蘭者, 默往求傭, 輒賤其價, 蘭喜召之. 我又聞其從父弟有名春者, 於是勤恭執事, 晝夜不離, 見其可爲者, 不顧輕重而爲之, 未嘗待命, 蘭家器之. 晝與郡傭苦作, 夜寢他席, 無知其非丈夫者. 逾年, 益自勤幹, 蘭逾敬念, 視士寂, 卽目視其子不若也. 蘭或農或商, 或畜貨於武昌, 關鏁啓閉悉委焉. 因驗其櫃中, 半是己物, 亦見其父及夫常所服者, 垂涕而記之. 而蘭·春叔出季處, 未嘗偕出, 慮其擒一而驚逸也. 銜之數年. 永貞年重陽, 二盜飮旣醉, 士寂奔告於州, 乘醉而獲. 一問而辭伏就法, 得其所喪以歸, 盡奉母而請從釋敎, 師洪州天宮寺尼洞微, 卽昔時受敎者也. 妙寂一女子也, 血誠復讎, 天亦不奪. 遂以夢寐之言, 獲悟於君子, 與其讎者, 得不同天, 碎此微軀, 豈酬明哲. 梵宇無他, 唯虔誠法象, 以報効耳." 公佐大異之, 遂爲作傳.

大和庚戌歲, 隴西李復言遊巴南, 與進士沈田會於蓬州. 田因話奇事, 持以相示, 一覽而復之. 錄怪之日, 遂纂於此焉. (出『續幽怪錄』)

128·4(1025)
이문민(李文敏)

당(唐)나라 이문민은 광주(廣州) 녹사참군(綠事參軍)으로 뽑혀 파견되었다. 이문민이 장차 주부(州府)에 도착하게 되었을 때 길에서 도적을 만나 살해당한 후 강에 던져졌으며, 그의 처 최씨(崔氏)는 사로잡혔다. 다섯 살이 된 아들은 어머니를 따라갔다. 도적은 바로 광주의 도우후(都虞候)였다. 이문민의 아들이 점차 자라자 명경(明經)을 익히게 했는데, 매우 총명했다. 아들은 도성에 가서 과거를 보았으나, 급제하지 못하자 화주(華州)로 갔다. 아들이 위남현(渭南縣)의 동쪽에 이르렀을 때 말이 놀라 날뛰어서 세울 수 없었다. 밤이 되자 말이 어떤 장원으로 들어갔으므로, 이문민의 아들은 결국 그 장원에 투숙했다. 이문민의 아들은 천정사(天淨紗)로 만든 반팔 한삼(汗衫)을 입고 있었는데, 주인할머니가 그것을 보고 말했다.

"이 옷은 예전에 어떤 부인이 이랑(李郎)을 떠나보내면서 준 옷인데, 젊은이는 이랑과도 닮았고 또 그의 부인과도 닮았군요."

할머니가 그 옷을 가져다 살펴보았는데 예전에 옷을 짓다가 등불에 타서 망가진 곳이 있었으며, 반쪽 팔 부분은 아직 그의 집에 있었다. 할머니는 마침내 이문민이 도적을 만났던 일을 그의 아들에게 들려주었다. 아들이 과거시험을 그만두고 곧바로 돌아가 어머니께 물었더니, 모든 이야기가 할머니의 말과 똑같았다. 이에 관부에 고발하자 관부에서는 곧 도우후를 붙잡아 포박한 후 심문했으며, 그 내용이 한 마디도 틀림이 없자 그를 주살했다. [또 이문민의 아들에게는] 도우후의 재물을 주어 위남현으로 돌려보냈다. (『문기록』)

唐李文敏者, 選授廣州錄事參軍. 將至州, 遇寇殺之, 沈於江, 俘其妻崔氏. 有子五歲, 隨母而去. 賊卽廣州都虞候也. 其子漸大, 令習明經, 甚聰俊, 詣京赴擧下第, 乃如華州. 及渭南縣東, 馬驚走不可制. 及夜, 入一莊中, 遂投莊宿, 有所衣天淨紗汗衫半臂者, 主嫗見之曰: "此衣似頃年夫人與李郎送路之衣, 郎旣似李郎, 復似小娘子." 取其衣視之, 乃頃歲製時, 爲燈燼燒破, 半臂帶猶在其家, 遂以李文敏遭寇之事說之. 此子罷擧, 徑歸問母, 具以其事對, 乃白官. 官乃擒都虞候, 繫而詰之, 所占一詞不謬, 乃誅之, 而給其物力, 令歸渭南焉. (出『聞奇錄』)

128 · 5(1026)
번종량(樊宗諒)

당(唐)나라 번종량은 밀주자사(密州刺史)를 지내고 있었다. 당시 관할 지역의 성읍에 도적떼가 있었는데, 무기를 들고 성읍의 백성인 은씨(殷氏)의 집에 들어가서 돈과 비단을 약탈하고 그 부자 세 사람을 죽였다. 자사가 도적을 체포하라고 급하게 다그쳤지만 한 달이 넘도록 잡지 못했다. 거록(鉅鹿) 사람 위남화(魏南華)는 제(齊)·노(魯) 부근에 살고 있었는데 집안이 매우 가난했으며 번종량은 그에게 형부의 속관을 맡게 했다. 어느 날 저녁 위남화는 꿈에 머리를 풀어헤친 사람들을 보았는데, 그들은 줄줄이 늘어서서 위남화에게 호소했다.

"성이 은가인 삼부자가 모두 무고하게 죽었습니다. 원컨대 명공께서 이 원한을 씻어주십시오."

위남화가 말했다.

"너희를 죽인 자가 누구냐?"

은씨가 대답했다.

"저희가 살던 곳에서 동쪽으로 10리가 되는 곳에 요씨(姚氏) 성을 가진 자가 있는데, 그가 바로 도적의 두목입니다."

위남화는 그들에게 허락하고 놀라서 깨어났다. 며칠 후 번종량이 위남화에게 말했다.

"도적이 우리 백성을 죽인 지 벌써 한 달이 되었는데 그들의 종적을 찾지 못한다면 어찌 관리가 직무에 소홀한 것이 아니겠는가! 너는 형부의 관리인만큼 반드시 가서 찾아보거라."

위남화가 말을 달려 가다가 아직 도착하지 않았는데, 홀연히 여우 한 마리가 길가의 무성한 풀숲에서 나오더니 마을 사람인 요씨의 거처로 달려들어갔는데, 그 뒤에서 백여 명이 요란한 소리를 내면서 쫓고 있는 모습을 보았다. 그 여우가 어떤 구멍으로 들어가자 위남화는 그 구멍을 가래로 파라고 명령했는데, 그 속에서는 돈과 비단이 매우 많이 나왔으며, 그것은 바로 도적떼가 은씨의 집에서 빼앗아간 재물이었다. 위남화가 요씨의 아들을 불러 그 재물이 어디서 생겼는지 물어도 눈동자만 굴릴 뿐 말을 하지 못하자, 즉시 가두고 캐물었더니 과연 도적의 두목이었다. 이 때부터 그의 일당을 모두 잡아들였더니 10명이나 되었다. 그 여우는 비록 구멍 안으로 숨었지만 끝까지 파보아도 결국 발견할 수 없었으니, 어찌 억울한 혼백이 여우에 깃든 것이 아니겠는가! 이 때는 대화연간(大和年間: 827~835)이었다. (『선실지』)

唐樊宗諒爲密州刺史. 時屬邑有群盜, 提兵入邑盯殷氏家, 掠奪金帛, 殺其父子, 死者三人. 刺史捕之甚急, 月餘不獲. 有鉅鹿魏南華者, 寓居齊魯之間, 家甚貧, 宗諒命攝司法掾. 一夕, 南華夢數人皆被髮, 列訴於南華曰: "姓殷氏, 父子三人, 俱無罪而死. 願明公雪其冤." 南華曰: "殺汝者爲誰?" 對曰: "某所居東十里, 有姓姚者, 乃賊之魁也." 南華許諾, 驚寤. 數日('數日'明鈔本作'卽白'), 宗諒謂南華曰: "盜殺吾盯, 且一月矣. 莫窮其跡, 豈非吏不奉職乎! 爾爲司法官, 第往驗之." 南華馳往, 未至, 忽見一狐起於路旁深草中, 馳入里人姚氏所居. 譟而逐者以百數, 其狐入一穴中, 南華命以鍤發之, 得金帛甚多, 乃群盜刼殷氏財也. 卽召姚氏子, 訊其所自, 目動詞訥, 卽收劾之, 果盜之魁也. 自是盡擒其支黨, 且十輩. 其狐雖匿於穴中, 窮之卒無所見也, 豈非冤魂之所假歟! 時大和中也. (出『宣室志』)

128 · 6(1027)
형양씨(滎陽氏)

　당(唐)나라 영주현령(盈州縣令)이 장차 임지로 가다가 밤에 관할구역의 성읍에 있는 오래된 절에 묵었다. 막 잠을 자려는데 한 노파가 오동나무 잎을 머리에 덮어쓰고 구부정한 자세로 다가오는 것을 보았다. 현령이 지팡이를 들고 [노파가 쓰고 있는] 오동잎을 떨어내자 노파는 구부리고 나뭇잎을 주운 뒤에 물러갔다가 잠시 후 다시 왔다. 이렇게 세 번을 반복하자 한참동안 다시 오지 않았다. 얼마 후 상복을 입은 자가 북쪽 문으로부터 계단을 올라오더니 주렴을 들어올리고 앞으로 다가오며 말했다.

　"나으리께 드릴 말씀이 있어 왔으니 나으리께서는 두려워하지 마십시오."

　현령이 말했다.

　"너는 무슨 요괴인가?"

　상복을 입은 자가 말했다.

　"실은 귀신이지 요괴는 아닙니다. 제 모습이 누추하여 감히 배알을 청하지는 못합니다. 얼마 전에 개인적으로 유모 장씨(張氏)를 시켜 조금이나마 제 뜻을 전달하고자 했으나, 나으리께서 세 번이나 지팡이로 거부하시는 바람에, 늙은 유모는 한사코 거절하면서 다시 들어오는 것을 치욕스럽게 생각하고 있습니다. 이 때문에 스스로 애통한 심정을 호소하러 왔으니 부디 노하지 마시기 바랍니다. 저는 형양(滎陽) 사람으로 선친께서는 이 주에서 주목(州牧)을 지내셨는데, 1년도 채 되지 않아서 선친께서 돌아가시자 이에 호상(護喪)하여 낙양(洛陽)으로 돌아가다가 밤에 이 절에 묵었습니다. 계모께서 갈화탕(葛花湯)을 만들어주셨는데 저와 제 누이동생은[그것을 마시고] 같은 날 밤에 죽었습니다. 유모 장씨가 곡을 하려다가 또한 머리가 철퇴에 맞아 깨졌고, 함께 북쪽 담장 근처의 대나무숲 속에 묻혔습니다. 농서(隴西)에 계셨던 제 돌아가신 어머니께서 즉시 상제께 호소했더니 상제께서 말씀하셨습니다. '사람의 아내로서 이미 하인을 잔인하게 죽이고 사람의 어머니로서 다시 아버지를 잃은 자식들을 독살시켰다. 어두운 방안에서 저지른 일은 밝게 드러나기 어렵지만, 하늘에서 살펴보면 [사정을 잘 알 수 있으므로] 계모를 사형에 처하는 것이 이치에 합당하다. 죽음으로 죽음을 갚아 아버지를 잃은 자식들에게 사죄하도록 하라.' [그리고 나서] 상제께서는 사명(司命:삶과 죽음을 관장하는 冥府의 官吏)에게 회부하여 일을 처리한 후 보고하도록 했습니다. 그 날 선친께서 다시 상제께 호소했습니다. '저는 떠돌이 혼백이온데, [살아있을 때] 수신(守身)의 도를 지키지 못했으므로 어리석은 후처가 외롭게 남은 자식들까지 해치게 만들었사옵니다. 이러한 가풍이 드러난다면 이 또한 상제의 귀를 더럽히는 일이 될 터이오니, 어찌 한 번 죽는 것으로 제 잘못을 사죄할 수 있겠사옵니까? 저는 세 번 현령을 지내는 동안 [문서를 거듭해서 자세히 살펴] 실로 백성들을 편안케 하는 공적을 남겼사옵니다. 그런데 어째서 제가 남겼던 좋은 일이 전해지기는커녕 오히려 이러한 낭패를 당하며, 만장을 들고도 제가 관할하던 성읍을 지나가지 못하는 것이옵니까? 장남이 이미 무고하게 죽은 마당에 후처까지 죽음으로 사죄하게 하신다면, 객지에 머물고 있는 제 관이 땅에 묻히기 어려우니, 엎드려 바라옵건대 후처의 목숨을 늘려주시어 제가 낙양으로 돌아갈 수 있도록 해 주옵소서. 선영(先塋)에 함께 묻힐 수 있다면 저는 더 이상 한스러울 것이 없겠사옵니다.' 다음 해에 계모께서는 낙양에 도착하신 후 등창으로 돌아가셨습니다. 상제께서 노하여 꾸짖으셨으나 이미 일이 이와 같이 되었으니, 이제 저는 원망스러울 것이 없습니다. 괴로운 점은 스님들이 제 시신 위에 변소를 만들었으므로 더러운 오물 때문에 괴로워서 참을 수가 없습니다. 하물며 누이동생은 측신(厠神)의 첩이 되어 측신의 하인의 몸이 되었으니, 대대로 비녀를 꽂고 갓끈을 매던 점잖은 집안이 하루아침에 몰락하고 말았습니다. 하늘의 문은 넘기에 험하므로 하늘에 호소하려 해도 말미암을 기반이 없었는데, 나으리께서 어진 덕이 있으심을 알고 삼가 아뢰고자 왔습니다."

현령이 말했다.

"내가 장차 어떻게 하면 되겠소?"

상복을 입은 자가 대답했다.

"나으리께서 저의 유골을 발굴하여 향촛물에 씻고 옷으로 덮은 후에, 높은 곳으로 옮겨서 목관에 넣고 과일과 채소를 제수음식으로 내려 주신다면, 그 이상 바램이 없을 것입니다."

현령이 말했다.

"좋소. 그것은 내가 손바닥을 뒤집듯 쉬운 일일 뿐이오."

귀신이 오열하고 재배하더니, 유모 장씨에게 몰래 난낭자(鸞娘子: 喪服을 입은 자의 여동생으로 추정됨)를 불러 함께 명공께 감사를 드리게 했다. 유모 장씨가 마침내 도착하여 급히 외쳤다.

"곽군(郭君)께서 늦게 오셨다가 집안이 어지러운 것을 보고 노하셔서,

벌써 세 번이나 부르셨습니다."

이에 상복을 입은 자는 두려워하며 급하게 돌아갔다. 다음날 아침 스님들을 소집시켜서 이 사실을 자세히 알려주었으며, 마침내 작업을 하도록 명하여 변소에서 유골을 찾게 했는데, 서너 척 깊이에서 유골이 나오자 다른 곳에 매장하게 했다.

唐盈州令將之任, 夜止屬邑古寺. 方寢, 見老嫗, 以桐葉蒙其首, 傴僂而前. 令以拄杖拂其葉, 嫗俯拾而去, 俄亦復來. 如是者三, 久之不復來矣. 頃有綠裳者, 自北戶升階, 褰簾而前曰: "將有告於公, 公無懼焉." 令曰: "是何妖物?" 曰: "實鬼也, 非妖也. 以形容衰瘵, 不敢干謁. 向者竊令張嬾少達幽情, 而三遭拄杖之辱, 老嫗固辭, 恥其復進, 是以自往哀訴, 冀不逢怒焉. 某榮陽氏子, 嚴君牧此州, 未逾年, 鍾家禍, 乃護喪歸洛, 夜止此寺. 繼母賜冶葛花湯, 幷室妹同夕而斃. 張嬾將哭, 首碎鐵鎚, 同瘞於北牆之竹陰. 某隴西先夫人卽日訴於上帝, 帝敕云: '爲人之妻, 已殘戮僕妾, 爲人之母, 又毒殺孤嬰. 居閨室, 事難彰明, 在天鑒, 理宜誅殛. 以死酬死, 用謝諸孤.' 付司命處置訖報. 是日, 先君復訴於上帝云: '某遊魂不靈, 乖於守愼, 致令罿室, 害及孤孩, 彰此家風, 黷於天聽, 豈止一死, 能謝罪名. 某三任縣令, 再剖符竹, 實有能績, 以安黎甿. 豈圖餘慶不流, 見此狼狽, 悠揚丹旐, 未越屬城. 長男旣已無辜, 孀婦又俾酬死, 念某旅櫬, 難爲瘞埋, 伏乞延其生命, 使某得歸葬洛陽, 獲祔先人之塋闕, 某無恨矣.' 明年繼母到洛陽, 發背疽而卒. 上帝譴怒, 已至如此, 今某卽無怨焉. 所苦者, 被僧徒築溷於骸骨之上, 糞穢之燬, 所不堪忍. 況妹爲廁神姬僕, 身爲廁神役夫, 積世簪纓, 一日淩隆, 天門阻越, 上訴無階, 籍公仁德, 故來奉告." 令曰: "吾將奈何?" 答曰: "公能發某朽骨, 沐以蘭湯, 覆以衣衾, 遷於高原之上, 脫能賜木皮之棺, 蘋藻之奠, 亦望外也." 令曰: "諾, 乃吾反掌之易爾." 鬼嗚咽再拜, 令張嬾密召鸞娘子同謝明公. 張嬾遂至, 疾呼曰:

"郭君怒晚來軒屛狼藉, 已三召矣." 於是縗裳者惝惶而去. 明旦, 令召僧徒, 具以所告, 遂命土工, 發阖以求之, 三四尺乃得骸骨, 與改瘞焉.

태평광기 권제129 보응28 (婢妾)

1. 왕제비(王濟婢)
2. 왕범첩(王範妾)
3. 송궁인(宋宮人)
4. 금형(金荊)
5. 두의첩(杜嶷妾)
6. 후주여자(後周女子)
7. 장공근첩(張公瑾妾)
8. 범략비(範略婢)
9. 호량첩(胡亮妾)
10. 양인유비(梁仁裕婢)
11. 장경선비(張景先婢)
12. 이훈첩(李訓妾)
13. 화엄(花嚴)
14. 진양인첩(晉陽人妾)

129 · 1(1028)
왕제비(王濟婢)

진(晉)나라 왕제의 시종은 늘 내실에서 여종으로부터 왕제의 옷가지들을 가지고 가곤 했는데, 여종이 그와 사통하고자 했으나, 그 시종은 이렇게 말했다.

"아니되오."

그러자 여종이 말했다.

"만일 내 뜻을 따르지 않으면 내가 소리를 지르겠어요."

그 시종이 끝내 그 여종과 사통하려 하지 않자, 그녀는 소리를 질렀다.

"아무개가 나를 겁탈하려 한다!"

왕제는 곧 그를 죽이게 했는데, 그 시종은 죄가 없음을 모두 설명했으나 왕제가 그의 말을 믿지 않고 끌고 가게 했으므로, 그는 왕제를 돌아보면서 이렇게 말했다.

"이대로 억울함을 당할 수 없으니, 반드시 부군(府君: 王濟)을 하늘에다 상소할 것입니다."

그 일이 있은 후 왕제는 이내 병이 들었는데, 홀연히 그 시종이 나타나 그에게 말했다.

"전에 모두 사실을 말했는데도 거들떠보지 않았으니, 죽어 마땅하다."

결국 왕제는 며칠 후에 죽었다. (『환원기』)

晉王濟侍者, 常於閤中就婢取濟衣物, 婢遂欲姦之, 其人云: "不敢." 婢言: "若不從我, 我當叫." 此人卒不肯, 婢遂呼云: "某甲欲姦我!" 濟卽令殺之, 此人具陳說, 濟不信, 故牽將去, 顧謂濟曰: "枉不可受, 要當訟府君於天." 濟乃病, 忽見此人語之曰: "前具告實, 旣不見理, 便應去." 濟數日而死. (出『還冤記』)

129 · 2(1029)
왕범첩(王範妾)

진(晉)나라 부양현령(富陽縣令) 왕범에게는 도영(桃英)이라는 자색이 뛰어난 첩이 있었는데, 그녀는 관청의 정풍(丁豐) · 사화기(史華期) 두 사람과 사통하고 있었다. 한번은 왕범이 외출하여 돌아오지 않고 있었을 때, 장내도독(帳內都督) 손원필(孫元弼)이 정풍의 문 안쪽에서 환패(環珮) 소리가 들리기에 엿보았더니, 그가 도영과 함께 이불을 덮고 누워있었다. 손원필이 문짝을 두드리면서 그들을 꾸짖자, 도영은 즉시 일어나 치마를 손에 쥔 채로 머리를 가다듬으며 신을 질질 끌면서 안으로 돌아갔다. 손원필은 또한 사화기가 도영의 사향을 차고 있는 것도 보았다. 이 두 사람은 손원필이 왕범에게 이 사실을 고해바칠까 두려워서 도리어 둘이 함께 손원필과 도영이 사통하고 있다고 비방했다. 그러자 왕범은 사실을 알아보지도 않고 손원필을 죽였다. 당시 그 자리에 있던 진초(陳超)라는 사람도 왕범에게 손원필의 죄를 다스리라고 권했다. 후에 왕범은 임기가 다 되어 후임자에게 업무를 인계하고 돌아가게 되자 진초 또한 왕범을 만나러 도성을 나갔는데, 적정산(赤亭山) 밑에 이르렀을 때 마침 천둥이 치고 비가 내렸으며 날까지 저물었다. 그 때 홀연히 어떤 사람이 진초의 옆구리를 붙들고 좁은 길로 끌고 가더니 거친 늪 속으로 들어갔다. 번개가 쳐 불빛이 비추자 그 귀신의 얼굴이 드러났는데, 얼굴은 매우 검푸르고 눈에는 눈동자가 없었다. 그 귀신은 이렇게 말했다.

"나는 손원필이다. 황천에서 원통함을 하소연하여 일찍이 심리를 받았기에 계속 너를 기다리고 있었는데, 이제야 만나게 되었구나."

진초는 피가 흐르도록 땅에 머리를 조아렸으나, 그 귀신은 이렇게 말했다.

"왕범이 이 사건의 주범이니 마땅히 그 사람부터 죽여야겠다. 가경백(賈景伯)과 손문도(孫文度)는 태산(泰山)의 현당(玄堂: 土文墓) 아래에서 함께 죽을 사람과 살 사람의 명단을 정하고 있으니, 도영의 혼백도 여청정(女靑亭: 제3지옥으로 여자 귀신만을 다스리는 곳)으로 잡아 갈 것이다."

날이 밝아오자 귀신은 온데간데 없었다. 진초는 양도(楊都: 建康)에 도착하여 왕범에게로 갔다. 진초가 미처 그 일을 알리지 못하고 있었을때, 갑자기 귀신이 밖에서 오더니 왕범의 장막 안으로 곧장 들어오는 것이 보였다. 그리고는 밤이 되었는데, 왕범은 잠이 들자마자 가위에 심하게 눌려 계속 소리를 지르면서도 깨어나지 못했다. 그러자 집안 사람들이 청우(靑牛)를 끌어다 왕범 곁에 놓았고 아울러 도인(桃人: 복숭아나무로 만든 인형으로 귀신을 쫓을 수 있다고 함)을 왼쪽에 묶어놓았다. 다음 날 왕범은 잠시 깨어나는 듯 했지만 10여 일 만에 죽었고, 그의 첩도 급작스럽게 죽었다. 진초는 [이것을 보고] 장간사(長干寺)로 도망쳐서 이름을 하규(何規)로 바꾸어 지냈다. 그런 지 5년 후 2월 3일날, 물가에서 술기운에 진초가 말했다.

"이제는 더이상 그 귀신이 무섭지 않다."

그리고는 머리를 숙였더니 벌써 귀신의 그림자가 물 속에 보였다. 그 귀신이 손으로 진초를 때리자, 진초는 한 됫박도 더 되는 코피를 쏟더니 며칠만에 죽었다. (『명보지』[『환원기』])

晉富陽縣令王範妾桃英, 殊有姿色, 遂與閣下丁豐・史華期二人姦通. 範當出行不還, 帳內督孫元弼聞丁豐戶中有環珮聲, 覘視, 見桃英與同被而臥. 元弼扣戶叱之, 桃英卽起, 攬裙理鬢, 躡履還內. 元弼又見華期帶佩桃英麝香. 二人懼元弼告之, 乃共謗元弼與桃英有私. 範不辯察, 遂殺元弼. 有陳超者, 當時在座, 勸成元弼罪. 後範代還, 超亦出都看範. 行至赤亭山下, 值雷雨日暮. 忽然有人扶超腋, 逕曳將去, 入荒澤中. 雷光照見一鬼, 面甚靑黑, 眼無瞳子. 曰: "吾孫元弼也. 訴怨皇天, 早見申理, 連時候汝, 乃今相遇." 超叩頭流血, 鬼曰: "王範旣爲事主, 當先殺之. 賈景伯・孫文度在泰山玄堂下, 共定死生名錄, 桃英魂魄, 亦取在女靑亭." 至天明, 失鬼所在. 超至楊都詣範. 未敢謝之, 便見鬼從外來, 逕入範帳. 至夜, 範始眠, 忽然大魘, 連呼不醒. 家人牽靑牛臨範上, 並加桃人左索. 向明小蘇, 十數日而死. 妾亦暴亡. 超乃逃走長干寺, 易姓名爲何規. 後五年二月三日, 臨水酒酣, 超云: "今當不復畏此鬼也." 低頭, 便見鬼影已在水中. 以手博超, 鼻血大出, 可一升許, 數日而死. (出『冥報志』, 明鈔本作'出『還冤記』')

129・3(1030)
송궁인(宋宮人)

송(宋)나라 소제(少帝: 少帝는 劉義符이며, 劉子業은 前廢帝임. 少帝는

營陽王으로 폐위되어 吳郡에서 살해되었으므로 前廢帝가 맞는 듯 함) 유자업(劉子業)은 늘상 후궁들에게 발가벗고 쫓아다니게 했는데, 어떤 한 후궁이 따르지 않자 그녀를 참수시켰다. 그날 밤, 꿈에 그 여인이 나타나 욕을 하며 말했다.

"너는 인륜에 어긋나는 불순한 짓을 저질렀으니, 내년 곡식이 익을 때까지 살지 못할 것이다."

소제는 화를 내며 궁중에서 꿈에 나타난 여인과 비슷하게 생긴 이들을 찾아내 참수했다. 그 날 저녁, 또 다시 꿈에 소제가 죽인 여인이 나타나 말했다.

"네가 나를 억울하게 죽였기에 내가 이미 상제(上帝)께 하소연했다."

그리하여 소제는 무당들을 육궁(六宮: 皇后의 寢所)에 모아놓고 귀신을 잡았으나, 얼마 후에 살해되었다. (『광고금오행기』)

宋少帝子業常使婦人裸形相逐, 有一女子不從, 命斬之. 其夜, 夢有一女子罵曰: "汝悖逆, 明年不及熟矣." 帝怒, 於宮中求得似夢見者, 斬之. 其夕, 復夢所戮者曰: "汝枉殺我, 我已訴上帝." 集羣巫與六宮捕鬼, 帝尋被殺. (出『廣古今五行記』)

129・4(1031)
김 형(金　荊)

후위(後魏: 北魏) 말엽에 숭양(嵩陽) 사람 두창(杜昌)의 처 유씨(柳氏)는 투기가 심했다. 그 집에는 김형이라는 여종이 있었는데, 두창이 목

욕을 할 때 그녀에게 자신의 머리를 빗게 하자, 유씨는 그녀의 손가락 두 개를 잘라버렸다. 머지않아 유씨는 호자(狐刺: 굽은 활)에 맞아 손가락 두 개가 떨어져 나갔다. 또 옥련(玉蓮)이라는 여종이 노래를 잘 불렀는데, 두창이 그녀를 총애하며 그녀의 뛰어난 노래솜씨에 감탄했더니 유씨가 그녀의 혀를 잘라버렸다. 나중에 유씨의 혀에 종기가 나서 혀가 문드러졌는데, 일이 다급해지자 그녀는 조선사(稠禪師)에게 가서 참회했다. 조선사는 [그런 일들을] 이미 알고 있었기에 유씨에게 말했다.

"부인이 투기를 하여 먼저 번에 여종의 손가락을 잘랐을 때, 부인은 손가락을 잃었습니다. 그런데 또 여종의 혀를 잘랐으니, 이제 마땅히 혀가 끊어질 것입니다. 그러나 잘못을 참회하는 마음이 지극하다면 화를 면할 수 있을 것입니다."

유씨는 이마를 땅에 대고 절을 하면서 구해달라고 애걸했다. 그리하여 7일 후 조선사는 큰소리로 주문을 외웠는데, 한 척 이상이나 되는 뱀 두 마리가 유씨의 입에서 나왔다. 조선사가 더욱 빠르게 주문을 외우자 그 뱀들은 결국 땅으로 떨어졌고, 유씨의 혀는 평상시대로 회복되었다. 이때부터 유씨는 더 이상 투기를 하지 않게 되었다. (『조야첨재』)

後魏末, 嵩陽杜昌妻柳氏甚妬. 有婢金荊, 昌沐, 令理髮, 柳氏截其雙指. 無何, 柳被狐刺螫, 指雙落. 又有一婢, 名玉蓮, 能唱歌, 昌愛而歎其善, 柳氏乃截其舌. 後柳氏舌瘡爛, 事急, 就稠禪師懺悔. 禪師已先知, 謂柳氏曰: "夫人爲妬, 前截婢指, 已失指. 又截婢舌, 今又合斷舌. 悔過至心, 乃可以免." 柳氏頂禮求哀. 經七日, 禪師大張口呪之, 有二蛇從口出, 一尺以上. 急咒之, 遂落地, 舌亦平復. 自是不復妬矣. (出『朝野僉載』)

129 · 5(1032)
두의첩(杜嶷妾)

양(梁)나라 양양(襄陽)의 두의가 새로 첩을 한 명 들였는데, 나이도 어리고 용모도 아름다웠기에 두의의 총애가 각별했다. 하루는 그 첩이 아버지의 편지를 받고 주렴에 기대어 그것을 읽고 있었는데, 두의가 밖에서 돌아왔다. 그 첩은 자신이 그곳에 온지 얼마 되지 않았고 이 일을 두의에게 알리는 것도 부끄러워서 그 편지를 씹어서 삼켜버렸다. 그러나 두의는 그것을 그녀의 정부(情夫)가 보낸 것이라 여기고, 그녀의 배를 갈라 편지를 꺼내라고 했다. [배를 가르고] 첩의 숨이 아직 끊어지지 않았을 때 편지를 꺼냈는데, 두의는 그것을 읽고나서 한탄하며 말했다.

"생각지도 않게 별안간 일이 이렇게 되었구나. 천하의 화기(和氣)를 상하게 했으니, 어찌 내가 오래 살 수 있겠는가!"

그 날 밤, 그 첩이 나타나 자신의 원통함을 하소연했으며, 두의는 열흘 뒤에 죽었다. (『광고금오행기』)

梁襄陽杜嶷新納一妾, 年貌兼美, 寵愛特甚. 妾得其父書, 倚簾讀之, 嶷外還. 而妾自以新來, 羞以此事聞嶷, 因嚼吞之. 嶷謂是情人所寄, 遂命剖腹取書. 妾氣未斷, 而書已出, 嶷看訖, 歎曰: "吾不自意, 忽忽如此 傷天下和氣, 其能久乎!" 其夜見妾訴冤, 嶷旬日而死. (出『廣古今五行記』)

129·6(1033)
후주여자(後周女子)

　후주(後周: 北周)의 선제(宣帝)가 태자로 있었을 때, 그 부왕인 무제(武帝)는 태자를 매우 엄히 훈육했으며, 항상 환관 성신(成愼)을 시켜 그를 감시하게 했다. 만일 털끝 만한 죄라도 숨기고 아뢰지 않으면 성신은 마땅히 죽을 터였다. 그리하여 성신이 항상 태자의 불미한 일을 아뢰었는데, 무제는 그때마다 태자에게 곤장 100여 대를 때렸다. 선제가 즉위하게 되자 자신의 넓적다리 위에 난 곤장 흉터를 돌아보고는 곧 성신이 있는 곳을 물었다. 그 때 성신은 이미 궁에서 나와 군(郡)을 다스리고 있었는데, 선제는 칙령을 내려 그를 잡아오게 하고는 그가 도착하자마자 사약을 내렸다. 성신은 분한 나머지 성난 목소리로 말했다.
　"그 일은 부왕께서 한 짓이니 나에게 무슨 죄가 있겠소? 부왕의 잘못이 흘러 넘쳐 나에게까지 미치게 되다니. 귀신에게도 지각이 있다면, 결코 가만두지 않겠소!"
　당시 궁중에서는 금기시하는 것이 많았기에 서로 만나더라도 눈으로만 인사를 할 뿐, 몸을 돌려 함께 이야기하거나 웃을 수도 없었다. 선제는 곳곳에 감관(監官)을 배치하여 궁인들의 죄를 낱낱이 기록했다. 당시 좌황후(左皇后) 밑에 있던 한 궁녀가 하품을 하다가 눈물이 났는데, 누군가를 연모한다는 심문을 받았다. 이 일로 상주문을 올리니 선제는 칙령을 내려 그녀를 고문하게 했다. 먼저 그녀의 머리를 때리자 선제의 머리가 아팠으며, 다시 그녀를 치자 역시 마찬가지였다. 선제는 크게 화를 내며 말했다.

"이 원수같은 것!"

그리고는 곧 그녀의 허리를 잡아 꺾게 하자, 역시 선제의 허리가 아팠다. 그날 밤에 선제는 남궁(南宮)으로 나갔는데 병이 점점 심해져서 이튿날 아침에 돌아올 때는 허리가 아파 말을 탈 수 조차 없었기에, 어거(御車)를 타고 돌아왔다. 그 궁녀를 죽인 곳에는 사람의 형상 같은 검은 얼룩이 생겼는데, 당시 사람들은 그것을 그녀의 피라고 했다. 그 얼룩은 닦아내는 대로 전처럼 다시 생기기를 3번이나 되풀이했다. 그리하여 담당관리가 있던 흙을 파내고 새 흙으로 메웠으나 하룻밤 사이에 도로 예전처럼 되었다. 이로 인해 선제는 7~8일 뒤 온몸에 종기가 나서 살이 문드러져 죽었다. 처음에 선제의 시신을 안치하려 했을 때, 굽은 다리가 달린 여러 침상들이 [그 자리에] 딱 달라붙어 꼼짝도 하지 않았다. 오직 그 궁녀가 누웠던 침상만이 곧은 다리 침상이었기에 결국 그것을 썼다. 아마도 이것 역시 귀신의 의도였을 것이다. 선제가 붕어한 날은 성신이 죽은 날로부터 겨우 20여 일 뒤였다. (『환원기』)

後周宣帝在東宮時, 武帝訓督甚嚴, 恒使宦者成愼監察之. 若有纖毫罪失而不奏, 愼當死. 於是愼常陳太子不法之事, 武帝杖之百餘. 及卽位, 顧見牌上杖瘢, 問及愼所在. 愼于時已出爲郡, 遂敕追之, 至便賜死. 愼奮厲曰: "此是汝父爲, 成愼何罪? 悖逆之餘, 濫以見及. 鬼若有知, 終不相放!"

於時宮掖禁忌, 相逢以目, 不得轉共言笑. 分置監官, 記錄愆罪. 左皇后下有女子欠伸淚出, 因被劾, 謂有所思. 奏使敕拷訊之. 初擊其頭, 帝便頭痛, 更擊之, 亦然. 遂大發怒曰: "此寃家耳!" 乃使拉折其腰, 帝復腰痛. 其夜出南宮, 病漸重, 明旦還, 腰痛不得乘馬, 御車而歸. 所殺女子之處, 有黑暈如人形, 時謂是血. 隨刷之, 旋復如故, 如此再三. 有司掘除舊地, 以新土填之, 一宿之間如故. 因此七八日, 擧身瘡爛而崩. 及初下屍, 諸跼脚牀, 牢不可脫. 唯此女子所引(明鈔本 '引' 作 '臥')之牀, 獨是直脚, 遂以供用. 蓋亦鬼神之意焉. 帝崩去成愼死, 僅二十許日焉. (出 『還冤記』)

129·7(1034)
장공근첩(張公瑾妾)

당(唐)나라 위군(魏郡)의 마가운(馬嘉運)은 정관(貞觀) 6년(632) 정월에 집에 있다가 날이 저문 후에 대문을 나섰는데, 갑자기 어떤 두 사람이 각각 말 한 마리씩을 붙들고 문 밖 나무 밑에 서있는 것이 보였다. 마가운이 누구냐고 묻자 그들이 대답했다.

"동해공(東海公)께서 마생(馬生: 馬嘉運)을 맞이해 오라고 하셨습니다."

마가운은 평소에 학식이 있어 그 지방에 이름이 났으므로 항상 대사(臺使: 監察御使) 및 사방의 귀인들이 그를 뵙기를 청했었기에, 이번에도 더 이상 이상하게 여기지 않고 사자들에게 말했다.

"나는 말이 없소이다."

사자들이 말을 앞으로 보내자 마가운은 즉시 나무 밑에서 말에 올라타고 떠났는데, 사실 마가운의 육체는 나무 밑에 누워있었다. 잠시 후에 한 관청에 도착하여 대문 안으로 들어가려는데, 문밖에는 소송을 하려는 듯한 남녀 수십 명이 있었다. 그 중 한 부인은 이전부터 마가운과 아는 사이로, 같은 군(郡)의 장공근의 첩 원씨(元氏)였다. 그녀는 손에 한

장의 문서를 들고 마가운을 맞이하며 말했다.

"마생께서는 아직도 저를 알아보시겠습니까? 옛날 장총관(張總管: 張公瑾)과 교분이 있으실 적에 몇 번 뵈었습니다. 장총관은 아무 이유 없이 도리에 어긋나게 저를 죽였으므로 제가 하늘에 하소연한 지 3년이 되었습니다. 그러나 왕천주(王天主)께서 장공근을 수호하고 있기에 늘 제지당하고 있었는데, 지금에서야 사실을 말할 수 있게 되어 관리가 지금 그를 잡으러 갔으니, 오래지 않아 도착할 것입니다. 저는 혼자 억울하게 해를 입은 것이 풀리지 않고 남아있었다고 하지만, 마생은 어찌하여 여기 오시게 되었습니까?"

마가운은 전에 원씨가 피살된 것을 알고 있었기에 지금 그녀를 보고서야 비로소 자신이 죽은 것을 알았다. 사자가 마가운을 데리고 대문 안으로 들어가려 하자, 문지기가 말했다.

"동해공이 지금 주무시므로 알현 할 수 없으니, 마땅히 곽사형(霍司刑)에게로 가보시오."

[마가운이 곽사형를 만나보니] 그는 곧 익주(益州)의 행대랑중(行臺郎中) 곽장(霍璋)이었다. 그는 마가운을 보자 맞이하여 자리에 앉게 하고는 말했다.

"이 명부(冥府)의 기실관(記室官)이 지금 공석이어서, 동해공이 당신의 재학(才學)에 대해 듣고 외람되이도 그 자리에 앉히려는 것입니다."

마가운이 말했다.

"저는 처자를 거느리고 가난하게 살 뿐 벼슬을 원하지 않으니, 양해해 주신다면 감사하겠습니다."

그러자 곽장이 말했다.

"만약 할 수 없다면 스스로 학문이 없다고 말하십시오. 당신이 아는 사람이 있으면 그 일을 맡아보도록 천거해도 좋습니다."

잠시 후에 어떤 사람이 와서 말했다.

"동해공께서 일어나셨습니다."

그리고는 마가운을 데리고 들어가자, 살이 찌고 키가 작으며 얼굴 빛이 검은 한 사람이 청사에 앉아 있었는데, 그가 마가운을 앞으로 불러 말했다.

"그대의 재학에 대해 들었소. 외람되게도 기실관을 맡기고 싶은데 할 수 있겠소?"

마가운이 감사드리며 말했다.

"크나큰 영광입니다만, 저는 시골의 무식한 늙은이로서 경학(經學)을 후생들에게 가르치는 것을 업으로 삼을 뿐이지, 기실관의 벼슬을 하기에는 부족합니다."

그러자 동해공이 말했다.

"곽장을 아시오?"

마가운이 대답했다.

"네, 알고 있습니다."

그리하여 동해공이 곧 곽장을 불러 마가운의 재학에 대해서 묻자, 곽장이 대답했다.

"저는 평소에 그가 경학을 공부했다는 것만을 알 뿐, 문장 짓는 것은 보지 못했습니다."

동해공이 말했다.

"누구 문장을 잘 짓는 사람이 있는가?"

그러자 마가운이 말했다.

"진자량(陳子良)이라는 사람이 문장에 해박합니다."

그러자 동해공이 말했다.

"마생을 돌아가도록 보내주어라."

그리고는 즉시 진자량을 잡아오라고 했다. 마가운은 작별을 고하고 나와서 곽장과 이별을 하면서 물었다.

"제가 아까 장공근의 첩을 만났는데 그녀가 말한 천주는 누구를 말하는 것입니까?"

곽장이 말했다.

"장공근의 고향에 왕오계(王五戒)라는 사람이 있는데, 죽어서 천주가 되었소. 그가 항상 장공근을 수호하기 때문에 지금까지 살 수 있었으나, 이제는 죽음을 면치 못할 것 같소."

곽장은 말을 마치고 작별하면서 사자를 보내 마가운을 배웅하게 했다. 어느 좁고 험한 오솔길에 이르자, 그 사자는 길을 가리키면서 이 길을 따라 돌아가라고 했다. 그 해 7월에 면주(綿州)의 진자량이라고 하는 사람이 갑자기 죽었다가 하룻밤 지난 뒤에 깨어나더니, 자신이 동행공을 보았는데 자신을 기실관으로 쓰고자 했으나 자신은 글자를 모르기 때문에 못한다고 사양했다고 말했다. [이 사람이 아닌] 다른 진자량이라는 사람이 또 죽었으며, 장공근도 역시 죽었다.

정관연간(貞觀年間: 629~649)에 이르러 어가가 구성궁(九成宮)에 머물렀는데, 황상은 이 이야기를 듣고 중서시랑(中書侍郎) 잠문본(岑文本)을 시켜 이 일을 알아보게 했더니 잠문본이 이 일을 기록하여 장계를 올렸다 한다. 마가운은 후에 국자박사(國子博士)가 되어 벼슬에 있다가 죽었다. (『명보기』)

　唐魏郡馬嘉運, 以貞觀六年正月居家, 日晚出大門, 忽見兩人各捉馬一匹, 先在門外樹下立. 嘉運問是何, 答云: "東海公迎馬生耳." 嘉運素有學識, 知名州里, 每臺使及四方貴客多請見之, 及是弗復怪也, 謂使者曰: "吾無馬." 使者進馬, 嘉運卽於樹下上馬而去, 其身倒臥於樹下也. 俄至一官曹, 將入大門, 有男女數十人, 門外如訟者. 有一婦人, 先與嘉運相識, 是同郡張公瑾妾, 姓元氏. 手執一紙文書, 迎謂嘉運曰: "馬生尙相識否? 昔張總管交某數相見. 總管無狀, 非理殺我, 我訴天曹, 於今三年. 爲王天主救護公瑾, 故常見抑, 今乃得申, 官已追之, 不久將至. 疑我獨見枉害, 馬生那亦來耶?" 嘉運先知元氏被殺, 及見方自知死 使者引入門, 門者曰: "公眠未可謁, 宜可就霍司刑." 乃益州行臺郞中霍璋也. 見嘉運延坐, 曰: "此府記室官闕, 東海公聞君才學, 欲屈爲此官耳." 嘉運曰: "貧守妻子, 不愿爲官, 得免幸甚." 璋曰: "若不能作, 自陳無學. 君當有相識, 可擧令作." 俄有人來云: "公眠已起." 引嘉運入, 見一人在廳事坐, 肥短黑色, 呼嘉運前, 謂曰: "聞君才學. 欲屈爲記室耳, 能爲之乎?" 嘉運拜射曰: "幸甚, 但鄙夫田野, 頗以經業敎授後生, 不足以當記室之任耳." 公曰: "識霍璋否?" 答曰: "識之." 因使召璋, 問以嘉運才術, 璋曰: "平生知其經學, 不見作文章." 公曰: "誰有文章者?" 嘉運曰: "有陳子良者, 解文章." 公曰: "放馬生歸." 卽命追子良. 嘉運辭去, 璋與之別, 嘉運問曰: "向見張公瑾妾, 所言天主者爲誰?" 璋曰: "公瑾鄕人王五戒者, 死爲天主. 常救公瑾, 故得至今, 今已不免矣." 言畢而別, 遣使者送嘉運. 至一小澁道, 指令由此路歸. 其年七月, 綿州人姓陳子良暴死, 經宿而蘇, 自言見東海公, 用爲記室, 辭不識文字. 別有是人陳子良卒, 公瑾亦亡.

　至貞觀中, 車駕在九成宮, 聞之, 使中書侍郞岑文本就問其事, 文本錄以奏云爾. 嘉運後爲國子博士, 卒官. (出『冥報記』)

129 · 8(1035)
범략비(範略婢)

당(唐)나라 정관연간(貞觀年間: 629~649)에 복양(濮陽) 사람 범략의 처 임씨(任氏)가 있었다. 범략은 전에 한 여종을 총애했는데, 임씨가 [그녀를 투기하여] 칼로 그녀의 귀와 코를 도려냈으나 범략은 아내를 제지할 수 없었다. 얼마 후에 임씨가 임신하여 딸이 태어났는데, 귀와 코가 없었다. 그 딸은 점차 나이가 들었고, 그 여종은 그때까지 여전히 그 집에 있었다. 딸이 그 여종에게 [왜 귀와 코가 없는지] 묻자 그 여종은 그 이유를 모두 말해주었고, 그 딸은 슬피 흐느껴 울면서 어머니를 원망스럽게 생각했다. 어머니는 몹시 부끄러운 기색이었으나 후회해도 소용없는 일이었다. (『조야첨재』)

唐貞觀中, 濮陽範略妻任氏. 略先幸一婢, 任以刀截其耳鼻, 略不能制. 有頃, 任有娠, 誕一女, 無耳鼻. 女年漸大, 其婢仍在. 女問婢, 具說所由, 女悲泣, 以恨其母. 母深有愧色, 悔之無及. (出『朝野僉載』)

129 · 9(1036)
호량첩(胡亮妾)

당(唐)나라 광주(廣州)의 화몽현승(化蒙縣丞) 호량은 도독(都督) 주인궤(周仁軌)를 따라 요자부(僚子部)를 토벌하러 갔다가 수령(首領)의 첩을 얻게 되었는데, 그녀를 총애하여 화몽현까지 데리고 왔다. 그러나 호량이 부(府)로 떠나서 집에 없었을 때, 호량의 처 하씨(賀氏)가 못을 달궈서 그 첩의 두 눈을 지졌고, 그 첩은 결국 스스로 목을 매어 죽었다. 후에 하씨가 임신하여 두 눈 모두 눈동자가 없는 뱀 한 마리를 낳았다. 이 일을 선사(禪師)에게 물으니, 선사가 대답했다.

"부인께서 일찍이 불에 달군 못으로 첩의 눈을 지지셨는데, 부인의 성품이 표독했기 때문에 그 첩이 뱀이 되어 보복하는 것입니다. 그 뱀은 눈을 지졌던 첩이니, 부인께서 이 뱀을 잘 기르시면 화를 면하실 수 있을 것입니다. 그렇지 않으면 화가 부인의 몸에까지 미치게 될 것입니다."

그리하여 하씨는 그 뱀을 길렀는데, 그 뱀은 한두 해가 지나 점점 자라났으나 앞을 보지 못했기 때문에 오로지 이불 속에서만 있었으므로 호량은 그 사실을 알지 못하고 있었다. [그러던 중에 하루는 호량이] 이불을 젖히고 뱀을 보고는 크게 놀라 칼로 베어 죽여버렸다. 이때부터 하씨의 양쪽 눈이 모두 마르면서 다시는 앞을 볼 수 없게 되었으나, 후회막급이었다. (『조야첨재』)

唐廣州化蒙縣丞胡亮, 從都督周仁軌討僚, 得一首領妾, 幸之, 將至縣. 亮向府不在, 妻賀氏, 乃燒釘烙其雙目, 妾遂自縊死. 後賀氏有娠, 産一蛇, 兩目無睛. 以問禪師, 師曰: "夫人曾燒釘烙一女婦眼, 以夫人性毒, 故爲蛇報. 此是被烙女婦也, 夫人好養此蛇, 可以免難. 不然, 禍及身矣." 賀氏養蛇, 一二年漸大, 不見物, 唯在衣被中, 亮不知也. 發被見蛇, 大驚, 以刀斫殺之. 賀氏兩目俱枯, 不復見物, 悔無及焉. (出『朝野僉載』)

129 · 10(1037)
양인유비(梁仁裕婢)

당(唐)나라 양인유는 효위장군(驍衛將軍)으로 있었는데, 전에 한 여종을 총애했었다. 그의 처 이씨(李氏)는 투기가 심해 그 여종을 학대하여 묶어 놓고 머리를 때렸다. 그러자 그 여종이 소리를 질렀다.

"소첩이 비천하다고 마음대로 할 수 없게 구속할 뿐만 아니라, 마님께서 쇠사슬로 내 목을 묶어 놓으시니 고통스럽기 짝이 없습니다!"

그 여종이 죽은 후에 한 달이 좀 지나 이씨는 병이 들었는데, 늘 그 여종이 나타나 부르는 것이 보였다. 이씨는 머리 위에 네 곳이나 심한 종기가 났으며, 뇌도 썩어 문드러져 밤낮으로 소리를 지르다가 고통을 이기지 못하고 몇 개월만에 죽었다. (『조야첨재』)

唐梁仁裕爲驍衛將軍, 先幸一婢. 妻李氏, 甚妬而虐, 縛婢擊其腦. 婢號呼曰: "在下卑賤, 制不自由, 娘子鎖項, 苦毒何甚!" 婢死後月餘, 李氏病, 常見婢來喚. 李氏頭上生四處癰疽, 腦潰, 晝夜鳴叫, 苦痛不勝, 數月而卒. (出『朝野僉載』)

129 · 11(1038)
장경선비(張景先婢)

당(唐)나라 형주(荊州) 지강현(枝江縣)의 주부(主簿) 하영(夏榮)은 저승의 일을 판결했다. 그 현의 현승(縣丞) 장경은 전에 한 여종을 총애했는데, 그의 처 양씨(楊氏)가 그녀를 투기했다. 장경이 사신으로 나가고 집에 없게 되자 그의 처는 그 여종을 죽이고 측간(厠間)에 던져 넣었으며, 장경이 집에 돌아오자 그를 속여 이렇게 말했다.

"그 여종이 도망쳤습니다."

장경은 자신의 처가 잔인하게 학대했으리라고 여기면서도 더 이상 묻지 않았다. [죽은] 여종은 그 일을 하영에게 하소연했고, 하영은 장경을 대질 심문하면서 그에게 물었다.

"공(公: 張景)의 부인께서 병환이 나셔서 고생이 많으시지요?"

그러면서 하영이 그 병의 상황을 설명했다. 장경이 그가 자신의 처와 사통하고 있다고 의심하여 화를 내자, 하영이 말했다.

"공의 부인께서 억울하게 그 여종을 죽여 측간에 던졌기에, 지금 문초를 당하는 것입니다. 공께서 한번 물어보시지요."

장경은 깨달은 바가 있어 그 부인에게 물었더니, 그녀는 병이 너무도 심했기에 그 일을 모두 털어놓았다. 하영은 측간에서 그녀의 해골을 꺼내어 향수로 목욕시키고 후히 장례를 치러 주라고 했다. 그러나 그 여종은 부인 양씨를 놓아주지 않았으니, 양씨는 한 달이 조금 넘은 후에 죽었다. (『조야첨재』)

唐荊州枝江縣主簿夏榮判冥司. 縣丞張景先寵一婢, 其妻楊氏妬之. 景出使不在, 妻殺婢, 投之於厠, 景至, 紿之曰: "婢逃矣." 景以妻酷虐, 不問也. 婢訟之於榮, 榮追對之, 問景曰: "公夫人病困?" 說形狀. 景疑其有私也, 怒之, 榮曰: "公夫人枉殺婢, 投於厠, 今見推勘. 公試問之." 景悟, 問其婦, 婦病甚, 具首其事. 榮令厠內取其骸骨, 香湯浴之, 厚加殯葬. 婢不肯放, 月餘日而卒. (出『朝野僉載』)

129 · 12(1039)
이훈첩(李訓妾)

당(唐)나라 좌복야(左僕射) 위안석(韋安石)의 딸이 태부(太府)의 주부(主簿) 이훈에게 시집갔다. 이훈은 혼인하기 전에 첩을 하나 두었는데, 혼인한 후에 [위안석의 딸이 그녀를] 다른 사람에게 시집 보내, 그녀는 두 번이나 남편을 바꾸게 되었다. [그 일이 있은 후] 위안석의 딸이 전염병에 걸려 시체처럼 야위었는데, 그 첩이 그녀를 미워해 저주한 것 같았다. 위안석은 하남현령(河南縣令) 진수일(秦守一)에게 그녀를 잡아오게 하여 고문을 하고 갖은 고초를 겪게 했기에, 그녀는 결국 스스로 거짓자백을 했다. 그녀는 전후로 300대 이상의 매를 맞았으며, 우물 속에 던져져 죽었다. 그 일이 있은 지 3일도 안되어 위안석의 딸은 결국 죽었는데, 당시 사람들은 모두 그 첩의 원혼이 그렇게 한 것이라 여겼다. 위안석은 좌천되어 포주(蒲州)로 갔으며, 태극(太極) 원년(712) 8월에 죽었다. (『조야첨재』)

唐左僕射韋安石女, 適太府主簿李訓. 訓未婚以前, 有一妾, 成親之後, 遂嫁之, 已易兩主. 女患傳屍瘦病, 恐妾厭禱之. 安石令河南令秦守一捉來, 榜掠楚苦, 竟以自誣. 前後決三百以上, 投井死 不出三日, 其女遂亡, 時人咸以爲冤魂之所致也. 安石坐貶蒲州, 太極元年八月卒. (出『朝野僉載』)

129 · 13(1040)
화 엄(花 嚴)

　당(唐)나라 왕홍(王弘)은 기주(冀州) 형수(衡水) 사람으로 어려서부터 무뢰했으며, 무고한 사람들에게 죄를 씌워 밀고했다. 왕홍은 전에 하북(河北)의 조주(趙州)와 정주(定州)를 유람하면서 [그 지방] 노인들이 매년 읍재(邑齋)를 올리는 것을 보고는 밀고하여 200명을 죽게 했다. 그는 [그 공을 인정받아] 유격장군(游擊將軍: 도둑을 체포하는 官吏)에 제수되었고, 얼마 후에는 시어사(侍御史)에 제수되었다. 당시 승주도독(勝州都督) 왕안인(王安仁)을 밀고한 사람이 있었는데, [조정에서는] 비밀리에 왕홍을 파견하여 가서 심문하도록 했다. 왕홍은 큰 칼을 찾아 왕안인의 목에 채웠으나 그가 죄를 인정하지 않자, 마침내 칼을 씌운 채로 베어 죽이고 나서 그것을 벗겼다. 당시 왕안인의 아들은 종군하고 있었는데, 그 역시 사로잡아 참수했다. 왕홍은 분주(汾州)에 갔을 때 사마모공(司馬毛公)과 마주앉아 식사하다가 잠시 후에 명을 내려 사마모공의 목을 베어 머리를 취했기에 백성들은 두려움에 떨었다. 후에 왕홍은 억울하게 모함을 받아 뇌주(雷州)로 귀양가면서 평소에 총애하던 어린 첩 화엄을 데리고 갔다. 왕홍이 배 위에서 황제의 칙서를 위조하자, 화엄이 말리며 말했다.

　"일의 형세가 이리 되었는데 차마 어찌 또 다시 법도를 거스르는 일을 하신단 말입니까?"

그러자 왕홍이 화를 내며 말했다.

"이 년이 내 일을 망치려고 하다니!"

그리고는 그녀의 손발을 결박하여 강에 던져버렸다. 사공이 그녀를 구해내자 왕홍은 또 채찍 200대를 때려서 죽이고는, 강가에 묻어버렸다. 얼마 후에 칙서를 위조한 것이 발각되어 어사(御史) 호원례(胡元禮)가 왕홍을 심문했는데, 그를 가두어 인솔해 돌아오는 길에 화엄이 죽은 곳에 이르자 왕홍이 갑자기 이렇게 말했다.

"화엄이 그 일을 따지려고 나를 부르러 왔구나."

좌우의 사람들은 아무 것도 보지 못했으나, 왕홍만은 머리를 조아리며 죽을죄를 지었다고 했으며 마치 도리깨질을 당하는 듯한 소리가 들이더니 한밤중에 죽고 말았다. (『조야첨재』)

唐王弘, 冀州衡水人, 少無賴, 告密羅織善人. 曾游河北趙·定('定'原作'具', 據明鈔本改), 見老人每年作邑齋, 遂告殺二百人. 授游擊將軍, 俄除侍御史. 時有告勝州都督王安仁者, 密差弘往推. 索大枷夾頸, 安仁不承伏, 遂於枷上斫安仁死, 便卽脫之. 其男從軍, 亦擒而斬之. 至汾州, 與司馬毛公對食, 須臾喝下, 斬取首, 百姓震悚. 後坐誣枉, 流雷州, 將少姬花嚴, 素所寵也. 弘於舟中, 僞作敕追, 花嚴諫曰: "事勢如此, 何忍更爲不軌乎?" 弘怒曰: "此老嫗欲敗吾事!" 縛其手足, 投之於江. 船人救得之, 弘又鞭二百而死, 埋於江上. 俄而僞敕發, 御史胡元禮推之, 錮身領廻, 至花嚴死處, 忽云: "花嚴來喚對事." 左右皆不見, 唯弘稱叩頭死罪, 如授枷棒之聲, 夜半而卒. (出『朝野僉載』)

129 · 14(1041)
진양인첩(晉陽人妾)

당(唐)나라 우숙(牛肅)의 외숙은 진양현위(晉陽縣尉)였다. 그 현에서 어떤 사람이 자신의 첩을 죽였는데, 그 첩이 죽을 때에 이렇게 말했다.

"나는 죄가 없는데도 너에게 죽임을 당하니, 내 반드시 복수하겠다!"

그 일이 있은 후 여러 해가 지났을 때, 첩을 죽였던 사람이 한밤중에 일어나 모친의 침소 문 앞에 가서 모친을 불렀다. 그 모친이 이유를 묻자 그 사람이 말했다.

"방금 꿈에 호랑이에게 물렸는데 상처가 너무 심한 나머지 결국 죽었습니다. 잠에서 깨어 심장이 두근거리고, 너무도 놀라고 불길하기에 말씀드리는 것입니다."

어머니가 말했다.

"사람들이 꿈에서 죽은 사람은 도리어 현실에서는 잘 산다고 하더구나. 꿈은 현실과 정 반대라고 하던데 너는 무슨 걱정을 하느냐? 네가 밤 늦게 와서 아직 소를 먹이지 않았으니, 빨리 소에게 먹이나 주려무나."

그 사람이 대답했다.

"예."

그 사람은 어둠 속에서 어떤 물체를 보았는데, 마치 소가 도망치는 것 같아 앞으로 가서 그것을 잡았더니, 다름 아닌 호랑이였다. 그는 결국 호랑이에게 물려 비명을 지르다가 죽고 말았다. 한편 호랑이는 그 사람을 죽이고 정원으로 들어가 방에 침상을 놓은 곳까지 가서 자는 듯이 있었다. 그 집안 사람들은 호랑이가 자는 것을 엿보고는 즉시 그 문을 걸어 잠그고 관부에 알렸으며, 당시 유수(留守)로 있던 계휴광(季休光)이 사람을 보내 호랑이를 잡게 했다. 호랑이를 잡으러 간 사람은 그 집으로 올라가 집 문을 부수고, 창을 모아 쥐고 그것을 찔러 죽였다. 당시 우숙의 외숙은 마침 유수판관(留守判官)으로 있었는데, 호랑이 머리를 얻어 옻칠을 해서 베개로 삼았다. 지금까지 사람들은 그 호랑이를 살해당했던 첩이라 여기고 있다. (『기문』)

唐牛肅舅之尉晉陽也. 縣有人殺其妾, 將死言曰: "吾無罪, 爲汝所殺, 必報!" 後數年, 殺妾者夜半起, 至母寢門呼. 其母問故, 其人曰: "適夢爲虎所囓, 傷至甚, 遂死. 覺而心悸, 甚驚惡, 故啓之." 母曰: "人言夢死者反生. 夢想顚倒故也, 汝何憂? 然汝夜來未飯牛, 亟飯之." 其人曰: "唯." 闇中見物, 似牛之脫也, 前執之, 乃虎矣. 遂爲所噬, 其人號叫竟死. 虎旣殺其人, 乃入院, 至其房而處其牀, 若寢者. 其家伺其寢, 則閉鏁其門而白於府, 季休光爲留守, 則使取之. 取者登焉, 破其屋, 攢矛以刺之, 乃死. 舅方爲留守判官, 得其頭, 漆之爲枕. 至今時人以虎爲所殺之妾也. (出『紀聞』)

태평광기 권제130 보응29 (婢妾)

1. 두응첩(竇凝妾)
2. 엄무도첩(嚴武盜妾)
3. 녹　　교(綠　翹)
4. 마전절비(馬全節婢)
5. 노사언녀(魯思郾女)
6. 악주소장(鄂州小將)
7. 김　　치(金　卮)

130 · 1(1042)
두응첩(竇凝妾)

당(唐)나라 개원(開元) 25년(737), 진주자사(晉州刺史) 유환(柳渙)의 외손녀 박릉(博陵) 최씨(崔氏)는 변주(汴州)에 살고 있었다. 부풍(扶風) 사람 두응은 최씨에게 장가를 들기 위해 매파를 보내 혼례를 준비했다. 그런데 두응에게 임신한 옛 첩이 있었기에, 최씨 집안에서는 그 첩을 내보낸 후에야 혼인을 성사시켜주겠다고 했다. 두응은 그렇게 하겠다고 한 뒤 마침내 첩과 함께 [거룻배를 타고] 송주(宋州)로 갔다. 그들이 배에서 내려 뭍에 올라 큰길 어귀에서 유숙하던 날 밤 첩이 두 딸을 낳았는데, 두응은 모녀가 힘들어 약해진 틈을 타서 이들을 죽인 뒤 뱃속에 모래를 채워서 강물 속에 빠뜨렸다. 두응은 일을 모두 처리한 뒤 변주로 돌아가서 최씨에게 거짓으로 "첩을 내보냈습니다"라고 말한 뒤 길일을 택하여 혼인을 맺었다.

15년 뒤, 최씨는 아들, 딸 여러 아이를 낳았지만 아들은 죽고 딸 둘만이 자랐다. 영태(永泰) 2년(766) 4월 어느 날 문득 안석 위에 서찰 하나가 놓여있었는데, 열어보니 바로 두응의 선친이 보낸 서찰로 다음과 같은 내용이 있었다.

"네게 억울하게 죽은 영혼이 사건을 고발했으니 한달 안으로 빨리 집안 일을 처리해 두어야 한다. 큰딸은 변주참군(汴州參軍) 최연(崔延)에게 시집보내고 둘째 딸은 전 개봉위(開封尉) 이일(李馹)에게 시집보내거라.

둘 다 좋은 배필이다."

그러나 두응은 이를 믿지 않고 부인에게 말했다.

"이는 여우가 부린 조화이니 믿을 것이 못되오."

다시 10일이 지나서 또 방안에서 서찰이 나타났다.

"내가 앞서 네게 위험의 조짐을 일러주었건만 어찌 어리석음이 이다지도 심한게냐."

두응은 이 서신을 보고서도 반신반의하며 머뭇거리고 있었는데, 다음 날 안채에 또 서신이 나타났으며 애절하게 말했다.

"화가 곧 닥칠 것이다."

두응이 이 글을 보고 두려워하며 근심하고 있는데 부인이 말했다.

"당신이 [과거를] 잘 살펴보아서 무슨 과오라도 있다면, 마땅히 푸닥거리를 해서 이 화를 피해야 할 것입니다."

두응은 아무 일도 없다고 숨겼지만 마음속으로는 첩을 죽였던 일을 꺼림찍해 하고 있었다.

5월 16일 오시(午時: 11시~13시), 사람들이 모두 쉬고 있을 때에 갑자기 다급하게 문을 두드리는 소리가 들려왔다. 두응은 심장이 두근거려 나가서 누구냐고 물으니, 바로 그가 죽였던 첩이었다. 그녀는 곱게 화장하고 잘 꾸며 입은 채 두응에게 절을 한 뒤 말했다.

"오랜 기간동안 별고 없으셨는지요?"

두응은 크게 놀라 집안으로 급히 들어가서 숨었는데, 귀신이 그의 뒤를 쫓아 안채에까지 이르러 최씨를 보게 되었다. 최씨가 그녀를 보고 놀라서 묻자 귀신은 용모를 단정히 한 채 말했다.

"저는 두십오랑(竇十五郞: 竇嶷)의 첩입니다. 두응이 부인에게 장가들려고 할 때에 첩을 큰 길 어귀에서 죽였으며 제 두 딸의 목숨도 함께 앗아갔습니다. 제가 두응을 저버린 일이 없건만 그는 저를 억울하게 죽였습니다. 두응이 아내를 맞이하고 싶었다면 저 스스로 물러났을 텐데, 어찌 제 목숨을 잔인하게 해쳐서 이 지경에 이르게 했단 말입니까! 저는 미천한 몸으로, 15년여 동안 여러 산과 강의 신들에게 하소연하자 원기(怨氣)가 하늘에까지 통하게 되어 상제께 들리게 되었습니다. 상제께서 굽어살피시고 제게 원수를 갚도록 허락하셨으니, 오늘 두응을 잡으러 왔습니다. 부인과는 상관 없는 일이니 두려워하지 마십시오."

최씨는 슬프고 또 두려워서 사죄하였다.

"공덕을 쌓아 속죄하고자 하는데 그렇게 할 수 있을까요?"

귀신은 엄격한 안색으로 말했다.

"두응의 목숨으로 목숨에 되갚으면 족할 뿐, 무슨 공덕이 목숨의 값어치에 해당한단 말입니까? 만약 부인이 살해당했다면 무슨 공덕으로 당신의 목숨을 계산하시겠습니까!"

귀신은 조금도 주저함 없이 두응을 욕하며 말했다.

"하늘의 그물은 빈틈이 없으니 여우나 쥐처럼 엎드려 숨은들 무슨 소용이 있으리!"

곧바로 당(堂) 위로 올라 두응을 붙잡아서 물어뜯고 할퀴고 비틀어 뜯었으며 하루 종일 온갖 고통을 준 뒤 떠나며 말했다.

"너는 곧 죽을 것이라고 생각지 말아라. 너는 내가 줄 수 있는 모든 고통을 받을 것이다."

이처럼 귀신은 매일 와서 그의 온 몸을 잘게 물어 씹었으며 그 모습도 기이한 형상으로 변화 무쌍하여 온 집안 사람이 공포에 떨었으나 그 수중에서 벗어날 방법이 없었다. 귀신은 또한 그의 두 딸도 붙잡았는데, 딸들은 고통을 감당해낼 수 없었다.

이 때에 주문을 매우 잘 외는 담량(曇亮)이라는 스님이 있었기에, 두응은 그를 청해다가 내당에 단(壇)을 설치했다. 잠시 후 귀신이 찾아와서 감히 계단을 오르지 못하자, 스님은 귀신을 물리치며 말했다.

"귀신의 길은 인간의 길과 다르건만 어찌 여기에까지 이르렀단 말이냐! 내가 금강역사를 불렀으니 너를 곧 가루로 만들겠다."

귀신이 말했다.

"부처를 섬기는 화상은 그 마음가짐에 차별이 없어야 하거늘 어찌 정의를 가리고 도적질을 은폐하려 한단 말이오! 이 두응이라는 놈은 무도하게 나를 죽였으니, 어찌 사람을 범하는 일이라 할 수 있단 말인가? 상제께서 밝게 살펴보시고 내가 두응에게 복수하는 것을 허락하셨는데, 금강역사가 어찌 억울함을 품고있는 이를 사사로이 죽인단 말이오?"

귀신은 말을 마치고 계단에 올라서 처음처럼 두응을 붙잡았다. 최씨는 스님에게 몰래 두 딸의 혼사를 추진시키도록 했는데 귀신이 이를 알고 노해서 말했다.

"화상이 다른 사람을 위해 매파가 되다니, 부끄럽지도 않소!"

스님은 부끄러워하며 떠났다. 후에 최연의 집안과 이일의 집안에서 각각 두응의 딸을 맞이하여 도망쳤는데, 귀신은 이를 쫓지 않고서 말했다.

"내가 긴 밧줄로 너희들의 다리를 묶어놓았는데 어찌 멀리 갈 수 있겠는가!"

몇 년 안에 두 딸 모두 죽었다. 두응은 귀신의 독에 중독되어 발광하며 자신의 몸을 뜯어먹고 물과 불에 뛰어들기도 했다. 그는 똥이나 더러운 것을 먹고 피부가 불에 데어 문드러지더니 몇 년만에 죽었다. 최씨는 동경(東京)에서 출가했으며 사람들은 모두 이 일을 알고 있다. (『통유기』)

唐開元二十五年, 晉州刺史柳渙外孫女博陵崔氏, 家于汴州. 有扶風竇凝者, 將聘焉, 行媒備禮. 而凝舊妾有孕, 崔氏約遣妾後成禮. 凝許之, 遂與妾俱之宋州. 揚舲下至車道口宿, 妾是夕產二女, 凝因其困羸斃之, 實沙於腹, 與女俱沈之. 既而還汴, 紿崔氏曰: "妾已遣去." 遂擇日結親.

後一十五年, 崔氏產男女數人, 男不育, 女二人, 各成長. 永泰二年四月, 無何, 几上有書一函, 開見之, 乃凝先府君之札也, 言: "汝枉魂事發, 近在莽月, 宜疾理家事. 長女可嫁汴州參軍崔延, 幼女嫁前開封尉李馱. 並良偶也." 凝不信, 謂其妻曰: "此狐狸之變, 不足徵也." 更旬日, 又於室內見一書: "吾前已示汝危亡之兆, 又何顚倒之甚也." 凝尙猶豫, 明日, 庭中復得一書, 詞言哀切, 曰: "禍起旦夕." 凝方倉惶, 妻曰: "君自省如何, 宜禳避之." 凝雖秘之, 而實心憚妾事.

五月十六日午時, 人皆休息, 忽聞扣門甚急. 凝心動, 出候之, 乃是所殺妾. 盛粧飾, 前拜凝曰: "別久安否?" 凝大怖, 疾走入內隱匿, 其鬼隨踵至庭, 見崔氏. 崔氏驚問之, 乃斂容自叙曰: "某是竇十五郞妾. 凝欲娶娘子時, 殺妾於車道口, 幷二女同命. 但妾無負凝, 而凝枉殺妾. 凝欲娶妻, 某自屛迹, 奈何忍害某性命, 以至於此! 妾以賤品, 十五餘年, 訴諸嶽瀆, 怨氣上達, 聞于帝庭. 上帝降鑒, 許妾復讐, 今來取凝. 不干娘子, 無懼也." 崔氏悲惶請謝: "願以功德贖罪, 可乎?" 鬼厲色曰: "凝以命還命足矣, 何功德而當命也? 臂殺娘子, 豈以功德可計乎!" 詞不爲屈, 乃罵凝曰: "天網不漏, 何用狐伏鼠竄!" 便升堂擒得凝, 而囓咬搯捩, 宛轉楚毒, 竟日而去, 言曰: "汝未慮卽死 且可受吾能事耳." 如是每日輒至, 則咂嚼支體, 其鬼或奇形異貌, 變態非常, 擧家危懼, 而計無從出. 並搏二女, 不堪其苦.

于時有僧曇亮, 頗善持呪, 凝請之, 置壇內閣. 須臾鬼至, 不敢升階. 僧讓之曰:

"鬼道不合干人, 何至是耶! 吾召金剛, 坐見糜碎." 鬼曰: "和尙事佛, 心合平等, 奈何掩義隱賊! 且凝非理殺妾, 妾豈干人乎? 上命照臨, 許妾讎凝, 金剛豈私殺負冤者耶?" 言訖登階, 擒凝如初. 崔氏令僧潛求聘二女, 鬼知而怒曰: "和尙爲人作媒, 得無怍乎!" 僧慙而去. 後崔氏李氏聘女遁逃, 而鬼不追, 乃言曰: "吾長縛汝足, 豈能遠耶!" 數年, 二女皆卒. 凝中鬼毒, 發狂, 自食支體, 入水火. 啗糞穢, 肌膚焦爛, 數年方死. 崔氏於東京出家, 衆共知之. (出『通幽記』)

130 · 2(1043)
엄무도첩(嚴武盜妾)

　당(唐)나라 서천절도사(西川節度使) 엄무는 어렸을 때에 혈기를 믿어 멋대로 호기를 부렸다. 한번은 도성에 있을 때 한 군사(軍使: 都督이나 節度使에 소속된 관리)와 이웃에 살고 있었다. 그 군사에게는 아직 시집가지 않은 딸이 있었는데 용모와 미색은 천하에 다시없을 만큼 아름다웠다. 엄공(嚴公: 嚴武)은 몰래 그녀를 보고는 그녀 주위의 시종들에게 돈을 써서 자신의 집으로 유인해냈으며, 한달 여만에 그녀를 데리고 몰래 도망쳐서 동쪽으로 관문을 나와 회수(淮水)와 사수(泗水) 부근에 숨었다. 딸이 사라진 것을 깨달은 군사는 그들의 종적을 찾고 또 하인들에게 캐물어 진상을 관가에 폭로했으며, 관가에서는 장계를 올려 그 사실을 조정에 알렸다. 천자는 조서를 내려서 만년현(萬年縣)의 포적관(捕賊官)을 파견하여 그들을 체포하게 했다. 포적관은 역참의 말을 타고 하루에도 여러 역을 지나가며 길을 따라서 그들의 종적을 찾아냈다. 엄무는 공현(鄏縣)에서 막 배를 세내어 하류로 내려가던 길에 황제가 보낸 관리가 곧 올 것이라는 소문을 듣고, 죄를 면하지 못할까 두려워서 군사의 딸에게 술을 먹인 뒤, 한밤중에 그녀가 취한 틈을 타 비파 줄을 풀어 목졸라 죽이고 황하에 빠뜨렸다. 다음날 황제의 사자가 도착하여 엄공의 배를 포획해서 수색했지만 그 딸에 대한 흔적을 찾을 수 없어 그만둘 수밖에 없었다.

엄공은 후에 검남절도사(劍南節度使)가 되었다. 그는 심한 병에 걸리게 되었는데 성격이 고집스러워서 무당이나 박수와 같은 무리를 믿지 않았으며, 이런 말을 하는 자가 있으면 반드시 벌을 주었다. 어느 날 정오에 한 도사가 관아에 찾아와 아미산(峨眉山)에서 왔다고 하면서 엄무를 만나 뵙기를 청했다. 문지기는 처음에는 감히 말도 꺼내지 못했지만 도사의 엄한 음성에 어쩔 수 없이 관아로 들어가 아뢰었다. 엄무도 역시 이상하게 생각해서 그를 들어오라고 했다. 도사는 그를 만나러 들어와 계단에 이르자 마치 어떤 사람을 힐난이라도 하는 것처럼 큰소리로 꾸짖다가 한참 만에야 그쳤다. 도사는 인사를 주고받은 뒤 엄무에게 말했다.

"공께 병이 생긴 것은 공에게 너무 심한 재액이 닥쳤으며 원수가 바로 옆에 있기 때문입니다. 공께서는 어찌 허물을 뉘우쳐 향을 살라 사죄하지 않으시고, 도리어 이처럼 고집을 부리신단 말입니까?"

엄무가 노하여 대답도 하지 않았는데 도사가 다시 말했다.

"공께서는 한번 생각해 보십시오. 일찍이 양심을 배반하고 사람을 살해한 일이 없으십니까?"

엄무는 묵묵히 한참을 생각하더니 말했다.

"없소."

도사가 말했다.

"마침 계단 앞에 이르렀을 때, 어떤 억울하게 죽은 이가 저를 보고 하소연을 했습니다. 저는 처음에는 산 정령이나 나무 귀신으로 생각했으나 공에게 재앙을 내리려고 하기에 마침내 꾸짖었던 것입니다. 귀신이 말하기를 상제의 명을 받았으니 공에게 억울하게 살해당한 일에 대해 이미 청원을 올려 받아들여졌다고 했습니다. 그런데도 어찌 없다고 말씀하십니까?"

엄무는 일의 진위를 헤아릴 수 없어서 다시 물었다.

"귀신의 모습은 어땠소?"

도사가 말했다.

"막 열 예닐곱 되는 여자로 목 위로 무슨 악기의 현과도 같은 줄이 하나 있었습니다."

엄무는 크게 놀라 머리를 조아리며 도사에게 말했다.

"천사(天師)께서는 진실로 성인이십니다. [제가 죽인 귀신이] 맞습니다. 어찌하면 좋을런지요?"

도사가 말했다.

"귀신이 직접 공을 보고싶어하니 공께서 스스로 간구해 보십시오."

곧 당(堂) 안에 물을 뿌리고 깨끗이 청소하도록 했으며 다른 물건들은 치운 뒤 향을 살랐다. 그리고 엄무를 들쳐 매고 당의 문안으로 가서 마음을 정결하게 한 뒤, 적삼과 홀(笏)을 갖추어 주고 시동 하나를 남겨두어 곁에서 시중들도록 했다. 당의 문밖 동쪽으로 문이 하나 있었는데 그곳에도 물을 뿌리고 청소한 뒤 발을 드리우도록 했다. 도사는 당 밖에 앉아서 물을 머금어 뿜은 뒤, 버드나무 가지로 땅을 쓸고서 앉아 눈을 감고 이[齒]를 부딪쳤다. 잠시 후 별채에서 어떤 사람이 탄식하는 소리가 들리자 도사가 말했다.

"낭자께서는 나오시오."

한참 후, 한 여인이 나타났는데 산발한 머리에 목 뒤로 비파줄이 있었으며 그 줄은 목덜미 아래까지 내려와 묶여 있었다. 그녀는 발을 걷어 올리고 들어왔는데, 당 문에 이르자 머리를 뒤로 묶은 뒤 엄무를 향해 절했다. 엄무는 그녀를 보자 대경실색했으며 부끄러워 얼굴을 가렸다. 여인이 말했다.

"공께서는 어찌 차마 그런 짓을 하셨는지요! 제가 공을 쫓아간 것은 제 실수일 뿐, 공께는 아무런 탓할 바가 아닙니다. 공께서 죄를 두려워 하셨다면, 저를 다른 곳에 버리기만 했어도 좋았을 것을 어찌 차마 살인까지 저지르셨습니까!"

엄무는 한참동안 뉘우치고 사죄했으며 아울러 많은 불경과 지전(紙錢)으로 죄를 면해줄 것을 빌었다. 도사 또한 정성스럽게 엄무를 위해 간청했지만 여인이 말했다.

"안됩니다. 저는 공의 손에 죽어서 상제께 호소한지 거의 30년이 되었으니, 이제 와서 용서할 수 없습니다. 공은 내일 저녁 죽게될 것입니다."

여인은 말을 마치자 곧 나갔는데 문에 이르자 획 사라졌으며 도사도 곧 인사를 하고 떠났다. 엄공은 마침내 집안 일을 정리했으며 다음날 황혼 무렵에 죽었다. (『일사』)

唐('唐'原作'廣', 據明鈔本・許本改)西川節度使嚴武, 少時仗氣任俠. 嘗於京城, 與一軍使鄰居. 軍使有室女, 容色艷絶. 嚴公因窺見之, 乃賂其左右, 誘至宅, 月餘, 遂竊以逃, 束出關, 將匿於淮泗間. 軍使旣覺, 且窮其跡, 亦訊其家人, 乃暴於官司, 亦以狀上聞. 有詔遣萬年縣捕賊官專往捕捉. 捕賊乘遞, 日行數驛, 隨路已得其蹤矣. 嚴武自鞏縣, 方雇船而下, 聞制使將至, 懼不免, 乃以酒飮軍使之女, 中夜乘其醉, 解琵琶弦縊殺之, 沈于河. 明日制使至, 搜捕嚴公之船, 無跡乃已.

嚴公後爲劍南節度使. 病甚, 性本彊, 尤不信巫祝之類, 有云云者, 必罪之. 忽一日亭午, 有道士至衙門, 自云從峨眉山來, 欲謁武. 門者初不敢言, 道士聲厲, 不得已, 遂進白. 武亦異之, 引入. 見道士至階呵叱, 若與人論難者, 良久方止. 寒溫畢, 謂武曰: "公有疾, 災厄至重, 冤家在側. 公何不自悔咎, 以香火陳謝, 奈何反固執如是?" 武怒不答, 道士又曰: "公試思之. 曾有負心殺害人事否?" 武靜思良久, 曰: "無." 道士曰: "適入至階前, 冤死者見某披訴. 某初謂山精木魅, 與公爲祟, 遂加呵責. 他云, 上帝有命, 爲公所冤殺, 已得請矣. 安可言無也?" 武不測, 且復問曰: "其狀若何?" 曰: "女人年纔十六七, 項上有物是一條, 如樂器之絃." 武大悟, 叩頭於道士曰: "天師誠聖人矣. 是也, 爲之奈何?" 道士曰: "他卽欲面見公, 公當自求之." 乃令洒埽堂中, 撤去餘物, 焚香於內. 乃昇武於堂門內, 遣淸人, 具衫笏, 留小僮一人侍側. 堂門外東間, 有一閣子, 亦令洒埽垂簾. 道士坐於堂外, 含水噴噗, 又以柳枝洒地却坐, 瞑目叩齒. 逡巡, 閣子中有人吁嗟聲, 道士曰: "娘子可出." 良久, 見一女子被髮, 項上有琵琶絃, 結于嚥下. 褰簾而至, 及堂門, 約髮於後, 向武拜. 武見驚慙甚, 且掩其面. 女子曰: "公亦太忍! 某從公, 是某之失行, 於公則無所負. 公懼罪, 棄某於他所卽可, 何忍見殺!" 武悔謝良久, 兼欲厚以佛經紙縉祈免. 道士亦懇爲之請. 女子曰: "不可. 某爲公手殺, 上訴於帝('帝'原作'是', 據明鈔本改), 僅三十年, 今不可矣. 期在明日日晚." 言畢却出, 至閣子門, 拂然而沒, 道士乃謝去. 嚴公遂處置家事, 至其日黃昏而卒. (出『逸史』)

130 · 3(1044)
녹 교(綠 翹)

당(唐)나라 서경(西京: 長安) 함의관(咸宜觀)의 여도사 어현기(魚玄機)는 자(字)가 유미(幼微)이며 장안(長安)의 여염집 딸이다. 그녀는 경국지색(傾國之色)의 미모를 갖추었으나 생각은 신묘한 것을 추구하여 책 읽고 글 짓는 것을 좋아했으며, 더욱이 시가(詩歌) 읊는 것을 좋아했다. 파과(破瓜: 여자나이 16살을 의미함. 瓜를 破字하면 八이 두 개인 것에서 유래함)의 나이에 청허(淸虛)함을 사모하였으며, 함통연간(咸通年間: 860～873) 초에는 마침내 함의관에서 도관(道冠)과 어깨걸이를 받아 도사가 되었다. 그녀가 지은 자연의 풍광을 노래한 좋은 시구들은 종종 사림(士林)에 전해졌는데, 혜란(蕙蘭: 魚玄機의 字)은 성품이 유약하여 자신의 생활을 절제하지 못했기에 다시 호걸과 협사들의 희롱의 대상이 되었으며, 그녀 또한 그들이 노는 곳을 좇아 다녔다. 이때 풍류를 즐기던 선비들은 다투어 잘 차려입고 와서 그녀와 사귀고자 했다. 간혹 술을 싣고 찾아오는 자가 있으면 그녀는 반드시 금(琴)을 타고 시를 지으면서 농담을 주고받았으므로, 학문이 부족한 무리들은 자신의 재주가 부족하다고 생각했다. 그녀가 지은 시구 중에서 "화려하게 꽃 핀 들 두둑에 봄날 경치 아득하고, 빛나는 휘장에 가을 흥취 물씬 풍기네"와 "은근한 정 말하지 못하고, 한 줄기 붉은 눈물만 주르륵 흘리네", "향을 피워들고 옥단(玉壇)에 오르며, 홀을 단정히 들고 금궐(金闕)에 예를 올린다", "그리는 마음 풀 길 없어 같은 꿈만 꾸나니, 신선같은 풍모와 그윽한 향기는 꽃보다도 아름다워" 등의 몇 연(聯)은 절창(絶唱)이라고 할 만했다.

녹교라는 한 여동(女童)이 있었는데 그녀 역시 총명하고 지혜로우며 자색이 뛰어났다. 하루는 어현기가 이웃 도장의 초대를 받아 떠나면서 녹교에게 주의를 주며 말했다.

"밖에 나가지 말고 있다가 손님이 오시면 내가 어느 곳에 있다고만 해라."

어현기는 동료 여도사가 붙잡아서 저녁이 되어서야 함의관으로 돌아왔다. 녹교는 문에서 어현기를 맞이하며 말했다.

"어떤 손님이 오셨는데 연사(鍊師: 도사에 대한 존칭)께서 계시지 않다는 것을 알자 고삐도 풀지 않고 떠났습니다."

그 손님은 평소에 어현기와 매우 친밀했던 사람이었는데, 어현기는 녹교가 그와 사통했을 것이라는 생각이 들었다. 밤이 되자 등을 걸고 문을 잠근 뒤, 녹교를 내실로 들여와 신문하자 녹교가 말했다.

"저는 시중을 든 이래로 여러 해 동안 진실로 제 몸가짐을 단속하며, 그와 같이 존사의 뜻을 거스르는 잘못은 저지르지 않았습니다. 또 그 손님이 도착하여 문을 두드렸을 때도 저는 문짝을 사이에 두고 '연사께서는 안 계십니다'고 대답했으며 손님도 말없이 말을 채찍질하고 돌아갔습니다. 말씀하신 애정에 관한 일은 마음에 두지 않은 지 여러 해이니, 연사께서는 의심하지 말아주십시오."

어현기는 더욱 노해서 녹교의 옷을 벗긴 뒤 백여 대의 곤장을 내리쳤으나, 녹교는 단지 그런 사실은 없다고만 말할 뿐이었다. 녹교는 곤장으로 녹초가 되자 물을 한 사발 청해 다가 땅에 붓고는 말했다.

"연사는 삼청(三淸: 도교에서 신선이 산다는 궁으로 玉淸宮·上淸宮·太淸宮)의 장생불사의 도(道)를 구하고자 하시면서도, 옥패를 풀어

정인에게 주고 잠자리를 함께하는 즐거움을 잊지 못한 채 도리어 의심에 빠져 정조있고 바른 사람을 함부로 무고하는구나. 나는 오늘 반드시 저 독수(毒手)에 죽을 것이다. 하늘이 없다면 하소연할 곳도 없겠지만 만약 하늘이 있다면 누가 내 곧은 영혼을 막을 수 있겠는가? 맹세컨대 명부(冥府)에서 가만히 네 음란한 짓을 바라보고만 있지는 않을 것이다."

녹교는 말을 마친 후 땅바닥에서 숨을 거두었다. 어현기는 두려워 뒷뜰을 파서 녹교의 시신을 묻고는 다른 사람이 알지 못하리라 생각했으니, 이때가 함통(咸通) 무자년(戊子年: 868) 봄 정월(正月)이었다. 어현기는 녹교에 대해 묻는 사람이 있으면 "봄비가 갠 뒤 도망가버렸습니다"라고 대답했다.

어느 날 어현기의 객실에서 연회를 즐기던 한 손님이 뒤뜰에서 소변을 보다가 녹교가 묻혀있는 곳 위에서 쉬파리 수십 마리가 모여있어 쫓아도 다시 오는 것을 보았는데, 땅을 자세히 살펴보니 핏자국과 비린내가 나는 것 같았다. 그 손님은 그 집을 나선 뒤 몰래 노복에게 이 일을 말해주었다. 노복은 집에 돌아가서 다시 자신의 형에게 말해 주었다. 형은 관부의 가졸(街卒: 관부의 길 청소를 담당하는 관졸)로 한 번은 어현기에게 돈을 요구했다가 그녀가 들어주지 않아서 마음속에 새겨둔 일이 있었기에, 이 일을 듣자 재빨리 함의관의 문에 가서 살펴보았다. 그러다가 그는 우연히 녹교가 어디 갔는지 보이지 않는다고 의아해 하는 사람들의 이야기를 듣고, 여러 하인들을 불러서 가래 등의 도구를 가지고 갑자기 어현기의 집에 들이닥쳐 뜰을 파헤쳐 보았는데, 뜰에서는 녹교의 시체가 나왔고 그녀의 모습은 마치 살아있는 것 같았다. 가졸은 마침내 어현기를 체포하여

경조부(京兆府)로 끌고 갔다. 경조부의 관리가 어현기에게 힐문하자 그녀는 죄를 모두 인정했는데, 조정의 사람들 중 대다수가 어현기를 위해 변호해 주어서 경조부에서는 어찌지 못해 황제에게 그녀의 죄상을 적은 표문을 올렸다. 가을이 되어서야 어현기는 마침내 죽임을 당했다. 어현기는 감옥에서도 시를 지었는데 그 중에서도 다음의 시가 가장 훌륭했다.

> 값을 매길 수 없는 보물은 구하기 쉬우나,
> 다정한 낭군은 얻기 어렵네.
> 밝은 달 어두운 틈새로 비추니,
> 맑은 바람 짧은 옷깃을 파고든다.

(『삼수소독』)

唐西京咸宜觀女道士魚玄機, 字幼微, 長安里家女也. 色旣傾國, 思乃入神, 喜讀書屬文, 尤致意於一吟一咏. 破瓜之歲, 志慕淸虛, 咸通初, 遂從冠帔于咸宜. 而風月賞翫之佳句, 往往播於士林, 然蕙蘭弱質, 不能自持, 復爲豪俠所調, 乃從游處焉. 於是風流之士, 爭修飾以求狎. 或載酒詣之者, 必鳴琴賦詩, 間以譃浪, 懵學輩自視缺然. 其詩有"綺陌春望遠, 瑤徽秋興多", 又"殷勤不得語, 紅淚一雙流", 又"焚香登玉壇, 端簡禮金闕", 又"雲情自鬱爭同夢, 仙貌長芳又勝花." 此數聯爲絶矣.

一女僮曰綠翹, 亦明慧有色. 忽一日, 機爲鄰院所邀, 將行, 誡翹曰: "無出, 若有客, 但云在某處." 機爲女伴所留, 迨暮方歸院. 綠翹迎門曰: "適某客來, 知鍊師不在, 不舍轡而去矣." 客乃機素相暱者, 意翹與之私. 及夜, 張燈扃戶, 乃命翹入臥內訊之, 翹曰: "自執巾盥數年, 實自檢御, 不令有似是之過, 致忤尊意. 且某客至款扉, 翹隔閾報云: '鍊師不在.' 客無言策馬而去. 若云情愛, 不蓄於胸襟有年矣, 幸鍊師無疑." 機愈怒, 裸而笞百數, 但言無之. 旣委頓, 請盃水酹地曰: "鍊師欲求三淸長生之道, 而未能忘解珮薦枕之歡, 反以沈猜, 厚誣貞正. 翹今必斃於毒手矣. 無天則無所訴, 若有, 誰能抑我彊魂? 誓不蠢蠢於冥冥之中, 縱爾淫佚." 言訖, 絶于地. 機恐, 乃坎後庭瘞之, 自謂人無知者, 時咸通戊子春正月也. 有問翹者, 則曰: "春雨霽逃矣."

客有宴于機室者, 因溲於後庭, 當瘞上, 見靑蠅數十集于地, 驅去復來, 詳視之, 如有血痕且腥. 客旣出, 竊語其僕. 僕歸, 復語其兄. 其兄爲府街卒, 嘗求金於機, 機不顧, 卒深銜之, 聞此, 遽至觀門覘伺. 見偶語者, 乃訝不覩緣翹之出入, 街卒復呼數卒, 携鍤具, 突入玄機院發之, 而緣翹貌如生. 卒遂錄玄機京兆. 府吏詰之辭伏, 而朝士多爲言者, 府乃表列上. 至秋竟戮之. 在獄中亦有詩曰: "易求無價寶, 難得有心郎. 明月照幽隙, 淸風開短襟." 此其美者也. (出『三水小牘』)

130 · 4(1045)
마전절비(馬全節婢)

위수시중(魏帥侍中) 마전절에게 어떤 여종이 있었는데 우연히 마음에 들지 않는 일이 있어서 직접 쳐죽이고 말았다. 몇 년 후 마전절은 중병에 걸리게 되었는데 갑자기 그 여종이 앞에 서있는 것이 보였다. 가족들은 단지 마전절이 혼잣말을 하는 것에 놀랐는데 그는 마치 자문자답이라도 하는 것 같았다. 그는 처음에 이렇게 말했다.

"너는 왜 왔느냐?"

또 말했다.

"네게 돈과 재물을 주겠다."

다시 말했다.

"너를 위해 불상을 만들고 불경을 쓰겠다."

마전절이 한동안 애달프게 빌었으나, 죽은 여종은 이를 받아들이지 않고 단지 목숨만 내놓으라고 할 뿐이었다. 마전절은 열흘도 못 가서 죽었다. (『옥당한화』)

魏帥侍中馬全節, 嘗有侍婢, 偶不愜意, 自擊殺之. 後累年, 染重病, 忽見其婢立於前. 家人但訝全節之獨語, 如相問答. 初云: "爾來有何意?" 又云: "與爾錢財." 復曰: "爲爾造像書經." 哀祈移時, 其亡婢不受, 但索命而已. 不旬日而卒. (出『玉堂閒話』)

130 · 5(1046)
노사언녀(魯思郾女)

내신(內臣) 노사언에게는 17살 먹은 딸이 있었다. 하루는 거울 앞에 앉아 화장을 하는데 거울 속에 갑자기 머리를 풀어헤치고 맨발에 어린 아이를 안고있는 한 부인이 나타났기에 고개를 돌아보았더니 바로 뒤에 있었다. 그녀는 놀랍고 무서워서 기절했다가 한참만에 깨어났다. 이날 이후로 날마다 귀신이 나타났는데, 이런 일이 오래도록 계속되자 전 가족이 모두 귀신을 보게 되었다. 노사언이 귀신에게 까닭을 묻자 귀신이 대답했다.

"저는 양자현(楊子縣) 백성의 딸입니다. 지난날 건창현(建昌縣)의 녹사(錄事) 아무개가 일로 양자현에 왔다가 저를 측실로 삼았는데, 당신의 딸이 그의 정실이었습니다. 몇 년이 지나 저는 이 아들을 낳았습니다. 후에 녹사가 인근 현으로 출타를 간 사이에 당신의 딸이 저와 이 아들을 우물에 밀어 넣고 돌로 막은 뒤 남편에게는 도망갔다고 속였습니다. 제가 막 저승의 관리에게 호소했을 때 마침 당신의 딸이 죽었으니, 지금 비록 그 후생이라고는 하지만 마땅히 목숨으로 [자신의 악행을] 갚아야 할 것입니다."

노사언이 사람을 시켜 건창현에 가서 사건을 조사해 보게 했더니, 그 녹사는 늙었지만 아직 살아 있었으며 귀신의 말대로 우물을 열어서 그 해골을 찾을 수 있었다. 노사언의 가족들은 여러 방법으로 제사를 지내 재앙을 면하려고 했지만 모두 효과가 없었다. 그의 딸은 나중에 저씨(褚氏) 집에 시집갔는데, 귀신의 화(禍)가 점점 더 심해지자 아침 저녁으로 두려움에 떨다가 마침내 죽었다. (『계신록』)

內臣魯思鄆女, 生十七年. 一日臨鏡將粧, 鏡中忽見一婦人, 披髮徒跣, 抱一嬰兒, 廻顧則在其後. 因恐懼頓仆, 久之乃蘇. 自是日日恒見, 積久, 其家人皆見之. 思鄆自問其故, 答云: "己楊子縣里民之女. 往歲建昌縣錄事某以事至楊子, 因聘己爲側室, 君女卽其正妻. 歲餘, 生此子. 後錄事出旁縣, 君女因投己於井, 幷此子, 以石塡之, 詐其夫云逃去. 我方訟於所司, 適會君女卒, 今雖後身, 固當償命也." 思鄆使人馳至建昌驗事, 其錄事老猶在, 如言發井, 果得骸骨. 其家多方以禳之, 皆不可. 其女後嫁褚氏, 厲愈甚, 旦夕驚悸, 以至於卒. (出『稽神錄』)

130 · 6(1047)
악주소장(鄂州小將)

　악주(鄂州)의 소장(小將) 아무개는 본래 농사꾼의 자식으로, 벼슬살이를 하게되자 호족의 딸과 결혼하고자 하여 옛 처를 죽일 계획을 꾸몄다. 그는 부인에게 친정에 찾아가게 한 뒤 도중에 죽여 그 시체는 강가에 버렸으며, 동행하던 여종도 함께 죽였다. 일을 마친 뒤, 처가집에 달려가 소리쳐 울며 "제 처가 도적에게 죽었습니다"라고 하자 사람들은 아무도 그를 의심하지 않았다.

　몇 년 후, 그는 명을 받들어 사신으로 광릉(廣陵)에 가서 한 여관에 묵었다가 한 부인이 꽃을 파는 것을 보았는데, 그 부인의 모습이 그가 죽였던 여종와 매우 흡사해서 가까이 가서 보니 바로 그 여종이었다. 여종 또한 그를 보고 재배하자, 그가 물었다.

　"사람이냐 귀신이냐?"

　여종이 대답했다.

　"사람입니다. 지난번에 도적에게 습격받았지만 다행히 죽지 않고 깨어나 어느 장삿꾼의 배를 만나 동쪽으로 타고 내려왔습니다. 지금 이곳에서 부인을 위해 꽃을 팔아 살고 있습니다."

　다시 부인이 어디에 있는지 묻자 여종이 말했다.

　"근처에 계십니다. 만나보시겠습니까?"

　그가 대답했다.

　"만나보겠다."

　그리하여 여종을 따라서 한 작은 골목길로 들어서자, 여종은 어느 가

난한 집을 가리키며 말했다.

"이곳입니다."

여종이 먼저 들어간 뒤, 잠시 후 부인이 나와서 그를 보자 슬픔의 눈물을 흘리며 그간의 고통을 이야기했다. 그도 역시 어리둥절하여 어찌된 영문인지 알 수 없었다. 잠시 후 부인과 여종은 음식과 술을 차려서 그를 내실로 인도해 들어갔으며 시종들에게도 음식을 차려주어서 모두 취하게 되었다. 날이 저물어도 소장이 나오지 않자, 시종들이 문으로 다가가 엿보았더니 안은 고요하여 마치 아무도 없는 것 같았다. 그래서 시종들이 곧장 내실로 들어갔더니 백골 한 구만 보였는데, 옷은 갈가리 찢겨져 있었으며 흐르는 피가 바닥에 흥건했다. 시종이 이웃에 물었더니 이웃 사람이 말했다.

"이 빈집에는 오랫동안 사람이 살지 않았습니다."

鄂州小將某者, 本田家子, 旣仕, 欲結豪族, 而謀其故妻. 因相與歸寧, 殺之于路, 棄尸江側, 並殺其同行婢. 已而奔告其家, 號哭云: "爲盜所殺", 人不之疑也.

後數年, 奉使至廣陵, 舍於逆旅, 見一婦人賣花, 酷類其所殺婢, 旣近, 乃眞是婢. 見己亦再拜, 因問: "爲人耶鬼耶?" 答云: "人也. 往者爲賊所擊, 幸而不死, 旣蘇, 得賈人船, 寓載東下. 今在此, 與娘子賣花給食而已." 復問娘子何在, 曰: "在近. 可見之乎?" 曰: "可." 卽隨之而去, 一小曲中, 指一貧舍曰: "此是也." 婢先入, 頃之, 其妻乃出, 相見悲涕, 備述艱苦. 某亦悅然, 莫之測也. 俄而設食具酒, 復延入內室, 置飮食於從者, 皆醉. 日暮不出, 從者稍前覘之, 寂若無人. 因直入室中, 但見白骨一具, 衣服毁裂, 流血滿地. 問其鄰云: "此空宅久無居人矣."

130 · 7(1048)
김 치(金 卮)

촉(蜀)의 청석진(靑石鎭)에 사는 진홍유(陳洪裕)의 부인 정씨(丁氏)는 투기가 심해서 여종인 김치를 죽여 몰래 집에 묻고는 오히려 온 거리에 "여종인 김치가 도망을 갔다네"라고 떠들고 다녔다. 몇 년이 지나 정씨는 거처를 협강현(夾江縣)으로 옮겼다. 그해 여름에 홍수가 져서 옛날에 살던 집의 강 언덕이 무너지면서 죽은 시비의 시체가 나왔는데 얼굴과 모습이 하나도 변하지 않고 그대로였다. 청석진에서는 장계를 갖춰서 주(州)에 보고했으며, 정씨를 붙잡아 죄상을 신문하여 자백을 받아냈다. 그 시비의 시체는 그날 저녁에 썩어 문드러졌으며, 마침내 정씨는 법에 의거하여 처벌되었다. (『경계록』)

蜀靑石鎭陳洪裕妻丁氏, 因妬忌, 打殺婢金卮, 潛於本家埋瘞, 仍牓通衢云: "婢金卮逃走." 經年, 遷居夾江. 因夏潦飄壞舊居渠岸, 見死婢容質不變. 鎭將具狀報州, 追勘款伏. 其婢屍一夕壞爛, 遂寘丁氏於法. (出『儆戒錄』)

태평광기 권제131 보응30 (殺生)

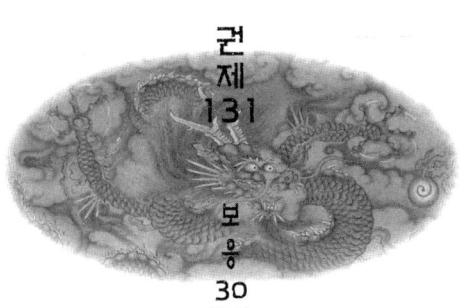

1. 전　창(田　倉)
2. 임해인(臨海人)
3. 진　갑(陳　甲)
4. 마　고(麻　姑)
5. 사　성(謝　盛)
6. 이　영(李　嬰)
7. 허　헌(許　憲)
8. 익주인(益州人)
9. 장안인(章安人)
10. 원치종(元稚宗)
11. 왕담락(王曇略)
12. 광주인(廣州人)
13. 동흥인(東興人)
14. 진　망(陳　莽)
15. 패국인(沛國人)
16. 제조청(齊朝請)
17. 오사지(伍寺之)
18. 소　항(蘇　巷)
19. 완　예(阮　倪)
20. 소문립(邵文立)
21. 양원제(梁元帝)
22. 망채령(望蔡令)
23. 승담환(僧曇歡)
24. 석승군(釋僧羣)
25. 축법혜(竺法惠)
26. 기주소아(冀州小兒)

131 · 1(1049)
전 창(田 倉)

후한(後漢) 계이(溪夷: 지금의 湖南省과 貴州省 접경지역에 있는 辰溪·西溪·巫溪·武溪·沅溪의 五溪 일대에 살던 蠻族)의 전강(田彊)은 큰아들 전로(田魯)를 파견하여 상성(上城)을 지키게 하고, 작은아들 전옥(田玉)에게는 중성(中城)을 지키게 하고, 막내아들 전창에게는 하성(下城)을 지키게 했다. 이 세 보루(堡壘)는 차례대로 연계하여 왕망(王莽)에게 대항했다. 광무제(光武帝) [建武] 24년(48)에 [조정에서] 위무장군(威武將軍) 유상(劉尙)을 파견하여 이들을 정벌하게 했다. 유상의 군대가 아직 이르지 않았을 때, 전창이 흰 자라를 잡아 국을 끓여 놓은 뒤 봉화를 올려 두 형님을 초청했는데, 형들이 도착해서 보았더니 아무런 급박한 일도 없었다. 유상의 군대가 정말로 들이닥쳤을 땐, 전창이 봉화를 올렸으나 전로 등은 사실이 아니라고 생각하여, [가지 않는 바람에] 결국 전창은 전사하고 말았다. (『유양잡조』)

後漢溪夷田彊, 遣子魯, 居上城, 次子玉, 居中城, 小子倉, 居下城. 三壘相次, 以拒王莽. 光武二十四年, 遣威武將軍劉尙征之. 尙未至, 倉獲白鼈爲臛, 擧烽請兩兄, 兄至無事. 及劉尙軍來, 倉擧火, 魯等以爲不實, 倉遂戰死焉. (出『酉陽雜俎』)

131 · 2(1050)
임해인(臨海人)

오(吳)나라 말에 임해(臨海)의 어떤 사람이 산에 들어가 사냥을 했다. 밤중에 키가 1장(丈)이나 되는 어떤 사람이 누런 옷에 흰 띠를 두른 채 사냥꾼을 찾아와서 말했다.

"나에게 원수가 있어서 내일 결전을 벌려야 하는데, 당신이 도와준다면 틀림없이 보답해 드리겠습니다."

사냥꾼이 말했다.

"당신을 도와드릴 수 있으면 됐지 무슨 감사를 할 필요가 있겠습니까?"

그 사람이 대답했다.

"내일 아침 식사 때 당신이 계곡으로 나가시면, 적은 북쪽에서 오고 나는 남쪽에서 대응할 것인데, 흰 띠를 두른 자가 나이고 누런 띠를 두른 자가 적입니다."

사냥꾼은 [도와주겠다고] 허락했다. 다음날 [시냇가로] 나갔더니 과연 언덕 북쪽에서 비바람이 몰아치는 듯한 소리가 들리면서 초목이 사방에서 쓰러졌으며, 남쪽을 보니 역시 그러했다. 다만 길이가 10여 장이나 되는 커다란 뱀 두 마리가 계곡에서 서로 만나 곧장 서로 휘감는 것이 보였는데, 흰 비늘 뱀이 열세였다. 그래서 사냥꾼이 쇠뇌를 당겨 쏘았더니, 누런 비늘 뱀이 그 자리에서 죽었다. 날이 저물려 할 때 어젯밤에 만났던 사람이 다시 찾아와서 감사하면서 말했다.

"여기에서는 1년 동안만 사냥을 하고 내년 이후로는 절대 다시 오지 마십시오. 다시 온다면 틀림없이 화를 당할 것입니다."

사냥꾼은 "좋소!" 하고는 마침내 사냥을 그만 두었다.

몇 년 뒤 사냥꾼은 이전의 [그 사람이 했던] 말을 어느새 잊어버리고는 다시 [그곳으로] 가서 사냥을 했다. 그랬더니 흰 띠 두른 사람이 다시 나타나 말했다.

"내가 당신에게 [더 이상 이곳에 오지 말라고 분명히] 말했지만 당신은 듣지 않았습니다. 원수의 아들이 이미 장성했기에 지금 반드시 당신에게 보복할 것인데, [그 일은 이제] 내가 알 바가 아닙니다."

사냥꾼은 그 말을 듣고 몹시 두려워서 곧바로 달아나려 했는데, 검은 옷 입은 사람 3명이 나타나 그를 향해 함께 입을 벌렸다. 결국 사냥꾼은 그 자리에서 죽었다. (『속수신기』)

吳末, 臨海人入山射獵. 夜中, 有人長一丈, 着黃衣白帶, 來謂射人曰: "我有讎, 克明當戰, 君可見助, 當有相報." 射人曰: "自可助君耳, 何用謝爲?" 答曰: "明食時, 君可出溪邊, 敵從北來, 我南往應, 白帶者我, 黃帶者彼." 射人許之. 明出, 果聞岸北有聲, 狀如風雨, 草木四靡, 視南亦爾. 唯見二大蛇, 長十餘丈, 于溪中相遇, 便相盤繞, 白鱗勢弱. 射人因引弩射之, 黃鱗者卽死. 日將暮, 復見昨人來辭謝, 云: "住此一年獵, 明年以去, 愼勿復來. 來必有禍." 射人曰: "善!" 遂停獵.

數年後, 忽忘前言, 更往獵. 復見白帶人告曰: "我語君不能見用. 讎子已甚('甚'明鈔本作'前長'二字), 今必報君, 非我所知." 射人聞之甚怖, 便欲走, 乃見三烏衣人, 俱張口向之. 射人卽死. (出『續搜神記』)

131·3(1051)
진 갑(陳 甲)

오군(吳郡) 해염현(海鹽縣) 북향정(北鄕亭)에 진갑이라는 어떤 선비가 있었는데, 그는 본래 하비(下邳) 사람이었다. 진(晉) 원제(元帝) 때, 그는 화정(華亭)에 머물고 있다가 동쪽 들녘의 큰 풀숲에서 사냥을 했다. 그때 문득 보았더니, 길이가 6~7장(丈)이나 되고 100곡(斛)을 실을 정도의 배처럼 생긴 모습에 검고 누렇고 오색찬란한 커다란 뱀이 언덕 아래에 누워 있자, 선비는 즉시 활을 쏘아 죽였으며, 감히 [다른 사람들에게는 그 일을] 말하지 않았다. 3년 뒤에 선비는 고향 사람과 함께 사냥을 나갔다가 예전에 뱀을 보았던 곳에 이르러 같이 온 사람에게 말했다.

"예전에 이곳에서 커다란 뱀을 죽였소."

그날 밤 꿈에 검은 옷을 입고 검은 두건을 쓴 어떤 사람이 나타나 그의 집으로 찾아와서 물었다.

"내가 예전에 정신없이 취해 있었을 때, 네가 무고하게 나를 죽였다. 그때는 내가 취해 있었기에 너의 얼굴을 알아보지 못했었다. 그래서 3년 동안 모르고 있었는데 오늘 네가 죽으려고 스스로 찾아왔구나."

그 사람은 곧바로 화들짝 놀라 깨어났으며, 다음날 아침에 [별안간] 배가 아파 죽었다. (『수신기』)

吳郡海鹽縣北鄕亭里, 有士人陳甲, 本下邳人. 晉元帝時, 寓居華亭, 獵於東野大藪. 歘見大蛇長六七丈, 形如百斛船, 玄黃五色, 臥岡下, 士人即射殺之, 不敢說. 三年後, 與鄕人共獵, 至故見蛇處, 語同行云: "昔在此殺大蛇." 其夜夢見一人, 烏衣黑幘, 來至其家, 問曰: "我昔昏醉, 汝無狀殺我. 吾昔醉, 不識汝面. 故三年不相知, 今自來就死." 其人卽驚覺, 明旦腹痛而卒. (出『搜神記』)

131 · 4(1052)
마 고(麻 姑)

　진(晉)나라 효무제(孝武帝) 태원(太元: 원문에는 '大元'이라 되어 있지만 '太元'의 誤記임) 8년(383)에 부양(富陽) 사람 마고는 생선회를 즐겨 먹었고, 화본(華本)은 자라국을 즐겨 먹었는데, 두 사람은 서로 친하게 지냈다. 어느 날 마고가 자라 한 마리를 보았는데, 크기는 가마솥 뚜껑만 했으나 머리와 꼬리는 아직 큰 뱀과 같았다. 그것을 매어놓았더니 1달이 지나서 완전히 자라로 변하자, 마고는 곧장 그것을 잡아 국을 끓인 뒤 화본에게 알려 먹으라고 했는데, 너무 맛이 있었다. 마고는 먹고 싶지 않았으나, 화본이 억지로 그에게 먹게 했다. 그래서 마고는 결국 고기 한 점을 먹었는데, 곧바로 너무 메스꺼움을 느껴 구토하고 기운이 빠진 끝에 마침내 병이 들었으며, 목구멍에 어떤 것이 막혀 내려가지 않았다. 마고가 화본을 향해 입을 벌리자, 화본이 보았더니 뱀 한 마리가 입을 벌린 채 혀를 날름거리고 있기에, 화본은 놀라 도망쳤다. 그 후 마고는 가까스로 병이 나았다. 나중에 화본은 집에서 두 아름 굵기에 5~6척 길이의 뱀 한 마리를 잡았는데, 그것을 때려 죽여 회를 떠놓고 마고를 불렀다. 마고는 먹어보니 너무 맛이 있자 그 물고기를 한사코 달라고 했다. 화본은 술에 취해 있었기에 하인을 불러 뱀의 가죽과 고기를 가져오게 했다. 마고는 그것을 보자마자 피를 토하며 죽었다. (『제해기』)

　晉孝武大元八年, 富陽民麻姑者, 好噉膾, 華本者, 好噉鼈臛, 二人相善. 麻姑見一鼈, 大如釜蓋, 頭尾猶是大蛇. 繫之, 經一月, 盡變鼈, 便取作臛, 報華本食之, 非常味美. 麻姑不肯食, 華本彊令食之. 麻姑遂噉一臠, 便大惡心, 吐逆委頓, 遂生病, 喉中有物, 塞喉不下. 開口向本, 本見有一蛇頭, 開口吐舌, 本驚而走. 姑僅免. 本後于宅得一蛇, 大二圍, 長五六尺, 打殺作臛, 喚麻姑. 麻姑得食甚美, 苦求此魚. 本因醉, 喚家人捧蛇皮肉來. 麻姑見之, 嘔血而死 (出『齊諧記』)

131 · 5(1053)
사 성(謝 盛)

　진(晉)나라 안제(安帝) 융안연간(隆安年間: 397~401)에 곡아(曲阿) 사람 사성은 배를 타고 호수로 들어가 마름을 따다가, 교룡 한 마리가 배를 향해 다가오는 것을 보고는 배를 돌려 피했다. [그러나 교룡이] 배 뒤를 계속 따라오자, 사성은 곧 작살로 교룡을 찔러 죽인 뒤, 두려운 마음을 품고 집으로 돌아갔다. 홍녕연간(興寧年間: '興寧'은 '元興'의 誤記로 보임. 元興 역시 安帝의 연호로 402년~404년임. 興寧은 安帝보다 훨씬 앞선 哀帝의 연호로 363년~365년이므로 문맥상 맞지 않음)에 이르러 온 천하에 큰 가뭄이 들었을 때, 사성은 같이 길 떠난 몇 사람과 함께 걸어서 호수 안으로 들어갔다가, 예전의 [교룡을 찔러 죽일 때 사용한] 작살이 땅바닥에 있는 것을 보고는 그것을 주워들며 말했다.

"이것은 내 작살이다."

다른 사람이 그 연유를 묻자 사성은 사실대로 자세히 대답해주었다. 사성은 몇 걸음 간 뒤 곧 가슴이 아파왔으며, 집으로 돌아갔다가 하룻밤 만에 곧바로 죽었다. (『유명록』)

晉安帝隆安中, 曲阿民謝盛, 乘船入湖採菱, 見一蛟來向船, 船廻避. 又從其後, 盛便以叉殺之, 懼而還家. 至興寧中, 普天亢旱, 盛與同旅數人, 步至湖中, 見先叉在地, 拾取之, 云: "此是我叉." 人問其故, 具以實對. 行數步, 乃得心痛, 還家, 一宿便死. (出『幽冥錄』)

131 · 6(1054)
이 영(李 嬰)

동진(東晉) 의희연간(義熙年間: 405~418)에 파양(鄱陽)의 이영과 이도(李滔) 형제 2명은 쇠뇌를 다루는 데 뛰어났다. 한번은 큰 사슴을 쏘아 죽여서 네 다리는 잘라서 나무 사이에 걸어놓고 내장은 구이를 하고 있었다. 막 함께 구이를 먹으려고 할 때 저 멀리 산 아래에서 어떤 사람이 보였는데, 3장(丈) 쯤 되는 키에 성큼성큼 걸어왔으며 손에는 커다란 주머니를 들고 있었다. 그 사람은 도착한 뒤 사슴의 머리·골격·가죽에다가 불 위에 있던 잡고기까지 긁어모아 모두 주머니 속에 담고서 곧장 짊어지고 산으로 들어갔다. 이영 형제는 잠시 후 모두 죽었다. (『광고금오행기』)

東晉義熙中, 鄱陽李嬰·李滔兄弟二人, 善于用弩. 嘗射大麚, 解其四足, 懸著樹間, 以臟爲炙. 方欲共食, 遙見山下有人, 長三丈許, 鼓步而來, 手持大囊. 旣至, 斂取麚頭骼皮骨, 並火上雜肉, 悉內囊中, 徑負入山. 嬰兄弟須臾俱卒. (出『廣古今五行記』)

131·7(1055)
허 헌(許 憲)

진(晉)나라 의희연간(義熙年間: 405~418)에 여항현(餘杭縣)에 구왕(仇王)의 사당이 있었다. 고양(高陽) 사람 허헌이 여항현령이 되었는데, 허헌의 아들은 사당 옆에서 불을 놓아 사냥을 했으며 오줌을 누어 사당 앞을 더럽혔다. [어느 날] 갑자기 흰 노루 3마리가 집에서 뛰어나오자 허헌의 아들이 활을 당겨 쏘았더니 노루들이 금세 온데간데없이 사라졌다. [그래서 허헌의 아들은] 다시 불을 놓아 노루들을 포위했는데, 바람이 거꾸로 불어 불길이 반대로 돌아서서 그의 얼굴을 덮쳤다. 그는 벗어나려고 했으나 어디로 가야할지 몰라서 결국 불에 타죽었다. 그리고 허헌도 [나중에 어떤] 사건에 연루되어 파면당했다. (『광고금오행기』)

晉義熙中, 餘杭縣有仇王廟. 高陽許憲爲縣令, 憲男于廟側放火獵, 便穢祠前. 忽有三白麞從屋走出, 男引弓射, 忽失所在. 復以火圍之, 風吹火反, 覆其面. 欲去莫從, 遂燒死. 而憲以事免官. (出『廣古今五行記』)

131·8(1056)
익주인(益州人)

    송(宋)나라 원가연간(元嘉年間: 424~453) 초에 익주자사(益州刺史)가 세 사람을 보내 산으로 들어가 땔나무를 베어 오게 했다. [그들이 산 속에서] 길을 잃고 헤매고 있을 때 별안간 거북이 한 마리가 보였는데, 크기는 수레바퀴만 했고 네 발로는 각각 작은 거북이 한 마리씩을 밟고 다녔으며, 또 100여 마리의 누런 거북이가 그 뒤를 따르고 있었다. 세 사람이 머리를 조아리면서 나갈 길을 가리켜달라고 청했더니, 거북이는 마치 [그들의 뜻을] 알았다는 듯이 이내 목을 내밀었다. 그래서 그들은 함께 거북이를 따라간 끝에 마침내 나갈 길을 찾게 되었다. [그런데 그들 중] 한 사람이 아무런 이유도 없이 작은 거북이를 잡아 잘라서 국을 끓여 먹었는데, 잠시 후 갑자기 죽었다. 오직 거북이 국을 먹지 않은 사람만 별탈이 없었다. (『이원』)

    宋元嘉初, 益州刺史遣三人入山伐樵. 路迷, 忽見一龜, 大如車輪, 四足各躡一小龜而行, 又有百餘黃龜從其後. 三人叩頭, 請示出路, 龜乃伸頭, 若有意焉. 因共隨逐, 卽得出路. 一人無故取小龜, 割以爲臛, 食之, 須臾暴死. 唯不噉者無恙. (出『異苑』)

131·9(1057)
장안인(章安人)

    송(宋)나라 원가연간(元嘉年間: 424~453)에 장안현의 어떤 사람이 한

번은 호랑이를 잡으러 나섰다가, 바다 어귀에 이르러 초립(草笠)만큼이나 크고 다리 길이가 3척이나 되는 게 한 마리를 보았는데, 그것을 잡아서 먹었더니 아주 맛이 좋았다. 그날 밤 그의 꿈에 한 젊은 여자가 나타나 말했다.

"네가 나의 살을 먹었으니 나는 너의 심장을 먹겠다."

다음날 그 사람은 호랑이에게 잡아먹혔다. (『광고금오행기』)

宋元嘉中, 章安縣人嘗屠虎, 至海口, 見一蟹, 匡大如笠, 脚長三尺, 取食甚美. 其夜, 夢一少嫗語云:"汝噉我肉, 我食汝心." 明日, 其人爲虎所食. (出『廣古今五行記』)

131 · 10(1058)
원치종(元稚宗)

송(宋)나라의 원치종은 하동(河東) 사람이다. 원치종이 원가(元嘉) 16년(439)에 종리군(鍾離郡)의 태수 완음(阮愔)을 따라 군(郡)에서 일하고 있을 때, 완음이 그를 멀리 떨어진 마을까지 출장을 보냈는데, 군리(郡吏) 개구(蓋苟)와 변정(邊定)이 그를 따라갔다. 그들이 어떤 민가에 도착했을 때, 원치종은 마치 잠을 자듯 혼미해지더니 그대로 다시는 깨어나지 못했다. 그 마을 주민은 원치종이 죽은 것으로 생각하여 그를 문밖으로 들어내고 장례 치를 준비를 하고 있었다. 그런데 하룻밤이 지나자 원치종은 말을 할 수 있게 되어 다음과 같은 이야기를 들려주었다.

처음에 100명쯤 되는 사람들이 원치종을 결박하여 수십 리를 끌고 가서 어떤 사원에 당도했는데, 그곳에서 스님들이 공양하는 것은 인간 세상과 다름이 없었다. 어떤 한 스님이 말했다.

"너는 사냥을 좋아하니 이제 마땅히 응보를 받게 될 것이다."

그리고는 곧장 원치종을 붙잡아 살가죽을 벗기고 살을 저몄는데, 모든 것이 희생 짐승을 잡는 방법과 같았다. 또 그를 깨끗한 물에 넣었다가 갈고리로 입을 꿰어 꺼낸 뒤 배를 가르고 살을 잘랐는데, 마치 회를 뜨는 모습 같았다. 또 가마솥에 끓이거나 화로에 구웠는데, 처음에는 살이 모두 흐물흐물해지다가 금세 다시 본래 모습으로 돌아왔다. 그 고통은 너무나도 지독했으며, 이렇게 3번을 하고 나서야 멈추었다. [스님이 원치종에게] 살고 싶으냐고 묻자, 원치종이 곧장 머리를 조아리며 목숨을 살려달라고 간청했더니, 스님이 그에게 땅에 무릎을 꿇게 한 뒤 물을 끼얹으며 말했다.

"한 번 끼얹으면 500가지의 죄가 없어진다."

원치종이 물을 많이 끼얹어달라고 한사코 청하자, 스님이 말했다.

"3번이면 충분하다."

스님은 개미 몇 마리가 기어가는 것을 보고 말했다.

"이것은 비록 하찮은 미물이지만 죽여서는 안되니, 이보다 큰 것은 말할 것도 없다. 이제부터는 물고기와 짐승고기를 끊어야만 한다. 재(齋)를 올리는 날엔 모두 새 옷을 입되 새 옷이 없으면 깨끗이 빨아서 입도록 하라."

원치종이 [기회를 틈타] 물었다.

"나랑 같이 온 사람은 3명인데 나만 고통받는 것은 어째서입니까?"

스님이 말했다.

"저 두 사람은 자기 죄를 스스로 알았으며 알고 난 뒤에는 [더 이상]

죄를 짓지 않았다. 그런데 너만은 우둔하고 몽매하여 인연의 업보를 깨닫지 못했기 때문에 이렇게 경계시킨 것이다."

이리하여 원치종은 곧 깨어나게 되었던 것이다.

며칠 뒤 원치종은 일어날 수 있었으며, 그후로는 마침내 물고기 잡고 짐승 사냥하는 것을 그만 두었다고 한다. (『상이기』)

宋元稚宗者, 河東人也. 元嘉十六年, 隨鍾離太守阮愔在郡, 愔使稚宗行至遠村, 郡吏蓋苟·邊定隨焉. 行至民家, 恍惚如眠, 便不復寤. 民以爲死, 舁出門外, 方營殯具. 經夕能言, 說: 初有一百許人, 縛稚宗去, 數十里至一佛圖, 僧衆供養, 不異于世. 有一僧曰: "汝好獵, 今應受報." 便取稚宗, 皮剝臠截, 具如治諸牲獸之法. 復納于澡水, 鉤口出之, 剖破解切, 若爲膾狀. 又鑊煮爐炙, 初悉糜爛, 隨以還復. 痛惱苦毒, 至三乃止. 問欲活否, 稚宗便叩頭請命, 道人令其蹲地, 以水灌之, 云: "一灌除罪五百." 稚宗苦求多灌, 沙門曰: "唯三足矣." 見有蟻類數頭, 道人曰: "此雖微物, 亦不可殺, 無復論巨此者也. 魚肉自此可戒('戒'原作'噉', 據明鈔本改)耳. 齋會之日, 悉著新衣, 無新可浣也." 稚宗因問: "我行旅有三, 而獨嬰苦, 何也?" 道人曰: "彼二人自知罪福, 知而無犯. 唯爾愚蒙, 不識緣報, 故以相戒." 因而便蘇. 數日能起, 由是遂斷漁獵云. (出『祥異記』)

131·11(1059)
왕담략(王曇略)

송(宋)나라 초국(譙國) 성부현(城父縣) 사람 왕담략은 소를 잡아 육포

만드는 것을 직업으로 삼았다. 한번은 소 한 마리를 잡으려 했는데, 소가 칼을 보더니 냅다 뛰며 도망가려고 했다. 왕담략은 화가 나서 먼저 칼로 소의 눈을 찔렀다. 그런데 잠시 후 왕담략의 눈에서 아무 이유도 없이 피가 흘러나왔다. (『광고금오행기』)

宋譙國城父人王曇略, 常以牛作脯爲業. 欲殺一牛, 牛見刀, 輒跳躑欲走去. 曇略怒, 乃先以刀刺牛目. 經少時, 其人眼無故血流出. (出『廣古今五行記』)

131 · 12(1060)
광주인(廣州人)

송(宋)나라 원가연간(元嘉年間: 424~453)에 광주(廣州)에 세 사람이 있었는데, 함께 산 속에서 나무를 베고 있었다. 그때 문득 돌 둥지에 됫박 만한 크기의 알 세 개가 있는 것을 보고 그것을 꺼내 삶았다. 물이 막 끓기 시작할 때, 숲 속에서 비바람소리가 들리더니 순식간에 열 아름 굵기에 네댓 장(丈) 길이의 뱀 한 마리가 곧장 끓는 물 속으로 들어가 알을 물고 나와 가버렸다. 얼마 후 세 사람은 모두 죽었다. (『수신기』)

宋元嘉中, 廣州有三人, 共在山中伐木. 忽見石窠有三卵, 大如升, 取煮之. 湯始熱, 聞林中如風雨聲, 須臾, 一蛇大十圍, 長四五丈, 逕來湯中, 銜卵而去. 三人無幾皆死. (出『搜神記』)

131 · 13(1061)
동흥인(東興人)

　임천군(臨川郡) 동흥현(東興縣)의 어떤 사람이 산에 들어갔다가 새끼 원숭이를 잡아 가지고 집으로 돌아갔다. 어미 원숭이가 뒤따라 그의 집까지 쫓아오자, 그 사람은 새끼 원숭이를 정원의 나무 위에 묶어서 어미 원숭이에게 보여주었다. 어미 원숭이는 곧장 그 사람을 향해 자기 뺨을 때렸는데, 단지 입으로 말을 할 수 없을 뿐이지 마치 [자기 새끼를 놓아달라고] 애원하는 것 같았다. 그러나 그 사람은 새끼 원숭이를 놓아주기는커녕 결국 때려 죽였다. 어미 원숭이는 슬피 울부짖으며 스스로 몸을 던져 죽었다. 그 사람이 [어미 원숭이의] 배를 가르고 보았더니 창자가 모두 마디마디 끊어져 있었다. 반년도 안되어 그 사람 집의 식구들은 역질에 걸려 한순간에 모두 죽음으로써 멸족(滅族)되었다. (『수신후기』)

　臨川東興, 有人入山, 得猿子, 便將歸. 猿母自後逐至家, 此人縛猿子於庭中樹上, 以示之. 其母便搏頰向人, 若('若'原作'欲', 據明鈔本改)哀乞, 直是('是'原作'謂', 據明鈔本改)口不能言耳. 此人旣不能放, 竟擊殺之. 猿母悲喚, 自躑而死, 此人破腸視之, 皆斷裂矣. 未半年, 其人家疫, 一時死盡滅門. (出『搜神後記』)

131 · 14(1062)
진 망(陳 莽)

　임천군(臨川郡)의 진망은 젊어서부터 사냥하는 것을 직업으로 삼았다.

그는 다른 사람과 함께 사슴을 쫓아 산으로 들어갔는데, 30아름쯤 되는 커다란 나무 하나가 있기에 그 밑에서 쉬었다. 그때 갑자기 흰 기운이 땅에서 10장(丈)쯤 떨어진 상태로 떠있자 진망이 그것을 쏘았더니, 마치 무언가에 화살이 맞은 듯 피가 흘러 땅에 퍼졌다. 그 순간 공중에서 이런 소리가 들려왔다.

"대왕께서 맞으셨다!"

잠시 후 커다란 뱀 한 마리가 몸에 화살이 꽂힌 채로 나무에 걸려 있는 것이 보였다. 그러더니 순식간에 수많은 뱀들이 진망을 향해 몰려들었다. 진망은 [있는 힘을 다해 뱀들을] 때리면서 쫓았으나, 너무 많은 뱀들이 달려들어 진망의 몸을 칭칭 감고는 쩝쩝 소리를 내더니 얼마 후 흩어져 떠났다. 그런 뒤에 진망을 보았더니 한 무더기의 백골만 보였다. (『광고금오행기』)

臨川陳莽, 少以射獵爲業. 與人逐鹿入山, 有一大樹, 可三十圍, 莽息其下. 忽有白氣, 去地十丈許, 莽因射之, 若有所中, 洒血布地. 聞空中語云: "正中大王!" 俄見一大蛇掛樹, 身有箭. 頃刻, 有群蛇輵輻向莽. 莽雖驅擊, 而來者數多, 盤繞莽身, 唼唼有聲, 須臾散去. 視莽, 唯見一聚白骨. (出『廣古今五行記』)

131 · 15(1063)
패국인(沛國人)

패국(沛國)의 어떤 사람이 세 쌍둥이를 낳았는데, 20살이 다 되어가도록 모두 소리만 지를 뿐 말을 하지 못했다. 어느 날 문득 어떤 사람이 그의 집 문을 지나가다가 물었다.

"이것이 무슨 소리입니까?"

집 주인이 대답했다.

"제 자식들인데 모두 말을 할 줄 모릅니다."

길손이 말했다.

"어찌하여 이런 지경에 이르게 되었는지 당신은 속으로 곰곰이 반성해 보시오."

주인은 그의 말을 이상히 여겨 한참 동안 생각한 뒤에 길손에게 말했다.

"옛날 제가 어렸을 때, 평상 위에 제비집이 있었는데 그 속에 새끼 3마리가 있었습니다. 그 어미가 밖에서 먹이를 가져오면 새끼 3마리가 모두 입을 벌리고 받아먹었는데, 며칠 동안 계속 그렇게 했습니다. 하루는 시험삼아 손가락을 제비집 속에 넣었더니 제비 새끼들이 또 입을 벌리고 받아먹으려고 했습니다. 그래서 [장난 짓으로] 장미 가시 3개를 먹였더니 얼마 뒤 제비 새끼들이 모두 죽고 말았습니다. 옛날에 있었던 그 일을 지금은 정말로 후회하고 있습니다."

길손이 말했다.

"그랬었군요."

말을 마치고 났더니, 그의 세 아들이 말을 하게 되어 갑자기 집안이 두루 평온해졌다. 이것은 대개 지난 잘못을 알았기 때문이었다. (『속수신기』)

沛國有一士人, 同生三子, 年將弱冠, 皆有聲無言. 忽有一人從門過, 因問曰:

"此是何聲?" 答曰: "是僕之子, 皆不能言." 客曰: "君可內省, 何以致此" 主人異其言, 思忖良久, 乃謂客曰: "昔爲小兒時, 當牀上有燕巢, 中有三子. 其母從外得哺, 三子皆出口受之, 積日如此. 試以指內巢中, 燕雛亦出口受之. 因以三薔茨食之, 旣而皆死. 昔有此事, 今實悔之." 客曰: "是也." 言訖, 其三子之言語, 忽然周穩. 蓋能知過之故也. (出『續搜神記』)

131 · 16(1064)
제조청(齊朝請)

제(齊)나라에 어떤 봉조청(奉朝請: 천자를 배알하는 일을 맡은 散官)이 있었는데, 집이 아주 호사스럽고 사치스러워서 자신이 직접 잡은 소가 아니면 먹어도 맛이 없다고 여겼다. 30세쯤 되었을 때 병이 위독한 상태에서 커다란 소가 달려오는 것을 보았는데, 그는 온 몸을 칼로 난자 당하듯이 소리지르다가 죽었다.

또 강릉(江陵)의 고위(高偉)라는 사람은 제나라로 들어가서 몇 년 동안 유주(幽州)의 냇가에서 고기를 잡았다. 나중에 병이 들었는데, 매일같이 고기떼가 자신을 물어뜯는 것처럼 고통받다가 죽었다. (『안씨가훈』)

齊國有一奉朝請, 家甚豪侈, 非手殺牛, 則噉之不美. 年三十許, 病篤, 見大牛來, 擧體如被刀刺, 叫呼而終.

又江陵高偉, 入齊凡數年, 向幽州淀中捕魚. 後病, 每見群魚囓之而死 (出『顏氏家訓』)

131 · 17(1065)
오사지(伍寺之)

남야(南野) 사람 오사지는 토지신당의 나무 위에 새끼 밴 원숭이가 있는 것을 보고는 곧장 나무로 올라가 원숭이를 떨어뜨려 죽였다. 그의 꿈에 [자신을] 신(神)이라고 하는 어떤 사람이 나타나, 원숭이를 죽인 죄를 꾸짖으면서 마땅히 중벌을 받게 하겠다고 말했다. 오사지는 이내 호랑이로 변하여 산으로 들어갔는데 어디로 갔는지 알 수 없었다. (『술이기』)

南野人伍寺之, 見社樹上有猴懷孕, 便登樹攎殺之. 夢一人稱神, 責以殺猴之罪, 當令重謫. 寺之乃化爲大蟲, 入山, 不知所在. (出『述異記』)

131 · 18(1066)
소 항(蘇 巷)

신야(新野)의 소항이란 사람은 늘 부인과 함께 들녘에서 밭을 갈았다. 매번 밭에 도착할 때마다 뱀처럼 생긴 어떤 동물이 오곤 했는데, 그것은 길이가 7~8척이었고 오색으로 곱게 빛났다. 소항은 그것을 진기하다고 여겨 먹이를 주어 길렀다. 그렇게 몇 년이 지나는 동안 소항의 재산은 점점 불어났다. 부인이 나중에 몰래 그것을 때려 죽였더니, 당장에 폭식(暴食)하는 병에 걸려 3곡(斛: 1斛은 10斗)이나 되는 밥을 먹어도 배부름을 느끼지 못했다. 얼마 후 부인은 결국 죽었다. (『이원』)

新野蘇巷, 常與婦佃于野舍. 每至田時, 輒有一物來, 其狀似蛇, 長七八尺, 五色光鮮. 巷異而餇之. 經數載, 産業加焉. 婦後密打殺, 卽得能食之病, 進三斛飯, 猶不爲飽. 少時而死也. (出『異苑』)

131 · 19(1067)
완 예(阮 倪)

완예라는 사람은 성격이 특히 잔인하고 독했다. 하루는 술에 취하여 성곽을 나갔다가 [주인 없이] 돌아다니는 소를 보고는 다짜고짜 소의 혀를 잡아 빼서 잘라 가지고 돌아와 그것을 구워 먹었다. 그후에 완예는 아들 하나를 낳았는데, [그 아들은] 혀가 없었다. 사람들은 [그 일을 두고] 소를 해친 보응이라고 생각했다. (『술이기』)

阮倪者, 性特忍害. 因醉出郭, 見有放牛, 直探牛舌本, 割之以歸, 爲炙食之. 其後倪生一子, 無舌. 人以爲牛之報也. (出『述異記』)

131 · 20(1068)
소문립(邵文立)

양(梁)나라 소장엄사(小莊嚴寺)는 건업(建業)의 정음리(定陰里)에 있는데, [이 절은] 본래 진(晉)나라 영릉왕(零陵王)의 묘당 터로 천감(天監) 6

년(507)에 도선사(度禪師)가 세운 것이다. 당시 소문립이란 사람이 있었는데, 집안 대대로 짐승 도살하는 일을 직업으로 삼았다. 한번은 사슴한 마리를 죽이려고 했는데, 사슴이 무릎을 꿇고 눈물을 흘리자, 소문립은 불길한 일이라고 생각했다. 그 사슴은 새끼 하나를 배고 있어서 곧 낳을 날이 임박했기에 도살장으로 가서 [살려달라고] 간절히 애원했으나, 결국 새끼와 함께 도살되고 말았다. 그 일로 인해 소문립은 병에 걸려 눈썹과 수염이 모두 빠졌으며, 온 몸에 난 종기가 모두 곪아터졌다. 나중에 소문립은 깊이 참회하고 자신을 질책하면서 도선사를 찾아가 불도를 구하고 큰 서원(誓願)을 한 뒤, 재산을 모두 희사하여 그 땅을 도로 사서 가람(伽藍: 寺院)을 세웠다. (『양경사기』)

梁小莊嚴寺, 在建業定陰里, 本是晉零陵王廟地, 天監六年, 度禪師起造. 時有邵文立者, 世以烹屠爲業. 嘗欲殺一鹿, 鹿跪而流淚, 以爲不祥. 鹿懷一麑, 尋當産育, 就庖哀切, 同被剖割. 因斯患疾, 眉鬢皆落, 身瘡並壞. 後乃深起悔責, 求道度禪師, 發大誓願, 罄捨家貲, 廻買此地, 爲立伽藍. (出『梁京寺記』)

131 · 21(1069)
양원제(梁元帝)

양(梁)나라 원제(元帝) 소역(蕭繹)의 모친 완수용(阮脩容)이 한번은 진주 한 알을 잃어 버렸다. 당시 아주 어렸던 원제는 그것을 자신이 삼켜 놓고도 오히려 좌우 신하들이 훔쳐갔다고 생각하여, 물고기 눈을 구워서 [진주를 훔쳐간 자를] 저주했다. 이틀 뒤에 진주가 [원제의 몸에서] 나왔는데, 원제는 곧 한쪽 눈이 멀어 버렸다. 이는 아마도 물고기의 응보였을 것이다. (『운대』)

梁元帝諱繹, 母阮脩容, 曾失一珠. 元帝時絶幼, 呑之, 謂是左右所盜, 乃炙魚眼以厭之. 信宿之間, 珠便出, 帝尋一目致眇. 蓋魚之報也. (出『韻對』)

131·22(1070)
망채령(望蔡令)

양(梁)나라 효원제(孝元帝)가 강주(江州)에 있을 때 어떤 사람이 망채현령(望蔡縣令)으로 있었는데, 유경궁(劉敬躬)의 난이 일어나 현의 관아가 불에 타버렸기에 사원에 기거했다. 백성들이 소와 술을 가져와 예물로 바치자, 현령은 소를 때려잡고 불상과 진설물(陳說物)을 치우고 그곳에 평상과 자리를 마련하게 하여, 당상(堂上)에서 빈객들을 접견했다. 소를 아직 죽이지 않았을 때 소가 [스스로 묶인 것을] 풀고 곧장 계단으로 달려와 절을 하자, 현령은 크게 웃으면서 결국 좌우 사람들에게 명하여 소를 잡게 했다. 현령은 실컷 취하고 배불리 먹은 다음에 처마 밑에 누워 잠을 잤다. 깨어난 뒤 곧 몸이 가려워서 긁었더니 붉은 물집이 생겼는데, 그로 인해 나병에 걸리고 말았다. 그 후 현령은 10여 년 뒤에 죽었다. (『안씨가훈』)

梁孝元在江州時, 有人爲望蔡縣令, 經劉敬躬亂, 縣廨被焚, 寄寺而住. 民將牛酒作禮, 縣令以牛擊殺, 屏除像('像'字據明鈔本補)設, 鋪陳牀座, 於堂上接賓客. 未殺之頃, 牛解, 徑來至階而拜, 縣令大笑, 遂令左右宰之. 飮噉醉飽, 便臥於簷下. 及醒, 即覺體痒, 爬搔隱疹, 因爾成癩, 十許年死. (出『顔氏家訓』)

131 · 23(1071)
승담환(僧曇歡)

후주(後周: 北周) 무제(武帝) 때, 부주(敷州) 의양사(義陽寺)의 승려 담환은 양 수백 마리를 소유하고 있었는데, 늘 사미(沙彌)와 노복을 보내 산골짜기에서 양을 방목하게 했다. 나중에 [어느 날] 사미가 말했다.

"어떤 사람이 자주 찾아와서 양을 쫓아버리곤 합니다."

그래서 담환은 수하들을 많이 데리고 직접 가서 지켜보았다. 나중에 그 사람이 나타나 동쪽 언덕 나무 아래에 서서 멀리서 담환에게 말했다.

"네가 돼지와 양을 기르는 것은 그 죄가 가장 크니, 머지않아 [어떤 화를 당하게 될지는] 스스로 알게 될 것이다. 무얼 하러 그것들을 애써 지키고 아까워하느냐?"

담환은 급히 말을 달려 골짜기를 돌아 그곳으로 가서 찾았으나 그 사람은 보이지 않았다. 얼마 후 나라에서 불교를 멸절(滅絶)시키고 [사원의] 재물을 모두 관부(官府)로 몰수하는 바람에, [의양사의] 공적 재산과 [담환의] 개인 재산도 압류되어 모두 흩어져 버렸다. 담환은 환속한 뒤에 가난과 질병에 시달리다 죽었다. (『광고금오행기』)

後周武帝時, 敷州義陽寺僧曇歡有羊數百口, 恒遣沙彌及奴放於山谷. 後沙彌云: "頻有人來驅逐此羊." 歡乃多將手力, 自往伺之. 後見此人, 立于東岸樹下, 遙謂歡曰: "汝之畜養猪羊, 其罪最甚, 不久自知. 何勞護惜?" 歡驟馬繞谷就之, 而覓不見. 少時滅法教, 資財並送官府, 公私牽挽, 並皆分散. 歡還俗, 貧病而死 (出『廣古今五行記』)

131 · 24(1072)
석승군(釋僧羣)

승려 승군은 청빈함으로 절조를 지키고 채식하면서 불경을 염송했다. 그는 나강현(羅江縣)의 곽산(霍山)에 머물면서 띠집을 얽고 살았는데, 그곳은 바다 가운데에 외따로 떨어져 있었다. 위에는 발우 모양의 바위가 있었고, 아래로는 6척 깊이의 물이 있었는데 늘 맑은 물이 흘렀다. 옛 노인들이 전하는 말에 따르면, 그곳은 신선들이 거처하던 곳이었다고 하기에, 승군은 곡식을 끊었다. 승군의 암자와 발우 모양의 바위 사이에는 작은 개울 하나가 가로놓여 있었는데, 승군은 외나무로 다리를 만들어 늘 이곳에서 물을 긷곤 했다. 승군이 130세가 되었을 때, 별안간 날개 죽지가 부러진 오리 한 마리가 나타나 날개를 펼친 채 다리 끝을 막고 있자, 승군은 석장을 들어 오리를 밀쳐내려 하다가 더 다치게 할까봐 걱정하여 그냥 암자로 돌아간 뒤, 마침내 물을 끊은 지 며칠만에 죽었다. 승군은 임종하면서 좌우 사람들에게 말했다.

"내가 어렸을 때 오리 날개 죽지 하나를 부러뜨린 적이 있었는데, 이

것이 징험으로 나타나 응보가 된 것이다."

(『고승전』)

釋僧群, 清貧守節, 蔬食持經. 居羅江縣之霍山, 搆立茅室, 孤在海中. 上有石盂, 水深六尺, 常有清流. 古老相傳, 是群仙所宅, 群因絶粒. 其菴舍與石盂, 隔一小澗, 常以木爲梁, 由之以汲水. 年至一百三十, 忽見一折翅鴨, 舒翼當梁頭, 群將擧錫撥之, 恐有轉傷, 因此廻歸, 遂絶水數日而終. 臨終, 謂左右曰: "我少時, 曾折一鴨翅, 驗此以爲報也." (出『高僧傳』)

131·25(1073)
축법혜(竺法惠)

축법혜는 본래 관중(關中) 사람으로, 성품이 바르고 곧았으며 계행(戒行)을 잘 지켰다. 한번은 숭고산(嵩高山)에 갔다가 갑자기 제자 법소(法昭)에게 말했다.

"너는 과거에 오리 다리 하나를 부러뜨린 적이 있는데, 그 화가 이제 곧 닥칠 것이다."

잠시 후 법소는 어떤 사람이 던진 물건에 맞아 다리가 부러져 결국 영원히 불구가 되었다. (『고승전』)

竺法惠, 本關中人, 方直有戒行. 行至嵩高山, 忽謂弟子法昭曰: "汝過去時, 折一鴨脚, 其殃卽至." 俄而昭爲人所擲物折脚, 遂永疾廢焉. (出『高僧傳』)

131 · 26(1074)
기주소아(冀州小兒)

　수(隋)나라 개황연간(開皇年間: 581~600) 초에 기주(冀州)의 성읍 밖에 13살 된 아이가 있었는데, 늘 이웃집의 계란을 훔쳐서 그것을 불에 구워 먹었다. 다음날 새벽이 되자마자 어떤 사람이 문을 두드리면서 그 아이를 불렀다. 아이의 아버지가 아이에게 나가서 그를 맞이하라고 했는데, 나가서 보았더니 어떤 사람이 말했다.

　"관부에서 너를 부르신다."

　아이가 말했다.

　"날 불러 일을 시키실 모양이니, 얼른 들어가서 옷과 식량을 가지고 오겠습니다."

　사자가 말했다.

　"그럴 필요 없다."

　그리고는 아이를 데리고 떠났다. 마을 남쪽은 예전부터 뽕밭이었는데, 밭을 갈아 놓은 뒤 아직 씨를 뿌리지 않은 상태였다. 그 아이가 문득 보았더니 길 오른쪽에 작은 성 하나가 있었는데, 사방의 문루(門樓)는 매우 장엄하게 단청이 칠해져 있었다. 그 아이는 이상한 생각이 들어 말했다.

　"언제부터 이 성이 있었지?"

　사자는 그를 꾸짖으면서 말을 하지 말라고 했으며, 성 북문에 도착하자 아이에게 먼저 들어가라고 했다. 아이가 문으로 들어가자 성문이 갑자기 닫혔는데, 성은 텅 비어 한 사람도 보이지 않았으며, 땅에 온통 깔려 있는 뜨거운 재와 불덩이는 복사뼈가 묻힐 정도의 깊이였다. 아이는 갑자기 비명을 지르면서 남문으로 달려갔는데, 거의 도착했을 때 곧바로 문이 닫혔다. 또 동문과 서문으로 달려갔지만, 모두 이전처럼 도착하지 않았을 때는 열려 있다가도 도착하면 곧장 닫혀버렸다.

그때 마을 사람들이 뽕잎을 따러 밭에 나왔기에 남자 여자들이 아주 많았는데, 아이가 갈아 놓은 밭에서 울며 사방으로 달려 다니는 것을 보고 모두 서로에게 말했다.

"저 아이가 미쳤나? 이처럼 새벽같이 와서 쉬지 않고 놀다니."

아침 식사 때가 되어 뽕잎 따던 사람들이 모두 돌아오자, 그 아이의 아버지가 물었다.

"내 자식놈 보지 못했소?"

뽕잎 따던 사람들이 말했다.

"당신의 아들은 마을 남쪽에서 달려 다니며 놀고 있는데, 불러도 오려고 하지 않았소."

아버지가 마을 밖으로 나가 달려 다니고 있는 아이를 멀리서 보고 큰 소리로 그의 이름을 불렀더니, 그 소리와 함께 아이는 곧바로 멈추었으며 성과 재도 홀연히 사라졌다. 그 아이는 쓰러져 울면서 [아버지에게 그 동안의] 일을 말해주었다. 아버지가 아이의 다리를 보았더니, 정강이 절반 이상이 피와 살이 타서 말라버렸고, 무릎 아래로는 마치 구워 놓은 듯 벌겋게 데어 있었다. [아버지가 아이를] 끌어안고 돌아와 치료했는데, 넓적다리 위의 살은 예전 그대로였으나 무릎 아래로는 결국 뼈다귀만 남았다. 이웃 사람들이 그 이야기를 듣고 아이가 달려 다녔던 곳을 살펴보았더니, 발자국은 선명하게 남아 있었지만 재와 불의 흔적은 전혀 없었다. 좋은 일을 하면 좋은 업보를 받지만, [나쁜 일을 하면] 도처가 지옥이다. 도혜법사(道惠法師)는 본래 기주 사람으로 그 아이의 이웃 마을에서 살았기 때문에 그 일을 직접 보았다. (『명보기』)

隋開皇初, 冀州外邑中, 有小兒, 年十三, 常盜鄰卵, 燒煨食之. 翌日侵旦, 有人叩門, 呼此兒聲. 父令兒出應之, 見一人云: "官喚汝." 兒曰: "呼我役者, 入取衣糧." 使者曰: "不須也." 因引兒去. 村南舊是桑田, 耕訖未下種. 此小兒忽見道右有一小城, 四面門樓, 丹素甚嚴. 此兒怪曰: "何時有此城?" 使者呵之勿言, 因至城北門, 令小兒前入. 小兒入閭, 城門忽閉, 不見一人, 唯是空城, 地皆熱灰碎火, 深纏沒踝. 小兒忽呼叫, 走趨南門, 垂至卽閉. 又走趨東西, 亦皆如是, 未到則開, 旣至便閭.

時村人出田採桑, 男女甚衆, 皆見兒在耕田中啼泣, 四方馳走, 皆相謂曰: "此兒狂耶? 旦來如此, 遊戱不息." 至于食時, 採者皆歸, 兒父問曰: "見吾兒否?" 桑人答曰: "父兒在村南走戱, 喚不肯來." 父出村外, 遙見兒走, 大呼其名, 一聲便住, 城灰忽然不見. 父兒倒, 號泣言之. 視其足, 半脛已上, 血肉燋乾, 膝已下, 紅爛如炙. 抱歸養療, 髀已上肉如故, 膝已下遂爲枯骨. 鄰里聞之, 看其走處, 足跡通利, 了無灰火. 良因實業, 觸處見獄. 有道惠法師, 本冀州人, 與小兒鄰邑, 親見其事. (出『冥報記』)

태평광기

권제 132

보응 31
(殺生)

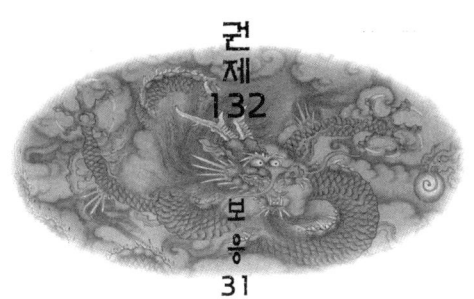

1. 왕 장 군(王 將 軍)
2. 강 략(姜 略)
3. 하 열(賀 悅)
4. 이 수(李 壽)
5. 방 산 개(方 山 開)
6. 왕 준(王 遵)
7. 이 지 례(李 知 禮)
8. 육 효 정(陸 孝 政)
9. 과 의(果 毅)
10. 유 마 아(劉 摩 兒)
11. 점 부(店 婦)
12. 도 인(屠 人)
13. 유 지 원(劉 知 元)
14. 계 전 문(季 全 聞)
15. 당 도 민(當 塗 民)
16. 장 종(張 縱)

132·1(1075)
왕장군(王將軍)

효기장군(驍騎將軍) 왕 아무개는 대군(代郡) 사람이다. 그는 수(隋)나라 개황연간(開皇年間: 581~601) 말년에 도성을 떠나 포주(蒲州)를 다스리게 되었는데, 천성적으로 사냥을 좋아했기에 죽인 동물들만 해도 수를 셀 수 없을 정도였다. 그에게는 딸은 없고 아들만 다섯 있었다. 그러다 후에 딸 한 명을 낳았는데, 몸가짐이 단정하고 아름다워 보는 사람들마다 그녀를 아끼고 사랑했고 그 부모는 딸아이를 더욱 더 끔찍이 사랑했다. 왕 아무개가 벼슬을 그만두고 고향으로 돌아왔을 때 딸아이의 나이 7살이었는데, 어느 날 아침 갑자기 사라져 버렸다. 사람들은 모두 마을에서 장난삼아 딸아이를 숨겨놓았다고 생각하고 마을 사람들에게 물어보았지만, 아무도 보지 못했다고 했다. 오빠들이 말을 타고 멀리 찾아 나섰다가 집에서 30리 남짓 떨어진 황량한 들판에서 딸아이를 찾았는데, 딸아이는 앞이 보이지 않은 듯 아무도 알아보지 못했다. 딸아이는 그저 입으로는 토끼 울음소리를 낼뿐이었고, 발에는 가시나무 뭉텅이가 있었다. 딸아이는 한 달이 지나도록 아무 것도 먹지 못하고 있다가 죽었다. 부모는 아주 비통하게 울면서 사냥에서 희생된 동물들의 응보라 생각했다. 후에 온 집안 사람들이 재계하면서 더 이상 고기를 먹지 않았다. 대리시승(大理寺丞) 채선명(蔡宣明)이 일찍이 대부(代府: 代郡)에서 법관으로 있었는데, 직접 그 이야기를 해 주었다. (『명보기』)

驍騎將軍王某者, 代郡人. 隋開皇末年, 出鎭蒲州, 性好畋獵, 所殺無數. 有五男, 無女. 後生一女, 端美, 見者皆愛憐之, 父母猶鐘愛. 旣還鄉里, 女年七歲, 一旦忽失所在. 皆疑鄰里戲藏匿之, 訪問不見. 諸兄馳馬遠尋, 去家三十餘里, 得於荒野中, 冥然已無所識. 口中唯作兎鳴, 足上得荊棘盈掬. 經月餘, 不食而死. 父母悲痛甚, 以爲畋獵殺害之報也. 後合家持齋, 不復食肉. 大理寺丞蔡宣明, 曾爲代府法曹, 親說之. (出『冥報記』)

132・2(1076)
강 략(姜 略)

수(隋)나라 응양랑장(鷹揚郎將: 隋나라 때 府兵軍府를 驍騎將軍府라 하고 각 軍府에 驍騎將軍을 두었는데, 大業 3년(607)에 이를 응양랑장으로 고치고 府兵의 훈련과 출정을 관리하게 했음) 강략은 천수(天水) 사람으로, 젊어서부터 사냥하기를 좋아하여 매와 개를 즐겨 풀어놓았다. 강략이 훗날 병에 걸렸는데, 대가리가 없는 천 수 백 마리의 새들이 그의 침상을 둘러싸고 빙빙 돌면서 이렇게 울어대는 것이었다.

"얼른 내 머리 돌려다오!"

강략은 두통을 느껴 기절했다가 한참 뒤에 깨어났다. 강략이 여러 스님을 청하여 얼른 새들의 명복을 빌겠다고 하자 새들은 그렇게 하라고 허락하면서 떠나갔고, 그로부터 얼마 지나지 않아 그의 병도 나았다. 강략은 이때부터 죽을 때까지 술과 고기를 끊고 산 생명을 죽이지 않았다. 예전에 강략이 직접 그 일에 대해 말해주었다. (『명보기』)

隋鷹揚郎將天水姜略, 少好畋獵, 善放鷹犬. 後遇病, 見群鳥千數, 皆無頭, 圍繞略床, 叫鳴曰: "急還我頭來!" 略輒頭痛氣絶, 久而後蘇. 因請衆僧, 急爲諸鳥追福, 許之皆去, 旣而得愈. 終身絶酒肉, 不殺生命. 姜略嘗自說其事. (出『冥報記』)

132 · 3(1077)
하 열(賀 悅)

당(唐)나라 무덕연간(武德年間: 618~627)에 습주(隰州)에 하열이라는 대녕(大寧) 사람이 있었는데, 이웃 집 소가 그 집 밭에 들어와서 밭을 엉망으로 만들자 바로 새끼줄로 묶고는 소의 혀를 잘라버렸다. 뒷날 세 아들이 태어났는데, 모두 벙어리로 말을 하지 못했다. (『법원주림』)

唐武德中, 隰州大寧人賀悅, 爲鄰人牛犯其稼, 乃以繩勒牛舌斷. 後生三子, 並皆瘖瘂, 不能言. (出『法苑珠林』)

132 · 4(1078)
이 수(李 壽)

당(唐)나라 교주도독(交州都督) 수안공(遂安公) 이수는 정관연간(貞觀年間: 627~650) 초에 벼슬을 그만두고 도성의 집으로 돌아왔다. 이수는 천성적으로 사냥을 좋아하여 늘 새장에 매 몇 마리를 함께 묶어두고, 이웃 집 개를 죽여 매에게 먹였다. 얼마 지나서 수안공은 병을 앓게 되었는데, 개 다섯 마리가 와서 목숨을 재촉하는 것을 보고 말했다.

"너희들을 죽인 것은 하인 통달(通達)의 허물이지 내 죄가 아니다."

그러자 개가 말했다.

"통달이 어찌 자기 마음대로 그럴 수 있었겠느냐? 우리들은 네 음식을 훔치지도 않았고, 그저 너의 집 문 앞을 지나쳤을 뿐인데, 너는 우리들을 억울하게 죽였으니, 우리도 네가 죽을 때까지 계속 네게 보복할 것이다."

공이 사죄하고 그들을 위해 명복을 빌 것을 청하자, 개 네 마리는 허락했으나 백구 한 마리만은 안 된다고 하면서 말했다.

"너는 무고하게 나를 죽였고 또 내가 채 죽지 않았을 때 내 살을 잘라 살이 저며지는 고통을 내게 주었다. 너의 이런 잔혹함만 생각하면 내가 어찌 너를 놓아줄 수 있겠느냐?"

별안간 어떤 사람이 나타나 이수를 위해 개에게 이렇게 부탁했다.

"그를 죽인다한들 네게 아무런 보탬도 없으니, 그를 놓아주어 네 명복을 빌게 하는 것이 역시 좋지 않겠는가!"

개가 그렇게 하라고 했다. 잠시 후에 수안공이 깨어났지만, 결국 반신불수가 되어 사지를 마음대로 움직일 수 없었다. 수안공이 개를 위해 그 명복을 빌었지만, 결국 병은 낫지 않았다. (『명보기』)

唐交州都督遂安公李壽, 貞觀初, 罷職歸京第. 性好畋獵, 常籠鷹數聯, 殺鄰狗餧鷹. 既而公疾, 見五犬來責命, 公謂之曰: "殺汝者奴通達之過, 非我罪也." 犬曰: "通達豈得自任耶? 且我等既不盜汝食, 自於門首過, 而枉殺我等, 要當相報,

終不休也." 公謝罪, 請爲追福, 四犬許之, 一白犬不許, 曰: "旣無罪殺我, 我未死
間, 汝又生割我肉, 臠臠苦痛. 我思此毒, 何有放汝耶?" 俄見一人, 爲之請於犬曰:
"殺彼於汝無益, 放令爲汝追福, 不亦善乎!" 犬乃許之. 有頃公蘇, 遂患偏風. 肢
體不遂. 於是爲犬追福, 而公疾竟不差. (『冥報記』)

132 · 5(1079)
방산개(方山開)

당(唐)나라 조주(曹州) 무성(武城) 사람 방산개는 젊어서부터 활과 화살을 잘 다루었고, 특히 사냥을 좋아하여 이것을 업으로 삼았는데, 그가 죽인 짐승만 해도 그 수를 셀 수 없었다. 방산개는 정관(貞觀) 11년(637)에 죽었다가 하룻밤 뒤에 소생하여 이렇게 말했다.

"막 죽었을 때 스무 사람에게 끌려 10리 남짓 가서 어느 산에 올라갔다. 귀신 세 명이 나를 이끌고 사다리를 타고 위로 올라갔는데, 산 정상에 막 올라서려 할 때 갑자기 검은 부리에 날카로운 발톱을 한 큰 흰 매 한 마리가 날아오더니 나의 왼쪽 뺨을 할퀴고 지나갔다. 또 검은 부리에 날카로운 발톱을 한 검은 매 한 마리가 날아오더니 나의 오른쪽 어깨를 할퀴고 지나갔다. 산 정상에 도착하자 그는 나를 청사(廳事) 앞으로 데려갔는데, 붉은 빛 옷을 걸치고 머리에 갓을 쓰고 검은 두건을 쓴 한 관리가 내게 말했다.

'그대는 살아 생전 무슨 공덕이라고 있소? 있으면 자세히 말해보시오.'
내가 대답했다.

'입신한 이래로 어떤 공덕도 닦지 못했습니다."

관리가 말했다.

'그를 남원(南院)으로 데리고 가 한번 둘러보게 하는 것이 좋겠다.'

그러자 두 사람이 나를 데리고 남쪽으로 갔는데, 아주 험준하게 생긴 한 성에 이르렀다. 두 사람이 성 북쪽 문을 몇 번 두드리자 문이 열렸는데, 보았더니 성안이 모두 활활 타오르는 불길로 가득했다. 문 옆에는 독사 몇 마리가 있었는데, 모두 길이가 10장(丈) 남짓했고 대가리 크기가 5되나 되어 보였으며, 아가리에서 불을 내뿜어 사람을 덮칠 기세였다. 나는 두렵고도 또 어디로 나가야 될지 몰라 그저 머리를 조아리고 불경만 염송할 뿐이었다. [그때] 문이 절로 열려 돌아보았더니 관리가 보였는데, 나를 죄값을 받게 하러 보내려 하는 것 같았다. 그런데 한 시자(侍者)가 이렇게 말렸다.

'방산개는 아직 죽을 때가 되지 않았습니다. 이 성은 한번 들어가면 다시는 나올 수가 없으니, 그를 놓아주어 공덕을 닦게 하는 것만 못합니다.'

관리가 말했다.

'좋다.'

그리고는 앞서 나를 데리고 왔던 두 사람에게 나를 보내주게 했다. 그 왔던 길을 따라 내려가는데, 매 한 마리가 나를 할퀴려고 했다. 때마침 이 두 사람이 나를 보호해 주었기에 벗어날 수 있었다. 산을 내려오자 아주 더러운 구덩이 하나가 보였는데, 그 순간 갑자기 두 사람이 나를 그 구덩이 속으로 밀어 넣었고, 나는 순식간에 깨어났다."

방산개는 얼굴과 오른쪽 어깨에 매에게 할퀸 자국이 뚜렷하게 남아 있는 것을 보았는데, 그 흉터는 죽을 때까지 없어지지 않았다. 방산개는 결국 처자를 버리고 자신이 살았던 집을 사원으로 만든 뒤 늘 불경 염송(念誦)을 업으로 삼았다. (『법원주림』)

　　唐曹州武城人方山開, 少善弓矢, 尤好游獵, 以之爲業, 所殺無數. 貞觀十一年死, 經一宿蘇, 云: "初死之時, 被二十人引去, 行可十餘里, 卽上一山. 三鬼共引山開, 登梯而進, 上欲至頂, 忽有一大白鷹, 鐵爲觜爪, 飛來, 攫山開左頰而去. 又有一黑鷹, 亦鐵觜爪, 攫其右肩而去. 及至山頂, 引至廳事, 見一官人, 被服緋衣, 首冠黑幘, 謂山開曰: '生平有何功德? 可具言之.' 對曰: '立身已來, 不修功德.' 官曰: '可宜引向南院觀望.' 二人卽引南行, 至一城, 非常險峻. 二人扣城北門數下, 門遂開, 見其城中赫然, 總是猛火. 門側有數毒蛇, 皆長十餘丈, 頭大如五斗斛, 口中吐火, 如欲射人. 山開恐懼, 不知所出, 唯知叩頭念佛而已. 門卽自開, 乃還見官人, 欲遣受罪. 侍者諫曰: '山開未合卽死. 但恐一入此城, 不可得出, 未若且放, 令修功德.' 官人曰: '善.' 令前二人送之. 依舊道而下, 復有鷹欲攫之. 賴此二人援護得免. 及下山, 見一大坑, 極穢惡, 忽被二人推入, 須臾卽蘇."
　　面及右膊之上, 爪蹟宛然, 終身不滅. 遂舍妻子, 以宅爲佛院, 恒以誦經爲業. (出『法苑珠林』)

132・6(1080)
왕　준(王　遵)

당(唐)나라의 왕준이라는 사람은 하내(河內) 사람이다. [한번은] 형제 세 사람이 동시에 병을 심하게 앓고 있었다. 왕준의 집에 까치 둥지가 있었는데, 아침저녁으로 까치가 둥지 주위를 날며 울어댔다. 형제들은 까치의 재잘거림에 화가 나 모두 까치를 아주 싫어했다. 그래서 이들은 병이 낫자 그물을 펼쳐 까치를 잡고 그 혀를 자른 뒤 놓아주었다. 얼마 뒤에 형제들은 모두 입과 이가 아팠으며 그로부터 집도 점점 가난해져 결국에는 동냥을 하기에까지 이르렀다. (『선험지』[『선실지』]·[『영험기』])

唐王遵者, 河內人也. 兄弟三人, 並時疾甚. 宅有鵲巢, 旦夕翔鳴. 忿其喧噪, 兄弟共惡之. 及病瘥, 因張鵲, 斷舌而放之. 旣而兄弟皆患口齒之疾, 家漸貧, 以至行乞. (出『宣驗志』. 明鈔本作'出『宣室志』', 按『御覽』七四引作'出『靈驗記』')

132·7(1081)
이지례(李知禮)

당(唐)나라 농서(隴西) 사람 이지례는 젊어서부터 몸이 날렵하고 민첩해서 활을 잘 쏘았고 말을 잘 탔으며 게다가 탄궁도 잘 쏘아 죽인 동물만 해도 아주 많았다. 이지례는 때때로 물고기를 잡았는데, 그 수를 헤아리기 힘들 정도로 많았다. 정관(貞觀) 19년(646)에 이지례는 병에 걸려 며칠만에 죽었다. 사후에 한 귀신이 속세에서 타는 말보다 큰 말 한 필을 끌고 나타나 이지례에게 말했다.

"염라대왕께서 공을 잡아오라고 하십니다."

그리고는 귀신이 이지례에게 그 말을 타게 했는데, 순식간에 염라대왕 앞에 도착했다. 염라대왕이 이지례에게 이렇게 약속했다.

"너를 보내 도적을 토벌하려고 하는데 패할 리는 없겠지만, 만약 패하면 너를 죽이겠다."

이지례는 동료 24명과 함께 동쪽으로 가서 북쪽을 바라보았더니, 도적은 끝이 보이지 않고 천지사방은 어두컴컴했으며 먼지가 비오듯 자욱했다. 이지례 등이 싸움에서 지게되자 이지례가 동료들에게 말했다.

"염라대왕의 분부가 지엄하니 앞으로 나가 전사할지언정 전쟁에 패해 돌아가서는 안되네."

이지례가 말머리를 돌려 활 세 발을 쏘자 도적들이 조금 뒤로 물러났다. 이지례가 활 다섯 발을 쏘자 도적들은 결국 전쟁에 패해 뿔뿔이 흩어졌다. 전쟁이 끝난 뒤 이지례가 염라대왕을 알현하자 염라대왕은 이지례를 꾸짖으며 말했다.

"도적들이 비록 퇴각하기는 했지만, 처음 싸웠을 때는 어째서 패했는가?"

염라대왕은 곧바로 사람을 시켜 삼실로 이지례 등의 머리와 손과 발을 묶게 한 뒤 돌 위에 누이고 큰돌로 이지례 등을 눌러 갈게 했다. 차례대로 네 사람이 돌에 눌려 살점이 문드러지고 떨어져나갔다. 이지례의 차례가 되자 그는 성난 목소리로 소리쳤다.

"지난 번 도적이 퇴각한 것은 모두 저의 힘인데, 도리어 염라대왕께 살해당한다면 후인들을 격려할 수 없습니다."

염라대왕은 결국 이지례를 석방시키고 그를 구속하지 않았다.

이로부터 삼 일 뒤에 이지례는 갑자기 서북쪽으로 나갔다가 어느 담 안으로 들어가게 되었는데, 날짐승과 길짐승이 서너 마지기의 땅에 가득 있었다. 이 짐승들은 모두 목숨을 내놓으라며 점점 이지례를 압박해

왔다. 이전에 이지례가 활로 쏘아 죽였던 한 암캐가 곧장 앞으로 다가와서 이지례의 얼굴을 물어뜯고 몸까지 물어뜯었는데, 상처를 입지 않은 곳이 하나도 없었다. 다시 보았더니 각자 키가 1장(丈) 조금 넘는 큰 귀신이 동시에 이지례의 살점과 피부를 벗겼는데, 살점과 피부가 순식간에 벗겨져 나갔고 얼굴과 눈에는 허연 뼈가 드러났지만, 오장만은 그대로 남아 있었다. 귀신은 벗겨낸 살점과 피부를 날짐승과 길짐승에게 나누어주었는데, 살점이 벗겨져 나간 자리에서 다시 살점이 돋아났고 살점이 돋아나면 다시 귀신이 살점을 벗겨갔다. 이지례는 이렇게 삼일동안 살점이 벗겨지는 고통을 당했는데, 그 고통은 뭐라 표현할 수 없을 정도였다. 이 일이 끝나자 세 귀신과 짐승들은 갑자기 모두 사라졌다. 뒤를 돌아보던 이지례는 아무 것도 보이지 않자 담을 넘어 남쪽으로 달아났는데, 자신이 어디로 달려가고 있는지 알 수 없었다. 이지례는 천리 정도 달아났다고 생각했는데, 다시 어떤 귀신이 이지례를 쫓아와서 그를 잡아 쇠로 만든 대롱에 넣었다. 무수한 물고기가 다투어와서 주둥이로 이지례를 쪼아먹었는데, 물고기들이 다 먹고 나자 귀신은 바로 돌아갔고 물고기도 보이지 않았다.

옛날에 이지례의 집에서 한 스님을 공양했는데, 그 스님은 이지례보다 먼저 죽었다. [먼저 죽었던] 그 스님이 이지례를 찾아와서 대롱을 치우면서 말했다.

"시주께서는 많이 굶주리셨군요."

스님은 대추처럼 생긴 흰색 약 세 알을 이지례에게 주면서 씹어먹게 했는데, 그것을 먹자마자 배가 불렀다. 스님이 말했다.

"시주께서는 마땅히 집으로 돌아가실 것입니다."

스님은 그 말을 하고 떠나갔다. 이지례는 자신이 살았던 집 북쪽에 큰 구덩이가 있는 것을 보았는데, 그 안에 창이 여기저기 꽂혀 있었기에 지나갈 수 없었다. 또 자신의 질녀가 하녀와 함께 돈과 비단이 든 상자를 들고 가고 있었고, 다시 구덩이의 동북쪽에 음식 한 그릇을 차리는 것을 보았다. 이지례는 이 하녀와 질녀가 장난을 치고 있다고 생각하고 이를 매우 이상하게 여겼다. 머리를 돌려 동북쪽을 바라보았더니 한 귀신이 검을 빼들고 곧장 자신에게로 돌진하고 있었다. 이지례는 두려운 나머지 구덩이 안으로 몸을 날렸는데, 그 순간 바로 살아났다. 이지례가 죽어서 다시 살아나기까지 모두 엿새가 지났다. 뒤에 그 가족들에게 물어보았더니 질녀가 지전(紙錢)과 비단 및 음식을 싸 가지고 가서 예를 다해 제사를 지냈다고 하는데, 당시에 이지례가 보았던 것은 바로 그 동전과 비단이었다. (『명보기』)

唐隴西李知禮, 少趫捷, 善弓射, 能騎乘, 兼攻放彈, 所殺甚多. 有時捕魚, 不可勝數. 貞觀十九年, 病數日卽死. 乃見一鬼, 並牽馬一匹, 大於俗間所乘之馬, 謂知禮曰: "閻羅王追公." 乃令知禮乘馬, 須臾之間, 忽至王前. 王約束云: "遣汝討賊, 必不得敗, 敗卽殺汝." 有同侶二十四人, 向東北望, 賊不見邊際, 天地盡昏, 埃下如雨. 知禮等敗, 知禮語同行曰: "王敎嚴重, 寧向前死, 不可敗歸." 知禮回馬, 射三箭以後, 諸賊已稍退却. 箭五發, 賊遂敗散. 事畢謁王, 王責知禮曰('曰'原作'汝', 據明鈔本改): "敵雖退, 何爲初戰之時('之時'『法苑珠林』四二作'卽敗')?" 卽便以麻辮髮, 並縛手足, 臥在石上, 以大石鎭而磨之. 前後四人, 體並潰爛. 次列知禮, 厲聲叫曰: "向者賊退(原本無'退'字, 據明鈔本補), 並知禮之力, 還被王殺, 無以勵後." 王遂釋放不管束.

凡經三日, 忽向西北出行, 入一牆院, 見飛禽走獸, 可滿三四畝. 總來索命, 漸相逼近. 曾射殺一雌犬, 此犬直向前囓其面, 次及身體, 無不被傷. 復見三大鬼, 各長丈餘, 共剝知禮皮肉, 須臾總盡. 面及(明鈔本'面'上有'唯'字, 無'及'字)目白骨, 並五臟等得存. 乃以此肉分乞禽獸, 其肉剝而復生, 生而復剝. 如此三日, 苦毒之甚, 不可勝紀. 事畢, 大鬼及禽獸等, 忽然總失. 知禮回顧, 不見一物, 遂踰牆南走, 莫知所之. 意中似如一跳千里, 復有一鬼逐及知禮, 乃以鐵籠罩之. 有無數魚競來唼食, 食畢, 鬼遂倒廻, 魚亦不見.

其家舊供養一僧, 其僧先死. 來與知禮去籠, 語知禮曰: "檀越大飢." 授以白物三丸. 如棗, 令知禮噉之, 應時而飽. 乃云: "檀越宜還家." 僧亦別去. 知禮所居宅北, 見一大坑, 其中有諸槍矟攢植, 不可得過. 見其兄女並婢齎箱, 箱內有錢絹, 及別置一器飮食, 在坑東北. 知禮心中, 謂此婢及姪女遊戲, 意甚怪之. 回首北望, 卽見一鬼, 挺劍直進. 知禮惶懼, 委身投坑, 卽得蘇也. 自從初死, 至於重生, 凡經六日. 後問家中, 乃是姪女持紙錢絹及飯饌爲奠禮, 當時所視, 乃是銅錢絲絹也. (出『冥報記』)

132 · 8(1082)
육효정(陸孝政)

당(唐)나라 옹주(雍州)의 육효정은 정관연간(貞觀年間: 627~650)에 우위습천부좌과의(右衛隰川府左果毅: 果毅는 府兵을 통솔하는 관리)로 있었다. 육효정은 성품이 조급했고, 산 생명을 자주 죽였다. 습천부 내에 이전부터 벌집이 하나 있었는데, 꿀벌이 집 남쪽의 나무 위에 어지럽게 모여들었기에 육효정은 사람을 시켜 벌집을 다른 곳으로 옮기려 했다. 벌이 채 떠나가기도 전에 육효정은 대노하여 끓는 물을 나무에다 들이부어 벌을 거의 남기지 않고 죽여버렸다. 이듬해 5월 육효정이 대청에서 낮잠을 자고 있는데, 갑자기 벌 한 마리가 날아와 육효정의 혓바닥에 침을 쏘았다. 그러자 바로 입안이 벌겋게 붓기 시작하더니 입 안 전체를 가득 막아 육효정은 며칠 뒤에 죽었다. (『법원주림』)

唐雍州陸孝政, 貞觀中爲右衛隰川府左果毅. 孝政爲性躁急, 多爲殘害. 府內先有蜜蜂一㪷, 分飛聚於宅南樹上, 孝政遣人移就別㪷. 蜂未去之間, 孝政大怒, 遂以湯就樹沃死, 殆無孑遺. 至明年五月, 孝政於廳晝寢, 忽有一蜂螫其舌上. 遂卽紅腫塞口, 數日而死. (出『法苑珠林』)

132 · 9(1083)
과 의(果 毅)

당(唐)나라 정관(貞觀: 627~650) · 영휘(永徽年間: 650~656) 연간에 주지현(盩厔縣)과 호현(鄠縣)의 경계에 한 과의가 있었다. 그는 매번 손님이 찾아올 때마다 돼지를 잡아 음식을 차려냈다. 그는 위사(衛士: 궁중을 지키는 군사)의 집에서 낳은 돼지 열 마리를 모두 사들였다. 마지막 한 마리를 사들여 돼지고기를 삶았는데, 돼지고기가 채 다 삶기기 전에 과의는 손님을 맞아 대청에 앉아 있었다. [그때 어디선가] 여자의 곡하는 소리가 들렸다. 과의는 자신의 아내가 우는 것이 아닌가 해서 집안으로 들어가 살펴보았으나, 아내는 울고 있지 않았다. 그가 대청으로 다시 돌아오자 곡하는 소리가 또 들렸다. 아내를 보았지만, 역시 울고 있지 않았다. 이렇게 하기를 여러 차례하고 난 뒤 다시 집에 들어가 보았더니, 곡하는 소리가 문 밖에서 들렸다. 이에 다시 문 밖으로 나가서 보면 이번에는 곡하는 소리가 집안에서 들렸다. 그 손님도 깜짝 놀라 편하게 자리에 앉아 있을 수 없었는데, 언뜻 들어보니 곡하면서 이렇게 말하는것 같았다.

"아들 딸 10명을 낳았건만, 모두 과의에게 잡혀 먹혔다."

그 손님은 여러 차례 그 소리를 듣다가 점점 그 소리가 분명하게 들려오자 측은해하면서 바로 떠나갔다. 과의는 이때 깜짝 놀라서 병을 얻게 되었는데, 수십일 뒤에 죽었다. 장안 전체에 이 이야기가 전해졌다. (『법원주림』)

唐貞觀・永徽間, 盩厔鄠縣界有果毅. 每客來, 恒買豚設饌. 衛士家生十豚, 總買盡. 其最後買者, 煮尙未熟, 果毅對客坐. 遂聞婦人哭聲. 意疑其妻, 向家看之, 不哭. 至廳, 又聞哭聲. 看妻還不哭. 如此數廻, 後更向家, 卽聞哭聲在門外. 若門外, 卽聞哭聲在家中. 其客大驚, 不安席, 似聞哭聲云: "男女生十箇, 總被果毅吃盡." 其客數遍聽之, 了了聞此, 客惻之卽去. 果毅驚, 因此得病, 數旬而終. 長安('安'原作'客', 據明鈔本改)共傳此事焉. (出『法苑珠林』)

132・10(1084)
유마아(劉摩兒)

당(唐)나라 분주(汾州) 효의현(孝義縣)에 사는 천촌(泉村) 사람 유마아는 현경(顯慶) 4년(659) 8월에 병을 얻어 죽었다. 이튿날 유마아의 아들 유사보(劉師保)도 [그 아버지를 따라] 죽었다. 유씨 부자는 평생동안 행실이 음험했다. 그 이웃에 사는 기롱위(祁隴威)라는 사람이 땔나무를 하다가 수레에 깔려 죽었는데, 여러 날 뒤에 다시 살아났다. 막 죽었을 때 보았더니 유마아의 아들 유사보가 끓는 가마솥에 있었는데, 순식간에 피부와 살이 없어지고 허연 뼈만 남아 있는 것이 더 이상은 사람의 모습이 아니었다. 이렇게 해서 한참 뒤에 다시 원래의 모습대로 돌아왔다. 기롱위가 그 이유를 물었더니 유사보가 대답했다.

"나는 사냥을 즐겨 했기에 이런 죄 값을 받는 것이오."

기롱위가 다시 유사보에게 물었다.

"자네의 부친은 어디에 계시는가?"

그러자 유사보가 말했다.

"저의 부친은 죄가 무거워 만나 뵙지 못했습니다. 그대는 집으로 돌아가거든 우리 집 사람들에게 재계하면서 복을 닦으라고 말해주시오."

유사보의 말이 끝나고 기롱위가 사신의 재촉을 받아 관사 앞으로 가서 보았더니, 20명 남짓한 사람이 높은 누각 위에서 지팡이를 들고 있었다. 그 가운데 한 관리가 말했다.

"자네는 어떤 복업(福業)을 쌓았는가?"

기롱위가 대답했다.

"저는 작년 정월에 독촌(獨村)에서 『일체경(一切經: 大藏經)』을 염송(念誦)하면서 적삼을 한 벌 벗어서 보시했습니다. 또한 오계(五戒: 불교에서 지키는 5가지 계율, 不殺生・不偸盜・不邪淫・不妄語・不飮酒)를 전수 받은 뒤 지금에 이르도록 계율을 어기지 않았습니다."

관리가 말했다.

"만약 말한 대로라면 그 공덕이 헤아릴 수 없을 정도인데, 어째서 이 곳에 오게 되었단 말인가?"

그리하여 명부를 가져오게 해서 살펴보더니 이렇게 말했다.

"이 사람이 죽어야 하는 것은 틀림없는 사실이나, '오계를 받고 보시하여 복을 쌓았으니, 수명을 연장하는 것이 합당하다'고 옆에 적혀 있구나."

관리가 사람을 시켜 기롱위를 돌려보냈기에 기롱위는 당시에 살아날 수 있었다. (『법원주림』)

唐汾州孝義縣泉村人劉摩兒, 顯慶四年八月, 遇病而終. 男師保, 明日又死. 父子平生, 行皆險詖. 比鄰有祁隴威, 因採樵, 被車碾死, 經數日而蘇. 乃見摩兒男師保, 在鑊湯中, 須臾之間, 皮肉俱盡, 無復人形, 唯見白骨. 如此良久, 還復本形. 隴威問其故, 對曰: "我爲射獵, 故受此罪." 又謂保曰: "卿父何在?" 對曰: "我父罪重, 不可卒見. 卿旣卽還, 請白家中, 爲修齋福." 言訖, 被使催促, 前至府舍, 見館宇崇峻, 執杖者二十餘人. 一官人問曰: "汝比有何福業?" 對曰: "隴威去年正月, 在獨村看誦『一切經』, 脫衫一領布施. 兼受五戒, 至今不犯." 官人乃云: "若如所云, 無量功德, 何須來此" 遂索簿勘, 及見簿, 乃曰: "其人合死不虛, 側注云: '受戒布施福助, 更合延壽.'" 乃遣人送還, 當時蘇活. (出『法苑珠林』)

132・11(1085)
점 부(店 婦)

당(唐)나라 현경연간(顯慶年間: 656~661)에 장안성(長安城) 서쪽 길옆

가게의 신부가 사내아이를 낳았다. 아이가 태어난 지 한 달이 되던 날 친척들이 모여 잔치를 열면서 양을 잡으려고 하자, 양 몇 마리가 백정을 향해 무릎을 꿇고 절을 했다. 백정이 그 사실을 집안 내의 사람들에게 알렸지만, 집안의 어른 아이 할 것 없이 어떤 징조라고 여기지 않고 마침내 양을 잡게 했다. 백정은 양을 잡은 뒤 그 고기를 솥으로 가져가 푹 삶았다. 다른 사람들은 파를 넣고 마늘을 넣고 떡과 음식을 만드는 데 여념이 없었기에 산모에게 아이를 안고 고기가 익었는지 살펴보게 했다. 산모가 아이를 안고 불 앞으로 다가가자 솥이 갑자기 깨지더니 끓던 물이 튀어 오르고 재와 불똥이 곧장 두 모자에게 튀어 모자는 그 자리에서 모두 죽고 말았다. 당시 가게에서 이 일을 직접 보고 들었던 사람들은 그때부터 산 짐승을 죽이는 일을 그만두었다. (『법원주림』)

唐顯慶中, 長安城西路側有店家新婦誕一小男. 月滿日, 親族慶會, 欲殺羊, 羊數向屠人跪拜. 屠人報家內, 家內大小不以爲徵, 遂卽殺之, 將肉就釜煮. 餘人貪料理蔥蒜餠食, 令産婦抱兒看煮肉. 抱兒火前, 釜忽然自破, 湯衝灰火, 直射母子, 母子俱亡. 店人見聞之者, 多斷殺生焉. (出『法苑珠林』)

132 · 12(1086)
도 인(屠 人)

당(唐)나라 총장(總章: 668~670) · 함형(咸亨: 670~674) 연간에 도성에 한 백정이 살고 있었는데, 집안 대대로 이를 업으로 했다. 병이 들어 죽게 되었을 때 많은 양들에게 의해 거꾸로 매달리게 되었는데, [자신이] 양을 잡을 때 사용했던 방법과 같았다. 양 두 마리가 팔을 잡고 다른 양들이 다리를 잡아당기자, 양 한 마리가 칼을 들고 목을 찔렀는데 피를 몇 말 흘리고 나서야 죽었다. 잠시 뒤에 백정은 다시 깨어났다. 그 사람이 살아나기 전에 집안 사람들은 그 목에 둘러져 있는 선혈을 보고는 깜짝 놀라 함께 가서 보았더니, 목에 칼에 찔린 자리가 있었는데 [그가 평소에] 양을 잡던 모습과 마찬가지로 한쪽에는 작은 구멍이 다른 한쪽에는 큰 구멍이 나 있었다. 몇 년이 지나서야 비로소 상처가 아물었다. (『광고금오행기』)

唐總章·咸亨中, 京師有屠人, 積代相傳爲業. 因病遂死, 乃被衆羊懸之, 一如殺羊法. 兩羊捉手, 諸羊捉脚, 一羊持刀刺頸, 出血數斗, 乃死. 少頃還蘇. 此人未活之前, 家人見繞頸有鮮血, 驚共看之, 頸有被刺處, 還似刺羊, 一邊刀孔小, 一邊刀孔大. 數年瘡始合. (出『廣古今五行記』)

132 · 13(1087)
유지원(劉知元)

당(唐)나라 건주사사(虔州司士) 유지원은 사창(司倉: 州縣의 佐吏)의 일을 함께 보았다. 대포(大酺: 나라에 경사가 있어 사람들이 함께 모여 술을 먹는 것을 말함)때, 사마(司馬) 양순신(楊舜臣)이 유지원에게 말했다.

"고기를 사려면 반드시 새끼 밴 것으로 사야지요. 그래야 고기가 기름지고 연해 먹을 만하지 나머지 살이 없는 고기는 먹을 수가 없소."

유지원은 곧 바로 새끼 밴 소와 돼지·양·당나귀 등을 골라잡아 죽였는데, 새끼가 살아 움직이는 것 같더니 한참 뒤에 숨이 끊어졌다. 얼마 지나지 않아 양순신의 한 하인이 병없이 죽었는데, 심장만은 여전히 따뜻했다. 그 하인은 이레 뒤에 깨어나서 말했다.

"이마가 흰 물소 한 마리가 새끼와 나란히 염라대왕께 가서 이렇게 고소하는 것을 보았습니다.

'새끼를 밴 지 5개월이 되었는데, 함부로 저희 모자를 죽였습니다.'

잠시 뒤에 다시 보았더니, 돼지·양·당나귀 등도 모두 그 새끼를 데리고 와서 고소했습니다. 그리고 나서 보았더니 유사사(劉司士: 劉知元)가 죄를 자백하면서 양사마(楊司馬: 楊舜臣)가 시켰다고 했습니다."

사흘 뒤에 유지원이 죽고 그로부터 닷새 뒤에 양순신도 죽었다. (『조야첨재』)

唐虔州司士劉知元攝判司倉. 大酺時, 司馬楊舜臣謂之曰: "買肉必須含胎. 肥脆可食, 餘瘦不堪." 知元乃揀取懷孕牛犢及猪·羊·驢等殺之, 其胎仍動, 良久乃絶. 無何, 舜臣一奴, 無病而死, 心上仍煖. 七日而蘇, 云: "見一水犢白額, 幷子隨之, 見王訴云: '懷胎五箇月, 枉殺母子.' 須臾, 又見猪·羊·驢等, 皆領子來訴. 見劉司士答款, 引楊司馬處分如此" 居三日而知元卒亡, 又五日而舜臣死. (出『朝野僉載』)

132 · 14(1088)
계전문(季全聞)

　　당(唐)나라 칙천무후(則天武后) 시대 초기에 경조(京兆) 사람 계전문은 집안에 재물이 넉넉했지만, 천성적으로 살생을 좋아하여 돼지·양·당나귀·송아지들을 모두 자기 앞에서 죽이거나 삶았다. 계전문은 늘 매 수십 쌍을 기르고 봄여름에는 물고기와 자라를 잡고 가을겨울에는 여우와 토끼를 잡았는데, 한번은 여러 아들과 함께 참새를 잡아다가 칼로 그 대가리를 베어내고는 바로 날려보냈다. 그리고는 누구의 참새가 멀리 날아가는 가를 살펴서 멀리 날아간 참새가 이기고 가까이 날아간 참새가 진 것으로 했는데, 계전문은 이 놀이를 즐겼다. 계전문은 집안에서도 매우 엄격하고 잔인했는데, 계집종이나 하인이 약간 잘못이라도 하면 그 심장을 가르거나 그 눈을 도려냈다. 그 부인이 처음 아이를 출산했을 때 [보았더니] 윗눈썹에서 살가죽이 내려와 있어서, 코에까지 닿았으며, 이마 뒤로 살가죽이 하나 있었는데 목까지 내려와 마치 사람이 모자를 쓰고 있는 모양 같았다. 후에 또 아이를 낳았는데, 어금니와 손톱이 호랑이와 같고 입술은 매부리 같았다. 또 한 아이를 보았는데, 목에서 허리까지 꿰맨 자국이 있었다. 그것을 뜯고 보았더니 심장와 허파, 오장육부가 나면서부터 모두 죽어 있었다. 계전문에게 형이 있었는데, 역시 매와 개를 풀어 사냥하는 것을 좋아하고 천성 또한 잔인하고 혹독했다. 그 처가 아들을 출산했는데 목에 형틀모양의 덧살이 나 있었으며, 어떤 경우에는 날짐승과 길짐승, 물고기와 자라처럼 생겼고, 눈과 코가 없는 경우도 여럿이었다. (『광고금오행기』)

唐則天初, 京兆人李全聞家富於財, 性好殺戮, 猪·羊·驢·犢, 皆烹宰於前. 常養鷹鷂數十聯, 春夏採魚鱉, 秋冬獵狐兎, 常與諸子取鳥雀, 以刀齊刈其頭, 卽放飛. 看其飛得近遠, 遠者爲勝, 近者爲負, 以此戱樂. 在家極嚴殘, 婢妾及奴客, 有小事, 或懸開其心, 或剜去其眼. 其妻初生一子, 自眼上目夾, 有皮垂下, 至於鼻. 從額已後, 又有一片皮, 垂至於項, 有似人着帽焉. 後生一子, 牙爪如虎, 口似鷹吻. 又生一子, 從項至腰有縫. 撥看, 見其心肺五臟. 生而俱死. 其人有兄, 亦好鷹犬弋獵, 性又殘忍酷毒. 其妻生男, 項上有肉枷, 或如鳥獸魚鱉形, 或無眼鼻者數矣. (出『廣古今五行記』)

132·15(1089)
당도민(當塗民)

오(吳) 땅의 풍속에서는 신선한 물고기를 잡아서 산 채로 두었다가 먹고 싶을 때 물고기를 끓는 물에 던지는데, 그러면 물고기가 [끓는 물 속에서] 펄떡 거리다가 이내 죽었다. 천보(天寶) 8년(750)에 당도현(當塗縣)에 두렁허리를 잡는 사람이 있었는데, 그는 봄에 두렁허리 세 마리를 잡았다. 그 아들이 두렁허리의 껍질을 벗기고 그 머리를 잘라낸 뒤 불을 피워 국을 끓이려 하자 그 두렁허리는 갑자기 길이 몇 척(尺)이나 되는, 얼룩얼룩한 붉은 무늬의 뱀으로 변하더니 문 밖으로 재빨리 기어나갔다. 그 아들이 달아나면서 뒤돌아보았더니 나머지 두렁허리 두 마리도 이미 반쯤 뱀으로 변해 있었는데, 순식간에 마저 뱀으로 변하더니 모두 떠나 가버렸다. 그 아들은 결국 병을 얻어서 이튿날 죽었다. 그리고는 곧 이어 집안 사람 일곱 명도 차례대로 죽어 나가더니 열흘 남짓 뒤에는 모두 죽어버렸다. 당도현령 왕휴음(王休愔)은 그 집안에 산 사람이 없는 것을 보고 사람을 시켜 [그들을 위해] 장사지내주라고 명했다. (『기문』)

吳俗, 取鮮魚皆生之, 欲食則投之沸湯, 偃轉移時乃死. 天寶八載, 當塗有業人取鱓魚, 是春得三頭鱓. 其子去鱓皮, 斷其頭, 燃火將羹之. 其鱓則化爲蛇, 赤文褊爛, 長數尺, 行趣門外. 其子走反顧, 餘二鱓亦已半爲蛇, 須臾化畢, 皆去. 其子遂病, 明日死. 於是一家七人, 皆相繼死, 十餘日且盡. 當塗令王休愔, 以其無人也, 命葬之. (出『紀聞』)

132 · 16(1090)
장 종(張 縱)

당(唐)나라 천주(泉州) 진강현위(晋江縣尉) 장종이라는 사람은 생선회 먹기를 좋아했다. 장종은 어느 날 갑자기 병으로 죽었는데, 심장은 여전히 따뜻했다. 그로부터 이레 뒤에 깨어난 장종은 다음 이야기를 해 주었다.

장종은 처음에 누런 적삼 입은 한 관리가 와서 "염라대왕께서 그대를 잡아오시라고 합니다"라고 했기에 그를 쫓아가서 잠시 뒤에 염라대왕을 알현했다. 그러자 염라대왕이 그 관리에게 말했다.

"내가 장종을 잡아오라고 했는데, 무슨 까닭에 [다른] 장종을 데리고 왔느냐? 속히 돌려보내거라."

그러자 옆에 있던 한 관리가 염라대왕께 이렇게 아뢰었다.

"이 사람이 바로 생선회를 좋아하는 장종이니, 일단 그에게 벌을 내려 물고기로 변하게 하는 것이 좋겠습니다."

염라대왕이 장종을 데리고 나가 물고기로 만들라고 하더니 다시 말했다.

"나중에는 반드시 본래의 모습으로 돌려주도록 해라."

장종은 좀 전에 [자신을 물고기로 변하게 하는 것이 좋겠다고] 아뢰었던 관리에게 이끌려 물가로 갔다가 관리에게 떠밀려 물 속으로 떨어지는 순간 길이 한 자 남짓 되는 물고기로 변했는데, 하룻밤에 조금씩 자라더니 그렇게 이레가 지나자 한 치 남짓한 크기로 자랐다. 갑자기 한 어부가 물가로 와서 그물을 던지는 것을 보았는데, 장종은 몹시 두려웠다. 그런데 그 순간 장종은 자신도 모르는 사이에 그 그물에 걸려들어 어부에게 사로잡혀 배 안의 풀 아래에 던져지는 신세가 되었다. 그 때 별안간 진강현의 왕승(王丞)이 사람을 보내 물고기를 구해 회쳐 오라는 소리가 들렸는데, 어부는 처음에 다른 작은 물고기를 주었다가 도리어 매를 맞게 되었다. 이에 어부는 다시 그물이 있는 곳으로 와서 그 속을 뒤져 풀 아래에 있던 잉어를 찾아내어 왕승의 집으로 들고 갔다. 전당(前堂)으로 가서 보았더니 왕승의 부인이 거울을 들고 몸치장을 하고 있었는데, 한쪽 어깨를 드러내고 있었다. 부엌에 가자 회치는 사람이 칼을 들고 비늘을 긁어 내는데, 처음에는 통증을 느끼지 못했지만 쇠칼날의 차가움은 섬뜩하게 느껴졌다. 잠시 뒤에 머리가 잘리는 것 같더니 본래의 모습대로 되살아났다.

당시에 전하시어사(殿下侍御史)로 있던 이악(李鶚)이 진강현위로 좌천

되어 왔는데, 왕승의 집에서 생선회를 먹고 있다가 장종이 살아났다는 소식을 듣고 급히 달려가서 그를 살펴보았다. 이악이 들어갔더니 장종이 그 손을 맞잡고 이악에게 말했다.

"회를 배부르게 드셨습니까?"

이악이 어떻게 그 사실을 알고 있냐고 묻자, 장종은 처음부터 끝까지 자세하게 이야기 해주었다. [장종의 이야기를 들은] 이악은 그제야 비로소 방금 [자신이] 먹었던 물고기가 바로 장종이었음을 알게 되었다. (『광이기』)

唐泉州晉江縣尉張縱者, 好啖鱠. 忽被病死, 心上猶煖. 後七日蘇. 云: 初有黃衫吏告云: "王追." 縱隨行, 尋見王. 王問吏: "我追張縱, 何故將張縱來? 宜速遣去." 旁有一吏白王曰: "此人好啖膾, 暫可罰爲魚." 王令縱去作魚, 又曰: "當還本身." 便被所白之吏引至河邊, 推縱入水, 化成小魚, 長一寸許, 日夕增長, 至七日, 長二尺餘. 忽見罟師至河所下網, 意中甚懼. 不覺已入網中, 爲罟師所得, 置之船中草下. 須臾聞晉江王丞使人求魚爲鱠, 罟師初以小魚與之, 還被杖. 復至網所搜索, 乃於草下得鯉, 持還王家. 至前堂, 見丞夫人對鏡理粧, 偏袒一膊. 至廚中, 被膾人將刀削鱗, 初不覺痛, 但覺鐵冷泓然. 尋被剪頭, 本身遂活.

時殿下侍御史李萼左遷晉江尉, 正在王家飡鱠, 聞縱活, 遽往視之. 旣入, 縱迎接其手, 謂萼曰: "飡膾飽耶?" 萼因問何以得知, 縱具言始末. 方知所飡之鱗, 是縱本身焉. (出『廣異記』)

태평광기 권제133

보응 32 (殺生)

1. 주 화(朱 化)
2. 이 첨(李 詹)
3. 왕공직(王公直)
4. 황 민(黃 敏)
5. 진군릉(陳君稜)
6. 왕동미(王洞微)
7. 손계정(孫季貞)
8. 최도기(崔道紀)
9. 하 택(何 澤)
10. 악주인(岳州人)
11. 서가범(徐可範)
12. 건업부인(建業婦人)
13. 광릉남자(廣陵男子)
14. 하마자(何馬子)
15. 장 소(章 邵)
16. 한립선(韓立善)
17. 승수준(僧修準)
18. 우문씨(宇文氏)
19. 이 정(李 貞)
20. 승수영(僧秀榮)
21. 무건소(毋乾昭)
22. 이 소(李 紹)

133 · 1(1091)
주 화(朱 化)

낙양(洛陽) 사람 주화는 양을 파는 일을 생업으로 삼았다. 당(唐)나라 정원연간(貞元年間: 785~805) 초에 서쪽의 빈녕진(邠寧鎭)으로 가서 양을 사서 돌아오고 있었다. 어떤 사람이 주화를 보더니 말했다.

"당신이 양을 사고 팔아서 돈을 벌려면 마땅히 큰 이득을 추구해야 하는데, 당신은 양이 어리면 살 만하지 않다고 여기니, 이는 새끼 양이 오래지 않아 큰 양이 되는 것을 모르기 때문이오. 어릴 때 사두면 팔 때쯤 되면 크게 되니 그 이득이 또한 크지 않겠소! 큰 양을 사면 몇 마리밖에 살 수 없지만, 새끼 양을 사면 반드시 여러 마리를 살 수 있소. 양이 많으면 이득이 많고, 양이 적으면 이득도 적은 법이오."

주화는 그 말이 옳다고 생각하고 그 사람에게 말했다.

"당신이 새끼 양이 있는 곳을 안다면 내가 응당 그 양들을 모두 사겠소"

그 사람은 며칠 후 양의 주인을 한 사람 데리고 왔고, 주화는 결국 새끼 양 백십 마리를 샀다. 주화는 큰 양과 새끼 양을 한 데 섞어 낙양으로 돌아왔다. 주화가 관문 아래에 다다랐는데 저녁이 되자마자 사온 새끼 양들이 모두 귀신으로 변해 달아났다. 주화는 크게 놀랐으나 그렇게 된 이유를 알 수 없었다.

다음 해에 주화는 다시 빈녕진으로 갔다가 전에 새끼 양을 사라고 말했던 사람을 발견했다. 주화는 크게 성내며 그를 끌고 관가로 가려고 했다. 그 사람이 말했다.

"내가 무슨 죄를 지었소?"

주화가 말했다.

"당신한테 새끼 양을 사가지고 돌아가다가 내가 양들을 몰고 낙양의 관문 아래에 다다르자 양들이 모두 귀신으로 변했으니, 바로 당신이 요술을 사용했던 것이 아니오!"

그 사람이 말했다.

"당신은 양들을 사고 팔아 큰 이익을 얻으려 했고, 살아있는 목숨을 죽이면서도 그 끝을 알지 못하여 죄가 이미 하늘을 뒤덮었는데, 스스로 끝내 죄를 깨닫지 못하고 오히려 나에게 화를 내고 있소. 나는 바로 귀신인데 반드시 양들과 함께 그대를 붙잡아 죽이고 말테요."

그 사람은 말을 마친 후 사라졌다. 주화는 크게 놀라 두려움에 떨다가 얼마 후 빈녕진에서 죽었다. (『기사』)

洛陽人朱化者, 以販羊爲業. 唐貞元初, 西行抵邠寧, 廻易其羊. 有一人見化謂曰: "君市羊求利, 當求豐贍, 君見羊之小者, 以爲不可易也, 殊不知小者不久而大也. 自小而易, 及貨而大, 其利不亦博乎! 易之大者, 其羊必少, 易之小者, 其羊必多. 羊多則利厚也, 羊少則利寡也." 化然之, 乃告其人曰: "爾知有小羊, 我當盡易之." 其人數日乃引一羊主至, 化遂易得小羊百十口. 大小羊相雜爲群, 廻歸洛陽. 行至關下, 一夕所易之小羊, 盡化爲鬼而走. 化大駭, 莫測其由.

明年復往邠寧, 見前言小羊之人. 化甚怒, 將執之詣官府. 其人曰: "我何罪也?" 化曰: "爾以小羊廻易, 我驅至關下, 盡化爲鬼, 得非汝用妖術乎!" 其人曰: "爾販賣群羊, 以求厚利, 殺害性命, 不知紀極, 罪已彌天矣, 自終不悟, 而反怒我. 我卽鬼也, 當與群羊執爾而戮之." 言訖而滅. 化大驚懼, 尋死於邠寧焉. (出『奇事』)

133 · 2(1092)
이 첨(李 詹)

당(唐)나라 이첨은 대중(大中) 7년(853) 최요(崔瑤)가 주관했던 시험에서 진사(進士)에 급제했다. 그는 평생 널리 맛있는 음식을 구했는데, 매번 자라를 먹을 때면 번번이 자라의 발을 묶고 강렬한 햇볕 아래에 두었다. 자라가 갈증을 느끼게 되면 곧 술을 마시게 한 후 삶았는데, 자라가 막 취할 때쯤이면 푹 익어있었다. 어떤 때는 당나귀를 정원 가운데 붙들어 매고 주위에 불을 피웠는데, 그렇게 하면 당나귀는 목이 말라 잿물을 마시고 그 위장을 씻어내게 된다. 그 후 여러 가지 향신료를 넣은 술을 가져다 다시 마시게 하면, 당나귀는 숨이 끊기지 않은 채로 주위의 불에 데워져 겉 부분이 이미 푹 익게 된다. 어느 날 이첨은 머리에 두건을 매려다가 힘이 빠지더니 땅에 쓰러져 죽었다. 얼마 후 이첨의 요리사도 죽었다. 하룻밤이 지난 후 요리사가 다시 소생하여 말했다.

"소인이 이첨 나으리를 보았는데, 나으리는 지하에서 지나치게 동물의 생명을 해쳤다는 질책을 듣자 제가 한 일이라고 했고, 저는 이첨 나으리의 명령이라서 거스를 수 없었다고 대답했습니다. 이첨 나으리께서 다시 '저는 원래 알지 못했으며 모두 적신사(狄愼思)가 알려준 것입니다'라고 말했으므로 소인은 돌아오게 되었습니다."

얼마 후 적신사가 또 죽었다. 적신사 역시 진사에 급제했으며 당시 소간(小諫)의 벼슬에 있었다. (『옥천자』)

唐李詹, 大中七年崔瑤下擢進士第. 平生廣求滋味, 每食鱉, 輒緘其足, 暴於烈日. 鱉既渴, 卽飮以酒而烹之, 鱉方醉, 已熟矣. 復取驢繫於庭中, 圍之以火, 驢渴卽飮灰水, 蕩其腸胃. 然後取酒, 調以諸辛味, 復飮之, 驢未絶而爲火所逼爍, 外已熟矣. 詹一日, 方巾首, 失力仆地而卒. 頃之, 詹膳夫亦卒. 一夕, 膳夫復蘇曰: "某見詹, 爲地下責其過害物命, 詹對以某所爲, 某卽以詹命不可違, 答之. 詹又曰: '某素不知, 皆狄愼思所傳.' 故得以廻." 無何, 愼思復卒. 愼思亦登進士第, 時爲小諫. (出『玉泉子』)

133 · 3(1093)
왕공직(王公直)

당(唐)나라 함통(咸通) 경인년(庚寅年: 871)에 낙사(洛師: 洛陽)에 큰 기근이 발생하여 곡식의 값은 크게 올랐고 백성들 중에는 밭도랑 사이에서 굶어죽는 자도 있었다. 누에를 치는 음력 4월에 이르자 뽕잎을 대부분 누에가 먹어버려 뽕잎 1근에 1환(鍰: 여섯 兩)의 가치가 있었다. 신안현(新安縣) 자간점(慈澗店)의 북쪽 마을에는 왕공직이라는 백성이 있었는데, 그가 소유한 뽕나무 수십 그루는 특히 잎이 무성해서 그늘을 이룰 정도였다. 왕공직은 그의 아내와 상의하여 말했다.

"이처럼 흉년이 들어 집안에서 양식을 볼 수가 없는데 그저 이 누에에만 힘을 기울이고 있으니 도대체 이것이 잘 하는 일인지 알 수 없구려. 내 생각으로는 누에치기는 그만두고, 가격이 비쌀 때 뽕잎을 내다 팔아 10만 전(錢)을 얻어서 한 달치 양식을 준비해둔다면 보릿고개를 넘을 수 있을 것이니, 굶어죽는 것보다는 낫지 않겠소?"

아내가 말했다.

"좋습니다."

이에 삽으로 구덩이를 파고 여러 장의 누에발을 말아서 그곳에 묻어 버렸다.

다음 날 아침 왕공직은 뽕잎을 지고 시장에 가서 삼천 문(文)을 받고 팔아 돼지 다리와 떡을 사서 돌아왔다. 휘안문(徽安門)에 이르렀을 때 문지기가 [왕공직이 진] 자루에서 피가 줄줄 흘러 땅을 적시는 것을 보더니, 결국 왕공직을 멈춰 세우고 [자루안에 든 것이] 무엇인지 물었다. 왕공직이 말했다.

"다만 뽕잎을 팔고 돈을 받아 돼지고기와 떡을 자루에 넣었을 뿐 다른 것은 없습니다. 나으리께서 수색해 보십시오."

문지기가 자루를 열자 그 안에는 단지 사람의 왼쪽 팔이 있었는데 금방 잘린 듯했다. 여러 문지기들은 이에 왕공직을 뒤로 결박하여 거수(居守: 즉 留守. 皇帝가 巡幸 또는 出征할 때 임시로 설치하여 도성의 일을 맡아보게 한 관직)에게 보냈고, 거수는 하남부윤정(河南府尹正)인 낭야(瑯琊) 사람 왕공응(王公凝)에 넘겨주어 법률에 따라 심문하게 했다. 왕공직이 변호하여 말했다.

"저는 누에를 묻고 뽕잎을 팔아 고기를 사서 돌아오는 길이었을 뿐, 결코 사람을 죽인 일이 없습니다. 간절히 청하건대 [제 집에 가서] 살펴보십시오."

윤판(尹判)은 담당관리를 파견하여 왕공직을 감시하며 데리고 가서, 누에를 묻은 곳을 조사하게 했다. 담당관리는 왕공직을 데리고 마을로 가서 먼저 이웃의 마을사람들을 모아 왕공직의 자백서가 사실인지 따겨 물었는데, 마을사람들은 모두 실제로 왕공직이 누에를 묻은 일을 알고 있으며 그에게 달리 나쁜 행적이 없다고 말했다. 이에 담당관리는 마을사람들과 왕공직과 함께 누에를 묻은 구덩이를 파보았다. 그 안에서 누에발 귀퉁이와 죽은 사람을 발견했는데, 왼쪽 팔이 떨어져 있기에 자루 안에 있던 팔을 가져다 맞춰보니 완전히 들어맞았다. 담당관리가 마침내 다시 왕공직을 데리고 하남부로 가서 윤판에게 아뢰자 윤판이 말했다.

"왕공직은 비록 사람을 죽인 일이 없지만, 누에를 파묻은 죄는 법으로는 용서받을 수 있어도 인정으로 볼 때는 용서하기 어렵다. 누에는 천지의 영물이고 비단의 바탕이 되므로, 누에를 죽이는 것은 사람을 죽이는 것과 다름이 없으니, 마땅히 엄벌에 처하여 흉악한 행동을 근절하도록 하라."

하남윤은 마침내 시장에서 왕공직을 몽둥이로 두들겨 죽이라고 명령했다. 죽은 자를 검사하게 했더니 [구덩이의 시체는] 다시 썩은 누에로 변해있었다. (『삼수소독』)

唐咸通庚寅歲, 洛師大飢, 穀價騰貴, 民有殍於溝壑者. 至蠶月, 而桑多爲蟲食, 葉一斤直一鍰. 新安縣慈澗店北村民王公直者, 有桑數十株, 特茂盛蔭翳. 公直與妻謀曰: "歉儉若此, 家無見糧, 徒竭力於此蠶, 尙未知其得失. 以我計者, 莫若棄蠶, 乘貴貨葉, 可獲錢十萬, 蓄一月之糧, 則接麥矣, 豈不勝爲餒死乎?" 妻曰: "善." 乃携鍤坎地, 卷蠶數箔瘞焉.

明日凌晨, 荷桑詣都市鬻之, 得三千文, 市彘肩及餠餌以歸. 至徽安門, 門吏見囊中殷血, 連洒於地, 遂止詰之. 公直曰: "適賣葉得錢, 市彘肉及餠餌貯囊, 無他也. 請吏搜索之." 旣發囊, 唯有人左臂, 若新支解焉. 群吏乃反接送於居守, 居守命付河南府尹正瑯琊王公凝, 令綱紀鞫之. 其款示: "某瘞蠱賣桑葉, 市肉以歸, 實不殺人. 特請檢驗." 尹判差所由監領, 就村檢埋蠱之處. 所由領公直至村, 先集鄰保, 責手狀, 皆稱實知王公直埋蠱, 別無惡跡. 乃與村衆及公直, 同發蠱坑. 中唯有箔角一死人, 而缺其左臂, 取得臂附之, 宛然符合. 遂復領公直詣府, 白尹, 尹曰: "王公直雖無殺人之事, 且有坑蠱之咎, 法或可恕, 情在難容. 蠱者天地靈蟲, 綿帛之本, 故加勦絶, 與殺人不殊, 當寘嚴刑, 以絶凶醜." 遂命於市杖殺之. 使驗死者, 則復爲腐蠱矣. (出『三水小牘』)

133 · 4(1094)
황 민(黃 敏)

강서도교(江西都校) 황민은 도적을 막다가 말에서 떨어져 왼쪽 정강이가 부러졌는데, 그의 부하가 재빨리 살아있는 거북이를 돌로 찧어서 상처에 붙였다. 한 달 남짓 지나자 상처는 나았지만, 거북이의 머리는 [정강이에 붙은 채로] 아직 살아있었다. 거북이의 배 부분이 황민의 정강이에 붙은 채 자라자, 황민은 질색을 했다. 어느 날 황민이 거북이를 칼로 베어내려 했으나, 자신의 살을 잘라내는 듯 고통스러웠으므로, 잘라내지 못하고 그만두었다. 거북이가 보는 것 또한 자신이 보는 것과 같았다. (『문기록』)

江西都校黃敏者, 因禦寇墜馬, 折其左股, 其下遂速以石碎生龜, 傅之. 月餘乃愈, 而龜頭尙活. 龜腹間與髀肉相連而生, 敏遂惡之. 他日割去, 欲下刃, 痛楚與己肉無異, 不能而止. 龜目所視, 亦同己所見也. (出『聞奇錄』)

133 · 5(1095)
진군릉(陳君稜)

조주(曹州)와 송주(宋州)의 서쪽 경계에 대학피(大鶴陂)라는 고개가 있었고, 그 고개의 왼쪽 마을에 사는 진군릉은 젊어서부터 물고기를 잡는 일을 생업으로 삼았다. 나중에 병이 들었는데 늘 물고기들에게 물리는 듯 했으며 그 고통을 스스로 견디지 못했다. 그런데 어망으로 그를 덮어주면 통증은 즉시 멈추었다. 이후 마을 사람이 어망을 훔쳐가자 며칠동안 통증을 이기지 못하다가 죽었다. 덕주자사(德州刺史)인 등(鄧) 아무개가 일찍이 고성현령(考城縣令)을 지냈으므로 이 일을 알고있었다. (『기문록』)

曹・宋二州西界有大鶴陂, 陂左村人陳君稜, 少小捕魚爲業. 後得患, 恒被衆魚所食, 痛苦不能自持. 若以魚網蓋之, 痛卽止. 後爲村人盜網去, 數日間, 不勝痛而死. 德州刺史鄧某曾任考城令, 知此事. (出『奇聞錄』)

133 · 6(1096)
왕동미(王洞微)

당(唐)나라 분주(汾州) 경운관(景雲觀)의 도사 왕동미는 집이 효의현(孝義縣)에 있었으며, 처음에는 말단 관리였다. 천성이 살생을 좋아하여 늘 낚시와 주살로 물고기를 잡거나 사냥을 했다. 스무 살 때부터 장년이 되기까지 그가 죽였던 이리・여우・꿩・토끼 및 어류와 조류는 수만 마리나 되었다. 그 후 왕동미가 이윤(里尹: 里長)이 되었을 때 병이 들어 한 달이 넘도록 열병을 앓았는데 갑자기 실내에 날짐승·길짐승·물고기 만여 마리가 왕동미의 침상을 둘러싸고 그를 무는 바람에, 온몸에 멍과 부스럼이 생겨 온전한 피부가 거의 없었다. 한밤중에 그의 부모와 형제들은 모두 왕동미가 누워있는 내실로부터 수많은 새들이 소란을 피우는 소리를 분명하게 들을 수 있었다. 몇 년 후 병이 더욱 심해졌는데, 어떤 사람이 왕동미의 아버지에게 말했다.

"당신 아들의 병이 매우 위중하니 마땅히 경운관으로 거처를 옮겨야 하오"

이에 길일을 점쳐 거처를 옮겼다. 한 달 남짓 지나 마침 도사들이 재(齋)를 올린 후 부록(符籙)을 주었는데, 이날 저녁에 왕동미의 병이 나았다. 10년 후 왕동미는 결국 병으로 죽었다. (『선실지』)

唐汾州景雲觀道士王洞微者, 家于孝義縣, 初爲小胥. 性喜殺, 常釣弋漁獵. 自弱冠至壯年, 凡殺狼狐雉兎, 洎魚鱉飛鳥, 計以萬數. 後爲里尹, 患病熱月餘, 忽覺室內有禽獸魚鱉萬數, 環其榻而噬之, 瘡痏被身, 殆無完膚. 中夕之後, 其父母兄弟, 俱聞洞微臥內, 有群鳥啁啾, 歷然可辨. 凡數年, 疾益甚, 或有謂洞微父曰: "汝子病且亟, 宜遷居景雲觀." 於是卜日徙居. 月餘, 會群道士修齋授錄, 是夕洞微瘳. 後十年, 竟以疾卒. (出『宣室志』)

133·7(1097)
손계정(孫季貞)

당(唐)나라 손계정은 진주(陳州) 사람이다. 그는 젊어서부터 날짐승과 길짐승을 잡기를 좋아했고, 특히 계란을 먹기를 즐겨서 매번 먹고싶을 때마다 번번이 불에 구워서 익혀먹었다. 손계정이 죽은 지 3년이 지난 후 이웃사람인 장생(張生) 역시 병으로 죽은 지 3일이 되었는데, 갑자기 일어나 앉더니 걸어서 곧장 손씨(孫氏)의 집으로 가서 자신이 손계정이라고 했다. 그의 말을 들어보니 과연 손계정이었으나 그의 모습은 생전의 장생의 모습이었다. 장생의 가족들이 즉시 관가로 가서 고발하자 손계정이 말했다.

"예전에 저는 죽을 때가 되지는 않았지만, 평생 동물들의 생명을 많이 해쳤기 때문에 그들의 원망을 받아 고발당했습니다. 제가 계란을 너무 많이 먹었으므로 빈 성으로 보내졌고, 들어가자마자 문이 닫혔습니다. 그곳에는 온통 불과 잿더미만 보였고, 저는 불에 타면서도 어찌 할 바를 알지 못했습니다. 동쪽을 돌아보았더니 성문 두 쪽이 막 열리는 것을 보고 즉시 그쪽으로 달려갔지만 다다르자마자 다시 닫혔습니다. 서쪽을 돌아보고 그 쪽으로 가도 마찬가지였고, 남쪽과 북쪽을 돌아보고 그 쪽으로 가도 역시 마찬가지였습니다. 저는 그 고통을 충분히 겪었습니다. 하루는 염라대왕이 제게 말했습니다. '너의 목숨이 아직 다하지 않았으나 죽은 지 이미 3년이 지났으니, 어떻게 다시 돌아갈 것이냐?' 그러자 저를 담당하는 관리가 말했습니다. '그의 이웃에 장 아무개가 사는데, 죽은 지 겨우 3일밖에 되지 않았으니, 그의 몸을 빌어 손계정의 혼백을 깃들게 하면 될 것입니다.' 염라대왕이 관리의 말에 수긍했으니, 이제 저는 분명히 손계정입니다."

관가에서는 판결을 내리지 못했다. 군목(郡牧: 郡守)으로 있던 상서(尙書) 유이(劉廙)가 친히 손계정을 불러 물었다.

"살아있을 때의 일 중에서 남들이 알지 못하는 일로 증거를 대거라."
손계정이 말했다.

"제가 죽기 전에 일찍이 불경 두 권을 지붕의 기와에 보관한 적이 있는데 남들은 이 일을 전혀 알지 못합니다."

군목 유이가 찾아보라고 명했는데 불경이 그 자리에 있자 손계정을 돌려보내라는 판결을 내렸다. (『옥천자』)

唐孫季貞, 陳州人. 少好捕網飛走, 尤愛啗雞卵, 每每欲食, 輒焚而熟之. 卒且三年矣, 鄰有張生者, 亦以病卒三日也, 忽便起坐, 旣行, 乃徑往孫氏家, 稱季貞. 聽('聽'原作'云', 據明鈔本改)其言, 實季貞, 其形故張生也. 張氏之族, 卽詣官以訴, 孫云: "先是吾不當死, 以生平多害物命, 故爲冤債所訴. 以食雞卵過甚, 被驅入于空城中, 比入則戶闔矣. 第見滿城火灰, 旣爲燒爍, 不知所爲. 東顧, 方見城戶雙啓, 卽奔從之, 至則復闔矣. 西顧, 從之復然, 南顧北顧, 從之亦然. 其苦楚備嘗之矣. 一旦, 王謂季貞曰: '爾壽未盡, 然死且三年矣, 何以復還?' 主者曰: '鄰有張某, 死纔三日, 可借此以託其神魂.' 王然之, 今我實季貞也." 官不能斷. 郡牧劉尙書廣, 親呼問之, 曰: "宜以平生一事, 人無知者以爲驗." 季貞曰: "某未死前, 嘗藏佛經兩卷於屋瓦, 人實無知者." 命探之, 存焉, 斷歸孫氏. (出『玉泉子』)

133·8(1098)
최도기(崔道紀)

당(唐)나라의 전진사(前進士: 과거에 급제했으나 아직 관직을 제수받지 못한 進士)인 최도기는 과거에 급제한 후 강수(江水)와 회수(淮水) 부근을 유람하던 중에 술에 몹시 취해 여관에 누웠다. 그의 하인이 우물에서 물을 길었는데 물고기 한 마리가 두레박에 담긴 채 올라왔다. 하인이 물고기를 잡아 최도기에게 이 일을 고하자 최도기는 기뻐하며 말했다.

"생선으로 끓인 국이 술을 깨는데 매우 좋으니, 서둘러 그것을 삶거라."

생선국을 먹고 나서 한참이 지났는데, 누런 옷을 입은 사자가 하늘로부터 내려와 정원 가운데 서더니, 최도기를 계속 불러대며 사람들을 시켜 붙잡게 하고는 칙서를 읽었다.

"최도기는 지상의 일개 백성이면서 감히 용의 아들을 죽였으니, 재상까지 오르도록 정해진 관직과 일흔까지 살게 될 수명을 모두 없앤다."

사자는 말을 마친 후 하늘로 올라가 버렸다. 이날 밤 최도기는 갑자기 죽었고, 당시 나이는 서른 다섯 살이었다. (『녹이기』)

唐前進士崔道紀, 及第後, 遊江・淮間, 遇酒醉甚, 臥於客館中. 其僕使井中汲水, 有一魚隨桶而上. 僕者得之, 以告道紀, 道紀喜曰: "魚羹甚能醒酒, 可速烹之." 既食良久, 有黃衣使者, 自天而下, 立於庭中, 連呼道紀, 使人執捉, 宣敕曰: "崔道紀, 下士小民, 敢殺龍子, 官合至宰相, 壽命七十, 並宜除." 言訖, 昇天而去. 是夜道紀暴卒, 時年三十五. (出『錄異記』)

133・9(1099)
하 택(何 澤)

당(唐)나라 하택은 용주(容州) 사람이다. 일찍이 광주(廣州) 사회현령

(四會縣令)을 지냈는데, 천성이 호방하고 제멋대로였다. 오직 먹고 마시는 일만 즐겼고 특히 거위와 오리를 좋아했다. 하택은 향리(鄕吏)와 이정(里正: 里長)에게 늘 공납을 바치게 했으며, 언제나 거위와 오리 천여마리를 기르면서 날마다 삶아먹었다. 하택에게는 아들이 하나 있었는데 매우 아끼고 사랑했다. 하루는 하택이 닭 두 마리를 삶으려고 불을 때서 물이 끓기를 기다리고 있었는데, 그의 아들이 귀신에게 붙들린 듯 가마솥 안으로 내던져졌다. 온 가족이 놀라 곧바로 아들을 꺼냈지만, 닭 두 마리와 함께 모두 익어서 문드러져 있었다. (『응보록』)

唐何澤者, 容州人也. 嘗攝廣州四會縣令, 性豪橫. 唯以飮啖爲事, 尤嗜鵝鴨. 鄕胥里正, 恒令供納, 常參養鵝鴨千百頭, 日加烹殺. 澤只有一子, 愛憐特甚. 嘗一日烹雙雞, 爨湯以待沸, 其子似有鬼物攝置鑊中. 一家驚駭, 就出之, 則與雙雞俱潰爛矣. (出『報應錄』)

133 · 10(1100)
악주인(岳州人)

당(唐)나라 함통연간(咸通年間: 860~874)에 악주(岳州)의 한 시골사람이 호수를 말려 물고기를 잡았는데, 잡은 거북이가 물고기보다 두 배나 많았다. 그는 거북이의 살을 모두 발라낸 후 거북이 껍질을 싣고 강릉(江陵)으로 가서 내다 팔아 금과 비단을 많이 받았다. 나중에 그가 집으로 돌아간 뒤, 갑자기 온몸에 부스럼이 나서 괴로워하며 소리를 질렀는데, 이웃 사람들이 그 소리를 차마 듣지 못할 정도였다. 그 시골사람이 커다란 그릇에 물을 채우게 한 후 물 속에 온몸을 담그자, 그의 몸은 점점 거북이의 모습처럼 변했다. 그는 1년이 지난 후 살갗이 문드러져 떨어져나가더니 죽고 말았다. (『보응기』)

唐咸通中, 岳州人有村人, 涸湖池取魚, 獲龜猶倍多. 悉刳其肉, 載龜板至江陵鬻之, 厚得金帛. 後歸家, 忽遍身患瘡, 楚痛號叫, 鄰里不忍聞. 須得大盆貯水, 擧體投水中, 漸變作龜形. 逾年, 肉爛腐墜而死 (出『報應記』)

133 · 11(1101)
서가범(徐可範)

당(唐)나라 내시(內侍) 서가범은 천성이 수렵을 좋아하여 수많은 짐승을 죽였다. 일찍이 살아있는 자라를 잡았는데, 그 껍질을 뚫고 뜨거운 기름을 부은 후 '자라편육[鱉䏑]'이라고 불렀다. 또 천성이 당나귀 요리를 좋아해서, 당나귀를 방 안에 묶고 그 앞에 다섯 가지 맛이 섞인 물이 담긴 그릇을 놓은 후 사방에서 뜨거운 불을 피워, 당나귀가 목이 말라 그 물을 다 마시기를 기다렸다가 그 위장을 꺼내 음식으로 먹었다. 전후로 서가범이 삶아먹은 동물은 그 수를 다 헤아릴 수 없었다.

서가범은 그 후 촉(蜀) 땅으로 행차하는 희종(僖宗)을 수행하다가 병이 들었다. 서가범이 매번 잘 때마다 수많은 짐승과 새들이 나타나 그의 몸을 물어뜯고 쪼아먹었는데, 고통이 매우 심했다. 그래서 침상 아래에 불을 피우게 하고 기름과 식초를 그의 몸에 부은 후 그물을 덮은 후에야 잠시 잠을 잘 수 있었다. 밤낮으로 늘 이렇게 하자, 그가 죽기 직전에는 온몸에 새까맣게 된 뼈다귀만 앙상하게 남아있을 뿐이었다. (『보응기』)

唐內侍徐可範, 性好畋獵, 殺害甚衆. 嘗取活鼈, 鑿其甲, 以熱油注之, 謂之'鼈鎚'. 又性嗜食龍驢, 以驢縻絆於一室內, 盆盛五味汁于前, 四面迫以烈火, 待其渴飮五味汁盡, 取其腸胃爲饌. 前後烹宰, 不記其數.

後扈從僖宗幸蜀, 得疾. 每睡, 見群獸鳥雀啄食其肉, 痛苦萬狀. 又須於牀下布火, 及以油醋灌其身, 乃以罟網蓋覆, 方暫得睡. 以日繼夜, 常須如此, 命將盡, 惟一束黑骨而已. (出『報應記』)

133 · 12(1102)
건업부인(建業婦人)

근자에 건업(建業)의 한 부인은 등에 몇 말을 담을 만한 자루 크기의 혹이 생겼는데, 그 안에 누에고치나 밤과 같은 것들이 많이 들어있어 걸을 때마다 소리가 났다. 부인은 언제나 저자거리에서 구걸하며 스스로 시골 아낙이라고 했다. 부인은 늘 여동생이나 언니들과 함께 누에를 나누어 길렀는데, 해마다 자기만 손해를 보자 몰래 그 언니의 누에 한 자루를 훔쳐 태워버렸다. 얼마 후 부인의 등에 부스럼이 나더니 점점 커져서 혹이 되었다. 옷으로 가리면 숨이 막혀 답답했으므로 언제나 혹을 드러내야 했으며, 자루를 진 듯 무거웠다. (『수신기』)

近歲建業有婦人, 背生一瘤, 大如數斗囊, 中有物如繭栗甚衆, 行卽有聲. 恒乞於市, 自言村婦也. 常與娣姒輩分養蠶, 己獨頻年損耗, 因竊其姒一囊繭焚之. 頃之, 背患此瘡, 漸成此瘤. 以衣覆之, 卽氣閉悶, 常露之乃可, 而重如負囊矣. (出『搜神記』)

133・13(1103)
광릉남자(廣陵男子)

광릉(廣陵)의 한 사내는 저자거리에서 구걸을 했는데, 매번 말똥을 볼 때마다 곧 주워먹었다. 그 사내는 스스로 이렇게 말했다.

"일찍이 남의 말을 먹인 적이 있는데, 게으른 탓에 밤에 일어나지 못했습니다. 말 주인은 언제나 스스로 점검했는데 말구유에 풀이 없는 것을 보더니 저를 꾸짖었습니다. 그래서 제가 오매(烏梅)를 가져다 풀과 함께 말에게 먹였더니 말은 그 후 이빨이 아파 풀을 먹지 못하다가 결국 이 때문에 죽었습니다. 저는 그 후 병을 앓게 되어 말똥을 보면 번번이 침을 흘리며 먹고싶어 했는데, 말똥을 먹으면 오매의 맛과 완전히 똑같았으며 조금도 더러운 냄새가 나지 않았습니다."

(『계신록』)

廣陵有男子行乞於市, 每見馬矢, 卽取食. 自云: "嘗爲人飼馬, 慵不能夜起. 其主恒自檢視, 見槽中無草, 督責之. 乃取烏梅幷以飼馬, 馬齒楚, 不能食, 竟以是致死. 己後因患病, 見馬矢, 輒流涎欲食, 食之, 與烏梅味正同, 了無穢氣." (出『稽神錄』)

133 · 14(1104)
하마자(何馬子)

　수주(遂州) 사람인 하마자는 벌을 먹기를 좋아했는데, 죄에 연루되어 저자거리에서 사람들 앞에 서게 되었다. 그런데 갑자기 큰 벌 몇 마리가 날아와 하마자의 얼굴에 침을 쏘았으며, 하마자는 고통스러워 소리를 질렀다. 간수(看守)가 쫓아도 벌은 다시 왔고 저녁이 되어서야 사라졌다. 이렇게 열흘이 지난 뒤 하마자는 죽었다. (『경계록』)

　遂州人何馬子好食蜂兒, 坐罪, 令衆於市. 忽有大蜂數箇, 螫其面, 痛楚叫呼. 守者驅而復來, 抵暮方絶. 如此經旬乃死. (出『徹戒錄』)

133 · 15(1105)
장 소(章 邵)

　장소는 오랫동안 장사를 해서 막대한 재물을 소유했으면서도, 수단과 방법을 가리지 않고 함부로 다른 사람의 재물을 빼앗았다. 하루는 장소가 사슴과 마주쳤는데, 사슴은 사람을 피해 달아났으나 결국 장소에게 붙잡혔다. 장소가 곧 사슴을 때려죽인 후 숲 속에 버리자, 그 사슴의 어미가 멀리서 보고 슬프게 울기를 그치지 않았다. 그 날 장소가 밤에 길을 가려는데 속으로 꿍꿍이가 있었다. 갓 스무 살이 된 장소의 외아들은 아버지보다 앞서서 길을 떠났다가 피곤해지자 큰 나무 아래에서 쉬면서 그 아버지를 기다렸다. 오래지 않아 아들이 나무그늘 안에서 잠들었는데, 장소는 그가 자신의 아들이라는 사실을 알지 못한 채 어떤 사람이 옷과 두건을 곁에 두고 깊은 잠을 자고 있는 것으로만 알았다. 장소는 마침내 허리에 찬 칼을 뽑아 아들의 목을 찌르고 옷과 두건을 들고 길을 떠났다. 장소는 날이 밝고 나서 그 옷과 두건을 본 후 곧 자신이 죽인 사람이 자신의 아들이었음을 알게 되었다. 아아, 장소의 흉악함이 이와 같았으니 응보 역시 당연한 것이다. (『야인한화』)

章邵者, 恒爲商賈, 巨有財帛, 而終不捨路歧, 貪猥誅求. 因逢鹿, 避人而去, 鹿子爲邵之所獲. 邵便打殺, 棄之林中, 其鹿母遙見悲號, 其聲不已. 其日, 邵欲夜行, 意有所謀也. 邵只有子一人, 年方弱冠, 先父一程行, 及困, 於大樹下憩歇, 以伺其父. 未間, 且寢於樹陰中, 邵乃不曉是子, 但見衣襆在旁, 一人熟寐而已. 遂就抽腰刀, 刺其喉, 取衣襆而前行. 及天漸曉, 見其衣襆, 乃知殺者是己子也. 嗟乎, 章邵凶率如此, 報應亦宜然. (出『野人閒話』)

133 · 16(1106)
한립선(韓立善)

촉(蜀)의 금안교(金雁橋)에 사는 한립선은 오랫동안 낚싯바늘을 만들었다. 한립선은 물고기를 먹다가 목에 가시가 박혀 상처가 났으며, 아래턱이 썩어 문드러져서 죽었다. (『경계록』)

蜀金鴈橋, 有韓立善者, 作釣鉤, 積有年矣. 因食魚, 鯁喉成瘡, 頷脫而死 (出『儆戒錄』)

133 · 17(1107)
승수준(僧修準)

촉군(蜀郡) 대자사(大慈寺)의 율사(律師)인 수준(修準)은 비록 율법을 받든다고는 했지만 천성이 매우 편협하고 조급했다. 뜰 앞에는 대나무를 심어 놓았는데, 수많은 개미들이 대나무울타리의 주위를 기어다녔다. 수준은 노하여 대나무를 베어버리고 개미를 모두 잡아 불 속에 던져 버렸다. 그 후 수준은 갑자기 옴을 앓았고 상처는 얼굴을 온통 뒤덮었다. 의원은 의루창(蟻漏瘡)으로 진단하고 치료할 수 없다고 말했으며, 수준은 그 후 결국 죽고 말았다. (『경계록』)

蜀郡大慈寺律師修準, 雖云奉律, 性甚褊躁. 庭前植竹, 多蟻子緣欄檻. 準怒, 伐去竹, 盡取蟻子, 棄灰火中. 準後忽患癬, 瘡遍頭面. 醫者云蟻漏瘡, 不可醫, 後竟終. (出『儆戒錄』)

133 · 18(1108)
우문씨(宇文氏)

우문씨는 위촉(僞蜀: 後蜀)의 부자였다. 도성의 동문에서 과부로 살았는데, 하루는 침실 위에서 인기척을 듣고 하인에게 지붕으로 올라가 살펴보라고 했더니, 하인들이 야생 삵쾡이 세 마리와 어미 삵쾡이를 잡아왔다. 우문씨는 어미 삵쾡이는 죽이고 그 새끼들은 살려주었다. [전남편과 사별한 지] 1년이 채 못되어 우문씨는 호융중랑장(護戎中郎將: 西戎을 관장하고 刺史를 거느렸던 관직) 왕승비(王承丕)에게 시집갔다. 왕승비가 판관(判官) 곽연균(郭延均)의 일가족을 죽인 일로 인해, 우문씨는 전남편과의 사이에서 낳은 한 아들과 두 딸과 함께 감옥에 갇혀 죄를 판결받았는데, 아들과 딸은 사면되고 우문씨는 참수되었다. 아, 이는 어미 삵쾡이를 죽인 응보가 아니겠는가! (『경계록』)

宇文氏, 僞蜀之富家也. 孀居國之東門, 嘗聞寢室上有人行, 命僕隸升屋視之, 獲得野狸三頭並狸母. 宇文氏殺狸母而存其子焉. 未朞歲, 宇文氏適護戎王承丕. 丕殺判官郭延鈞一家, 宇文氏並前夫一男二女, 下獄定罪, 赦男女, 斬宇文氏. 吁, 得非殺狸母之所報也! (出『儆戒錄』)

133·19(1109)
이 정(李 貞)

촉(蜀) 금포방(錦浦坊)의 백성 이정의 집안에서는 흑아(黑兒)라는 개를 길렀는데, 이정이 술에 취해 도끼를 들고 개를 쳐서 죽였다. 이정이 늙었을 때 이웃집의 젊은 건달인 백창조(白昌祚)와 다투었는데, 백창조는 술에 취해 도끼로 이정을 쳐서 죽였다. 당시 백창조의 나이는 19살로 이

정이 개를 죽였던 때의 나이와 똑같았으며, 백창조의 어릴 때의 자(字)
는 흑아였다. 원한에 대한 응보는 이처럼 명확하니 실 한 오라기의 차이
도 없다. (『경계록』)

蜀錦浦坊民李貞家, 養狗名黑兒. 貞因醉, 持斧擊殺之. 李貞臨老, 與鄰舍惡少
白昌祚爭競, 昌祚承醉, 以斧擊貞死焉. 時昌祚年十九歲, 與殺狗年正同, 昌祚小
字黑兒. 冤報顯然, 不差絲髮. (出『徹戒錄』)

133 · 20(1110)
승수영(僧秀榮)

촉군(蜀郡) 금화사(金華寺)에 법사(法師) 수영이 있었다. 사원 안에는 소
나무와 측백나무가 많았는데, 나무에는 색이 누렇고 길이는 두세 촌쯤 되
는 송충이가 살고 있었으며, 그 수효가 헤아릴 수 없을 만큼 많았다. 수영
은 사람들에게 송충이를 쓸어서 파묻게 했다. 간혹 송충이를 잡목더미 안
에 버리기도 했는데, 스님 인수(仁秀)가 잡목을 가져다 땔감으로 쓸 때 뜨
거운 햇볕에 널어 말렸으므로 죽은 송충이는 다 헤아릴 수 없었다. 한 달
남짓 지나서 수영이 갑자기 죽었다. 금화사의 한 스님이 저승에 갔다가
수영이 쇠로 만든 칼[枷]을 쓰고 뜨거운 햇볕 아래의 공터에 앉아 있는
모습을 보았는데, [그의 주위에서] 수많은 송충이들이 그를 물어뜯고 있
었다. 스님이 소생한 후 이 일을 인수에게 자세히 말해주자 인수는 크게
놀랐다. 인수는 결국 등에 부스럼이 생겨 며칠 뒤에 죽었다. (『경계록』)

蜀郡金華寺法師秀榮. 院內多松柏, 生毛蟲, 色黃, 長三二寸, 莫知紀極. 秀榮使人掃除埋瘞. 或棄于柴積內, 僧仁秀取柴煮料, 于烈日中曬乾, 蟲死者無數. 經月餘, 秀榮暴卒. 金華寺有僧入冥, 見秀榮荷鐵枷, 坐空地烈日中, 有萬萬蟲唼噬. 僧還魂, 備說與仁秀, 仁秀大駭, 遂患背瘡, 數日而卒. (出『儆戒錄』)

133 · 21(1111)
무건소(毋乾昭)

촉(蜀) 땅 사람 무건소는 사홍현(射洪縣)에 장원(莊園)을 가지고 있었다. 무건소가 장원에 가서 수확을 하는데 한 사슴이 화살을 맞은 채 쫓기다가 놀라고 다급하여 무건소의 거처로 달려들었다. 무건소가 사슴을 빈 방에 가두어 두고 이 일을 이웃의 스님 법혜(法惠)에게 이야기하자, 법혜가 웃으며 말했다.

"하늘에서 음식을 보내 주셨으니 어찌 가볍게 버릴 수 있겠습니까?"

무건소는 이에 사슴을 죽인 후 술을 마련하고 사슴을 구워 스님과 함께 먹었다. 스님이 한 덩이를 먹더니 갑자기 크게 외쳤다.

"칼로 내 심장을 도려내는구나!"

스님은 입에서 피를 토하더니 저녁이 되자 죽었다. (『경계록』)

蜀人毋乾昭有莊在射洪縣, 因往莊收刈, 有鹿遭射逐之, 驚忙走投乾昭. 昭閉于空房中, 說與鄰僧法惠, 法惠笑曰: "天送食物, 豈宜輕捨?" 乃殺之, 沽酒炙鹿, 共僧飲啖. 僧食一塊, 忽大叫云: "刀割我心!" 嘔血, 至夕而死 (出『儆戒錄』)

133·22(1112)
이 소(李 紹)

  촉(蜀) 땅의 백성 이소는 개고기를 즐겨 먹어 전후로 죽인 개가 천여 마리나 되었다. 일찍이 검은 개 한 마리를 얻게 되자 이소는 이를 가엾게 여기고 자못 잘 먹여 길렀다. 어느 날 이소가 밤에 술에 취해 돌아오자 개가 문 앞까지 나가서 짖으며 맞이했는데, 이소는 오히려 노하여 도끼를 들고 개를 내리쳤다. 이 때 그의 어린 아들이 안에서 달려나오다가 도끼에 머리를 정확히 맞아 그 자리에서 죽었다. 온 가족들이 놀라 개를 잡으려 했으나, 개는 달아나 어디로 갔는지 알 수 없었다. 이소는 그 후 병에 걸려 개 짖는 소리를 내다가 죽었다. (『경계록』)

  蜀民李紹好食犬, 前後殺犬數百千頭. 嘗得一黑犬, 紹憐之, 蓄養頗厚. 紹因醉夜歸, 犬迎門號吠, 紹怒, 取斧擊犬. 有兒子自內走出, 斧正中其首, 立死. 一家惶駭, 且捕犬, 犬走, 不知所之. 紹後得病, 作狗嗥而死. (出『儆戒錄』)

태평광기

권제 134

보응 33
(宿業畜生)

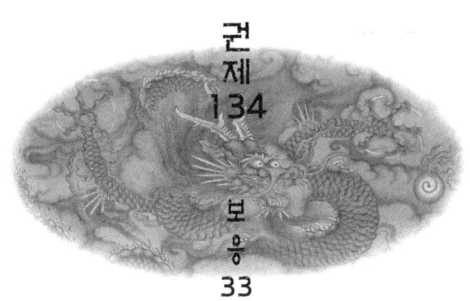

1. 죽영통(竹永通)
2. 의성민(宜城民)
3. 위경식(韋慶植)
4. 조　태(趙　太)
5. 이　신(李　信)
6. 사　씨(謝　氏)
7. 왕　진(王　珍)
8. 왕회사(王會師)
9. 해봉선(解奉先)
10. 동안우(童安玗)
11. 유자연(劉自然)
12. 이명부(李明府)
13. 유약시(劉鑰匙)
14. 상　공(上　公)
15. 시　변(施　汴)
16. 공승통(公乘通)
17. 승심언(僧審言)

134 · 1(1113)
죽영통(竹永通)

수(隋)나라 병주(幷州) 우현(盂縣)에 죽영통이라는 사람이 있었다. 그는 일찍이 절에서 곡식 60섬을 빌렸는데 여러 해가 지나도록 갚지 않았다. 절에서 빌린 곡식을 갚으라고 하자 그가 이렇게 말했다.

"모두 갚았소이다."

그러면서 그는 불당에서 맹세까지 했다.

"만약 진실로 [빌린 곡식을] 갚지 않았다면 나는 마땅히 이 절의 소가 되겠소."

죽영통이 죽은 후에 절에서는 발에 흰 무늬가 있는 누런 송아지 한 마리가 태어났는데, 그 무늬는 후에 점점 분명해지더니 이내 '죽영통'이라는 글자가 되었다. 마을 사람들은 점차 그 일을 알게 되어, 구경꾼들이 하루에 수천 명이나 되었다. 죽영통의 집에서는 그 일을 알고 결국 곡식 100섬을 내어 절에 갖다주고 소를 받았다. 그리고는 따로 집 한 채를 지어 그가 살아있을 때처럼 모셨으며, 또한 그를 위해 불상을 만들고 불경을 베껴 썼다. 그 송아지는 한 달여 후에 죽었다. (『이록』)

隋幷州盂縣竹永通, 曾貸寺家粟六十石, 年久不還. 索之, 云: "還訖." 遂于佛堂誓言云: "若實未還, 當與寺家作牛." 此人死後, 寺家生一黃犢, 足有白文, 後漸分明, 乃是'竹永通'字. 鄕人漸知, 觀者日數千. 此家已知, 遂用粟百石, 于寺贖牛. 別立一屋, 事之如生, 仍爲造像寫經. 月餘遂死. (出『異錄』)

134 · 2(1114)
의성민(宜城民)

　수(隋)나라 대업(大業) 8년(612)에 의주성(宜州城) 동남쪽 한 마을에 황보(皇甫)라는 성(姓)을 가진 사람이 있었다. 그 집에는 4형제가 있었는데, 큰형과 다른 아우들은 부지런히 생업에 종사했지만, 둘째 아우 황보천(皇甫遷)은 나쁜 친구들과 어울려 놀면서 집안 일을 돌보지 않았다. 어느 날 그의 어머니는 시장에 가서 물건을 사오게 하려고 돈을 침상 위에 두었다. 어머니가 집의 후원 쪽으로 간 뒤에 황보천이 집으로 돌아왔는데, 그가 당(堂)으로 들어왔다가 아무도 보이지 않자 그 돈을 훔쳐갔다. 어머니가 돌아와 [돈이 없어진 것을 보고] 돈을 찾았으나 찾지 못하자, 온 집안의 식구와 노비들에게 따져 물었지만 모두 모르는 일이라고 대답했다. 그러자 어머니는 화를 내며 모든 집안 사람들을 채찍으로 때렸고, 어른 아이 할 것 없이 모두 이를 원망했다. 다음 다음해가 되어 황보천은 죽고 그 집에서는 돼지가 새끼 한 마리를 낳았다. 황보천의 집에서는 8월 사일(社日: 봄과 가을에 토지신에게 제사지내는 날)이 되자 먼 마을의 토지신당(土地神堂)에 그 돼지새끼를 팔았는데, 그 돼지가 황보천 부인의 꿈에 나타나 말했다.

　"나는 당신의 남편이오. 내가 어머니 돈을 훔쳤기 때문에 억울하게 온 집안 사람들에게 화가 미치게 되어 공연히 고초를 당했었소. 그 때문에 지금 나는 돼지가 되어 빚을 갚고 있는데 나를 데리고 와서 토지신당에 팔았기에, [그 집에서는] 나를 묶어놓고 죽이려 하는 구려. 당신은 나의 부인인데 어찌 모질게도 사람들에게 나를 다시 사오라고 말하지 않는단 말이오?"

부인은 처음에 꿈을 꾸고 문득 잠에서 깨어났을 때는 그 꿈을 믿지 않았었다. 그러나 다시 잠이 들어 꿈을 꾸었는데 그 꿈이 처음과 같았으므로, 일어나 시어머니께 말씀드렸다. 시어머니도 이렇게 말했다.

"나 역시 그런 꿈을 꾸었다."

날이 밝자마자 어머니는 황보천의 형에게 돈을 주어 사관(社官: 土地神堂의 官吏)을 만나보게 하여 돈을 주고 그 돼지를 데리고 왔다. 그 돼지는 2년 후에 죽었다. 장안(長安) 홍법사(弘法寺)의 정림(靜琳) 스님은 황보천의 이웃이었기에 직접 그 돼지를 보았으므로 일찍이 그 일을 이야기해 주었다. (『법원주림』)

隋大業八年, 宜州城東南里民姓皇甫. 其家兄弟四人, 大兄小弟, 並皆勤事生業, 其第二弟名遷, 交游惡友, 不事生活. 母嘗取錢, 欲令市買, 且置牀上. 母向舍後, 遷從外來, 入堂不見人, 便偸錢去. 母還, 覓錢不得, 遂勘合家良賤, 並云不知. 母怒, 悉加鞭捶, 大小皆怨. 至後年遷亡, 其家猪生一独子. 八月社至, 賣與遠村社家, 遂託夢于婦曰: "我是汝夫, 爲盜取婆錢, 枉及合家, 浪受楚拷. 今我作猪來償債, 將賣與社家, 縛我欲殺. 汝是我婦, 何忍不語男女贖我?" 婦初夢, 忽寤, 仍未信之. 復眠, 其夢如初, 因起報姑. 姑曰: "吾夢亦如之." 遲明, 令兄齋錢詣社官, 收贖之. 後二年方死. 長安弘法寺靜琳師, 是遷之鄰里, 親見其猪, 嘗話其事焉. (出『法苑珠林』)

134 · 3(1115)
위경식(韋慶植)

당(唐)나라 정관연간(貞觀年間: 627~649)에 위왕부(魏王府)의 장사(長史) 위경식은 딸이 있었는데, 그 딸이 먼저 죽었기에 위경식의 부부는 매우 가슴아파했다. 그로부터 2년 뒤에 위경식이 친지와 빈객들을 초대하려고 음식을 준비하면서 그 집 하인이 양 한 마리를 사왔는데, 아직 잡지 않고 두었다. 그 날 밤 위경식의 아내의 꿈에 죽은 딸이 나타났는데, 푸른 비단 치마에 흰 적삼을 입고 머리에는 한 쌍의 옥비녀를 꽂은 것이 살아있을 때 모습 그대로였다. 그녀는 다가와 어머니를 보고 눈물을 흘리며 말했다.

"저는 옛날에 늘 어떤 물건을 쓰고 부모님께 말하지 않았다가 이런 업보를 받았습니다. 지금 양의 몸이 되어 부모님께 목숨으로 그 대가를 치르러 왔습니다. 내일 아침이면 저는 마땅히 죽을 것입니다. 머리가 흰 푸른 양이 바로 저이오니, 특별히 바라건데 자비와 은혜로서 저의 생명을 구해주시기 바랍니다."

어머니는 놀라 잠에서 깨어났다. 아침에 직접 가보았더니 과연 푸른 양이 있었는데, 목덜미와 어깨가 모두 희고 옆머리에 두 줄기 흰 점이 있는 것이 옥비녀 모양과 상당히 비슷했다. 어머니는 그 양을 마주하고 슬피 흐느껴 울고는 하인을 제지하여 그 양을 죽이지 말라고 하고는 위경식이 오기를 기다려 양을 놓아주려고 했다. 잠시 후에 위경식이 와서 음식을 재촉하자 요리사가 말했다.

"부인께서 푸른 양을 잡지 말라고 하셨습니다."

그러자 위경식은 화를 내며 즉시 잡으라고 했다. 요리사가 양을 매달아 죽이려고 하는데, 이미 도착한 손님 몇 사람은 용모가 단정한 한 여자아이가 매달려 있는 것을 보고 다른 손님들에게 하소연했다.

"저 아이는 위장사(韋長史: 韋慶植)의 딸이니 목숨을 살려주시기 바랍니다."

손님들은 경악하여 요리사를 제지했으나, 요리사는 위경식이 화를 낼 것이 두려운데다 그에게는 양이 울고있는 것으로만 보였으므로 결국 그 양을 잡았다. 이윽고 손님들은 자리에 앉았으나 음식을 먹지 않았다. 위경식이 이상히 여겨 그 이유를 물었더니, 손님들이 그 사실을 자세하게 이야기해주었다. 위경식은 너무도 비통한 나머지 병이 나서 끝내 일어나지 못했다. 도성의 선비들 대부분이 이 일을 알고 있었다.
(『법원주림』)

唐貞觀中, 魏王府長史韋慶植有女先亡, 韋夫婦痛惜之. 後二年, 慶植將聚親賓客, 備食, 家人買得羊, 未殺. 夜, 慶植妻夢見亡女, 着青練裙白衫, 頭髮上有一雙玉釵, 是平生所服者. 來見母, 涕泣言: "昔常用物, 不語父母, 坐此業報. 今受羊身, 來償父母命. 明旦當見殺. 青羊白頭者是, 特願慈恩, 垂乞性命." 母驚寤. 旦而自往觀, 果有青羊, 項膊皆白, 頭側有兩條白, 相當如玉釵形. 母對之悲泣, 止家人勿殺, 待慶植至, 放送之. 俄而植至催食, 廚人白言: "夫人不許殺青羊." 植怒, 即令殺之. 宰夫懸羊欲殺, 賓客數人已至, 乃見懸一女子, 容貌端正, 訴客曰: "是韋長史女, 乞救命." 客等驚愕, 止宰夫, 宰夫懼植怒, 但見羊鳴, 遂殺之. 旣而客坐不食. 植怪問之, 客具以言. 慶植悲痛發病, 遂不起. 京下士人多知此事.
(出『法苑珠林』)

134 · 4(1116)
조 태(趙 太)

    당(唐)나라 장안(長安)의 시장 풍속에는 매년 정월 초하루가 지난 뒤에 번갈아 음식을 만들어 서로 초대하는데, 이것을 '전좌(傳坐)'라 부른다. 동시(東市)의 필생(筆生: 글씨를 베껴 쓰는 일을 업으로 하는 사람)인 조태가 차례가 되어 음식을 마련하게 되었다. 어떤 손님이 먼저 도착하여 후원 쪽으로 갔다가 디딜방아 위에 나이가 13~14세 되고 푸른 적삼에 흰 두건을 쓴 여자아이가 있는 것을 보았는데, 그 아이는 튼튼한 밧줄로 목을 묶어 방아 기둥에 매달려 있었다. 소녀는 눈물을 흘리며 손님에게 말했다.

    "소녀는 이 댁 주인의 딸이온데, 왕년에 제가 살아있을 때 부모님의 돈을 훔쳐 연지와 분을 사려고 했다가 미쳐 사기도 전에 죽었습니다. 그 돈은 집 부엌의 서북쪽 벽 속에 있습니다. 저는 그 돈을 쓰지 않았지만 이미 그 돈을 훔쳤기에 이런 죄를 받았으니, 이제 마땅히 부모님께 제 목숨으로 그 대가를 치러야 합니다."

    그 여자 아이는 말을 마치고는 머리가 흰 푸른 양으로 변했기에 그 손님은 놀라 주인에게 말했다. 주인이 그 용모가 어떠했는지 물어보았더니, 바로 2년 전에 죽은 자신의 어린 딸의 모습이었다. 그는 부엌 벽에서 오랫동안 보관되었던 것으로 보이는 돈을 찾아냈다. 그리하여 그 양은 절로 보냈으며, 온 집안 사람들은 그 후로 다시는 고기를 먹지 않았다. (『법원주림』)

    唐長安市里風俗, 每歲至元日已後, 遞飮食相邀, 號爲'傳坐'. 東市筆生趙太,次當設之. 有客先到, 向後, 見其碓上有童女, 年十三四, 着青衫白帽, 以急索繫頭, 屬于碓柱. 泣淚謂客曰: "我主人女也, 往年未死時, 盜父母錢, 欲買脂粉, 未及而死. 其錢今在舍廚內西北角壁中. 然我未用, 旣以盜之, 坐此得罪, 今當償父母命." 言畢, 化爲靑羊白頭, 客驚告主人. 主人問其形貌, 乃是小女, 死已二年矣. 于廚壁取得錢, 似久安處. 於是送羊僧寺, 合門不復食肉. (出『法苑珠林』)

134·5(1117)
이 신(李 信)

당(唐)나라 거사(居士: 在家하면서 佛道에 뜻을 둔 사람) 이신은 병주(幷州) 문수현(文水縣) 태평리(太平里) 사람으로서, 융정부(隆政府)의 위사(衛士: 경계·호위의 일을 맡은 병사)로 있었다. 현경연간(顯慶年間: 656~661) 겨울에 관례에 따라 삭주(朔州)로 시찰 나가면서 붉은 암말을 타고 붉은 암 망아지를 데리고 떠났다. 때는 세밑이라 얼음이 얼고 음산한데다가 눈보라가 매섭게 몰아쳤기에, 10여 리를 가자 말이 더 나아가지 못했다. 이신은 여정과 기한이 촉박했기에 말을 수십 차례 때렸다. 그러자 말이 사람의 말을 하면서 이신에게 말했다.

"나는 네 어미다. 생전에 네 아비 몰래 한 섬 남짓한 쌀을 딸에게 주었기에 이런 응보를 받고 있는 것이며, 이 망아지는 바로 네 누이다. 나는 힘으로 그 대가를 치러 마칠 때가 다 되었는데 너는 무엇 때문에 이토록 심하게 핍박하느냐!"

이신은 이 말을 듣고 깜짝 놀랐으며 흐르는 눈물을 주체할 수 없었다.

이내 절을 하고 용서를 빈 뒤에 몸소 그 안장과 고삐를 풀면서 말했다.
"만약 저의 어머니라면, 당연히 집으로 돌아가실 수 있으시겠지요."
말은 곧 앞장서서 갔고, 이신은 안장과 고삐를 짊어지고 그 뒤를 따라 집으로 갔다. 이신의 형제들은 그것을 보고 비통하고 애절한 마음으로 서로를 바라보았다. 그 집에서는 마굿간과 말구유를 따로 마련하여 마치 어머니를 섬기듯 그 말과 망아지를 길렀다. 그리고 스님들을 모아 재(齋)를 지냈으며 온 집안 사람들 가운데 불법에 정진하지 않는 이가 없었기에, 그 마을의 도인과 속인들은 모두 감탄하며 기이하게 생각했다. 그 때 공부시랑(工部侍郎) 손무은(孫無隱)과 기주(岐州) 관청의 사법참군(司法參軍: 刑法을 管掌하는 官吏로 縣에는 司法, 州에는 司法參軍, 府에는 法曹參軍을 두었음)으로 있던 장금정(張金庭)은 부모의 상을 당해 집에 있으면서 이 일을 듣고 기이하게 여겨 이신의 집을 찾아가 보았다. 그 집에 말이 있는 것을 보고 그 연유과 경위를 물었더니 모두 소문 대로였다. (『명보습유』)

唐居士李信者, 幷州文水縣之太平里人也, 身爲隆政府衛士. 至顯慶年冬, 隨例往朔州赴審, 乘赤草馬一匹, 幷將草駒. 是時歲晚凝陰, 風雪嚴厚, 行十數里, 馬遂不進. 信以程期逼促, 撾之數十下. 馬遂作人語, 語信曰: "我是汝母, 爲生平避汝父, 將石餘米與女, 故獲此報, 此駒卽是汝妹也. 以力償債向了, 汝復何苦敦逼如是!" 信聞之, 驚愕流涕, 不能自勝. 乃拜謝之, 躬弛鞍轡, 謂曰: "若是信母, 當自行歸家." 馬遂前行, 信負鞍轡, 隨之至家. 信兄弟等見之, 悲哀相對. 別爲廠櫪養飼, 有同事母. 屈僧營齋, 合門莫不精進, 鄉閭道俗, 咸歎異之. 時工部侍郎孫無隱・岐州司法張金庭爲丁艱在家, 聞而奇之, 故就信家顧訪. 見馬猶在,問其由委, 並如所傳. (出『冥報拾遺』)

134 · 6(1118)
사 씨(謝 氏)

당(唐)나라 옹주(雍州) 만년현(萬年縣)의 염촌(閻村)은 파수(灞水)와 위수(渭水)의 사이에 있었다. 그곳에 사씨라는 여인이 있었는데 주현(周縣)의 원씨(元氏)에게 시집갔으며, [두 사람 사이에서 낳은] 딸은 회룡촌(廻龍村)에 사는 내아조(來阿照)라는 사람에게 시집갔다. 사씨는 영휘연간(永徽年間: 650~656) 말에 죽었는데, 용삭(龍朔) 원년(661) 8월에 내씨에게 시집간 딸의 꿈에 나타나 말했다.

"내가 살아있을 때 술을 팔면서 뒷박을 작게 만들어 값은 많이 받으면서도 술의 양은 적게 주었다. 지금 그 죄로 벌을 받아서 북산(北山) 아래 사는 사람의 집에 소가 되어 태어났단다. 또 근래에 법계사(法界寺)의 하후(夏侯) 스님에게 팔려 갔는데, 지금은 하후 스님이 나를 데리고 성 남쪽으로 와서 논밭을 갈게 하고 있기에 여간 고생스럽지 않구나."

그 딸은 꿈에서 깨어 눈물을 흘리면서 내아조에게 그 일을 말했다. 그 후 용삭 2년(662) 정월에 법계사의 어떤 비구니가 내아조가 사는 마을에 왔기에, 그 딸이 비구니에게 그 일에 대해 물었더니 그 비구니가 알려주었다.

"하후 스님께서 [법계사에] 계신 것이 사실입니다."

그 딸이 즉시 법계사로 가보았더니 [그곳에 있는 사람이] 이렇게 말했다.

"근래에 북산 아래에서 소 한 마리를 사와서 지금 성 남쪽 땅을 갈게 하고 있습니다."

그 딸이 눈물을 흘리면서 [그 소를 만나보기를] 청하자, 그 절의 비구니는 사람을 보내 딸이 그곳으로 가도록 배웅해주었다. 그 소는 평소에 한 사람만이 다룰 수 있었는데, 만일 다른 사람을 만나면 마구 날뛰며 들이받았다. 그런데 이 딸이 온 것을 보고는 그녀의 온 몸을 혀로 핥으면서 눈물을 흘렸다. 그 딸은 곧 하후 스님에게 그 소를 사서 자신의 집으로 데리고 왔다. 지금은 내아조의 집에서 기르고 있는데, 그 딸은 늘 '어머니'라고 부르면서 부족한 것 없이 극진하게 받들고 있다. 도성(都城)에 사는 왕과 제후들의 비첩들은 여러 번 그 소를 불러오게 하여 만나보고는 다투어 재물을 보시하고 있다. (『명보기』)

唐雍州萬年縣閭村, 卽灞渭之間也. 有婦女謝, 適周縣元氏, 有女適廻龍村人來阿照. 謝氏永徽末亡, 龍朔元年八月, 託夢于來氏女曰: "我生時酤酒, 小作升, 乃取價太多, 量酒復少. 今坐此罪, 於北山下人家爲牛. 近被賣與法界寺夏侯師, 今將我向城南耕稻田, 非常辛苦." 乃寤, 其女涕泣爲阿照言之. 至二年正月, 有法界寺尼至阿照村, 女乃問尼, 尼報云: "有夏侯師是實." 女卽就寺訪之, 云: "近於北山下買得一牛, 見在城南耕地." 其女涕泣求請, 寺尼乃遣人送其女就之. 此牛平常唯一人禁制, 若遇餘人, 必陸梁觝觸. 見其女至, 乃舐其遍體, 又流淚焉. 女卽是就夏侯師贖之, 乃隨其女去. 今現在阿照家養飼, 女常爲'阿娘'承奉不闕. 京師王侯妃媵, 多令召視, 競施財物. (出『冥報記』)

134 · 7(1119)
왕 진(王 珍)

당(唐)나라 정주(定州) 안가현(安嘉縣)에 왕진이라는 사람이 있었는데, 그는 금과 은으로 물건을 잘 만들었다. 일찍이 그가 절에 [불상을 만들어] 공덕을 바치고 비단 500필을 받았는데, 같이 일한 사람이 몰래 10필을 써 버렸지만 왕진은 그 사실을 알지 못했다. 그 사람은 죽었고 그 후에 왕진의 집에서 예사(禮事: 각종 禮式으로 祭祀 등의 吉禮, 軍旅 등의 軍禮, 喪荒 등의 凶禮가 있음)가 있어서 양을 사왔는데, 아직 잡지는 않고 있었다. 그 양이 계속해서 수없이 무릎을 꿇기에 왕진은 이상하게 생각하여, 밤이 되자 그 양을 기둥에 매어 놓았다. 왕진이 잠자리에 들려고 하는데 누군가가 방문을 다급하게 두드리기에 [방문을 열고] 보았더니 아무도 없었다. 왕진이 다시 자리에 눕자 또 그 소리가 들렸고, 일어나 나가 보았더니 역시 아무도 없었다. 왕진은 이상하게 생각하여 결국 문을 열어놓고 자리에 누웠다. 왕진이 미처 잠이 들지 않았을 때, 한 사람이 나타나 말했다.

"저는 예전에 공(公: 王珍)과 함께 공덕을 바쳤었는데, 그 때 비단 10필을 훔쳐 사사로이 썼지만 공께서는 그 일을 모르고 계셨습니다. 저는 지금 양이 되었는데, 공께서 저를 죽이시려고 하시니 머리를 조아려 목숨을 구걸하는 것입니다."

그리고는 재삼 간절히 빌었다. 그 사람은 말을 마치고 방문을 나가자마자 즉시 양으로 변했다. 왕진의 누이는 다른 곳에 있다가 이 사람이 머리를 조아리는 것부터 왕진이 본 바를 모두 그대로 보았으므로, 결국 양을 풀어주어 오래 살 수 있도록 해주었다. 왕진과 그의 누이의 집에서는 그 일이 있는 즉시 육식을 끊었다. 왕진은 함형(咸亨) 5년(674)에 해운(海運)에 종사하게 되었는데, 배에는 채소가 없었다. 다른 사람들은 모두 고기를 먹었지만, 왕진만은 고기를 먹지 않고 오로지 맨밥만 먹었다. (『광고금오행기』)

唐定州安嘉縣人王珍, 能金銀作. 曾與寺家造功德, 得絹五百疋, 同作人私費十疋. 王珍不知. 此人死, 後'後'原作從', 據明鈔本改)王家有禮事, 買羊未殺間. 其羊頻跪無數. 珍已怪之, 夜繫于柱. 珍將寢, 有人扣房門甚急, 看之無所見. 珍復臥, 又聞之. 起看還無所見, 怪之, 遂開門臥. 未睡, 見一人云: "昔日與公同作功德, 偸十疋絹私用, 公竟不知. 今已作羊, 公將殺之, 叩頭乞命." 再三懇苦. 言訖, 出房門, 卽變作羊. 王珍妹于別所, 見此人叩頭, 一如珍所見, 遂放羊作長生. 珍及妹家卽斷食肉. 珍以咸亨五年, 入海運. 船上無菜. 人皆食肉, 珍不食, 唯食空飯而已. (出『廣古今五行記』)

134 · 8(1120)
왕회사(王會師)

당(唐)나라 도성의 서시(西市) 북점(北店)에 왕회사라는 사람이 있었다. 그의 어머니가 돌아가시고 상기(喪期)도 끝났을 때 그 집에서는 이내 청황색 암캐가 태어났는데, 왕회사의 아내는 그 강아지가 음식을 훔쳐먹었다고 여겨 막대기로 그 강아지를 여러 차례 때렸다. 그러자 그 강아지가 사람의 말로 이렇게 말했다.

"나는 네 시어미다. 며느리 네가 나를 때리는 것은 큰 잘못이다. 나는 집안의 하인들에게 엄하고 혹독하게 했는데 그것이 지나치게 심하여 결국 이런 응보를 받았단다. 지금 내가 맞았으니, 수치스러운 일이 너의 집에 있을 것이다."

그리고 그 강아지는 즉시 밖으로 나갔다. 왕회사는 이 얘기를 듣고 눈물을 흘리면서 [나가서] 그 강아지를 안고 집으로 돌아왔으나 그 강아지는 또 나갔고, 이렇게 네댓 번을 되풀이했다. 왕회사는 강아지의 뜻이 굳은 것을 보고, 시장 북쪽에 있는 자신의 상점 담장 뒤쪽에 조그만 집을 지어 강아지를 그곳에 두고는 날마다 음식을 보냈다. 시장 사람들과 나그네 등 와서 구경하는 사람들이 지극히 많았으며, 떡을 던져주는 사람도 셀 수 없을 정도였다. 이 강아지는 늘 그 집을 떠나지 않았으며 재(齋)를 지내는 날에는 음식을 먹지 않았다. 1~2년 지난 뒤에 그 강아지는 어디로 갔는지 알 수 없었다. (『법원주림』)

唐京都西市北店, 有王會師者. 母亡, 服制已畢, 其家乃産一靑黃牝狗, 會師妻爲其盜食, 乃以杖擊之數下. 狗遂作人語曰: "我是汝姑. 新婦杖我大錯. 我爲嚴酷家人過甚, 遂得此報. 今旣被打, 羞向汝家." 因卽走出. 會聞而涕泣, 抱以歸家, 而復還去, 凡經四五. 會師見其意正('正'明鈔本作'堅'), 乃于市北己店大墻後, 作小舍安置, 每日送食. 市人及行客就觀者極衆, 投餠與者, 不可勝數. 此犬恒不離此舍, 過齋時卽不食. 經一二歲, 莫知所之. (出『法苑珠林』)

134·9(1121)
해봉선(解奉先)

낙양(洛陽)에 해봉선이라는 화공이 있었다. 그는 사강왕(嗣江王: 江王

을 계승했다는 의미로 嗣江王이라함.『舊唐書』에 위하면 李樟 등이 해당됨)의 집에 불상벽화를 그리고 있었는데, 불상을 그리는 것을 다 끝마치지도 않고 도망가 버렸다가 붙잡히게 되자 그는 함부로 이렇게 말했다.

"나는 삯을 받은 만큼만 그린 것이오."

그는 이 일로 인해 불상 벽화 앞에서 맹세했다.

"내가 만약 양심을 어긴 것이 있다면, 원컨데 죽어서 당신 집의 소가 되겠소."

[그 일이 있은 후] 1년이 조금 지나 해봉선은 죽었다. 그가 죽은 후에 왕씨 집에서는 암소가 붉은 송아지 한 마리를 낳았는데, 그 등에 '해승선'이라는 글자 모양으로 흰 털이 나 있었다. 구경꾼들이 아침저녁으로 문전성시(門前成市)를 이뤘다. (『국사찬이』)

洛陽畫工解奉先. 爲嗣江王家畫像壁, 未畢而逃, 及見擒, 乃妄云: "功直已相當." 因於像前誓曰: "若負心者, 願死爲汝家牛." 歲餘, 奉先卒. 卒後, 王家寂牸牛産一騂犢, 有白毛於背, 曰'解奉先'. 觀者日夕如市焉. (出『國史纂異』)

134 · 10(1122)
동안우(童安玗)

당(唐)나라 대중연간(大中年間: 847~860) 말에, 신주(信州) 귀계현(貴溪縣) 유구진(乳口鎭)에 마을의 부자인 동안우라는 사람이 있었다. 그는 처음에는 몹시 가난했었는데, 같은 마을의 곽공(郭珙)과 서로 친하게 지내다가 곽공이 그에게 돈 6~7만 전(錢)을 빌려주었기에 동안우는 그것으로 장사를 하여 마침내 큰 부자가 되었다. 그러나 곽공이 빌려준 돈을 달라고 하자, 그는 거절하며 돈을 빌린 사실조차 잡아뗐다. 곽공은 향을 사르며 하늘에 고했다.

"동안우가 배은망덕하게도 돈을 빌리고 갚지 않으니, 만약 하늘에 도리가 있다면 이렇게 무고한 일을 모른 체 하시지는 않을 것입니다. 원컨대 동안우가 죽으면 소가 되어 대가를 치르게 해주십시오."

그의 말은 매우 간절했다. 동안우 역시 거짓으로 이렇게 말했다.

"제가 만약 진실로 곽공의 돈을 빚졌다면, 원컨대 죽어서 흰 소가 되어 곽공에게 대가를 치르게 해 주십시오."

[그 일이 있을 지] 한 달도 넘지 않아서 동안우가 죽었다. 그가 죽은 후 반 년이 지나 곽공 집의 암소가 흰 암송아지를 낳았는데, 그 송아지 왼쪽 옆구리에 검은 털로 '동안우'라는 글씨가 매우 또렷하게 씌어있었다. 멀고 가까운 곳에서 그 얘기를 듣고 구경꾼들이 구름처럼 모여들었다. 곽공은 사람을 보내 동안우의 처에게 그 일을 알려주자, 동안우의 처는 가족들과 함께 가서 그 소를 보고는 매우 부끄럽게 여겨 금과 비단을 후하게 바치면서 그 소를 데려가게 해달라고 했다. 곽공은 그가 빚진 것까지 속였던 것이 분해서 끝까지 허락하지 않고 어미 소와 새끼소를 각각 다른 우리에 넣고 먹이를 주었다. 동안우의 집안에서는 하인들을 거느리고 와서 흰 몽둥이를 들고 위협하여 그 소를 빼앗아 가려고 했으나, 곽공이 많은 사람들을 배치하여 지켰기에 동안우의 집에서는 결국 그 소를 빼앗을 수 없었다. (『보응록』)

唐大中末, 信州貴溪縣乳口鎭有童安玗者, 鄕里富人也. 初甚貧窶, 與同里人郭珙相善, 珙嘗假借錢六七萬, 卽以經販, 安玗後遂豐富. 及珙徵所借錢, 安玗拒諱之. 珙焚香告天曰:"童安玗背惠忘義, 借錢不還, 儻神理難誣. 願安玗死後作牛, 以償某." 詞甚懇苦. 安玗亦紿言曰:"某若實負郭珙錢, 願死作一白牛, 以償珙債." 未逾月, 安玗死. 死後半年, 珙家牸牛, 生一白牡犢, 左肋有黑毛, 作字曰'童安玗', 曆曆然. 遠邇聞之, 觀者雲集. 珙遣人告報安玗妻, 玗妻子並親屬等往視之, 大以爲恥, 厚納金帛, 請收贖之. 郭珙慎其欺負, 終不允許, 以牛母並犢, 別欄餵飼. 安玗家率童僕, 持白梃刦取, 珙多置人守禦, 竟不能獲. (出『報應錄』)

134 · 11(1123)
유자연(劉自然)

당(唐)나라 천우연간(天祐年間: 904~907) 진주(秦州)에 유자연이라는 사람이 있었는데, 그는 의군(義軍)의 공문서를 주관하고 있었다. 당시는 연수(連帥: 按察使) 이계종(李繼宗)이 촉(蜀: 前蜀)을 막으려고 향병(鄕兵: 地方 각 處에서 鄕土人으로 組織되어 訓練된 兵力)을 뽑고 있었다. 성기현(成紀縣)의 백성 중에 황지감(黃知感)이라는 사람이 있었는데, 그의 처가 아름다운 머리결을 갖고 있었기에 유자연은 그것이 탐이 나서 황지감에게 이렇게 말했다.

"자네 처의 머리카락을 바칠 수 있다면, 그 즉시 이번 행군에서 빼주겠네."

[황지감이 그의 처에게 이 일을 이야기하자] 그 처가 말했다.

"저는 이 연약한 몸을 당신께 의지하고 있습니다. 머리카락은 다시 자라면 되지만, 사람은 한 번 죽으면 영원한 이별입니다. 당신께서 만약 남쪽 정벌에 가셨다가 돌아오시지 않는다면, 저에게 아름다운 머리카락이 있은 들 무엇하겠습니까?"

그녀는 말을 마치고는 머리카락을 손에 쥐고 잘라냈다. 황지감은 마음속 깊이 애통해했으나, 이윽고 향병으로 뽑힐 일이 닥쳐오자 결국 유자연에게 머리카락을 바쳤다. 그러나 결국 황지감은 수자리 서러 가는 것을 면치 못하여 얼마 후 금사(金沙)에 있는 진영에서 죽게 되었다. 황지감의 처는 밤낮으로 하늘에 기도를 드리며 호소했다. 그 해에 유자연 역시 죽었다. 그 후에 황지감 집의 암 당나귀가 갑자기 새끼 한 마리를 낳았는데, 왼쪽 옆구리 아래에 '유자연'이라는 글자가 있었다. 마을 사람들이 그 일을 전하여 마침내 군수(郡守)에게까지 알려졌고, 군수가 유자연의 처자를 불러 알아보게 하자, 유자연의 큰아들이 말했다.

"저의 아버지께서는 평생 술과 고기를 드셨습니다. 만약 술을 마시고 고기를 먹을 수 있다면 바로 저의 아버지이십니다."

그 당나귀 새끼는 즉시 술 몇 되를 마시고 고기 몇 점을 먹었으며, 다 먹고는 흥분하여 긴 울음소리를 내면서 몇 줄기 눈물을 떨구었다. 유자연의 아들은 10만 전을 준비해 돈을 내고 그 당나귀 새끼를 데리고 가려 했으나, 황지감의 처는 그 돈을 받지 않고 매일 그 당나귀 새끼에게 채찍질하면서 이렇게 말했다.

"이것으로 내 남편의 복수를 하기에 충분하다."

후에 난을 겪으면서 그 당나귀 새끼는 어떻게 죽었는지 알 수 없었으며, 유자연의 아들도 부끄럽고 한스러운 나머지 죽고 말았다. (『경계록』)

唐天祐中, 秦州有劉自然者, 主管義軍校. 因連帥李繼宗點鄕兵捍蜀. 成紀縣百姓黃知感者, 妻有美髮, 自然欲之, 謂知感曰: "能致妻髮, 卽免是行." 知感之妻曰: "我以弱質託於君, 髮有再生, 人死永訣矣. 君若南征不返, 我有美髮何爲焉?" 言訖, 攬髮剪之. 知感深懷痛憨, 旣迫于差點, 遂獻于劉. 知感竟亦不免絲戍, 尋歿于金沙之陣. 黃妻晝夜禱天號訴. 是歲, 自然亦亡. 後黃家牝驢, 忽産一駒, 左脇下有字, 云'劉自然'. 邑人傳之, 遂達于郡守, 郡守召其妻子識認, 劉自然長子曰: "某父平生好飮酒食肉. 若能飮啖, 卽是某父也." 驢遂飮酒數升, 啖肉數臠, 食畢, 奮迅長鳴, 淚下數行. 劉子請備百千贖之, 黃妻不納, 日加鞭捶, 曰: "猶足以報吾夫也." 後經喪亂, 不知所終, 劉子竟慙憾而死. (出『儆戒錄』)

134・12(1124)
이명부(李明府)

당(唐)나라 화정현(火井縣)의 전임(前任) 현령(縣令) 이명부는 그 현을 지나가다가 압사록사(押司錄事: 押司는 중앙관서 및 州・縣에서 공문서 및 각종사무를 담당하는 관리이며, 錄事는 縣의 문서기록을 담당하던 하급관리로 '押司錄事' 혹은 '押錄'이라고 합칭했음)의 사택에 묵게 되었다. 그 집 주인은 술과 안주를 마련하면서 갓 새끼를 밴 흰 양 한 마리를 잡을 작정이었다. 그날 밤 이명부의 꿈에 한 소복 입은 부인이 두 아들을 데리고 나타나 이명부에게 절을 하며 목숨을 살려달라고 애걸했는데, 그 말이 심히 애절했다. 이명부는 그 이유를 헤아리지 못하고 이렇게 말했다.

"저는 한번도 사람을 죽인 일이 없습니다."

그러나 그 부인은 애절하게 비는 것을 그치지 않았다. 이명부는 잠에서 깨어 생각해 보았으나 아무 단서도 생각나지 않았다. 그가 다시 잠자리에 들었는데, 꿈에 아까 그 부인이 또 나타나 목숨을 살려달라고 하면서 이렇게 말했다.

"저의 목숨이 얼마 남지 않았는데 모질게도 구해주지 않으시다니오."

그러나 이명부는 끝내 그 뜻을 깨닫지 못하고 단지 놀라고 한탄할 따름이었다. 그가 다시 잠자리에 들었을 때, 또 다시 아까 그 부인이 나타나 말했다.

"장관(長官: 李明府)께서 결국 구해주지 않으셨기에 저는 이미 죽었으나, 이 역시 빚을 갚은 것입니다. 저는 전생에 압사록사의 처였는데, 어느 여종이 막 임신을 하여 몸에 쌍둥이를 배고 있었습니다. 당시 저는 그녀를 질투하여 태형을 쳐서 죽이고는 남편을 속여 이렇게 말했습니다.

'여종이 금비녀와 상자를 훔쳤기에 고문을 했더니 죽고 말았습니다.'

지금 그 응보를 받는 것이니, 그렇기에 원한이 맺혀있던 빚은 갚은 셈입니다. 그 금비녀와 상자는 당(堂) 서쪽 두공(枓栱: 원문에는 '拱枓'라 되어있으나, '枓栱'의 誤記인 듯 함. 대들보 위에 세우는 네모진 짧은 기둥) 안에 있습니다. 저를 위해 남편에게 그 고기를 먹지 말고 공덕을 쌓으라고 말해 주십시오."

이명부는 놀라 일어나 주인을 불러 따져 물었다.

"그대가 흰 양 한마리를 잡으셨소? 쌍둥이 새끼 양을 배고 있지 않았습니까?"

그가 말했다.

"맞습니다."

이명부가 밤에 꾸었던 꿈 얘기를 자세히 해주었더니, 그는 탄식하며 기이하게 여겼다. 그리고는 두공 안을 찾아보았더니 과연 두 물건이 나왔다. 그는 이내 그 양을 묻어주고 공덕을 쌓았으며 죽은 사람을 위해 명복을 빌었다. (『보응록』)

唐前火井縣令('令'字原闕, 據明鈔本·黃本補)李明府, 經過本縣, 館于押司錄事私第. 主人將設酒饌, 欲刲一白羊, 方有胎. 其夜李明府夢一素衣婦人將二子拜明府乞命, 詞甚哀切. 李不測其由, 云: "某不曾殺人." 婦人哀祈不已. 李睡覺, 思惟無端倪. 又寢, 復夢前婦人乞命, 稱: "某命在須臾, 忍不救也." 李竟不諭其意, 但驚怛不已. 再寢, 又夢前婦人曰: "長官終不能相救, 某已死訖, 然亦償債了. 某前身卽押司錄事妻, 有女僕方妊, 身懷二子. 時某嫉妒, 因笞殺之, 紿夫云: '女僕盜金釵並盒子, 拷訊致斃.' 今獲此報, 然已還其冤債. 其金釵並盒子, 在堂西拱枓內. 爲某告於主人, 請不食其肉, 爲作功德." 李驚起, 召主人詰曰: "君刲一白羊耶? 有雙羔否?" 曰: "是." 具話夜來之夢, 更歎異. 及尋拱枓內, 果得二物. 乃取羊埋之, 爲作功德追薦焉. (出『報應錄』)

134·13(1125)
유약시(劉鑰匙)

농우(隴右) 수문촌(水門村)에 유약시라는 상점 주인이 있었는데, 그 이름은 기억나지 않는다. 그는 돈을 빌려주는 것으로 가업을 삼아 집에는 천금의 재산이 쌓여있었다. 그는 물건을 탐내어 취하는 것에도 수완이 좋아서 얻기 어려운 보화도 잘 취했는데, 사람들의 재산을 취하는 것이 마치 열쇠를 쥐고 사람들의 궤짝과 창고를 열어 그 진주와 보석을 훔치는 것과 다를 바가 없었기 때문에 '열쇠[鑰匙]'라는 별명을 얻게 되었다. 그의 이웃에 있던 어느 부유한 사람이 유약시의 사냥감이 되었는데, 유약시는 그에게 돈을 빌려주고 몇 년이 지나도록 아무 말도 없다가 어느 날 갑자기 차용증을 가지고 계산을 했더니, [값을 돈이 원금의] 몇 갑절로 불어나 있었다. 그가 돈을 다 갚지 못하자 해마다 [불어난] 이자에 얽매어 거의 갚을 기약이 없었기에 결국 그의 자산과 재물은 모두 유약시에게 돌아갔으며, 빚을 졌던 사람은 그를 원망해 마지않았다. 유약시가 죽은 뒤에 [빚을 졌던] 사람의 집에서는 송아지 한 마리가 태어났는데, 송아지 옆구리에 '유약시'라는 이름이 검은 털로 쒸어있었다. 그 소는 채무자들에게 채찍질당하고 혹사당하여 온전한 가죽이라고는 한군데도 남아있지 않을 정도였다. 유약시의 처와 아들 유광(劉廣)은 많은 재물로 그 소를 사서 당(堂)의 내실에 두고 살아있을 때처럼 모셨으며, 그 소가 죽자 염하고 관에 넣어 들판에서 장사지냈다. 아마도 이 일은 유자연(劉自然)의 일과 비슷한 일일 것이다. 이는 바로 보응의 법칙으로 거짓이 아니다. (『옥당한화』)

隴右水門村有店人, 曰劉鑰匙者, 不記其名. 以擧債爲家, 業累千金. 能於規求, 善聚難得之貨, 取民間資財, 如秉鑰匙, 開人箱篋帑藏, 盜其珠珍不異也, 故有'鑰匙'之號. 鄰家有殷富者, 爲鑰匙所餌, 放債與之, 積年不問, 忽一日, 執券而算之,卽倍數極廣. 旣償之未畢, 卽以年繫利, 略無期限, 遂至資財物産, 俱歸鑰匙, 負債者怨之不已. 後鑰匙死, 彼家生一犢, 有'鑰匙'姓名, 在䐅肋之間, 如毫墨書出. 乃爲債家鞭箠使役, 無完膚. 鑰匙妻男廣, 以重貨購贖之, 置於堂室之內, 事之如生, 及斃, 則棺斂葬之于野. 蓋與劉自然之事髣髴矣, 此則報應之道, 其不誣矣. (出『玉堂閒話』)

134 · 14(1126)
상 공(上 公)

 의춘군(宜春郡) 동쪽 안인진(安仁鎭)에 제각사(齊覺寺)라는 절이 있는데, 그 절에 나이가 90여 세 된 노승이 있었다. 그 노승의 문하 제자들이 1~2대에 걸쳐 있었기에 스님들과 속인들 모두 그를 '상공'이라고만 불렀으며, 그의 법명은 기억하지 못했다. 절에는 그 절의 재산으로 장원이 있었으며, 아주 많은 가축을 기르고 있었다. 어느 날 밤, 상공은 꿈에 우연히 푸른 베옷을 입은 한 노파를 보았는데, 그 노파는 작별을 고하고 떠나면서 이렇게 말했다.
 "제가 절에 돈 800전을 빚졌습니다."
 상공은 잠에서 깨어 그 일을 이상하게 여기고 붓을 들어 침상 벽면에 [그 일에 대해] 써놓았으나, 같이 지내는 승려들 중에는 아무도 그 일을 아는 사람이 없었다. 그 일이 있은 후 보름도 채 되지 않아서 그 절의 재산인 늙은 암소 한 마리가 아무런 이유 없이 죽었기에 주사승(主事僧: 절의 일을 주관하는 승려)이 시장에 가서 그 소를 팔게 되었는데, 값이 800전

밖에 나가지 않았다. 그리하여 이와 같이 여러 곳을 다녀 보았으나, 아까 가격에서 변동이 없었으므로 주사승이 상공에게 자세히 말씀드렸다.

"절의 소가 죽어서 그것을 팔려고 했더니, 백정이 여럿 있었지만 모두들 고기 값으로 800전을 주겠다고 합니다."

[그 말을 들은] 상공이 감탄하면서 말했다.

"빚을 갚는 값으로 충분하다."

그리고는 주사승에게 침소로 들어오라고 하여 벽 위에 적어 놓은 곳을 읽어보게 했는데, [이것을 본 승려들 중에] 감탄하지 않는 이가 없었다. (『옥당한화』)

宜春郡東安仁鎭有齊覺寺, 寺有一老僧, 年九十餘. 門人弟子有一二世者, 彼俗皆只呼爲'上公', 不記其法名也. 其寺常住莊田, 孶畜甚多. 上公偶一夜, 夢見一老姥, 衣靑布之衣, 拜辭而去, 云: "只欠寺內錢八百." 上公覺而異之, 遂自取筆書于寢壁, 同住僧徒亦無有知之者. 不三五日後, 常住有老牸牛一頭, 無故而死, 主事僧於街市鬻之, 只酬錢八百. 如是數處, 不移前價, 主事僧具白上公云: "常住牛死, 欲貨之, 屠者數輩, 皆酬價八百." 上公歎曰: "償債足矣." 遂令主事僧入寢所, 讀壁上所題處, 無不嗟歎. (出『玉堂閒話』)

134 · 15(1127)
시 변(施 汴)

여주(廬州)의 영전리(營田吏) 시변은 자신의 세력을 믿고 백성의 밭 수십 이랑을 빼앗았는데, 그 주인은 그의 소작인이 되었으나 어찌 할 방도가 없었다. 몇 년이 지나서 시변이 죽고 그 밭 주인이었던 집에서는 소가 한마리 태어났는데, 배 아래쪽에 사방 몇 촌(寸)의 흰털이 나 있었다. 그 소가 자라자 그곳은 점차 얼룩무늬가 되더니 1년도 채 안되어 '시변'이라는 글자가 되었는데, 점 하나 획 하나 빠진 것이 없었다. 도사(道士) 소수묵(邵修默)이 직접 그 일을 목격했다. (『계신록』)

廬州營田吏施汴, 嘗恃勢奪民田數十頃, 其主退爲其耕夫, 不能自理. 數年, 汴卒, 其田主家生一牛, 腹下有白毛, 方數寸. 旣長, 稍斑駁, 不逾年, 成'施汴'字, 點畫無軼. 道士邵修默, 親見之. (出『稽神錄』)

134 · 16(1128)
공승통(公乘通)

저궁(渚宮)에 공승통이라는 백성이 있었는데, 그는 평생 간사한 마음을 숨기고 살았기에 사람들은 [그의 간사함을] 알 수 없었다. 그가 죽은 후에 호남(湖南)의 한 민가에서 검은 당나귀 새끼 한 마리가 태어났는데, 흰 털로 '형남공승통(荊南公乘通)'이라는 글자가 쓰여있었다. 그의 자손들은 그 이야기를 듣고 수치스러운 마음이 들었으나 결국 그 소를 찾아서 돈을 내고 데려올 수는 없었다. 강릉(江陵) 사람들은 그 일을 알고 있다. (『북몽쇄언』)

渚宮有民公乘通者, 平生隱慝, 人或難知. 死後, 湖南民家生一黑驢駒, 白毛作

'荊南公乘通'字. 其子孫聞之懷恥, 竟不能尋贖. 江陵人知之. (出『北夢瑣言』)

134 · 17(1129)
승심언(僧審言)

운정산(雲頂山) 자운사(慈雲寺)는 사방에서 사람들이 모여들어 공양하는 이들이 아주 많았다. 그 절의 주지승 심언은 성격이 탐욕스럽고 인색하여 사람들이 그 절에 보시한 재물들을 몰래 숨겨놓았으며, 술 마시고 고기를 먹고 가축을 기르며 처자까지 있는 등 별별 나쁜 짓은 다했다. 스님들 중에 조금이라도 고결한 이들은 반드시 [주지 심언에게] 능욕당했다. 주지 심언은 하루아침에 병에 걸려 위독해졌는데, 그는 공중에 돌절구 하나가 새끼줄에 매달려 있으며 쥐새끼 한 마리가 그 새끼줄을 갉아먹자 그 줄이 끊어져 돌절구가 자신의 심장에 명중했다고 말하더니, 비명을 지르며 기절했다. 그는 한참만에 다시 깨어났다가 다시 그렇게 기절하기를 수십 번 하더니 결국 죽고 말았다. 1년쯤 지난 뒤에 사하촌(寺下村)에서 소가 송아지 한 마리를 낳았는데, 배 아래쪽에 분명하게 '심언' 두 글자가 있었다. (『경계록』)

雲頂山慈雲寺, 四方歸輳, 供食者甚厚. 寺主僧審言, 性貪鄙, 欺隱本寺施財, 飮酒食肉, 畜養妻子, 無所不爲. 僧衆稍孤潔者, 必遭淩辱. 一旦疾篤, 自言見空中繩懸一石臼, 有鼠囓之, 繩斷, 正中其心, 大叫氣絶. 久而復蘇, 如此數十度, 方卒. 逾年, 寺下村中牛生一犢, 腹下分明有'審言'二字. (出『徼戒錄』)

태평광기 권제 135

징응(徵應) 1
(帝王休徵)

1. 제 요(帝 堯)
2. 주 무 왕(周 武 王)
3. 월 왕(越 王)
4. 임조장인(臨洮長人)
5. 한 고 조(漢 高 祖)
6. 육 가(陸 賈)
7. 한 원 후(漢 元 后)
8. 후한장제(後漢章帝)
9. 오 대 제(吳 大 帝)
10. 위 명 제(魏 明 帝)
11. 진 사 마 씨(晉司馬氏)
12. 백 연(白 燕)
13. 진 무 제(晉 武 帝)
14. 진 혜 제(晉 惠 帝)
15. 진 원 제(晉 元 帝)
16. 촉 이 웅(蜀 李 雄)
17. 송 고 조(宋 高 祖)
18. 송효무제(宋孝武帝)
19. 송 명 제(宋 明 帝)
20. 제 태 조(齊 太 祖)
21. 북제신무(北齊神武)
22. 후주태조(後周太祖)
23. 진 고 조(陳 高 祖)
24. 수 문 제(隋 文 帝)
25. 수 양 제(隋 煬 帝)
26. 당 고 조(唐 高 祖)
27. 당 태 종(唐 太 宗)
28. 당제왕원길(唐齊王元吉)
29. 당 중 종(唐 中 宗)
30. 당 상 왕(唐 相 王)
31. 노주별가(潞州別駕)
32. 금 와 우(金 蝸 牛)

135·1(1130)
제 요(帝 堯)

진시황(秦始皇) 때에 완거국(宛渠國)의 한 백성이 나주(螺舟: 소라처럼 생긴 나선형의 배로 물밑으로 다닌다고 함)를 타고 와서 말했다.

"신(臣)의 나라는 헌원(軒轅)의 언덕에서 10만리 떨어진 곳에 있사옵니다. 신의 나라의 옛 성인께서 기주(冀州)에서 하늘이 어두워지며 거센 바람이 부는 것을 보고 틀림없이 성인이 나타날 것이라고 했는데, 과연 경도(慶都: 堯임금의 어머니)께서 요(堯)임금을 낳으셨사옵니다."

(『왕자년습유기』)

秦始皇時, 宛渠國之民, 乘螺舟而至, 云: "臣國去軒轅之丘十萬里. 臣國先聖, 見冀州有黑風, 應出聖人, 果慶都生堯." (出『王子年拾遺記』)

135·2(1131)
주무왕(周武王)

은(殷)나라 주왕(紂王)은 분별력 없고 무도하여 제후들을 죽이기 위해 비렴(飛廉)과 악래(惡來)를 보내 어질고 착한 신하들을 주살하고 그들의 보기(寶器)를 탈취해서 경대(瓊臺) 아래 묻었다. 주왕은 비렴 등을 인근

후복(侯服: 王畿의 주위 500리 안의 땅) 안에 있는 나라들에 사신으로 보내 봉화를 잇달아 피우게 한 뒤 누대 위에 올라가 불이 피어오르는 것을 보다가 [어느 나라에 일이 생기면] 군사를 이끌고 정벌하러 갔으며, 그 곳의 군주를 죽여 백성을 포로로 잡고 기녀들을 사로잡아서 거리낌 없이 간음하며 잔혹한 짓을 했다. [주왕의 만행에] 신령과 사람이 모두 분노했는데, 당시에 붉은 새가 불을 물고 와서 별처럼 찬란하게 비추자 봉화의 불빛이 어지러워졌다. 이로 인해 주왕은 의혹이 생겨 제후국들로 하여금 봉화를 끄게 했다.

[周나라] 무왕(武王)이 주왕을 칠 때에 나무꾼과 목동이 높은 곳에 있는 새 둥지를 뒤지다가 붉은 옥새(玉璽)를 얻었는데 "목덕(木德)이 다하니, 수덕(水德)의 복이 왕성해질 것이다"라는 글이 새겨져 있었다. 문자는 모두 대전체(大篆體)로, 은나라의 시대가 이미 다 했으니 희성(姬姓: 周를 가르킴)의 성스러운 덕이 융성해질 것이라고 기록한 것이었다. 이 때에 천하의 삼분의 이가 주나라에 귀속되었으니, 일반 백성들은 은나라의 멸망이 너무 늦음을 한탄하고 주나라의 도래가 너무 더딤을 한스러워했다. (『습유기』)

紂之昏亂, 欲殺諸侯, 使飛廉・惡來誅戮賢良, 取其寶器, 埋于瓊臺之下. 使飛廉等於所近之國, 侯服之內, 使烽燧相續, 紂登臺以望火之所在, 乃與師往伐其國, 殺其君, 囚其民, 收其女樂, 肆其淫虐. 神人憤怨, 時有朱鳥銜火, 如星之照耀, 以亂烽燧之光. 紂乃回惑, 使諸國滅其烽燧.
及武王伐紂, 樵夫牧豎, 探高鳥之巢, 得赤玉璽, 文曰: "木德將滅, 水祚方盛." 文皆大篆, 記殷之世曆已盡, 而姬之聖德方隆. 是以三分天下, 而二分歸周, 乃元元之類, 嗟殷亡之晚, 恨周來之遲. (出『拾遺錄』)

135·3(1132)
월 왕(越 王)

월왕이 [군대를 이끌고] 오(吳)나라에 들어갔을 때에 어떤 붉은 새가 왕을 따라 날고 있었으며, 이로 인해 월왕 구천(句踐)은 후에 패왕(霸王)이 되었다. 월왕은 망조대(望鳥臺)를 세우고 붉은 새의 상서로움이라고 했다. (『왕자년습유기』)

越王入吳國, 有丹鳥夾王飛, 故句踐之霸也. 起望鳥臺, 言丹鳥之瑞也. (出『王子年拾遺記』)

135·4(1133)
임조장인(臨洮長人)

진시황(秦始皇) 때 키 큰 사람 12명이 임조에 나타났는데, 모두 이민족의 복장을 하고 있었다. 이에 진시황은 12개의 동상을 주조하여 이들의 모습을 새겼다. 이는 아마도 한(漢)나라 12황제를 의미하는 길조였던 것 같다. (『소설』)

秦始皇時, 長人十二見於臨洮, 皆夷服. 於是鑄銅爲十二枚, 以寫之. 蓋漢十二帝之瑞也. (出『小說』)

135 · 5(1134)
한고조(漢高祖)

형양(滎陽)의 남쪽 들판에 액정(厄井)이라는 우물이 있는데, 그곳의 노인장들이 말했다.

"한(漢)나라 고조(高祖)가 항우(項羽)에게 쫓겨서 이 우물 속으로 피했는데 한 쌍의 비둘기의 구원을 받았다"

그래서 당시 세간에는 이런 노래가 불려졌다.

"한 고조가 당시의 난을 피해 액정에 몸을 숨겼는데 비둘기 두 마리가 그 위에 앉았으니, 뉘라서 그 아래 사람이 있는 줄 알 수 있으리?"

한나라 조정에서 매년 정월 초하루에 비둘기 두 마리를 놓아주는 의식은 여기에서 비롯되었다. (『소설』)

滎陽南原上有厄井, 父老云:"漢高祖曾避項羽於此井, 爲雙鳩所救." 故俗語云:"漢祖避時難, 隱身厄井間, 雙鳩集其上, 誰知下有人?" 漢朝每正旦, 輒放雙鳩, 起於此 (出『小說』)

135 · 6(1135)
육　가(陸　賈)

장군 번쾌(樊噲)가 육가에게 물었다.

"예로부터 군주는 모두 하늘로부터 천명을 받는다고 하며 상서로운 감응이 있다고들 하던데, 혹시 이런 일이 있습니까?"

육가가 대답해서 말했다.

"있습니다. 무릇 눈까풀이 떨리면 술과 밥을 먹게되고, 등불이 잘 타오르면 돈과 재물을 얻게되며, 낮에 까치가 울면 손님이 오고, 거미가 모여들면 모든 일이 잘 됩니다. 작은 일에도 징조가 있으니 큰일 역시 당연히 그러합니다. 그래서 말하기를 '눈까풀이 떨리면 곧 그것에 기도하고, 등불이 잘 타오르면 절하며, 낮에 까치가 울면 그것에 먹이를 주고, 거미가 모이면 그것을 놓아 준다'고 하는 것입니다. 하물며 천하의 큰 보배인 군주라는 중요한 지위를 천명이 아니고서는 어떻게 얻을 수 있겠습니까! 상서로운 보배는 진실로 있으니, 하늘은 보배로 징조를 삼아서 사람의 덕에 감응합니다. 그래서 상서로운 감응이라고 하는 것입니다. 천명에 징조가 없다면 힘으로만 얻을 수는 없습니다."

(『소설』)

樊將軍噲問於陸賈曰: "自古人君, 皆云受命於天, 云有瑞應, 豈有是乎?" 陸賈應之曰: "有. 夫目瞤得酒食, 燈火花得錢財, 午鵲噪而行人至, 蜘蛛集而百事喜. 小旣有徵, 大亦宜然. 故曰: '目瞤則呪之, 燈火花則拜之, 午鵲噪則餕之, 蜘蛛集則放之.' 況天下之大寶, 人君重位, 非天命何以得之哉! 瑞寶信也, 天以寶爲信, 應人之德. 故曰瑞應. 天命無信, 不可以力取也." (出『小說』)

135·7(1136)
한원후(漢元后)

원후(元后: 漢 元帝의 皇后, 본명은 王政君이며 成帝의 生母)가 아직 [입궁

하기 전] 집에 있었을 때, 한 번은 흰 제비가 손가락 만한 크기의 돌을 물고 와서 원후의 바느질 상자 안에 떨어뜨렸다. 원후가 이를 집어들자 돌은 저절로 둘로 갈라졌는데, 그 안에는 "모천후지(母天后地: 천지의 어머니)"라고 씌어있었다. 원후가 글을 보고 돌을 합치자 곧 처음처럼 합해졌으니, 원후는 이를 보배로 간직해 두었다. 원후는 황후가 되자 항상 그 돌을 옥새상자에 두고 '하늘의 도장[天璽]'이라고 불렀다. (『서경잡기』)

元后在家, 嘗有白燕銜石, 大如指, 墮后績筐中. 后取之, 石自剖其二, 其中有文曰: "母天后地." 乃合之, 遂復還合, 乃寶錄焉. 及爲皇后, 常置之璽筒中, 謂爲'天璽'也. (出『西京雜記』)

135 · 8(1137)
후한장제(後漢章帝)

후한 장제 영녕(永寧: 영녕은 章帝보다 뒤인 安帝 때 연호로 120～121 2년 동안 쓰였음. 장제 때 永平이란 연호가 있기는 하지만 1년 밖에 쓰이지 않았음. 장제 때 5년이 넘게 쓰인 연호로는 建初가 있을 뿐이므로 永寧은 잘못된 것으로 보임) 5년에 조지국(條支國)에서 지작(鴲鵲)이라는 기이한 새를 헌상했다. 새는 크기가 7척 정도로 사람의 말을 알아들었으며, 나라가 태평하면 무리지어 날아다니며 노래했다. (『왕자년습유기』)

後漢章帝永寧五年, 條支國來獻異鳥, 名鴲鵲. 其高七尺, 解人言語, 國太平則羣翔鳴焉. (出『王子年拾遺記』)

135·9(1138)
오대제(吳大帝)

오나라의 손권(孫權)이 무창(武昌)의 번산(樊山) 아래에서 사냥을 하고 있었는데 한 늙은 노파가 나타나서 그에게 무엇을 잡았는지 묻기에 그가 대답했다.

"표범 한 마리를 잡았을 뿐이오."

노파가 말했다.

"어찌하여 표범 꼬리로 만든 깃발[천자 수레를 장식하는 기]을 세우지 않는 것입니까?"

그리고는 갑자기 사라졌다. 손권은 황제를 칭한 뒤 산 아래에 묘당을 세웠다. (『무창기』)

吳孫權獵於武昌樊山下, 見一老母, 問權何獲, 曰: "只獲一豹." 曰: "何不豎其尾?" 忽然不見. 權稱尊號, 立廟于山下. (出『武昌記』)

135·10(1139)
위명제(魏明帝)

위나라 명제때에 태산(泰山) 아래에서 연리지(連理枝: 뿌리가 다른 두

나무의 가지 결이 서로 연하여 하나가 된 것) 모양의 돌이 나왔다. 그 돌은 높이가 12장(丈)이었으며 잣나무처럼 생겼는데, 마치 사람이 새겨놓은 듯이 무늬와 빛깔이 아름다웠다. 돌은 위에서 아래로 모두 한 덩어리로 붙어있었는데 가운데만이 5척(尺) 넓이로 벌어져 있었다. 그곳의 노인장들이 이렇게 말했다.

"진(秦)나라 말년에 이 두 돌은 100여 보(步) 정도 떨어져 있었으며 그 사이는 황무지로 아무런 시내나 길도 없었다. 명제 초년에 이르러 돌 사이의 거리가 점점 가까워지더니 쌍궐(雙闕: 궁궐 문 양쪽에 있는 망루)처럼 되었다."

토왕(土王)은 음에 속하는데, 위나라는 토덕(土德)으로 일어났으므로 이것이 그 신비한 징험이다. 또한 패국(沛國)에 무기(戊己: 中央 土德을 상징)라는 곳이 있었는데, 토덕의 상서로운 징조였다. 무기단(戊己壇)을 쌓으니 황성(黃星: 황색의 별로 상서로운 길조. 軒轅氏가 태어났을 때 출현했다고 함)이 밤에 빛났으며, 필앙대(畢昂臺: 畢星과 昂星은 모두 28宿의 하나로 西方에 속하며 가을이면 모두 동쪽 하늘에 나타남)를 쌓고 제사를 지내면서 [28宿 중에서] 위나라에 해당하는 하늘이라고 했다. 나라에서는 매년 시절에 따라 제사를 지냈다. (『왕자년습유기』)

魏明帝時, 泰山下出連理文石. 高十二丈, 狀如栢樹, 其文色彪發, 如人雕鏤. 自上及下皆合而中開, 廣五尺. 父老云: "當秦末, 二石相去百餘步, 蕪沒無有蹊徑. 及明帝之始, 稍覺相近, 如雙闕形." 土王陰類, 魏爲土德, 斯爲靈徵. 又沛國有戊己之地, 土德之嘉祥也. 乃修戊己壇, 黃星炳夜, 又起畢昂臺祭之, 言魏之分野. 歲時皆修祀焉. (出『王子年拾遺記』)

135・11(1140)
진사마씨(晉司馬氏)

  수성(水星)의 정수(精髓)가 장액군(張掖郡)의 유곡(柳谷)에 떨어져서 1장(丈) 남짓한 넓이에 3척(尺) 높이의 검은 돌로 변했다. 이 돌은 후한(後漢) 말년에 점점 무늬가 생기더니 얼마 지나지 않아 무늬가 분명하게 드러났다. 위(魏)나라 청룡연간(靑龍年間: 233~237)에 갑자기 우레같은 소리가 100리 밖까지 들리더니 돌이 저절로 섰으며, 흰 색으로 변해서 소・말・신선・옥환(玉鐶)・옥결(玉玦)과 문자 등의 형상이 나타났다. 후에 사마씨가 천명을 받았으니 [사람들은 이 일이] 금덕(金德)에 부합된다고 생각했다. (『녹이기』)

  水星之精, 墜于張掖郡柳谷中, 化爲黑石, 廣一丈餘, 高三尺. 後漢之末, 漸有文彩, 未甚分明. 魏靑龍年, 忽如雷震. 聞聲百餘里, 其石自立, 白色, 有牛・馬・仙人及玉鐶・玉玦・文字之像. 後司馬氏受命, 以符金德焉. (出『錄異記』)

135・12(1141)
백　연(白　燕)

  위(魏)나라가 진(晉)나라에 제위를 선양한 해에 북궐(北闕) 아래에서 흰 제비가 나타났다. 사람들은 이를 신물(神物)이라 생각하고 황금 새장에 담아서 궁중에 두었는데 열흘만에 사라져 버렸다. 논자들은 이것을 진나라의 금덕(金德)의 길조라고 했다. 옛날에 사광(師曠: 春秋時代 晉나라의 음악가. 소리로서 길흉을 점쳤음)이 살던 때에 흰 제비가 와서 둥지를 틀자 사광은 이를 상서로운 감응이라고 여기고 진(晉)나라를 섬겼으니 고금의 의론이 서로 부합된다. (『왕자년습유기』)

魏禪晉之歲, 北闕下有一白燕. 以爲神物, 以金籠盛, 置於宮中, 旬日不知所在. 論者以晉金德之瑞. 昔師曠時, 有白燕來巢, 以爲瑞應, 師曠事晉, 古今之議相符矣. (出『王子年拾遺記』)

135 · 13(1142)
진무제(晉武帝)

진 무제가 무군장군(撫軍將軍)으로 있을 때, 부중(府中)의 후당(後堂)에서 갑자기 세 줄기의 풀이 자라났는데, 줄기는 노랗고 잎은 푸른 것이 마치 황금에서 비취빛을 뽑아낸 듯 했으며, 꽃가지는 연약하고 부드러운 것이 마치 황금으로 만든 우산 같았다. 요복(姚覆)이라는 강족(羌族) 사람이 있었는데 자(字)는 세분(世芬)으로 마굿간에서 말을 기르고 있었다. 그는 음양의 술수에 밝아서 이렇게 이야기했다.

"이 풀은 금덕(金德)에 상응하는 길조입니다"

무제가 이 풀을 장화(張華)에게 내리자 장화가「금등부(金鐙賦)」를 지어서 이렇게 읊었다.

한나라 궁전에서는 구경초(九莖草)를 감상했고,
이 객사에서는 삼주초(三株草: 원문에는 三珠로 되어있지만 문맥상 株가 타당해 보임. 四庫全書本 『拾遺記』에도 株로 되어있음)를 찬미하네.
그 귀함은 금덕의 상서로움을 드러내지만,
이름이 비슷하여 서로 혼동되네.

(『왕자년습유기』)

晉武帝爲撫軍時, 府內後堂, 忽生草三株, 莖黃葉綠, 若總金抽翠, 花條冉弱似金鐙. 有羌人姚覆, 字世芬, 在廐中養馬. 解陰陽之術, 云: "此草應金德之瑞" 帝以草賜張華, 華作「金鐙賦」云: "玩九莖於漢庭, 美三珠於茲館. 貴表祥乎金德, 比名類而相亂." (出『王子年拾遺記』)

135 · 14(1143)
진혜제(晉惠帝)

고당륭(高堂隆)이 일찍기 업궁(鄴宮)의 기둥에 새겨 넣기를 "몇 년 후에 천자께서 이곳에 머무시리라"라고 했다. 진나라 때에 이르러 혜제가 업궁으로 행차했으니 연대가 [그가 적은 해와] 맞아떨어졌다. (『이원』)

高堂隆嘗刻鄴宮柱云: "後若干年, 當有天子居此" 及晉惠帝幸鄴, 年歷當矣. (出『異苑』)

135 · 15(1144)
진원제(晉元帝)

    진(晉)나라 중종(中宗: 元帝 司馬睿)이 승상(丞相)으로 있을 때, 참새가 병아리 등에 날아와 앉았는데 참새를 쫓아내도 다시 오기를 두세 번이나 했다. 점장이가 이에 대해 말했다.

    "닭은 [干支로] 유(酉)에 해당하며, 유는 금(金)입니다. 대저 참새가 갑자기 찾아온 것이니 왕으로 등극하실 것입니다."

    또 말했다.

    "원제[가 승상으로 있을] 때에 참새 세 마리가 함께 수탉의 등에 올랐으니, 원제는 세 번 장군부(將軍府)에 들어갈 것이다."

    점장이는 원제의 작위가 세 번 오른 뒤에야 천자가 될 것이라고 한 것이었다. (『동림기』)

    晉中宗爲丞相時, 有雞雛者而雀飛集其背, 驅而復來, 如此再三. 占者云: "雞者酉, 酉者金, 夫雀變而來赴之, 即王踐祚之象也." 又云: "元帝時, 三雀共登一雄雞背, 三入安東廳." 占者以爲當進三爵爲天子. (出『洞林記』)

135 · 16(1145)
촉이웅(蜀李雄)

    촉(蜀) 땅의 장로가 말했다.

"탕거(宕渠)에 옛날에는 새국(賽國)이 있었는데, 지금은 새성(賽城)과 노성(盧城)이 있다."

진시황(秦始皇) 때 키가 25장(丈)이나 되는 거인이 탕거에 나타났는데, [이 일에 대해] 진나라 태사령(太史令) 호무경(胡毋敬)이 말했다.

"500년 뒤에 반드시 어떤 기인(奇人)이 태어나 대인이 될 것이다."

이웅이 [성한(成漢)을 세우고] 왕이 되었을 때에 그의 선조가 탕거 출신이었으므로 식자들은 모두 그것이 이 일의 그 감응이라고 여겼다. (『화양국지』)

蜀長老言: "宕渠故賽國, 今有賽城·盧城." 秦始皇時, 有人長二十五丈, 見宕渠, 秦史胡毋敬曰: "是後五百年外, 必有異人爲大人者." 及李雄之王, 其祖出自宕渠, 有識者皆以爲應焉. (出『華陽國志』)

135 · 17(1146)
송고조(宋高祖)

진(晉)나라 안제(安帝) 때에 기주(冀州)의 스님 석법진(釋法珍)이 그의 제자인 보엄(普嚴)에게 말했다.

"숭산(嵩山)의 신령께서 내게 알려주셨다. 강동에 있는 한(漢)나라의 후예인 유(劉)장군이 천명을 받을 것이다. 내가 벽옥(璧玉) 32개와 정금(精金) 한 덩어리를 그에게 줄 것인데, 이것은 유씨의 세대를 점친 수이다."

보엄은 이 이야기를 도반(道伴)인 법의(法義)에게 해주었다. 안제 의희

(義熙) 13년(417)에 숭산에 있는 묘당의 석단(石壇) 아래에서 보배로운 벽옥 32개가 나왔다. 32라는 것은 세대[劉氏의 세대로 兩漢과 劉宋의 세대를 합한 수]를 가리키니, 송나라는 천하를 차지하고 여덟 명의 황제가 제위를 이어나가서 60년간 통치했다. (『광고금오행기』)

晉安帝時, 冀州桑門釋法珍告其弟子普嚴曰: "嵩山神告我. 江東有劉將軍, 漢家苗裔, 當受天命. 吾以璧三十二枚, 并鎭金一餠與之, 劉氏卜代之數也." 嚴告同學法義. 以安帝義熙十三年, 於嵩廟石壇下, 得寶璧三十二枚. 三十二者世, 宋有天下, 相承八帝, 享祚六十年. (出『廣古今五行記』)

135 · 18(1147)
송효무제(宋孝武帝)

송나라 원가(元嘉) 7년(430) 5월, 무릉(武陵)에 홍수가 나서 선덕산(善德山)이 무너지면서 1장(丈) 남짓한 높이의 사람 형상을 한 돌 두 개가 나왔는데, 조각이 정교했으며 고대의 제작 방법으로 만들어져있었다. 이에 대해 점을 친 이가 말했다.

"무릉에서 천자가 나올 것이다."

그 해 8월에 효무제가 후궁에서 태어났다. 효무제는 원가 15년(438)에 무릉왕으로 봉해졌으며 원가 30년(453)에 제위에 올랐다. (『흡문기』)

宋元嘉七年五月, 武陵洪水, 善德山崩, 兩石高丈餘, 如人, 雕刻精奇, 形備古制式. 占者云: "武陵出天子." 其時八月, 孝武始誕後宮. 十五年, 封武陵王, 三十年卽帝位. (出『洽聞記』)

135 · 19(1148)
송명제(宋明帝)

『송명제자서(宋明帝自序)』에서 말했다.

"내가 처음 상동왕(湘東王)에 봉해졌을 때 시중(侍中)으로 위위부(衛尉府)에 살고 있었다. 효무황제(孝武皇帝)께서 나를 소혜개(蕭惠開)의 사저에서 살게 했는데, 막 수리를 시작해서 연못을 팠을 때에 붉은 옥을 하나 얻었다. 그 옥은 색이 정련한 붉은 빛과 같았고, 반은 둥글고 반은 네모났으며, 무게는 5근(斤)으로 영롱한 빛이 났다. 세조(世祖: 孝武皇帝)께서 붕어(崩御)하시고 어린 황제가 제위를 이어받은 뒤 나는 고숙성(姑孰城)에서 조정으로 들어와 서저(西邸)에 머물렀다. 어린 황제는 몹시 난폭하고 직언을 듣기 싫어했으며 술에 취해 법도에 어긋나는 짓을 저질렀다. 내가 거듭 간하자 그는 크게 화를 내며 호위병들로 하여금 서저를 에워싸게 했으며, 서저의 좌우 문무백관들은 모두 놀라 도망가 서저가 마침내 텅 비게 되었다. 이 때에 백성들이 모두 서저에 들어가 조금도 남김없이 마음대로 물건을 가져갔다. 밤이 되어 어린 황제는 술이 깨자 마음을 조금 풀게 되었고, 다음날 좌우의 문무백관들도 모두 돌아왔지만 나는 서저에서 지내고 싶지 않았다. 역양태수(歷陽太守)인 건평왕(建平王) 유경소(劉景素)가 건양문(建陽門) 밖에 저택을 지어서 막 완성했기에 나는 별로도 다른 저택을 찾아 그와 바꾸었으며 어린 황제도 이를 허락했다. 나는 서저에서 새 저택으로 이사했는데, 새 저택은 청계(淸溪)의 서쪽에 있었으며 옛 서저는 지금의 상궁사(湘宮寺)이다. 『하낙참(河洛讖)』에서 이르기를 '신령한 빛이 동남쪽을 점지한다'고 했는데, 나의 두 저택이 모두 궁성의 동남방에 있으며 또한 손(巽: 東南方에 해당함)에 속하는 지역이었으니 이는 아마도 하늘의 감응이리라."

(『송명제자서』)

『宋明帝自序』云:"予初封湘東王, 居侍中衛尉府. 孝武皇帝爲予('予'原作'子', 據明鈔本改)置蕭惠開宅邸, 經營方始, 鑿池, 獲赤玉一枚. 色如練朱, 半圓半方, 重五斤, 光潤如瑩. 世祖崩, 少帝繼位, 予自姑熟入朝, 居西邸. 少帝狂暴, 惡聞直言, 醉爲非法. 予驟諫之, 大怒, 乃使仗士防守, 左右文武, 悉驚怖奔走, 西邸遂空. 於是百姓悉入邸, 適意取物, 纖毫畢盡. 至夜, 少帝醉醒, 意頗解釋, 明日, 左右文武方還, 予於是不喜居于西邸. 歷陽太守建平王景素, 私起宅于建陽門外, 始成, 予別覓一宅換之, 少帝許焉. 予自西邸移新宅, 新宅在淸溪西, 舊邸今湘宮寺. 『河洛讖』曰: '靈矍豫見東南隅', 予二邸皆處宮城之東南, 且在巽('巽'原作'吳', 據明鈔本改)地, 蓋天應也." (出『宋明帝自序』)

135·20(1149)
제태조(齊太祖)

제나라 태조가 회음(淮陰)에 있을 때에 성의 해자를 파다가 고대의 하사품 아홉 가지를 얻었다. 하사품의 아래에 전서(篆書)로 글이 쓰여 있었는데, 순백옥(荀伯玉)을 비롯한 사람들은 모두 이를 알아보지 못했다. 그 때에 기승진(紀僧眞: 본문에는 紀僧貞으로 나와있으나 역사상 이런 인물은 없음. 태조를 섬기며 그로부터 총애를 받았던 신하 紀僧眞의 오기로 추정됨)만이 이렇게 대답했다.

"이렇게 오래된 물건을 판독해서 무엇을 하시겠습니까? 하사품 아홉 가지가 있으니 구석(九錫: 천자가 큰 공덕이 있는 제후에게 내리던 하사품. 王莽 이후로는 권신들이 제위를 찬탈하는 마지막 단계를 의미하기도 함)을 받으실 징조입니다."

이 말에 고제(高帝: 太祖)는 크게 기뻐하고 상을 내렸다. (『담수』)

齊太祖在淮陰, 理城壍, 掘得古錫九枚. 下有篆書, 荀伯玉諸人皆不能識. 時紀僧貞獨言曰: "何須辨此久遠之物? 錫而有九, 九錫之徵也." 帝喜而賞之. (出『談藪』)

135 · 21(1150)
북제신무(北齊神武)

북제의 신무제는 어렸을 때 유귀(劉貴) · 가지(賈智)와 함께 늘 어울려 다니곤 했다. 유귀가 흰매를 얻어서 옥야(沃野)에서 사냥을 하다가 붉은색 토끼를 발견했는데, 매번 잡으려고 할 때마다 놓쳐서 마침내 멀리 떨어진 늪지에까지 가게 되었다. 그곳에는 한 띠 집이 있어서 토끼가 뛰어들어갔다가 개에게 물렸으며 매도 토끼와 함께 개에게 물려죽었다. 신무제는 화가 나서 명적(鳴鏑)으로 개를 쏘아 죽였다. 그러자 집에서 몸집이 큰 사람 둘이 나와서 신무제의 옷을 단단히 붙잡던 찰나에 그들의 눈 먼 어머니가 지팡이를 끌고 와서 두 아들을 꾸짖었다.

"어찌 어르신을 범하려고 하느냐?"

그리고 단지 안의 술을 꺼내고 양을 요리해서 손님을 대접했다. 그녀는 스스로 아는 게 좀 있다고 하면서 여러 사람들을 더듬으며 모두들 "부귀하게 될 것입니다"라고 말하다가, 신무제에 이르자 "모두 이 사람으로 인해 그리 될 것입니다"라고 했다. 신무제 일행은 식사를 마치고 문 밖을 나섰다가 돌아와 다시 물어보려고 했는데, 본래 그곳에는 아무도 살지 않았기에 그제야 전에 있었던 일이 인간세상에서 일어난 것이 아님을 알게 되었다. 이로 인해 사람들은 신무제를 더욱 공경했다. (『삼국전략』)

北齊神武, 少曾與劉貴·賈智爲奔走之友. 貴曾得一白鷹, 獵於沃野, 見一赤兎, 每搏輒逸, 遂至逈澤. 有一茅屋, 兎將奔入, 犬噬之, 鷹兎俱死. 神武怒, 以鳴鏑射犬, 犬斃. 屋中有二大人出, 持神武衣甚急, 其母目盲, 曳杖呵二子: "何故觸大家?" 因出甕中酒, 烹羊以飯客. 自云有知, 遍捫諸人, 言幷"當貴", 至神武, 曰: "皆由此人." 飮竟而出. 還更訪問之, 則本無人居, 乃知向者非人境也. 由是諸人益加敬異. (出『三國典略』)

135 · 22(1151)
후주태조(後周太祖)

후주(後周: 北周) 태조 때에 이순흥(李順興)이라는 사람이 있었다. 세상에 전해지기로 한나라에서 장안성(長安城)을 축조할 때에 그는 북면 군왕(北面軍王)이었으며, 은거했다가 세상에 나타났다가 했기에 그가 어리석은 사람인지 성인인지 알 수 없었다. 북위(北魏)는 영희연간(永熙年間: 532~534) 이후로 권력을 쥔 군웅들이 할거하고 있었다. 북제(北齊)의 신무제(神武帝)가 군대 수십만을 일으켜서 사원(沙苑)에 진을 치고 있었는데, 태조는 지역도 협소하고 군대도 적은 데다가 계책과 군세가 다 하였기에 신무제를 대적할 수 없을 것이라고 두려워했다. 얼마 후 이순흥이 오자 태조는 그에게 계책을 청했다. 이순흥은 다른 말은 하지 않고 곧바로 이렇게 말했다.

"누렁이가 검둥이를 쫓으니, 급히 달리다 곤두박질 쳤네. 한번 곤두박질 치고 나니, 누렁이가 꼬리를 내리고 도망가네."

이순흥은 말을 마치고 곧장 가버렸다. 이 때에 동군(東軍: 北齊 神武帝의 군대)의 기치(旗幟)와 복식에는 모두 황색을 숭상하고 있었으며 서군(西軍: 後周 太祖의 군대)은 흑색을 사용하고 있었기에, 태조는 그 말의 의미를 깨닫고 마침내 힘을 다해 싸워서 신무제의 군대를 사원에서 대파했다. (『광고금오행기』)

後周太祖時, 有李順興者. 世傳漢築長安城之日, 已爲北面軍王(明鈔本'王'作'主'), 或隱或見, 愚聖莫測. 魏自永熙之後, 權雄分據. 齊神武興軍數十萬, 次沙苑, 太祖地狹兵少, 懼不當敵, 計盡力窮. 須臾興來, 太祖請其策謀. 更無餘語, 直云: "黃狗逐黑狗, 急走出筋斗. 一過出筋斗, 黃狗夾尾走." 語訖便去. 於時東軍旗幟服色尙黃, 西兵用黑, 太祖悟其言, 遂力戰, 大破神武于沙苑. (出『廣古今五行記』)

135 · 23(1152)
진고조(陳高祖)

진나라 고조 무제(武帝)가 선양을 받던 날 밤에 회계(會稽) 사람 사부(史溥)의 꿈에 붉은 옷을 입고 무관(武冠)을 쓴 사람이 하늘에서 내려왔는데, 그는 손에 황금 판을 들고 있었으며 그 위에는 글자가 쓰여 있었다. 사부가 보니 그 내용은 다음과 같았다.

"진나라는 다섯 군주가 34년간 다스릴 것이다."

그 사람은 곧 허공을 타고 하늘로 올라갔다. (『담수』)

陳高祖武帝受禪之日, 其夜, 有會稽人史溥, 夢朱衣人, 戴武冠, 自天而下, 手持金板, 上有文字. 溥視之, 其文曰: "陳氏五主, 三十四年." 遂凌空而上. (出『談藪』)

135 · 24(1153)
수문제(隋文帝)

장안(長安)의 조당(朝堂)은 옛날 양흥촌(楊興村)이 있던 자리로 촌의 문 앞에 있던 큰 나무가 아직도 남아있다. 처음에 주(周: 北周)나라 때에 정공(棖公)이라고 불리는 어떤 이승(異僧)이 있었는데, 그는 말이 분명하지 않았지만 후에 대부분 사실과 들어맞았다. 당시에 마을 사람들이 이 나무 아래에 모여서 의논을 하고 있었는데 정공이 갑자기 와서 그들을 쫓아내며 말했다.

"이곳은 천자가 앉을 곳인데, 너희들이 어찌 이곳에 있는 것이냐?"

수나라 문제는 즉위하자마자 곧바로 [그곳으로] 천도할 뜻을 품었다. (『서경기』)

長安朝堂, 卽舊楊興村, 村門大樹今見在. 初周代有異僧, 號爲桭公, 言詞恍惚, 後多有驗. 時村人於此樹下集言議, 桭公忽來逐之曰: "此天子坐處, 汝等何故居此?" 及隋文帝卽位, 便有遷都意. (出『西京記』)

135 · 25(1154)
수양제(隋煬帝)

수나라 말에 천기를 관측하는 사람이 말했다.

"건문(乾門)에 천자의 기운이 있는데, 그 기운은 태원(太原)까지 뻗칠 정도로 매우 왕성하다."

그래서 양제는 그곳에 이궁(離宮: 行宮)을 축조하여 여러 차례 분양(汾陽)을 다니며 그 기운을 억누르려 했다. 후에 당(唐)나라 고조(高祖)가 분양에서 의병을 일으켜서 마침내 천하를 다스리게 되었다. (『감정록』)

隋末望氣者云: "乾門有天子氣, 連太原甚盛." 故煬帝置離宮, 數游汾陽以厭之. 後唐高祖起義兵汾陽, 遂有天下. (出『感定錄』)

135 · 26(1155)
당고조(唐高祖)

당나라 고조 무덕(武德) 3년(620)에 노군(老君: 太上老君)이 양각산(羊角山)에 나타났다. 진왕(秦王)이 길선행(吉善行)에게 입조하여 상주하도록 하자, 길선행이 노군에게 말했다.

"도성에 들어가는 것은 매우 어려우니, 증거로 삼을만한 것이 없겠습니까?"

노군이 말했다.

"네가 도성에 도착한 날 거북이처럼 생긴 돌을 바치는 이가 있을 것이니 이로써 증거로 삼아라."

그가 조정 문에 이르렀을 때에 과연 소주(邵州)에서 거북이처럼 생긴 돌을 헌상해 왔는데 그 아래는 다음의 여섯 글자가 있었다.

"천하안천만일(天下安千萬日: 천하가 영원히 평안하리라)."

(『녹이기』)

唐高祖武德三年, 老君見于羊角山. 秦王令吉善行入奏, 善行告老君云: "入京甚難, 無物爲驗?" 老君曰: "汝到京日, 有獻石似龜者, 可爲驗." 旣至朝門, 果有邵州獻石似龜, 下有六字, 曰: "天下安, 千萬日." (出『錄異記』)

135·27(1156)
당태종(唐太宗)

태종이 태어난지 3일이 지났을 때 한 서생이 고조(高祖)에게 찾아와 말했다.

"공께서는 귀인이시니, 귀한 아들이 있겠군요."

서생은 그리하여 태종을 본 뒤 말했다.

"용봉의 자태이며 하늘에 빛나는 태양의 모습입니다. 공께서 귀하신 것은 이 아이로 인함이니, 반드시 20년 안에 백성을 편안하게 하실 것입니다."

(『감정록』)

太宗誕之三日也, 有書生詣高祖曰: "公是貴人, 有貴子." 因目太宗曰: "龍鳳之姿, 天日之表也, 公貴因此兒, 二十必能安民矣." (出『感定錄』)

135·28(1157)
당제왕원길(唐齊王元吉)

당(唐)나라 제왕(齊王) 이원길(李元吉)이 진양궁(晉陽宮)에서 푸른 돌을 얻었는데, 거북이 모양에 붉은 글씨로 "이연만길(李淵萬吉)"이라는 네 글자가 쓰여 있었다. 이원길은 사신을 보내 이 돌을 헌상했는데, 글자가 맑게 빛나고 돌의 모습도 거북이와 똑같았기에 보는 사람들 모두가 이

를 기이하게 여겼다. 그러나 고조(高祖: 李淵)는 "믿을 만한 것이 못된
다"고 하며 돌을 물에 담그고 글자를 갈아내어 시험해 보았는데 며칠동
안 물 속에 넣어두고 몇 날 밤을 갈아도 글자는 더욱 선명해졌다. 이에
안팎의 신하들이 모두 경하(慶賀)를 올리자 고조가 말했다.

"하늘에서 천명을 밝히어 만길(萬吉)을 내려주셨도다. 외롭고 비천하
며 덕도 적고 학식도 부족한 내가 어찌 이렇게까지 될 줄 예상할 수 있
었겠는가! 마땅히 양과 돼지를 제물로 돌 거북에게 제사를 지내고, 술을
부어 그를 환송해야 할 것이다."

(『광덕신이기』)

　唐齊王元吉于晉陽宮獲靑石, 若龜形, 文有丹書四字, 曰: "李淵萬吉". 元吉遣
使獻之, 文字暎澈, 宛若龜形, 見者咸異焉. 高祖曰: "不是信也". 乃令水漬磨而
驗之, 數日浸而經宿磨之, 其字愈明. 於是內外畢賀, 高祖曰: "上天明命, 貺以萬
吉. 孤陋寡薄, 寧堪預此! 宜以少牢祀石龜而酹送之." (出『廣德神異記』)

135・29(1158)
당중종(唐中宗)

당나라 중종은 칙천무후(則天武后)에 의해 방릉(房陵)에 유폐되었다.
중종은 하늘을 우러르며 탄식한 뒤, 마음속으로 기원하면서 허공에 돌
을 던지며 말했다.

"내가 후에 다시 황제가 될 수 있다면 이 돌이 떨어지지 않을 것이

다."

그 돌은 마침내 나무 가지에 걸렸는데, 지금까지도 그대로 남아 있다. 또한 어떤 사람이 강을 건너다가 오래된 거울을 주워서 중종에게 진상했는데, 중종이 얼굴을 비추자 거울 속의 그림자가 말했다.

"곧 천자가 될 것이다."

열흘도 되기 전에 중종은 다시 제위에 올랐다. (『독이지』)

唐中宗爲天后所廢於房陵. 仰天而歎, 心祝之, 因抛一石于空中曰: "我後帝, 此石不落." 其石遂爲樹枝冒挂, 至今猶存. 又有人渡水, 拾得古鏡, 進之, 帝照面, 其鏡中影人語曰: "卽作天子." 未浹旬, 復居帝位. (出『獨異志』)

135 · 30(1159)
당상왕(唐相王)

당나라 안주도독(安州都督) 두붕거(杜鵬擧)는 부자간에 모두 명성이 높았다. 중종이 제위에 올라 위후(韋后)의 세력이 막 강성할 때에 두붕거가 갑자기 죽었다. 두붕거는 저승에서 신문을 다 마치기 전, 염라대왕의 궁전 앞에 이르러서 갑자기 관리가 말하는 것을 들었다.

"염라대왕께서는 지금 당장 상왕(相王: 睿宗)을 황제로 세우셔야 합니다."

염라대왕이 몸을 일으켜 계단 아래에 이르자 키가 2장(丈) 정도 되는 사람들이 나타났는데 100여 명이 함께 어련(御輦: 천자가 타는 가마)을 들고 있었다. 상왕은 면류관을 쓰고 어련에 앉아있었는데, 염라대왕이 그를 보고 맞이하여 절을 하자 상왕도 어련에서 내려와 답례로 절했으며, 예를 다 마친 뒤에야 나갔다. 두붕거는 소생한 뒤 이 일을 이야기했는데 당시에 상왕은 재상을 지내고 있었다. 후에 일 년 정도 지나서 위황후가 이씨 일족을 위태롭게 하자 상왕의 아들 임치왕(臨淄王: 李隆基. 훗날 玄宗이 됨)이 군사를 일으켜 위황후의 세력을 멸하고 상왕을 높여 황제로 삼았다. 그리고 이때에 두붕거를 불러들여 그 관직을 올려주었다. (『기문』)

唐安州都督杜鵬擧, 父子皆知名. 中宗在位, 韋后方盛, 而鵬擧暴卒. 在冥司, 鞫訊未畢, 至王殿前, 忽聞官曰: "王今當立相王爲皇帝." 王起至堦下, 見人身皆長二丈, 共扶輦者百人. 相王被袞冕, 在輦中, 鬼王見之迎拜, 相王下輦答拜, 如是禮成而出. 鵬擧旣蘇言之, 時相王作相矣. 後歲餘, 韋皇后將危李氏, 相王子臨淄王, 興兵滅之, 而尊相王爲皇帝. 乃召鵬擧, 遷其官. (出『記聞』)

135 · 31(1160)
노주별가(潞州別駕)

당(唐)나라 현종(玄宗)이 노주별가가 되어 막 입조하려고 했을 때, 군주(軍州)의 한응례(韓凝禮)라는 사람이 스스로 오조(五兆: 古代 占卜法의 하나)를 볼 줄 안다고 하면서 젓가락을 가져다 시험해 보았다. 이윽고 한응례가 괘를 펼치자 젓가락이 아무런 이유없이 일어났다. 젓가락은 모두 세 번 일어났다가 세 번 쓰러졌으며 이를 본 사람은 크게 길한 징조라고 했다. 얼마 지나지 않아 현종은 위황후를 주살한 뒤 보위를 바로잡았다. 이 일로 인해 한응례는 관직이 5품(品)에까지 이르렀다. (『국사찬이』)

唐玄宗爲潞州別駕, 將入朝, 有軍州韓凝禮, 自謂知五兆, 因以食筋試之. 旣而布卦, 一箸無故自起. 凡三偃三起, 觀者以爲大吉. 旣而誅韋氏, 定天位('位'原作'保', 據明鈔本改). 因此行也, 凝禮起官至五品. (出『國史纂異』)

135·32(1161)
금와우(金蝸牛)

당(唐)나라 현종(玄宗)이 번저(藩邸: 諸侯들의 藩鎭에 있는 저택)에 있을 때, 침실의 벽에 달팽이가 '천자(天子)'라는 글자를 만들어냈다. 현종은 마음 속으로 두려워서 벽에 진흙을 발라 글자를 없애버렸지만 며칠만에 이전처럼 글자가 다시 나타났는데, 이처럼 하기를 세 차례나 했다. 현종은 즉위하게 되자 금과 은으로 달팽이 수백 마리를 주조하여 공덕당(功德堂: 佛堂)에 공양했다. 또한 옥을 깎아서 달팽이를 만들었으니 후대인들 중에 때때로 이를 얻은 이가 있다. (『녹이기』)

唐玄宗在藩邸, 有蝸牛成'天子'字, 在寢室之壁. 上心懼之, 以泥塗去, 數日復如舊, 如是者三. 及卽位, 鑄金銀蝸牛數百枚, 於功德前供養之. 又有琢玉爲之, 後人時有得之者. (出『錄異記』)

태평광기 권제 136

징응 2

(帝王休徵)

1. 당현종(唐玄宗)
2. 질금상(叱金像)
3. 천보부(天寶符)
4. 촉당귀(蜀當歸)
5. 만리교(萬里橋)
6. 당숙종(唐肅宗)
7. 당무종(唐武宗)
8. 당선종(唐宣宗)
9. 영광왕(迎光王)
10. 당의종(唐懿宗)
11. 당희종(唐僖宗)
12. 이 태(李　郃)
13. 후당태조(後唐太祖)
14. 후당명종(後唐明宗)
15. 노　왕(潞　王)
16. 진고조(晉高祖)
17. 위촉주구(僞蜀主舅)

136·1(1162)
당현종(唐玄宗)

당(唐)나라 현종은 동궁(東宮: 太子가 거처하는 곳)에 있을 때 태평공주(太平公主)에게 미움을 받았는데, 그녀는 아침부터 저녁까지 현종을 감시하게 하여 조금이라도 잘못이 있으면 반드시 황상(皇上)께 아뢰었다. 궁궐의 좌위 신하들도 은밀히 양쪽 눈치를 보면서 태평공주의 권세에 아부했다. 당시 원헌황후(元獻皇后)가 막 임신을 했는데, 현종은 태평공주를 두려워한 나머지 원헌황후에게 약을 먹여 낙태시키고자 했으나 [그러한 일을] 상의할 만한 사람이 없었다. 장열(張說)은 시독관(侍讀官)의 신분으로 태자궁(太子宮: 東宮)에 들어가 현종을 알현할 수 있었는데, 현종이 조용히 그 계획을 장열에게 말했더니 장열 역시 은밀히 그 일에 찬성했다. 다른 날 장열이 또 태자궁에 들어가 현종을 모시면서 낙태약 석 제(劑)를 품고 와서 바쳤다. 현종은 낙태약을 받고 기뻐하면서 좌우 신하들을 모두 물리치고 나서 궁전 안에서 혼자 불을 지폈는데, 약이 아직 다 달여지지 않았을 때 피곤하여 언뜻 잠이 들었다. 그 순간 초파리가 나는 소리가 들리면서 키가 1장(丈) 남짓 되는 어떤 신인(神人)이 장식을 한 말을 타고 나타났는데, 그는 황금 갑옷을 입고 창을 들고서 약탕기를 3번 돌더니 달인 탕약을 남김없이 모두 엎어버렸다. 현종은 일어나 살펴보고 이상해하면서 다시 불을 지피고 약 한 제를 약탕기에 또 넣고 달였다. 그리고는 평상으로 가서 잠시 쉬면서 지켜보았더니, 신인이 또 나타나 이전처럼 탕약을 엎어버렸다[원문은 '復'라 되어 있지만 문맥상 '覆'의 誤記로 보임]. 이렇게 3번을 달였으나 신인이 모두 엎어버리자 현종은 [약 달이는 것을] 그만두었다. 다음날 장열이 다시 오자 현종이 그에게 [그 동안의 일을] 말해주었더니, 장열은 계단을 내려가 정중하게 절을 올리며 경하(敬賀)드렸다.

"하늘이 명하신 것이니 [태아를] 없앨 수 없습니다."

그 후 원헌황후가 신 것을 먹고 싶다고 하기에 현종이 장열에게 말했더니, 장열은 강연(講筵)하러 들어올 때마다 소매 속에 모과를 감춰 가지고 와서 바쳤다. 그래서 [현종이 즉위한] 개원연간(開元年間: 713~741)에 장열은 어느 누구에도 비할 수 없을 만큼 특별한 은총을 받았으며, [현종의 아들] 숙종(肅宗)은 장열의 아들 장균(張均)과 장게(張垍)를 친척 형제처럼 대했다고 한다. (『유씨사』)

唐玄宗之在東宮, 爲太平公主所忌, 朝夕伺察, 纖微必聞于上. 而宮闈左右, 亦潛持兩端, 以附太平之勢. 時元獻皇后方姙, 玄宗懼太平, 欲令服藥除之, 而無可以語者. 張說以侍讀得進見太子宮, 玄宗從容謀及說, 說亦密贊其事. 他日, 說又入侍, 因懷去胎藥三煮劑以獻. 玄宗得藥喜, 盡去左右, 獨擁火於殿中, 煮未熟, 怠而假寐. 盼䁍之際, 有神人長丈餘, 馬具飾, 身被金甲, 操戈, 繞藥鼎三匝, 煮盡覆無餘焉. 玄宗起視異之, 復增擁火, 又投一劑, 煮於鼎. 因就榻, 瞬息以伺之, 而神見, 復煮如初. 凡三煮, 皆覆之, 乃止. 則明日說又至, 告之, 說降階肅拜, 賀曰: "天所命也, 不可去之." 厥後元獻皇后思食酸, 玄宗亦以告說, 說每因進講, 輒袖木瓜以獻. 故開元中, 說恩澤莫與爲比. 肅宗之於說子均·垍, 若親戚昆弟云. (出『柳氏史』)

136·2(1163)
질금상(叱金像)

당(唐)나라 초에 황금으로 만든 신상(神像)이 있었는데, 전하는 말에 따르면 북주(北周)와 수(隋)나라 사이에 어떤 술사(術士)가 주물하여 만들었다고 한다. 칙천무후(則天武后) 시대에 그 신상을 궁중에 안치하고 [그것을 모신] 전각에 자물쇠를 매우 단단하게 채워놓으라고 명했다. 현종(玄宗)이 한번은 그 전각에 행차하여 그곳을 열어서 관람했다. 당시 숙종(肅宗)은 중궁(中宮: 東宮. 太子가 거처하는 곳)에 있었고 대종(代宗)은 아직 어렸는데, 함께 황상(皇上: 玄宗)을 모시고 있었다. 황상이 내신(內臣) 고력사(高力士)에게 물었다.

"이 신상은 어떤 특이한 점이 있소? 무슨 전설이라도 있소?"

고력사가 말했다.

"이 신상은 전대(前代)에 만든 것으로, 왕자(王者)가 몇 년 동안 재위할 수 있는지를 점칠 수 있다고 합니다. 그 방법은 큰소리로 [이 신상을] 꾸짖는 것인데, 만약 재위 기간이 아주 길다면 이 신상도 오랫동안 요동하고 그렇지 않다면 한 번 꿈쩍했다가 멈춘다고 합니다."

황상이 즉시 꾸짖었더니 그 신상은 마치 두려워하는 듯 한참 동안 요동하다가 땅에 엎어졌다. 황상은 기쁘게 웃으며 말했다.

"정말 그 말 대로라면 나는 천자 노릇을 꽤 오래 할 수 있겠군!"

그래서 고력사는 황상께 재배하며 경하드렸다. 황상은 곧 태자(太子: 肅宗)에게 [그 신상을] 꾸짖으라고 명했더니, 그 신상은 약간만 움직였다. 다시 황손(皇孫: 代宗)에게 꾸짖으라고 명했더니, 이번에는 오랫동안 요동했다. 황상이 말했다.

"내 손자가 나와 비슷하군."

그 후 현종은 50년 동안 재위했고[현종의 실제 재위 기간은 44년이고, 재위한 지 50년만에 죽었음], 숙종은 6년 동안 재위했으며, 대종은 19년 동안 재위했으니, 모두 그 점괘와 들어맞았다. (『선실지』)

初唐有神像, 用金而製, 傳云: 周隋間有術士鎔範而成之. 天后朝, 因命置于宮中, 扃其殿宇甚嚴. 玄宗嘗幸其殿, 啓而觀焉. 時肅宗在中宮, 代宗尙稚, 俱侍上. 上問內臣力士曰: "此神像何所異? 亦有說乎?" 力士曰: "此前代所制, 可以占王者在位之幾何年耳. 其法當厲聲而叱之, 苟年甚永, 則其像搖震亦久, 不然, 一撼而止." 上卽嚴叱之, 其像若有懼, 搖震移時, 仆于地. 上喜笑曰: "誠如說, 我爲天子幾何時!" 力士因再拜賀. 上卽命太子叱之, 其像微震. 又命皇孫叱之, 亦動搖久之. 上曰: "吾孫似我." 其後玄帝在位五十載, 肅宗在位凡六年, 代宗在位十九年, 盡契其占也. (出『宣室志』)

136 · 3(1164)
천보부(天寶符)

당(唐)나라 개원연간(開元年間: 713~741) 말에 홍농(弘農)의 옛 함곡관(函谷關)에서 보물 부신(符信)을 얻었는데, 흰 돌에 붉은 글씨로 '枼'라는 글자가 씌어져 있었다. 어떤 식자가 그것을 해석하여 말했다.

"'枼'는 사십팔(四十八)이라는 뜻으로, 성인이 천자로 재위한 햇수를 보여주는 것이다."

황제(皇帝: 玄宗)가 촉(蜀) 땅으로 행차한 다음 해가 바로 사십팔 년이었다[현종은 安史의 亂이 일어난 天寶 14년(755)에 蜀으로 피난갔으므로, 그 다음 해는 756이며 재위한 지 45년이 됨. 48년이라 한 것은 어디에 근거했는지 모르겠음]. 보물 부신을 얻었을 때 세상 사람들이 모두 이렇게 노래했다.

> 보물을 얻었네,
> 홍농에서.
> 홍농에서,
> 보물을 얻었다네.

보물 부신을 얻은 해에 마침내 [開元이라는] 연호를 천보(天寶)로 바꾸었다. (『개천전신기』)

唐開元末, 于弘農古函谷關得寶符, 白石赤文, 正成'來'字. 識者解之云: "'來'者四十八, 所以示聖人御曆之數也." 及帝幸蜀之來歲, 正四十八年. 得寶之時, 天下歌之曰: "得寶耶, 弘農耶. 弘農耶, 得寶耶." 得寶之年, 遂改元爲天寶. (出『開天傳信記』)

136·4(1165)
촉당귀(蜀當歸)

승려 일행(一行)은 장차 죽으려 할 때, 어떤 물건이 담긴 봉투 하나를 남기면서 제자를 시켜 황제(皇帝: 玄宗)에게 바치라고 했다. 황제가 그것을 열어보았더니, 바로 촉(蜀) 땅의 당귀(當歸)였다[촉에서 틀림없이 돌아오게 된다는 뜻]. 황제는 처음에는 [무슨 뜻인지] 깨닫지 못했으나, 촉 땅에 행차했다가 [長安으로] 돌아온 뒤에야 비로소 그 미묘한 뜻을 알아내고는, 그 기이함에 깊이 감탄했다. (『개천전신기』)

僧一行將卒, 遺物一封, 令弟子進於帝. 帝發視之, 乃蜀當歸也. 帝初不喻, 及幸蜀回, 乃知微旨, 深歎異之. (出『開天傳信記』)

136·5(1166)
만리교(萬里橋)

현종(玄宗)이 동도(東都: 洛陽)에 행차했다가 우연히 가을비가 온 뒤 날이 개이자, 일행(一行) 법사와 함께 천궁사(天宮寺)의 누각에 올랐다. 현종은 한참 동안 아래를 내려다보다가 쓸쓸히 멀리 돌아보며 서너 번 탄식하더니 일행에게 말했다.

"내 나이 이미 예순인데 끝까지 근심거리가 없겠소?"

일행이 나아가 말했다.

"폐하께서는 만리까지 납시실 것이며, 성조(聖祚: 帝位)는 무궁할 것이옵니다."

현종은 서쪽으로 순행하여 처음 성도(成都)에 이르렀을 때, 큰 다리가 앞에 바라보이기에 채찍을 들어 좌우 신하에게 물었다.

"저 다리 이름은 무엇인가?"

절도사(節度使) 최원(崔圓)이 말을 몰아 앞으로 나아가 말했다.

"만리교라 하옵니다."

현종은 뒤늦게 감탄하며 말했다.

"일행의 말이 지금 과연 딱 들어맞으니 나는 걱정할 게 없겠구나!"

(『송창록』)

玄宗幸東都, 偶然秋霽, 與一行師共登天宮寺閣. 臨眺久之, 上迴顧凄然, 發歎數四, 謂一行曰: "吾甲子得終無患乎?" 一行進曰: "陛下行幸萬里, 聖祚無疆." 西狩初至成都, 前望大橋, 上擧鞭問左右: "是橋何名?" 節度崔圓躍馬前進曰: "萬里橋." 上因追歎曰: "一行之言, 今果符之, 吾無憂矣!" (出『松窗錄』)

136・6(1167)
당숙종(唐肅宗)

숙종은 동도(東都: 洛陽)에 있을 때, 이림보(李林甫)의 모함을 받아 거의 위태로운 지경까지 이른 적이 여러 번 있었다. 그래서 얼마 되지 않아 머리카락이 반백이 되었다. 한번은 숙종이 아침 조회에 참석했을 때, 황상(皇上: 玄宗)이 그를 보고 근심스레 말했다.

"너는 병들었으니 궁원(宮院)으로 돌아가 있으면 [조회가 끝난 뒤] 내가 너를 보러 가겠다."

황상이 [숙종의 거처에] 당도하여 둘러보았더니, 궁 안의 정원은 청소하지 않았고 악기와 병풍・휘장엔 먼지가 수북히 쌓여 있었으며 좌우의 시종에는 가기(歌妓)가 없었다. 황상은 얼굴을 찡그리고 고력사(高力士)를 돌아보며 말했다.

"태자의 거처가 이와 같은데도 장군은 어찌하여 나에게 알리지 않았소(황상은 궁궐에 있을 때 고력사를 장군이라 부른 적이 있었다)?"

고력사가 아뢰었다.

"신은 말씀을 드리려고 했사오나 태자가 허락하지 않으면서 '황상께 심려 끼쳐 드리지 마시오'라고 했사옵니다."

황상은 즉시 고력사에게 조서를 내려, 경조윤(京兆尹)을 찾아가 키가 크고 살결이 흰 민가의 처자(處子) 5명을 빨리 선발하게 하여 태자에게 내려주도록 했다. 고력사는 급히 떠나려다가 다시 돌아와 아뢰었다.

"신이 예전에 처자를 조사하여 선발하라는 칙지(勅旨)를 경조에 공포한 적이 있사온데, [그 일 때문에] 민간에서 말들이 많자 조정의 호사가들이 그것을 빌미로 삼았사옵니다. 그래서 신의 생각으로는 액정(掖庭: 궁녀들이 거처하는 궁궐)에서 선발하되, 과거에 관리였다가 사건에 연루되어 [재산과 식구들이] 관가에 몰수된 집의 처자 중에서 가려 뽑는 것이 좋을 듯하옵니다."

황상은 크게 기뻐하여 고력사로 하여금 액정령(掖庭令)에게 조서를 내려, 호적을 보고 조사하여 3명을 뽑아 태자에게 내려주도록 했는데, 3명의 선발자 중에 장경오황후(章敬吳皇后)가 들어 있었다.

얼마 후 오황후가 숙종을 모시고 잠을 잤는데, 내쳐 자면서 깨어나지 않은 채 아프기라도 한 듯 신음소리를 내면서 숨도 제대로 쉬지 못했다. 숙종은 황후를 불렀으나 깨어나지 않자 속으로 이렇게 곰곰히 생각했다.

"황상께서 황후를 나에게 내려주셨는데, 결국 아무런 까닭도 없이 깨어나지 못하니, 황상께서 내가 황후를 잘 돌보지 못한 것이라고 여기시지는 않을까?"

숙종이 황급히 촛불을 들고 살펴보았더니, 한참 뒤에 황후가 깨어났다. 숙종이 황후에게 [어찌 된 일인지] 묻자, 황후는 손으로 자기의 왼쪽 옆구리를 가리며 말했다.

"신첩이 방금 전에 꿈을 꾸었는데, 키가 1장(丈) 남짓 되는 어떤 신인(神人)이 황금 갑옷을 입고 칼을 든 채 신첩을 돌아보며, '천제께서 나에게 당신의 아들이 되라고 명하셨습니다'라고 했습니다. 그리고는 왼쪽 옆구리로 칼을 들이밀었는데, 그 아픔을 참을 수가 없었습니다. 지금까지도 아픔이 가시지 않습니다."

숙종이 촛불 아래에서 살펴보았더니, [황후의 옆구리에] 면류관 싸개처럼 생긴 붉은 흔적이 남아 있자, 급히 그 사실을 황상께 아뢰었다. 그리하여 마침내 대종(代宗)을 낳았다.

대종이 태어난 지 사흘째 되는 날에 황상이 동궁(東宮)에 행차하여 황금 대야를 하사하면서 대종을 목욕시키라고 했다. 오황후는 허약한 상태였고 황손(皇孫: 代宗)의 용체(龍體)도 아직 제대로 펴지지 않았으므로, 양육을 담당한 유모 할멈은 당황하여 궁중의 여러 왕자 중에서 [황손과] 같은 날 태어나고 몸이 통통하고 건강한 아이를 대신 바쳤다. 황상은 그 아이를 보더니 기뻐하지 않으면서 말했다.

"이 아이는 내 손자가 아니다."

유모 할멈이 머리를 조아리며 사실대로 자백하자, 황상이 그녀를 흘겨보며 말했다.

"네가 알 수 있는 바가 아니니, 냉큼 내 손자를 데려오너라!"

그래서 유모 할멈이 황손을 안고 와서 바치자, 황상은 크게 기뻐하며 황손을 손바닥에 올려놓고 태양을 향해 살펴보면서 웃으며 말했다.

"이 아이의 복록은 그 아비보다 훨씬 크겠구나!"

황상은 궁으로 돌아와 궁중의 악사(樂師)를 모두 대기시켜 놓고, 고력사에게 말했다.

"이 하나의 궁전에 3명의 천자가 있으니 정말 기쁘도다! 태자와 술을 마셔야겠구나!"

(『유씨사』)

肅宗在東都, 爲李林甫所搆, 勢幾危者數矣. 無何, 鬢髮斑白. 常早朝, 上見之愀然曰: "汝疾歸院, 吾當幸汝." 及上至, 顧見宮中庭宇不灑掃, 樂器屛幃, 塵埃積其間, 左右使令, 無有女妓. 上爲動容, 顧謂力士曰: "太子居如此, 將軍盍使我聞乎(上在禁中, 嘗呼力士爲將軍. 原注'嘗呼'作'不知', '爲'上有'呼'字, 據明鈔本改)?" 力士奏曰: "臣嘗欲上言, 太子不許, 云: '無以動上念.'" 上卽詔力士, 下京兆尹, 亟選人家子女頎長潔白者五人, 將以賜太子. 力士趨去, 復還奏曰: "臣他日嘗宣旨京兆, 閱致子女, 人間囂囂, 而朝廷好言事者, 得以爲口實. 臣以爲掖庭中, 故衣冠以事沒入其家者, 宜可備選." 上大悅, 使力士詔掖庭令, 按籍閱視. 得三人, 乃以賜太子, 而章敬吳皇后在選中.

頃之, 后侍寢, 厭不寤, 吟呼若有痛, 氣不屬者. 肅宗呼之不解, 竊自計曰: "上賜我, 卒無狀不寤, 上安知非吾護視不謹耶?" 遽秉燭視之, 良久乃寤. 肅宗問之, 后手掩其左脇曰: "妾向夢中, 有神人長丈餘, 介金甲而操劒, 顧謂妾曰: '帝命吾與汝爲子.' 自左脇劒決而入, 痛殆不可忍('忍'原作'痛', 據明鈔本改). 及今尙未之已也." 肅宗檢之于燭下, 則若有綖而赤者存焉, 遽以狀聞. 遂生代宗.

代宗之載生三日也, 上幸東宮, 賜之金盆, 命以浴. 吳皇后年弱, 皇孫龍體未舒,負嫗惶惑, 乃以宮中諸王子, 同日誕而體貌豐碩者以進. 上視之不樂, 曰: "此兒非吾兒也." 負嫗叩頭具服, 上睨曰: "非爾所知, 取吾兒來!" 於是以太子進見, 上大喜, 置諸掌內, 向日視之, 笑曰: "此兒福祿遠過其父!" 上還宮, 盡留內樂, 謂力士曰: "此一殿有三天子, 樂乎哉! 可與太子飲乎!" (出『柳氏史』)

136·7(1168)
당무종(唐武宗)

당(唐)나라 회창연간(會昌年間: 841~846) 말년에 무종은 갑자기 어명(御名)을 불 화(火)자 밑에 불 화자가 있는 '염(炎)'자로 바꾸었다. 이윽고 선종(宣宗)이 광왕(光王)으로 있다가 황제로 등극했는데, 옛 문자에서 '광(光)'자는 사실상 '광(炗)'에서 나온 것이다. 아! [어떤 일에] 앞서 일어난 징조가 이처럼 분명하다니! (『진릉십칠사』)

唐會昌末年, 武宗忽改御名爲火下火. 及宣宗以光王龍飛, 于古文, '光'字實從'炗'焉. 噫! 先兆之明若是耶! (出『眞陵十七史』)

136·8(1169)
당선종(唐宣宗)

당(唐)나라 선종이 번왕(藩王)으로 있을 때, 한번은 황제의 어가(御駕)를 수행하여 [도성으로] 돌아가다가 실수로 말에서 떨어졌는데, 다른 사람들은 그 사실을 알아차리지 못했다. 선종은 이경(二更) 무렵에야 비로소 일어날 수 있었다. 그때는 큰 눈이 내렸고 사방을 둘러봐도 고요할 뿐 사람 소리가 들리지 않았다. 황상(皇上: 宣宗)이 몹시 추위에 떨고 있을 때, 마침 순라군이 당도하여 [그를 보고는] 크게 놀랐다. 황상이 말했다.

"나는 광왕(光王)이다. 어떻게 여기에 오게 되었는지 모르겠지만, 지금 곤경에 처해 있고 목이 마르니 그대가 나에게 물 좀 가져오너라."

순라군은 즉시 근처에서 물을 가져와 바친 뒤, 그를 그냥 두고 떠났다. 황상은 한참 있다가 일어나 물 사발을 들어 마시려고 보았더니, 사발 속의 물이 모두 향긋한 술로 변해 있었다. 황상은 기뻐하며 혼자 몸을 지탱하고 한 사발을 모두 마셨더니, 이윽고 몸이 약간 더워지면서 힘이 생겼기에 걸어서 번저(藩邸)로 돌아갔다. 나중에 그는 마침내 황제로 즉위했다. (『진릉십칠사』)

唐宣宗在藩時, 常從駕回, 而誤墜馬, 人不之覺. 比二更, 方能興. 時天大雪, 四顧悄無人聲. 上寒甚, 會巡警者至, 大驚. 上曰: "我光王也. 不悟至此, 方困且渴, 若爲我求水." 警者卽于旁近得水以進, 遂委而去. 上良久起, 擧甌將飮, 顧甌中水, 盡爲芳醪矣. 上喜, 獨自負, 擧一甌, 已而體微煖有力, 步歸藩邸. 後遂卽帝位 (出『眞陵十七史』)

136 · 9(1170)
영광왕(迎光王)

태자빈객(太子賓客: 태자 측근의 속관) 노진(盧眞)에게 조카 하나가 있었는데, 그는 일찍이 승려가 되었다. 회창연간(會昌年間: 841~846)에 그는 [사문에서] 밀려나 환속했는데, 노진의 덕택으로 광왕부(光王府)의 참군(參軍)에 임명되었다. 하루는 그가 꿈을 꾸었는데, 이전에 모시던 사부가 그의 집을 찾아와 [근황을] 묻자, 노씨(盧氏: 盧眞의 조카)가 말했다.

"보잘것없는 낮은 관리로 지내는 것은 제가 바라는 바가 아닙니다. 저는 삭발하고 다시 가사를 입고 싶다는 생각을 늘 하고 있습니다."

사부가 말했다.

"네가 진실로 그러한 뜻을 지니고 있다면, 불교가 부흥하는 것은 아직 늦지 않았다."

사부의 말이 채 끝나기도 전에 갑자기 사방에서 일월기(日月旗: 해와 달을 그려 놓은 깃발로 천자를 상징함)가 펄럭이면서 천군만마가 크게 소리쳤다.

"황제로 즉위하는 광왕을 영접하라!"

얼마 후 무제(武帝: 武宗)가 붕어하자 광왕은 과연 황제[宣宗]로 즉위했다. 이것은 결국 [노씨가 꿈속에서 보았던] 그 일과 맞아떨어졌다. (『선실지』)

太子賓客盧眞, 有猶子, 曾爲沙門. 會昌中, 沙汰歸俗, 廕補爲光王府參軍. 一日, 夢前師至其家而問訊焉, 盧則告: "卑('卑'原作'畢', 據明鈔本改)官屑屑然, 非其願也. 常思落髮, 再披緇褐." 師曰: "汝誠有是志, 像敎興復, 非晚也." 語未竟, 俄四面見日月旌旆, 千乘萬騎, 喧言: "迎光王卽皇帝位!" 未幾, 武帝崩, 光王果卽皇帝位. 至是竟符其事焉. (出『宣室志』)

136 · 10(1171)
당의종(唐懿宗)

당(唐)나라 의종은 도량이 중후하고 생김새가 훤칠했다. 그는 [황제가 되기 전] 번저(藩邸)에 있을 때 홍역을 심하게 앓았는데, 곽숙비(郭淑妃)는 누런 용이 그의 침실에서 나오는 것을 보았다. 황상(皇上: 懿宗)의 병이 약간 나아지자 곽숙비가 그 일을 갖추어 아뢰었더니, 황상이 말했다.

"그 말을 누설하지 마시오. 훗날 존귀해지면 그대를 잊지 않을 것이오."

또 한번은 큰 눈이 내려 1척이나 쌓였는데, 황상의 침실 주위만은 눈이 조금도 쌓이지 않았기에, 그것을 본 여러 왕자들은 모두 기이하다고 여겼다. 대중연간(大中年間: 847~859) 말에 도성의 어린아이들이 베를 접어서 물에 담갔다가 태양을 향해 펼쳤는데, 이것을 '열운(捩暈: 해무리를 꺾어온다는 뜻으로, 천자를 맞이한다는 의미)'이라고 했다. 나중에 황상이 운왕(鄆王)으로 있다가 황제로 즉위했으니, '열운'이라는 말이 들어맞은 것이었다. 선종(宣宗)이 「태변수곡(泰邊陲曲)」을 만들고 그 가사를 지어 "바다와 산악에 평안함이 두루 통하네[海岳晏咸通]"라고 하자, 황상은 그것을 공손히 받들어 연호를 함통(咸通: 860~873)이라 했다. 황상의 어질고 효성스런 도리는 천성적인 것이었다. 그렇지만 정태후(鄭太后)는 그가 제위를 대신한 것을 싫어하여 그를 평범하게 여기고 비난하면서 일반 사인(士人)과 같은 예로 대했다. 그래서 황상을 받들어 모시는 공경대부들은 모두 얼굴을 찌푸렸다. (『두양잡편』)

唐懿宗器度沈厚, 形貌瑰偉. 在藩邸時, 疾疹方甚, 而郭淑妃見黃龍出於臥內.

上疾稍退, 妃具以狀告, 上曰: "無泄是言. 貴不相忘." 更嘗大雪盈尺, 而上寢室輒無分寸, 諸王見者無不異之. 大中末, 京城小兒, 疊布蘸水, 向日張之, 謂'捄暈'. 及上自鄆王卽位, '捄暈'之言應矣. 宣宗製「泰邊陲曲」, 撰其詞云: "海岳晏咸通", 上垂拱而號咸通. 上仁孝之道, 出于天性. 鄭太后厭代, 而蔬素悲毀, 同士人之禮. 公卿奉慰者, 無不動容. (出『杜陽雜編』)

136 · 11(1172)
당희종(唐僖宗)

당(唐)나라 승상(丞相)인 농서공(隴西公) 이울(李蔚)이 광릉(廣陵)에서 대장깃발을 세웠는데, 그때는 함통(咸通) 12년(871)이었다. 사주(泗州)에서 다음과 같은 장계(狀啓)를 올렸다.

"어떤 여승 2명이 보광사(普光寺)에 와서 예불 드리는 사람들을 흘겨보고 돌아보더니 마치 실성이라도 한 듯이 '2년 뒤에 나라에 변란이 생길 것인데, 이 절의 대성화상(大聖和尙)이 틀림없이 보위에 오를 것이다'라고 말했습니다. 그리고는 회랑을 돌며 소리쳤는데, 수많은 사람들이 모여 있었지만 그들이 어디에서 왔는지 알 수 없었습니다. 승려들이 크게 두려워하면서 그들을 막 잡으려고 하자, 그들은 함께 높은 불탑으로 올라가 아래로 몸을 던졌습니다. 그 중 한 명은 구해내지 못해 죽었고 다른 한 명은 떨어져 다쳤는데, 통증으로 정신이 혼미해져 있었기에 심문을 했으나 [사건의 전모를] 알아낼 수 없었습니다."

승상은 즉시 그 장계를 불태워버리라고 명했으며, 아울러 사주에 공문을 보내 다친 여승을 때려죽이게 했다. 함통 14년(873)에 과연 의종(懿宗) 황제가 붕어했다. 그해 8월에 희종이 즉위했는데, 그는 바로 보왕(普王)이었다. (『당사』)

唐丞相隴西公李蔚建大旆于廣陵日, 時咸通十二年也. 泗州狀言: "有女僧二人, 至普光寺, 將祈禮者, 睢旰顧視, 如病風狂, 云: '後二年, 國有變亂, 此寺大聖和尙, 當履寶位.' 循廊喧叫, 聚人甚衆, 不跡其來. 釋徒大恐, 且欲拘縻之際, 則齊登峻塔, 投身而下. 其一不救, 其一墜傷, 狂痛昏迷, 詰問不獲." 丞相立命焚其狀, 仍牒州杖殺之. 至十四年, 果懿皇晏駕. 八月, 僖宗卽位, 乃是普王. (出『唐史』)

136 · 12(1173)
이 태(李 邰)

당(唐)나라의 이태는 하주자사(賀州刺史)로 있을 때, 섭무련(葉茂蓮)이라는 기녀와 함께 강가로 놀러나갔다가 「투자선(骰子選)」이라는 노래를 짓고 그것을 '섭자(葉子)'라고 했다. 함통연간(咸通年間: 860~873) 이후로 세상 사람들은 그 노래를 즐겨 불렀지만, 그 노래가 당조(唐朝)의 존속 연한을 예언하고 있다는 사실은 거의 알지 못했다. 정자로 '섭자(葉子)'라는 글자는 입(卄)·세(世)·목(木)·자(子)[卄과 世는 20世란 뜻이고 木과 子는 李의 破字임]로 이루어져 있는데, [첫 황제 高祖] 무덕연간(武德年間: 618~626)에서 [마지막 황제 哀帝] 천우연간(天祐年間: 904~907)까지 딱 20대(代)였다. (『감정록』)

唐李郃爲賀州刺史, 與妓人葉茂蓮江行, 因撰「骰子選」, 謂之'葉子'. 咸通以來, 天下尙之, 殊不知應本朝年祚. 正體書'葉'字, 廿世木子, 自武德至天祐, 恰二十世. (出『感定錄』)

136 · 13(1174)
후당태조(後唐太祖)

　　[五代] 후당의 태조는 임신한 지 13개월만에 태어났다. 그가 태어나는 날 저녁에 모후(母后)는 매우 위급해지자, 친족을 보내 안문(鴈門)에서 약을 사오게 했다. 친족이 [약을 사러 갔다가] 어떤 신인(神人)을 만났는데, 그 신인이 친족에게 가르쳐주길, 부하를 거느리고 갑옷을 입고 깃발을 들고 징과 북을 치고 말을 몰아 큰 소리를 지르면서 모후의 거처를 3번 돈 후에 멈추라고 했다. 친족이 그 신인이 가르쳐준 대로 했더니 과연 태조가 태어났다. 그때 무지개 빛이 침실을 비추고 흰 기운이 마당에 가득했으며 우물물이 갑자기 넘쳤다. 태조는 말을 할 때쯤 되자 군대에 대해 토론하길 좋아했으며, 열두세 살쯤에는 말타기와 활쏘기에 뛰어났다. 일찍이 신성(新城)의 북쪽에서 비사문천왕상(毘沙門天王像)에게 술을 바치고 함께 담론하자고 청했더니, 천왕이 갑옷을 입고 창을 들고서 벽 사이에서 은은하게 나타났다. 태조가 거처하던 휘장 안에는 때때로 불덩이가 모이기도 하고 혹은 용의 형상이 나타나기도 했으므로, 사람들은 모두 그것을 기이하다고 생각했다. 한번은 태조가 그 불덩이를 따라 방훈(龐勛) 정벌에 나섰는데, 군진(軍陣)에서 신출귀몰하여 '용

호자(龍虎子)'로 불렸다. (『북몽쇄언』)

後唐太祖, 在姙十三月而生. 載誕之夕, 母后甚危, 令族人市藥于鴈門. 遇神人, 敎以率部人, 被介持旄, 擊鉦鈸, 躍馬大噪, 環所居三周而止. 果如所敎而生. 是時虹光燭室, 白氣充庭. 井水暴溢. 及能言, 喜道軍旅, 年十二三, 善騎射. 曾於新城北, 酒酹于毗沙門天王塑像, 請與交談, 天王被甲持矛, 隱隱出于壁間. 所居帳內, 時有火聚, 或有龍形, 人皆異之. 嘗隨火征龐勛, 臨陣出沒如神, 號爲'龍虎子'. (出『北夢瑣言』)

136 · 14(1175)
후당명종(後唐明宗)

[五代] 후당 명종 황제가 미천했을 때, 번장(蕃將) 이존신(李存信)을 따라 변경을 순찰하러 나갔다가 안문(鴈門)의 여관에 투숙했다. 임신하고 있던 여관집 노모는 명종이 왔는데도 금방 음식을 차려 내오지 않았다. 그때 뱃속의 태아가 어머니에게 말했다.

"천자께서 오셨으니 속히 음식을 차리십시오."

그 소리가 밖에까지 들리자, 노모는 이상해하면서 황급히 일어나 직접 부엌에서 음식을 만들어 매우 정중하게 모셨다. 명종은 노모가 처음에는 거만하다가 나중에 공손한 것을 보고 캐물었더니, 노모가 말했다.

"공은 말할 수 없이 귀한 분이십니다."

명종이 [어떻게 그 사실을 아는지] 연유를 묻자, 노모가 태아가 뱃속에서 말한 일을 말해주었더니, 명종이 말했다.

"노모 자네가 말을 공손히 하는 것은 내가 자네를 혼낼까봐 두려워서 겠지."

나중에 과연 그녀의 말대로 [명종은 황제가] 되었다. (『북몽쇄언』)

後唐明宗皇帝微時, 隨蕃將李存信巡邊, 宿於鴈門逆旅. 逆旅嫗方姙, 帝至, 不時具食. 腹中兒語謂母曰: "天子至, 速宜具食." 聲聞于外, 嫗異之, 遽起親奉庖爨, 敬事尤謹. 帝以嫗前倨後恭, 詰之, 曰: "公貴不可言也." 問其故, 具道娠子腹語事, 帝曰: "老嫗遜言, 懼吾辱耳." 後果如言. (出『北夢瑣言』)

136 · 15(1176)
노 왕(潞 王)

[五代 後唐] 청태(淸泰: 실제로는 後唐의 末帝 李從珂의 연호로 934년~936년인데, 여기서는 인명처럼 쓰였음)가 기양(岐陽)에 있을 때, 80살이 넘은 마보판관(馬步判官) 하(何) 아무개가 있었는데 어느 날 갑자기 죽었다. [그가 다시 살아나서] 다음과 같은 이야기를 해주었다.

어떤 사자가 그를 체포하여 끌고 가서 저승에서 염라대왕을 알현했더니, 염라대왕이 말했다.

"너는 아무런 잘못도 없으므로 지금 너를 돌아가도록 놓아줄 테니, 나 대신 노왕에게 '내년 3월에 틀림없이 천자가 될 것이다'는 말을 전해주어라. 속히 돌아가 내 뜻을 전달하도록 하여라."

염라대왕이 말을 마치고 그를 데리고 나가게 하자, 사자가 그를 돌려보내 주었다. 하 아무개는 다시 살아난 뒤, 마침내 그 일을 노왕의 측근들에게 은밀히 아뢰었으나, 모두들 요망한 말이라고 하여 믿지 않는 바람에 노왕에게 그 일을 알릴 수 없었다. 한 달쯤 뒤에 하 아무개는 또 갑자기 죽어 저승으로 가서 다시 염라대왕을 알현했는데, 염라대왕이 노하여 그를 꾸짖으며 말했다.

"어찌하여 내 당부를 받고도 결국 노왕에게 전달하지 못했느냐?"

그리고는 천천히 또 말했다.

"너를 돌아가도록 놓아줄 테니, 속히 내 말을 전달하고 아울러 노왕에게 내 형상과 지장보살상(地藏菩薩像)을 그려달라고 청하여라."

하 아무개는 당황하고 두려워하면서 물러갔다. 그의 정원의 행랑 아래를 보았더니, 문서들이 어지럽게 놓여 있고 관리들이 서로 우왕좌왕했다. 하 아무개가 [무슨 일이냐고] 물었더니, 저승사자가 말했다.

"이것은 조대(朝代)가 장차 바뀌게 되어 승진하고 강직(降職)당하고 떠나고 머물 사람들이 장래의 관직을 받고 있는 것이오."

하 아무개는 다시 살아난 뒤, 소송을 핑계삼아 노왕을 알현했다. 그는 노왕을 알현하게 되자 이렇게 말했다.

"제가 은밀히 아뢸 일이 있습니다."

그래서 노왕이 좌우 사람들을 물리치고 그에게 물었더니, 그는 그 동안 보았던 일을 자세히 말씀드렸다. 노왕이 믿지 않자, 하 아무개가 말했다.

"제 나이가 80이 넘어서 죽을 날이 코앞에 닥쳐 있는데 어찌 감히 터무니없는 말을 하겠습니까?"

노왕은 아무 말도 하지 않고 그를 보내주었다.

이듬해 봄에 과연 기양을 공격하라는 조서가 내려지자, 하 노인만은 혼자 기뻐하며 염라대왕의 말이 반드시 징험될 것이라고 생각했다. 그 기일이 되자 하 노인의 말은 털끝만큼도 어긋남이 없었다. 청태는 즉위한 뒤 하 노인을 천흥현령(天興縣令)으로 발탁했다. 진실로 운명이란 미리 정해진 것이니, 어찌 사람의 힘으로 그것을 막을 수 있겠는가! (『왕씨견문록』)

淸泰之在岐陽也, 有馬步判官何某, 年踰八十, 忽暴卒. 云: 有使者拘錄, 引出, 冥間見陰君, 曰: "汝無他過, 今放汝還, 與吾言於潞王曰: '來年三月, 當帝天下.' 可速返, 達吾之旨." 言訖引出, 使者送歸. 及蘇, 遂以其事密白王之左右, 咸以妖妄而莫之信, 由是不得聞于王. 月餘, 又暴卒入冥, 復見陰君, 陰君怒而責之曰: "何故受吾教而竟不能達耶?" 徐曰: "放汝去, 可速導吾言, 仍請王畫吾形及地藏菩薩像." 何惶恐而退. 見其庭院廊廡之下, 簿書雜亂, 吏胥交橫. 何問之, 使者曰: "此是朝代將變, 陞降去留, 將來之官爵也." 及再活, 託以詞訟見王. 及見之, 且曰: "某有密事上白." 王因屛左右問之, 備述所見. 王未之信, 何曰: "某年踰八十, 死在旦夕, 豈敢虛妄也?" 王默遣之

來春, 果下詔攻岐陽, 唯何叟獨喜, 知其必驗. 至期, 何叟之言, 毫髮無差矣. 淸泰卽位, 擢何叟爲天興縣令. 固知冥數前定, 人力其能遏之乎! (出『王氏見聞錄』)

136·16(1177)
진고조(晉高祖)

[五代 後唐] 청태연간(淸泰年間: 934~936)에 진(晉: 後晉) 고조는 아직

제위에 오르지 않고 병부(幷部)에 있었다. 하루는 막료들에게 조용히 말했다.

"근자에 낮잠을 자다가 갑자기 꿈을 꾸었는데, 마치 몇 년 전 낙경(洛京: 洛陽)에 있을 때의 일 같았소. 내가 천자와 함께 말 재갈을 나란히 하고 길을 가다가 천자의 옛 저택을 지나게 되었는데, 천자께서 나에게 그 저택으로 들어가자고 청했소. 나는 서너 번 겸손히 사양하다가 하는 수 없어서 고삐를 당겨 들어갔소. 청사에 이르러 말에서 내려 동쪽 계단으로 올라가[보위에 오르는 것을 상징함] 서쪽을 향하여 앉았는데, 그때 천자께서는 이미 수레를 급히 몰아 떠나셨소. 그 꿈이 이러했소."

여러 막료들은 감히 무어라 대답하지 못했다. 그해 겨울에 과연 정혁(鼎革: 왕조가 바뀌는 것을 말함)의 일이 일어났다. (『옥당한화』)

淸泰中, 晉高祖潛龍于幷部也. 常一日從容謂賓佐云: "近因晝寢, 忽夢若頃年在洛京時. 與天子連鑣于路, 過舊第, 天子請某入其第. 其遜讓者數四, 不得已, 卽促轡而入. 至廳事下馬, 升自阼階, 西向而坐, 天子已馳車去矣. 其夢如此" 群僚莫敢有所答. 是年冬, 果有鼎革之事. (出『玉堂閑話』)

136·17(1178)
위촉주구(僞蜀主舅)

[五代十國] 위촉(僞蜀: 前蜀) 군주의 외숙은 집안이 대대로 부유하고 흥성했는데, 흥의문(興義門)에 [새로운] 저택을 지었다. 저택 안에는 20

여 개의 정원이 있었는데, [각 정원에는] 모두 화려한 담장과 웅장한 집, 높다란 누대와 깊은 연못, 기이한 꽃과 특이한 풀, 많은 계수나무와 작은 산, 산과 강에서 나는 진귀한 물건 등 없는 것이 없었다. 진주(秦州) 동성촌(董城村)의 한 정원에 붉은 모란 한 그루가 있었는데, 심어 놓은 연대가 아주 오래되었다. 그는 사람을 시켜 그 모란을 가져오게 하여 사방 1장(丈)이나 되는 흙을 파내고 나무궤짝에 담아서, 진주에서 성도(成都)까지 3천여 리를 운반했는데, 구절판(九折坂)·칠반관(七盤關)·망운(望雲)·구정산(九井山) 등 몹시 좁고 험난한, 하늘까지 뻗은 크고 작은 길을 지나 겨우 목적지에 도착했다. 그리하여 새로 지은 저택에 그 모란을 심어 놓은 뒤에 소주(少主)에게 왕림해주시기를 청했다. 소주는 그 저택의 화려한 건축이 궁실에 못지 않은 것에 감탄하여, 장난 삼아 붓을 가져오라고 명하여 기둥 위에 '맹(孟)'자 하나를 크게 써놓았는데, 당시 세간에서 '맹'자를 감당하지 못할 정도로 대단하다는 뜻으로 썼기 때문이었다. 이듬해 위촉이 망하고 맹씨(孟氏: 後蜀 開國主 孟知祥)가 성도로 입성하여 그 저택을 차지했다. 맹씨는 기둥 사이에 진홍색 초롱이 있는 것을 문득 보고 다가가서 살펴보았더니, 다름 아닌 '맹'자가 씌어 있었다. 그래서 맹씨가 말했다.

"이것은 상서로운 일이니 나는 이 거처를 바꾸지 않겠다."

맹씨가 위촉을 얻은 것은 대개 앞선 징조가 있었던 것이다. (『왕씨견문록』)

僞蜀主之舅, 累世富盛, 於興義門造宅. 宅內有二十餘院, 皆雕牆峻宇, 高臺深池, 奇花異卉, 叢桂小山, 山川珍物, 無所不有. 秦州董城村院, 有紅牡丹一株, 所植年代深遠. 使人取之, 掘土方丈, 盛以木櫃, 自秦州至成都, 三千餘里, 歷九折·七盤·望雲·九井, 大小漫天隘狹懸險之路, 方致焉. 乃植於新第, 因請少主臨幸. 少主歎其基構華麗, 侔於宮室, 遂戲命筆, 於柱上大書一'孟'字, 時俗謂'孟'爲不堪故也. 明年蜀破, 孟氏入成都, 據其第. 忽覩楹間有絳紗籠, 迫而視之, 乃一'孟'字. 孟曰: "吉祥也, 吾無易此居." 孟之有蜀, 蓋先兆也. (出『王氏見聞錄』)

태평광기 권제137 징응3

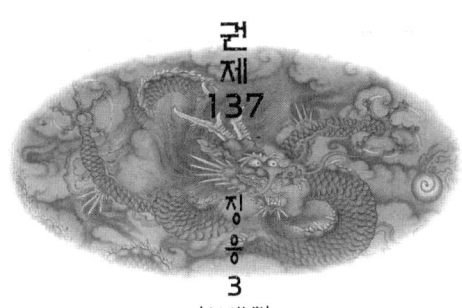

(人臣休徵)

1. 여 망(呂望)
2. 중 니(仲 尼)
3. 문 옹(文 翁)
4. 동중서(董仲舒)
5. 하비간(何比干)
6. 오록충종(五鹿充宗)
7. 왕 부(王 溥)
8. 응 추(應 樞)
9. 원 안(袁 安)
10. 진중거(陳仲擧)
11. 장 승(張 承)
12. 장 씨(張 氏)
13. 사마휴지(司馬休之)
14. 두 자(杜 慈)
15. 무사확(武士䂸)
16. 장문성(張文成)
17. 상관소용(上官昭容)
18. 최행공(崔行功)
19. 이정기(李正己)
20. 이 규(李 揆)
21. 가은림(賈隱林)
22. 장자량(張子良)
23. 정 인(鄭 絪)

137·1(1179)
여 망(呂 望)

여망(呂望: 姜太公)은 위수(渭水)의 물가에서 낚시하다가 잉어를 잡았는데, 잉어의 배를 갈라 보았더니 다음 글귀가 나왔다.
"여망은 제(齊)나라에서 봉지를 받아 제후가 될 것이다."

(『설원』)

呂望釣于渭濱, 獲鯉魚, 剖腹得書曰: "呂望封于齊." (出『說苑』)

137·2(1180)
중 니(仲 尼)

공자는 주(周)나라 영왕(靈王) 21년(기원전 551) 노(魯)나라 양공(襄公)시대에 태어났다. 공자가 태어나던 날 밤에 신녀(神女) 두 명이 향로(香露: 화초에 내린 이슬)를 들고 와서 [공자의 어머니인] 안징재(顔徵在)를 목욕시키고, 천제는 하계에다 균천(釣天: 고대 신화 속의 천제가 사는 곳, 즉 천계를 말함)의 음악을 연주했는데, 공중에서 다음과 같은 말이 들렸다.
"하늘에서 감응하여 성인을 낳았기 때문에 천계의 음악을 연주함으로써 함께 즐기노라."

또한 오로(五老: 五星의 精靈이다)가 안징재가 있는 정원에 줄지어 있었다. 공부자(孔夫子: 孔子)가 태어나기 전에 도성 안의 한 인가에서 기린이 옥서(玉書)를 토해 냈는데, 이렇게 적혀 있었다.

"덕의 정수가 쓰러져 가는 주나라를 이어 소왕(素王: 제왕의 덕을 가지고 있으면서 제왕에 자리에 오르지 못하는 사람을 가리킴)이 될 것이다."

안징재가 수놓은 인끈으로 기린의 뿔을 묶자, 이를 본 관상쟁이가 말했다.

"공자는 은(殷)나라 탕(湯) 임금 이후에 수덕(水德)으로 소왕이 될 것이다."

[魯나라] 정공(定公) 14년(24년은 14년의 오기로 보임. 노나라 정공은 15년간 재위했음으로 14년은 기원전 496년임)에 서상(鉏商: 春秋時代 魯叔孫氏의 수레몰이꾼)이 큰 늪에서 사냥하다가 기린 한 마리를 잡아 공부자에게 보여주었는데, 어머니 안징재가 묶어 놓았던 수놓은 인끈이 기린의 뿔에 묶인 채로 그대로 있었다. 공자는 그것을 보고 기린을 품에 안은 채 인끈을 풀어 주면서 옷깃이 젖을 정도로 눈물을 흘렸다. (『왕자년습유기』)

周靈王二十一年, 孔子生魯襄之代. 夜有二神女, 擎香露, 沐浴徵在, 天帝下奏鈞天樂, 空中有言曰: "天感生聖子, 故降以和樂." 有五老, 列徵在之庭中(五老者, 蓋五星精也). 夫子未生之前, 麟吐玉書於闕里人家, 文云: "水精子, 繼衰周爲素王." 徵在以繡紋繫麟之角, 相者云: "夫子殷湯之後, 水德而爲素王." 至定公二十四年, 鉏商畋于大澤, 得麟, 示夫子, 繫紋尙存. 夫子見之, 抱而解紋, 涕下沾襟. (出『王子年拾遺記』)

137 · 3(1181)
문 옹(文 翁)

한(漢)나라의 문옹은 황무지를 개간하여 밭을 일구기 위해 잡목을 잘라 못을 만들었다. 밤에 멧돼지 100여 마리가 나타나 코로 흙을 실어 쌓여 있는 잡목더미 속으로 날랐다. 동이 틀 무렵 연못은 완성되었는데, 이로부터 문옹은 늘 벼를 풍성하게 수확했다. 한번은 문옹이 큰 나무를 자르려고 했는데, 땅에서 1장(丈) 8척(尺) 떨어진 곳을 올려치려고 하면서 문옹이 먼저 이렇게 빌었다.

"내가 2000석(石)의 봉록을 받는 관리가 될 수 있다면, 반드시 저곳에 도끼가 꽂힐 것이다."

그리고 나서 문옹이 도끼를 던졌는데, 그가 자르려고 했던 곳에 도끼가 정확하게 꽂혔다. 뒷날 문옹은 과연 촉군(蜀郡)의 군수(郡守)가 되었다. (『소설』)

漢文翁當起田, 斫柴爲陂. 夜有百十野猪, 鼻載土著柴中. 比曉塘成, 稻常收. 嘗欲斷一大樹, 欲斷處, 去地一丈八尺, 翁先呪曰: "吾得二千石, 斧當著此處." 因擲之, 正砍所欲. 後果爲蜀郡守. (出『小說』)

137 · 4(1182)
동중서(董仲舒)

한(漢)나라의 동중서는 한번은 교룡이 자기 품속으로 들어오는 꿈을 꾸고 나서 곧 『춘추번로(春秋繁露)』를 지었다. (『소설』)

漢董仲舒常夢蛟龍入懷中, 乃作『春秋繁露』. (出『小說』)

137 · 5(1183)
하비간(何比干)

한(漢)나라의 하비간은 어떤 귀인이 찾아와서 수레와 마차가 문 앞에 가득한 꿈을 꾸었다. 하비간은 꿈에서 깨어나 그 사실을 아내에게 말했는데, 말을 채 다하기도 전에 80세가 조금 넘는 한 노파가 문 앞에 와서 비를 피해가기를 원했다. 비가 억수같이 내렸는데도 노파는 전혀 옷이 젖지 않았다. 하비간이 노파를 안으로 모셔 예로서 대접하자, 노파가 말했다.

"그대의 선조는 후직(后稷)이 요(堯) 임금을 보좌한 때부터 진(晉)나라에 이르기까지 음덕을 쌓았으니, 오늘 그대에게 책(策)을 주겠네."

그 책은 죽간처럼 생겼는데, 길이는 9촌(寸)이나 되었다. 노파는 모두 990개의 책을 그에게 주면서 이렇게 말했다.

"이것을 지닐 수 있는 자손은 부귀하게 될 것이네."

그 노파는 말을 다하고는 문을 나섰는데, 온데 간데 없었다. (『유명록』)

漢何比干夢有貴客, 車騎滿門. 覺以語妻子, 未已, 門首有老姥, 年可八十餘, 求避雨. 雨甚盛而衣不沾濡. 比干延入, 禮待之, 乃曰: "君先出自后稷佐堯, 至晉有陰功, 今天賜君策." 如簡, 長九寸. 凡九百九十枚, 以授之日: "子孫能佩者富貴." 言訖出門, 不復見. (出『幽明錄』)

137 · 6(1184)
오록충종(五鹿充宗)

한(漢)나라 오록충종은 홍성자(弘成子)에게서 학문을 배웠다. 홍성자가 어렸을 때 한번은 어떤 사람이 그를 찾아와서 제비 알만한 크기의 무늬가 있는 돌을 주었다. 홍성자는 그 돌을 삼키고 마침내 크게 깨달아 천하의 뛰어난 학자가 되었다. 홍성자는 후에 병을 얻은 뒤 그 돌을 토해내서 오록충종에게 주었는데, 오록충종 역시 저명한 학자가 되었다. (『서경잡기』)

漢五鹿充宗受學于弘成子. 成子少時, 嘗有人過己, 授以文石, 大如燕卵. 成子吞之, 遂大明悟, 爲天下通儒. 成子後病, 吐出此石, 以授充宗, 又爲名學也. (出『西京雜記』)

137 · 7(1185)
왕 부(王 溥)

후한(後漢) 영초(永初) 3년(109)에 나라에 국고가 부족하자, 조정에서는 돈을 내는 백성들이나 하급관리에게 벼슬자리를 내려주게 했다. 낭야(瑯琊) 사람 왕부의 선조 왕길(王吉)은 창읍중위(昌邑中尉)를 지냈는데, 왕부 대에 이르기까지 여러 대에 걸쳐 가세가 점점 몰락하더니, 안제(安帝) 때에 와서는 집안이 가난하여 돈이 없었기에 벼슬자리에 나아갈 수 없었다. 그리하여 왕부는 죽간을 끼고 낙양(洛陽)의 저자거리에서 붓을 들고 다니면서 글을 써주는 품을 팔았다. 왕부는 훌륭한 외모에 글재주가 뛰어났기 때문에 그에게 글을 써 달라고 하는 사람가운데 남자는 그에게 의관을 주고, 부인들은 그에게 금과 옥을 주었다. 그래서 하루 사이에 옷과 보물을 수레에 가득 실어 집으로 돌아왔다. 곡식이 곳간 열 개에 쌓였기에 9족의 종친들까지도 의식을 그에게 의탁하지 않는 사람이 없었다. 낙양 사람들은 그가 착해서 부를 얻게 되었다고 말했다. 이 일이 있기 전에 왕부가 가난했을 때 우물을 파다가 쇠도장 하나를 얻었는데, 거기에는 이렇게 적혀 있었다.

"품을 팔면 억유(億庾: 庾는 용량의 단위로 16斗를 말함)의 부를 얻을 것이고, 일토삼전(一土三田)의 군문주(軍門主)가 될 것이다."

왕부는 1억의 돈을 관에 헌납하여 중루교위(中壘校尉: 北軍의 軍門을 관장하는 관리)가 되었다. 일토삼전은 바로 루(壘)자이고, 중루교위는 북군의 군문을 관장하는 관리이기 때문에 군문주(軍門主)라 했던 것이다. (『습유록』)

後漢永初三年, 國用不足, 令民吏入錢者得爲官. 瑯琊王溥, 其先吉, 爲昌邑中尉, 溥奕世衰淩, 及安帝時, 家貧無貲, 不得仕. 乃挾竹簡, 搖筆洛陽市傭書. 爲人美形貌, 又多文詞, 儻其書者, 丈夫賜其衣冠, 婦人遺其金玉. 一日之中, 衣寶盈車而歸. 積粟十廩, 九族宗親, 莫不仰其衣食. 洛陽稱爲善而富也. 溥先時家貧, 穿井得鐵印, 銘曰: "傭力得富至億庾, 一土三田軍門主." 溥以億錢輸官, 得中壘校尉. 三田一土壘字, 校尉掌北軍壘門, 故曰軍門主也. (出『拾遺錄』)

137・8(1186)
응 추(應 樞)

후한(後漢)의 여남(汝南)에 응추라는 사람이 있었는데, 네 아들이 태어날 때 신령스런 빛이 사당을 비추는 것을 보았다. 응추가 그 빛을 보고 점쟁이에게 어찌된 일이냐고 물어보았더니, 점쟁이가 말했다.

"이것은 하늘이 내린 상서로운 징조이니, 아마도 자손이 크게 일어날 것이오."

후에 응추는 황금을 찾아냈다. 이로부터 여러 아들들은 관학에서 공부하면서 모두 재주가 있다는 명성을 얻었다. 응창(應瑒) 대에 이르기까지 7대 동안 지위와 명망이 높았다. (『효자전』)

後漢汝南應樞生四子, 見神光照祀. 樞見光, 以問卜人, 卜人曰: "此天符也, 子孫其興乎." 乃探得黃金. 自是諸子官學, 並有才名. 至瑒, 七世通顯. (出『孝子傳』)

137・9(1187)
원 안(袁 安)

한(漢: 後漢)나라의 원안이 부친상을 당하자 그 어머니는 원안에게 닭고기와 술을 가지고 점쟁이를 찾아가서 묏자리를 물어보라고 했다. 원안은 점쟁이를 찾아가던 길에 서생 세 명을 만났는데, 그들이 원안에게 어디 가냐고 묻자 원안은 사실대로 말해주었다. 그러자 서생이 말했다.

"우리들이 좋은 묏자리를 알고 있네."

원안이 닭고기와 술을 대접하며 예로서 그들을 대하자, 그들은 술과 닭고기를 다 먹고 나서 원안에게 묏자리의 위치를 알려 주며 말했다.

"이곳을 묏자리로 쓰면 대대로 귀공(貴公)이 될 것이네."

원안은 그들과 헤어져서 몇 걸음 가다가 뒤를 돌아보았더니 아무도 보이지 않았다. 원안은 그들이 신인(神人)이라는 생각이 들어 그곳에다 부친을 모셨다. 그 뒤 원안은 사도(司徒: 敎化를 주관하던 後漢 三公. 太尉・司徒・司公의 하나)의 자리에 올랐으며, 자손들도 번창하여 4대 동안 다섯 명의 삼공(三公)이 나왔다. (『유명록』)

漢袁安父亡, 母使安以鷄酒詣卜工, 問葬地. 道逢三書生, 問安何之, 具以告. 書生曰: "吾知好葬地." 安以鷄酒禮之, 畢, 告安地處, 云: "當此世爲貴公." 便與別, 數步顧視, 皆不見. 安疑是神人, 因葬其地, 遂登司徒, 子孫昌盛, 四世五公焉. (出『幽明錄』)

137・10(1188)
진중거(陳仲擧)

진중거가 미천한 지위에 있었을 때 한번은 주인(主人: 州의 長官

을 가리킴) 황신(黃申)의 집에 가서 머문 적이 있었다. 그날 밤 황신의 집에서 그 아내가 출산을 했으나, 진중거는 그 사실을 몰랐다. 삼경이 되었을 때 대문을 두드리는 사람이 있었는데, 한참 뒤에 이렇게 대답하는 소리가 들렸다.

"집안에 귀인(貴人)이 계시니 앞으로 가서는 안되고, 마땅히 뒷문으로 가야하네."

잠시 후 아까 그 사람이 돌아오는 소리가 들리더니, 문안에 있던 사람이 그에게 물었다.

"어떤 아이를 보았는가? 이름은 무엇인가? 몇 살까지 살겠는가?"

돌아온 사람이 말했다.

"남자아이가 태어났는데, 이름은 아노(阿奴)이고 열 다섯 살까지 살겠네."

그러자 문안에 있던 사람이 또 이렇게 물었다.

"후에 어떻게 죽겠는가?"

돌아온 사람이 대답했다.

"다른 사람을 위해 집을 짓다가 땅에 떨어져서 죽을 것이네."

진중거는 이 말을 듣고 가만히 기억해 새겨두었다.

15년 뒤에 예장태수(豫章太守)가 된 진중거는 하급관리를 보내 옛날 아노라는 아이가 살았던 곳에 가서 [그 아이가 어떻게 되었냐고] 물어보았더니, 그 집에서 이렇게 말했다.

"아노는 동쪽에 있는 이웃 집의 집 짓는 일을 도와주다가 용마루에서 떨어져서 죽었습니다."

진중거는 뒷날 과연 크게 귀해졌다. (『유명록』)

陳仲擧微時, 嘗行宿主人黃申家. 申家夜産, 仲擧不知. 夜三更, 有扣門者, 久許, 聞應云: "門裏有貴人, 不可前, 宜從後門往." 俄聞往者還, 門內者問之: "見何兒? 名何? 當幾歲?" 還者云: "是男兒, 名阿奴, 當十五歲." 又問曰: "後當若爲死?" 答曰: "爲人作屋, 落地死." 仲擧聞此, 默志之, 後十五年, 爲豫章太守, 遣吏往問, 昔兒阿奴所在, 家云: "助東家作屋, 墮棟而死矣." 仲擧後果大貴. (出『幽明錄』)

137 · 11(1189)
장 승(張 承)

손씨(孫氏)가 장승을 가졌을 때 강가에서 가벼운 거룻배를 타고 있었는데, 갑자기 길이가 3장(丈)이나 되는 흰 뱀이 나타나 배 안으로 들어오는 것이었다. 그러자 손씨는 이렇게 빌었다.

"만약 좋은 징조라면 독으로 나를 해치지는 않을 것이다."

손씨가 뱀을 묶어서 집으로 가져와 방안에 두었는데, 하루 밤 뒤에 보이지 않았기에 손씨는 매우 안타까워했다. 그런데 이웃 사람들이 서로 이렇게 말했다.

"어제 흰 고니가 장씨(張氏)집에서 나와서 깃을 솟구치더니 구름 속으로 날아갔다."

어떤 사람이 그 사실을 장승의 모친에게 알렸다. 장승의 모친은 사람을 시켜 점을 보게 했는데, 점쟁이가 말했다.

"좋은 징조입니다. 고니는 오래 사는 동물인데, 집안에서 구름 속으로 들어간 것으로 보아 신분이 낮은데서 높이 올라갈 조짐입니다. 옛날 오

(吳)나라의 합려(闔閭)가 그 누이를 장사지낼 때 미인과 보검 및 진귀한 물품을 함께 순장했는데, 마치 강남의 부를 다 가져다 놓은 것 같았습니다. 천년도 채 안되어 오색 구름이 그 계곡을 덮고 미녀가 무덤 위에서 놀고 흰 고니가 숲 속에서 날고, 흰 호랑이가 산기슭에서 울고 있었는데, 이는 모두 옛날의 정령들입니다. 지금 이 세상에 나타난 것으로 보아 자손들께서 신하로서 가장 높은 위치에 올라 강남에 그 명성을 떨칠 것입니다. 만약 아들이 태어난다면 이름을 백곡(白鵠)이라 하십시오."

뒷날 장승이 장소(張昭)를 낳았는데, 보오장군(輔吳將軍: 삼국시대 吳나라에 설치된 官名)에 올랐으며 아흔 살까지 살았다. 이것은 바로 흰 뱀과 흰 고니가 가져다 준 징조였다. (『왕자년습유기』)

孫氏懷張承時, 乘輕舠于江浦, 忽見白蛇長三丈, 騰入舟中. 呪曰: "若爲吉祥, 勿毒噬我." 縈而將還, 置于房中, 一宿不復見, 母嗟惜之. 鄰中相謂曰: "昨者張家有白鵠, 聳翮入雲." 以告承母. 母使筮之, 筮者曰: "吉祥. 鵠是延年之物, 從室入雲, 自卑升高之象. 昔吳闔閭葬其妹, 殉以美人寶劒珍物, 窮江南之富. 未及千年, 雕雲覆其溪谷, 美女遊於塚上, 白鵠翔乎林中, 白虎嘯於山側, 皆昔時之精靈. 今出於世, 當使子孫位極人臣, 擅名江表. 若生子, 可以名爲白鵠." 後承生昭, 位輔吳將軍, 年九十. 蛇鵠之祥也. (出『王子年拾遺記』)

137・12(1190)
장 씨(張 氏)

진(晉)나라 때 장안(長安)에 장씨라는 사람이 있었다. 대낮에 그가 혼자 방안에 앉아 있는데, 비둘기 한 마리가 밖에서 날아 들어오더니 침상에 내려앉았다. 장씨는 이를 싫어하여 가슴을 풀어헤치고 이렇게 빌었다.

"비둘기야. 네가 와서 나에게 화가 된다면 중천장 위로 날아오르고, 내게 복이 된다면 내 품안으로 날아 들어오너라."

그러자 비둘기가 날아서 장씨의 품 안으로 들어오더니 동구(銅鉤: 쇠로 만든 帶鉤)로 변했다. 이로부터 장씨의 재산은 수 만금으로 불어났다. (『법원편주』[『법원주림』])

晉長安有張氏者. 晝獨處室, 有鳩自外入, 止于牀. 張氏惡之, 披懷而呪曰: "鳩, 爾來爲我禍耶, 飛上承塵, 爲我福耶, 飛入我懷." 鳩飛入懷, 乃化爲一銅鉤. 從爾資産巨萬. (出『法苑編珠』, 明鈔本作'出『法苑珠林』')

137 · 13(1191)
사마휴지(司馬休之)

진(晉)나라의 사마휴지는 안제(安帝)의 조카로 난을 만나자 급히 국경을 넘어 달아났다. 그는 자신이 타고 달아났던 오추마를 늘 침상 앞에다 두고 길렀는데, 어느날 보니 오추마가 갑자기 울기만 할 뿐 아무 것도 먹지 않으면서 말안장만을 주시하고 있는 것이었다. 사마휴지가 시험삼아 말 등에 말안장을 얹고 고삐를 잡아 당겨 보았지만, 오추마는 여전히 꼼짝도 하지 않았다. 사마휴지가 다시 침상으로 돌아가서 앉자 오추마는 다시 깜짝 놀라는 듯 했다. 하는 수 없이 사마휴지가 오추마를 타자 오추마는 급히 그곳을 빠져나갔다. 10리 남짓 갔을 때 모용초(慕容超)가 군대를 거느리고 그곳에 도착했는데, 사마휴지가 말을 타고 급히 달아났기에 겨우 진나라로 돌아올 수 있었다. (『광고금오행기』)

晉司馬休之, 安帝族子, 遇難出奔. 所乘騅, 常於牀前養之, 忽連鳴不食, 注目視鞍. 休之卽試鞴之, 則不動. 休之還坐, 馬又驚. 因騎馬, 卽驟出. 行十里餘, 慕容超收使已至, 奔馳, 僅得歸晉. (出『廣古今五行記』)

137 · 14(1192)
두 자(杜 慈)

진(秦: 前秦)나라의 [폐제(廢帝)] 왕부생(王符生)이 나라를 다스리던 수광연간(壽光年間: 355~357)에는 연회 모임이 있을 때마다 뒤에 오는 사람들은 모두 목이 잘려 나갔다. 상서랑(尙書郞) 두자는 급하게 달려오는 바람에 피곤함을 느껴 상서성에서 잠깐 졸았는데, 꿈에 검은 당나귀를 탄 어떤 사람이 말하는 것을 보았다.

"이곳에 편안하게 머물러 있으면 함께 죽을 것이고, 이곳을 떠나면 혼자 살아남을 것이다."

그 말을 듣고 놀라 깨어난 두자는 말을 타고 달아났기에 죽음에서 면할 수 있었다. 남아 있던 다른 사람들은 모두 참수되었다. (『광고금오행기』)

秦符生壽光年, 每宴集, 後入者皆斬之. 尙書郞杜慈奔馳疲倦, 假寢省中, 夢一人乘黑驢曰: "寧留而同死, 將去而獨生." 慈聞驚覺, 取馬遁走, 乃免. 餘皆斬. (出『廣古今五行記』)

137·15(1193)
무사확(武士彠)

당(唐)나라 무사확은 태원(太原) 문수현(文水縣) 사람이다. 그는 아직 미천한 지위에 있을 때 고을 사람 허문보(許文寶)와 함께 목재를 팔아 살아나갔다. 무사확은 늘 수만 그루의 재목을 모아 두었는데, 어느 날 아침에 이것들이 무성한 삼림으로 변해 그는 큰 부를 모을 수 있었다. 무사확은 허문보와 함께 숲에서 글을 읽으면서 자칭 후재(厚材)라 하고 허문보는 자칭 고목(枯木)이라 하며 반드시 크게 귀해 질 것이라고 사사로이 말했다. 고조(高祖)가 의병을 일으키자, 무사확은 갑옷과 투구를 입고 고조를 따라 관문(關門)으로 들어갔다. 그러자 마을 사람들이 이렇게 말했다.

"무사확이 목재를 팔았기 때문에 큰 집을 짓는 때[構夏之秋: 새로운 왕조를 개국하는 것을 비유함]를 만났네."

무사확이 관리로서 이름을 날리고 현달해졌을 때 허문보는 그에게 의지했다. 무사확은 벼슬이 자사(刺史)에까지 올랐다. (『태원사적』)

唐武士彠, 太原文水縣人. 微時, 與邑人許文寶, 以鬻材爲事. 常聚材木數萬莖,一旦化爲叢林森茂. 因致大富. 士蘬與文寶讀書林下, 自稱爲厚材, 文寶自稱枯木, 私言必當大貴. 及高祖起義兵, 以鎧冑從入關. 故鄕人云: "士蘬以鸎材之故, 果逢構夏之秋." 及士蘬貴達, 文寶依之. 位終刺史. (出『太原事跡』)

137 · 16(1194)
장문성(張文成)

당(唐)나라 솔갱령(率更令: 황족의 서열이나 형법 등의 일을 관장하는 率更寺의 令을 말함) 장문성은 이른 새벽에 올빼미가 정원의 나무 위에서 울고 있는 소리를 들었다. 그 부인이 올빼미 울음소리가 불길하다 생각하여 계속 침을 내뱉자, 장문성이 말했다.

"빨리 깨끗하게 청소하시오. 내가 틀림없이 승진할 것이오."

말이 채 끝나기도 전에 축하객들이 문 앞에 당도해 있었다. (『국사이찬』)

또 일설에 따르면, 경운(景雲) 2년(711)에 장문성이 홍려시승(鴻臚寺丞)으로 있을 때 쥐가 그의 사모와 각대 그리고 푸른 도포(綠袍)를 모두 갉아먹었고, 밤 톨 만한 거미가 침실 문 위에 거미줄을 치고 있었다. 며칠 뒤에 사면령이 대대적으로 내려져 장문성은 품계를 더하여 오품 벼슬에 임명되었다. 그의 아들 장부재(張不宰)의 허리띠도 쥐가 갉아먹어 끊어질 지경이었는데, 그로부터 얼마 지나지 않아 박야현위(博野縣尉)에 임명되었다. (『조야첨재』)

唐率更令張文成, 梟晨鳴於庭樹. 其妻以爲不祥, 連唾之, 文成云: "急灑掃, 吾當改官." 言未畢, 賀客已在門矣. (出『國史異纂』)

又一說, 文成景雲二年, 爲鴻臚寺丞, 帽帶及綠袍, 並被鼠嚙, 有蜘蛛大如栗, 當寢門懸絲上. 經數日, 大赦, 加階, 授五品. 男不宰, 鼠亦嚙腰帶欲斷, 尋選授博野尉. (出『朝野僉載』)

137 · 17(1195)
상관소용(上官昭容)

당(唐)나라 상관소용은 시랑(侍郎) 상관의(上官儀)의 손자이다. 상관의의 아들이 죄를 지었을 때 그 부인 정씨(鄭氏)가 궁정에 끌려와 지내다가 유복자 상관소용을 낳았다. 그 모친이 상관소용을 낳던 날 저녁 꿈에 어떤 사람이 그녀에게 저울 하나를 주면서 말했다.

"이 저울을 가지고 천하의 문사들을 저울질 할 것이다."

그리하여 정씨는 아들을 낳기를 바랬다. 상관소용을 출산하고 나서 정씨는 상관소용을 보고 말했다.

"천하를 저울질 할 아이가 혹시 너란 말이냐?"

상관소용이 입으로 옹알옹알 하는데, 마치 "그렇습니다"라고 대답하는 것 같았다. (『가화록』)

唐上官昭容者, 侍郞儀之孫也. 儀子有罪, 婦鄭氏墳宮, 遺腹生昭容. 其母將誕之夕, 夢人與秤曰: "持此秤量天下文士." 鄭氏冀其男也. 及生昭容, 母視之曰: "秤量天下, 豈是汝耶?" 口中嘔嘔, 如應曰"是". (出『嘉話錄』)

137·18(1196)
최행공(崔行功)

　당(唐)나라 비서소감(祕書少監) 최행공은 5품 벼슬에 임명되기 전 어느 날 갑자기 어떤 물체를 입에 문 구관조가 그 방안으로 들어와 책상에다 그 물건을 두고 날아가는 것을 보았는데, 그 물건은 다름 아닌 어대(魚袋: 唐代 五品이상의 관리가 魚符를 넣어 차고 다니는 주머니)와 구철(鉤鐵: 쇠로 만든 帶鉤)이었다. 그로부터 며칠 지나지 않아 최행공은 대부에 임명되었다. (『국사이찬』)

　唐祕書少監崔行功, 未得五品前, 忽有鸜鵒, 銜一物入其室, 置案上去, 乃魚袋鉤鐵. 不數日, 加大夫也. (出『國史異纂』)

137·19(1197)
이정기(李正己)

　당(唐)나라의 이정기는 본명이 이회옥(李懷玉)으로, 후희일(侯希逸)의 처남이다. 후희일이 치청절도사(淄靑節度使)로 치주(淄州)와 청주(靑州)를 다스릴 때 이회옥을 병마사(兵馬使)로 두었다. 그런데 그로부터 얼마 지나지 않아 유언비어가 나돌자 화가 난 후희일은 그를 사로잡아 장차 법에 처하려 했다. 이회옥은 억울했지만, 어디 호소할 데가 없었기 때문에 감옥에서 돌을 쌓아 불상을 만들고 묵묵히 부처의 가호가 있기를 빌

뿐이었다. 때마침 섣달이 다가오자 이정기는 속으로 동료들을 그리워하고 자신의 신세를 한탄하다가 잠이 들었다. [그 순간] 누군가가 자기 머리맡에서 이렇게 말하는 소리가 들리는 것 같았다.

"이회옥, 너는 부귀해질 때가 되었다."

이회옥이 놀란 채로 잠에서 깨어나 주위를 살펴보았지만 주위에는 사람이라곤 없었고, 날은 여전히 어두웠기에 이회옥은 괴이한 일도 다 있다고 생각했다. 다시 잠을 청하려 하는데, 또 누군가가 이렇게 말하는 소리가 들렸다.

"푸른 새가 담 위에서 지저귀고 있는 것이 보이면 그것이 바로 네가 부귀해질 때가 왔다는 징조이다."

이회옥은 놀란 채로 잠에서 깨어나 주위를 살펴보았지만, 역시 아무도 없었다. 잠시 뒤 날이 밝기 시작했는데, 갑자기 참새 만한 크기의 푸른 새 수십 마리가 때마침 담 위에 모여들었다. 잠시 후 삼군(三軍: 大軍. 一軍은 만 이천 오백 명임)의 고함 소리가 들리더니 후희일을 축출하고 쇠사슬을 끊어 이회옥을 구해냈다. 이회옥은 잠시 유후(留後: 後方을 지키는 臨時職의 長官)를 지냈다. (『유양잡조』)

唐李正己本名懷玉, 侯希逸之內弟也. 侯鎭淄·青, 署懷玉爲兵馬使. 尋搆飛語, 侯怒囚之, 將置於法. 懷玉抱冤無訴, 於獄中疊石像佛, 默祈冥助. 時近臘月, 心慕同儕, 歎咤而睡. 覺有人在頭上語曰: "李懷玉, 汝富貴時至." 卽驚覺, 顧不見人, 天尙黑, 意甚怪之. 復睡, 又聽人謂曰: "汝看牆上有靑鳥子噪, 卽是富貴時至." 卽驚覺, 復不見人. 有頃天曙, 忽有靑鳥數十, 大如雀, 時集牆上. 俄聞三軍叫呼, 逐出希逸, 壞鏁, 取懷玉. 權知留後. (出『西陽雜俎』)

137 · 20(1198)
이 규(李 揆)

당(唐)나라 대종(代宗)이 장차 수레를 타고 상계군수(上計郡守: 여러 지방의 현령을 관찰하는 군수를 말함)를 전송나가자 문무백관들이 밖으로 나가 이에 필요한 물품을 갖추었다. 황제의 수레가 대전(大殿)의 횡문(橫門)에 이르자 황제가 갑자기 수레를 멈추더니 북성관(北省官: 唐나라는 中書省과 門下省을 궁궐 내의 북쪽에 설치하고 尙書省을 황궁의 남쪽에 설치해두었기에, 속세에서는 中書省과 門下省을 北省, 尙書省을 南省이라 불렀음)을 불러 말했다.

"나는 늘 선제께서 매번 계리(計吏: 上計吏의 줄인 말로, 도성에 들어가 上計를 집행하는 관리)를 전송할 때면 덕음(德音: 인자하고 은덕이 넘치는 말)으로 조심하도록 훈계하고 격려한 것으로 기억하고 있는데, 지금 유독 그 덕음이 없으니, 괜찮겠는가?"

재상이 황망해하며 대답할 겨를도 없이 황제가 말했다.

"잠시 송별연은 그만두고 조정으로 돌아가 시문을 지을 때까지 기다려 다른 날 송별연을 열기로 하세."

그러자 중서사인(中書舍人) 이규가 신하의 반열에서 나와 땅에 엎드려 아뢰었다.

"폐하께서 계리를 송별하겠다는 칙령이 내린 지 이미 오래 되어 원근의 사람들이 모두 아는 바입니다. 그런데 지금 갑자기 조정에서 그 날짜를 바꾼다면, 각지의 사람들이 갑자기 그 소문을 듣고 망령되이 의혹을 품을까 두렵습니다. 지금 반드시 문사를 지어야 한다면 신이 바로 붓을 들고 초안을 작성할 테니, 폐하께서는 잠시 수레에 머물러 계시기를 엎드려 빕니다."

황제는 그렇게 하겠다고 대답하고 종이와 붓을 가져오게 하더니 곧바로 이규에게 자신의 면전에서 글의 초안을 잡게 했다. 곧 이어 황제는 서법에 뛰어난 사람을 시켜 그것을 베껴 쓰게 했더니 순식간에 완성되었다. 조칙을 공포하거나 중요한 일이 있을 때면 황제는 반드시 신하의 반열에 서 있는 이규를 주목했고, 조정 안팎의 관리들도 날마다 이규의 새로운 명령을 기다렸다.

당시 한창 더울 때 이규는 밤에 당(堂) 앞 처마에서 잠을 자면서 중당(中堂)을 비워 대낮에 더위를 피하는 장소로 사용했다. 어느 날 밤에 갑자기 큰 여우 한 마리가 정원에서 시끄럽게 울어대고 이어서 사람처럼 서서 펄쩍 뛰어다니면서 두 눈에서 빛을 내더니 한참 뒤에 담을 넘어 달아났다. 이를 본 이규는 질색하면서 그날 밤 편히 쉬지 못했다. 그런데 갑자기 중당에서 우당탕하는 소리가 들렸기에 이물이 있는 것 같아 사람을 시켜 촛불을 들고 가서 문을 열어 보게 했다. 사람들이 깜짝 놀라 돌아와서는 모두 말했다.

"어떤 물체가 있는데 아주 이상합니다."

이규가 곧바로 중당으로 가서 살펴보았더니, 쌀이 세 되나 들어갈 만한 솥 크기의 두꺼비가 있었는데, 두꺼비는 두 눈에서 붉은 빛을 내며 웅크리고 앉아서 침을 토해내고 있었다. 이규는 사람들에게 두꺼비에게 상처를 입히지 못하게 했다. [이규의 집] 계단 앞에는 원래 오이나 과실을 물에 담그던 곡식 열 말 정도는 담아둘 수 있는 크기의 커다란 구리 동이가 있었다. 이규는 집안 사람들을 시켜 그 동이를 두꺼비 위에 덮어두게 하고 중당의 빗장을 걸어두었는데, 다른 변화는 없었다. 날이 밝을 무렵 이규는 조정에 들어갔다가 그 날 재상에 임명되었다. 이규는 집으로 돌아와서 친척들의 축하를 받게 되자 [전날 밤 자신이 겪었던] 괴이한 일에 대해 이야기해 주었다. 그리고는 바로 사람을 시켜 중당 문을 열고 동이를 들어내고 보게 했더니, 이미 두꺼비는 사라지고 없었다. (『이원』)

唐代宗將('將'原作'帝', 據明鈔本改)臨軒送上計郡守, 百僚外辦. 御輦俯及殿之橫門, 帝忽駐輦, 召北省官謂曰: "我常記先朝每餞計吏, 皆有德音, 以申誡勵, 今獨無有, 可乎?" 宰相匆遽不暇奏對, 帝曰: "且罷朝撰詞, 以俟異日." 中書舍人李揆越班伏奏曰: "陛下送計吏, 敕下已久, 遠近咸知. 今忽臨朝改移, 或恐四方乍聞, 妄生疑惑. 今止須制詞, 臣請立操翰, 伏乞陛下稍駐鑾輅." 帝愈之, 遂命紙筆, 卽令御前起草. 隨遣書工寫錄, 頃刻而畢. 及宣詔, 每遇要處, 帝必目揆於班, 中外日揆之新命.

時方盛暑, 揆夜寢於堂之前軒, 而空其中堂, 爲晝日避暑之所. 於一夜, 忽有巨狐鳴噪於庭, 仍人立跳躍, 目光迸射, 久之, 踰垣而去. 揆甚惡之, 是夜未艾. 忽聞中堂動盪喧閙, 若有異物, 卽令執燭開門以視, 人輩驚駭返走, 皆曰: "有物甚異." 揆卽就窺, 乃有蝦蟆, 大如三斗釜, 兩目朱殷, 蹲踞噴沫. 揆不令損害. 堦前素有漬瓜果大銅盆, 可受一斛. 遂令家人覆其盆而合之, 因扃其門, 亦無他變. 將曉, 揆入朝, 其日拜相. 及歸, 親族列賀, 因話諸怪. 卽遣啓戶, 揭盆視之, 已失其物矣. (出『異苑』)

137 · 21(1199)
가은림(賈隱林)

당(唐)나라 덕종(德宗)이 서쪽으로 행차하려 할 때 별자리를 볼 줄 아는 점성가가 이렇게 아뢰었다.

"숲을 만나면 그곳에서 머무십시오."

덕종이 말했다.

"어찌 감히 짐에게 숲의 나무 사이에서 머물라고 하는가?"

강공보(姜公輔)가 말했다.

"그렇지 않습니다. 땅에서도 응답이 있을 것입니다."

가은림이라는 봉천위(奉天尉)가 행재소(行在所)에서 덕종을 알현했는데, 덕종이 가은림을 보았더니 그 기상이 뛰어나고 용맹스러워 보였으며, 또한 절의가 뛰어난 집안의 출신이었고, 그 이름이 점성가가 아뢰었던 말과 부합했다. 가은림은 다름 아닌 천보연간(天寶年間: 742~755) 말의 가수(賈修)의 조카였기에 덕종은 그를 침소로 불러들여 그 지략의 깊이를 살펴보고자 했다. 가은림이 황제의 침상 앞에서 홀(笏)로 땅에다 그림을 그리며 공격과 수비의 계책을 아뢰자, 덕종은 더욱 그를 기이하게 생각했다. 그러자 가은림이 이렇게 아뢰었다.

"신이 어제 밤에 꿈을 꾸었는데, 해가 땅으로 떨어지는 것을 보고 머리로 해를 쳐서 하늘로 올렸습니다."

덕종이 말했다.

"짐이 이곳에 온 것은 이미 정해진 일이었구나!"

덕종은 가은림을 시어사(侍御史)에 임명하고 행재소의 죄상을 조사하고 탄핵하게 했다. 가은림은 그로부터 얼마 지나지 않아 좌상시(左常侍: 황제의 좌우에서 황제를 모시는 官員)로 옮겨갔다. (『신이록』)

唐德宗欲西幸, 有知星者奏云: "逢林卽住." 帝曰: "豈敢令朕止於林木間?" 姜公輔曰: "不然. 但地亦應." 乃奉天尉賈隱林謁帝於行在, 帝觀隱林氣色雄傑, 兼是忠烈之家, 而名叶星者所奏之語. 隱林卽天寶末賈修之猶子, 帝因召於臥內, 以探籌略之深淺. 隱林於御榻前, 以手板畫地, 陳攻守之策, 帝甚異之. 隱林奏曰: "臣昨夢日墮於地, 臣以頭戴日上天." 帝曰: "朕此來也, 乃已前定!" 遂拜隱林爲侍御史, 糾劾行在. 尋遷左常侍. (出『神異錄』)

137 · 22(1200)
장자량(張子良)

　당(唐)나라 영정(永貞) 2년(806) 춘삼월에 빛깔 고운 무지개가 윤주대장(潤州大將) 장자량의 집안으로 들어왔다. 처음에는 무지개가 물 항아리 안으로 들어가더니 물이 다 없어지자 우물 속으로 들어가 우물물을 마셨다. 그 달 9일에 절도사(節度使) 이기(李錡)는 천자의 부름을 받았으나 궁궐로 들어가지 않고 반란을 일으키고자 했다. 조정에서 장자량에게 군대를 끌고 가 선주(宣州)와 흡(歙州)을 수복하라고 하자, 장자량은 거꾸로 반란군을 이용해서 성을 포위하고 이기를 사로잡았다. 장자량은 금오장군(金吾將軍: 禁衛軍의 장군을 말함)에 제수되었다가 그로부터 얼마 지나지 않아 방진(方鎭: 한 지방의 軍政을 감독하는 지방장관으로, 節度使와 비슷함)에 임명되었다. (『상이집험』)

　唐永貞二年, 春三月, 彩虹入潤州大將張子良宅. 初入漿('漿'字原缺, 據明鈔本補)甕. 水盡. 入井飮之. 是月九日, 節度使李錡, 詔召不赴闕, 欲亂. 令子良領兵收宣・歙, 子良翻然反兵圍城. 李錡就擒. 子良拜金吾將軍, 尋拜方鎭. (出『祥異集驗』)

137 · 23(1201)
정 인(鄭 絪)

당(唐)나라 승상(丞相) 정인의 집은 소국방(昭國坊) 남문(南門)에 위치해 있었는데, 어느 날 어떤 물체가 와서 기와와 조약돌을 집안으로 던져 넣었다. 대 엿새 동안 계속해서 기와와 조약돌이 집안으로 날아 들어왔기에 정인은 급기야 안인방(安仁坊) 서문(西門)에 있는 집으로 옮겨 몸을 피했지만, 기와와 조약돌은 그곳까지 따라 왔다. 얼마 뒤에 다시 소국방으로 거처를 옮긴 뒤 정공(鄭公: 鄭絪)은 불문에 귀의하고 늘 선실(禪室)에서 편안하게 지냈다. 소국방으로 돌아갈 즈음에 그가 절로 들어갔더니, 땅에서 1~2척(尺) 떨어진 곳에 갈거미가 절 가득 거미줄을 치고 있었는데, 그 수를 헤아릴 수 없을 정도로 많았다. 그 날 저녁에 기와와 조약돌도 사라지더니, 정인은 이튿날 재상에 임명되었다. (『상이집험』)

唐丞相鄭絪宅, 在昭國坊南門, 忽有物來投瓦礫. 五六夜不絶, 及移於安仁西門宅避之, 瓦礫又隨而至. 久之, 復遷昭國, 鄭公歸心釋門, 宴處常在禪室. 及歸昭國, 入方丈, 蟢子滿室懸絲, 去地一二尺, 不知其數. 其夕瓦礫亦絶, 翌日拜相. (出『祥異集驗』)

태평광기 권제138 징응 4

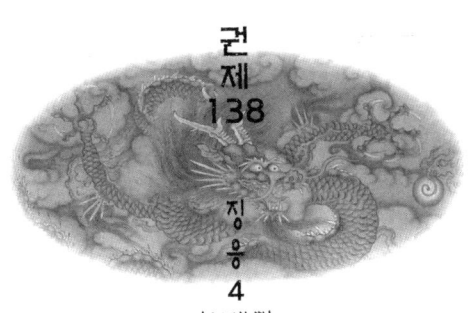

(人臣休徵)

1. 배 도(裴   度)
2. 단문창(段文昌)
3. 이봉길(李逢吉)
4. 우승유(牛僧孺)
5. 왕지흥(王智興)
6. 우 사(牛   師)
7. 두중립(杜中立)
8. 이 빈(李   蠙)
9. 마 식(馬   植)
10. 고 병(高   駢)
11. 공온유(孔溫裕)
12. 손 악(孫   偓)
13. 이전충(李全忠)
14. 후홍실(侯弘實)
15. 대사원(戴思遠)
16. 장 전(張   篯)
17. 제주민(齊州民)
18. 주경원(朱慶源)

138 · 1(1202)
배 도(裵 度)

당(唐)나라의 중서령(中書令)인 진공(晉公) 배도는 벼슬길에 오르기 전에 낙중(洛中: 洛陽)에 머물렀다. 늘 절름발이 당나귀를 타고 다녔는데, 황성(皇城)으로 들어가는 길에 마침 천진교(天津橋)를 지나고 있었다. 당시는 회서(淮西)가 조정에 불손한 지 이미 여러 해째였다. 두 노인이 교각에 기대어 서서 이야기했다.

"채주(蔡州)의 전쟁이 오랫동안 계속되어 사람들이 징발 때문에 괴로워하고 있는데, 언제야 평정될 지 알 수 없구먼."

두 노인은 배도를 보더니 놀라며 물러섰다. 배도의 하인 가운데 한 명이 책이 든 자루를 짊어진 채 뒤따르다가 두 노인과 배도의 거리가 조금 멀어진 후 노인들이 말하는 소리를 들었다.

"마침 채주의 난리가 평정되지 않는 일을 걱정하고 있었는데, 이 사람이 장수가 되기만을 기다려야 하겠구먼."

숙소로 돌아온 후 하인이 배도에게 이 일을 자세히 아뢰었다. 그러자 배도가 말했다.

"나의 볼품없는 모습을 보고 놀리는 말일뿐이다."

그해 가을 과연 배도는 향리의 천거를 받았고 다음 해에 급제했다. 배도가 재상의 지위에 올랐을 때 조정에서는 오원제(吳元濟)에게 절월(節鉞: 符節과 斧鉞. 節은 소의 꼬리로 장식한 부절이고, 鉞은 큰 도끼임. 고대에 정벌할 때는 천자가 대장에게 부절과 도끼를 수여하여 威信을 보였음)을 수여하는 일을 논의하면서 영재(英材)들을 불러 대책을 물었다. 헌종(憲宗)이 재상들에게 묻자 배도가 아뢰었다.

"역적이 발호(跋扈)한 후 40여 년 동안 조정에서는 잠시 덕을 베풀어 주었으니, 이는 한 지역의 백성들을 해치게 될까 걱정했기 때문이옵니다. 그런데도 역적이 마음을 돌이켜 조정에 순종한다는 소식이 들리기는커녕 한 지방에서 할거하고자 하니, 만약 그에게 절월을 내리신다면 오히려 그들의 흉악하고 반역하는 마음을 방치하게 될까 두렵사옵니다. 폐하의 총명하고 신무(神武)하심이라면 번진(藩鎭)도 모두 황실에 힘을 다할 것이니, 신이 청컨대 폐하께서 진군하라는 조서를 내려주신다면 역적을 평정할 수 있을 것이옵니다."

이에 헌종은 배도를 회서절도사(淮西節度使)로 임명하고 군사를 일으켜 역적을 토벌하게 했다. 당시 허주(許州)와 활주(滑州)의 삼군(三軍)은 먼저 언성현(郾城縣)에서 주둔하고 있었다. 배도는 정병(精兵) 5만을 거느리고 그들과 합류한 후 군율을 엄하게 하고 북을 울리며 진군하여 곧장 채주성(蔡州城) 아래에 당도했다. 겨우 두 달이 지난 후 배도는 역적을 사로잡아 헌종에게 바쳤고, 회서는 마침내 평정되었다. 그 후 배도는 입조(入朝)하여 조정에 머물면서 정사도(正司徒)로 승진했고 시중중서령(侍中中書令)을 담당했다. 그는 문관으로서 무덕(武德)을 겸비하여 고금에 명성을 드날렸으며, 낙사(洛師: 洛陽)의 유수(留守)를 지낼 때는 늘 천진교의 노인의 일을 이야기했다.

회서(淮西)로 출정할 때 배도는 한유(韓愈)를 중서사인(中書舍人)에서 장서기(掌書記)로 승진시켜 달라고 주청했다. 배도가 역적을 토벌하고 조정으로 돌아와 아뢸 때 낙화(樂和)의 이복야(李僕射: 李景讓)는 마침 화주자사(華州刺史)에 임명되었는데, 군복을 입고 활통을 찬 채 길가에서 배도를 맞이했다. 한유는 다음과 같은 시를 지었다.

형산(荊山)을 다 지나자 화산(華山)이 드러나고,
해가 동관(潼關)을 비추자 사방의 관문이 펼쳐지네.
자사께서는 기꺼이 맞이하며 먼 여정의 평안을 묻고,
상공께서는 친히 채주를 평정하고 돌아오시네.

(『극담록』)

唐中書令晉公裴度微時, 羈寓洛中. 常乘蹇驢, 入皇城, 方上天津橋. 時淮西不庭, 已數年矣. 有二老人倚橋柱而立, 語云: "蔡州用兵日久, 徵發甚困於人, 未知何時平定." 忽覩度, 驚愕而退. 有僕者攜書囊後行, 相去稍遠, 聞老人云: "適憂蔡州未平, 須待此人爲將." 旣歸, 僕者具述其事. 度曰: "見我龍鍾相戲耳!"

其秋, 果領鄕薦, 明年及第. 泊秉鈞衡, 朝廷議授吳元濟節鉞, 旣而延英候對. 憲宗問宰臣, 度奏曰: "賊臣跋扈四十餘年, 聖朝姑務含弘, 蓋慮凋傷一境. 不聞歸心效順, 乃欲坐據一方, 若以旄鉞授之, 翻恐恣其凶逆. 以陛下聰明神武, 藩鎭皆願勤王, 臣請一詔進兵, 可以平蕩妖孼." 於是命度爲淮西節度使, 興師致討. 時許·滑三帥, 先於郾城縣屯軍. 度統精甲五萬會之, 受律鼓行而進, 直造蔡州城下. 纔兩月, 擒賊以獻, 淮西遂平. 後入朝居廊廟, 大拜正司徒, 爲侍中中書令. 儒生武德, 振耀古今, 泊留守洛師, 每話天津橋老人之事.

出征淮西, 請韓愈自中書舍人爲掌書記. 及賊平朝覲, 樂和李僕射方爲華州刺史, 戎服囊鞬, 迎于道左. 愈有詩云: "荊山行盡華山來, 日照潼關四扇開. 刺史莫嫌迎候遠, 相公親破蔡州回." (出『劇談錄』)

138 · 2(1203)
단문창(段文昌)

당(唐)나라의 승상(丞相)인 추평공(鄒平公) 단문창은 [젊었을 때] 자신의 재주를 자부하고 속세를 가볍게 여기면서 형초(荊楚) 땅에서 실의에 잠겨있었다. 그는 늘 술에 반쯤 취한 채 나막신을 신고 강릉(江陵)의 큰 길을 오갔다. 한 번은 큰 비가 지나간 후 땅이 진흙탕이 되었고, 길가에 있던 큰 집의 문지방에는 도랑이 생겼다. 단문창이 취한 김에 도랑에서 나막신을 벗고 발을 씻으면서, 주변의 사람들을 의식하지 않은 채 혼잣말로 자신이 강릉절도사(江陵節度使)가 되면 반드시 그 집을 사버리겠다고 하자, 이 말을 들은 사람들은 모두 비웃었다. 그 후 단문창은 과연 형남절도사가 되었고, 결국 그 집을 사게 되었다.

또 단문창은 일찍이 태위(太尉)로 있던 남강군왕(南康郡王) 위고(韋皐)를 보좌하여 성도(成都) 관역(館驛)의 순관(巡官)을 지내다가 갑자기 신임을 잃게 되었다. 위고는 그를 내쫓아 영지현위(靈池縣尉)를 맡기면서 수척한 하인과 비루먹은 말을 내주며 급히 현으로 가게 했다. 성도현(成都縣)은 영지현과 6~7리(里)의 거리에 있었는데, 날은 이미 저물었고 길에는 인적이 끊겨있었다. 그런데 갑자기 두 자루의 횃불이 앞에서 인도하더니 거듭 소리쳤다.

"태위께서 납신다!"

단문창이 영지현의 성문에 이르자 두 자루의 횃불은 모두 사라졌다.

일전에 단문창이 위고의 명령을 받들어 사신으로 장안(長安)에 들어간 적이 있는데, 평소 유우석(劉禹錫)과 교분이 깊었다. 유우석은 당시 예부원외랑(禮部員外郞)을 지내고 있었는데, 마침 점쟁이와 담소를 나누고 있다가 단문창이 찾아오자 점쟁이를 발 안에 숨겼다. 단문창이 떠나자 점쟁이가 유우석에게 말했다.

"원외랑께서 만약 승진을 원하신다면 그것은 아주 먼 일이 되겠습니다. 반드시 10년이 지난 후 조금 전의 손님이 승상의 자리에 오른 후에야 비로소 예부(禮部)의 정랑(正郞)으로 승진하실 수 있을 뿐입니다."

이 때 유우석은 조정의 신임을 잃어 거듭해서 외직(外職)을 맡았다. 10여 년이 흐른 뒤 단문창은 승상이 되었으며, 그제야 유우석을 예부랑중(禮部郞中)에 임명했다. (『녹이기』)

唐丞相鄒平公段文昌, 負才傲俗, 落拓荊楚間. 常牛酣, 靸屐于江陵大街往來. 雨霽泥甚, 街側有大宅, 門枕流渠. 公乘醉, 於渠上脫屐濯足, 旁若無人, 自言我作江陵節度使, 必買此宅, 聞者皆笑. 其後果鎭荊南, 遂買此宅.

又嘗佐太尉南康王韋皐爲成都館驛巡官, 忽失意. 皐逐之, 使攝靈池尉, 羸童劣馬, 奔迫就縣. 縣去靈池六七里, 日已昏黑, 路絶行人. 忽有兩炬前引, 更呼曰: "太尉來!" 旣及郭門, 兩炬皆滅.

先時爲皐奉使入長安, 素與劉禹錫深交. 禹錫時爲禮部員外, 方與日者從容,文昌入謁, 日者匿于箔下. 旣去, 日者謂禹錫曰: "員外若圖省轉, 事勢殊遠. 須待十年後, 此客入相, 方轉本曹正郞耳." 是時禹錫失意, 連授外官, 後十餘年, 文昌入相, 方除禹錫禮部郞中. (出『錄異記』)

138·3(1204)
이봉길(李逢吉)

당(唐)나라의 승상(丞相)인 양공(涼公) 이봉길이 처음에 진무군(振武軍)에서 봉직할 때, 진무군에는 금성불사(金城佛寺)가 있었다. 금성불사에는 일흔이 넘은 스님이 있었다. 하루는 스님이 혼자서 벽을 등지고 앉아 있다가 문득 어떤 사람을 보았는데, 그는 갑옷을 입고 창을 든 채 절의 문으로 들어오더니, 잠시 후 이판관(李判官)이 납신다고 알렸다. 스님은 이 일을 이봉길에게 상세히 말해주었고, 그후로 이봉길은 스님과 잘 지내게 되었다. 이봉길이 매번 스님의 방에 갈 때면 그 사람이 이봉길보다 먼저 나타났으므로 이것은 일상적인 일이 되었다. 이 때문에 이봉길은 20여 년 동안 장군과 재상을 지냈으며, 결국 집에서 편안히 죽음을 맞았다. (『보록기전』)

唐丞相涼公李逢吉, 始從事振武日, 振武有金城佛寺. 寺有僧, 年七十餘. 嘗一日獨處, 負壁而坐, 忽見一('一'原作'婦', 據明鈔本改)人, 介甲持矛, 由寺門而入, 俄聞報李判官來. 僧具以告, 自是逢吉與僧善. 每造其室, 卽見其人先逢吉而至, 率以爲常矣. 故逢吉出入將相, 二十餘年, 竟善終于家. (出『補錄記傳』)

138 · 4(1205)
우승유(牛僧孺)

당(唐)나라의 하남부(河南府) 이궐현(伊闕縣) 앞에는 큰 시냇물이 흘렀는데, 매번 관원 가운데 어사대(御史臺)로 승진하는 사람이 있으면 물속에서 먼저 작은 여울이 흘러 넘쳤으며, 여울의 물이 깨끗해서 그 속의 조약돌과 모래도 아름답게 드러났다. 승상(丞相) 우승유가 아직 현위(縣尉)로 있을 때 어느 날 아침 갑자기 여울물이 불어났다는 보고가 있었다. 다음날 읍재(邑宰: 縣令)가 동료들과 정자 위에 둘러앉아 여울을 보다가 나이 많은 사람을 불러 그 일에 대해 자세히 묻게 되었다. 그러자 어떤 나이 많은 관리가 말했다.

"이는 반드시 어떤 사람이 분사어사(分司御史: 唐나라에서는 侍御史에게 東都臺를 나누어 담당하게 했음)로 갈 징조이지, 서대(西臺: 唐나라 長安의 御史臺)로 갈 징조는 아닙니다. 만약 서대로 간다면 여울 위에 마땅히 자원앙(紫鴛鴦) 두 마리가 있어야 하며, 예전이나 지금의 마을 사람들은 이것으로 증거를 삼습니다."

우승유는 속으로 헤아려보더니 현의 동료 가운데 [어사대로 승진하기에] 자신보다 뛰어난 사람이 없다고 생각하고, 이에 잔을 들며 말했다.

"이미 여울이 생겼는데 자원앙 한 쌍이 없는 것을 무어 그리 아쉬워하겠소."

연회가 아직 끝나지 않았는데 잠시 후 자원앙이 날아와 앉았다. 그로부터 열흘이 지나지 않아 우승유는 서대의 감찰어사(監察御史)에 임명되었다. (『극담록』)

唐河南府伊闕縣前大溪, 每僚佐有入臺者, 卽水中先有小灘漲出, 石礫金沙, 澄澈可愛. 丞相牛僧孺爲縣尉, 一旦忽報灘出. 翌日, 邑宰與同僚列筵於亭上觀之, 因召耆宿備詢其事. 有老吏云: "此必分司御史, 非西臺之命. 若是西臺, 灘上當有鸂鶒雙立, 前後邑人以此爲驗." 僧孺潛揣, 縣僚無出于己, 因擧杯曰: "旣有灘, 何惜一雙鸂鶒." 宴未終, 俄有鸂鶒飛下. 不旬日, 拜西臺監察. (出 『劇談錄』)

138 · 5(1206)
왕지흥(王智興)

당(唐)나라의 왕지흥이 아직 벼슬길에 오르기 전에 일찍이 서주(徐州)의 문지기로 있었다. 어떤 도사가 문 옆의 집에 묵었는데, 왕지흥이 늘 아침에 일어나 빗자루로 청소하고 길 위의 오물을 치우면서 반드시 도사가 사는 집의 문 앞까지 청소하자, 도사는 왕지흥에게 깊이 감동했다. 이후 왕지흥은 어머니가 돌아가시자 도사에게 작별을 고했는데, 도사가 왕지흥에게 말했다.

"내가 묘를 쓸 만한 땅을 볼 줄 아니, 만약 장례의 일을 의논할 것이라면 마땅히 당신을 위해 장지를 점쳐주겠소."

왕지흥이 며칠 뒤 도사를 데리고 가서 땅을 살펴보았는데, 도사는 왕지흥이 쥐고있던 죽장(竹杖)을 한 곳에 세워 표시하더니 말했다.

"반드시 이곳에 묻으시오. 그러면 당신은 오랜 수명을 누릴 것이고, 양대에 걸쳐 방백(方伯)을 지낼 것이오."

왕지흥이 다시 어머니를 묻으러 그곳에 갔더니 그 죽장에는 가지와 잎이 무성하게 자라있었으므로, 그는 속으로 이 일을 기이하다고 생각하고 마침내 그곳에 어머니를 묻었다.

한 번은 왕지흥이 군(郡)에서 공무(公務)로 상도(上都)로 가다가 언성현(鄢城縣)의 여관에서 묵었는데, 그때 마침 여관주인의 부인이 아이를 낳으려했다. 어떤 두 사람이 왕지흥이 묵던 숙소로 들어가더니 놀라며 말했다.

"서주의 왕시중(王侍中)께서 여기 계시는군요."

그들이 또 말했다.

"지금 낳는 아들은 5년 후에 금창(金瘡)으로 죽을 것이오."

왕지흥은 이 말을 기억해두었다. 5년이 흘러 다시 그 여관으로 가서 부인이 낳은 아이가 어떻게 되었느냐고 묻자, 부인이 말했다.

"얼마 전에 도끼에 상처를 입어 이미 죽었습니다."

(『당년보록기전』)

唐王智興始微時, 嘗爲徐州門子. 有道士寓居門側, 智興每旦起持帚, 因屛穢于道, 必埽其道士之門, 道士深感之. 後智興母終, 辭焉, 道士謂智興曰: "吾善審墓地, 若議葬, 當爲子卜之." 智興他日引道士出視地, 道士以智興所執竹策, 表一處, 道士曰: "必窆此 君當壽, 而兩世位至方伯." 及智興再往理穴, 其竹策有枝葉叢生, 心甚異之, 遂葬焉.

智興又曾自郡齋事赴上都, 宿鄢城逆旅, 遇店婦將産. 見二人入智興所寢之舍, 驚曰: "徐州王侍中在此" 又曰: "所生子後五歲, 當以金瘡死" 智興志之. 及期, 復過店, 問婦所生子, 云: "近因斧傷, 已卒矣." (出『唐年補錄紀傳』)

138 · 6(1207)
우 사(牛 師)

당(唐)나라 장경연간(長慶年間: 821~824)에 악주(鄂州)의 마을 사람은 말을 할 때마다 번번이 '우(牛)'자를 들먹였다. 또 자호(自號)를 우사라고 하는 스님은 어리석은 듯도 하고 지혜로운 듯도 해서 사람들이 모욕했는데, 그럴 때마다 스님은 반드시 이렇게 말했다.

"나의 형이 이곳에 오면 당신들이 나를 어떻게 하겠는가!"

얼마 지나지 않아 기장군공(奇章郡公) 우승유(牛僧孺)는 옛 승상의 신분으로 무창절도사(武昌節度使)가 되었다. ['우'자를 들먹였던] 그 말은 지금 들을 수 없지만 우사는 아직 살아있으니, 장군이나 재상으로 임명될 것을 아는 일이 어찌 우연한 것이겠는가!

예전 원화연간(元和年間: 806~820) 초에 상서(尙書) 한고(韓皐)가 하구(夏口)를 지키면서 절도사에 가임(加任)되었으며, 그 후 다시 관찰사(觀察使)가 되었다. 장경 3년(823)에 상국(相國) 최식(崔植)이 형부상서(刑部尙書)로 있다가 관찰사에 제수되었다. 다음 해 겨울에는 우승유가 실제로 왔다. 재상이 절도사에 임명되어 하구를 지킨 것은 우승유로부터 시작되었다. (『인화록』)

唐長慶中, 鄂州里巷間人, 每語輒以'牛'字助之. 又有一僧, 自號牛師, 乍愚乍智, 人有忤之, 必云: "我兄卽到, 豈奈我何!" 未幾, 奇章公牛僧孺以舊相節度武昌軍. 其語乃絶, 而牛師尙存, 方知將相之任, 豈偶然耶!

先是元和初, 韓尙書皐, 鎭夏口, 就加節度使, 自後復爲觀察使. 長慶三年, 崔相國植. 由刑部尙書除觀察使. 明年冬, 僧孺實來. 宰臣建節鎭夏口, 自僧孺始也. (出『因話錄』)

138・7(1208)
두중립(杜中立)

당(唐)나라 두고(杜皐)는 자가 중립(中立)으로, 젊었을 때 집안에 재산이 많았다. 그는 아무 직업도 없이 한량들과 함께 술과 고기를 즐겼으나 속으로는 그들을 멸시했다. 하루는 한량들과 함께 성밖으로 손님을 맞이하러 갔는데, 손님들 가운데 관상을 잘 보는 이가 여러 사람들을 둘러보다가 오직 두중립을 가리키며 말했다.

"이 사람은 훗날 장군이 될 것이오."

그러자 그 자리에 있던 사람들이 크게 웃었다. 두중립은 그 후 진원공주(眞源公主)에게 장가들어 마침내 창주절도사(滄洲節度使)가 되었다. 예전에 이전(李瑑)이 출진할 때 깃대가 도중에 부러지자 이에 깃대를 잡았던 자를 베어 죽인 일이 있었다. 두중립이 길에 오를 때도 그런 일이 일어나자 곤장 스물 대를 때렸다. 그 후 이전은 끝내 아무 탈도 없었으나 두중립은 죽고 말았으니, 어찌 사람을 죽이는 일이 재앙을 불러온다고 하겠는가! (『옥천자』)

唐杜皐, 字中立, 少年時, 贍於財産. 他無所採取, 其與游徒, 利於酒炙, 其實蔑視之也. 一日, 同送迎於城外, 客有善相者, 歷觀諸賓侶, 獨指中立曰: "此子異日當爲將矣." 一坐大笑. 中立後尙眞源公主, 竟爲滄洲節度使. 初李璟之出鎭, 旗竿道折, 乃钁殺其執旗者. 中立在道亦然, 杖之二十. 璟竟無患, 而中立卒焉, 豈殺之可以應其禍! (出『玉泉子』)

138·8(1209)
이 빈(李 蠙)

당(唐)나라의 사공(司空) 이빈은 어릴 적 이름이 규(虯)였다. 이빈이 과거를 보는 길에 올랐던 해에 우연히 집의 벽에 자신의 이름을 썼는데, 하룻밤이 지난 후 갑자기 자신이 쓴 이름 위에 다른 사람이 한 획을 더하여 '슬(虱)'자가 된 것을 보았다. 이빈이 말했다.

"슬(虱)은 바로 빈(蠙)이다."

마침내 이름을 빈으로 바꾸었다. 이빈은 그 다음해에 과연 급제했다. (『남초신문』)

唐司空李蠙, 始名虯. 赴擧之秋, 偶自題名於屋壁, 經宵, 忽覩名上爲人添一畫, 乃成'虱'字矣. 蠙曰: "虱者蠙也." 遂改名蠙. 明年果登第. (出『南楚新聞』)

138·9(1210)
마 식(馬 植)

당(唐)나라의 승상(丞相) 마식은 안남도호(安南都護)의 벼슬에서 파직당했다. 당시 재상들과 사이가 좋지 않아 다시 검남(黔南)으로 부임하게 되자 마식은 더욱 못마땅해했다. 마식은 협곡의 오래된 사원 부근에 배를 매어두고 있었는데, 사원 앞에는 긴 제방이 있었고 제방의 가에는 나무가 우거져 있었으며, 그날 밤의 달빛은 유난히도 밝았다. 어떤 사람이 흰 옷을 입고 천천히 제방을 오르면서 읊조렸다.

> 대나무를 베어만든 대롱피리 불었더니,
> 봉황지(鳳凰池) 위로 봉황이 나네.
> 다시 검남으로 떠나는 그대를 위로하나니,
> 이제 바로 만물을 다스릴 때가 왔다네.

마식은 그 소리를 또렷이 들을 수 있었고, 읊조리던 이는 그 시를 서너 번이나 반복했다. 사람을 보내 청한 후에 무슨 뜻인지 물으려 했지만 이미 그 사람은 사라져 버린 후였다. 그 후 마식은 검남에 있다가 대리경(大理卿)으로 발탁되었고, 형부시랑(刑部侍郞)과 염철사(鹽鐵使)를 거쳐 마침내 재상이 되었다. (『본사시』)

唐丞相馬植, 罷安南都護. 與時宰不通, 又除黔南, 殊不得意. 維舟峽中古寺, 寺前長堤, 堤畔林木, 夜月甚明. 見人白衣, 緩步堤上, 吟曰: "截竹爲筒作笛吹, 鳳凰池上鳳凰飛. 勞君更向黔南去, 卽是陶鈞萬類時." 歷歷可聽, 吟者數四. 遣人邀問, 卽已失之矣. 後自黔南入爲大理卿, 遷刑部侍郞, 判鹽鐵, 遂作相. (出『本事詩』)

138 · 10(1211)
고 병(高 駢)

　당(唐)나라의 연공(燕公) 고병은 벼슬길에 오르기 전에 주숙명(朱叔明)의 사마(司馬)가 되어 병사들을 거느리고 순찰을 돌다가 한 쌍의 독수리를 보더니 사람들에게 말했다.
　"내가 만약 나중에 귀한 신분이 된다면, 이 화살 한 대로 두 마리를 모두 맞출 것이오."
　고병이 이에 독수리 두 마리가 오르내리는 모습을 살피더니 과연 화살 한 대로 두 마리를 한꺼번에 명중시켰다. 사람들이 크게 찬탄하더니 이 일로 인해 고병을 '낙조공(落鵰公)'이라고 불렀다. (『감정록』)

　唐燕公高駢微時, 爲朱叔明司馬, 總兵巡按. 見雙鵰, 謂衆曰: "我若貴, 矢當疊雙." 乃伺其上下, 果一矢貫二鵰. 衆大驚異, 因號爲'落鵰公'. (出『感定錄』)

138 · 11(1212)
공온유(孔溫裕)

　당(唐)나라의 하남윤(河南尹) 공온유는 보궐(補闕: 唐나라의 諫官의 명칭. 門下省 소속의 左補闕과 中書省 소속의 右補闕로 나뉘며, 諷諫을 올리고 詔書를 論駁하는 책무를 담당했음)의 직위를 담당하고 있을 때 당항(党項)을 토벌하는 일을 간했다가 침주사마(郴州司馬)로 폄적되었다. 한참 후 상서(尙書)로 있던 사촌형 공온업(孔溫業)의 편지를 받았는데 이렇게 적혀 있었다.

"헌부(憲府: 御史臺)에서 너를 시어사(侍御史)로 임명하고자 하니, 조만간 칙명이 내리기를 기다리거라."

갑자기 다시 편지를 받았다.

"재상께서 너를 우사(右史)에 임명하실 것이다."

그러나 그후로 아무 소식이 없었다. 하루는 까치가 마당으로 내려와 앉았는데, 마치 무슨 말을 하는 듯했다. 공온유의 어린 아들이 절하며 이렇게 빌었다.

"원컨대 아버지께서 빨리 벼슬을 얻게 해주세요."

까치가 날아오르면서 너비가 한 촌(寸) 쯤 되는 종이를 떨어뜨렸는데, 종이에 '보궐'이라는 두 글자가 씌어있었으므로 공온유는 매우 기이한 일이라고 생각했다. 오래지 않아 공온유는 보궐에 임명되었다. (『인화록』)

唐河南尹孔溫裕, 任補闕日, 諫討党項事, 貶郴州司馬. 久之, 得堂兄尙書溫業書, 報云: "憲府欲爾作侍御史, 日望敕下." 忽又得書云: "宰相以右史處之." 皆無音耗. 一日, 有鵲喜於庭, 直若語狀. 孩稚拜且祝云: "願早得官." 鵲旣飛去, 墜下方寸紙, 有'補闕'二字, 極異之. 無幾, 却除此官. (出『因話錄』)

138 · 12(1213)
손 악(孫 偓)

장안성(長安城)에는 손씨(孫氏) 가문의 저택이 있었는데, 여러 세대를 살았으므로 건물이 매우 오래되었다. 그 집 앞의 기둥 하나에 갑자기 홰나무 가지가 자라나자, 손씨 가문의 사람들은 처음에는 오히려 이를 가려두어 사람들에게 내보이지 않으려고 했다. 한 해가 지나자 가지는 점점 무성해져서 기둥 전체가 변하더니, 그 집의 지붕을 부수고 위로 뻗어 도저히 숨길 수가 없었다. 의관을 갖춘 자건 일반 백성이건 손씨네 집으로 와서 구경하는 탓에 수레와 말로 크게 붐비게 되었다. 오래지 않아 손악이 재상(宰相)이 되고 손저(孫儲)가 절도사(節度使)가 되자, 사람들은 삼괴(三槐: 周代에 朝廷 바깥에 '懷'와 발음이 비슷한 홰나무를 세 그루 심어서, 인재를 기다려 함께 國事를 의논하고자 하는 의미로 삼았는데, 三公이 홰나무를 향해 앉게된 후로 三槐는 곧 三公을 뜻하게 되었음)를 뜻하는 징조라고 생각하면서도 매우 기이한 일이라고 여겼다. 근자의 손위(孫煒)는 바로 손악의 후손으로, 이 일을 자세히 말해주었다. (『옥당한화』)

   長安城有孫家宅, 居之數世, 堂室甚古. 其堂前一柱, 忽生槐枝, 孫氏初猶障蔽之, 不欲人見. 朞年之後, 漸漸滋茂, 以至柱身通體而變, 壞其屋上衝, 秘藏不及. 衣冠士庶之來觀者, 車馬塡咽. 不久, 偓處巖廊, 儲居節制, 人以爲應三槐之朕, 亦甚異也. 近有孫煒, 乃偓之嗣, 備言其事. (出『玉堂閒話』)

138 · 13(1214)
이전충(李全忠)

당(唐)나라 건부연간(乾符年間: 874~879) 말의 범양(范陽) 사람 이전충은 젊어서 『춘추(春秋)』에 정통했고 귀곡자(鬼谷子)의 학문을 좋아했다. 일찍이 체주사마(棣州司馬)를 지낼 때 갑자기 갈대 한 줄기가 그가 사는 집에서 자라났는데, 한 척(尺) 굵기로 자라더니 세 마디로 나뉘었다. 이전충은 기이하다고 생각하고 별가(別駕)로 있던 장건장(張建章)에게 이 일을 알려주었다. 장건장은 옛 일에 박식한 선비였는데, 다음과 같이 말했다.

"옛날에 포홍(蒲洪)은 연못에 자라는 부들이 아홉 마디로 나뉜 것을 상서로운 조짐이라고 여기고 이에 성을 포씨(蒲氏)로 바꾸었는데, 그 후 자손들이 크게 번창했습니다. 갈대는 연못이나 습지에서 자라야 마땅한 것인데, 집안에서 자라났으니 범상한 일이 아닙니다. 당신은 나중에 반드시 분모(分茅: 王侯로 分封됨. 古代에 諸侯를 分封할 때는 흰 띠풀[茅]로 진흙을 싸서 봉하려는 이에게 수여했는데, 이는 천자가 토지와 권력을 수여하는 상징이 되었음)의 존귀함을 얻게 될 것입니다. 세 마디로 나뉜 것은 절월(節鉞: 符節과 斧鉞. 節은 소의 꼬리로 장식한 부절이고, 鉞은 큰 도끼임. 고대에 정벌할 때는 천자가 대장에게 부절과 도끼를 수여하여 威信을 보였음)을 세 사람에게 전하게 된다는 뜻이니, 공은 이를 잘 기억해 두십시오."

이전충은 그 후 이가거(李可擧)를 섬겨 융교(戎校: 將校)가 되었는데, 제장(諸將)들은 이가거를 내쫓고 이전충을 추대했다. 이전충은 승진을 거듭하여 검교태위(檢校太尉: 檢校는 관직을 더하는 호칭으로, 檢校라는 호칭이 붙으면 正官보다 지위가 높았음)가 되었으며, 전장에 나서면 대단히 위엄이 있었다.

이전충이 죽은 후 아들 이광위(李匡威)는 삼군(三軍)에 의해 쫓겨났다. 이광위의 동생 이광주(李匡儔)는 가솔을 거느리고 도성(都城)으로 가다가 창주(滄州)의 경성현(景城縣)에 이르러 노언성(盧彦盛)에게 살해당했다. 이전에 이광위는 젊어서부터 용맹을 좋아하여, 작은 예절에 얽매이지 않고 음주와 도박을 일삼았다. 하루는 여러 유협(游俠)들과 함께 상건하(桑乾河)의 적란교(赤欄橋) 옆에서 낚시질을 하다가 스스로 술을 땅에 부으며 말했다.

"내가 만약 유주절도사(幽州節度使)가 될 관운이 있다면 대어를 낚게 될 것이다."

이광위는 과연 3척(尺)이나 되는 물고기를 낚았으며 사람들은 이 일을 매우 기이하게 여겼다. (『북몽쇄언』)

唐乾符末, 范陽人李全忠, 少通『春秋』, 好鬼谷子之學. 曾爲棣州司馬, 忽有蘆一枝, 生於所居之室, 盈尺三節焉. 心以爲異, 告於別駕張建章. 建章博古之士也, 乃曰: "昔蒲洪以池中蒲生九節爲瑞, 乃姓蒲, 後子孫昌盛. 蘆茅也, 合生陂澤間, 而生於室, 非其常矣. 君後必有分茅之貴. 三節者, 傳節鉞三人, 公其誌之." 全忠後事李可擧, 爲戎校, 諸將逐可擧而立全忠. 累加至檢校太尉, 臨戎甚有威政.

全忠死, 子匡威, 爲三軍所逐. 弟匡儔, 挈家赴闕, 至滄州景城. 爲盧彦盛所害. 先是匡威少年好勇, 不拘小節, 以飮博爲事. 曾一日與諸游俠輩釣于桑乾赤欄橋之側, 自以酒酹曰: "吾若有幽州節制分, 則獲大魚." 果釣得魚長三尺, 人甚異焉. (出『北夢瑣言』)

138・14(1215)
후홍실(侯弘實)

후홍실은 본래 포판(蒲坂) 사람이다. 어렸을 때 집안이 가난했고 자라서는 군외자제(軍外子弟)로 지냈다. 그의 나이 열 서너 살 때 하루는 처마 아래에서 자는데, 큰 비가 내릴 듯한 날씨가 되더니 무지개가 황하(黃河)로부터 뻗어 어느새 후홍실의 입을 뚫고 들어갔다. 그의 어머니가 그것을 보고는 놀라서 감히 움직이지 못했는데, 한참이 지나자 무지개가 하늘에서부터 후홍실의 입 속으로 들어가 다시 나오지 않았다. 후홍실이 깨어난 후 어머니가 무슨 꿈을 꾸지 않았느냐고 묻자 후홍실이 대답했다.

"마침 꿈에 황하로 들어가서 물을 마시다가 배가 불러 돌아왔습니다."

어머니가 이 말을 듣고 속으로 기뻐하며 후홍실이 반드시 귀하게 될 것임을 알았다. 몇 달 후 갑자기 촉(蜀) 땅의 스님이 문 앞에 와서 시주를 청했다. 스님은 떠나기 전에 후홍실의 어머니에게 말했다.

"보살께서는 마땅히 말년에 복이 있을 것인데, 이는 아들의 역량으로 얻는 것입니다."

후홍실의 어머니는 아들을 불러내어 스님에게 관상을 보아주기를 청했다. 스님이 후홍실을 보더니 말했다.

"이 아이는 무지개용[蜺龍]입니다. 다만 마을에서 멀리 떠나 장강(長江)과 바다에 가까운 곳에서 벼슬을 한다면 비로소 현달(顯達)할 수 있을 것입니다."

스님이 또 말했다.

"이 아이는 천성적으로 잔인함과 독기에 익숙하니 반드시 목숨을 잃을 근심이 있을 것입니다. 만약 삼보(三寶: 佛·法·僧. 즉 佛敎)를 공경하고 신봉한다면 좋은 임종을 맞을 수 있을 것입니다."

스님은 말을 마친 후 떠났다. 후홍실은 그후 과연 사병 출신으로 장교(將校)에 임명되었다.

[後唐] 동광(同光) 3년(925)에 후홍실은 홍성태자(興聖太子)를 따라 전촉(前蜀)을 수복했다. 전촉을 평정한 후 오래지 않아 후홍실은 섬부절도사(陝府節度使) 강연효(康延孝) 등과 함께 반란을 일으켰다. 강연효가 주살된 후 후홍실은 사면을 받았으며, 곧 미주자사(眉州刺史)를 거쳐 기주절도사(夔州節度使)에 임명되었다. 후홍실은 다시 영강절도사(寧江節度使)에서 검부절도사(黔府節度使)가 되었는데, 1주(州: 眉州)와 2진(鎭: 寧江節度使와 黔府節度使)이 모두 장강과 접해있었고, 관직도 매우 높았다. 후홍실은 삼보를 공경하고 신봉했는데 불심(佛心)에 나태함이 없었다. 그러나 군사에 관련한 일을 처리하거나 법으로 아랫사람을 다스리는 데 있어서는 지나치게 엄준하고 가혹했으니, 촉 땅 스님의 말에 틀림이 없었음을 알 수 있다. (『감계록』)

侯弘實, 本蒲坂人也. 幼而家貧, 長爲軍外子弟. 年方十三四, 常寐於簷下, 天將大雨, 有虹自河飮水, 俄貫於弘實之口. 其母見, 不敢驚焉, 良久, 虹自天沒於弘實之口, 不復出焉. 及覺, 母問有夢否, 對曰: "適夢入河飮水, 飽足而歸." 母聞之默喜, 知其必貴矣. 後數月, 忽有蜀僧詣門求食. 臨去, 謂侯母曰: "女弟子當有後福, 合得兒子力." 侯母呼弘實出, 請僧相之. 僧視之曰: "此蜺龍也. 但離去鄕井, 近江海客宦, 方有顯榮." 又曰: "此子性識慘毒, 必有生靈之患. 儻敬信三寶, 卽得善終." 言訖而去. 弘實後果自行伍出身, 至於將領.

同光三年, 從興聖太子收蜀. 蜀平之後, 無何, 與陝府節度使康延孝等作叛. 及延孝誅滅, 弘實得赦, 尋爲眉州刺史, 節度夔州. 復自寧江, 遷於黔府, 一州二鎭, 皆近大江, 官業崇高. 敬奉三寶, 信心無怠. 然於臨戎理務, 持法御下, 傷於嚴酷, 是知蜀僧所云不謬矣. (出『鑑戒錄』)

138 · 15(1216)
대사원(戴思遠)

양(梁: 後梁)나라의 장수 대사원이 부양(浮陽)에서 봉직하고 있을 때, 부하인 모장(毛璋)은 성격이 경박하고 사나웠다. 한 번은 대사원이 수십 명의 병사들과 함께 도적을 추격해서 사로잡았는데, 돌아오다가 여관에 묵을 때 모장은 칼을 베고 잤다. 그런데 한밤중에 그 칼이 갑자기 크게 울더니 칼집 밖으로 튀어나갔다. 따르던 병사 가운데 그 소리를 들은 자들은 크게 놀랐다. 모장도 이 일을 신기하게 여기더니 칼을 들고 축원했다.

"내가 만약 훗날 이 산하를 얻게 된다면 너는 마땅히 다시 울며 튀어나갈 것이고, 얻을 수 없다면 잠자코 있을 것이다."

모장이 다시 누운 채 깊이 잠들지 않고 있었는데, 칼은 이전과 같이 울면서 튀어나왔으며, 모장은 이 일로 크게 자부했다. 그 후 대사원이 진(鎭)을 떠나려고 하자 모장이 머물기를 청했으며, 대사원은 그의 말을 따랐다. 얼마 지나지 않아 모장은 주(州)를 바치고 후당(後唐)의 장종(莊宗)에게 귀의했으며, 장종은 모장을 그 주의 자사(刺史)로 삼았다. 모장은 그 후 결국 창해절도사(滄海節度使)가 되었다. (『옥당한화』)

梁朝將戴思遠, 任浮陽日, 有部曲毛璋, 爲性輕悍. 常與數十卒追捕盜賊, 還宿於逆旅, 毛枕劍而寢. 夜分, 其劍忽大吼, 躍出鞘外. 從卒聞者, 愕然驚異. 毛亦神之, 乃持劍呪: "某若異日有此山河, 爾當更鳴躍, 否則已." 毛復寢未熟, 劍吼躍如初, 毛深自負之. 其後戴離鎭, 毛請留, 戴從之. 未幾, 毛以州歸命於唐莊宗, 莊宗以毛爲其州刺史. 後竟帥滄海. (出『玉堂閒話』)

138 · 16(1217)
장 전(張　錢)

밀주자사(密州刺史)인 장전이 젊었을 때, 하루는 1척(尺) 길이의 메추라기처럼 생긴 새가 날아와, 입에 물고있던 청동 동전을 장전의 품과 소매 사이에 떨어뜨렸다. 장전은 이 일을 기이하게 여겨 늘 그 동전을 의관에 묶고 다녔다. 그후 장전의 집에 점차 재물이 수만 금에 달할 정도로 쌓였고, 그가 죽을 때가 되어도 재물은 줄지 않았다. 날아가던 새가 떨어뜨렸던 동전은 바로 부귀함을 일러주는 상서로운 조짐이었던 것이다. (『옥당한화』)

密牧張錢少年時, 常有一飛鳥, 狀若尺鷃, 銜一靑銅錢, 墮於張懷袖間. 張異之, 常繫錢於衣冠間. 其後累財巨萬, 至死物力不衰. 卽飛鳥墮錢, 將富之祥也. (出『玉堂閒話』)

138 · 17(1218)
제주민(齊州民)

제주(齊州)에 한 부자 노인이 있었는데 군(郡)의 사람들은 그를 유십랑(劉十郎)이라고 불렀다. 유십랑은 식초와 기름을 파는 일을 생업으로 삼았으며 스스로 이렇게 말했다.

"장년 시절에 너무나 곤궁하고 빈천해서 아내와 함께 남의 집 절구질을 해주며 먹고살았소. 그러던 어느 날 밤 절구질을 다 마치지 못했는데, 그 절굿공이에서 갑자기 소리가 나기에 살펴보았더니, 절굿공이는 이미 부러져있었소. 아내와 나는 서로 바라보며 시름하다가 한참이 지나서야 겨우 잠이 들었소. 날이 밝을 무렵에 깨어나 보니 새 절굿공이가 절구 옆에 있었는데, 어디서 생겼는지 알 수 없었소. 아내와 나는 다가가서 새 절굿공이를 바라보며, 놀라면서도 기뻐했소. 그후부터 절굿공이로 땅을 치면 숨겨진 재물을 꽤나 얻게 되었소. 그래서 그 절굿공이를 귀신이 내려준 것이라고 생각하여 보물로 여기며 잘 보관했고, 마침내 절구질을 그만두고 점차 장사를 익혔소. 몇 년 안에 재산은 백 배로 늘어났고 집안에는 수많은 돈이 쌓이게 되었소. 아내와 나는 그 절굿공이를 신통한 물건이라고 생각하여, 수를 놓은 비단으로 싸서 상자 안에 넣어두고, 사시사철 제사를 올렸소."

그 후 유십랑 부부는 풍족한 생활을 누리며 늙어갔다. 그들이 죽자 재물은 점차 줄어들었으며, 지금 그의 자식과 손자들은 가난하게 살고 있다. (『옥당한화』)

齊州有一富家翁, 郡人呼曰劉十郎. 以鬻醯油爲業, 自云: "壯年時, 窮賤至極, 與妻傭舂以自給. 忽一宵, 舂未竟, 其杵忽然有聲, 視之, 已中折矣. 夫婦相顧愁歎, 久之方寐. 凌旦旣寤, 一新杵在臼旁, 不知自何而至. 夫婦前視, 且驚且喜. 自是因穿地, 頗得隱伏之貨. 以碓杵爲神鬼所賜('賜'原作'傷', 據明鈔本改), 乃寶而藏之, 遂棄舂業, 漸習商估. 數年之內, 其息百倍, 家累千金. 夫婦神其杵, 卽被以文繡, 置於匱匣中, 四時致祭焉." 自後夫婦富且老. 及其死也, 物力漸衰, 今則兒孫貧乏矣. (出『玉堂閒話』)

138 · 18(1219)
주경원(朱慶源)

무원현위(婺源縣尉) 주경원(朱慶源)은 면직된 후 [다른 직무로] 선발되기를 기다리고 있었다. 그의 집은 예장(豫章)의 풍성현(豐城縣)에 있었는데, 집안의 정원은 지세가 확 트이고 건조했으나 갑자기 연 한 줄기가 자라났다. 주경원의 집안에서는 놀랍고 두려워서 사방으로 푸닥거리를 했다. 그러나 연이 계속해서 자랐기에 제방을 쌓고 물을 길어 연에 대주었더니, 마당은 결국 큰 연못이 되었고 연과 연꽃은 무성하게 자랐다. 그 해 주경원은 남풍현령(南豐縣令)으로 선발되었고, 3년이 지나자 조정으로 들어가 대리평사(大理評事)가 되었다. (『계신록』)

婺源尉朱慶源, 罷任方選. 家在豫章之豐城, 庭中地甚爽塏, 忽生蓮一枝. 其家駭懼, 多方以禳之. 蓮生不已, 乃築堤汲水以廻之, 遂成大池, 芡荷甚茂. 其年, 慶源選授南豐令, 後三歲, 入爲大理評事. (出『稽神錄』)

태평광기 권제139 징응5
(邦國咎徵)

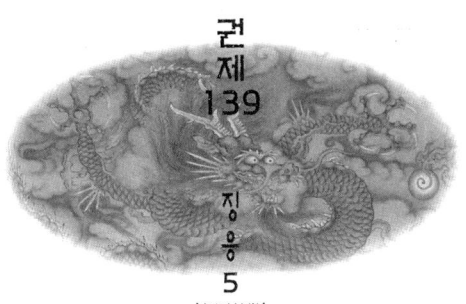

1. 지양소인(池陽小人)
2. 배명조(背明鳥)
3. 왕 완(王 琬)
4. 장 빙(張 聘)
5. 장 림(張 林)
6. 동영공(東瀛公)
7. 장광인(長廣人)
8. 황구촌(黃丘村)
9. 한승진(韓僧眞)
10. 낙양금상(洛陽金像)
11. 양무제(梁武帝)
12. 혜소사(惠炤師)
13. 주정제(周靖帝)
14. 소 씨(蘇 氏)
15. 돌궐수령(突厥首領)
16. 진후주(陳後主)
17. 위남인(渭南人)
18. 묘 귀(貓 鬼)
19. 장 성(長 星)
20. 대 오(大 鳥)
21. 하 마(蝦 蟆)
22. 유주인(幽州人)
23. 묵 철(默 啜)
24. 장역지(張易之)
25. 손 검(孫 儉)
26. 태백주견(太白晝見)

139·1(1220)
지양소인(池陽小人)

왕망(王莽)이 나라를 세운지 3년(11) 되었을 때, 지양에 키가 한 척(尺) 남짓 되는 난쟁이들이 나타났다. 그들은 말을 타거나 걸어다니면서, 천하 만물의 일을 모두 궁리하고 처리했으며, 모두 자기네끼리 서로 난쟁이라고 불렀다. 난쟁이들이 3일 동안 나타나고는 더 이상 나타나지 않자, 왕망은 그 일을 꺼려했다. 그 이후로 병사들의 도적질이 나날이 성행했으며, 결국 왕망은 피살되었다. (『광고금오행기』)

王莽建國三年, 池陽有小人, 長一尺餘. 或乘馬, 或步行, 操持萬物, 小人皆自相稱. 三日乃止, 莽甚惡之. 自後兵盜日盛, 而竟被殺. (出『廣古今五行記』)

139·2(1221)
배명조(背明鳥)

황룡(黃龍) 원년(229)에 오(吳)나라는 처음 무창(武昌)에 도읍을 정했다. 그 때 월수(越雟)의 남쪽에서 배명조를 헌상했는데, 그 형상은 학의 모습과 같았고, 밝은 곳을 바라보고 살지 않았기에 둥지는 늘 북쪽을 대하고 있었다. 그 새는 살이 많고 깃털이 적었으며 그 울음소리는 변화무쌍했는데,

종·경쇠·생황·피리 소리를 들으면 [춤을 추듯] 날개를 퍼덕이며 머리를 흔들었다. 그리하여 당시의 사람들은 그 새를 길한 징조라 여겼었다. 그 해에 오나라가 건업(建業)으로 천도하자 다른 지역에서 많은 진기한 보물을 바쳤다. 오나라 사람들은 사투리를 썼기에 그 새를 '배망조(背亡鳥)'라고 부르게 되면서, 나라 안에서는 그 새를 큰 요괴라고 여겼다. [그 일이 있는지] 100년도 안되어 재난·모반·유랑의 일이 발생했으며, 백성들은 뿔뿔이 흩어져 도망했으므로 마을에는 밥짓는 연기가 나지 않았다. 과연 [배망조라는] 이 말과 같이 되었던 것이다. 그 후 이 새는 어디로 갔는지 알 수 없었다. (『왕자년습유기』)

黃龍元年, 吳始都武昌. 時越巂之南獻背明鳥, 形如鶴狀, 止不向明, 巢常對北. 多肉少毛, 其聲百變, 聞鐘·磬·笙·竽之聲則奮翅搖頭. 時人以爲吉瑞. 是歲遷都建業, 殊方多貢珍奇. 吳人語訛, 呼爲'背亡鳥', 國中以爲大妖. 不及百年, 當有喪亂·背叛·流亡之事, 散逸奔逃, 墟無烟火. 果如斯言. 後此鳥不知所在. (出『王子年拾遺記』)

139·3(1222)
왕 완(王 琬)

진(晉)나라 무제(武帝) 태강(太康) 7년(286), 교단(郊壇: 天地에 祭祀를 지내는 祭壇)아래에 키가 3척이고 털 빛깔이 선명하게 흰 개가 한 마리 있었다. 그 개는 늘 제단 옆에 누워있었는데, 사람이 다가가는 기색이 있으면 가버리곤 했다. 기독(騎督: 騎兵을 引率·監督하는 軍官) 왕완이 준마를 타고 그 개를 쫓아갔으나 개가 천천히 가는데도 불구하고 말이 따라잡지 못했으며, 활을 쏘자 도망쳐 버렸기에 왕완은 다시 돌아왔다. 그리하여 교단이 있는 언덕은 개가 지키지 않게 되었고, 그 후 결국 나라가 크게 어지러워졌다.

또한 무제 때 유주(幽州)의 어느 개는 코를 킁킁거리며 땅 위로 300여 걸음을 갔다. 무제는 화교(和嶠)의 말을 고려하지 않고 혜제(惠帝)를 세워[惠帝가 태자로 있을 때 和嶠는 武帝에게 태자는 순박한 성격으로 남의 말을 곧이곧대로 믿으므로 군주의 제목이 아니라고 간했음] 나라가 쇠하고 어지럽게 되었다. (『곽송세어』[『곽반세어』])

晉武帝太康七年, 郊壇下有一白狗, 高三尺, 光色鮮明. 恒臥壇側, 覺見人前則去. 騎督王琬, 以駿馬追之, 狗徐行, 馬不可及, 射又逃, 琬去復還. 郊丘非狗所守, 後遂大亂.

又武帝時, 幽州有狗, 鼻行地三百餘步. 帝不思和嶠之言而立惠帝, 以致衰亂. (出『郭頌世語』, 明鈔本 '頌' 作 '頒')

139·4(1223)
장 빙(張 聘)

진(晉)나라 혜제(惠帝) 태안연간(太安年間: 302~303)에 강하(江夏)의 장빙이 타고있던 소가 말을 했다.

"천하가 어지러워지게 되면 나를 타십시오."

장빙은 두려움을 느끼고 돌아왔더니, 개가 또 이렇게 말했다.

"어찌 이리 일찍 돌아오십니까?"

잠시 후에 사람의 말을 했던 소가 일어서서 걸어갔다. 장빙이 묻자 소가 이렇게 말했다[원문은 '聘□□□□曰'로 闕字가 있지만 문맥을 유추하여 이렇게 번역함].

"천하가 장차 어지러워질 것이니 비단 한 집에만 그치지 않을 것입니다."

그 해에 장창(張昌)이 난[太安 2년(303) 張昌이 요역을 피해 도망간 流民 수천 명을 모아 江夏를 점령하고 荊州・豫州・揚州・徐州・江州를 공격했음]을 일으켜 먼저 강하를 침략했기에, 강하의 백성들은 장빙을 장수로 추대했다. 그리하여 다섯 주(州)에 잔혹한 난이 일어났으며, 장빙의 집안은 멸족당했다. (『광고금오행기』)

晉惠帝太安中, 江夏張聘所乘牛言曰: "天下亂, 乘我." 聘懼而還, 犬又言曰: "歸何早?" 尋牛人立而行. 聘□□□□曰: "天下將亂, 非止一家." 其年張昌作亂, 先('先'明鈔本作'將')略江夏, 衆推爲('江夏衆推爲'五字原空闕, 據黃本補)帥. 於是五州殘亂, 聘方族滅. (出『廣古今五行記』)

139・5(1224)
장 림(張　林)

진(晉)나라 회제(懷帝) 영가연간(永嘉年間: 307~313)에 가흥(嘉興)의

장림이라는 사람에게 아영(阿永)이라는 개가 한 마리 있었다. 그 때는 천하에 기근이 들었기에 굶주리고 있던 터라, 그 개가 걷다가 쓰러지려고 했다. 장림이 말했다.

"아영아, 네가 말을 하면 고기를 주겠다. 예전에는 건강했었는데 지금은 굶주려서 더 이상 걷지도 못하겠느냐?"

그러자 갑자기 개가 말을 했다.

"내가 말하건대, 천하의 사람들이 모두 굶어 죽을 것입니다!"

개가 계속 말을 하자, 그 말을 들은 사람들은 두려움에 떨며 도망갔다. 그 때에 천하가 황폐해지고 어지러워졌으며, 회제는 호(胡) 땅에서 죽었다. (『광고금오행기』)

晉懷帝永嘉中, 嘉興張林有狗名阿永. 時天下飢荒, 狗行欲倒. 林言: "阿永, 汝言得肉(明鈔本'言'作'前', '肉'作'食'). 故健, 今餓不復行耶?" 狗忽語云: "我道天下人饑死!" 狗語不已, 聞者怖走. 時天下荒亂, 帝沒於胡. (出『廣古今五行記』)

139 · 6(1225)
동영공(東瀛公)

진(晉)나라 동영공 사마등(司馬騰)은 자가 원매(元邁)로, 영가(永嘉) 원년(307)에 업(鄴) 땅을 다스렸다. 그 당시 큰 눈이 내렸는데, 그 집 문 앞 사방 수십 보만은 유독 눈이 녹아 쌓이지 않았다. 동영공은 이상히 여겨 그 곳을 파 보았더니 높이가 한 척 남짓 되는 옥으로 된 말을 얻게 되었는데, 그 말은 이빨이 모두 빠져있었다. 사마등은 '마(馬)'자가 국성(國姓)이기 때문에 길상마(吉祥馬)라고 했다. 그러나 어떤 이는 이 말이 이빨이 없는 것은 먹지 못하는 것을 뜻한다고 생각했다. 몇 년이 채 안 되어 진나라는 크게 어지러워졌다. (『이원』)

晉東瀛公騰, 字元邁, 以永嘉元年鎭鄴. 時大雪, 當其門前方十數步, 獨液不積. 騰怪而掘之, 得玉馬, 高尺許, 齒皆缺. 騰以爲'馬'者國姓, 稱吉祥馬. 或謂馬無齒則不食. 未幾, 晉大亂. (出『異苑』)

139 · 7(1226)
장광인(長廣人)

송(宋)나라 문제(文帝) 원가연간(元嘉年間: 424~453) 말에 장광의 어떤 사람이 병을 앓았는데, 먹을 수는 있어도 누울 수는 없었으며 밥을 한 끼 먹을 때마다 몸이 길어지는 것을 느꼈다. 이렇듯 며칠이 지나자 머리가 마침내 지붕을 뚫게 되었다. 당시 단구(段究)가 자사(刺史)로 있었는데, 그의 키를 재어보니 3장(丈)이나 되었다. 그러다가 그는 다시 점점 줄어들어 예전처럼 되돌아가더니 며칠 후에 죽었다. 얼마 후에 문제는 원흉(元凶: 文帝의 長子인 劉劭)에게 살해되었다. (『광고금오행기』)

宋文帝元嘉末, 長廣人病瘥, 便能食而不得臥, 一飯輒覺身長. 如此數日, 頭遂出屋. 段究爲刺史, 度之爲三丈. 復還漸縮如舊, 經日而亡. 俄而文帝爲元凶所害.

(出『廣古今五行記』)

139 · 8(1227)
황구촌(黃丘村)

송(宋)나라의 강릉(江陵) 황구촌(黃丘村)에서 어떤 양이 목 하나에 머리가 둘 달린 새끼 양을 낳았는데, 위에 있는 머리는 울었지만 밑에 있는 머리는 울지 않았다. 얼마 후에 유의(劉毅)·사마휴(司馬休)가 계속해서 난을 일으켜 사람들 대부분이 전란으로 목숨을 잃었다. (『저궁구사』)

宋江陵黃丘村, 有羊生羔, 兩頭一頸, 在上者鳴, 在下者不鳴. 俄而劉毅·司馬休之相繼作亂, 人多兵死 (出『渚宮舊事』)

139 · 9(1228)
한승진(韓僧眞)

후위(後魏: 北魏) 숙종(肅宗) 희평(熙平) 2년(517), 병주(幷州) 기현(祁縣) 사람 한승진의 딸은 어머니의 오른 쪽 옆구리에서 태어났다. 호태후(胡太后)는 그녀를 액정(掖庭: 妃嬪들이 거처하는 後宮)에 주어 기르게 했다. 호태후는 국정을 맡고 있다가 원차(元叉)·유등(劉騰)에 의해 영항(永巷)에 유폐되었으며, 나중에는 마침내 이주영(爾朱榮)에 의해 하음(河陰)에서 익사 당했다. 후위의 황실은 이로 인하여 크게 어지러워졌다. (『광고금오행기』)

後魏肅宗熙平二年, 幷州祁縣人韓僧眞女, 從母右脇而出. 胡太后令付掖庭養之. 太后臨朝, 爲元叉·劉騰幽於永巷, 後竟被爾朱榮沈於河. 魏室因玆大亂. (出『廣古今五行記』)

139 · 10(1229)
낙양금상(洛陽金像)

후위(後魏: 北魏) 보태(普泰) 원년(531), 낙양의 금불상에 눈썹과 머리카락 등이 났는데, 모두 다 자라서 완전한 모양을 갖추고 있었다. 상서좌승(尙書左丞) 위계경(魏季景)이 사람들에게 말했다.

"장천석(張天錫: 前凉의 8대 王으로 苻堅에게 멸망당함)때도 이런 일이 있었는데 그 나라가 결국 망했었으니, 이 역시 상서롭지 못한 징조이오."

그 이듬해가 되어 광릉혜왕(廣陵惠王: 節閔帝 元恭)이 폐위되어 그곳에서 죽었다. (『낙양가람기』)

後魏普泰元年, 洛陽金像生毛眉·鬢髮, 悉皆具足. 尙書左丞魏季景謂人曰: "張天錫有此事, 其國遂滅. 此亦不祥之徵." 至明年, 而廣陵被廢死焉. (出『洛陽伽藍記』)

139 · 11(1230)
양무제(梁武帝)

양(梁)나라 무제(武帝) 대동(大同) 원년(535), 무제가 현무호(玄武湖)에 행차했는데, 호수 속의 물고기들이 모두 머리를 쳐들고 마치 사방을 둘러보는 듯이 물위로 나타났다가 무제가 입궁(入宮)하자 비로소 물 속으로 들어갔다. 이는 바로 아랫사람이 거병하고자 어좌(御座)를 넘보는 형상이었다. 얼마 후에 후경(侯景)의 난이 있었다. (『광고금오행기』)

梁武帝大同元年, 幸玄武湖, 湖中魚皆驤者, 見於水上, 若顧望焉, 帝入宮方沒. 此下人將擧兵睥睨乘輿之象. 尋有侯景之亂. (出『廣古今五行記』)

139 · 12(1231)
혜소사(惠炤師)

제(齊: 北齊)나라 말에 혜소라는 스님이 있었는데, 그가 어디에서 왔는지는 모른다. 그는 대나무 막대기를 말로 삼아 타고 다니면서 채찍을 휘두르며 쏜살같이 내달렸으며, 앉은뱅이처럼 책상다리를 해서 빙글빙글 돌기도 했다. 그리고 어느 때는 성난 목소리로 이렇게 말하기도 했다.

"어디 어디에서 병사들이 매우 급하게 추격 당하고 있는데, 어찌 파병하지 않고 있는가?"

그리고는 죽마를 내려놓고 편히 쉴 겨를도 없이 내달렸다. 또 어느 때는 새벽녘에 남전(南殿)에 갔다가 해질 무렵에 북성(北城)에 당도하기도 했는데, 그가 말한 바대로 과연 봉화와 격문의 급보가 있었다. 그는 멀리 검은 구름, 혹은 나는 까마귀나 무리를 이룬 [검은] 돼지를 볼 때마다, 단지 검은 것이기만 하면 몸을 낮추고 공경의 뜻을 표했다. 그는 또 갑자기 자칭 '복루라어(伏嘍囉語)'라고 했다. 그리하여 제나라 사람들 중에 그를 본 사람들은 괴상하다고 비웃지 않는 사람이 없었다. 도성 사람들은 모두 그를 알았지만 그의 이름은 알지 못했기에 그를 '복유조마(伏喩調馬)'라고 불렀다.

제나라에 아직 변란이 일어나기 전, 혜소 스님은 죽마를 달려 궁전 서쪽의 기성(騎省: 中書省에는 右散騎常侍, 門下省에는 左散騎常侍를 두었는데, 두 省 모두 散騎常侍를 두었기에 騎省이라고 부름)에 도착해 당옹(唐邕) 등을 비롯한 여러 대신(大臣)들에게 급히 동쪽 지방을 구하라고 은밀히 고했으며, 장차 오아(吳兒: 吳明徹)가 크게 쳐들어 올 것이니 아침부터 저녁까지 대궐을 지키며 떠나지 말라고 했다. 며칠 후에 오명철(吳明徹)이 광릉(廣陵)에서 회초(淮楚)로 북침했다. 나라에서 군사를 보내 그곳을 구하려고 막 병마를 소집하고 있을 때, 혜소 스님은 이미 성에서 40리 떨어진 백벽(白壁)의 남쪽에 군사를 대기시키고 지휘 호령하고 있었다. 대장군이 도착하자, 그는 [대장군인] 제안왕(齊安王) 고경덕(高敬德)에게 말했다.

"애쓰십시오, 물을 조심하십시오!"

그 후 오인(吳人: 吳明徹)이 물을 막아 놓았다가 터트려 성을 잠기게 하여, 제나라 군사들 대다수가 물에 빠져 죽었다.

도성에서 백관들이 조정에 모이면 혜소 스님도 죽마를 타고 채찍을 들고 무성제(武成帝: 高湛)의 뒤에 서 있었다. 황제는 칙령을 내려 혜소 스님을 천평사(天平寺)로 보낸 뒤 늘 세 사람에게 그를 지키도록 하여 그의 허황된 말이 들리지 않도록 하라고 했으나, 혜소 스님은 예전 같이 계속 남모를 소리를 했는데 그를 제지할 수 없었다. 후에 혜소 스님은 천평사에서 묵을 때, 한 고승과 함께 천지개벽과 상고시대의 무위(無爲)에서부터 아래로는 군신과 부자의 도리, 인의도덕, 노자(老子)의 『도덕경(道德經)』과 불법(佛法)에 이르기까지 각각의 장단점에 대해 밀담을 나누었는데, 현묘하고 은밀한 일에 대해서도 두루 섭렵하여 논하지 않는 바가 없었다. 동이 틀 무렵이 되자 혜소 스님은 그곳을 떠나며 말했다.

"내가 한 말을 절대 누설하지 마시오. 만약 말이 새어 나간다면 당신을 때려죽이겠소!"

혜소 스님이 떠나고 난 뒤, 그 스님이 명망과 덕행이 있는 한두 고승에게 말했다.

"복유(伏瑜: 惠炤師)는 성인으로 범상치 않은 사람이니 그를 경시하거나 홀대해서는 안됩니다. 그가 말하는 것을 들어보니, 여러 부처님께서 득도(得道)한 일들을 모두 몸소 겪은 듯 손바닥을 가리키는 것처럼 훤히 얘기하더이다. 내게서 들은 말은 [다른 이들에게] 말하지 마시오. 여러분들이 혜소 스님에 대해 알지 못하고 교만한 마음을 품어 나중에라도 그분께 죄를 지을까 싶어서 알려드리는 것입니다."

오후가 되어 혜소 스님이 몰래 주먹만한 돌을 손수건에 싸 가지고 와서 [자신의 말을 누설한] 고승에게 말했다.

"내가 너에게 말하지 말라고 주의를 주었거늘 참지 못하고 누설하다니!"

그리고는 수건에 싼 돌로 그를 때리자 고승은 단번에 죽고 말았다.

절에서는 혜소 스님을 붙잡아 황제께 아뢰었으나, 황제는 용서하고 죄를 묻지 않았다.

제나라가 망하기 바로 전에 황제는 북궁(北宮) 동북쪽 모퉁이에 10보(步: 1步는 四方 6尺) 정도의 작은 땅을 떼어내 홍선사(弘善寺)를 지었다. 혜소 스님이 일찍이 그 절에 와서 묵게 되었는데, 그 날 밤에 담을 뛰어넘어 태후궁(太后宮)의 정원으로 가서 궁인들의 방으로 숨어 들어갔다가 붙잡히게 되었다. 그러자 혜소 스님이 말했다.

"얼마 안 있으면 사람들 아무나 들어올 것인데, 어찌 유독 나만 자제하라 하십니까?"

이 일로 또 상주문을 올렸으나 황제는 조서를 내려 그를 놓아주었다. 당시 궁안의 귀인(貴人)들이나 내·외척의 비첩 가운데 출가한 자는 매월 초하루와 보름에 황제를 배알하도록 되어있었기에, 그들은 거마(車馬)와 의복을 갖추었으며 따르는 시종들도 화려한 차림이었다. 혜소 스님은 수레 뒤를 쫓아가면서 추파를 던지고 희롱하면서 말했다.

"내가 파계(破戒)하는 날이 되면 내 부인이나 되지."

관리가 그를 쫓아내자, 그는 계속 지껄여대면서 앞으로 나갔다. 귀인들은 혜소 스님이 미쳐서 사리분별을 못한다고 했으나, 후주(後主: 高緯)는 그를 용서하고 웃기만 하면서 탓하지 않았다.

혜소 스님은 다른 승려들을 만날 때마다 심하게 욕설을 퍼붓고 화를 내며 때렸는데, 손에 벽돌과 기와를 집어들고 머리나 얼굴도 가리지 않고 때리면서 말했다.

"소용이 없으면 없애버려야지!"

그리하여 혜소 스님과 마주치는 스님들은 모두 그를 피해 갔다.

그 후 혜소 스님이 5~6일 동안 없어졌다가 갑자기 다시 나타나서 측간 위에서 잠을 잤는데, 한번은 지팡이를 짚고 앉아서 자다가 이렇게 말했다.

"관청도 매우 많고 군마(軍馬)도 도처에 가득하여 주야로 [쉬지 않고 명을] 삼가 받들었으나 빈틈없이 할 수는 없는 일. 지도와 호적을 [새로] 만들지 않을 수 없겠구나."

주(周: 北周)나라 군사가 진양(晉陽)으로 쳐들어오자, 혜소 스님은 태후사(太后寺)의 탑 앞으로 가서 합장을 하고 눈물을 흘리며 말했다.

"법륜(法輪)이 무너지는구나![후에 北周는 廢佛政策을 추진하여 寺院이 所有한 土地를 몰수하고 佛經과 佛像을 훼손했으며 100만에 달하는 승려들을 환속시켰음]"

그리고는 땅에 엎드려 일어나지 않았다.

무제(武帝: 北周 宇文邕)가 동하(東夏)를 평정하고 지도와 호적, 관청 문서를 보관하는 창고의 전적(典籍)과 고칙(誥勅: 황제가 신하들에게 내리는 명령), 주현(州縣)의 호구(戶口) 장부, 낙경(洛京: 洛陽)의 역사 사실을 적은 기록을 거두어들이지 않아서 그것들은 모두 군사들에 의해 훼손되고 폐기되었다. 그리하여 그때까지 3년에 한 번씩 인구와 재산을 전면적으로 조사하여 백성들의 관적(貫籍)을 만든 것을 새로 다시 만들었다. 이는 혜소 스님이 호적을 만들 것이라고 한 말과 모두 맞아떨어진 것이었다. 그 후 혜소 스님은 결국 어디로 갔는지 알 수 없었다. (『광고금오행기』)

齊末惠炤師者, 不知從何許而來. 騎一竹枝爲馬, 振策馳驛, 盤躄廻轉. 或時厲聲云:"某處追兵甚急, 何不差遣?" 遂放杖馳走, 不遑寧息. 或晨往南殿, 暮至北城, 如其所言, 果有烽檄之急. 每逢見黑雲飛烏群冢, 但是黑之物, 必低身恭敬. 忽自稱云'伏嗾囉語'. 國人見者, 莫不怪笑. 京內咸識. 不知名字者, 呼爲'伏嗾調馬'('伏嗾調馬'四字原闕, 據明鈔本補).

齊未動之前, 惠炤走杖馬, 來到殿西騎省, 密告諸貴唐邕等, 急救東方, 吳兒大欲入, 曉夕孜孜, 守闕不去. 數日, 吳明徹自廣陵北侵淮楚. 國家遣兵將救, 始集兵馬, 惠炤已去城四十里, 於白壁南待軍, 指麾號令. 大將至, 謂齊安王高敬德曰: "努力, 好愼漿水!" 後吳人縱水淹漬, 齊軍多有傷沒.

在京百官朝集, 惠炤亦騎杖執策, 立於武成之後. 敕付天平寺, 常令三人守之, 勿('勿'原作'忽', 據明鈔本改)聽浪語, 炤狂言如舊, 不可止約. 後於天平寺宿, 與一大德僧共密語, 天地開闢, 上古無爲, 下至君臣父子·道德仁義·老經佛法, 優劣多少, 凡所顧涉幽隱之事, 無所不論. 迨至天曉將去, 謂曰:"愼莫漏我此語. 若泄, 打殺汝!" 去後, 此僧語一二老宿名德者云: "伏嗾乃是大聖人, 非尋常, 不可輕忽. 聞其所說, 諸佛得道者, 咸經親事, 序述猶如指掌. 見語勿道. 恐諸不知, 懷驕慢心, 將來獲罪, 所以相告." 午後, 惠炤密將拳石手巾裹來, 語此僧云: "戒你莫說乃不能忍!" 以巾打之, 一下死. 寺家執以奉聞, 恕而不問.

齊將破之時, 北宮東北角割十步爲弘善寺. 惠炤曾到寺宿, 其夜騫牆往太后宮院, 盜入宮人房裏, 被捉. 炤曰:"不久人人皆入, 何爲獨自約我?" 又以狀奏, 詔復捨之. 時宮校貴人內外戚妃媵出家者, 朔望參謁, 車馬衣服, 侍從綺麗. 惠炤尋逐車後, 眼語挑弄, 云:"罷道之日, 與我作婦." 官者驅逐, 且語且前. 貴人等以炤狂悖, 爲後主所容, 但笑而不責.

每逢見僧衆, 則惡罵嗔打, 手執甎瓦, 不避頭面, 云:"無用之時除剪!" 僧徒値者亦必避之. 於後失經五六日, 忽復自來, 則厠上而眠, 或把杖坐睡, 云:"官府甚多, 軍馬遍滿, 晝夜供承, 不可周悉. 圖籍不得不造." 及周兵入晉陽, 炤到太后寺浮圖前, 合掌落淚云: "法輪傾!" 即伏地不起. 武帝平東夏, 不收圖籍, 府庫典誥, 州縣戶口, 洛京故實, 並爲軍人毁棄. 至今大比民貫('至今大比民貫'六字原缺, 據明鈔本補), 創始營造. 炤所說造籍, 悉符驗焉. 而炤竟不知所在. (出『廣古今五行記』)

139 · 13(1232)
주정제(周靖帝)

주(周: 北周)나라 정제 대상(大象) 원년(579) 여름, 형양(滎陽) 변수(汴水) 북쪽에서 용의 싸움이 있었다. 처음에 흰 빛이 곧바로 하늘로 이어지더니 길이가 십여 장(丈)이나 되는 백룡이 동쪽으로부터 나타나 서북쪽을 향하여 발바닥을 핥으면서 울어댔다. 그러자 서북쪽에도 흑룡이 구름을 타고 왔다. 광풍과 우뢰가 서로 맞부딪치더니 순식간에 붙었다 떨어졌다 하면서 폭우를 퍼부었으며, 그 싸움은 오시(午時)에서부터 신시(申時)까지 이어졌다. 마침내 백룡은 하늘로 올라갔고, 흑룡은 땅으로 떨어졌다. 다시 큰 잉어 3마리가 셀 수 없이 많은 작은 물고기들을 거느리고 공중으로 올라가 싸웠다. 천둥과 폭우가 다시 심해져 거센 바람은 지붕을 날려버릴 정도였다. 어두워질 때가 되어서야 싸움이 멈추었고 물고기는 다시 나타나지 않았다. 다음 날 검은 뱀 두 마리가 나타났는데, 큰 뱀은 길이가 1장 5척이었고, 작은 뱀은 그 절반이었다. 두 놈 다 허리와 목에 부상을 입고 동굴 앞에서 죽었다. 검은 뱀은 주나라 원제(元帝)와 정제의 상징이었으며, 큰 물고기

3마리가 싸운 것은 울지회(尉遲回)·왕겸(王謙)·사마소난(司馬消難) 이 세 지방에서 병란을 일으킬 기이한 조짐이었다. (『광고금오행기』)

周靖帝大象元年夏, 滎陽汴水北, 有龍鬪. 初見白光直屬天, 自東方而來, 有白龍長十許丈, 西北向, 舐掌而鳴. 西北有黑龍, 亦乘雲而至. 風雷相擊, 乍合乍離, 暴雨大注, 自午至申. 白龍升天, 黑龍墜地. 復有大鯉魚三, 從小魚無數, 乘空而鬪. 雷雨又甚, 大風發屋. 至瞑乃止, 魚不復見. 明日, 有兩黑蛇, 大者長丈五, 小者半之. 並傷腰頸, 死於竇前. 黑蛇者, 周天元帝及靖帝之象, 大魚三而鬪者, 尉遲廻·王謙·司馬消難('消難'二字原闕, 據明鈔本補), 三方起兵亂之異. (出『廣古今五行記』)

139·14(1233)
소 씨(蘇 氏)

주(周: 北周)나라 정제(靖帝) 대상연간(大象年間: 579~580)에 양무(陽武) 사람 소씨는 황하(黃河)을 가까이 살고 있었다. 그가 집의 정원에서 개 짖는 소리가 들리기에 가서 보았더니, 물소 같은 형상을 한 3마리 짐승이 있었는데, 하나는 황색, 하나는 적색, 하나는 흑색이었다. 그 짐승들은 오랫동안 싸우다가 마침내 흑색의 물소는 죽고 황색과 적색의 물소는 모두 황하로 들어갔다. 흑색은 주나라가 숭상하던 색깔이었는데, 그것이 죽은 것은 멸망의 상징이었다. 그 후 몇 년이 지나 주나라는 결국 멸망하고 수(隋)나라가 천하를 차지하게 되었는데, 수나라에서는 깃발과 희생(犧牲)은 적색을 숭상했으며, 군복은 황색을 숭상했다. (『광고금오행기』)

周靖帝大象中, 陽武蘇氏, 家臨河. 聞園中有犬聲, 往視之, 見三獸, 狀如水牛, 一黃一赤一黑者. 鬪久之, 黑者死, 黃赤者俱入于河. 黑者周所尙色也, 死者滅亡之象. 後數歲, 周遂滅, 隋有天下, 旗牲尙赤, 戎服尙黃. (出『廣古今五行記』)

139 · 15(1234)
돌궐수령(突厥首領)

수(隋)나라 개황연간(開皇年間: 581~600) 초에 돌궐의 아파(阿波: 西突厥의 首領 阿波可汗)가 아직 반란을 일으키기 전에, 수령 수십 명이 말을 타고 토끼 한 마리를 뒤쫓다가 산에 이르렀다. 산 위에 노루 한 마리가 있었는데, 벼랑 가에서 사람들에게 이렇게 일러주었다.

"너희들이 공연히 저 남방 성인의 나라를 침범한다면, 오래지 않아 마땅히 멸망하리라."

얼마 후에 나라 안이 크게 어지러워졌다. (『광고금오행기』)

隋開皇初, 突厥阿波未叛之前, 有首領數十騎, 逐一兎至山. 山上有鹿, 臨崖告人云 "你等無事觸他南方聖人之國, 不久當滅." 俄而國內大亂. (出『廣古今五行記』)

139 · 16(1235)
진후주(陳後主)

　진(陳)나라 후주(後主: 陳叔寶) 때 말릉(秣陵)에 샘이 하나 있었는데, 그 깊이를 헤아릴 수 없을 정도였으며 물고기와 자라도 많이 났다. 그러나 그 샘에서는 늘 소 울음소리 같은 것이 났기에 마을 사람들은 두려워서 감히 범접하지 못했다. 그러나 그로부터 머지 않아 갑자기 기슭 아래에서 소머리가 보이자 마을 사람들은 그것을 끌어냈다. 그리하여 다투어 물고기를 잡는 바람에 물고기는 이내 씨가 말랐다. 강동(江東)은 예로부터 우두산(牛頭山)을 하늘의 관문이라고 여겼는데, 이때 소머리를 빼앗긴 것은 아마도 나라가 장차 멸망하고 하늘의 관문이 훼손되리라는 것을 보여준 징조일 것이다. 몇 년 뒤에 수(隋)나라가 진나라를 평정했다. (『광고금오행기』)

　陳後主時, 秣陵有泉, 深不可測, 産魚鱉甚衆. 恒有聲如牛, 邑人懼之, 不敢犯. 無何, 忽見牛頭於岸下, 里民牽而出之. 於是爭捕, 其魚乃盡. 江東舊以牛頭山爲天關, 今牛頭已獲, 蓋示國將滅而關毁也. 後年, 隋平陳. (出『廣古今五行記』)

139 · 17(1236)
위남인(渭南人)

　수(隋)나라 때, 위남의 어떤 사람이 다른 사람의 집에 기숙했다. 그는 밤중에 돼지 두 마리가 대화하는 것을 들었는데, 그 중 한 마리가 이렇게 말했다.

"올해도 다 지나려고 하니 주인 나리가 내일 우리를 죽여 신년의 공물로 바치실 텐데, 우리는 어느 곳으로 피해 가야 할까?"

다른 한 마리가 대답했다.

"강 북쪽에 있는 여인의 집으로 가면 되겠네."

그리하여 두 돼지는 서로 앞서거니 뒤서거니 하며 떠났다. 동이 틀 무렵, 주인이 돼지를 찾았으나 찾을 수 없었다. 그러자 묵고있던 그 손님이 상황을 얘기해 주었고, 사람들은 그의 말대로 돼지를 찾을 수 있었다. 그 후 촉왕(蜀王) 양수(楊秀)가 죄를 지어 사형 당하려 할 때, 낙평공주(樂平公主)가 그를 구해주어 목숨이 온전할 수 있었다. 그러나 그 후 몇 년이 지나 황제가 붕어하고 천하가 크게 어지러워졌으며, 왕수는 결국 주살당했다. (『광고금오행기』)

隋時, 渭南有人寄宿他家. 夜中聞二豕對語, 其一曰: "歲將盡, 阿耶明殺我供歲, 何處避之?" 其一答曰: "可向水北婦家." 因相隨而去. 天將曉, 主人覓豕不得. 宿客言狀, 至人如其言得豕. 其後蜀王秀得罪, 將殺, 樂平公主救之得全. 後數歲而帝崩, 天下大亂, 秀竟被誅. (出『廣古今五行記』)

139 · 18(1237)
묘 귀(貓 鬼)

수(隋)나라 대업연간(大業年間: 605~617) 말에 고양이 귀신 사건이 일어났다. 어떤 집에서 기르던 늙은 고양이가 사람을 홀리는 요괴가 되었는데, 그것이 자못 신령스러워 차례로 사람들을 무고했다. 그리하여 도성과 군현에서 주살당한 사람들이 수천여 가에 이르렀다. 촉왕(蜀王) 양수(楊秀)가 그 일로 처벌을 받았으며, 수나라 황실이 망하자 이 일 역시 잠잠해졌다. (『조야첨재』)

隋大業之季, 貓鬼事起. 家養老貓爲厭魅, 頗有神靈, 遞相誣告. 京都及郡縣被誅戮者, 數千餘家. 蜀王秀皆坐之, 隋室旣亡, 其事亦寢. (出『朝野僉載』)

139 · 19(1238)
장 성(長 星)

당(唐)나라 의봉연간(儀鳳年間: 676~679)에 하늘의 반에 걸쳐 긴 혜성이 나타난 일이 있었는데, 그것은 동쪽에서 출현하여 30여 일 동안 머물다 없어졌다. 이때부터 토번(吐蕃)의 반란, 흉노(匈奴)의 반란, 서경업(徐敬業)의 난, 백철여(白鐵余)의 역모, 박주(博州)와 예주(豫州)에서의 소동, 충주(忠州)와 만주(萬州)에서의 횡포, 거란이 영부(營府)로 넘어 온 일, 돌궐(突厥)이 조주(趙州)와 정주(定州)를 격파한 일 등이 발생했고, 마인절(麻仁節)·장현우(張玄遇)·왕효걸(王孝傑) 등 백만에 달하는 사람들이 모두 죽었으며, 30여 년 동안 전란이 끊이지 않았다. (『조야첨재』)

唐儀鳳年中, 有長星半天, 出東方, 三十餘日乃滅. 自是吐蕃叛·匈奴反·徐敬業亂・白鐵余作逆・博豫騷動・忠萬彊梁・契丹翻營府・突厥破趙定, 麻仁節・張玄遇・王孝傑等, 皆沒百萬衆, 三十餘年, 兵革不息. (出『朝野僉載』)

139 · 20(1239)
대 오(大 烏)

당(唐)나라 조로연간(調露年間: 679~680) 이후에 크기가 비둘기 만하고 색이 검은 참새 같은 까마귀가 있었는데, 천만 마리가 떼지어 날면 마치 바람소리가 나는 듯 했다. 당시의 사람들은 그것을 '탈작(獺雀: 사막꿩)'이라 불렀고 또한 '돌궐작(突厥雀)'이라고도 이름 붙였는데 만약 그 새가 오면 돌궐이 반드시 들이닥친다고 했다. 후에 그 말과 다름없이 돌궐이 쳐들어왔다. (『조야첨재』)

 唐調露之後, 有烏大如鳩, 色如烏雀, 飛若風聲, 千萬爲隊. 時人謂之'獺雀', 亦名'突厥雀', 若來, 突厥必至. 後則無差. (出『朝野僉載』)

139 · 21(1240)
하 마(蝦 蟆)

 당(唐)나라 고종(高宗)은 일찍이 두통을 앓아 사방에서 명의를 불러들였으나 결국 치료할 수 없었다. 궁인 중에서 대대로 의술을 업으로 삼았다고 스스로 말하는 사람이 약과 음식으로 고칠 것을 주청드리자, 고종이 이를 허락했다. 처음에 땅을 파고 약화로를 두자, 갑자기 등에 붉은 색으로 '무(武)'자가 써있는 황금색 두꺼비 한 마리가 뛰어나왔다. 궁인은 감히 숨기지 못하고 그 일을 아뢰었다. 고종은 매우 놀라고 기이하게 여겨 서둘러 어원(御苑)의 못에 놓아주라고 했다. 궁인들이 다른 곳의 땅을 파자 처음처럼 두꺼비가 나왔다. 그러자 고종은 심히 상서롭지 못하다고 여겨 그것들을 죽이라고 했다. 그 날 저녁에 궁인들이 급작스럽게 죽었으며, 그 후 칙천무후(則天武后)가 결국 제위를 빼앗았다. (『소상록』)

唐高宗嘗患頭風, 召名醫於四方, 終不能療. 宮人有自陳世業醫術, 請修藥餌者, 帝許之. 初穿地置藥爐, 忽有一蝦蟆躍出, 色如黃金, 背有朱書武字. 宮人不敢匿, 奏之. 帝頗驚異, 遽命放於苑池. 宮人別穿地, 得蝦蟆如初. 帝深以爲不祥, 命殺之. 其夕, 宮人暴卒, 後武后竟革命. (出『瀟湘錄』)

139 · 22(1241)
유주인(幽州人)

천수연간(天授年間: 690~692)에 칙천무후(則天武后)는 글자를 개조하고 새로 만드는 것을 좋아했으며, 또한 금기시하는 것도 많았다. 유주 사람 심여의(尋如意)가 봉서(封書)를 올려 이렇게 아뢰었다.

"'국(國)'자 안에 '혹(或)'이 있으니, '혹(或)'은 천하가 어지러워질 상징이옵니다. 청컨대 '큰입구(口)'자 안에 '무(武)'자를 넣어 이로써 그 기운을 누르십시오."

칙천무후는 크게 기뻐하며 명령을 내려 즉시 그의 말에 따랐다. 한 달여 후에 또 어떤 사람이 봉서(封書)를 올려 이렇게 아뢰었다.

"'무(武)'자가 '큰입구(口)' 안에 위축되어 있으니, '수(囚)'자와 다를 것이 없습니다. 이는 매우 상서롭지 못한 것입니다."

칙천무후는 깜짝 놀라 결국 앞에 내렸던 명령을 거두고, 다시 '큰입구(口)' 가운데에 '팔방(八方)'자를 넣으라고 했다[囲]. 후에 효화황제(孝和皇帝: 中宗의 諡號)가 즉위하여 과연 칙천무후를 상양궁(上陽宮: 上陽은 八方을 비춘다는 뜻)에 유폐시켰다. (『조야첨재』)

天授中, 則天好改新字, 又多忌諱. 有幽州人尋如意, 上封云: "'國'字中'或', '或'亂天象. 請'口'中安'武'以鎭之." 則天大喜, 下制卽依. 月餘, 有上封者云: "'武'退在'口'中, 與'囚'字無異. 不祥之甚." 則天愕然, 遽追制, 改令中爲'八方'字. 後孝和卽位, 果幽則天於上陽宮. (出『朝野僉載』)

139 · 23(1242)
묵 철(默 啜)

당(唐)나라 장안(長安) 2년(702) 9월 1일에 태양이 일식으로 사라지자, 외적 묵철(默啜: 東突厥의 可汗 阿史那環)이 병주(幷州)로 쳐들어 왔다. 15일이 되어 이번에는 달이 월식으로 모두 가려지자, 외적이 한꺼번에 퇴각했다. 속담에 이런 말이 있다.

"대추로 콧구멍을 막을 때면, 종자를 누각에 매달아놓고 파종해서는 안 된다."

또 이런 말이 있다.

"여름매미와 가을매미가 울어댈 때면, [아무리 잘 자라는] 기장 씨를 심어도 떡과 죽을 먹을 수 없다."

또 속담에 이런 말이 있다.

"봄 갑자일(甲子日)에 비가 오면 [가뭄이 들어] 천 리(里)가 붉은 땅이 되고, 여름 갑자일에 비가 오면 [홍수가 져서] 배를 타고 시장에 들어오며, 가을 갑자일에 비가 오면 [다 익은] 벼이삭에서 싹이 나고, 까치가 땅 가까이 둥지를 틀면 그 해는 홍수가 진다."

(『조야첨재』)

唐長安二年九月一日, 太陽蝕盡, 默啜賊到幷州. 至十五日, 夜月蝕盡, 賊並退盡. 俗諺云, "棗子塞鼻孔, 懸樓閣却種." 又云, "蟬鳴蛁·蟟喚, 黍種餻糜斷." 又諺云, "春雨甲子, 赤地千里, 夏雨甲子, 乘船入市, 秋雨甲子, 禾頭生耳, 鵲巢下近地, 其年大水." (出『朝野僉載』)

139 · 24(1243)
장역지(張易之)

당(唐)나라 장안(長安) 4년(704) 10월에 날이 음산하고 진눈깨비가 내리면서 100여 일 동안 별이 보이지 않았다. 그 이듬해 정월에 역적 장역지(張易之)·장창종(張昌宗) 등을 주살하고 칙천무후(則天武后)를 폐했다. (『조야첨재』)

唐長安四年十月, 陰雨雪, 一百餘日不見星. 正月誅逆賊張易之·昌宗等, 則天廢. (出『朝野僉載』)

139·25(1244)
손 검(孫 儉)

당(唐)나라 유주도독(幽州都督) 손검이 군대를 파견하여 적을 토벌하려 하자, 설눌(薛訥)이 그에게 편지를 써 이렇게 말했다.
"계월(季月: 사계절의 마지막 달로 음력 3월·6월·9월·12월을 말함)에는 적을 토벌하러 가면 안되니, 큰 재앙이 있을 것입니다."
그러자 손검이 말했다.
"6월에 선종(宣宗)께서 북벌을 나가셨는데, 설눌이 뭘 안단 말이냐? 감히 출병하여 돌아오지 못할 것이라고 말하는 자가 있으면 참수하리라."
출병하는 날, 흰 무지개가 군영의 문에서 그의 머리 위로 드리워졌으며, 그날 밤에는 큰 별이 군영 안으로 떨어졌다. 그러나 병사와 장군들 중에 아무도 감히 이 일을 언급하는 자가 없었다. 군대가 출병한 후, 유주 지역의 경계 내에서는 까마귀와 소리개 등이 모두 사라졌는데, 모두 군대를 따라 간 것이었다. 20일이 지나 군대는 몰살당했으며, 까마귀와 소리개 등이 그 고기를 먹었다. (『조야첨재』)

唐幽州都督孫儉之入賊也, 薛訥與之書曰: "季月不可入賊, 大凶也." 儉曰: "六月宣王北伐, 訥何所知? 有敢言兵出不復者斬." 出軍之日, 有白虹垂頭於軍門, 其夜, 大星落於營內. 兵將無敢言者. 軍行後, 幽州界內鴉烏鵶鳶等並失, 皆隨軍去. 經二旬而軍沒, 烏鳶食其肉焉. (出『朝野僉載』)

139・26(1245)
태백주견(太白晝見)

당(唐)나라 연화(延和) 초년(712) 7월에 태백성(太白星)이 대낮에 나타나 하늘을 가로질러 갔다. 그 달에 태상황(太上皇: 睿宗)이 제위를 넘겨 주었으니, 이는 군주가 바뀔 징조였다. 8월 9일에 태백성이 또 다시 대낮에 나타나자, [현종(玄宗)은] 연호를 '선천(先天)'으로 바꿨다. 선천 2년(713) 7월에 태상황이 폐출되었고, [현종은] 중서령(中書令) 소지충(蕭至忠)과 시중(侍中) 잠희(岑羲)를 주살했으며, 최식(崔湜)은 유배를 보냈다가 얼마 후 주살했다. (『조야첨재』)

唐延和初七日(按『通鑒』卷二百十: '延和秋七月彗星出西方', '日'疑是'月'), 太白晝見經天. 其月, 太上皇遜帝位, 此易主之應也. 至八月九月, 太白又晝見, 改元先天. 至二月七日(按『唐書』「玄宗紀」: '先天二年七月甲子誅太平公主・蕭至忠・岑羲等', '二月七日'疑是'二年七月'), 太上皇廢, 誅中書令蕭至忠・侍中岑羲, 流崔湜, 尋誅之. (出『朝野僉載』)

태평광기 권제 140

정응 6

(邦國咎徵)

1. 대　　성(大　　星)
2. 화　　재(火　　災)
3. 수　　재(水　　災)
4. 승 일 행(僧 一 行)
5. 왕　　봉(汪　　鳳)
6. 승 보 만(僧 普 滿)
7. 진성파초(秦城芭蕉)
8. 예 릉 승(睿 陵 僧)
9. 흥 성 관(興 聖 觀)
10. 낙 타 장(駱 駝 杖)

140 · 1(1246)
대 성(大 星)

당(唐)나라 개원(開元) 2년(714) 5월 29일 밤에 옹이나 단지처럼 큰 유성들이 북두성을 관통해서 서북쪽으로 떨어졌다. 무수히 작은 유성들이 그 뒤를 이어 떨어지며 하늘의 별들이 모두 요동하다가 새벽에 이르러서야 멈췄다. 7월에 양왕(襄王)이 붕어(崩御)하니, 시호(諡號)를 상제(殤帝)라고 했다. 10월에 토번(吐藩)이 농우(隴右)지역을 침입해 들어와 말과 양을 약탈해가고 무수히 많은 사람을 살상했다. 그해 6월에 큰바람이 불어 나무가 뽑히고 집이 날아갔는데, 장안(長安) 거리에 있던 나무 중에서 뿌리째 뽑힌 것만도 17~18그루나 되었다. 장안성을 처음 지었을 때 수(隋)나라의 장작대장(將作大匠) 고영(高穎)이 심어놓았던 거의 300년 된 회나무가 있었는데, 이때에 와서 바람에 뽑혀나갔다. 종남산(終南山)의 온 계곡에 걸쳐 대나무에 꽃이 피고 보리쌀 만한 크기의 열매가 열리더니, 그해에 큰 가뭄이 들었으며 대나무가 모두 말라죽었다. 영남(嶺南: 粤中지역으로 廣東·廣西지방) 지방도 역시 이와 같았는데 사람들은 대나무 열매를 따서 먹었다. 예천(醴泉)에 쌀알만한 밀가루 덩이가 비처럼 내렸는데 사람들이 이를 먹을 수 있었다. 후한(後漢)의 양해(襄楷: 隰陰 사람으로 天文陰陽術에 밝았음)가 이렇게 말한 적이 있었다.

"나라에 대나무·잣나무가 말라죽으면 3년 안에 군주에게 화가 미치며, 민가의 대나무가 열매를 맺고 말라죽으면 그 집의 가장에게 화가 미친다."

종남산의 대나무에 꽃이 피고 말라 죽자, 개원 4년(716)에 태상황(太上皇: 睿宗)이 붕어(崩御)했다. (『조야첨재』)

唐開元二年五月二十九日夜, 大流星如甕, 或如盆大者, 貫北斗, 並西北落. 小者隨之無數, 天星盡搖, 至曉乃止('止'原作'上', 據明鈔本·黃本改). 七月, 襄王崩, 諡殤帝. 十月, 吐蕃入隴右, 掠羊馬, 殺傷無數. 其年六月, 大風拔樹發屋, 長安街中樹, 連根出者十七八. 長安城初建, 隋將作大匠高穎所植槐樹, 殆三百餘年, 至是拔出. 終南山竹, 開花結子, 綿亘山谷, 大小如麥, 其歲大饑, 其竹並枯死嶺南亦然, 人取而食之. 醴泉雨麨, 如米顆, 人可食之. 後漢襄楷云: "國中竹柏枯者, 不出三年, 主當之, 人家竹結實枯死者, 家長當之." 終南竹花枯死者, 開元四年而太上皇崩. (出『朝野僉載』)

140·2(1247)
화 재(火 災)

개원(開元) 5년(717)에 홍주(洪州)와 담주(潭州)에 화재(火災)가 있었다. 사람들은 대낮에 활활 타오르는 불꽃을 보았는데, 그 불꽃이 닿는 곳마다 불길이 치솟았다. 동진(東晉) 때에 왕홍(王弘)이 오군태수(吳郡太守)를 지냈는데, 오군에서도 역시 화재가 발생했다. 왕홍은 고을의 백성들을 매질하며 그들이 불조심을 하지 않았다고 생각했다. 후에 그는 청사(廳舍)에 앉아 공무를 보다가 신번(信幡: 고대에 관명과 호칭을 적어 符信으로 삼았던 旗幟)처럼 생긴 어떤 붉은 물체가 민가 위로 날아들면 곧 불길이 솟아오르는 것을 보고, 그제서야 이 변고가 사람에 의해 저질러 진 것이 아님을 알게 되었다. 그리하여 불이 난 집에서는 마침내 곤장을 면하게 되었다. (『조야첨재』)

開元五年, 洪・潭二州, 復有火災. 晝日, 人見火精赤燉燉, 所詣卽火起. 東晉時, 王弘爲吳郡太守, 亦有此災. 弘撻部人, 將爲不愼. 後坐廳事, 見一物赤如信幡, 飛向人家舍上, 俄而火起, 方知變不復由人. 遭爇人家, 遂免笞罰. (出『朝野僉載』)

140・3(1248)
수 재(水 災)

당(唐)나라 개원(開元) 8년(720)에 거란족이 반란을 일으켰다. 관중(關中)의 병사들은 병부(兵府)를 구하기 위해 민지(澠池)의 결문성(缺門城)에 이르러 곡수(穀水) 가에 병영을 지었다. 한밤중에 곡수의 물이 넘쳐서 2만 명이 넘는 사람이 떠내려갔는데, 오직 행강(行綱)만은 밤에 저포(樗蒲: 오늘날의 주사위놀이와 유사한 도박의 일종)놀이를 하며 자지 않았기에 높은 곳으로 올라가 죽음을 면할 수 있었다. 인근의 마을과 집 모두 수몰되었으며 상양궁(上陽宮)에도 물이 넘쳐서 17~18명의 궁인(宮人)이 죽었다. 그해에 도성의 흥도방(興道坊)이 하룻밤 사이에 물에 함몰되어 연못으로 변하면서 500가구가 수몰되었다. 처음에 등주(鄧州) 삼아진(三鴉鎭) 어귀에 두 아이가 나타나 서로 물을 뿌려댔는데, 잠시 후 열 아름이 넘는 큰 뱀이 나타나서 하늘을 향해 입을 벌렸다. 사람들이 그 뱀을 도끼로 찍고 활로 쏘자, 잠깐 사이에 비구름이 몰려와 하늘이 어두워지더니 빗물에 200가구가 떠내려갔다. 아이와 뱀이 어디로 사라졌는지는 알 수 없었다. (『조야첨재』)

唐開元八年, 契丹叛. 關中兵救營府, 至灘池缺門, 營於穀水側. 夜半水漲, 漂二萬餘人, 唯行綱夜樗蒲不睡, 接高獲免. 村店並沒盡, 上陽宮中水溢, 宮人死者十七八. 其年, 京興道坊一夜陷爲池, 沒五百家. 初鄧州三鴉口見二小兒以水相潑, 須臾, 有大蛇十圍已上, 張口向天. 人或有矴射者, 俄而雲雨晦冥, 雨水漂二百家. 小兒及蛇, 不知所在. (出『朝野僉載』)

140·4(1249)
승일행(僧一行)

당(唐)나라 개원(開元) 15년(727)에 일행선사가 입적하면서 유표(遺表)를 올려 말했다.

"후에 삼가 종친을 재상으로 삼지 마시고 번신(蕃臣)을 장수로 쓰지 마십시오."

나중에 이림보(李林甫)가 재상이 되어 조정안에서 권력을 마음대로 좌우했으며, 안록산(安祿山)이 조정 밖에서 병권을 농단(弄斷)하여 동도(東都: 洛陽)가 도적에게 함락되었다. 천보연간(天寶年間: 742~756)에 악사(樂士)에서 거리의 일반인들에 이르기까지 오랑캐의「위주곡(渭州曲)」을 부르기 좋아했는데, 회흘족(回紇族: 隋唐~宋元시대에 걸쳐 蒙古·甘

肅省 등지에서 세력을 잡은 터키계통의 부족. 나중에 郭子儀가 安史의 난을 평정하는 일을 도와서 조정으로부터 回鶻이라는 이름을 하사 받음)의 노래로 파(破: 唐宋 舞樂曲의 세번째 단락으로 춤과 노래, 연주가 함께 이루어지는데 박자가 빨라지고 소리 또한 화려해지면서 이전까지 이어오던 곡조를 깨뜨렸기에 破라고 했음)를 삼았다. 후에 반역을 일으킨 오랑캐의 병마[안록산을 가리킴]는 과연 회흘족에게 격파되었다. 나라의 흥망성쇠가 음악에 암시되었던 것이다.

당시에 두 도성[洛陽과 長安]의 아이들은 대부분 땅에 동전을 뿌려놓고 동전구멍을 맞추는 놀이를 했는데 이를 '투호(投胡)'라고 했다. 후에 사서인(士庶人)들이 과연 오랑캐의 조정에 투신했다.

두 도성에 이런 동요가 있었다.

> 상란관(上蘭觀)에 홀로 있는 것은 두렵지 않으나,
> 답변하기 어려울 것만은 근심스럽네.
> 담당관리에게 사정할 돈이 없으니,
> 생사는 도관(都官: 都官司. 唐宋시대에 刑部의 상급기관)에 달렸구나.

오랑캐를 물리치고 점령당했던 지역을 수복한 뒤, 오랑캐의 조정에서 벼슬했던 신료와 사인들은 삼사(三司: 당대에 큰 옥사가 있을 때 이를 담당하던 세 기관으로 刑部·御史臺·大理寺를 말함)의 감옥에 갇혀서 죄상을 국문당했으며, 가산도 탕진되어 골육간에 뿔뿔이 흩어져서 자신들의 억울함을 풀 길이 없어졌으니, 그 노래는 이 일의 징조였다. (『광덕신이록』)

唐開元十五年, 一行禪師臨寂滅, 遺表云: "他時愼勿以宗子爲相, 蕃臣爲將."

後李林甫擅權於內, 安祿山弄兵於外, 東都爲賊所陷. 天寶中, 樂人及閭巷好唱胡「渭州」, 以回紇爲破. 後逆胡兵馬, 竟被回紇擊破. 國風興廢, 潛見於樂音.

時兩京小兒, 多將('將'原作'小', 據明鈔本改)錢攤地, 於穴中更爭勝負, 名曰'投胡'. 後士庶果投身於胡庭.

兩京童謠曰: "不怕上蘭單, 唯愁答辯難. 無錢求案典, 生死任都官." 及剋復, 諸舊僚朝士, 繫於三司獄, 鞫問罪狀, 家産罄盡, 骨肉分散, 申雪無路, 卽其兆也. (出『廣德神異錄』)

140 · 5(1250)
왕 봉(汪 鳳)

당(唐)나라 때 소주(蘇州) 오현(吳縣)의 백성 왕봉은 통진(通津)에 집이 있었는데, 종종 괴이한 일이 일어나서 십 몇년도 되기 전에 왕봉의 처자식과 노복까지 모두 죽어 없어졌다. 왕봉은 그 집에서 살기 불안하여 같은 고을의 성충(盛忠)에게 팔았다. 성충도 그 집에서 산 지 5~6년이 지나지 않아 친척들이 죽어나가 살아남은 이가 거의 없게 되었다. 성충은 너무도 두려워서 값을 깎아서라도 팔아치우려고 했지만 오현 사람들이 모두 그 까닭을 알고 있었기에 한참이 지나도 팔 수 없었다.

이 고을에 하급관리를 지내는 장려(張勵)라는 사람이 있었는데, 집에 재산도 많고 따르는 무리도 많아서 고을의 행정을 좀먹으며 하고 싶은 대로 전횡하고 있었다. 그는 성충과 같은 마을에 살고 있었는데, 매일 아침 관서에 가면서 그 집 앞을 지날 때면 화살대처럼 거친 두 줄기 푸른 기운이 빽빽하게 들어차서 하늘을 뚫고 치솟아 있는 것이 아득히 보였다. 장려는 실재로 그 아래 보옥(寶玉)이 감춰져있어서 그 정기가 하늘로 치솟은 것이리라고 생각하여, 다른 사람에게는 말하지 않은 채 날마다 살펴보았다. 그리하여 장려는 성충에게 찾아가서 100민(緡: 1緡은 동전 1,000개를 한 꿰미로 묶은 것)의 돈으로 그 집과 바꾸었다. 얼마 후 왕려가 그 집으로 이사해 들어가서 새벽에 다시 살펴보니 그 기운은 조금도 쇠하지 않은 채 [여전히 하늘까지 치솟아] 있었다. 장려는 흙 담을 삼태기와 삽을 준비하여 그 기운이 솟아오르는 땅을 파게했다. 땅을 파 들어간지 6~7척(尺)이 못 되었을 때, 크고 평평한 돌이 나왔다. 그 돌을 치우자 돌 궤짝이 나왔는데, 그 조각과 만들어진 형태가 매우 정교했으며 거기에 쇠사슬로 둘레를 묶고 쇳물을 부어 굳게 고정시킨 뒤 석회를 덧칠하여 밀봉되어 있었다. 돌상자의 사면에는 각각 붉은 글씨로 일곱 자씩 새겨져 있었는데, 그 글씨는 마치 잘못 쓰여진 전문(篆文)인 양 필획이 구불구불하고 이어져 있어서 알아볼 수 없었다. 장려는 곧바로 쇠몽둥이와 쇠집게를 돌 궤짝에 끼워 넣어 있는 힘을 다해 열어 젖혔다. 돌 궤짝이 열리자 한 곡(斛) 정도 들어갈 수 있는 구리 솥이 나왔는데, 솥의 주둥이는 구리 쟁반으로 덮여있었으며 그 틈은 납과 주석으로 단단히 막혀 있었다. 또한 그 둘레로 자주 빛 도장이 아홉 군데에 찍혀있었는데, 그 글자체는 앞의 돌 궤짝에 쓰여진 것과는 달라서 완전히 고전체(古篆體)인 것 같았지만 아무도 해석할 수 없었다. 장려가 구리쟁반을 떼내자, 솥 주둥이는 세 겹의 붉은 비단으로 덮여 있었다. 장려가 비단을 막 걷자마자, 갑자기 그 속에서 큰 원숭이가 튀어 나왔다. 사람들은 모두 놀라고 두려워서 감히 원숭이 가까이 가지 못했다. 한참 지나서 원숭이는 뛰어넘어 갔는데 어디로 갔는지 알 수 없었다. 장려가 솥 안을 살펴보니 다음과 같은 글이 새겨진 돌이 있었다.

"정명(禎明) 원년(587) 7월 15일, 모산도사(茅山道士) 포지원(鮑知遠)은 원숭이 신을 이곳에 가둔다. 이것을 열면 12년 뒤에 오랑캐 병사들이 세상을 크게 어지럽힐 것이며, 천하에 연기와 흙먼지가 가득 일어날 것이다. 이것을 연 자 또한 일족이 모두 죽을 것이다."

정명은 곧 진(陳)나라 후주(後主) 진숙보(陳叔寶)의 연호이다. 장려는 천보(天寶) 2년(743) 12월에 돌상자를 열었으며, 천보 14년(755) 겨울에 안록산이 서융(西戎)의 병사들을 일으킨 것은 이 일로부터 12년 뒤의 일이다. 이때에 장려의 일족은 모두 멸절(滅絶)되었다. (『집이기』)

唐蘇州吳縣甿汪鳳, 宅在通津, 往往怪異起焉, 不十數年, 鳳之妻子洎僕使輩, 死喪略盡. 鳳居不安, 因貨之同邑盛忠. 忠居未五六歲, 其親戚凋隕, 又復無幾. 忠大憂懼, 則損其價而摽貨焉, 吳人皆知其故, 久不能售.

邑胥張勵者, 家富於財, 群從彊大, 爲邑中之蠹橫. 居與忠同里. 每日詣曹, 路經其門, 則遙見二靑氣, 粗如箭簳, 而緊銳徹天焉. 勵謂寶玉之藏在下, 而精氣上騰也, 不以告人, 日日視之. 因詣忠, 請以百緡而交關焉. 尋徙入, 復晨望, 其氣不衰. 於是大具畚鍤, 發其氣之所萌也. 掘地不六七尺, 遇盤石焉. 去其石, 則有石櫃, 雕鐫製造, 工巧極精, 仍以鐵索周匝束縛, 皆用鐵汁固縫, 重以石灰密封之. 每面各有朱記七窠, 文若謬篆, 而又屈曲勾連, 不可知識. 勵卽加鉗鎚, 極力開拆. 石櫃旣啓, 有銅釜, 可容一斛, 釜口銅盤覆焉, 用鉛錫錮護. 仍以紫印九窠, 廻旋印之, 而印文不類前體, 而全如古篆, 人無解者. 勵拆去銅盤, 而釜口以緋繒三重冪之. 勵纔揭起, 忽有大猴跳而出. 衆各驚駭, 無敢近者. 久之, 超踰而莫知所詣. 勵因視釜中, 乃有石銘云:"禎明元年, 七月十五日, 茅山道士鮑知遠, 囚猴神於

此 其有發者, 發後十二年, 胡兵大擾, 六合煙塵. 而發者俄亦族滅." 禎明卽陳後主叔寶年號也. 勵以天寶二年十月發, 至十四年冬, 祿山起戎, 自是周年, 勵家滅矣. (出『集異記』)

140 · 6(1251)
승보만(僧普滿)

당(唐)나라 대력연간(大曆年間: 766~779)에 택주(澤州)와 노주(潞州) 지역에 보만이라는 스님이 있었다. 그는 스님이라는 이름에 구속받지 않으며 마음대로 행하면서 때론 노래부르고 때론 웃었기에 그의 뜻을 알 수 있는 사람이 없었다. 그가 말한 것은 종종 사실과 부합되었기에 당시 사람들은 그를 만회(萬廻:『太平廣記』42권 2번째 고사 참고)법사라며 대접했다. 건중연간(建中年間: 780~783) 초에 보만스님은 노주의 불사에 시 몇 편을 쓰고 죽었다. 그 시는 이렇게 쓰여 있었다.

    이 강물이 경수(涇水)로 흐르니,
    두 구슬로 인해 피가 온 하천에 가득하네.
    푸른 소가 붉은 호랑이를 따르면,
    다시 태평한 세월이 왔다고 하리라.

보만스님이 시를 적은 후 그 의미를 알 사람이 없었는데, 도적 주자(朱泚)가 병사를 일으키게 되자 사람들은 비로소 그 의미를 깨닫게 되었다. 이 강물[此水]은 자(泚)를 가리키며, 경수는 경주(涇州)에서부터 병란

(兵亂)을 일으킨다는 말이다. 두 구슬이란 주자와 그의 동생 주도(朱滔)를 말한다. 푸른 소란 [주자가 난을 일으킨] 흥원(興元) 2년 을축년(乙丑年: 785, 실제로 興元은 784년 1년간만 쓰였으며 乙丑年인 785년은 貞元 元年임)의 을(乙)이 오행(五行)에서 목(木)에 해당하고, [木은 오행에서 푸른 색에 해당하며] 축(丑)은 소를 뜻한다. 그 다음해 병인년(丙寅年)에 정원(貞元)으로 연호를 바꾸었는데, 병(丙)은 오행에서 불에 해당하고, [불은 오행에서 붉은 색에 해당하며] 인(寅)은 호랑이를 뜻한다. 이 해에 이르러 도적의 난이 평정되었으니, '푸른 소가 붉은 호랑이를 따르면 다시 태평한 세월이 왔다고 하리라'라고 한 것이다. (『광덕신이록』)

唐大曆中, 澤・潞有僧, 號普滿. 隨意所爲, 不拘僧相, 或歌或笑, 莫喩其旨. 以言事往往有驗, 故時人待之爲萬廻. 建中初, 於潞州佛舍中題詩數篇而亡. 所記者云: "此水連涇水, 雙珠血滿川. 青牛將赤虎, 還號太平年." 題詩後, 人莫能知. 及賊泚稱兵, 衆方解悟. 此水者泚字, 涇水者, 自涇州兵亂也. 雙珠者, 泚與滔也. 青牛者, 興元二年乙丑歲, 乙者木也, 丑者牛也. 明年改元貞元, 歲在丙寅, 丙者火也, 寅者虎也. 至是賊已平, 故云'青牛將赤虎, 還號太平年'. (出『廣德神異錄』)

140・7(1252)
진성파초(秦城芭蕉)

천수(天水) 지역은 변방에 가까워서 흙이 차가워 파초가 자라지 않았다. [그 곳의] 대장군이 흥원년(興元年: 784)에 사람을 보내서 파초를 구하여 두 그루를 정자와 전망대 사이에 심었다. 매번 겨울 무렵이 되면 파초를 뿌리에 있는 흙까지 캐내어 지하의 토굴에 보관해두었다가 봄이 와서 따뜻해지면 다시 심었다. 경오년(庚午年: 790)과 신미년(辛未年: 791) 사이에 "꽃이 피었네, 꽃이 졌네"라는 동요가 있었으며, 또한 기후가 변해도 추워지지 않고 겨울에도 온화했다. 여름이 되자 무척 더워져서 그 더위가 남방지역보다도 심하더니, 이때에 파초가 꽃을 피웠다. 진(秦) 땅 사람들은 [전에는] 이 꽃을 알지 못했기에 원근(遠近)의 남녀가 와서 구경하느라고 온 길이 사람으로 꽉 메워질 지경이었다. 얼마 지나지 않아서 촉(蜀) 땅 사람들이 중국의 강역을 침범하여 이 해부터 해마다 한번씩 왔는데 파초의 꽃이 폈다 지는 시기를 놓치지 않았다. 을해년(乙亥年: 796)에는 기주(歧州)와 농주(隴州)에서 원군이 오지 않았기에, 마침내 농주의 서쪽 지역부터 촉땅 사람들의 소유가 되었다. [원래는 덥지 않았던 천수의] 덥고 습한 기후가 파주(巴州)·공주(邛州)와 같게 된 것은 아마도 검외(劍外: 四川省 劍閣縣 북쪽에 있는 劍門山의 바깥지역)지역의 기후가 [그 곳의 군사들보다] 먼저 진성(秦城)에 퍼진 것이었으리라. 동요의 가사도 살펴보지 않을 수 없다. (『옥당한화』)

　　天水之地, 邇於邊陲, 土寒, 不産芭蕉. 戎師使人於興元求之, 植二本于亭臺間. 每至入冬, 卽連土掘取之, 埋藏于地窟, 候春暖, 卽再植之. 庚午·辛未之間, 有童謠曰: "花開來寒, 花謝來寒", 而又節氣變而不寒, 冬卽和煦. 夏卽暑毒, 甚於南中, 芭蕉於是花開. 秦人不識, 遠近士女來看者, 塡咽衢路. 尋則蜀人犯我封疆, 自爾年年一來, 不失芭蕉開謝之候. 乙亥歲, 歧·隴援師不至, 自隴之西, 竟爲蜀人所有. 暑濕之候, 一如巴·邛者, 蓋劍外節氣. 先布於秦城. 童謠之言, 不可不察. (出『玉堂閒話』)

140·8(1253)
예릉승(睿陵僧)

예릉(睿陵)의 옆에 한 가난한 스님이 살고 있었다. 그는 풀옷에 짚신을 신고 인간사에 관여하지 않았다. 또한 항상 나무를 태워 재를 모아 쌓아두었으며 재물과 돈을 보시하는 사람이 있으면 얻은 돈은 모두 잿더미 속에 감춰두고 사용하지 않았다. 그는 출입할 때면 반드시 수레를 끌고 가면서 사람들에게 말했다.

"이것은 네마리 말이 끄는 수레인데 그대는 알겠는가? 나중에 반드시 임금님의 수레와 가마가 이 곳에 모일 것이오."

그곳에 사는 사람들은 그가 그렇게 말하는 이유를 이해할 수 없었다. [五代] 후한(後漢)의 고조황제(高祖皇帝: 劉知遠) 때에 이르러 이곳에 황제를 장사지냈는데, 능침(陵寢)에 사용될 도자기를 부장하는데 필요한 재는 스님이 쌓아놓은 매우 많은 재를 사용해서, 공정을 마칠 때까지 조금도 부족하지 않았다. 또한 잿더미 속에서 많은 재물과 돈을 얻을 수 있었다. 가마와 수레에 대한 말이 이처럼 들어맞았으니 조금의 차이도 없었다. 국장이 끝나자 스님도 입적했으니, 예릉에서 예를 올린 관료들 중에 그를 모르는 사람이 없었다. (『옥당한화』)

睿陵之側, 有貧僧居之. 草衣芒屨, 不接人事. 嘗燔木取灰貯之, 亦有施其資鏃者, 得卽藏於灰中, 無所使用. 出入必輓一拖車, 謂人曰: "此是駟馬車, 汝知之乎? 他日, 必有龍輿鳳輦, 萃於此地." 居人罔測其由. 及漢高祖皇帝, 因山於此, 陵寢陶器, 所用須灰, 僧貯灰甚多, 至于畢功, 資用不闕. 又於灰積中頗獲資鏃. 輩輅之應, 不差毫釐. 因山旣畢, 僧亦化滅, 睿陵行禮官寮, 靡不知者. (出『玉堂閒話』)

140 · 9(1254)
흥성관(興聖觀)

촉성(蜀城)에는 옛날부터 흥성관이 있었는데 이를 폐하여 군영을 삼아서 그 뜰과 집이 훼손되어 파묻힌 지 이미 수십 년이 지났다. 그 군영의 군인 중에 아들을 낳아 여러 대에 걸쳐 갑옷을 걸쳤던 자들도 이 곳이 흥성관 터 위에 세워졌다는 것은 거의 알지 못했다. 갑신년(甲申年: 924)에 [五代] 전촉(前蜀) 소주(少主: 後主인 王衍)의 생일을 위해 관료·속관과 장수들이 녹봉을 거두어 재(齋)를 올리려고 했는데, 갑자기 소주가 영을 내려 재를 올리려던 비용으로 급히 흥성관을 일으키도록 했다. 좌도(左徒)가 일을 감독하면서 성화처럼 다그쳤기에 얼마지나지 않아 흥성관은 완공되었다. 그러나 그 단청이 채 마르기도 전에 흥성태자(興聖太子: 後唐의 明宗)가 군대를 이끌고 촉 땅에 들어왔다. 아! 나라가 흥하고 쇠하는 운수는 이미 정해져 있으니, 어찌 구구하게 연장할 수 있겠는가? (『왕씨견문록』)

蜀城舊有興聖觀, 廢爲軍營, 庭宇堙毀, 已數十年. 軍中生子者, 奕世擐甲矣,殊不知此爲觀基. 甲申歲, 爲蜀少主生日, 僚屬將率俸金營齋, 忽下令, 遣將營齋之費, 亟修興聖觀. 左徒藏事, 急如星火, 不日而觀成. 丹臒未晞, 興聖統師而入蜀. 嗟乎! 國之興替, 運數前定, 其可以苟延哉? (出『王氏見聞錄』)

140 · 10(1255)
낙타장(駱駝杖)

촉(蜀) 지방에는 낙타가 없어서 사람들이 낙타를 알지 못했다. 촉이 망할 때에 왕공대인(王公大人) 및 왕의 근신, 귀족, 세도가와 총애 받는 신하들 모두 궁궐과 관서를 출입할 때 갑자기 낙타장을 집고 있는 것을 예로 삼아서, 이로부터 내외의 신하들이 이를 본받았다. 그 지팡이는 길이가 3척(尺) 남짓으로 구부러진 머리는 자작나무 껍질로 감싸져 있었는데 식자들은 이것을 불길하다고 여겼다. 다음 해에 북군(北軍)이 왔을 때 낙타들이 검각현(劍閣縣)의 잔도(棧道: 절벽사이에 걸쳐놓은 다리 길)를 가득 메우고 와서 진귀한 보물을 실어 나르는 통에 성읍에 낙타가 가득했으니 이 때에 이르러서야 비로소 [낙타장의 불길한 징조가] 증명되었다. (『왕씨견문록』)

蜀地無駱駝, 人不識之. 蜀將亡, 王公大人及近貴權幸出入宮省者, 竟執駱駝杖以爲禮, 自是內外效之. 其杖長三尺許, 屈一頭. 傅以樺皮, 識者以爲不祥. 明年, 北軍至, 駱駝塞劍棧而來, 般輦珍寶, 塡滿城邑, 至是方驗. (出『王氏見聞錄』)

태평광기 권제141

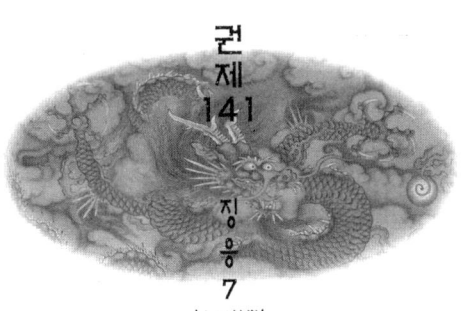

징응 7

(人臣咎徵)

1. 공　　자(孔　　子)
2. 소 사 의(蕭 士 義)
3. 왕　　도(王　　導)
4. 사　　안(謝　　安)
5. 유　　량(庾　　亮)
6. 왕 중 문(王 仲 文)
7. 제 갈 간(諸 葛 侃)
8. 유　　파(劉　　波)
9. 정　　미(鄭　　微)
10. 주　　초(周　　超)
11. 사 남 강(謝 南 康)
12. 부　　량(傅　　亮)
13. 왕 휘 지(王 徽 之)
14. 유 흥 도(劉 興 道)
15. 곽 중 산(郭 仲 産)
16. 심 경 지(沈 慶 之)

141·1(1256)
공 자(孔 子)

공자가 자하(子夏)에게 말했다.

"기린을 잡게 되는 날엔 하늘이 틀림없이 노(魯)나라의 단문(端門: 궁궐의 정문)에 혈서를 보낼 것이다."

성인 공자가 죽고 나서 주(周)나라 황실도 멸망했다. 자하가 [공자의 말씀을 확인하러 노나라로] 살펴보러 갔다가 어떤 관리를 만났는데, 그가 이렇게 말했다.

"단문에 있던 핏자국이 날아서 붉은 새가 되더니 또 변하여 글씨가 되었다고 합니다." (『설제사』)

孔子謂子夏曰: "得麟之月, 天當有血書魯端門." 孔聖沒, 周室亡. 子夏往觀, 逢一郞, 云: "門有血, 飛爲赤鳥, 化而爲書云." (出『說題辭』)

141·2(1257)
소사의(蕭士義)

후한(後漢)의 황문랑(黃門郞) 소사의는 화제(和帝) 영원(永元) 2년(90)에 처형당했다. 소사의가 처형되기 며칠 전에 집에서 늘 기르던 개가 그의 부인 앞으로 다가오더니 이렇게 말했다.

"당신에게는 복록을 받을 팔자가 전혀 없고 당신 집안은 이제 곧 망하게 될 것이니, 이를 어찌하면 좋겠소?"

그의 부인이 아무 말도 하지 않고 또 놀라지도 않자, 잠시 후 개는 스스로 떠나갔다. 소사의가 집으로 돌아오자 부인이 개의 말을 흉내내서 남편에게 들려주었는데, 부인의 말이 채 끝나기도 전에 소사의를 체포하러 온 사람이 곧장 들이닥쳤다. (『속이기』)

後漢黃門郞蕭士義. 和帝永元二年被戮. 數日前, 家中常所養狗, 來向其婦前而語曰: "汝極無相祿, 汝家尋當破敗, 當奈此何?" 其婦默然, 亦不駭, 狗少時自去. 及士義還內, 婦仍學說狗語, 未畢, 收捕便至. (出『續異記』)

141 · 3(1258)
왕 도(王 導)

진(晉)나라의 승상(丞相) 왕도가 꿈을 꾸었는데, 어떤 사람이 백만 전(錢)으로 왕장예(王長豫: 王悅)를 사려고 한다는 것이었다. 왕도는 몹시 기분이 나빠 은밀히 기도를 올려 액막이를 했다. 나중에 집을 지으면서 땅을 파다가 난데없이 돈이 들어 있는 구덩이 하나를 발견했는데, 헤아려 봤더니 백 억이었다. 왕도는 몹시 기분이 상하여 그대로 전부 봉해서 감춰두었다. 얼마 후 왕장예는 죽고 말았다. 왕장예는 이름이 열(悅)이고 왕도의 둘째 아들이다. (『세설신서』)

晉丞相王導夢人欲以百萬錢買長豫. 導甚惡之, 潛爲祈禱者備矣. 後作屋, 忽掘得一窖錢, 料之百億. 大不歡, 一皆藏閉. 俄而長豫亡. 長豫名悅, 導之次子也. (出『世說新書』)

141 · 4(1259)
사 안(謝 安)

동진(東晉)의 사안이 후당(後堂)에서 손님을 접대하고 있을 때, 부인 유씨(劉氏)가 보았더니, 어떤 개가 사안의 머리를 물고 와서 한참 뒤에 어디론가 사라져버렸다. 그 달에 사안은 죽었다. (『이원』)

東晉謝安於後府接賓, 婦劉氏, 見狗銜安頭來, 久之, 乃失所在. 是月安薨. (出『異苑』)

141 · 5(1260)
유 량(庾 亮)

진(晉)나라의 유량이 처음 무창(武昌)을 다스리기 위해 석두성(石頭城)을 출발했을 때, 구경하던 백성들이 언덕에서 이런 노래를 불렀다.

유공(庾公: 庾亮)이 무창으로 올라올 때는,

나는 새처럼 펄펄하더니,
유공이 양주로 돌아갈 때는,
흰말이 상여 수레를 끄네.

또는 이렇게 노래하기도 했다.

유공이 처음 올라올 때는
나는 갈가마귀처럼 펄펄하더니,
유공이 양주로 돌아갈 때는,
흰말이 상여 수레를 끄네.

그 후 [조정에서 유량을] 연달아 초징했으나 [유량이 도성으로] 들어가지 않다가 이윽고 죽자, [그 시체를 운반하여] 도성으로 돌아가 장례를 치렀다. (『세설신서』)

晉庾亮初鎭武昌, 出石頭, 百姓看者, 於岸上歌曰: "庾公上武昌, 翩翩如飛鳥. 庾公還揚州, 白馬牽流旐." 又曰: "庾公初上時, 翩翩如飛鴉. 庾公還揚州, 白馬牽旐車." 後連徵不入, 尋薨, 還都葬之. (出『世說新書』)

141 · 6(1261)
왕중문(王仲文)

왕중문은 하남군(河南郡)의 주부(主簿)가 되어 구씨현(緱氏縣)에서 살았다. 어느 날 밤에 집으로 돌아오는 길에 큰 늪지대를 지나게 되었는데, 수레 뒤를 돌아보았더니 정말 귀여운 흰둥개 한 마리가 있었다.

왕중문이 그 개를 불러 잡으려고 하는 순간 그 개는 갑자기 5~6척의 키에 방상씨(方相氏: 귀신을 쫓기 위해 장례행렬의 맨 앞에 세우는 神像으로 모습이 매우 험악함)처럼 생긴 사람 모습으로 변했는데, 앞서거니 뒤서거니 하면서 마치 수레에 오르려고 하는 듯했다. 왕중문은 겁에 질려 한달음에 집까지 온 다음에 횃불을 들고 그곳으로 가서 살펴보았더니, 개는 온데간데 없었다. 한 달쯤 지난 어느 날 왕중문은 하인을 데리고 함께 길을 가고 있었는데, 갑자기 그 개가 다시 나타나자 하인과 함께 땅에 납작 엎드렸으나, 결국 둘 다 죽고 말았다. (『유명록』)

王仲文爲河南主簿, 居緱氏縣. 夜歸, 道經大澤中, 顧車後有一白狗, 甚可愛. 便欲呼取, 忽變爲人形, 長五六尺, 狀似方相, 或前或却, 如欲上車. 仲文大怖, 走至舍, 捉火來視, 便失所在. 月餘日, 仲文將奴共在路, 忽復見, 與奴並頓伏, 俱死 (出『幽明錄』)

141·7(1262)
제갈간(諸葛侃)

제갈간은 진(晉)나라 효무제(孝武帝) 대화연간(大和年間: 효무제 때 사용한 연호는 寧康과 太元 뿐이며 大和라는 연호는 없으므로 아마도 太元의 誤記로 추정함. 太元은 376년~396년임. 한편 효무제보다 앞선 廢帝 司馬奕 때 太和란 연호를 사용한 적이 있음)에 부인인 고평(高平) 장씨(張氏)의 침실 창 밖에서 병아리 소리 같은 것이 들리자, 몹시 께름칙해했다. 놀라서 살펴보았더니 거북이나 뱀 같은 형상이 보였는데, 마치 지금의 그림에 나오는 현무(玄武: 北方의 水氣를 관장하는 신)의 모습 같았다. 제갈간은 벼슬이 구극(九棘: 九卿)에까지 올랐으나, 나중에 결국 주살당했다. (『광고금오행기』)

諸葛侃, 晉孝武大和中於內寢婦高平張氏窓外聞有如雞雛聲, 甚畏. 驚而視之, 見有龜虵之象, 似今畫玄武之形. 侃位登九棘, 而竟被誅. (出『廣古今五行記』)

141 · 8(1263)
유 파(劉 波)

유파는 자가 도칙(道則)이다. 진(晉)나라 효무제(孝武帝) 태원연간(太元年間: 376~396)에 경구(京口)로 이주했다. 낮잠을 자다가 병풍 뒤에서 혀를 끌끌차는 소리가 들리기에 병풍을 젖히고 보았더니, 개 한 마리가 바닥에 웅크리고 앉아서 말을 했는데, 그 개는 말을 마친 뒤 스스로 떠나갔다. 유파는 유외(劉隗)의 손자로, 나중에 전장군(前將軍)이 되었다가 패전하여 살해당했다. (『이원』)

劉波字道則. 晉孝武太元年, 移居京口. 晝寢, 聞屛風外悒咤聲, 開屛風. 見一狗蹲地而語, 語畢自去. 波, 隗孫也, 後爲前將軍, 敗見殺. (出『異苑』)

141 · 9(1264)
정 미(鄭 微)

　진(晉)나라 때 신안(信安) 사람 정미는 소년시절에 어떤 노인을 만났는데, 그 노인이 정미에게 자루 하나를 주면서 말했다.

　"이것은 너의 명줄이니, 떨어뜨려 깨뜨리지 않도록 각별히 조심하거라. 만약 깨진다면 그건 바로 흉조이니라."

　그 노인은 말을 마친 뒤 사라졌다. 정미가 나중에 은밀히 자루를 열어 보았더니 바로 한 덩이의 석탄이었다. 정미는 마음속으로 그것을 매우 신비롭게 생각하여 집안 사람들도 알지 못하게 했다. 나중에 노룡산(盧龍山)의 도적이 난을 일으켰을 때에도 정미는 늘 그것을 소중하게 간직했다. 송(宋)나라 영초(永初) 3년(422)에 이르러 정미는 83세가 되었는데, 병에 걸려 위독해지자 동생에게 말했다.

　"내 나이가 이미 다 되었으니, 이젠 이 자루를 한번 열어 보거라."

　그래서 [자루 속에 들어 있는] 석탄을 보았더니 모두 깨져 있었다. 그리하여 정미는 마침내 죽었다. (『광고금오행기』)

晉時信安鄭微, 少見一老公, 以囊與微, 云: "此是命, 愼勿令零落. 若有破碎, 便爲凶兆." 言訖, 失所在. 後密開看, 是一挺炭. 意甚祕之, 雖家人不知也. 後遭盧龍寇亂, 恒保錄之. 至宋永初三年, 微年八十三, 疾篤, 語弟云: "吾齒盡矣, 可試啓此囊." 見炭悉碎折. 於是遂卒. (出『廣古今五行記』)

141 · 10(1265)
주 초(周 超)

송(宋)나라 초에 의흥(義興) 사람 주초는 사회(謝晦)의 사마(司馬)가 되어 강릉(江陵)에 머물고 있었다. 당시 부인 허씨(許氏)는 고향집에 있었는데, 먼발치에서 집안을 보았더니 광채가 나오면서 아주 많은 피를 흘린 사람의 머리가 땅에 있었다. 부인이 질겁하고 괴이쩍어하면서 달려가 보았더니, 그 광채와 머리는 온데간데없이 사라져버렸다. 나중에 주초는 법에 의해 처형당했다. (유의경『유명록』)

宋初, 義興周超爲謝晦司馬, 在江陵. 妻許氏在家, 遙見屋裏有光, 人頭在地, 血流甚多. 大驚怪, 卽便失去. 後超被法. (出劉義慶『幽明錄』)

141 · 11(1266)
사남강(謝南康)

송(宋)나라 영초(永初) 3년(422)에 사남강 집의 하녀가 길을 가다가 검둥개 한 마리를 만났는데, 그 개가 하녀에게 말했다.
"너는 내 등뒤에 있는 사람을 보아라!"
하녀가 머리를 들어 돌아보았더니, 키가 3척에 머리가 둘 달린 사람이 있었다. 하녀는 기겁을 하고 줄달음쳐서 돌아갔는데, 그 사람과 개가 하녀의 뒤를 따라왔다. 하녀가 집 마당에 도착하자, [그녀를 따라온 사람을 보고」 온 집안 사람들이 피해 도망쳤다. 하녀가 개에게 물었다.

"너는 무얼 하러 왔느냐?"

개가 말했다.

"밥 좀 얻어먹으려는 것일 뿐이다!"

그래서 하녀가 밥을 차려주었더니, 머리 둘 달린 사람은 개와 함께 밥을 먹고 나서 떠나갔다. 그래서 하녀가 개에게 물었다.

"그 사람은 이제 갔느냐?"

개가 말했다.

"정각 사시(巳時: 오전 10시)에 다시 올 것이다."

한참 뒤에 개는 사라졌는데 어디로 갔는지 알 수 없었다. 나중에 사남강 집안의 사람들은 모두 죽었다. (『속수신기』)

宋永初三年, 謝南康家婢行, 逢一黑狗, 語婢曰: "汝看我背後人!" 婢擧頭, 見一人長三尺, 有兩頭. 婢驚怖返走, 人狗亦隨婢後. 至家庭中, 擧家避走. 婢問狗: "汝來何爲?" 狗云: "欲乞食耳!" 於是婢與設食, 並食訖, 兩頭人出. 婢因謂狗曰: "人已去?" 狗曰: "正巳復來." 良久沒, 不知所在. 後家人死喪. (出『續搜神記』)

141 · 12(1267)
부 량(傅 亮)

송(宋)나라 영초연간(永初年間: 420~422)에 북지(北地) 사람 부량은 호군장군(護軍將軍)으로 있었다. 그의 형의 아들 부진(傅珍)은 장군부(將軍府)의 서쪽에서 살았는데, 밤에 난데없이 북쪽 창 밖의 나무에서 얼굴 넓이가 3척이나 되고 눈이 세로로 달린 방상씨(方相氏: 귀신을 쫓기 위해 장례행렬의 맨 앞에 세우는 神像으로 모습이 매우 험악함)처럼 생긴 물체가 보였다. 부진은 두려움에 허둥대면서 이불을 덮어썼다. 한참 뒤에야 그 물체는 저절로 사라졌다. 나중에 부량은 주살당했다. (『광고금오행기』)

宋永初中, 北地傅亮爲護軍. 兄子珍, 住府西, 夜忽見北窓外樹有物, 面廣三尺, 眼橫竪, 狀若方相. 珍遑遽, 以被自蒙. 久乃自滅. 後亮被誅. (出『廣古今五行記』)

141 · 13(1268)
왕휘지(王徽之)

왕휘지는 송(宋)나라 문제(文帝) 원가(元嘉) 4년(427)에 교주자사(交州刺史)가 되었다. 부임하러 가는 도중에 손님을 만나 [시종에게] 술과 고기 구이를 가져오라고 했다. 고기 구이가 나오자 왕휘지는 자신이 직접 칼로 고기를 잘랐는데, 아무리해도 칼이 들어가지 않자 고기를 땅에 던져버리고 씩씩거렸다. 잠시 후 방금 전에 던졌던 고기를 돌아보았더니, 이미 왕휘지 자신의 머리로 변해 있었으며, 또 보았더니 그 머리가 공중에 있었다. 왕휘지는 교주에 도착한 뒤 곧바로 죽었다. (『이원』)

王徽之, 宋文帝元嘉四年爲交州刺史. 在道, 有客, 命索酒炙. 炙至, 取自割之, 終不入, 投地怒. 顧視向炙, 已變爲徽之頭, 又覩其首在空中. 至州便殞. (出『異苑』)

141 · 14(1269)
유흥도(劉興道)

영릉태수(零陵太守)인 광릉(廣陵) 사람 유흥도는 태수직을 그만두고 집에 머물면서 서쪽 벽 아래에 침상을 놓아두었다. 그런데 별안간 동쪽 벽 가에서 눈알 하나가 나타나 순식간에 4개가 되더니 점점 많아져서 마침내 온 방에 가득 찼다. 그 눈알들은 한참 있다가 사라졌는데 어디로 갔는지 알 수 없었다. 또 침상 앞을 보았더니, 머리카락이 방바닥에서 점점 많이 솟아나 마침내 머리 하나가 나왔는데, 그것은 다름 아닌 방상씨(方相氏: 귀신을 쫓기 위해 장례행렬의 맨 앞에 세우는 神像으로 모습이 매우 험악함)의 머리였다. 잠시 후 그 머리는 홀연히 저절로 사라졌다. 유흥도는 두려움에 떨다가 병이 깊어져 결국 일어나지 못했다. (『속이기』)

零陵太守廣陵劉興道, 罷郡住齋中, 安牀在西壁下. 忽見東壁邊有一眼, 斯須之間, 便有四, 漸漸見多, 遂至滿室. 久乃消散, 不知所在. 又見牀前有頭髮, 從土中稍稍繁多, 見一頭而出, 乃是方相頭. 奄忽自滅. 劉憂怖, 沈疾不起. (出『續異記』)

141 · 15(1270)
곽중산(郭仲産)

송(宋)나라 곽중산은 남군왕(南郡王)의 종사(從事)로 있었는데, 그의 집에는 비파나무가 있었다. 원가연간(元嘉年間: 424~453) 말에 집을 지으면서 대나무로 두공(枓栱: 들보 위에 세우는 짧은 기둥)을 만들려 했는데, 대나무의 가지와 잎이 점점 자라나더니 금세 가지 길이가 몇 척이나 되었으며 푸른빛으로 우거져 숲처럼 울창해졌다. 곽중산은 그것을 상서로운 길조로 생각했다. 그러나 얼마 후 유의선(劉義宣)의 역모에 동참했다가 결국 주살당하고 말았다. (『저궁고사』)

宋郭仲産爲南郡王從事, 宅有枇杷樹. 元嘉末, 起齋屋, 以竹爲枏, 竹遂漸生枝葉, 條長數尺, 扶疎翁翠, 鬱然如林. 仲産以爲吉祥. 俄而同義宣之謀, 被誅焉. (出『渚宮故事』)

141 · 16(1271)
심경지(沈慶之)

송(宋)나라 태위(太尉) 심경지는 사직할 것을 청했으나 황제가 윤허하지 않자 이렇게 아뢰었다.

"장량(張良)은 이름난 현신(賢臣)이었지만, 한(漢) 고조(高祖)는 그의 퇴직을 허락했사옵니다. 신이 무슨 쓸모가 있기에 성조(聖朝)에서 필요하겠사옵니까?"

그리고는 이마를 찧고 눈물을 흘리면서 간청했다. 그러나 황제는 조서를 내려, 그에게 개부의동삼사(開府儀同三司: 府署를 설치하여 官屬을 선발하는 것으로, 三司[太尉·司徒·司空]와 같은 예우를 받았기 때문에

開府儀同三司라고 함)를 제수하고 곧장 정위(廷尉: 刑獄을 관장하는 관리로 列卿 가운데 하나)로 근무하라고[원문은 '待罪'. 관리가 자기 직책을 수행하는 것을 겸손하게 이르는 말] 했다.

심경지는 눈으로는 글자를 알아보지 못했고 손으로는 글씨를 쓸 줄 몰랐으나, 그 총명함은 다른 사람들보다 뛰어났다. 심경지가 한번은 황제를 마주하고 시를 지었는데, 복야(僕射) 안사백(顔師伯)에게 붓을 들고 받아 적게 한 뒤 입으로 시를 불렀다.

> 미천한 몸이 많은 행운을 얻어,
> 이처럼 창성(昌盛)한 시운을 만났네.
> 늙고 병들어 근골이 쇠진해졌으니,
> 이젠 남쪽 언덕으로 걸어 돌아가야겠네.
> 이런 태평성대에서 영광스럽게 사직하니,
> 무엇이 장자방(張子房: 張良)에게 부끄럽겠나?

사람들은 모두 그 문장과 뜻의 훌륭함에 감탄했다.

심경지가 한번은 정월 초하루에 꿈을 꾸었는데, 어떤 사람이 그에게 명주비단 2필을 주면서 말했다.

"이 명주비단이면 충분히 쓸 수 있을 것이오!"

심경지는 꿈에서 깨어난 뒤 탄식하며 말했다.

"2필은 80척인데 이제 남은 것 없이 충분히 썼으니, 이 늙은이는 금년에 죽음을 면치 못하겠구나!"

그 해에 과연 심경지는 경화(景和: 본래 劉宋 前廢帝 劉子業의 연호로 465년인데, 여기서는 전폐제 대신 쓰였음. 실제로 심경지는 전폐제로부터 사약을 받고 죽었음)에게 주살당했다. (『담수』)

宋太尉沈慶之求致仕, 上不許, 慶之曰: "張良名賢, 漢高猶許其退. 臣有何用, 爲聖朝所須?" 乃啓顙流涕. 帝有詔, 授開府, 便詣廷尉待罪.

慶之目不識字, 手不知書, 而聰悟過人. 嘗對上爲詩, 令僕射顔師伯執筆, 慶之口占曰: "微生値多幸, 得逢時運昌. 衰朽筋骨盡, 徒步還南岡. 辭榮此聖代, 何媿張子房?" 並歎其辭意之美.

慶之嘗歲旦夢人餉絹兩疋, 曰: "此絹足度!" 覺而歎曰: "兩疋八十尺, 足度無盈餘, 老子今年不免矣!" 其年, 果爲原(按『宋書』"廢帝紀元景和", '原'疑'景'之誤)和所誅. (出『談藪』)

태평광기 권제 142

징응 8
(人臣咎徵)

1. 유덕원(劉德願)
2. 이 진(李 鎭)
3. 유원경(柳元景)
4. 상현계(向玄季)
5. 등경직(滕景直)
6. 왕 안(王 晏)
7. 유 총(留 寵)
8. 이주세륭(爾朱世隆)
9. 유 민(劉 敏)
10. 이 광(李 廣)
11. 왕 씨(王 氏)
12. 장조호(張雕虎)
13. 강 련(強 鍊)
14. 이 밀(李 密)
15. 장 작(張 鷟)
16. 당망지(唐望之)

142・1(1272)
유덕원(劉德願)

송(宋)나라 태시연간(泰始年間: 465~472. 太始는 泰始의 誤記의 보임)에 예주자사(豫州刺史) 팽성(彭城) 사람 유덕원이 수주(壽州)와 양주(陽州)를 다스릴 때의 일이다. 유덕원이 안채에 있으면서 문을 제대로 잠그지 않았는데, 그때 갑자기 어떤 사람이 문짝 안으로 머리를 들이밀더니 집안을 살피는데, 상투를 틀고 둥근 얼굴을 한 사내였다. 이를 본 부인이 깜짝 놀라 그 사실을 유덕원에게 말하고 불을 가져와 집안을 샅샅이 뒤지며 찾아보았지만, 그 사내는 전혀 보이지 않았다. 유덕원은 이듬해 살해되었다. (『이원』)

宋太始中, 豫州刺史彭城劉德願鎭壽・陽. 住內屋, 閉戶未合, 輒有人頭進門扉, 窺看戶內, 是丈夫, 露髻團面. 內人驚告, 把火搜覓, 了不見人. 劉明年被誅. (出『異苑』)

142・2(1273)
이 진(李 鎭)

여산(廬山)에서 남쪽으로 10리 정도 가면 계산(雞山)이 있다. 산 위에

닭 모양의 석상이 있었는데, 그 벼슬이나 발톱이 마치 살아 있는 듯 했다. 도사 이진(李鎭)은 그곳에서 살면서 그 석상을 늘 보물처럼 아꼈다. 어느 날 갑자기 닭 모양의 석상이 산산조각 나자 이진이 사람들에게 말했다.

"닭이 갑자기 이렇게 된 것을 보니, 아마도 제가 죽을 때가 되었나 봅니다!"

그리하여 이진은 이전에 알고 지내던 사람과 작별 인사를 했는데, 그로부터 한 달 정도 뒤에 죽었다. (『유명록』)

廬山自南行十餘里, 有雞山. 山上有石鷄, 冠距如生. 道士李鎭於此下住, 常寶玩之. 雞一日忽摧毁, 鎭告人曰: "雞忽如此, 吾其終乎!" 因與知故訣別, 後月餘遂卒. (出『幽明錄』)

142 · 3(1274)
유원경(柳元景)

송(宋)나라 표기대장군(驃騎大將軍)인 하동(河東) 사람 유원경은 대명(大明) 8년(464)에 소제(少帝: 어린 황제로 前廢帝 劉子業을 말함)가 즉위하자, 수레를 타고 집으로 돌아왔다. 집으로 돌아온 유원경은 사람을 시켜 정원에서 수레를 씻고 끌채를 풀어 햇빛에 말렸다. 그때 갑자기 회오리바람이 중문(中門)으로 불어 들어오더니 곧장 수레 앞까지 불어왔다. 이듬해 유원경은 전 가족과 함께 살해되었다.(『신귀전』)

宋驃騎大將軍河東柳元景, 大明八年, 少帝卽位, 元景乘車行還. 使人於中庭洗車, 卸轅曬之. 有飄風中門而入, 直來衝車. 明年而閶門被誅. (出『神鬼傳』)

142 · 4(1275)
상현계(向玄季)

송(宋)나라 하남(河南)의 상현계는 남군(南郡) 태수(太守)가 되었다. 그 부인이 명주실을 삶고 있었는데, 갑자기 명주실이 죽처럼 문드러지고 그 물 색깔이 피처럼 붉었다. 그날 밤 어떤 사람이 문설주를 두드리면서 이렇게 소리쳤다.

"부군(府君: 太守)께서는 지금 떠나시는 것이 좋겠습니다!"

얼마 뒤 자사(刺史)인 남군왕(南郡王) 유의선(劉義宣)이 반란을 일으켰는데, 상현계는 힘이 부족해 스스로를 지킬 수 없게 되자 반역의 무리를 따르게 되었다. 후에 상현계 부자는 함께 처형되었다. (『저궁고사』)

宋河南向玄季爲南郡太守. 其妻煮練, 忽爛如粥, 汁赤如血. 夜有人扣閣而呼曰:"府君今可去矣!" 俄而刺史南郡王義宣作逆, 玄季力弱, 不能自固, 以附於逆. 父子並伏法. (出『渚宮故事』)

142 · 5(1276)
등경직(滕景直)

송(宋)나라 등경직의 집은 광주(廣州)에 있었다. 원휘연간(元徽年間: 473~477)에 등경직이 하녀에게 밥을 짓게 했는데, 가마솥 안에서 천둥 치는 소리가 났다. 하녀가 깜짝 놀라 그 사실을 아뢰자 등경직과 집안 사람들이 달려가서 보았더니 가마솥 안의 소리가 더욱 커졌다. 가마솥 위에 수십 송이의 꽃이 있었는데, 점점 자라 붉은 연꽃처럼 커지더니 잠시 뒤에 시들어 떨어졌다. 열흘 뒤에 등경직은 병으로 죽었다. (『광고금오행기』)

宋滕景直家在廣州. 元徽中, 使婢炊, 釜中有聲如雷. 婢驚白, 景直及家人走視, 釜聲更壯. 釜上花數十, 漸長如蓮花而大, 赤色, 俄頃萎絶. 旬日, 景直病死 (出『廣古今五行記』)

142 · 6(1277)
왕 안(王 晏)

제(齊)나라의 왕안은 자가 휴묵(休默)으로 지극히 높은 위치에 올랐으나, 교만이 넘치다 못해 스스로 자만에 빠져 마음에 불만을 품고 있다가 결국에는 주살 당했다. 화가 미칠 때쯤 되어 집과 서까래에 큰 뱀이 보였는데, 다가가서 보면 뱀이 사라졌다. 이를 보고 질색한 왕안은 종이로

서까래를 싸버렸는데, 여전히 종이 안이 흔들리면서 쓱! 쓱! 하는 소리가 났다. (『광고금오행기』)

齊王晏字休默, 位勢隆極, 而驕盈怨望, 伏誅焉. 其將及禍也, 見屋桷悉是大蛇, 就視之則滅焉. 晏惡之, 乃令以紙裹桷, 猶紙內動搖, 簌簌有聲. (出『廣古今五行記』)

142 · 7(1278)
유 총(留 寵)

동양(東陽)의 유총은 자가 도홍(道弘)으로 호숙(湖熟)에서 살았다. 매일 밤 집안에 종적을 알 수 없는 피 몇 되가 보였는데, 서너 차례 그런 일이 있었다. 후에 유총은 절충장군(折衝將軍: 府兵을 총괄하는 관리)이 되어 조정의 명을 받고 북벌 나가게 되었는데, 출발 할 때쯤 되어 밥을 지었더니 밥이 모두 벌레로 변했다. 또 그 집안 사람들이 보리를 찌는데 역시 벌레로 변했다. 불이 활활 타오를수록 벌레는 더욱 커졌다. 유총은 북벌 나갔다가 단구(壇丘)에서 패하고 서룡(徐龍)에게 죽임을 당했다. (『법원주림』)

東陽留寵字道弘, 居於湖熟. 每夜, 門庭自有血數升, 不知所從來, 如此三四. 後寵爲折衝將軍, 受命北征, 將行而炊飯盡變爲蟲. 其家人蒸麨, 亦變爲蟲. 其火逾猛, 其蟲逾壯. 寵遂北征, 軍敗於壇丘, 爲徐龍所殺. (出『法苑珠林』)

142·8(1279)
이주세륭(爾朱世隆)

후위(後魏: 北魏)의 복야(僕射) 이주세륭이 낮잠을 자고 있었다. 부인 해씨(奚氏)는 어떤 사람이 이주세륭의 머리를 들고 나가는 것을 보았다. 해씨가 급히 달려가 보았더니 이주세륭은 여전히 잠을 자고 있었다. 이주세륭이 잠에서 깨어나 그 부인에게 이렇게 말했다.

"조금 전 꿈에서 어떤 사람이 내 머리를 잘라 가는 것을 보았소."

며칠 뒤에 이주세륭은 주살 당했다. (『광고금오행기』)

後魏僕射爾朱世隆, 晝寢. 妻奚氏, 忽見有一人, 擕世隆頭出. 奚氏遽往視之, 隆寢如故. 及隆覺, 謂妻曰: "向夢見有人, 斷我頭將去." 數日被誅. (出『廣古今五行記』)

142·9(1280)
유 민(劉 敏)

양(梁)나라 후경(侯景)이 난을 일으켰다. 지강(支江) 사람 유민은 강에서 수십 아름이나 되는 예장(豫章) 나무 하나를 얻었다. 유민이 그것을 가져다가 절에 보시하려 하자 육법화(陸法和)가 말했다.

"이 나무는 그대의 집에서 사용하기에 딱 좋소."

유민은 그 말을 깨닫지 못했다. 열흘 남짓 뒤에 유민의 처가 죽자 유민은 바로 이 나무를 잘라 관을 짰다. 그러자 육법화가 말했다.

"아직 끝나지 않았소."

한달 뒤에 유민의 동생이 죽었는데, 이 나무로 간신히 관을 짤 수 있었다. (『광고금오행기』)

梁侯景亂. 支江人劉敏於江中接得一豫章木, 大數十圍. 敏求以施入寺, 陸法和曰: "此木正可與君家自用." 敏不悟此語. 後十餘日, 敏婦亡, 即解用此木爲棺. 法和曰: "猶未了." 更一月, 敏弟亡, 用此木僅足. (出『廣古今五行記』)

142 · 10(1281)
이 광(李　廣)

북제(北齊) 문선제(文宣帝) 천보연간(天保年間: 550~560)에 어사(御史) 이광은 부지런히 학문을 닦고 박식하여 시어사(侍御史)에 임명되었다. 어느 날 밤 꿈에 한 사람이 그 몸 속에서 나와 이광에게 이렇게 말했다.

"그대의 마음씀이 지나치게 힘들어 정신이 감당할 수 없으니, 이제 그대를 떠나가겠습니다."

그로부터 이광은 정신이 없는 듯 하더니 며칠 뒤에 병에 걸렸다가 몇 년 뒤에 죽었다. (『광고금오행기』)

北齊文宣天保年, 御史李廣勤學博物, 拜侍御史. 夜夢見一人, 出於其身中, 謂廣曰: "君用心過苦, 非精神所堪, 今辭君去." 因而惚恍, 數日便遇疾, 積年而終.

(出 『廣古今五行記』)

142 · 11(1282)
왕 씨(王 氏)

　북제(北齊) 후주(後主) 무평연간(武平年間: 570~576) 초에 평읍(平邑) 사람 왕씨는 같은 읍 사람 이씨 집안과 혼사를 치른 뒤 양고기와 술을 싣고 친척집에 가서 잔치를 열려고 했다. 불과 3리 정도 갔을 때 날이 저물어 점점 어두워지더니 동남쪽으로 50보 밖에서 되 만한 크기의 붉은 물체가 마치 유성처럼 그림자를 끌고 곧장 수레바퀴로 와서 내려앉았다. 그러자 소가 움직이지 않았는데, 이를 본 사람들도 모두 공포에 떨었다. 그 아내는 수레에서 내려 붉은 물체를 향해 두 번 절한 뒤 치마를 펼쳐 그림자를 끌어당겼다. 그러자 그림자가 바로 치마 안으로 들어왔고, 왕씨는 그것을 수레에 싣고 집으로 돌아왔다. 불을 비추고 살펴보았더니, 그것들은 바로 순금이었고, 집안의 곳집과 궤짝을 가득 채울 수 있었다. 왕씨는 길일 때마다 늘 향불을 피워놓고 신께 고마움을 표했다. 후에 사방의 기이한 물건들이 모두 다 그 집으로 모여들었으며, 매년 누에 농사도 이전보다 백 배나 잘 되었다.
　봄이 되자 그 집 정원에 뽕나무 한 그루가 자라났는데, 그 가지와 잎이 다른 나무들과 달랐으며 몇 년 사이에 뜰 가득 뽕나무로 가득 찼고, 그때부터 기이한 짐승과 새들이 모여들었다. 그 집안의 부는 30년 정도 갔는데, 그 사이에 왕씨의 처도 나이가 들어 병으로 죽었다. 뒷날 이른 아침에 백로처럼 생긴 흰 새 한 마리가 뽕 나무 곁으로 날아와 한참동안 피를 토하더니 땅에 떨어져 죽었다. 정오 뒤에 서북쪽에서 세찬 회오리바람이 불어와 하늘을 뒤덮고 뽕나무를 휘휘 감아 돌더니 가지 위로 올라갔는데, 마치 그 모양이 빗자루 같았다. 이로부터 채 열흘도 되지 않아 하인과 하녀들이 잇달아 도망갔으며 집안의 재산도 거의 남아있지 않았다. 궤짝을 열어 금을 꺼내려고 보았더니 반딧불과 지네, 썩은 풀만 덩그러니 남아 있었다. (『광고금오행기』)

　北齊後主武平初, 平邑王氏與同邑人李家爲婚, 載羊酒, 欲就親家宴會. 行不過三里, 日沒漸暗, 見東南五十步外, 有赤物大如升, 若流星曳影, 直來著車輪. 牛卽不動, 見者並怖. 其妻遂下車, 向而再拜, 張裙引之. 便入裙下, 昇車還家. 照看乃眞金, 遂盛於庫櫃. 每至良晨, 恒以香火祈恩. 後四方異貨, 畢集其家, 田蠶每年百倍.
　至春, 其庭生一桑樹, 枝葉異於衆木, 數年之間, 遍滿一院, 奇禽異鳥, 莫不棲集. 其家大富, 將三十年, 王氏妻以老病終. 後凌朝有白鳥似鷺, 飛至桑樹側, 吐血久之, 墮地而死. 日午後, 西北大旋風, 漲天而來, 遶旋此樹, 竦上其枝柯, 如掃帚形. 不經十日, 奴婢逃走, 首尾相繼, 家資略盡. 及開櫃取金, 唯見螢火・蚰蜒・腐草之餘耳. (出『廣古今五行記』)

142・12(1283)
장조호(張雕虎)

북제(北齊) 말년에 감리대조(監吏待詔: 범인을 감독하는 관리) 장조호는 죽기 하루 전날 말을 타고 길에 서 있었다. 어떤 사람이 그를 보았더니 그의 머리가 보이지 않았다고 했다. 그로부터 잠시 뒤에 장조호는 피살되었다. (『광고금오행기』)

北齊末, 監吏待詔張雕虎, 未死一日前, 騎馬在路. 有人望, 不見其頭. 俄而見殺. (出『廣古今五行記』)

142·13(1284)
강 련(強 練)

후주(後周: 北周) 무제(武帝)때 강련이라는 기산(岐山) 사람이 있었는데, 그는 거짓으로 미친 척하며 스스로를 강련이라 불렀다. 총재(冢宰: 太宰라고도 하는데, 재상 혹은 이부상서를 가리킴)로 있던 진국공(晉國公) 우문호(宇文護: 孝閔帝의 從兄)의 집안이 아직 망하지 않았을 때 강련은 표주박 하나를 들고 그 집 문 앞으로 가 표주박을 쳐서 깨뜨리며 말했다.

"표주박이 박살났으니, 불쌍하게도 당신 자식들이 고생하겠소."

우문호가 피살되자, 우문호의 여러 아이들도 고초를 겪다가 죽었다.

고공(皐公) 후룡사(侯龍思: 侯龍恩의 오기로 보임) 형제들은 총재 우문호의 총애를 받아 당시에 그 세력이 대단했다. 강련이 그 집 문을 두드리자, 후룡사의 처와 어머니 등은 하녀를 보내 그를 들어오게 한 뒤 음식을 차려 대접하고 그 말하는 것을 살펴보았다. 강련은 후룡사 등에게 이렇게 말했다.

"저들을 내 하녀로 주시오."

그 말을 들은 여자들이 크게 웃자, 강련이 다시 말했다.

"내 하녀가 된다해도 죽음을 면하기 어려울 텐데. 다른 사람이 데리고 간다면 어찌 나한테 있는 것 보다 낫겠소?"

그로부터 얼마 지나지 않아 총재는 주살되었고, 후룡사 형제도 함께 죽임을 당했다. (『광고금오행기』)

後周武帝時, 有强練者, 岐山人, 佯狂, 號曰强練. 冢宰晉國公宇文護未敗之日, 强練執一瓠. 到其門前, 撲破之, 云: "瓠破, 憐你子苦." 護被殺, 護之諸子皆楚毒而卒.

時皐公侯龍思兄弟被冢宰寵遇, 燻灼當時. 强練度其門, 思妻嫗等遣婢呼入, 爲設飮食, 察其言語. 練謂思等云: "與我作婢." 衆嫗大笑, 練又云: "作婢會不免. 他人將去, 安能勝我?" 未幾冢宰誅, 思兄弟亦同被戮. (出『廣古今五行記』)

142・14(1285)
이 밀(李 密)

수(隋)나라 이밀은 사람들을 모아 낙구(洛口: 洛陽)에서 진을 치고 제단을 쌓았다. 그리고 크게 깃발을 세운 뒤 하늘에 고하고 공(公)의 지위에 나아갔는데, 그 날 밤에 여우 한 마리가 제단 옆에서 울었다. 이튿날 일을 시작하려 할 때 사방에서 바람이 세차게 불기 시작하더니 모래가 날리고 나무가 뽑히고 깃발이 부러졌다. 과연 훗날 일이 실패로 돌아갔다.(『감정록』)

　隋李密卽會衆, 屯洛口, 設壇. 大張旌旗, 告天卽公位, 其夜, 狐狸鳴於壇側. 翌日, 臨行事, 大風四起, 飛沙拔木, 旗竿有折者. 其後果敗. (出『感定錄』)

142 · 15(1286)
장 작(張　鷟)

　당(唐)나라 영휘연간(永徽年間: 650~656)에 장작은 마구간을 만들기 위해 집의 정북쪽에 1장(丈) 남짓 되는 구덩이를 팠다. 그때 다음과 같은 음양서(陰陽書)가 나왔다.

　"그대가 땅을 파면 틀림없이 누군가가 우물 속에 떨어져 죽을 것이다."

　장작의 집에 영진(永進)이라는 하인이 있었는데, 우물을 치다가 흙이 무너지는 바람에 압사 당했다. 또 장작의 고택에 높이가 4~5장(丈)되는 뽕나무 한 그루가 있었는데, 까닭 없이 말라죽었다. 그로부터 얼마 지나지 않아 장작의 조부가 죽었다. 조부가 죽은 뒤 음양(陰陽)에 밝은 사람이 말했다.

　"교목(喬木)이 먼저 말라죽었으니, 나머지 자식들은 틀림없이 고아가 될 것이다."

　과연 그 말대로 될 것이다. (『조야첨재』)

　唐永徽年中, 張鷟築馬槽廠, 宅正北掘一坑丈餘. 時陰陽書云: "子地穿, 必有人墮井死." 驚有奴名永進, 淘井土崩, 壓死. 又驚故宅, 有一桑, 高四五丈, 無故枯死. 尋而祖亡. 沒後, 有明陰陽云: "喬木先枯, 衆子必孤." 此其驗也. (出『朝野僉載』)

142 · 16(1287)
당망지(唐望之)

당(唐)나라 함형(咸亨) 4년(673)에 낙주사호(洛州司戶) 당망지는 겨울에 5품 벼슬에 발탁되었다. 아직 조정의 발령 명령이 떨어지지 않았을 때 그는 한 스님이 자신을 찾아왔다는 소리를 들었다. 전혀 면식이 없던 스님이었지만, 당망지는 스님을 맞이하여 함께 자리에 앉았다. 잠시 뒤 스님이 말했다.

"빈도는 출가한 사람으로 조금만 시주해주시면 됩니다. 공의 명성이 뛰어나기에 이렇게 몰래 부탁드리니, 저를 위해 생선회를 마련해주실 수 있겠습니까?"

사호(司戶: 唐望之)가 흔쾌히 물고기를 사오게 하자, 스님이 말했다.

"마늘이 있는지 한번 보시오."

사호의 하인이 말했다.

"마늘이 다 떨어졌습니다."

스님이 말했다.

"마늘이 떨어졌다하니, 저는 가봐야겠습니다."

스님이 자리에서 일어나자 사호는 그를 만류하며 말했다.

"마늘이 떨어졌다면, 하인을 보내 사오게 하면 됩니다."

스님이 말했다.

"마늘이 떨어지면 더 이상 붙잡아 둘 수가 없습니다. 붙잡아지지 않습니다."

평소 아무런 병도 앓지 않았던 사호는 그 날 저녁에 갑자기 죽었다. 마늘(蒜)은 바로 목숨(算)이란 뜻인데, 사호의 목숨이 다했으므로 이승(異僧)이 그에게 일러주었던 것이다.

唐咸亨四年, 洛州司戶唐望之, 冬選科五品. 進止未出, 聞有一僧來覓. 初不相識, 延之共坐. 少頃云: "貧道出家人, 得歆食亦少. 以公名人, 故闇相託, 能設一頓鱠否?" 司戶欣然, 即處置買魚, 此僧云: "看有蒜否" 司戶家人云: "蒜盡." 此僧云: "旣蒜盡, 去也." 即起, 司戶留之, 云: "蒜盡, 遣買即得." 僧云: "蒜盡不可更住者. 留不得." 司戶無疾, 至夜暴亡. 蒜者算也, 年盡, 所以異僧告之.

태평광기 권제143

징응 9

(人臣咎徵)

1. 서　　경(徐　慶)　　　　2. 주 인 궤(周 仁 軌)
3. 서 경 업(徐 敬 業)　　　　4. 두 경 전(杜 景 佺)
5. 흑치상지(黑齒常之)　　　　6. 고　　종(顧　琮)
7. 노 경 순(路 敬 淳)　　　　8. 장 역 지(張 易 之)
9. 정 촉 빈(鄭 蜀 賓)　　　10. 유 희 이(劉 希 夷)
11. 최 현 위(崔 玄 暐)　　　12. 송 선 위(宋 善 威)
13. 이 처 감(李 處 鑒)　　　14. 국 선 충(麴 先 沖)
15. 여 숭 수(呂 崇 粹)　　　16. 원 건 요(源 乾 曜)
17. 무　　민(毋　旻)　　　18. 양 신 긍(楊 愼 矜)
19. 왕　　표(王　儦)　　　20. 최　　서(崔　曙)
21. 원　　재(元　載)　　　22. 팽　　언(彭　偃)
23. 유　　면(劉　沔)　　　24. 한　　황(韓　滉)
25. 엄　　진(嚴　震)　　　26. 이 덕 유(李 德 裕)
27. 이 사 도(李 師 道)　　　28. 위　　온(韋　溫)

143·1(1288)
서 경(徐 慶)

당(唐)나라 고종(高宗) 때 서경은 정료판관(征遼判官)을 지내고 있었다. 그의 수하에 한 관리가 있었는데 그의 성명은 알 수 없다. 서경은 군중(軍中)에 있다가 갑자기 자신이 양으로 변하여 관리에게 죽는 꿈을 꾸었는데, 꿈에서 깨어난 후 온몸에 땀을 흘릴 정도로 두려워했다. 날이 밝은 후 그 관리가 서경을 찾아오자 서경은 밤에 무슨 꿈을 꾸지 않았느냐고 물었다. 그러자 관리가 말했다.

"꿈에 공께서 양이 되셨는데, 제 손으로 베어 죽였습니다. 저는 정말로 그러기를 원하지 않았지만 관부의 명령을 받았기 때문에 어쩔 수 없었습니다."

서경은 그 후로 양고기를 먹지 않았다.

측천무후(則天武后)의 시대에 서경은 승진을 거듭하여 사농소경(司農少卿) 겸 옹주사마(雍州司馬)가 되었고, [예전에 수하로 있던] 관리는 당시 이미 대리옥승(大理獄丞)을 맡고 있었다. 그 후 서경은 내사령(內史令) 배염(裴炎)과 내통하고 영국공(英國公) 서경업(徐敬業)이 양주(揚州)에서 일으킨 모반에 때를 맞추어 호응했다는 무고를 당해 대리시(大理寺)로 압송되었다. 서경은 [예전에 수하로 있던] 그 옥승(獄丞)이 옥사를 담당하는 것을 보더니, 곧 눈물을 흘리며 그에게 말했다.

"정료판관을 지낼 때 꾸었던 꿈이 이제 마땅히 징험을 보이게 되었구려."

서경은 사형을 당하던 날 결국 그 옥승에게 끌려나갔다. (『광고금오행기』)

唐高宗時, 徐慶爲征遼判官. 有一典, 不得姓名. 慶在軍, 忽夢己化爲羊, 爲典所殺, 覺後悸懼流汗. 至曉, 此典詣慶, 慶問夜來有所夢否. 典云: "夢公爲羊, 手加屠割. 意甚不願, 爲官所使制不自由('所使制不自由'六字明鈔本作'則解制使之惑')." 慶自此不食羊肉矣('慶自此不食羊肉矣'八字明鈔本作'慶慰留之遂不食葷').

至則天時, 慶累加至司農少卿雍州司馬, 時典已任大理獄丞. 後慶被誣與內史令裴炎通謀, 應節(明鈔本'節'作'接')英公徐敬業揚州反, 被執送大理. 忽見此丞押獄, 慶便流涕謂之曰: "征遼之夢, 今當應之." 及被殺戮之日, 竟是此丞引出. (出『廣古今五行記』)

143·2(1289)
주인궤(周仁軌)

당(唐)나라 주인궤는 경조(京兆) 만년현(萬年縣) 사람이다. 그는 효화황후(孝和皇后) 위씨(韋氏)의 외척으로, 거듭 승진하여 금오대장군(金吾大將軍: 車駕·巡察·逮捕 등을 담당했던 金吾衛의 우두머리)이 되었고 병주장사(幷州長史)에 제수되었으며, 천성이 잔혹하여 사람을 죽이기를 좋아했다. 주인궤가 병주에 있을 때 갑자기 대청의 계단 아래에서 사람의 팔뚝 한 쪽을 보았는데, 금방 잘렸는지 그 팔뚝에서는 피가 줄줄 흐르고 있었다. 주인궤는 사람을 시켜 그 팔뚝을 병주에서

20여 리 바깥에 버리게 했다. 며칠 뒤에 가서 보게 했더니 그 팔뚝은 그곳에 아직 있었는데, 당시 날씨가 몹시 무더웠는데도 피부의 색이 변하지 않자 사람들은 모두 이 일을 이상하게 여겼다. 그 달에 효화황후가 붕어(崩御)하자 주인궤는 위씨의 일당으로 지목되어 주살당하게 되었다. 무사가 칼을 뽑아 주인궤를 벨 때 그는 팔로 막았는데, 칼에 정확히 맞아 그의 팔뚝은 땅으로 떨어졌으며, 이전에 보았던 팔뚝과 조금도 다름이 없었다. [어떤 사람이] 다시 말을 타고 이전에 팔뚝을 버렸던 곳에 가서 보았더니, 그곳에는 아무 것도 없었다. (『광고금오행기』)

唐周仁軌, 京兆萬年人也. 孝和皇后韋氏母黨, 累遷金吾大將軍, 除幷州長史, 性殘酷好殺. 在州, 忽於堂階下見一人臂, 如新斷來, 血流瀝瀝. 仁軌令人送去州二十餘里外. 數日令看, 其臂尙在, 時盛暑毒, 肉色無變, 人咸怪之. 其月, 孝和崩, 仁軌以韋氏黨伏誅. 介士抽刀斫之, 仁軌擧臂, 承刃所中, 其臂墮地, 與比見者無異. 又馳騎往於先送處看之, 至彼一無所見. (出『廣古今五行記』)

143·3(1290)
서경업(徐敬業)

당(唐)나라 서경업이 병사를 일으킬 때 마치 삼태기처럼 가지런하지 않은 모양의 큰 별이 나타나더니 사흘이 지나자 사라졌다. 얼마 후 서경업은 모반에 실패했다. (『조야첨재』)

唐徐敬業擧兵, 有大星蓬蓬如筐籠, 經三宿而失. 俄而敬業敗. (出『朝野僉載』)

143 · 4(1291)
두경전(杜景佺)

  당(唐)나라의 사형경(司刑卿) 두경전은 병주장사(幷州長史)를 제수받고 말을 달려 임지로 향했다. 그날 밤 됫박 만한 큰 별이 정원 앞으로 떨어지더니 땅에 닿자마자 사라졌다. 두경전은 병주 기현(祁縣)의 경계에 이르러 죽었다. 여러 관리들이 나와서 제사지냈으며, 그에게 바치려했던 음식을 제수로 올렸다. (『조야첨재』)

  唐司刑卿杜景佺授幷州長史, 馳驛赴任. 其夜, 有大星如斗, 落於庭前, 至地而沒. 佺至幷州祁縣界而卒. 群官迎祭, 迴所上食爲祭盤. (出『朝野僉載』)

143 · 5(1292)
흑치상지(黑齒常之)

  당(唐)나라의 장군 흑치상지는 하원현(河源縣)을 지키며 주둔하고 있었는데, 성내가 매우 삼엄했다. 어느 날 이리 세 마리가 군영으로 들어와서 관사 주위를 빙빙 돌았는데, 어디서 왔는지 알 수 없었다. 군사들은 활로 쏘아 죽였고, 흑치상지는 그 이리들을 싫어하여 군영 바깥으로 옮기게 했다. 흑치상지가 삼곡(三曲)의 당항(党項: 三苗의 후예로 현재의 甘肅省과 靑海省 경계를 근거로 활동했음. 漢代에는 党項羌으로 불렸고 北周가 宕昌과 鄧玉 등의 주변 부족을 멸망시킨 후부터 비로소 강성해졌음)을 토벌할 것을 상주하자, 황제의 허락을 받아 마침내 장군 이근행(李謹行)이 흑치상지를 대신하도록 파견되었다. 이근행은 군영에 도착한 후 열흘만에 병으로 죽었다. (『조야첨재』)

唐將軍黑齒常之鎭河源軍, 城極嚴峻. 有三口狼入營, 繞官舍, 不知從何而至. 軍士射殺, 黑齒惡之, 移之外. 奏討三曲党項, 奉敕許, 遂差將軍李謹行充替. 謹行到軍, 旬日病卒. (出『朝野僉載』)

143 · 6(1293)
고 종(顧 琮)

당(唐)나라 천관시랑(天官侍郎) 고종이 새로 삼품(三品)의 벼슬에 오르자 그의 사위가 와서 알현했다. 당시 대문이 막 완성되었는데, 고종이 말을 타고 문에 이르자 말이 코로 힝힝 소리를 내며 땅에 주저앉더니 앞으로 나아가지 않았다. 고종이 채찍질하자 말은 펄쩍 뛰어 문으로 들어갔고, 그를 따르던 말들도 그와 같았다. 얼마 후 문이 이유 없이 저절로 쓰러졌다. 고종은 이 일을 불쾌해하더니 결국 병이 들었다. 낭중원외랑(郎中員外郎) 등이 와서 문병하자 고종이 말했다.

"나는 삼품에 오를 자격이 없었지만 여러분들 덕에 이 자리에 올랐소. 나는 스스로 자리에서 일어나지 못할 것을 알고 있소."

고종은 열흘 뒤에 죽었다. (『조야첨재』)

唐天官侍郎顧琮新得三品, 有子壻來謁. 時大門造成, 琮乘馬至門, 鼓鼻踏地不進. 鞭之, 跳躍而入, 從騎亦如之. 有頃, 門無故自倒. 琮不悅, 遂病. 郎中員外已下來問疾, 琮云: "未合入三品, 爲諸公成就至此. 自知不起矣." 旬日而薨. (出『朝野僉載』)

143·7(1294)
노경순(路敬淳)

당(唐)나라 칙천무후(則天武后) 여의년(如意年: 692)에 저작랑(著作郞) 노경순은 제원(濟源)에 장원(莊園)을 가지고 있었다. 장원에는 물방아가 있었는데, 물방아의 기둥은 물에서 5~6척(尺) 떨어져 있었다. 기둥 하나가 망가지려 해서 [다른 기둥으로] 바꾸자 집안 사람들은 망가진 기둥을 땔감으로 사용하려고 했다. 망가진 기둥 안에는 한 척이 넘는 메기 한 마리가 아직 산 채로 들어있었다. 몇 년 후 노경순은 죄에 연루되어 죽었다. (『광고금오행기』)

唐則天如意中, 著作郎路敬淳莊在濟源. 有水碾, 碾上柱去水五六尺. 一柱將壞, 已易之, 家人取充樵. 柱中有一鮎魚尺餘, 尙活. 至數年, 敬淳坐罪被殺. (出『廣古今五行記』)

143 · 8(1295)
장역지(張易之)

당(唐)나라의 장역지가 예전에 큰 전당(殿堂)을 만들었는데 매우 장대하고 아름다웠다. 수백만의 돈을 들여 붉은 염료로 벽을 칠하고, 무늬가 있는 측백나무로 만든 서첩(書帖)을 기둥에 달았으며, 유리와 침향목(沈香木)으로 장식했다. 밤중에 귀신이 그 벽에 이렇게 글씨를 썼다.

"얻을 수 있는 것이 언제쯤일까?"

장역지는 그 글씨를 지우게 했지만 다음날 글씨는 다시 씌어있었다. 전후로 6~7번을 거듭 지우다가 장역지는 그 글씨의 아래에 이렇게 썼다.

"한 달이면 충분하리라."

귀신은 그후로 다시는 글씨를 쓰지 않았다. 반년 후 장역지의 재산과 가속들은 적몰(籍沒: 재산과 가속을 장부에 기록하여 국고로 귀속시키는 일)되어 관에 귀속되었다. (『조야첨재』)

唐張易之初造一大堂, 甚壯麗. 計用數百萬, 紅粉泥壁, 文栢帖柱, 琉璃沉香爲飾. 夜有鬼書其壁曰: "能得幾時?" 易之令削去, 明日復書之. 前後六七削, 易之乃題其下曰: "一月卽令足." 自是不復更書. 經半年, 易之籍沒, 入官. (出『朝野僉載』)

143 · 9(1296)
정촉빈(鄭蜀賓)

당(唐)나라 장수연간(長壽年間: 692~694)에 형양(滎陽)의 정촉빈은 자못 오언시(五言詩)를 잘 지었으나 줄곧 이름이 알려지지 않다가, 나이가 들어서야 비로소 강좌(江左: 江南)에 있는 어느 현의 현위(縣尉)가 되었다. 친구들이 상동문(上東門)에서 송별연을 베풀어주자 정촉빈은 작별의 시를 읊었다.

막막한 여정은 만리나 되고,
살아온 날은 백 년이 다 되었네.
어느 사이에 백발이 되었으니,
어느 곳에서 황천으로 들 것인가?

술이 거나한 후에 스스로 읊조렸는데 목소리와 곡조가 슬펐으므로 자리에 있던 사람들도 그의 시를 듣고 눈물을 흘렸다. 정촉빈은 결국 현위로 있다가 죽었다. (『대당신어』)

唐長壽中, 有滎陽鄭蜀賓頗善五言, 竟不聞達, 年老, 方授江左一尉. 親朋餞別於上東門, 蜀賓賦詩留別曰:"畏途方萬里, 生涯近百年. 不知將白首, 何處入黃泉?"酒酣自詠, 聲調哀感, 滿座爲之流涕. 竟卒於官. (出『大唐新語』)

143 · 10(1297)
유희이(劉希夷)

당(唐)나라 유희이는 일명 유정지(劉庭芝)라고도 하며 여주(汝州) 사람이다. 유희이는 젊어서부터 글재주가 있었으며 궁체시(宮體詩)를 잘 지었으나, 시의 내용이 슬퍼서 당시 사람들에게 크게 인정받지 못했다. 그는 비파를 잘 탔는데 일찍이「백두옹영(白頭翁詠: 劉希夷가 지은 시의 原題目은「代悲白頭翁」임)」을 지어 이렇게 노래했다.

금년에 꽃이 지면 안색이 바뀔 터인데,
내년에 꽃이 피면 또 누가 살아있을까?

유희이는 그후 스스로 후회하며 말했다.
"나의 이 시는 앞 일의 예언이 될 것이니 석숭(石崇)이 [처형장에서 반악(潘岳)의 시구(詩句)를 들어] '백발이 되어 운명을 함께하리라'고 했던 일과 무엇이 다르겠는가?"
이에 다시 한 연(聯)을 지었다.

해마다 피는 꽃은 비슷하지만,
한 해 한 해 사람은 같지 않구나.

유희이는 곧 탄식하여 말했다.
"이 구절도 이전의 예언과 비슷하구나. 그렇지만 사람의 생사는 운명에 달려 있으니, 어찌 이런 말에서 비롯되겠는가?"
이에 두 수의 시를 그대로 보존했다. 유희이는 시를 지은 지 한 해도 되지 않아 간사한 자에게 죽임을 당했다. 어떤 사람은 이렇게 말했다.
"송지문(宋之問)이 그를 해쳤다."
그후 손욱(孫昱)이『정성집(正聲集)』을 엮을 때 수록된 시 가운데 유희이의 시가 가장 뛰어나다고 생각했으며, 유희이는 이 때문에 당시 사람들에게 크게 칭송받았다. (『대당신어』)

唐劉希夷一名庭芝, 汝州人. 少有文華, 好爲宮體詩, 詞旨悲苦, 不爲時人所重. 善彈琵琶, 嘗爲「白頭翁詠」云: "今年花落顔色改, 明年花開復誰在?" 旣而自悔曰: "我此詩讖. 與石崇'白首同所歸'何異也?" 乃更作一聯云: "年年歲歲花相似, 歲歲年年人不同." 旣而歎曰: "此句復似向讖矣. 然死生由命, 豈復由此?" 乃兩存之. 詩成未周歲, 爲奸人所殺. 或云: "宋之問害之." 後孫昱撰『正聲集』, 以希夷詩爲集中之最, 由是大爲時人所稱. (出『大唐新語』)

143 · 11(1298)
최현위(崔玄暐)

당(唐)나라 최현위는 예전에 박릉왕(博陵王)에 봉해지기 전에 익부장사(益府長史)의 신분이었다. 그는 봉지(封地)를 받은 후 관리들에게 수레를 만들게 했는데, 수레가 만들어졌을 때 큰 바람이 불더니 수레덮개가 뒤집혀서 부러져버렸다. 식자들은 이 일을 상서롭지 않다고 여겼다. 얼마 후 동생인 최운(崔暈)이 운양현령(雲陽縣令)으로 있다가 옹주(雍州)의 관청 내에서 부하에게 살해되었고, 최현위의 삼종(三從: 8寸) 이내의 친척들이 멀리 영남(嶺南: 廣東과 廣西 지역)까지 귀양갔으니, 이 역시 나쁜 징조가 먼저 나타난 것이다. (『조야첨재』)

唐崔玄暐初封博陵王, 身爲益府長史. 受封, 令所司造輅初成, 有大風吹其蓋傾折. 識者以爲不祥. 無何, 弟暈爲雲陽令, 部人殺之雍州衙內. 暐三從以上, 長流嶺南, 斯亦咎徵之先見也. (出『朝野僉載』)

143 · 12(1299)
송선위(宋善威)

  당(唐)나라 영주(瀛州) 요양(饒陽) 사람 송선위는 일찍이 현위(縣尉)를 지냈다. 하루는 낮에 가만히 앉아 있다가 갑자기 신을 신고 적삼을 입고 홀을 들더니, 문으로 달려나가 누군가를 영접하고 절하며 맞아들였는데, 다른 사람들에게는 [누가 왔는지] 보이지 않았고 단지 이야기 소리만 들렸다. 송선위는 술과 안주를 준비하게 하여 손님과 함께 즐겁게 마시다가 시를 지었다.

  달은 삼주수(三株樹)로 지고,
  해는 구중천(九重天)을 비추네.
  좋은 날 밤 즐거운 연회를 마치면,
  잠시 경신년(庚申年)까지 이별하리라.

  그후 송선위는 과연 신년(申年)에 이르러 죽었다. (『조야첨재』)

  唐瀛州饒陽人宋善威曾任一縣尉. 嘗晝坐, 忽然取靴衫笏, 走出門迎接, 拜伏引入, 諸人不見, 但聞語聲. 威命酒饌樂飮, 仍作詩曰: "月落三株樹, 日暎九重天. 良夜歡宴罷, 暫別庚申年." 後威果至申年而卒. (出『朝野僉載』)

143 · 13(1300)
이처감(李處鑒)

당(唐)나라 개원(開元) 3년(715)에 곰 한 마리가 대낮에 광부성(廣府城)으로 들어와 도독(都督)의 문앞을 지나가자, 병사들이 10여리를 쫓아가 화살을 쏘아 죽였다. 한 달 남짓 지나 도독 이처감이 죽었다. 그 후 장사(長史) 주사현(朱思賢)이 모반을 일으켰다는 무고를 입어 반년 동안 갇혔다가 풀려나자마자 죽었다. 사마(司馬) 송경빈(宋慶賓)과 장사(長史) 두숭가(竇崇嘉)도 그 뒤를 이어 죽었다. (『조야첨재』)

唐開元三年, 有熊晝日入廣府城內, 經都督門前過. 軍人逐十餘里, 射殺之. 後月餘, 都督李處鑒死. 自後長史朱思賢被告反, 禁身半年, 纔出卽卒. 司馬宋慶賓·長史竇崇嘉相繼而卒. (出『朝野僉載』)

143 · 14(1301)
국선충(麴先沖)

당(唐)나라 개원(開元) 4년(716) 상서성(尙書省) 고공원(考功院) 청사 앞에 서있던 오동나무 한 쌍이 갑자기 말라죽었다. 열흘 뒤 고공원외랑(考功員外郞) 소(邵) 아무개가 죽었다. 곧 국선충이 낭중(郞中)이 되어 소 아무개가 전에 처리하지 못한 일을 맡아보았다. 한 달이 조금 지난 후 서쪽의 나무가 또 말라죽자 상서성에서 이 일을 걱정했는데, 오래지 않아 국선충 역시 죽었다.(『조야첨재』)

 唐開元四年, 尙書考功院廳前一雙桐樹, 忽然枯死. 旬日, 考功員外郞邵某卒. 尋而麴先沖爲郞中, 判邵舊案. 月餘, 西邊樹又枯死, 省中憂之, 未幾而先沖又卒. (出『朝野僉載』)

143 · 15(1302)
여숭수(呂崇粹)

 당(唐)나라 개원연간(開元年間: 713~741)의 간의대부(諫議大夫) 여숭수는 동평(東平) 사람으로, 풍채가 좋고 키가 컸으며 자못 글재주가 있었다. 그의 집은 도성의 영숭방(永崇坊)에 있었다. 여숭수는 어느 날 집에서 갑자기 어린 아이의 정강이 몇 개를 보았는데, 무릎 아래부터 복사뼈 윗부분 사이에 금방 잘린 듯 피가 줄줄 흐르고 있었다. 열흘 후 여숭수는 병이 들어 죽었다.(『광고금오행기』)

 唐開元中, 諫議大夫呂崇粹, 東平人, 美秀魁梧, 薄有詞彩. 宅在京永崇坊. 於家忽見數箇小兒脚脛, 自膝下自踝已上, 流血淋瀝, 如新截來. 旬日, 粹遇疾而卒. (出『廣古今五行記』)

143 · 16(1303)
원건요(源乾曜)

　　당(唐)나라의 원건요(源乾曜)가 재상을 지낼 때 정무(政務)를 보는 책상을 옮겼다. 당시 요원숭(姚元崇)은 휴가중이었는데 휴가기일이 다되어 돌아왔다가 책상이 옮겨진 것을 보고 이를 원망했다. 원건요는 두려워 사죄했는데, 현종(玄宗)이 그 일을 듣고는 원건요를 파직시켰다. 본래 재상은 책상을 옮기는 일을 꺼려했으며, 책상을 옮기는 것은 바로 직무의 변동을 의미했다. 원건요가 파직당한 후 요원숭도 파직당했으니, 이는 그 징험인 것이다. (『조야첨재』)

　　唐源乾曜爲宰相, 移政事牀. 時姚元崇歸休, 及假滿來, 見牀移, 忿之. 曜懼下拜, 玄宗聞之, 而停曜. 宰相諱移牀, 移則改動. 曜停後, 元崇罷, 此其應也. (出『朝野僉載』)

143 · 17(1304)
무　민(毋　旻)

　　당(唐)나라 우보궐(右補闕: 皇帝에게 諫言하던 관직으로 唐代에는 左補闕과 右補闕로 나누어 설치했음) 무민은 박학하고 저술의 재주가 있었다. 무민은 표문(表文)을 올려 옛 역사를 수찬(修撰)할 것을 청하면서 먼저 목록을 만들어 바쳤다. 현종(玄宗)이 그 일을 칭찬하고 비단 백 필을 하사했다. 무민은 본래 차를 마시지 않았으면서도 「대음다서(代飮茶序)」를 지었는데, 그 대략은 다음과 같다.

"막힌 것을 풀어주므로 하루에 얻는 이로움은 잠시 누릴 수 있지만, 여윈 기운이 정수로 침입하므로 평생 쌓이는 해로움은 매우 크다. 이로움을 얻으면 그 공을 차의 덕으로 돌리지만, 해로움을 얻으면 차의 재앙이라고는 하지 않으니, 이것이 어찌 가까운 복은 쉽게 알지만 먼 재앙은 살피기 어려운 것이 아니겠는가?"

무민은 그 후 집현전(集賢殿)에서 숙직하다가 아무런 이유도 없이 열병으로 갑자기 죽었다.

처음에 무민은 일찍이 의관을 갖추고 북망산(北邙山)에 올라 친구들의 배웅을 받는 꿈을 꾸었는데, 산의 정상에 올라 뒤돌아보니 아무도 보이지 않았다. 무민은 꿈을 깬 후 속으로 이 일을 매우 언짢아했다. 무민이 죽자 동료와 친구들이 그를 북망산에 묻었으니, 과연 이전의 꿈과 같았다. 현종이 이 일을 듣고 그를 애도하여 조산대부(朝散大夫)에 추증했다. (『대당신어』)

唐右補闕毋煚, 博學有著述才. 上表請修古史, 先撰目錄以進. 玄宗稱善, 賜絹一百疋. 性不飮茶, 著「代飮茶序」, 其略曰: "釋滯消壅, 一日之利暫佳, 瘠氣侵精, 終身之累斯大. 獲益則歸功茶力, 貽患則不謂茶災, 豈非福近易知, 禍遠難見云?" 後直集賢, 無何以熱疾暴終.

初嘗夢著衣冠上北邙山, 親友相送, 及至山頂, 廻顧不見一人. 意甚惡之. 及卒, 僚友送葬北邙, 果如初夢. 玄宗聞而悼之, 贈朝散大夫. (出『大唐新語』)

143 · 18(1305)
양신긍(楊愼矜)

당(唐)나라의 양신긍은 수(隋)나라 황실의 후손이다. 그의 아버지 양숭례(楊崇禮)는 태부경(太府卿)을 지냈으며 소릉원(少陵原)에 묻혔는데, 무덤 근처의 초목이 모두 피를 흘렸다. 무덤을 지키던 자가 이 일을 알리자 양신긍은 크게 두려워하여 사경충(史敬忠)에게 물었다. 사경충은 술법을 익혔으므로 양신긍에게 푸닥거리를 하면 재앙을 면할 수 있다고 말했다. 사경충은 이에 양신긍의 후원(後園)에 크게 법회(法會)를 열었으며, 양신긍은 조정의 일을 마치면 옷을 벗고 족쇄와 수갑을 찬 채 가시덤불 위에 앉았다. 이렇게 수십 일을 보내자 초목에 흐르던 피도 그쳤다. 사경충이 말했다.

"재앙을 면할 수 있을 것입니다."

양신긍은 이 일을 부끄러워했다. 양신긍은 시녀인 명주(明珠)를 사경충에게 보내주었는데, 명주는 매우 아름다웠다. 사경충이 팔이(八姨: 楊貴妃의 누이동생. 楊貴妃의 자매는 모두 재주와 미모를 가지고 있었는데, 玄宗은 맏이인 大姨를 韓國夫人에, 三姨를 虢國夫人에, 八姨를 秦國夫人에 각각 봉했으며, 이들은 황제의 총애를 받고 궁전에 자유롭게 드나드는 등 위세가 대단했음)의 문앞을 지날 때 팔이는 마침 누대에 올라 큰길을 내려다보고 있었다. 팔이는 사경충과 면식이 있었는데, 사람을 시켜 사경충에게 물었다.

"어떻게 수레를 거느리고 다니는가?"

사경충이 아직 대답하지 않았는데, 팔이는 사람을 시켜 수레의 발을 들추고 살펴보게 했다. 팔이는 [수레 안에 명주가 있는 것을 보고] 이에 사경충을 굳이 머물게 하더니, 그를 누대로 청하여 앉히고 말했다.

"뒤딸린 수레의 미인을 나에게 주기 바라오."

팔이는 곧 사경충의 수레를 몰고 안으로 들어오게 했고, 사경충은 감히 거절하지 못했다.

팔이는 다음날 궁궐로 들어가면서 명주를 시녀로 따르게 했다. 현종이 명주를 보고 그 미색에 반해 어디서 얻었느냐고 물었다. 명주가 대답했다.

"저는 양신긍 집안의 시녀였는데, 근자에 사경충에게 보내졌습니다."

현종이 물었다.

"사경충이 어떤 사람이기에 양신긍이 자신의 시녀를 보냈는가?"

명주는 이에 푸닥거리를 했던 일을 자세히 아뢰었다. 현종황제는 크게 노하여 이림보(李林甫)에게 이 일을 말했다. 이림보는 평소 양신긍의 재주라면 반드시 재상의 자리에 오를 것이라고 여겨 시기했고, 길온(吉溫)이 음해하여 양신긍에게 감정을 가지고 있었는데, 마침내 [그를 해치려는] 목적을 달성하자 길온에게 보내 그의 죄를 다스리게 했다. 길온은 여주에서 사경충을 찾아, 양신긍이 스스로 멸망한 수나라의 후예로서 몰래 대역을 도모하여 장차 조상의 기업(基業)을 회복하겠노라고 했다고 무고하게 했다. 이에 양신긍은 자결하라는 어명을 받았고, 그의 일족도 모두 온전하지 못했다. (『명황잡록』)

唐楊愼矜, 隋室之後. 其父崇禮, 太府卿, 葬少陵原, 封域之內, 草木皆流血. 守者以告, 愼矜大懼, 問史敬忠. 忠有術, 謂愼矜, 可以禳之免禍. 乃於愼矜後園大陳法事, 罷朝歸, 則裸袒桎梏, 坐於叢棘. 如是者數旬, 而流血亦止. 敬忠曰: "可以免禍." 愼矜媿之. 遣侍婢明珠, 明珠有美色. 路由八姨門(貴妃妹也), 姨方登樓, 臨大道. 姨與敬忠相識, 使人謂曰: "何得從車乎?" 敬忠未答, 使人去簾觀之. 姨於是固留, 邀敬忠坐樓, 乃曰: "後車美人, 請以見遺." 因駕其車以入, 敬忠不敢拒.

　姨明日入宮, 以侍婢從. 帝見而異之, 問其所來. 明珠曰: "楊愼矜家人也, 近贈史敬忠." 帝曰: "敬忠何人, 而愼矜輒遺其婢?" 明珠乃具言厭勝之事. 上大怒, 以告林甫. 林甫素忌愼矜才, 必爲相, 以吉溫陰害, 有憾於愼矜, 遂構成其事, 下溫案之. 溫求得敬忠於汝州, 誣愼矜以自謂亡隋遺裔, 潛謀大逆, 將復宗祖之業. 於是賜自盡, 皆不全其族. (出『明皇雜錄』)

143·19(1306)
왕 표(王 儦)

　당(唐)나라의 태자복(太子僕: 太子의 車駕를 관장했던 官職) 겸 통사사인(通事舍人: 命令을 안팎에 전하는 일을 관장했던 官職) 왕표는 숙종(肅宗)이 장안(長安)을 회복한 후 벼슬이 강등되었으며, 다른 사람에게 고발을 당해 어사대(御史臺)에 수감되었다. 왕표가 수감되기 이전 해의 9월에 왕표는 애첩과 함께 밤에 대청 아래에 앉아 있었는데, 물동이 만한 크기의 유성이 밝은 빛을 내면서 우물 안으로 떨어지더니 우물 안에서도 오랫동안 반짝거렸다. 왕표가 하인을 시켜 찾게 했지만 찾지 못하자, 그는 두려워하며 집을 떠나 파주(播州)로 옮겼다. 왕표는 나중에 뜻하지 않게 봉주(鳳州)로 갔다가 등창이 터져 죽었다. (『기문』)

　唐太子僕通事舍人王儦, 肅宗克復後降官. 爲人所告, 繫御史臺. 儦未繫之前年九月, 儵與嬖姬夜坐堂下, 有流星大如盎, 光明照耀, 墜於井中, 在井久猶光明. 使人求之, 無所得, 儵懼出宅, 竟徙播州. 儵殊不意, 行至鳳州, 疽背裂死 (出『紀聞』)

143·20(1307)
최 서(崔 曙)

당(唐)나라의 최서는 진사(進士)에 급제한 후「명당화주시(明堂火珠詩)」를 지어 바쳤다.

> 한밤에 보름달이 나란히 떠 있더니,
> 새벽이 되자 별 하나만 외롭게 남았네.

사람들은 당시 이 시를 경구(警句)로 여겼다. 다음 해에 최서가 죽고 이름이 성성(星星)인 딸 하나만 남겼는데, 사람들은 비로소 그 시가 최서 자신의 예언이었음을 깨달았다. (『본사시』)

唐崔曙擧進士, 作「明堂火珠詩」贖帖, 曰: "夜來雙月滿, 曙後一星孤." 當時以爲警句. 及來年曙卒, 唯一女名星星, 人始悟其自讖也. (出『本事詩』)

143·21(1308)
원 재(元 載)

당(唐)나라의 원재가 재상(宰相)을 지내고 있을 때 한낮에 어떤 서생

(書生)이 그를 찾아왔다. 서생은 그를 만난 후 절을 올리며 말했다.

"공께서 의로움을 숭상하시고 선비를 좋아하신다는 말을 들었습니다."

서생은 갑자기 시 한 수를 지어 자신의 뜻을 담았는데, 그 시는 다음과 같았다.

성 남쪽의 긴 길에는 묵을 곳이 없고,
억새꽃은 버들개지처럼 어지럽게 피어있네.
바다제비가 진흙을 물고 둥지를 지으려해도,
텅빈 집에는 사람이 없어 날아가 버리네.

원재가 그 뜻을 깨닫지 못했는데, 서생은 문을 나서자 곧 사라져버렸다. 그 후 한 해가 조금 지나서 원재는 형벌을 입었고 가문은 무너졌다. (『통유록』)

唐元載爲相時, 正晝有書生詣焉. 旣見, 拜語曰: "聞公高義好士." 輒獻詩一篇, 以寄其意, 詞曰: "城南路長無宿處, 荻花紛紛如柳絮. 海鷰銜泥欲作窠, 空屋無人却飛去." 載亦不曉其意, 旣出門而沒. 後歲餘, 載被法家破矣. (出『通幽錄』)

143·22(1309)
팽 언(彭 偃)

당(唐)나라 대력연간(大曆年間: 766~779)에 팽언은 아직 벼슬을 하지 못했는데, 하루는 어떤 사람이 그에게 말했다.

"당신은 구슬[珠]을 얻어 귀해졌다가 나중에 오히려 화를 당할 것이오"
팽언은 곧 관리가 되었다가 죄를 지어 예주사마(澧州司馬)로 폄적되었다. 팽언이 예주(澧州)에 이르렀는데 강물 속에 조개가 많았다. 팽언은 기뻐하며 구슬[珠]을 얻게 되었다고 생각하고, 즉시 사람들에게 명하여 조개를 잡게 했는데, 조개를 아주 많이 잡았지만 끝내 아무런 효험이 없었다. 그 후 주자(朱泚)가 반란을 일으키고 팽언을 불러 위중서사인(僞中書舍人)으로 삼았다. 팽언은 비로소 구슬[珠]을 얻는다는 말이 바로 주자의 '주(朱)'를 가리킨다는 사실을 깨달았다. 팽언은 그 후 주살되었다. (『선실지』)

唐大曆中, 彭偃未仕時, 嘗有人謂曰: "君當得珠而貴, 後且有禍." 尋爲官得罪, 謫爲澧州司馬. 旣至, 以江中多('多'原作'名', 據明鈔本改)蚌. 偃喜, 以爲珠可取, 卽命人採之, 獲蚌甚多, 而卒無有應. 及朱泚反, 召偃爲僞中書舍人. 偃方悟得珠乃朱泚也. 後誅死. (出『宣室志』)

143 · 23(1310)
유 면(劉 沔)

당(唐)나라 정원연간(貞元年間: 785~805)에 회서(淮西)에 전란이 있었다. 당시 유면은 하급 장수였는데, 매번 적을 사로잡거나 적의 복병을 수색할 때마다 유면은 반드시 그 무리 안에 있었으며, 전후로 중상을 입어 죽을 뻔한 적이 네다섯 번이나 되었다. 그 후 달빛이 어둡고 바람이 거세게 부는 날 다시 적을 사로잡으라는 명령을 받았는데, 유면은 격분하여 적진에 깊이 들어갔으므로 속으로 결국 죽게 될 처지에 놓였다고 생각했다. 유면은 10여 리를 가다가 앉아서 잠이 들었는데, 갑자기 어떤 사람이 그를 깨우더니 그에게 두 자루의 촛불을 주며 말했다.

"당신은 이제 크게 귀하게 될 것이니, 단지 마음속으로 이 촛불만 생각한다면 아무런 근심도 없을 것입니다."

유면은 그 후 장수에 임명되었으며 언제나 촛불의 그림자를 두 깃발 위에서 보았다. 그 후 다시는 촛불이 보이지 않았는데, 병이 들어 수레에 실려 도성으로 돌아오던 길에 죽었다. (『유양잡조』)

唐貞元中, 淮西用兵. 時劉沔爲小將, 每捉生蹋伏, 沔必在數, 前後重創, 將死數四. 後因月黑風甚, 又令捉生, 沔憤激深入, 意必死. 行十餘里, 因坐將睡, 忽有人覺之, 授以雙燭, 曰: "君方大貴, 但心存此燭在, 卽無憂也." 沔後拜將, 常見燭影在雙旌上. 後不復見燭, 乃輿疾歸京卒. (出『酉陽雜俎』)

143·24(1311)
한 황(韓 滉)

당(唐)나라의 승상(丞相) 한황이 금릉(金陵)에 있다가 조정으로 들어갔다. 한 해가 조금 지난 후 양자강(揚子江)에 거북이와 자라가 가득 떠내려갔는데, 이들은 모두 머리가 없었다. 이 때에 한황은 도성에서 죽었으며, 그 까닭을 아는 사람이 없었다. (『융막한담』)

唐丞相韓滉自金陵入朝. 歲餘後, 於揚子江中, 有龜鼈滿江浮下, 而悉無頭. 當此時, 滉在城中薨, 人莫知其故. (『戎幕閒談』)

143・25(1312)
엄 진(嚴 震)

 당(唐)나라의 사공(司空) 엄진은 재주(梓州) 염정현(鹽亭縣) 사람이다. 그의 집은 부대산(釜戴山) 근처에 있었는데, 사슴이 울면 즉시 엄씨(嚴氏) 가운데 한 사람이 반드시 죽었다. 하루는 엄진이 외사촌형과 마주 앉아 있었는데, 사슴이 우는 소리가 들리자 외사촌형이 말했다.
 "부대산에서 사슴이 또 우는구나."
 엄진이 말했다.
 "이번에는 아마도 외사촌형께 징험이 있을 것 같습니다."
 엄진의 외사촌형이 즉시 대답했다.
 "외사촌형은 엄씨 가문의 자제가 아니니, 마땅히 셋째형이나 넷째형에 해당할 것이다."
 하루도 지나지 않아 과연 엄씨의 자제 가운데 한 사람이 죽었으니, 이 얼마나 기이한 일인가! (『북몽쇄언』)

 唐司空嚴震, 梓州鹽亭縣人. 所居枕釜戴山, 但有鹿鳴, 卽嚴氏一人必殞. 或一日, 有親表對坐, 聞鹿鳴, 其表曰: "釜戴山中鹿又鳴." 嚴曰: "此祭多應到表兄." 其表兄遽對曰: "表兄不是嚴家子, 合是三兄與四兄." 不日, 嚴氏子一人果亡, 是何異也! (出『北夢瑣言』)

143 · 26(1313)
이덕유(李德裕)

당(唐)나라 위국공(衛國公) 이덕유가 처음에 태원종사(太原從事)로 있을 때, 문수현(文水縣)에서 올라온 공문서에 다음과 같이 기록되어 있는 것을 보았다.

"문수현에 있는 무사확(武士彠)의 무덤 앞에 비석이 있는데, 원화년(元和年: 820)에 갑자기 비석의 귀두(龜頭)가 사라졌고, 비석에 있던 11곳의 '무(武)'자가 모두 깎여나갔다."

그 비석은 화악(華嶽: 華山)에 세운 비석보다 크고 높아서 사람의 힘으로는 올라가서 없앨 수 없었다. 반년이 지나 무승상(武丞相: 武士彠)은 해를 당했다. (『융막한담』)

唐衛公李德裕初爲太原從事, 覩公牘中文水縣解牒稱: "武士彠文水縣墓前有碑, 元和中, 忽失龜頭所在, 碑上有'武'字十一處, 皆鐫去之." 其碑大高於華嶽者, 非人力攀削所及. 不經半年, 武相遇害. (出『戎幕閒談』)

143 · 27(1314)
이사도(李師道)

당(唐)나라의 이사도가 청주(靑州)와 제주(齊州)를 근거로 반란을 일으키자 장무제(章武帝: 憲宗)가 이를 토벌했으나, 여러 해 동안 황제의 군대는 그를 이기지 못했고 이사도는 더욱 교만해졌다. 일찍이 하루는 이사도가 대청에 앉아 있었는데, 걸상 앞에 있던 은 솥들이 갑자기 서로 부딪히더니 그중 한 솥의 귀와 발이 모두 떨어져나갔다. 한 달이 조금 지나 유오(劉悟)가 칼을 들고 이사도를 베었으며, 청주와 제주는 마침내 평정되었다. 이는 아마도 은 솥이 서로 부딪혔던 징험일 것이다. (『선실지』)

唐李師道旣以靑・齊叛, 章武帝將討之, 凡數年而王師不勝, 師道益驕. 嘗一日坐於堂, 其榻前有銀鼎, 忽相鼓, 其一鼎耳足盡墜. 後月餘, 劉悟手刃師道, 靑・齊遂平. 蓋銀鼎相鼓之兆也. (出『宣室志』)

143・28(1315)
위 온(韋 溫)

당(唐)나라의 위온이 선주(宣州)를 다스릴 때 머리에 부스럼을 앓다가 후사를 사위에게 부탁하며 말했다.

"내 나이 29세에 교서랑(校書郞)을 지낼 때, 꿈에 산수(潸水)를 건너다가 물 가운데서 두 명의 관리를 만났는데, 그들은 공문서를 들고 나를 불렀다. 그중 한 관리가 '당신의 무덤은 대단히 커서 만 일이 걸려야 완성되니 아직은 때가 되지 않았소'라고 말했는데, 지금 정확히 만 일이 되었으니 내가 어찌 죽음을 면할 수 있겠느냐!"

위온은 며칠 뒤에 죽었다. (『유양잡조』)

唐韋溫爲宣州, 病瘡於首, 因託後事於女壻, 且曰: "予年二十九, 爲校書郎, 夢渡溠水, 中流見二吏, 齋牒相召. 一吏言: '彼塡至大, 功須萬日, 今未也.' 今正萬日, 予豈免乎!" 累日而卒. (出『酉陽雜俎』)

태평광기 권제144 징응 10

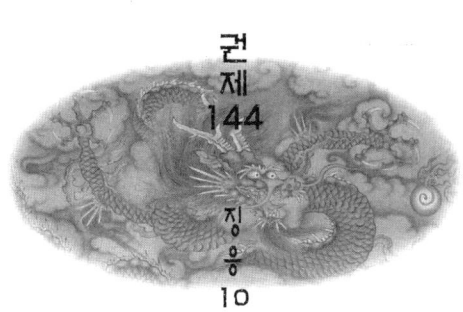

(人臣咎徵)

1. 여 군(呂 群)
2. 주 극융(朱 克融)
3. 왕 애(王 涯)
4. 온 조(溫 造)
5. 이 종민(李 宗閔)
6. 유 공제(柳 公濟)
7. 왕 애(王 涯)
8. 왕 잠(王 潛)
9. 한 약(韓 約)
10. 왕 씨(王 氏)
11. 왕 철(王 哲)
12. 두 목(杜 牧)
13. 노 헌경(盧 獻卿)
14. 노 병(盧 騈)
15. 봉 망경(封 望卿)
16. 최 언증(崔彦曾)
17. 최 옹(崔 雍)
18. 방 종(龐 從)

144 · 1(1316)
여 군(呂 群)

당(唐)나라의 진사(進士) 여군은 원화(元和) 11년(817) 과거에 낙방하고 촉(蜀)지방을 유람했다. 그는 성격이 과격하고 편협하여 포용력이 없었기에 비복들은 이를 갈며 원망스러워 하지 않은 적이 없었다. 포사도(褒斜道)를 지나 길을 반도 가지 않았을 때, 비복들이 대부분 도망가버려 오로지 하인 하나만이 남게 되자 여군은 처량한 생각이 들었다. 길을 가다 한 산봉우리에 이르자 말을 멈추고 말에서 내려 지팡이를 짚고 길을 찾아 몇 리를 갔는지 모른다. 삼나무과 소나무가 아주 무성한 곳에 개울에 다리가 놓여 있는 것이 보였다. 그리고 한 초당이 있었는데, 그곳은 매우 깊고 고요하여 마치 도사가 사는 곳 같았으나 사람은 보이지 않았다. 다시 뒤쪽에 있는 서재에 들어갔더니 길이는 사람 키만 하고 깊이는 수 척 되는 갓 파놓은 흙구덩이가 있는데, 그 가운데 긴 칼 한 자루가 꽂혀 있고 그 옆으로 칼 두 자루가 놓여 있었다. 또 흙구덩이 옆벽에 큰 글씨로 이렇게 씌어있었다.

'두 입[口]에 한 입[口]을 더하면 곧 짐승[獸]이 된다.'

여군은 그곳을 술사가 주술로 사람을 조정하는 곳이라고 여기고 이상하게 생각하지 않았다. 그러나 1~2리를 더 가서 나무꾼에게 아까 본 곳이 누가 사는 곳인지를 묻자 나무꾼이 말했다.

"이 근처에는 그런 곳이 없습니다."

그리하여 되돌아가서 그곳을 몰래 살펴보았으나, 그 집은 보이지 않았다.

후에 여군은 사람들이 모여있는 곳에 갈 적마다 반드시 그 일을 알아보았는데, 혹자는 이렇게 해석했다.

"두 입[口]은 그대의 성(姓)이며, 입을 하나 더하면 '품(品)'자가 됩니다. 칼 세 자루[三刀]는 '주(州)'자 이니 이 역시 상징으로, 그대는 훗날 관직이 봉록 2천석 지위인 자사(刺史)에까지 오를 것입니다."

여군은 마음속으로 자신이 그렇게 되리라고 여겼다. 여군은 검남(劍南)의 경계에 이르렀을 때 주(州)와 군(郡)에서 얻은 돈이 모두 십만 전(錢)에 달해, 성도(成都)에서 노복·말·의복 등 필요한 물건을 사서 행장이 다시 넉넉해졌다. 성도 사람 중에 이름이 남수(南豎)라는 노복은 교활하고 난폭하여 오랫동안 팔리지 않고 있었는데, 여군은 2만 전에 남수를 샀다. 그 후 여군이 남수를 채찍질하고 욕을 해도 그는 명을 듣지 않았으며, 결국 노비와 함께 여군을 죽일 마음까지 품게되었으나 기회만 엿보고 있을 뿐 아직 실행하지 않고 있었다. 여군이 한주(漢州)에 이르자, 그곳의 현령이 여군을 위해 주연을 베풀었는데, 그 때 여군은 새로 지은 무척이나 화려하고 깨끗한 초록빛 능라 갖옷을 입고 있었다. 현령이 막 초에 불을 붙여 누대(樓臺)에 올라가려 하는 순간, 촛농 몇 방울이 떨어져 여군의 갖옷이 더럽혀졌다. 그러자 현령이 농담으로 이렇게 말했다.

"제가 그대의 이 갖옷을 가져다 입겠소."

그러자 여군이 말했다.

"가져다 입으면 도적질이 되지요."

여군은 다시 미주(眉州)로 가서 10여 일을 유숙했으며, 동짓날 저녁에는 미주 서쪽의 정견사(正見寺)에 머물렀는데, 그 하인들이 또 여군을 해치려고 했다. 그러나 마침 우연히도 그 절의 스님 한 분이 노환으로 임종을 앞두고 있어서 시종들이 촛불을 계속 켜두었기에 그 계획은 실행되지 못했다. 여군은 이날 밤 갑자기 기분이 좋지 않아서 동쪽 벽에 시 두 수(首)를 썼다. 그 첫 수는 이러하다.

    길을 떠나 삼촉(三蜀: 西漢때 蜀을 犍爲郡 · 蜀郡 · 廣漢郡으로 나누
었음)을 다 가보고 나면,
    이 몸은 양생(陽生: 南曁)을 만나게 되리라.
    사그라지는 등잔불에 의지해
    서로 기대어 날이 밝을 때까지 앉아있노라.

둘째 수는 이러하다.

    지신제(地神祭: 土地神의 祭祀로 春分과 秋分에 지냄) 후에는 둥지
안의 제비와 이별하고,
    서리가 내리기 전에는 들쑥과 이별하리니.
    원컨데 꿈에 나비가 되어,
    날아가 관중(關中: 秦岭 以南의 漢中 · 巴蜀 一帶)을 둘러보고 싶어
라.

여군은 시를 다 쓰고 난 뒤 한참동안 읊조리면서 몇 줄기 눈물을 떨구었다.

여군은 다음날인 동지(冬至)에 팽산현(彭山縣)에 도착했는데, 현령이 여군을 방문했을 때 여군은 무기력한 모습으로 현령에게 이렇게 말했다.

"저는 아마도 죽으려나 봅니다. 어지러운 심사를 견딜 수 없고 쓸쓸

하기 그지 없습니다."

현령이 말했다.

"내가 듣기로 그대는 자사(刺史) 3품 벼슬에 제수되리라는 말이 있던데, 마음을 느긋하게 가져도 될 것이오."

그리고는 현령이 즉시 여군을 위해 술을 마련하자, 여군은 매우 기뻐했다. 3경(更)이 되어 여군은 만취하여 업혀서 객사로 돌아왔는데, 흉계를 꾸민 노비들이 이미 여군의 침상 아래쪽에 여군만큼 커다란 수 척 깊이의 구덩이를 파놓고 있었다. 여군이 도착하자 그들은 즉시 그를 들쳐업고 구덩이 속에 밀어 넣고는 그 머리를 베고 여군이 갖고 다니던 칼을 그의 심장에 박았으며, 흙으로 잘 덮고 나서 각기 모든 옷가지와 짐을 싣고 말에 안장을 얹은 뒤 떠나갔다.

한 달여 후에 노비 일당은 성도(成都)에 이르러 옷과 물건을 다 팔았다. 그리고 그 중 한 사람은 초록색 갖옷을 나눠 받고 길을 떠나 장차 북쪽으로 돌아가려다가, 한주에 이르러 길거리에서 그 옷을 팔고 있었다. 그런데 마침 우연히 현령이 출타했다가 그를 보게 되었는데, 촛농이 떨어져 더럽혀진 옷을 알아보고 그를 사로잡아 심문하자 그는 즉시 모든 죄를 인정했다. 당시 서촉(西蜀)을 수비하고 있던 승상(丞相) 이이간(李夷簡)이 그 도적 일당들을 모두 사로잡았다. 그리고 여군의 시체가 묻힌 곳을 파 보았더니, 일전에 포중현(褒中縣)에서 본 것과 똑같은 모습이었다. (『하동기』)

唐進士呂群, 元和十一年下第游蜀. 性麤褊不容物, 僕使者未嘗不切齒恨之. 時過褒斜未半, 所使多逃去, 唯有一廝養, 群意悽悽. 行次一山嶺, 復歇鞍放馬,策杖尋逕, 不覺數里. 見杉松甚茂, 臨溪架水. 有一草堂, 境頗幽邃, 似道士所居, 但不見人. 復入後齋, 有新穿土坑, 長可容身, 其深數尺, 中植一長刀, 旁置二刀. 又於坑傍壁上, 大書云: '兩口加一口, 卽成獸矣.' 群意謂術士厭勝之所, 亦不爲異. 卽去一二里, 問樵人, 向之所見者, 誰氏所處, 樵人曰: "近並無此處." 因復窺之, 則不見矣.

後所到衆會之所, 必先訪其事, 或解曰: "兩口君之也, 加一口'品'字也. 三刀'州'字, 亦象也, 君後位至刺史二千石矣." 群心然之. 行至劍南界, 計州郡所獲百千, 遂於成都買奴馬服用, 行李復泰矣. 成都人有曰南贄者, 凶猾無狀, 貨久不售, 群則以二十緡易之. 旣而鞭撻毀罵, 奴不堪命, 遂與其儕保潛有戕殺之心, 而伺便未發耳. 群至漢州, 縣令爲群致酒宴, 時群新製一綠綾裘, 甚華潔. 縣令方燃蠟炬, 將上於臺, 蠟淚數滴, 汚群裘上. 縣令戲曰: "僕且拉君此裘." 群曰: "拉則爲盜矣."

復至眉州, 留十餘日, 冬至之夕, 逗宿眉西之正見寺, 其下且欲害之. 適遇院僧有老病將終, 侍燭不絶, 其計不行. 群此夜忽不樂, 乃於東壁題詩二篇. 其一曰: "路行三蜀盡, 身及一陽生. 賴有殘燈火, 相依坐到明." 其二曰: "社後辭巢燕, 霜前別蒂蓬. 願爲蝴蝶夢, 飛去覓關中." 題訖, 吟諷久之, 數行淚下.

明日冬至, 抵彭山縣, 縣令訪群, 群形貌索然, 謂縣令曰: "某殆將死乎. 意緖不堪, 寥落之甚." 縣令曰: "聞君有刺史三品之說, 足得自寬也." 縣令卽爲置酒, 極歡. 至三更, 群大醉, 昇歸館中, 兇奴等已於群所寢牀下, 穿一坑, 如群之大, 深數尺. 群至, 則昇置坑中, 斷其首, 又以群所攜劍, 當心釘之, 覆以土訖, 各乘服所有衣裝鞍馬而去.

後月餘日, 奴黨至成都, 貨鬻衣物略盡. 有一人分得綠裘, 徑將北歸, 却至漢州街中鬻之. 適遇縣令偶出見之, 識其燭淚所汚, 擒而問焉, 卽皆承伏. 時丞相李夷簡鎭西蜀, 盡捕得其賊. 乃發群死處, 於褒中所見, 如影響焉. (出『河東記』)

144・2(1317)
주극융(朱克融)

당(唐)나라 보력(寶曆) 2년(826) 봄에 범양절도사(范陽節度使) 주극융은 사슴 사냥을 했다. 그는 잡은 사슴의 쓸개에서 검고 탄환처럼 생긴 구슬을 얻었는데, 그 구슬은 처음에는 물렁물렁했으나 나중에 딱딱하게 굳더니 보석처럼 빛났다. 혹자가 마안석(麻安石)에게 이 일에 대해 물었다.

"이는 무슨 상서로운 징조입니까?"

마안석이 말했다.

"이런 일은 자고 이래로 없었던 일입니다. 제가 한번 헤아려 보겠습니다. 사슴의 쓸개에서 나온 구슬을 주극융은 상서로운 징조로 여기고 있지만, 사슴 '록(鹿)'자는 봉록 '록(祿)'자와 음이 같으니 사슴이 죽은 것은 봉록이 다한 것이며, 구슬이 처음에는 물렁물렁했으나 나중에 딱딱하게 굳었으니 이는 구슬이 변(變)한 것입니다. 봉록이 다하고 구슬이 변했으므로 반드시 변란과 반역의 일이 있을 것이니, 이는 쇠망의 징조입니다."

구슬이 나온 이후로 [좋은 징조라고 여긴] 주극융은 무슨 말이건 가벼이 발설했다. 그 해 5월에 과연 그의 군영에서 반란이 일어나 전 가족이 몰살당했다. (『상험집』)

唐寶曆二年春, 范陽節度使朱克融獵鹿. 鹿膽中得珠, 如彈丸, 黑色, 初軟後硬, 如石光明. 或問麻安石曰: "是何祥也?" 安石曰: "此事自古未有. 請以意推之. 鹿膽得珠, 克融以爲己瑞, '鹿'者'祿'也, 鹿死是祿盡也, 珠初軟後硬, 是珠變也. 祿盡珠變, 必有變易之事, 衰亡之兆也." 自此克融言辭輕發. 是年五月, 果帳下軍亂, 而全家被殺. (出『祥驗集』)

144 · 3(1318)
왕 애(王 涯)

  당(唐)나라 승상(丞相) 왕애는 대화(大和) 9년(835)에 국가의 세금을 관장했으며, 또 염철(鹽鐵)의 업무를 담당하고 있었다. 그의 아들 왕중상(王仲翔)이 하루는 산에 있는 정자에서 더위를 피하고 있었는데, 갑자기 머리가 잘린 집안의 동복 수십 명이 몸에 피를 뒤집어쓰고 왕중상 앞으로 다가오는 것이 보이다가, 한 식경이 지나자 비로소 사라졌다. 왕중상은 너무도 놀라고 기이하여 즉시 아버지 왕애에게 자세히 아뢰고 관직에서 물러나기를 청했으나 왕애는 그 말을 듣지 않았다. 그 해 겨울 11월에 과연 정주(鄭注)의 화[李訓과 鄭注 등이 宦官 仇士良·魚志弘 등을 제거하려고 그들이 甘露를 보러 나오게 유인하여 주살하려다 실패하여 오히려 상당수의 조정 대신들이 宦官에게 살해당한 사건으로 甘露之變이라고도 함. 당시 王涯는 丞相에 있었으며 仇士良 등에 의해 살해됨]가 있었다. (『선실지』)

  唐丞相王涯, 大和九年掌邦賦, 又主簿鹽鐵. 其子仲翔嘗一日避暑於山亭, 忽見家僮數十皆無首, 被血來仲翔前, 僅食頃, 方不見. 仲翔驚異且甚, 卽具白之,願解去權位, 涯不聽. 是歲冬十一月, 果有鄭注之禍. (出『宣室志』)

144・4(1319)
온 조(溫 造)

  신창리(新昌里)에 있는 상서(尙書) 온조의 저택은 일찍이 상도무(桑道茂)가 살았던 곳이었다. 그 집 뜰에는 커다란 측백나무 두 그루가 있었는데, 상생(桑生: 桑道茂)이 이렇게 말했다.
  "무릇 사람이 사는 집에 고목이 우거진 것이 있으면 마땅히 모두 베어내야 한다. 나무가 무성하면 토덕(土德)이 쇠하게 되는데, 집안 사람들 중에 병자가 있는 이유는 바로 토덕이 쇠한 때문이다."
  그리하여 쇠 수십 균(鈞: 30斤에 해당하는 무게)으로 측백나무 밑을 메우면서 사람들에게 말했다.
  "나중에 이 집에 사는 사람 중에 내가 메워놓은 땅을 파헤치는 사람이 있으면, 그 집 가장이 반드시 죽게 될 것이다."
  당(唐)나라 대화(大和) 9년(835)에 온조가 그 저택에서 살게 되었다. 당(堂)을 지으려고 땅을 파다가 상생이 메워놓은 쇠가 나왔는데, 며칠 후에 과연 온조는 죽었다. (『선실지』)

  新昌里尙書溫造宅, 桑道茂嘗居之. 庭有二栢樹甚高, 桑生曰: "夫人之所居, 古木蕃茂者, 皆宜去之. 且木盛則土衰, 由是居人有病者, 乃土衰之致也." 於是以鐵數十鈞, 鎭于栢樹下, 旣而告人曰: "後有居, 發吾所鎭之地者, 其家長當死"

唐大和九年, 溫造居其宅. 因修建堂宇, 遂發地, 得桑生所鎭之鐵. 後數日, 造果卒. (出『宣室志』)

144 · 5(1320)
이종민(李宗閔)

　당(唐)나라 승상(丞相) 이종민은 대화(大和) 7년(833) 여름에 도성에서 나와 한중(漢中)에 주둔했다가, 그 이듬해 겨울에는 다시 도성으로 들어가 승상을 맡게 되었다. 그 다음해 여름에 이종민이 하루는 퇴조하여 정안리(靖安里)의 저택에 있었는데, 그의 평상 앞에 있던 인두가 갑자기 튀어 올랐다가 내던져지기를 한참 동안 반복했기에 이종민은 기이하고 께름직하게 생각했다. 그 당시는 이훈(李訓)과 정주(鄭注)가 간사한 꾀로 황제의 총애를 얻고 있었기에 이종민이 여러 차례 황제께 그 일에 대해 아뢰었는데, 이훈이 그 사실을 알고 상주문을 올려 그에게 죄를 덮어씌웠다. 그 일이 있은 지 열흘 후에 황제는 조서를 내려 이종민을 명주자사(明州剌史)로 폄적하고 연이어 조주사호(朝州司戶: 司戶는 民戶를 담당하던 官名으로 府에서는 戶曹參軍, 州에서는 司戶參軍, 縣에서는 司戶로 불림)로 폄적했으니, 아마도 그런 일의 징조였을 것이다. (『선실지』)

　唐丞相李宗閔, 大和七年夏出鎭漢中, 明年冬, 再入相. 又明年夏中, 嘗退朝於靖安里第, 其榻前有熨斗, 忽跳擲久之, 宗閔異且惡. 是時李訓・鄭注, 以奸詐得幸, 數言於帝, 訓知之, 遂奏以致其罪. 後旬日, 有詔貶爲明州剌史, 連貶朝州司戶, 蓋其兆也. (出『宣室志』)

144 · 6(1321)
유공제(柳公濟)

상서(尙書) 유공제는 당(唐)나라 대화연간(大和年間: 827~835)에 황제의 조서를 받들어 이동건(李同捷)을 토벌했다. 그가 출병한지 얼마 되지 않아 대장깃발의 깃대가 갑자기 부러졌는데, 그것을 본 어떤 손님이 한탄하면서 말했다.

"무릇 대장군이 출병할 때 문기(門旗: 병영의 문 앞에 세웠던 가늘고 긴 기)나 대장깃발의 깃대가 부러지면 그 군대는 반드시 패하거나 그렇지 않으면 상장군(上將軍)이 죽습니다."

몇 달 후에 과연 유공제는 죽었다.

무릇 군대가 출정할 때 까마귀와 솔개가 그 뒤를 따르는 것은 군대가 모두 패망한다는 징조이다. 증경운(曾敬云)이라는 사람은 일찍이 북도(北都)에서 비장(裨將: 副將)으로 있었다. 이사도(李師道)가 모반했을 때 증경운은 행영(行營: 군대의 임시 주둔지)의 병사 수천 명을 거느리고 있었는데, 매번 출병할 때마다 까마귀와 솔개가 그 뒤를 따랐으며 그 결과 군대는 틀림없이 패했으니, 사람들은 대개 이러한 일을 당연하게 여겼다. 후에 그는 집을 버리고 승려가 되어 태원(太原)의 응정사(凝定寺)에 기거했다.

대화(大和) 9년(835)에 나립언(羅立言)은 경조윤(京兆尹)이 되었는데, 한번은 입조하려고 관복을 갖추고 거울을 가져다 자신의 모습을 보았더니 머리가 보이지 않았다. 그는 막내아우 나약언(羅約言)에게 그 일을 말해주었는데, 후에 과연 나립언은 이훈(李訓)의 일에 연좌되어 주살당했다. (『선실지』)

　柳公濟尙書, 唐大和中奉詔討李同捷. 旣出師, 無何, 麾槍忽折, 客有見者歎曰: "夫大將軍出師, 其門旗及麾槍折者, 軍必敗, 不然, 上將死." 後數月, 公濟果薨.
　凡軍出征, 有烏鳶隨其後者, 皆敗亡之徵. 有曾敬云者, 嘗爲北都裨將. 李師道叛時, 曾將行營兵士數千人, 每出軍, 有烏鳶隨其後, 卽軍必敗, 率以爲常. 後捨家爲僧, 住於太原凝定寺.
　大和九年, 羅立言爲京兆尹, 嘗因入朝, 旣冠帶, 引鏡自視, 不見其首. 遂語於季弟約言, 後果爲李訓連坐, 誅死. (出『宣室志』)

144·7(1322)
왕 애(王　涯)

당(唐)나라 영녕(永寧) 사람인 승상(丞相) 왕애에게 3가지 괴이한 일이 있었다. 쌀을 이는 일을 하는 품팔이꾼 소규(蘇圭)는 본시 왕애의 집에서 밥을 짓는 사람이었는데, 형주(荊州)에 이르러 비로소 그와 알게 되었기에 왕애의 집에 재앙의 징조가 있었는지 물어보았더니 그가 다음과 같이 말해주었다. 왕애의 저택 남쪽에 우물이 하나 있었는데, 매일 밤이면 늘 물이 끓어 넘치는 소리가 났다. 낮에 가서 살펴보면 동(銅) 술잔이 보이거나 혹은 은(銀) 인두가 보였으며, 물은 썩어 마실 수 없었다.

또 왕승상의 안쪽 서재에 있던 선상(禪牀)은 산뽕나무 목재를 실처럼 꼬아 만든 것으로 그 기술이 지극히 정교한 것이었는데, 그 선상이 아무 이유 없이 엮은 것이 풀어져 흩어졌다가 각기 다시 한 곳으로 모였었다. 왕애는 무척이나 그 일을 꺼려하여 그것을 부엌에서 태워버리라고 했다.

그리고 장자(長子) 왕맹박(王孟博)은 새벽에 일어났다가 당(堂) 바닥 위에 엉긴 피 몇 방울이 있는 것을 보았는데, 그 핏자국은 대문 앞까지 이르러서야 비로소 끊겨 있었다. 왕맹박은 서둘러 그 핏자국들을 긁어 내라고 했다. 왕승상은 처음에는 그 사실을 모르고 있었으나 몇 달도 채 안되어 재앙이 미쳤다. (『유양잡조』)

唐('唐'原作'宋', 據明鈔本·陳校本改)永寧王相涯三怪. 淅米作人蘇閏, 本是王家炊人, 至荊州方知, 因問王家咎徵, 言: 宅南有一井, 每夜常沸涌有聲. 晝窺之, 或見銅巨羅, 或見銀熨斗者, 水腐不可飮.

又王相內齋有禪牀, 柘材絲繩, 工極精巧, 無故解散, 各聚一處. 王甚惡之, 命焚於竈下.

又長子孟博晨興, 見堂地上有凝血數瀝, 蹤至大門方絶. 孟博遽令鏟去. 王相初不知也, 未數月及難. (出『西陽雜俎』)

144·8(1323)
왕 잠(王　潛)

당(唐)나라 대화연간(大和年間: 827~835)에 왕잠은 형남절도사(荊南節度使)를 지내고 있었다. 그러던 어느 날 아무 이유 없이 백마 한 마리가 관청 문 안으로 달려 들어와 죽더니, 뻣뻣이 굳은 채로 길을 막고 있었다. 그 해에 왕잠이 죽었는데, 그 일은 말이 화를 당한 것과 비슷했다. (『인화록』)

唐大和, 王潛爲荊南節度使. 無故有白馬馳入府門而斃, 殭臥塞途. 是歲而潛卒, 此近馬禍也. (出『因話錄』)

144·9(1324)
한 약(韓 約)

한약은 당(唐)나라 대화연간(大和年間: 827~835)에 안남도호(安南都護)가 되었다. 당시 그 지방의 토산품으로 옥룡고(玉龍膏)가 있었는데, 남쪽지방 사람은 그것을 사용하여 액체 은을 만들었다. 노인들이 전하는 말에 따르면, 옥룡고는 [다른 곳으로] 가져가서는 안되며 그것을 어긴 자는 즉시 화를 당한다고 했다. 한약은 그 말을 믿지 않고 관직의 임기가 만료되어 벼슬자리에서 물러나 대궐로 돌아올 때 그것을 갖고 돌아왔다. 당시에 한약은 집금오(執金吾: 도성의 순찰을 담당했던 무관)로 있었는데 과연 맨 처음으로 감로지화(甘露之禍: 文宗 때에 宦官 仇士良·魚志弘 등의 專權에 대항하여 李訓·鄭注 등이 그들을 甘露를 보러 나오게 유인하여 주살 하려다 실패하여 오히려 상당수의 조정 대신들이 宦官에게 살해당한 사건)를 당했다. 이는 이익과 재물을 탐하다가 위험을 자초한 것이다. (『보록기전』)

韓約, 唐大和中爲安南都護. 時土産有玉龍膏, 南人用之, 能化銀液. 耆舊相傳, 其膏不可齎往, 犯者則爲禍耳. 約不之信, 及受代還闕, 貯之以歸. 時爲執金吾, 果首罹甘露之禍. 乃貪利冒貨之所致也. (出『補錄記傳』)

144 · 10(1325)
왕 씨(王 氏)

당(唐)나라 하양성(河陽城) 남쪽에 있는 백성 왕씨의 장원에는 작은 연못이 있었는데, 못 주변에 커다란 버드나무 몇 그루가 심어져 있었다. 개성연간(開成年間: 836~840) 말에 그 버드나무 잎이 못에 떨어지자마자 물고기로 변했는데, 그 물고기는 크기가 나뭇잎과 같았으며 먹어도 아무 맛도 없었다. 겨울이 되자 왕씨 집에서는 소송사건이 있었다. (『유양잡조』)

唐河陽城南百姓王氏莊, 有小池, 池邊巨柳數栽. 開成末, 葉落池中, 旋化爲魚, 大小如葉, 食之無味. 至冬, 其家有官事. (出『酉陽雜俎』)

144 · 11(1326)
왕 철(王 哲)

당(唐)나라 건주자사(虔州刺史) 왕철은 평강리(平康里)에 저택을 지었다. 서쪽 모퉁이에서 하인이 땅을 파다가 돌 하나를 주웠는데, 그 돌 위에는 붉은 글씨로 이렇게 써있었다.

"이곳에 집을 지으면 불길하다."

하인은 글씨를 문질러 없애보았으나, 오히려 더욱 분명해졌다. 그리하여 하인이 왕철에게 그 돌을 바치자, 왕철은 하인이 공사하면서 게으름을 피우려고 그런다고 생각하여, 자신이 직접 숫돌에 갈아보았으나 붉은 글씨는 깊이 박혀 있는 것이 마치 돌의 무늬 같았다. 왕철은 그 일을 께름직하게 여겼으며, 그 달로 죽고 말았다. (『유양잡조』)

唐虔州刺史王哲, 在平康里治第. 西偏, 家人掘地, 拾得一石子, 朱書其上曰: "修此不吉." 家人揩拭, 轉分明. 乃呈哲, 哲意家人惰於畚鍤, 自磨, 朱深若石脈. 哲甚惡之, 其月哲卒. (出『酉陽雜俎』)

144 · 12(1327)
두 목(杜 牧)

당(唐)나라의 두목은 선성(宣城)의 막료로 있다가 관리로 제수되어 도성으로 들어오게 되자, 이별할 때 시를 한 수 지어 친구에게 주었다.

> 함께 왔으나 같이 돌아갈 수 없으니,
> 고향에서 홀로 적막하게 봄을 맞이하네.

그 후 두목은 20여 년 동안 계속 해서 4곳의 군(郡)을 다스렸다. 후에 호주자사(湖州刺史)로 있다가 중서사인(中書舍人)으로 제수되었을 때, 그는 변하(汴河)를 읊은 시를 지었다.

> 가련하게 이리저리 떠돌다 서쪽으로 급히 돌아가니,
> 2월의 봄바람을 만나지 못하겠네.

두목은 군수(郡守)에서 시작하여 조정에 들어와 중서사인이 되기까지 유배된 적은 없었으나, 도성에 도착하여 과연 죽었다. (『감정록』)

唐杜牧自宣城幕除官入京, 有詩留別云: "同來不得同歸去, 故國逢春一寂寥." 其後二十餘年, 連典四郡. 後自湖州刺史拜中書舍人, 題汴河云: "自憐流落西歸疾, 不見春風二月時." 自郡守入爲舍人, 未爲流落, 至京果卒. (出『感定錄』)

144 · 13(1328)
노헌경(盧獻卿)

범양(范陽)의 노헌경은 당(唐)나라 대중연간(大中年間: 847~860)에 진사시험에 응시했는데, 문장이 뛰어나 동료들에게 추앙받았다. 그는 「민정부(愍征賦)」 수천 자를 지었는데, 당시 사람들은 이것을 유자산(庾子山: 庾信)이 지은 「애강남부(哀江南賦)」에 버금간다고 여겼다. 그러나 노헌경은 여러 해 동안 과거에 급제하지 못하여 형주(衡州)와 상주(湘州)를 하릴없이 유람하다 침주(郴州)에 이르러 병이 났는데, 꿈에 누군가 그에게 시를 지어 바쳤다.

점을 쳐서 성 밖 들판 옛 땅에 집을 지으니,
푸른 산만이 사방으로 이웃하네.
우거진 나무들이 집을 에워쌀 때,
적막하니 나 홀로 돌아가겠구나.

노헌경이 열흘 쯤 뒤에 죽자, 침주태수(郴州太守)는 그를 성 밖 근교에 장사지내주었다. 그 때는 과연 초여름이었으니 노헌경이 꿈에서 본 시의 내용과 같았다. (『본사시』)

范陽盧獻卿, 唐大中中擧進士, 詞藻爲同流所推. 作「愍征賦」數千言, 時人以爲庾子山「哀江南」之亞. 連年不中第, 蕩游衡·湘, 到郴而病. 夢人贈詩云:"卜築郊原古, 靑山唯四鄰. 扶疏繞屋樹, 寂寞獨歸人." 獻卿旬日而歿, 郴守爲葬之近郊. 果以夏初, 皆符所夢者. (出『本事詩』)

144·14(1329)
노 병(盧 骈)

당(唐)나라의 원외랑(員外郞) 노병은 재주가 뛰어난 선비였다. 하루는 노병이 해가 저문 뒤에 청룡정사(靑龍精舍)에 이르러 승원(僧院)에서 쉬고 있었는데, 그의 슬프고도 비참한 어투는 깊은 근심이 쌓인 듯 했으며, 그는 탄식소리를 내면서 난간 사이를 오갔다. 승려가 연유를 물었으나 그는 대꾸도 하지 않았다. 노병은 밤이 되자 행장을 정돈하고 말을 타고 돌아가려 하다가, 배회하며 사방을 둘러보고는 서둘러 지필묵(紙

筆墨)을 가져오게 하여 남쪽 문미(門楣: 문 위에 가로 댄 나무)에 시를 적었다.

오래 살고 일찍 죽는 것은 비록 운명이라 하지만,
영고성쇠(榮枯盛衰) 또한 너무도 공평치 않구나.
뇌씨검(雷氏劍: 三國時代 吳나라 雷煥이 豊成에서 얻은 전설상의 寶劍인 龍泉劍과 太阿劍. 張華와 雷煥이 죽자 龍이 되어 하늘로 날아갔음)은,
어느 곳에서 다시 하늘을 찌를지 모르겠네.

그는 시를 다 쓰고 총총히 떠났다. 노병은 열흘이 지나 관직에 나가게 되었으나, 한 달도 넘지 못하고 죽었다. 이 시는 지금까지 사원에 적혀 있으며, 승려들은 사람을 만나면 번번이 그 기이한 일을 이야기 해 주곤 했다. (『당궐사』)

唐盧駢員外, 才俊之士. 忽一日晏抵靑龍精舍, 休僧院, 詞氣悽慘, 如蓄甚憂, 其呼嗟往復於軒檻間. 僧問不對. 逮夜將整歸騎, 徘徊四顧, 促命毫硯, 題於南楣曰: "壽夭雖云命, 榮枯亦太偏. 不知雷氏劍, 何處更衝天." 題畢, 草草而去. 涉旬出官, 未逾月卒. 其詩至今在院, 僧逢其人, 輒話其異. (出『唐闕史』)

144 · 15(1330)
봉망경(封望卿)

당(唐)나라 봉망경은 복야(僕射) 봉오(封敖)의 아들이다. 빈국공(邠國

公) 두종(杜悰)이 기주(岐州)를 다스리고 있을 때, 기주 관청에서 봉망경을 불러 그를 판관으로 삼았다. 봉망경이 늘 기거하는 방의 벽에는 붓으로 먹물을 뿌린 자국이 있었는데, 하루는 봉망경이 문득 손톱으로 먹 자국을 긁어내고는 얼굴빛이 흙빛이 되었다. 시종이 다가와 이유를 물었으나 봉망경은 묵묵부답이었다. 얼마 후에 봉망경은 병이 심하게 들었으며, 그는 시종에게 이렇게 말했다.

"내가 일전에 손톱으로 먹 자국을 긁어냈던 일을 기억하느냐? 내가 그 당시에는 그 일을 꺼려하여 너에게 말해줄 수가 없었다. 그 먹 자국은 점점이 모두 '귀(鬼)'자였다."

그리고 나서 봉망경은 며칠 뒤에 죽었다. (『옥천자』)

唐封望卿, 僕射敖之子. 杜邠公悰鎭岐下, 自省中請爲判官. 其所常居室壁, 有筆灑墨跡者, 望卿一日, 忽以指爪盡招去之, 其色如喪. 泊侍兒或問其故, 望卿默不應. 無何病甚, 謂侍兒曰: "記吾前日以指瓜招墨跡否? 吾其時惡之, 不能語汝. 每點乃一'鬼'字." 數日而卒. (出『玉泉子』)

144 · 16(1331)
최언증(崔彦曾)

형양군(滎陽郡)의 성 서쪽에 영복호(永福湖)가 있었는데, 정수(鄭水)를 끌어들여 호수의 물을 채웠다. 평상시에는 호수 기슭을 빙 둘러 누대마다 꽃과 나무를 심어 놓았는데, 이곳은 바로 태수(太守)가 교외에서 관리들의 노고를 위로하거나 송별연을 벌이는 장소였다. 영복호의 서남쪽 기슭에는 키 큰 대나무가 많아 숲을 이루고 있었는데, 이곳은 바로 옛 서주절도사(徐州節度使)인 상시(常侍) 최언증의 별장이었다. 당(唐)나라 함통연간(咸通年間: 860~874)에 방훈(龐勛)이 난을 일으켰는데, 최언증이 역적들에게 붙잡히자 호수의 물은 3일 동안이나 피가 엉겨있는 것처럼 붉은 빛을 띠었고, 얼마 지나지 않아서 최언증이 죽었다는 소식이 들려왔다.

옛날 하간왕(河間王: 漢 景帝의 아들 劉德)이 보공석(輔公祏)을 치러 강을 건널 때, 배 안에서 여러 장수들과 함께 연회를 즐기면서 좌우 신하들에게 금 사발로 [술 대신] 강물을 따르라고 했다. 하간왕이 사발의 물을 마시려 하자 그 물은 갑자기 피로 변했고, 모든 좌객들은 아연실색했다. 그러나 왕서(王徐)는 이렇게 말했다.

"사발 안의 피는 보공석이 머리를 내어줄 징조입니다."

과연 보공석을 대패시켰으니, 화복은 이처럼 알기 어려운 것이다. (『삼수소독』)

榮陽郡城西有永福湖, 引鄭水以漲之. 平時環岸皆臺樹花木, 乃太守郊勞班餞之所. 西南壖多修竹喬林, 則故徐帥崔常侍彦曾之別業也. 唐咸通中, 龐勛作亂. 彦曾爲賊執, 湖水赤如凝血者三日, 未幾而凶問至.

昔河間王之征輔公祏也, 江行, 舟中宴群帥, 命左右以金盌酌江水. 將飮之, 水至忽化爲血, 合座失色. 王徐曰: "盌中之血, 公祏授首之徵." 果破之, 則禍福之難明也如是. (出『三水小牘』)

144 · 17(1332)
최 옹(崔 雍)

　기거사인(起居舍人) 최옹은 명망이 높았으며, 옛 책과 그림을 특히 좋아했다. 그래서 종왕(鐘王: 魏나라 鐘繇와 晉나라 王羲之로 書道의 大家)과 한전(韓展: 唐나라 韓幹과 隋나라 展子虔으로 그림의 大家)의 작품들이 모두 그 집에 모여 있었다. 최옹은 늘「태진상마도(太眞上馬圖)」한 축을 보배로 여기면서 화품(畵品) 가운데 최상급으로 여겼다. 당(唐)나라 함통(咸通) 무자년(戊子年: 868)에 최옹은 화주(和州)에서 2천 석의 봉록을 받는 자사(刺史)에 임명되었다. 그 때 방훈(龐勛)이 역모를 꾀해서 풍주(豐州)와 패주(沛州) 사이에서 도적들의 칼날이 사방을 노략질하고 다니더니, 역양군(歷陽郡: 원문에는 '歷陽麼郡'이라 되어 있는데, '麼'는 衍字로 보임)에까지 오게 되었다. 그곳의 우사(右史: 天子의 말을 記錄하는 官吏. 唐 高宗때 起居郞을 左史, 起居舍人을 右史라 개칭했음)로 있던 유생(儒生) 채옹은 그들의 군대가 방훈을 맞서서 대적할 수 없다고 판단하고는, 이내 소장(小將)에게 소고기와 술을 가져다가 적군의 군사를 위로하게 했으며 또한 성 전체를 내어주는 조건으로 여러 백성들을 살려줄 것을 청했는데, 이로 인해 경내의 약탈과 환난을 피할 수 있었다. 그는 비록 겉으로는 거짓으로 역적을 잘 대우한다는 뜻을 보였지만, 미리 표문(表文)을 올려 직접 진상을 아뢰었다. 당시 재상 중에 채옹과 사이가 좋지 않은 자가 있어서 그를 국법에 따라 처리했는데, 군자들은 [그 상황을 알고서] 최옹을 조문했다. 후에 최군(崔君: 崔雍)이 보물처럼 아꼈던 그림이 발견되었는데,

그림의 축(軸) 끝에 이렇게 적혀 있었다.

> 상채의 개[上蔡之犬: 李斯는 秦나라 上蔡사람으로, 그가 일찍이 三族이 滅하기 전에 上蔡의 東門에서 "내가 너와 함께 누런 개를 끌고 토끼를 쫓을 수 있을까!"라고 울며 탄식했음]에 대해 탄식할 만 하니, 인생이 이 지경에 이르렀구나.
> 화정의 학[華亭之鶴: 晉나라 陸機가 河橋에서 패전한 뒤 盧志에게 참소 당해 誅殺되었는데, 처형에 임하여 "華亭의 학 울음소리를 듣고 싶어도 다시 들을 수 없게 되었구나!"라고 탄식했음]은 부질없이 우는데, 운명이 어찌될 것인가?

글씨는 비록 최옹의 친필이었으나 날짜는 적혀있지 않았다. 식자(識者)들은 이렇게 말했다.

"[처형하라는] 명을 들은 후로는 이것을 적을 겨를이 없었을 것이니 그것은 미리 알았던 것인가, 아니면 우연인가?"

(『당궐사』)

崔雍起居, 譽望淸美, 尤嗜古書圖畫. 故鐘·王·韓·展之跡, 萃於其家. 常寶「太眞上馬圖」一軸, 以爲畫品之上者. 唐咸通戊子歲, 授祿二千石于和州. 値龐勛構逆, 豊沛間賊鋒四掠, 歷陽麽('麽'原作'歷', 據明鈔本改)郡. 右史儒生, 非枝拒所及矣, 乃命小將齎持牛酒犒賊師, 且以全雉堞活黎庶爲請, 由是境亡剽戮之患. 雖矯爲款諭, 而密表自陳. 時宰有不協者, 因實之以法, 士君子相弔. 後有得崔君所寶畫者, 軸杪題云: "上蔡之犬堪嗟, 人生到此 華亭之鶴虛唳, 天命如何?" 字雖眞跡, 不書時日. 識者云: "聞命之後, 無暇及此, 其預知耶, 復偶然耶?" (出『唐闕史』)

144 · 18(1333)
방　종(龐　從)

　　당(唐)나라 소종(昭宗) 건녕(乾寧) 병진년(丙辰年: 897)에 주량(朱梁: 後梁)[후에 朱全忠이 五代 後梁을 세움] 태조(太祖)가 자신을 따르지 않는 사람들을 주살한 사건이 있었다. 연주절도사(兗州節度使) 주근(朱瑾)이 회해(淮海)로 망명하자 양나라 태조는 서주절도사(徐州節度使) 방종(옛 이름은 龐師古이다)에게 군사 5만을 청구진(青口鎭)에 집결해 놓으라고 했다(東晉때 謝安에게 青州를 정벌하라고 명하면서 呂梁水에 둑을 쌓고 木柵을 세우고 일곱 개의 보[埭]를 세워서 고(沽: 일종의 물의 흐름을 조절하는 장치. 青州의 모든 물이 沽를 거쳐 바다로 흘러 듦)를 만들어 강물을 막아 漕運을 이롭게 했기 때문에 이것을 일러 '青州沽'라 했는데 그것은 사실 泗水이다. 磬石을 만들 때 쓰는 浮磬石은 泗水 근처 下邳에 있다). 그 주둔지는 아마도 병서에는 매우 험준한 곳으로 나와있을 것이다. 그곳은 군인들이 무엇에 타거나 [두 사람이] 어깨를 나란히 하고 갈 수 없을 정도였으며, 30리를 행군하고 나서야 비로소 평탄한 곳이 나타났다. 당시 양나라 태조는 자신의 심복에게 명하여 방종을 감시하라고 했으므로 방종은 함부로 발호할 수 없었다. 이틀도 안되어 주근은 과연 수만의 군대를 거느리고 들이닥쳤다. 주근이 직접 나섰다는 소식이 들리자 방종의 전군대는 혼비백산했으며, 전투에 이르러서는 감히 싸울 의지가 생기지 않아 혹자는 물에 빠지고 혹자는 물에 떠다니며 한두 명만이 죽음을 면할 수 있었다. 그 이전에 주근의 군대가 다다르기 전부터 방종의 군대는 빠진 병사도 많았고 두려움에 떨고 있었다. 더욱이 괴이한 일도 많이 일어났는데, 야전용 솥을 걸어두는 시렁이 저절로 군영 앞을 돌아다니기도 했다.

서주에 있던 방종의 식구들 역시 괴이한 일을 여러 차례 목격했다. 방종의 식구들이 저택에 살게 된 이후로, 혹 절도사 방종에게 재앙이 생길 때는 그 이전부터 있던 여우 굴에서 꼭 여우가 나타나곤 했다. 그리하여 승려에게 조당(鵰堂: 독수리 그림이 있는 大廳)에다가 도량(道場)을 지으라고 했었다(아마도 여우 요괴가 자주 나타났기 때문에 안에 독수리 그림을 그려 넣게 했을 것이다). 절도사가 죽기 전에 집안 사람들은 연자루(鷰子樓: 江蘇省에 있는 樓閣 이름) 위에 붉은 옷을 입은 여인이 나타나 백주 대낮에 난간에 기대어 서 있는 것을 보았는데, 그 여인은 사람들이 자신을 엿보는 것을 보자 점차 몸을 뒤로 옮겨 물러나 사라졌다. 당시 망루로 올라가는 문은 모두 빗장이 걸려 있었다. 며칠도 안되어 방종이 죽었다는 소식이 당도했다. (『옥당한화』)

唐昭宗乾寧丙辰歲, 朱梁太祖誅不附己者. 兗師朱瑾亡命淮海, 梁祖命徐師䶵從(舊名師古), 會軍五萬于靑口(東晉命謝安伐靑州, 堰呂梁水, 樹柵, 立七埭爲洑, 擁其流以利運漕, 故謂之'靑州洑', 其實泗水也. 浮磬石在下邳). 所屯之地, 蓋兵書謂之絶地. 人不駕肩, 行一舍, 方至夷坦之處. 時梁祖命腹心者監護之, 統師莫之能禦(明鈔本'之能御'作'敢自主'). 未信宿, 朱瑾果自督數萬而至. 從聞瑾親至, 一軍喪魄, 及戰, 無敢萌鬪志, 或溺或浮, 唯一二獲免. 先是瑾軍未至前, 部伍虛驚, 尤多怪異, 刁斗架自行於軍帳之前.

家屬在徐州, 亦凶怪屢見. 使宅之後, 素有妖狐之穴, 或府主有災卽見. 時命僧於鵰堂建道場(蓋多狐妖, 故畫雕於中). 統未亡之前, 家人望見鷰子樓上, 有婦人衣紅, 白晝凭欄而立, 見人窺之, 漸移身退後而沒. 時登樓之門, 皆扃鐍之. 不數日, 凶問至. (出『玉堂閒話』)

태평광기 권제145 징응 11

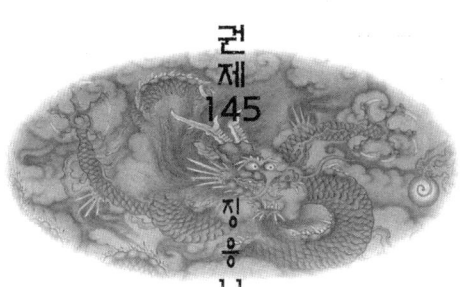

(人臣休徵)

1. 이 균(李 鈞)
2. 고 병(高 駢)
3. 거 록 수(鉅 鹿 守)
4. 섬 사(陝 師)
5. 엄 준 미(嚴 遵 美)
6. 성 예(成 汭)
7. 유 지 준(劉 知 俊)
8. 전 군(田 頵)
9. 상 유 한(桑 維 翰)
10. 종 부(鍾 傅)
11. 돈 금(頓 金)
12. 호남마씨(湖南馬氏)
13. 왕 신 사(王 愼 辭)
14. 안 수 범(安 守 範)

145 · 1(1334)
이 균(李 鈞)

당(唐)나라 때 이균이 임여군(臨汝郡)에 부임할 무렵, 그곳은 왕선지(王仙芝: 唐 僖宗 초에 무리를 이끌고 반란을 일으켜 黃巢의 호응을 받아 몇 개월 동안 큰 세력을 떨쳤으나 招討使 曾元裕에게 대파되어 참수됨)의 대군이 지나간 뒤여서 백성들 사이에 경계할 일이 많았다. 이균이 병력이 너무 적다고 생각해서 조정에 상주문을 올리자, 조정에서는 소의군(昭義軍: 方鎭名으로 河南省 安陽縣에 치소가 있었음)의 병력 3500명으로 그곳을 지키도록 했다. 건부(乾符) 무술년(戊戌年: 878)에 군사들이 도착하여 군의 서쪽 성곽 아래에 병영을 세웠다. 이듬해 봄에 이균이 상당절도사(上黨節度使)로 있을 때 여러가지 보고가 올라왔는데, 이때 방진에 있던 군대의 부장들은 주(州)의 관청 앞에 있는 큰길가에 줄지어 선 뒤 자신의 예속 군사를 이끌고 아문으로 들어와서 이균에게 군신의 예를 행했다. 이 때에 갑자기 큰바람이 먼지를 일으키며 불어왔는데, 군문(軍門)의 남쪽에서부터 불기 시작하여 군대의 대오를 휘감아 흩은 뒤 큰 깃발 십여 개를 뽑아 올렸다. 주 관청 사람들이 깜짝 놀라서 바라보니 [바람은 깃발을 싣고] 하늘 저편으로 사라져 버렸다. 다음날 주 관청에서 북쪽으로 20리(里) 떨어진 대우곡(大牛谷)에 사는 한 야인(野人)이 깃발을 얻어 바쳤는데, 깃폭이 온전한 것이 없었으며 깃대도 모두 꺾여 있었다. 이균은 상당군에 도착하여 많은 병사를 이끌고 안문(雁門)을 나섰는데 군대를 제대로 다스리지 못해서 백성들에게 포악한 짓을 저질렀고, 마침내 맹호군(猛虎軍)에게 살해되었다. (『삼수소독』)

　　唐李鈞之蒞臨汝也, 郡當王仙芝大兵之後, 民間多警. 李鈞以兵力單寡, 抗疏聞奏, 詔以昭義軍三千五百人鎭焉. 乾符戊戌歲也, 兵至, 營於郡西郭. 明年春, 鈞節制上黨雜報到, 於是鎭兵部將, 排隊於州前通衢, 率其屬入衙, 展君臣之禮. 忽有暴風揚塵, 起自軍門而南, 蟠折行伍, 拔大旆十餘以登. 州人愕眙而顧, 沒於天際. 明日, 州北二十里大牛谷野人, 得旆以獻, 帛無完幅, 枝干皆摺拉矣. 鈞至上黨, 統衆出雁門, 兵旣不戢, 暴殘居民, 遂爲猛虎軍所殺矣. (出『三水小牘』)

145·2(1335)
고　병(高　騈)

　　당(唐)나라 광계(光啓) 3년(887)에 중서령(中書令) 고병은 회해(淮海: 지금의 楊州지역) 지역을 다스리고 있었다. 이 때에 누리[蝗]가 날지 않고 기어서 성곽의 서쪽에서부터 해자에 떠서 성을 돌아 자성(子城: 큰 성에 부속된 성으로 內城과 성곽에 붙어있는 甕城 및 月城 등을 가리킴. 여기서는 內城을 말함)으로 들어와 도관(道觀) 앞에 모여서 쫓아도 계속해서 모여들었다. 누리 떼로 인해 소나무나 대나무 등이 하룻밤 사이에 베어낸 듯 갉혀나갔으며, 깃발과 족자에 그려진 인물상들은 모두 그 머리가 갉혀 없어졌다. 며칠 뒤 누리 떼는 서로를 잡아먹었다. 9월에 거센 비가 몰아친 뒤 막 개었을 때 도랑에 갑자기 손가락 만한 크기의 작은 물고기가 나타났는데, 아마도 비에 내린 물고기인 것 같았다. 점쟁이가 말하기를 병란이 있을 것이라고 했다. 10월이 되자 밤중에 큰 별이 우레와 같은 소리를 내며 연화각(延和閣) 앞에 떨어지면서 빛이 번쩍하며 깨지는 듯한 소리가 났는데, 그 빛은 온 정원에 가득했다. 이 해 11월부터 다음해 2월까지 짙은 안개가 걷히지 않았다. 어떤 이는 이에 대해 "아랫사람이 윗사람에게 반역을 도모할 조짐이다"고 했다. 이 때에 양식의 값이 폭등하여 거의 10배에 이르렀다. 추위와 비에 쓰러져 죽은 이가 많아서 날마다 수레로 수십 명을 실어다가 성곽 밖에 버렸다. 날이 개인 후 거리에 나가보니 조용하니 모두 텅 비어 있었다. 이 때에 절서군(浙西軍)이 변란을 일으켜서 주보(周寶)가 비릉(毗陵)으로 도망쳤다. 고병은 이 소식을 듣고 크게 기뻐하며 재빨리 사신을 시켜 주보에게 편지를 보냈다.

"삼가 듣자오니 말을 달려 분우(奔牛: 제방 이름으로 常州 서쪽에 있음)에까지 이르셨다지요. 이에 절인 나물 한 동이와 칡가루 열 근(斤)을 보내오니, 가시는 길에 쓰십시오."

이는 아마도 그가 소금 절임이나 가루가 될 것이라고 풍자한 것이었으리라. 3월에 사원(使院: 절도사가 업무를 보는 곳)에서 꽃구경하는 연회를 베풀었을 때 고병이 여러 종사(從事)에게 준 시가 있었는데 그 마지막 구는 다음과 같다.

    인간 세상에는 마음 상할 일이 너무도 많아,

술 단지 앞에 꽃가지 하나도 꺾어 놓을 수 없구나.

아마도 멸망을 예언한 말이었으리라. 고병이 진언(秦彦)에게 갇혀 치욕을 당하게 되었을 때, 사람 수를 세어서 먹을 것을 받았으며 5월부터 8월까지 외부의 포위가 더욱 심해지더니 마침내 [온 가족이 죽는] 환난을 당했다. (『요란지』)

唐光啓三年, 中書令高騈, 鎭淮海. 有蝗行而不飛, 自郭西浮濠, 緣城入子城, 聚於道院, 驅除不止. 松竹之屬, 一宿如剪, 幡幀畫像, 皆囓去其頭. 數日之後, 又相啖食. 九月中, 暴雨方霽, 溝瀆間忽有小魚, 其大如指, 蓋雨魚也. 占有兵喪. 至十月, 有大星夜墮於延和閣前, 聲若ླྀ雷, 迸光碎響, 洞照一庭. 自十一月至明年二月, 昏霧不解. 或曰: "下謀上之兆." 是時粒食騰貴, 殆逾十倍. 寒僵雨仆, 日輦數十口, 棄之郭外. 及霽而達坊靜巷, 爲之一空. 是時浙西軍變, 周寶奔毗陵. 騈聞之大喜, 遽遣使致書於周曰: "伏承走馬, 已及奔牛('奔牛'堰名, 在常州西). 今附薑一瓶, 葛粉十斤, 以充道途所要." 蓋諷其薑粉也. 三月, 使院致看花宴, 騈有與諸從事詩, 其末句云: "人間無限傷心事, 不得樽前折一枝." 蓋亡滅之讖也. 及爲秦彦幽辱, 計口給食, 自五月至八月, 外圍益急, 遂及於難. (出『妖亂志』)

145 · 3(1336)
거록수(鉅鹿守)

당(唐)나라 문덕(文德) 무신년(戊申年: 888)에 거록군(鉅鹿郡) 남화현(南

和縣)의 거리 북쪽에 종이를 만드는 가게가 있었는데, 그 가게에서는 긴 담에 종이를 널어 햇빛에 말렸다. 어느날 갑자기 서쪽에서부터 회오리 바람이 불어와 담벼락의 종이를 모두 말아 올려 구름을 뚫고 올라갔는데 모습은 마치 눈발이 휘날리는 것 같았다. 이것은 군대에서 크게 꺼리는 일이었다. 그 해 여름 5월에 군수(郡守)가 죽었다. (『삼수소독』)

唐文德戊申歲, 鉅鹿郡南和縣街北有紙坊, 長垣悉曝紙. 忽有旋風自西來, 卷壁紙略盡, 直上穿雲, 望之如飛雪焉. 此兵家大忌也. 夏五月, 郡守死. (出『三水小牘』)

145・4(1337)
섬　사(陝　師)

당(唐)나라 건녕연간(乾寧年間: 894~898) 말에 분섬(分陝: 지금의 河南省 陝縣을 동쪽과 서쪽으로 나눈 지역)의 남문 안쪽에서 뱀과 쥐가 싸우는 것을 무수한 구경꾼들이 담처럼 에워싸고 지켜보았는데, 뱀이 죽자 쥐는 도망갔다. 이로부터 열흘이 지나기 전에 섬주(陝州)의 군대에 화가 닥쳤다. 사람들은 이제야 성안의 뱀이 죽은 것은 정려(鄭厲)가 쳐들어올 것에 대한 징조였고, 뭇 쥐들이 도망간 것은 섬주의 군대가 포산(蒲山)으로 도망간 것에 대한 징조임을 알게 되었다. 요사스러운 일은 인간사로부터 일어나는 것이니, 이를 경계로 삼고 두려워해야 할 것이다. (『삼수소독』)

唐乾寧末, 分陝有蛇鼠鬪於南門之內, 觀者如堵, 蛇死而鼠亡去. 未旬而陝師遇禍. 則知內蛇死而鄭厲入, 群鼠奔向蒲山亡. 妖由人興, 可爲戒懼. (出『三水小牘』)

145・5(1338)
엄준미(嚴遵美)

당(唐)나라 때 좌군용사(左軍容使: 唐나라 후기에 정벌나가는 장수를 감시하기 위해 설치한 군직) 엄준미는 환관 중에서도 어진 사람이었다. 한 번은 그가 북사(北司: 內侍省의 별칭. 여기서는 환관을 가리킴)란 공봉관(供奉官)이나 과삼급사(胯衫給事: 給事는 일반적으로 황제의 고문을 맡고 정사의 논의에 참가하는 唐代 門下省의 요직이지만 여기서는 환관의 직책이 황제의 衣食住行 등 사생활을 관장한다는 것을 강조한 말)로서 조정의 의례에 참가하지 않는 것이라고 말한 적이 있었다. 그는 또 이렇게 말했다.

"추밀사(樞密使)의 관아가 세 칸 방에 책 궤짝만 있으니, 이 역시 정사를 보는 관서가 아니다. 당상(堂狀: 堂案과 같은 뜻. 唐나라 때 政事堂의 공문서)의 뒤에 황지(黃紙: 唐나라 제도에 천자는 黃紙를 사용해서 勅令을 내렸기에 '帖黃'이라고도 불렀음. 帖黃은 본래 재상의 직책임)를 붙이고서 공무를 처리하니, 이것은 양복공(楊復恭: 환관으로 당시 樞密使를 지내고 있었음. 僖宗 때 책략으로 昭宗을 세움)이 재상의 권력을 빼앗은 것이다."

엄준미가 한 번은 발작을 일으켜 손발을 마구 흔들어 대고 있는데, 옆에 있던 고양이가 개에게 말했다.

"군용(軍容: 嚴遵美)이 평상시와 다르다."

개가 말했다.

"그 일이 우리와 무슨 상관이란 말이냐?"

엄준미는 곧 발작이 진정되었으며 고양이와 개의 말을 기이하다고 생각했다. 소종(昭宗)이 봉상부(鳳翔府)로 파천(播遷)했을 때 엄준미는 한중(漢中)에서 벼슬을 그만두기를 청하여 얼마후 검남도(劍南道)의 청성산(靑城山) 아래로 옮겨갔으며, 점을 쳐서 별장을 선택한 뒤 그곳에 머물렀다. 엄준미는 나이 여든을 넘기고 죽었다. 그는 충성스럽고 올바랐으며 겸손하고 검약해서 그 명성이 서문(西門)의 이현(李玄)과 쌍벽을 이루었다. 이때에 환관을 주살하라고 했는데 오직 서천(西川)지역만이 조칙을 받들지 않았기에 엄준미는 화를 면했다. 그의 집에 『북사치란기(北司治亂記)』 8권이 있어서 환관들의 충성됨과 간사함, 좋은 점과 나쁜 점을 모두 기록해 놓았으니, 대개 항백(巷伯: 내시의 별칭)의 부류가 모두 사악하지만은 않은 것이다. 진실로 남반(南班: 조정관료)이 이들을 경시하고 꺼림이 너무 컸으니, 이로써 빚어진 원망과 분노는 모두 나라의 불행이었다.

예전에 노암(路巖: 唐 咸通년간에 36살의 나이로 兵部侍郞同平章事를 지냈으며 8년 동안 재상을 지냄. 魏國公에까지 봉해졌으나 권력남용으로 賜死되었음)이 성도(成都)에서 저궁(渚宮: 江陵)으로 진지를 옮길 때에 타고있던 말이 갑자기 사람처럼 이야기했다.

"갈대꽃이여, 이 꽃이 피면 길[路]에 집이 없어진다"

얼마 지나지 않아 노암에게 화가 닥쳤다. 그렇다면 가축의 말은 혹 다른 것이 짐승에 붙어서 나온 말인 것인가? 진(晉)나라 때에 돌이 말을 한 것도 거의 이와 같았다. (『북몽쇄언』)

　　唐左軍容使嚴遵美, 閹官中仁人也. 嘗言北司爲供奉官, 胯衫給事, 無秉簡之儀. 又云: "樞密使廨署, 三間屋書櫃而已, 亦無視事之廳. 堂狀後帖黃, 指揮公事, 乃楊復泰('泰'明鈔本作'恭'), 奪宰相權也." 遵美嘗發狂, 手足舞蹈之, 旁有一猫一犬, 猫謂犬曰: "軍容改常也." 犬曰: "何用管?" 俄而舞定, 且異猫犬之言. 遇昭宗播遷鳳翔, 乃求致仕漢中, 尋徙於劍南靑城山下, 卜別墅以居之. 年過八十而終. 其忠正謙約, 與西門李玄爲季孟. 于時誅宦官, 唯西川不奉詔, 由是脫禍. 家有『北司治亂記』八卷, 備載閹官忠佞好惡, 蓋巷伯之流也, 未必俱爲邪僻. 良由南班輕忌大過, 以致怨怒, 蓋邦國不幸也.

　　先是路巖自成都移鎭渚宮, 所乘馬忽作人語, 且曰: "蘆荻花, 此花開後路無家." 不久及禍. 然畜類之語, 豈有物憑之乎? 石言於晉, 殆斯比也. (出『北夢瑣言』)

145·6(1339)
성 예(成 汭)

　　형주(荊州)의 성예는 당(唐)나라 천복연간(天復年間: 901~904)에 군대를 통솔해서 강하(江夏)를 구하라는 조서를 받았다. 그가 군대를 이끌고 공안현(公安縣)에 이르렀는데, 그 곳의 절에는 매우 영험(靈驗)하여 그 지방 사람들에게 '두 성인[二聖]'이라고 불리는 두 금강신이 있었다. 성예도 배를 대고 금강신에게 찾아가서 이기게 해달라고 빌었는데 조짐이 모두 불길하여 당혹스러워하고 있었다. 이 때에 공목관(孔目官: 문서담당관)인 양사후(楊師厚)가 말했다.

"공께서 이미 오셨는데 어찌 의심하고 주저하실 수 있겠습니까?"

성예는 이에 어쩔 수 없이 진군해 나갔다. 성예는 마침내 매복군에 패하여 목숨을 잃고 집안도 망했으니 이 일이 우연은 아니었다. (『북몽쇄언』)

荊州成汭, 唐天復中准詔統軍救援江夏. 帥次公安縣, 寺有二金剛神, 土人號曰'二聖', 頗有靈驗. 艤舟而謁之, 且以勝負爲禱, 汭兆皆不吉, 汭惑之. 孔目官楊師厚曰: "公業已行, 安可疑阻?" 於是不得已而進. 竟有覆軍之敗, 身死家亡, 非偶然也. (出『北夢瑣言』)

145 · 7(1340)
유지준(劉知俊)

양(梁: 五代 後梁)나라 팽성왕(彭城王) 유지준은 동주(同州)를 다스릴 때에 군영의 담장을 쌓으려고 땅을 파다가 80근(斤) 정도 나가는 기름주머니 같이 생긴 물건을 얻었다. 그가 빈객과 막료들을 불러 이에 대해서 물었더니 어떤 이는 지낭(地囊)이라고 하고 어떤 이는 비렴초(飛廉草: 국화과의 숙근초)라고도 했으며 혹자는 금신칠살(金神七殺: 金神은 五行 중의 金神. 七殺은 劫殺·謀殺·故殺·鬪毆殺·誤殺·戲殺·過失殺)이라고도 했는데, 유원(留源)만이 이렇게 말했다.

"이것은 원한의 기운이 모인 것입니다. 옛부터 감옥의 지하에서 간혹 이것이 나왔으니, 예전에 왕충(王充)이 낙양(洛陽)을 근거지로 삼고 하남부옥(河南府獄)을 지었을 때에도 이 물건을 얻었다고 옛 선조께서 기록하셨습니다. 곧 억울하게 죽은 죄인들의 원혼이 땅으로 들어가 모여서 이 물건이 된 것입니다. 이것은 수만 년이 지나도 뭉쳐서 흩어지지 않습니다. 제가 듣기로 술은 근심을 잊게 해준다고 하니 좋은 술로 제사를 지내주신다면 혹시 이 물건이 풀려 사라질 수 있을 것입니다. 그러나 이 물건이 나온 것이 길한 징조는 아닙니다."

유지준은 술과 음식으로 제사를 지낸 뒤, 그 물건을 다시 묻어두었다. 얼마 후 반성(扳城)을 들어 군주(君主: 後梁 太祖)를 배반하고 진(秦: 유지준이 李茂貞과 함께 前蜀의 王建에게로 간 일을 가리킴. 후에 유지준은 왕건에게 꺼림을 받아 살해됨) 땅으로 도망간 일이 일어났으니 곧 그 징조가 사실로 드러난 것이었다. (『鑑戒錄』)

梁彭城王劉知俊鎭同州日, 因築營牆, 掘得一物, 重八十餘斤, 狀若油囊. 召賓幕將校問之, 或曰地囊, 或曰飛廉, 或曰金神七殺, 獨留源曰: "此是冤氣所結也. 古來囹圄之地或有焉, 昔王充據洛陽, 修河南府獄, 亦獲此物, 而遠祖記之. 乃冤死囚人, 精爽入地, 聚爲此物. 經百千年, 凝結不散. 源聞酒能忘憂, 請奠以醇醪, 或可消釋耳. 然此物之出, 亦非吉徵也." 知俊命具酒饌視酹, 復瘞之. 尋有扳城背主奔秦之事, 乃驗之矣. (出『鑑戒錄』)

145 · 8(1341)
전 군(田 頵)

선주절도사(宣州節度使) 전군이 막 반란을 일으키려고 할 때에, 하루는 저녁 무렵에 꿩 만한 크기에 꼬리에서 유성처럼 빛이 나는 붉은 새가 밖에서부터 날아 들어와서 극문(戟門: 戟으로 만든 문. 唐나라 制度에 3品 이상의 관리가 있는 집에서만 개인적으로 세울 수 있었음. 여기서는 절도사부의 문을 가리킴)에 앉았다가 사라져 버렸다. 다음날, 부중(府中)에 큰불이 나서 관서가 모두 타버렸는데 오직 병사만 온전했다. 전군이 이들을 데리고 기의했으나 다음해에 패하고 말았다. (『계신록』)

宣州節度田頵, 將作亂, 一日向暮, 有鳥赤色, 如雉而大, 尾有火光, 如散星之狀, 自外飛入, 止戟門而不見. 翌日, 府中大火, 曹局皆盡, 唯甲兵存焉. 頵資以起事, 明年遂敗. (出『稽神錄』)

145・9(1342)
상유한(桑維翰)

위공(魏公) 상유한은 개봉부윤(開封府尹)이 되었다. 하루는 한밤중에 그가 침실에 혼자 앉아있었는데, 갑자기 크게 놀라며 마치 무엇을 본 듯이 허공에 대고 버럭 소리를 질렀다.

"네가 어찌 감히 이곳에 왔느냐!"

이같이 네댓 번이나 했다. 상유한은 열흘동안 분을 삭이지 못했는데, 비록 그의 처자라 할지라도 감히 물어볼 수 없었다. 얼마 지나지 않아서 상유한은 꿈에 옷과 의관을 단정하게 차려입고 수레를 재촉해서 어디론가 가려고 했는데, 그가 막 수레에 탔을 때에 갑자기 수레의 말이 도망가서 쫓아가 찾아도 온데간데 없었다. 그는 꿈에서 깬 뒤 이를 몹시 싫어했다. 며칠 뒤 그에게 환난이 닥쳤다. (『옥당한화』)

魏公桑維翰, 尹開封. 一日, 嘗中夜於正寢獨坐, 忽大驚悸, 如有所見, 向空厲聲云: "汝焉敢此來!" 如是者數四. 旬日憤懣不已, 雖齊(明鈔本'齊'作'貼')體亦不敢有所發問. 未幾, 夢已整衣冠, 嚴車騎, 將有所詣, 就乘之次, 忽所乘馬亡去, 追尋莫之所在. 旣寤, 甚惡之, 不數日及難. (出『玉堂閒話』)

145·10(1343)
종 부(鍾 傳)

남평왕(南平王) 종부가 강서(江西)에 있을 때에 공지양(孔知讓)이라는 아문(衙門)의 관리가 새로 저택을 건축하고 있었다. 한낮에 별이 정원에 떨어지자 공지양은 이를 매우 꺼렸기에, 외지의 군대를 다스리기를 청하여 그 곳을 비워두었다. 1년여가 지난 뒤 어사중승(御史中丞) 설소위(薛紹緯)가 예장(豫章) 지역으로 폄적되어 오자, 종부는 그곳의 저택을 취하여 머물렀다가 마침내 이곳에서 죽고 말았다. (『계신록』)

南平王鍾傳, 在江西, 有衙門吏孔知讓, 新治第. 晝有一星隕於庭中, 知讓甚惡之, 求典外戎, 以空其地. 歲餘, 御史中丞薛紹緯, 貶官至豫章, 傳取此地第以居之, 遂卒於此. (出『稽神錄』)

145 · 11(1344)
돈 금(頓 金)

원주자사(袁州刺史) 돈금은 군(郡)에서 관직을 마치고 도성으로 돌아왔는데, 어떤 사람이 그의 집 문에 와서 자주빛 두건으로 감싼 어떤 물건을 놓아두었다. 그가 두건을 열어보니 흰색 내리닫이 옷이었다. 돈금이 급히 그 사람을 쫓아갔으나 그는 사라지고 없었다. 그 해에 돈금은 죽었다. (『계신록』)

袁州刺史頓金, 罷郡還都, 有人以紫襆包一物, 詣門遺之. 開視, 則白襴衫也. 遽追其人, 則亡矣. 其年金卒. (出『稽神錄』)

145 · 12(1345)
호남마씨(湖南馬氏)

호남의 무목왕(武穆王)이 변경지역을 순수하고 있을 때에 배를 돌려 동정호(洞定湖)의 의춘강(宜春江) 어귀에 대었는데, 갑자기 폭풍이 밀려와 산만한 파도가 계속 이어지며 파도 속에 괴이하게도 교룡이 출몰하며 구름과 안개가 짙게 깔려있는데, 무관처럼 창과 극(戟)을 잡은 이가 있는가하면, 문관처럼 옷과 죽간을 가지고 있는 이도 있었고, 소반이나 사발을 들고 있는 이도 있는 것이 보였다. 어떤 것은 붉고 어떤 것은 초록색으로 갑작스럽게 깜박이며 눈을 부릅뜨고 쳐다보았는데, 사람들은 그것이 무슨 동물인지 알 수 없었다. 무목왕 좌우의 사람들은 크게 놀라 옷과 기구 등을 모두 던졌다. 뱃사공은 무목왕의 희첩(姬妾)을 바쳐 물결이 잔잔해지기를 빌고 싶어했지만 무목왕이 허락하지 않았다. 시간이 지나자 바람이 진정되어 겨우 살아날 수 있었다. 몇 년 뒤, 무목왕은 왕위에 있다가 죽었다. (『북몽쇄언』)

湖南武穆王巡邊, 廻舟至洞庭宜春江口, 暴風忽至, 波如連山, 乃見波中, 恢詭譎怪, 蛟螭出沒, 雲霧昏蒙, 有如武夫執戈戟者, 有文吏具襴簡者, 有如捧盤盂者. 或緋或綠, 倏閃睢盱, 莫知何物. 左右大駭, 衣服器皿悉投之. 舟人欲以姬妾爲請, 王不聽. 移時風定, 僅獲存焉. 後數年, 武穆王薨於位. (出『北夢瑣言』)

145 · 13(1346)
왕신사(王愼辭)

강남(江南)의 통사사인(通事舍人: 命令을 안팎에 전하는 일을 관장) 왕신사는 광릉성(廣陵城) 서쪽에 별장을 가지고 있어서 항상 친구들과 그곳으로 유람을 가곤 했다. 하루는 문득 그곳 언덕의 지세가 마음에 들어 감탄하며 말했다.

"내가 죽으면 반드시 이곳에 장사지내라."

그날 밤 마을의 개가 짖어서 어떤 사람이 일어나 살펴보니, 왕신사가 혼자 말을 타고 그곳을 서성이는 것이었다. 그가 쫓아가 보았으나 왕신사는 사라져 버렸다. 이날 밤부터 밤이면 항상 [왕신사의 모습이] 나타났다.

한달 정도 후에 왕신사가 죽자 마침내 이 곳에 장사지냈다. (『계신록』)

　　江南通事舍人王愼辭, 有別墅在廣陵城西, 愼辭常與親友遊其上. 一日, 忽自愛其岡阜之勢, 嘆曰: "我死必葬於此" 是夜, 村中間犬吠, 或起視之, 見愼辭獨騎徘徊於此. 逼之, 遂不見. 自是夜夜恒至. 月餘, 愼辭卒, 竟葬其地. (出『稽神錄』)

145 · 14(1347)
안수범(安守範)

　　위촉(僞蜀: 前蜀)의 팽주자사(彭州刺史) 안사겸(安思謙)의 아들 안수범이 한번은 빈객과 함께 천태선원(天台禪院)을 유람하면서 연구시(聯句詩: 두 명 이상이 함께 시를 짓는 것)를 지었다. 안수범이 읊었다.

　　우연히 천태선원에 왔다가,
　　세속을 벗어난 스님을 만났네.

정융군추관(定戎軍推官) 양정부(楊鼎夫)가 읊었다.

　　속세 잡념을 버리고 한 조사를 모셨으나,
　　말을 꺼낸즉 삼승(三乘: 불교의 小乘·中乘·大乘)에서 어긋나네.

전(前) 회원군순관(懷遠軍巡官) 주술(周述)이 읊었다.

고목있는 정원 고요한데
빈 창 밖의 정경은 맑기만 하여라.

전(前) 미주판관(眉州判官) 이인조(李仁肇)가 읊었다.

소나무 잣나무 아래 잠깐 있었더니,
수천 개의 등불이 이어지는구나.

이들은 이 연구시들을 사원의 벽에 적어두고 떠났다. 다음날 한 가난뱅이가 구걸하러 왔다가 이를 보고는 낭랑한 음성으로 말했다.
"사람의 도는 처음은 있으되 끝이 없는 것인데, 이것은 끝만 있고 처음이 없구나. 5년 뒤에 머리와 턱이 모두 부서질 것이니 이 모두는 마지막 구를 지은 자만도 못하게 되리라."
그리고 그는 손바닥을 치고 크게 웃었다. 사원의 스님이 급히 그를 내쫓자 그가 걸어가며 말했다.
"이후의 주인은 천리를 멀다하지 않고 오실 것이다."
사람들은 그가 미쳤다고 생각했으며 그 말의 이유를 헤아릴 수 없었다.
몇 년이 지나 안수범은 형벌로 주살되었으며 양정부는 갑자기 죽었으니, 이것이 머리와 턱이 모두 부서질 것이라는 말의 의미였다. 주술과 이인조는 계속해서 관직이 올랐으니, 이것이 마지막 구를 지은 자만도 못하게 되리라는 말의 뜻이었다. 절의 주지승도 곧 죽었는데, 뒤이어 주지승이 된 사람은 흥원부(興元府)에서 왔으니 곧 주인이 천리를 멀다하지 않고 온다는 의미다. 가난뱅이의 말은 조금도 틀림이 없었다. (『야인한화』)

偽蜀彭州刺史安思謙, 男守範, 嘗與賓客遊天台禪院, 作聯句詩. 守範云: "偶到天台院, 因逢物外僧." 定戎軍推官楊鼎夫云: "忘機同一祖, 出語離三乘." 前懷遠軍巡官周述云: "樹老中庭寂, 窗虛外境澄." 前眉州判官李仁肇云: "片時松柏下, 聯續百千燈." 因紀於僧壁而去. 翌日, 有貧子乞食見之, 朗言曰: "人道有初無尾, 此則有尾無初. 却後五年, 首領俱碎, 洎不如尾句者." 撫掌大笑. 院僧驅邐之, 貧子走且告曰: "此後主人, 不遠千里, 即欲到來." 衆以爲狂, 莫測其由.

後數年, 守範伏法, 鼎夫暴亡, 此首領俱碎之義. 周與李, 累授官資, 此不如尾句之義也. 院主僧尋亦卒, 相承住持者, 來自興元, 則主不遠千里也. 貧子之說, 一無謬焉. (出『野人閒話』)

태평광기 권제 146 정수(定數) 1

1. 보　　지(寶　　誌)　　2. 사　　부(史　　溥)
3. 경　　순(耿　　詢)　　4. 울지경덕(尉遲敬德)
5. 위　　징(魏　　徵)　　6. 누사덕(婁師德)
7. 왕　　현(王　　顯)　　8. 장보장(張寶藏)
9. 수판명인관(授判冥人官)　10. 왕무애(王無㝵)
11. 우문융(宇文融)　　12. 노　　잠(路　　潛)
13. 감자포(甘子布)　　14. 이형수(李迥秀)
15. 적인걸(狄仁傑)　　16. 최원종(崔元綜)
17. 소미도(蘇味道)　　18. 노숭도(盧崇道)
19. 유인궤(劉仁軌)　　20. 임지선(任之選)

146 · 1(1348)
보 지(寶 誌)

양(梁)나라 간문제(簡文帝)가 태어났을 때, 지공(誌公: 寶誌)이 무제(武帝)에게 아뢰었다.

"이 아이는 원수와 같은 해에 태어났사옵니다."

그 해에 후경(侯景)이 안문(鴈門)에서 태어났다. 나중에 후경은 양나라에서 난을 일으켜 소씨(蕭氏)를 거의 모두 주살했다. (『조야첨재』)

梁簡文之生, 誌公謂武帝: "此子與寃家同年生." 其年侯景生於鴈門. 亂梁, 誅蕭氏略盡. (出『朝野僉載』)

146 · 2(1349)
사 부(史 溥)

진패선(陳霸先: 陳 武帝)이 아직 존귀해지지 않았을 때, 직합리(直閤吏: 直閣吏라고도 씀. 左右衛府에 속하며 궁중의 宿衛를 관장하는 관리) 사부(史溥)의 꿈에 붉은 옷을 입은 어떤 사람이 옥 홀(笏)을 들고 하늘에서 내려왔는데, 그 홀 위에는 황금 글씨로 "진씨오세삼십사년(陳氏五世三十四年: 진씨 왕조는 5대에 걸쳐 34년 동안 존속한다는 뜻)"이라고 씌어 있었다. [진나라의 마지막 황제] 후주(後主)가 수(隋)나라에 귀항(歸降)했을 때, 사부는 아직도 살아 있었다. (『독이지』)

陳霸先未貴時, 有直閤吏史溥, 夢有人朱衣執玉簡, 自天而降, 簡上金字書曰: "陳氏五世三十四年." 及後主降隋, 史溥尙在. (出『獨異志』)

146·3(1350)
경 순(耿 詢)

수(隋)나라 대업년(大業年: 618)에 경순이 혼천의(渾天儀)를 만들어 바쳤다. 황제는 태사령(太史令) 원극(袁克)과 소부감(少府監) 하조(何稠) 등에게 시험해보게 했는데, 삼진(三辰: 日·月·星)의 도수(度數)에 따라 주야로 돌렸더니 털끝만큼의 차이도 없었다. 황제는 크게 칭찬하면서 그에게 100가지의 재물을 하사하고 그를 태사령으로 기용하려 했다. 그러나 경순은 그 말을 듣더니 웃으며 말했다.

"저는 아직 그 관직을 받을 수 없습니다. 예순네댓 살에는 문제가 없겠지만, 그러나 태사령이 되면 곧바로 명이 다할 것입니다."

나중에 우문화급(宇文化及)이 반역하여 제위를 찬탈하고 경순을 태사령으로 삼았다. 경순은 우문화급에게 식견이 없는 것을 알고 계책을 꾸며 당(唐)에 귀항하려 했는데, 일이 발각되어 살해당했으니 그 때 그의 나이 65세였다. 경순의 기예와 술수를 살펴보니, 대개 장형(張衡)과 곽박(郭璞)의 무리인 것 같다. (『대업습유기』)

隋大業中, 耿詢造渾儀成, 進之. 帝召太史令袁克·少府監何稠等檢驗, 三辰度數, 晝夜運('運'原作'不', 據明鈔本改)轉, 毫釐不差. 帝甚嘉之, 賜物一百段, 欲用爲太史令. 詢聞('聞'原作'問', 據明鈔本改)之, 笑曰: "詢故未得此官. 六十四五, 所不論耳, 然得太史令卽命終." 後宇文化及簒逆, 詢爲太史令. 詢知化及不識, 謀欲歸唐, 事覺被害, 時年六十五. 觀詢之藝能數術, 蓋亦張衡·郭璞之流 (出『大業拾遺記』)

146·4(1351)
올지경덕(尉遲敬德)

  수(隋)나라 말에 어떤 서생이 태원(太原)에서 살았는데, 가난에 쪼들려 학생들을 가르치는 것으로 생계를 꾸려나갔다. 그가 살던 집은 관청의 창고와 맞닿아 있었는데, 어느 날 그가 담벼락에 구멍을 뚫고 들어가 보았더니 그 안에 수만 관(貫)의 돈이 있자 가져가려 했다. 그때 황금 갑옷을 입은 사람이 창을 들고 말했다.
  "네가 돈을 가져가려면 울지공(尉遲公: 尉遲敬德)의 증서를 가져와야 된다. 이것은 울지경덕님의 돈이다."
  서생은 울지경덕이란 사람을 찾으려고 수소문했지만 찾을 수 없었다. 그러던 어느 날 대장간을 갔더니, 울지경덕이란 대장장이가 윗통을 벗고 머리를 풀어헤친 채 한창 담금질을 하고 있었다. 서생은 그가 쉬기를 기다렸다가 그에게 다가가 절을 했더니, 울지공이 말했다.
  "무슨 일이오?"

서생이 말했다.

"저는 빈곤하고 당신은 부귀하니, 당신께 돈 500관을 빌리고자 하는데 주실 수 있겠습니까?"

울지공이 성을 내며 말했다.

"나는 대장장이인데 무슨 부귀함이 있겠소? 날 모욕하고 있구먼!"

서생이 말했다.

"만약 나를 불쌍히 여기신다면 증서 하나만 써 주십시오. 훗날 [그 연유를] 저절로 알게 되실 것입니다."

울지공은 하는 수 없이 서생에게 붓을 들게 하고는 말했다.

"아무개에게 돈 500관을 지급한다."

그리고는 날짜를 적고 그 뒤에 서명을 했다. 서생은 감사의 절을 한 뒤 그 증서를 들고 떠났다. 울지공과 그 무리들은 모두 박장대소하면서 서생이 망령들었다고 생각했다. 서생은 증서를 받은 뒤 창고로 가서 황금 갑옷 입은 사람을 다시 만나 그에게 증서를 바쳤더니, 갑옷 입은 사람이 웃으며 "맞다"고 했다. 그리고는 그 증서를 들보 위의 높은 곳에 걸어놓고는 서생에게 딱 500관의 돈만 가져가게 했다.

나중에 울지경덕은 신요(神堯: 唐 高祖 李淵의 尊稱)를 보좌하여 뛰어난 공을 세운 뒤에 고향으로 돌아갈 것을 청했다. 그러자 황제는 그에게 돈을 하사하고 아울러 아직 개봉하지 않은 그 창고의 재물도 하사했기에, 울지경덕은 마침내 창고 안에 있는 그 돈을 얻게 되었다. [창고를 개봉하면서] 장부를 검사하다보니 500관의 돈이 부족했으므로 창고 관리자를 처벌하려 했는데, 그때 문득 들보 위에 걸려 있는 증서가 보였다. 울지경덕이 살펴보았더니 바로 자신이 대장장이로 있을 때 써준 증서였다. 울지경덕은 며칠 동안 경탄한 끝에 사람을 보내 그 서생을 은밀히 찾게 하여 마침내 서생을 찾아냈더니, 서생이 자신이 보았던 일을 자세히 말씀드렸다. 울지공은 서생에게 후한 재물을 주어 돌려보냈으며, 또 창고의 재물을 옛날에 알고 지냈던 사람들에게 모두 나누어주었다. (『일사』)

隋末, 有書生居太原, 苦於家貧, 以敎授爲業. 所居抵官庫, 因穴而入, 其內有錢數萬貫, 遂欲攜挈. 有金甲人持戈曰:"汝要錢, 可索取尉遲公帖來. 此是尉遲敬德錢也." 書生訪求不見. 至鐵冶處, 有煆鐵尉遲敬德者, 方袒露蓬首, 煆鍊之次. 書生伺其歇, 乃前拜之, 尉遲公問曰:"何故?" 曰:"某貧困, 足下富貴, 欲乞錢五百貫, 得否?" 尉遲公怒曰:"某打鐵人, 安有富貴? 乃侮我耳!" 生曰:"若能哀憫, 但賜一帖. 他日自知." 尉遲不得已, 令書生執筆, 曰:"錢付某乙五百貫." 具月日, 署名於後. 書生拜謝持去. 尉遲公與其徒, 拊掌大笑, 以爲妄也. 書生旣得帖, 却至庫中, 復見金甲人呈之, 笑曰:"是也." 令繫於梁上高處, 遣書生取錢, 止於五百貫.

後敬德佐神堯, 立殊功, 請歸鄕里. 敕賜錢, 幷一庫物未曾開者, 遂得此錢. 閱簿, 欠五百貫, 將罪主者, 忽於梁上得帖子. 敬德視之, 乃打鐵時書帖. 累日驚歎, 使人密求書生, 得之, 具陳所見. 公厚遣之, 仍以庫物分惠故舊. (出『逸史』)

146・5(1352)
위 징(魏 徵)

당(唐)나라의 위징이 복야(僕射)로 있을 때, 두 명의 전사(典事)가 오랫동안 그를 시봉(侍奉)했다. 한번은 위징이 막 잠자리에 들었는데, 두 사람이 창 아래에서 논쟁하고 있었다. 그 중 한 사람이 말했다.

"우리들의 관직은 모두 이 노인에 의해 결정된다."

그러자 다른 한 사람이 말했다.

"[그렇지 않아.] 모두 하늘에 의해 결정되는 거야."

위징은 그들의 말을 듣고 난 뒤, 마침내 편지 한 통을 써서 '이 노인에 의해 결정된다'고 말한 사람을 시랑부(侍郎府)로 보냈는데, 편지에 이렇게 썼다.

"이 사람에게 좋은 관직을 주십시오."

그 사람은 [편지의 내용을] 모르고 있었는데, 공교롭게도 문을 나서다가 갑자기 가슴이 아픈 바람에, 대신 '하늘에 의해 결정된다'고 말한 사람을 통해 편지를 보내게 되었다. 다음날 관직을 인준하면서 보았더니, '이 노인에 의해 결정된다'고 말한 사람은 제외되어 있었고, '하늘에 의해 결정된다'고 말한 사람은 들어 있었다. 위징이 이상히 여겨 물었더니 그들이 사실대로 대답했다. 그래서 위징은 이렇게 탄식했다.

"관직과 복록이 하늘에 의해 결정된다고 하는 것은 대개 헛된 말이 아니로구나!"

(『조야첨재』)

唐魏徵爲僕射, 有二典事之長參. 時徵方寢, 二人窓下平章. 一人曰: "我等官職, 總由此老翁." 一人曰: "總由天上." 徵聞之, 遂作一書, 遣由此老翁者, 送至侍郎處, 云: "與此人一員好官." 其人不知, 出門心痛, 憑由天人者送書. 明日引注, 由老人者被放, 由天者得留. 徵怪之, 問焉, 具以實對. 乃歎曰: "官職祿料由天者, 蓋不虛也!"(出『朝野僉載』)

146 · 6(1353)
누사덕(婁師德)

당(唐)나라의 누사덕이 양주(揚州) 강도현위(江都縣尉)가 되었을 때 풍원상(馮元常)도 현위가 되어 함께 장경장(張問藏)을 뵈었는데, 장경장이 말했다.

"두 사람은 모두 귀해지겠지만, 풍군(馮君)의 벼슬은 누군(婁君)만 못하겠네. 풍군은 돈을 많이 취할수록 관직이 더욱 승진하겠지만, 누군은 만약 한 푼의 돈이라도 취하면 즉시 관직을 잃게 될 것일세."

나중에 풍원상은 준의현위(浚儀縣尉)가 되어 포악하고 잔인한 일을 많이 자행했지만, 순찰사(巡察使: 재해를 당한 지역에 파견되어 그 지역을 순시하고 관리를 감찰하던 5품 이상의 大官. 宣撫使·存撫使라고도 했음)는 오히려 그가 강력하게 일 처리를 잘 한다고 생각하여 그를 운양현위(雲陽縣尉)로 임명할 것을 황제께 주청했다. 그는 또 금전을 갈취한 일이 누명이었다고 판명되어 청렴하고 강직한 감찰관으로 인정받았다. 누사덕은 끝까지 감히 한 푼의 돈도 취하지 않았으므로, 벼슬은 태보(台輔: 宰相)에까지 올랐으나 집안은 몹시 빈궁했다. 풍원상은 벼슬이 상서좌승(尙書左丞)에까지 올랐으나 나중에 죄를 지어 어명을 받고 자진(自盡)했다. 누사덕은 납언(納言: 御命의 出納을 관장하는 관리)에까지 올랐다가 죽었다. (『조야첨재』)

唐婁師德爲揚州江都尉, 馮元常亦爲尉, 共見張冏藏. 冏藏曰: "二君俱貴, 馮位不如婁. 馮唯取錢多, 官益進, 婁若取一錢, 官卽敗." 後馮爲浚儀尉, 多肆慘虐, 巡察以爲彊, 奏授雲陽尉. 又緣取錢事雪, 以爲清彊監察. 婁竟不敢取一錢, 位至台輔, 家極貧匱. 馮位至尙書左丞, 後得罪, 賜自盡. 婁至納言卒. (出『朝野僉載』)

146 · 7(1354)
왕 현(王 顯)

당(唐)나라의 왕현은 옛날 엄자릉(嚴子陵: 嚴光, 일명 嚴遵)[과 후한(後漢) 광무제(光武帝)가 어릴 때 친구사이였던 것]처럼 문무황제(文武皇帝: 太宗. 태종의 廟號가 文武大聖大廣孝皇帝임)와 어릴 적 친구였는데, [당시 두 사람은] 늘 바지를 잡아당기며 놀았고 모자 뺏기를 하면서 즐거워했다. 문무황제는 아직 존귀해지지 않았을 때, 늘 장난 삼아 이렇게 말하곤 했다.

"왕현은 늙을 때까지 고치를 만들지[누에가 고치를 만들어 영역을 확보하듯이 자신의 입지를 세운다는 뜻] 못할 것이다."

나중에 문무황제가 등극했을 때 왕현이 알현하는 자리에서 아뢰었다.

"신은 오늘 고치를 만들 수 있겠지요?"

문무황제는 웃으며 말했다.

"아직은 알 수 없지."

그리고는 왕현의 세 아들을 불러들여 모두 오품(五品) 벼슬을 제수했지만 왕현에게만은 벼슬을 내리지 않았다. [왕현이 벼슬을 청하자] 문무황제는 이렇게 말했다.

"경에겐 존귀하게 될 팔자가 없어서 그런 것이지, 짐이 경에게 벼슬 주는 것이 아까워서 그런 게 아니오."

왕현이 말했다.

"아침에 존귀해진다면 저녁에 죽더라도 만족하겠습니다."

그때 복야(僕射) 방현령(房玄齡)이 말했다.

"폐하께서는 이미 잠룡(潛龍: 황제가 아직 帝位에 오르기 이전을 말함) 시절에 왕현과 교분이 있으셨사온데, 어찌하여 그에게 벼슬을 내리지 않으시옵니까?"

그래서 결국 문무황제는 왕현에게 삼품(三品) 벼슬을 내려주고 자주색 관복과 황금 관대(官帶)를 가져오게 하여 그에게 하사했는데, 그날 밤에 왕현은 죽고 말았다. (『조야첨재』)

唐王顯, 與文武皇帝有嚴子陵之舊, 每挈禪爲戲, 將帽爲歡. 帝微時, 常戲曰: "王顯抵老不作繭." 及帝登極而顯謁, 因奏曰: "臣今日得作繭耶?" 帝笑曰: "未可知也." 召其三子, 皆授五品, 顯獨不及. 謂曰: "卿無貴相, 朕非爲卿惜也." 曰: "朝貴而夕死足矣." 時僕射房玄齡曰: "陛下旣有龍潛之舊, 何不試與之?" 帝與之三品, 取紫袍金帶賜之, 其夜卒. (出『朝野僉載』)

146·8(1355)
장보장(張寶藏)

[당나라] 정관연간(貞觀年間: 627~649)에 장보장은 금오위(金吾衛)의

장사(長史)로 있었다. 한번은 숙직을 마치고 역양(櫟陽)으로 돌아가던 길에, 젊은이들이 사냥해서 잡은 신선한 고기를 잘라 들에서 먹는 것을 보고는 나무에 기대어 탄식했다.

"나 장보장은 나이 일흔이 되도록 한번도 이와 같은 술과 고기를 먹어본 적이 없으니 정말 슬프구나!"

옆에 있던 한 스님이 그를 가리키며 말했다.

"60일 안에 관직이 삼품에 오를 것인데 어찌하여 탄식하시오?"

그 스님은 말을 마친 뒤 사라졌다. 장보장은 이상해하면서 즉시 도성으로 돌아갔다.

당시 태종(太宗)은 이질에 걸려 고생하고 있었는데, 많은 의원들이 치료했지만 효과가 없자, 즉시 궁중의 좌우 대신들에게 물어 그 병을 치료할 수 있는 자가 있으면 마땅히 후한 상을 주겠다는 조서를 내렸다. 그런데 장보장은 이전에 그 병으로 고생한 적이 있었기에, 유전필발(乳煎蓽撥: 우유로 蓽撥을 달여 만든 약. 蓽撥은 胡椒科에 속하는 藥草)이라는 약방(藥方)을 적어 상주했다. 황상은 그것을 복용하고 즉시 낫자, 재상에게 조서를 내려 그에게 오품 벼슬을 주도록 했다. 그러나 재상 위징(魏徵)은 그것을 곤란하다고 생각하여 한 달이 넘도록 임명 문서를 올리지 않았다. 그 후 황상은 병이 재발하자 좌우 신하들에게 물었다.

"내가 이전에 유전필발을 먹고 효험을 보았으니 다시 그 약을 바치도록 하라."

황상은 약을 한번 먹고 또 병이 나았으므로, 그 사람을 떠올리며 말했다.

"일찍이 약방을 바친 사람에게 오품 벼슬을 주라고 명했는데, 그 사람이 아직도 제수(除授)받지 못한 것은 어찌된 일인가?"

위징이 두려워하며 말했다.

"처음 어명을 받들었을 때 그 사람을 문관으로 임명해야 할지 무관으로 임명해야 할지 미처 몰랐기 때문이옵니다."

황상이 노하여 말했다.

"재상의 병을 치료할 경우 삼품 벼슬을 주어도 무방하거늘, 천자인 내가 어찌 그대만 못하겠는가?"

그리고는 큰 소리로 말했다.

"그를 삼품 문관에 임명하고 홍로경(鴻臚卿)에 제수하라."

그때는 [장보장이 스님의 말을 들은 후로] 딱 60일째 되던 날이었다. (『독이지』)

貞觀中, 張寶藏爲金吾長史(原本無'史'字, 據明鈔本補). 常因下直, 歸櫟陽, 路逢少年畋獵, 割鮮野食, 倚樹歎曰: "張寶藏身年七十, 未嘗得一食酒肉如此者, 可悲哉!" 傍有一僧指曰: "六十日內, 官登三品, 何足歎也?" 言訖不見. 寶藏異之, 卽時還京.

時太宗苦於氣痢, 衆醫不效, 卽下詔問殿庭左右, 有能治此疾者, 當重賞之. 時寶藏曾困其疾, 卽具疏以乳煎蓽撥方. 上服之立瘥, 宣下宰臣, 與五品官. 魏徵難之, 逾月不進擬. 上疾復發, 問左右曰: "吾前飮乳煎蓽撥有效, 復命進之." 一啜又平, 因思曰: "嘗令與進方人五品官, 不見除授, 何也?" 徵懼曰: "奉詔之際, 未知文武二吏." 上怒曰: "治得宰相, 不妨已授三品官, 我天子也, 豈不及汝耶?" 乃厲聲曰: "與三品文官, 授鴻臚卿." 時正六十日矣. (出『獨異志』)

146·9(1356)
수판명인관(授判冥人官)

당(唐)나라 태종(太宗)은 매우 건강했는데, 태사령(太史令) 이순풍(李淳風)이 황상을 뵙고는 눈물을 흘리며 아무 말도 하지 않았다. 태종이 [어찌된 영문인지] 묻자, 이순풍이 대답했다.

"폐하께서는 저녁에 붕어하실 것이옵니다."

태종이 말했다.

"사람의 목숨은 운명에 달린 것이니 또한 무엇을 걱정하겠는가!"

그리고는 이순풍을 만류하여 궁 안에서 자도록 했다. 태종은 한밤중이 되어 갑자기 입정(入定)했는데, 그때 한 사람이 나타나 말했다.

"폐하께서는 잠시 가셔야만 하온데 가시는 즉시 돌려보내 드리겠사옵니다."

태종이 물었다.

"그대는 누구인가?"

그 사람이 대답했다.

"신은 살아 있는 사람으로서 저승의 일을 판결하고 있습니다."

태종이 [그를 따라 저승으로] 들어가 보았더니, 판관이 태종에게 6월 4일의 일에 대해 묻고 나서 즉시 돌려보내 드리라고 하자, 방금 전에 보았던 사람이 다시 태종을 모시고 인도하여 나갔다. 이순풍은 즉시 천상(天象)을 관찰하면서 사람들에게 곡을 하지 못하게 했는데, 잠시 후 태종이 깨어났다. 새벽이 되어 태종은 어제 저녁에 보았던 사람을 찾게 하여 그에게 관직 하나를 내려주라고 담당 관리에게 명하여, 마침내 그를 촉현승(蜀縣丞)으로 임명했다. 나중에 태종이 괴이하게 여겨 물었더니, 선관(選官)이 아뢰었다.

"칙명을 받들어 그에게 이 관직을 수여했을 뿐이옵니다."

태종은 그 일을 기억하지 못했지만, 옆에 있던 사람들은 모두 들었다. 그래서 관직이란 모두 하늘에 의해 결정된다는 것을 비로소 알게 되다. (『조야첨재』)

唐太宗極康豫, 太史令李淳風見上, 流淚無言. 上問之, 對曰: "陛下夕當晏駕." 太宗曰: "人生有命, 亦何憂也!" 留淳風宿. 太宗至夜半, 上奄然入定, 見一人云: "陛下暫合來, 還卽去也." 帝問: "君是何人?" 對曰: "臣是生人判冥事." 太宗入見, 判官問六月四日事, 卽令還, 向見者又迎送引導出. 淳風卽觀玄象, 不許哭泣, 須臾乃寤. 至曙, 求昨所見者, 令所司與一官, 遂注蜀道一丞. 上怪問之, 選司奏: "奉進止與此官." 上亦不記, 旁人悉聞. 方知官皆由天也. (出『朝野僉載』)

146・10(1357)
왕무애(王無㝵)

당(唐)나라의 왕무애는 도박을 좋아하고 매 사냥을 잘했다. 문무성황제(文武聖皇帝: 太宗)는 아직 존귀해지지 않았을 때, 왕무애와 저포(樗蒲: 옛날 도박의 일종으로, 그 방법은 오늘날 주사위를 가지고 하는 雙六과 비슷함) 노름을 하면서 점수[원문은 '彩'. 저포 노름을 할 때 5개의 주사위를 던져서 나온 점수]를 다투었는데, [옛날 석륵(石勒)이] 이양(李陽: 五胡十六國 後趙의 군주 石勒이 어렸을 때 이양의 이웃집에서 살았는데, 이양은 성격이 괴팍하여 매번 麻를 담가두는 연못을 차지하려고 석륵과 주먹다툼을 했음. 나중에 석륵은 왕위에 오른 후, 그에게 제일 좋은 땅을 하사하고 始興太守로 임명했음)에 대해 가졌던 것처럼 그에게 해묵은 감정이 있었다. 나중에 문무황제가 등극하자, 왕무애는 숨어 지내면서 나오지 않았다. 그래서 문무황제는 급사(給使)를 시켜 새매 한 마리를 저자에서 팔면서 [새매 값으로] 20관(貫: 2만 냥)을 불렀다. 왕무애는 내막도 모른 채 그 새매를 18관에 샀다. 급사가 그 사실을 아뢰었더니, 문무황제가 말했다.

"그 사람은 틀림없이 왕무애이다."

마침내 왕무애를 불러오게 했더니, 왕무애는 황공해하고 두려워하면서 죄를 청했다. 그러나 문무황제는 웃으면서 그에게 상을 주었는데, 춘명문(春明門)에 명을 내려 여러 주(州)에서 온 짐수레를 3일 동안 기다렸다가 모두 그에게 주도록 했다. 왕무애는 3일 동안 그곳에 앉아 있었는데, 공교롭게도 파교(灞橋)가 무너지는 바람에 삼[麻]을 실은 수레 3대만 얻었고 그밖에는 아무 것도 얻지 못했다. 문무황제는 그가 박명(薄命)하다는 것을 알고는 더 이상 상을 주지 않았다. 왕무애가 자주 오품 벼슬을 청하자, 문무황제가 말했다.

"그대에게 주지 않으려는 것이 아니라, 주더라도 그대가 그것을 감당하지 못할까봐 안타까워서 그러네."

그러나 왕무애가 한사코 청하자 문무황제는 그에게 오품 벼슬을 허락했는데, 그날 밤에 왕무애는 결국 죽고 말았다. (『조야첨재』)

唐王無㝷, 好博戲, 善鷹鷂. 文武聖皇帝微時, 與無㝷蒱戲爭彩, 有李陽之宿憾焉. 帝登極, 㝷藏匿不出. 帝令給使, 將一鶻子於市賣之, 索錢二十千. 㝷不之知也, 酬錢十八貫. 給使以聞, 帝曰: "必王無㝷也." 遂召至, 惶懼請罪. 帝笑而賞之, 令於春明門, 待諸州庸車三日, 並與之. 㝷坐三日, 屬灞橋破, 唯得麻三車, 更無所有. 帝知其命薄, 更不復賞. 頻請五品, 帝曰: "非不與卿, 惜卿不勝也." 固請, 乃許之, 其夜遂卒. (出『朝野僉載』)

146 · 11(1358)
우문융(宇文融)

유우석(劉禹錫)이 말했다.

"관직이 생전에 정해지지 않았다면, 어찌하여 '진짜 재상[眞宰]'이라고 부르겠는가?"

영휘연간(永徽年間: 650~655)에 노제경(盧齊卿)은 갑자기 죽었다가 다시 살아나서 [저승에서 본 일을] 다음과 같이 이야기했다.

그의 외숙인 이(李) 아무개는 명부(冥府)의 판관으로 있었는데, 어떤 관리가 문서를 살펴보면서 말했다.

"우문융(宇文融)은 마땅히 재상이 되어야 합니다."

그의 외숙이 말했다.

"우문융이 어찌 재상 벼슬을 감당할 수 있겠는가?"

관리가 말했다.

"천부(天府)의 명령이 이미 하달되었습니다. 그가 얼마 동안 재상 노릇을 할 수 있을지는 판관께서 결정하십시오."

그래서 그의 외숙은 100일 동안이라고 판결했다.

나중에 우문융은 재상에 임명되었다가 과연 100일만에 파면당했다. (『가화록』)

劉禹錫曰: "官不前定, 何名'眞宰'乎?" 永徽中, 盧齊卿卒亡, 及蘇, 說: 見其舅李某, 爲冥司判官, 有吏押案曰: "宇文融合爲宰相." 舅曰: "宇文融豈堪爲宰相?" 吏曰: "天曹符已下. 數日多少, 卽由判官." 舅乃判一百日. 旣而拜宰相, 果百日而罷. (出『嘉話錄』)

146 · 12(1359)
노 잠(路 潛)

회주(懷州)의 녹사참군(錄事參軍) 노경잠(路敬潛)은 기련휘(綦連輝)의 사건에 연루되어 신개(新開)에서 국문을 받은 뒤 사형은 겨우 면하고 유배당했는데, 나중에 상소하여 억울함을 씻고 목주(睦州) 수안현령(遂安縣令)으로 제수되었다. 그런데 이전의 읍재(邑宰: 縣令)들이 모두 그곳의 현령으로 있다가 죽었으므로, 노경잠이 부임하려 하지 않자, 그의 부인이 말했다.

"당신이 만약 죽었어야 했다면 신개의 난국에서 이미 목숨을 잃었을 것입니다. 하지만 지금 현령이 되셨으니 어찌 운명이 아니겠습니까?"

그리하여 노경잠은 마침내 목주로 갔는데, 수안현까지 가는 데는 물길로 수백 리 이상이었다. [현청(縣廳)의] 침당(寢堂) 서쪽 사이에 3개의 무덤 구덩이가 있었는데, 그것은 모두 이전의 죽은 현령을 묻었던 자리였다. 노경잠은 마을 인부에게 명하여 그것을 메우게 했다. 올빼미가 병풍 위에서 울고 또 승진(承塵: 먼지나 흙 따위가 떨어지는 것을 막기 위하여 침대 위에 치는 휘장) 위에서 울었지만, 노경잠은 전혀 개의치 않았다. 매번 부인과 함께 마주앉아 식사할 때면 누렇고 희고 푸르고 검은 수십 마리의 쥐가 나타났는데, 막대기로 쫓으면 쥐들이 막대기를 끌어안고 울어댔다. 그 밖의 요괴에 대해서는 이루 다 말로 할 수 없을 정도였다. 그러나 노경잠은 한 차례의 임기가 만료될 때까지 조금도 해를 입지 않았다. 그 후 노경잠은 위현령(衛縣令)에 선임되고 위주사마(衛州司馬)에 제수되었으며, 조정으로 들어와 낭중(郎中)이 되었다가 중서사인(中書舍人)에까지 올랐다. (『조야첨재』)

懷州錄事參軍路敬潛遭綦連輝事, 於新開推鞫, 免死配流, 後訴雪, 授陸州遂安縣令. 前邑宰皆卒於官, 潛欲不赴, 其妻曰: "君若合死, 新開之難, 早已無身. 今得縣令, 豈非命乎?" 遂至州, 去縣水路數百里上. 寢堂西間, 有三殯坑, 皆埋舊縣令. 潛命坊夫塡之. 有梟鳴於屛風, 又鳴於承塵上, 並不以爲事. 每與妻對食, 有鼠數十頭, 或黃或白, 或靑或黑, 以杖驅之, 則抱杖而叫. 自餘妖怪, 不可具言. 至一考滿, 一無損失. 選授衛令, 除衛州司馬, 入爲郎中, 位至中書舍人. (出『朝野僉載』)

146 · 13(1360)
감자포(甘子布)

주(周: 唐나라 則天武后 時代)나라 감자포는 박학하고 재주가 뛰어나

17살에 좌위장사(左衛長史)가 되었으나 오품(五品)에는 들지 못했다. 등봉(登封: 天子가 泰山에 올라 封禪하는 의식)하는 해에 감자포는 병이 들었지만 나귀 수레를 타고 무리하여 동악(東嶽: 泰山) 아래로 갔는데, [이 일로 인해] 황은(皇恩)을 받고 두 품계가 올라가 당연히 오품에 들었지만, 그는 결국 병석에서 일어날 수 없었다. 고향의 친척들이 축하하러 왔지만 의관을 갖춰 입을 수 없었기에, 그냥 홍포(紅袍)를 몸 위에 덮은 채로 편안하게 죽었다. (『조야첨재』)

周甘子布, 博學有才, 年十七, 爲左衛長史, 不入五品. 登封年病, 以驢輿彊至嶽下, 天恩加兩階, 合入五品, 竟不能起. 鄕里親戚來賀, 衣冠不得, 遂以緋袍覆其上, 帖然而終. (出『朝野僉載』)

146 · 14(1361)
이형수(李逈秀)

이형수가 병부상서(兵部尙書)로 있을 때 병이 들자, 조정의 관원들이 와서 그를 위문했더니 이형수가 말했다.

"나는 틀림없이 시중(侍中)이 되리라는 것을 스스로 알고 있소. 운명에 그렇게 되어 있으니 진실로 걱정하지 않소."

조정의 관원들이 물러나 채 골목을 벗어나기도 전에 이형수는 죽었다. 담당 관리가 아뢰었더니, 황제는 그에게 시중 벼슬을 추증하라는 조서를 내렸다. (『정명록』)

李迥秀爲兵部尚書, 有疾, 朝士問之, 秀曰: "僕自知當得侍中, 有命固不憂也." 朝士退, 未出巷而薨. 有司奏, 有詔贈侍中. (出『定命錄』)

146 · 15(1362)
적인걸(狄仁傑)

당(唐)나라의 적인걸은 폄적당하여 [지방으로] 가던 길에 변주(汴州)를 지나다가 그곳에 반나절을 머물면서 병을 치료하고자 했다. 그러나 개봉현령(開封縣令) 곽헌가(霍獻可)가 뒤쫓아와 그날로 당장 현의 경계를 나가라고 하자, 적공(狄公: 狄仁傑)은 그에게 깊은 원한을 품었다. 나중에 적공이 조정으로 돌아와 재상이 되었을 때 곽헌가는 낭중(郎中)으로 있었는데, 적공은 그를 중상하고자 했으나 성공하지 못했다. 칙천무후(則天武后)가 적공에게 어사중승(御史中丞)을 선발하라고 명하여 적공은 두 번이나 어지를 받았으나 모두 잊어버렸다. 나중에 칙천무후가 또 묻자, 적공은 갑자기 대답하는 바람에 제대로 대답이 나오지 않고 오직 곽헌가만 기억나기에 마침내 그를 상주했다. 그래서 곽헌가는 어지에 따라 어사중승에 제수되었다. 나중에 적공이 곽헌가에게 말했다.

"나는 처음에는 공에게 원한을 품었으나 지금은 도리어 공을 천거했으니, 모든 것이 운명임을 알게 되었소. 어찌 사람에 의해 결정되는 일이겠소?"

(『정명록』)

唐狄仁傑之貶也, 路經汴州, 欲留半日醫疾. 開封縣令霍獻可追逐當日出界, 狄公甚銜之. 及回爲宰相, 霍已爲郎中, 狄欲中傷之而未果. 則天命擇御史中丞, 凡兩度承旨, 皆忘. 後則天又問之, 狄公卒對, 無以應命, 唯記得霍獻可, 遂奏之. 恩制除御史中丞. 後狄公謂霍曰: "某初恨公, 今却薦公, 乃知命也. 豈由於人耶?"
(出『定命錄』)

146 · 16(1363)
최원종(崔元綜)

최원종은 칙천무후(則天武后) 시대에 재상이 되었는데, 영사(令史) 해삼아(奚三兒)가 그에게 말했다.

"공께서는 지금부터 60일 이내에 틀림없이 남해(南海)로 유배당하실 것입니다. 그리고 6년 동안 3번 죽을 고비를 만나겠지만 결국 죽지는 않을 것입니다. 그때 이후로는 처음부터 다시 출발하여 관직을 바꿔가다가 최후에는 도로 옛 벼슬자리에 앉을 것입니다. 수명은 거의 100세까지 살겠지만, 마지막에는 굶어 죽을 것입니다."

60일이 지나자 최원종은 과연 죄를 지어 남해의 남쪽으로 유배당했다. 몇 년 뒤 그는 100일 동안 이질에 걸려 피똥을 싸면서 위독한 지경에 이르렀으나 죽지는 않았다. 그때 마침 사면령이 내려져 도성으로 돌아가게 되었는데, 배를 타고 바다를 건너다가 풍랑을 만나 배가 침몰하는 바람에 함께 배를 탔던 사람들이 모두 죽었다. 최공(崔公: 崔元綜) 혼자만 널빤지 하나를 끌어안고 파도를 따라 오르락내리락하면서 어느 해안 가까지 표류한 끝에 갈대 숲 속으로 들어갔다. 그런데 널빤지 위에 있던 길다란 못 하나가 그의 등을 찔러 몇 촌 깊이로 박혔으며, 그 못 박힌 널빤지가 그를 내리 눌렀다. 그래서 그는 흙탕물 속에서 밤낮으로 고통을 참으면서 신음만 하고 있을 뿐이었다. 그때 문득 어떤 뱃사람이 그 해안 가에 왔다가 그의 신음소리를 듣고는 불쌍히 여겨 구해주었는데, 뱃사람이 그를 부축하여 배에 태운 뒤 지혈시키고 못을 뽑아주었더니, 그는 한참 있다가 살아났다. 뱃사람이 그의 성명을 묻자, 그는 옛날의 재상이라고 대답했다. 사람들은 그를 불쌍히 여겨 식량을 주었으며, 그는 길을 따라가면서 구걸을 했다. 그가 배 위에 누워있을 때, 푸른 옷을 입은 어떤 관리를 보았는데, 바로 그가 재상으로 있을 당시의 영사였다. 그는 그 관리를 불러 함께 얘기를 나누었는데, 그 관리가 그에게 또 식량을 주어서 도와준 덕분에 그는 도성에 도착할 수 있었다. 6년 뒤 형기(刑期)가 만료되어 돌아오자, 선조(選曹: 吏部)에서 옛 재상의 일을 상주했더니, 칙천무후는 파격적으로 그에게 관직을 수여했다. 감사의 예를 올리는 날, 그는 불려와 궁정에서 대기하고 있었는데, 푸른 옷을 입고 있던 최공을 칙천무후가 알아보고 그에게 무슨 관직을 받았는지 묻자, 그는 사실대로 아뢰었다. 그러자 칙천무후는 이부에 조서를 내려 그에게 적위(赤尉) 벼슬을 수여하라고 했다. 그가 불려와 감사의 예를 올리는 날, 칙천무후는 또 그에게 어사(御史) 벼슬을 수여하라는 칙지를 내렸다. 그는 어사로 있다가 낭관(郎官)에 임명되었으며, 계속 전임되어 중서시랑(中書侍郎)에까지 올랐다. 그가 99세가 되었을 때, 자식과 조카들은 모두 죽고 그 혼자만 남아 병든 채로 침상에 누워 있었다. 그는 하인들에게 죽을 가져오라고 했지만, 하인들은 그를 깔보고 모두 웃으면서 꿈쩍도 하지 않았다. 최공은 이미 하인들을 처벌할 수 없었으므로, 그들은 모두 처분 받지 않았다. 그래서 최공은 분한 나머지 식사를 하지 않다가 며칠만에 죽고 말았다. (『정명록』)

崔元綜, 則天朝爲宰相, 令史奚三兒云: "公從今六十日內, 當流南海. 六年三度合死, 然竟不死. 從此後發初, 更作官職, 後還於舊處坐. 壽將百歲, 終以餒死." 經六十日, 果得罪, 流於南海之南. 經數年, 血痢百日, 至困而不死. 會赦得歸, 乘船渡海, 遇浪漂沒, 同船人並死. 崔公獨抱一板, 隨波上下, 漂泊至一海渚, 入叢葦中. 板上一長釘, 刺脊上, 深入數寸, 其釘板壓之. 在泥水中, 晝夜忍痛呻吟而已. 忽遇一船人來此渚中, 聞其呻吟, 哀而救之, 扶引上船, 與踏血拔釘, 良久乃活. 問其姓名, 云是舊宰相. 衆人哀之, 濟以糧食, 隨路求乞. 於船上臥, 見一官人著碧, 是其宰相時令史. 喚與語, 又濟以糧食, 得至京師. 六年之後, 收錄乃還, 選曹以舊相奏上, 則天令超資與官. 及過謝之日, 引於殿庭對, 崔公著碧, 則天見而識之, 問得何官, 具以狀對. 乃詔吏部, 令與赤尉. 及引謝之日, 又敕與御史. 自御史得郞官, 累遷至中書侍郞. 九十九矣, 子姪並死, 唯獨一身, 病臥在牀. 顧令奴婢取飯粥, 奴婢欺之, 皆笑而不動. 崔公旣不能責罰, 奴婢皆不受處分. 乃感憤不食, 數日而死矣. (出『定命錄』)

146 · 17(1364)
소미도(蘇味道)

소미도는 3번이나 삼품(三品) 벼슬을 받았어야 했지만 모두 사양했다.

칙천무후(則天武后)가 그 까닭을 물었더니, 소미도가 대답했다.

"신은 삼품 벼슬을 받을 수 없다는 것을 스스로 알고 있사옵니다."

칙천무후는 그에게 걸어보라고 한 뒤에 그를 살펴보며 말했다.

"경은 정말로 삼품 벼슬을 받지 못하겠소."

소미도는 13년 동안 중서시랑평장사(中書侍郎平章事)를 지냈지만, 삼품에는 오르지 못했다. 그 후 지방으로 나가 미주자사(眉州刺史)가 되었고 다시 익주장사(益州長史)로 전임되어, 황제로부터 자주색 관복과 인끈을 하사받았다. 그는 익주에 도착한 날 자주색 관복과 인끈을 착용하고 난 뒤, 그날 밤에 갑자기 죽었다. (『정명록』)

蘇味道三度合得三品, 並辭之. 則天問其故, 對曰: "臣自知不合得三品." 則天遣行步, 視之曰: "卿實道今得('道今得'明鈔本作'得不合')三品." 十三年中書侍郎平章事, 不登三品. 其後出爲眉州刺史, 改爲益州長史, 敕賜紫綬. 至州日, 衣紫畢. 其夜暴卒. (出『定命錄』)

146 · 18(1365)
노숭도(盧崇道)

당(唐)나라의 태상경(太常卿) 노숭도는 사위인 중서령(中書令) 최식(崔湜)의 모반 사건에 연좌되었고, 우림랑장(羽林郎將) 장선(張仙)은 설개연(薛介然)과 함께 모반하려는 사실을 입에 담았다는 죄에 연좌되어, 모두 영남(嶺南)으로 유배당했다. 그들은 1년이 지나도록 슬피 울지 않은 날이 없어서 두 눈이 퉁퉁 부었으며, 처량함과 그리움을 이기지 못한 나머지 마침내 함께 도망쳐서 도성으로 돌아갔다. 노숭도는 도성의 저택에 도착하여 숨어 지내면서 아들을 위해 최씨 집안의 딸을 부인으로 얻어 주려고 했지만 성공하지 못했다. 어떤 궁중의 급사(給使)가 와서 [궁중에서] 귀인(貴人: 妃嬪의 품계 가운데 하나)을 구한다고 하자, 노숭도는 급사에게 뇌물을 주면서 또 다른 최씨 집안의 딸을 구해 가라고 했다. 나중에 귀인을 궁으로 들여보낸 일이 잘못되자 급사가 모든 것을 책임지고 노숭도를 비호했지만, 노숭도는 결국 세 아들과 함께 체포되었다. 황제의 명에 따라 그들은 각각 곤장 100대씩을 맞고 모두 목숨을 잃었다. (『조야첨재』)

唐太常卿盧崇道, 坐女壻中書令崔湜反, 羽林郞將張仙坐與薛介然口陳欲反之狀, 俱流嶺南. 經年, 無日不悲號, 兩目皆腫, 不勝凄戀, 遂亡逃歸. 崇道至都宅藏隱, 爲男娶崔氏女, 未成. 有內給使來, 取克貴人, 崇道乃賂給使, 別取一崔家女去. 入內事敗, 給使具承, 掩崇道, 幷男三人, 亦被糺捉. 敕杖各決一百, 俱至喪命. (出『朝野僉載』)

146 · 19(1366)
유인궤(劉仁軌)

당(唐)나라의 청주자사(靑州刺史) 유인궤는 해운(海運)을 관장했는데,

배를 너무 많이 잃어버렸기에 관직에서 제명당하고 평민이 되었다. 그래서 마침내 요동(遼東)으로 가서 열심히 일을 했으나, 병에 걸려서 평양성(平襄城) 아래에 누워 있었다. 한번은 유인궤가 장막을 걷고 병사들이 성을 공격하는 것을 보고 있었는데, 어떤 병졸 하나가 곧장 그의 앞으로 달려오더니 등을 돌리고 앉았다. 유인궤가 그를 질책했으나 그는 떠나지 않고 오히려 유인궤에게 심한 욕을 해댔다.

"당신이 보고 싶으면 나도 보고 싶소. 당신의 일에 무슨 방해가 된단 말이오?"

그 병졸은 끝까지 떠나려 하지 않았다. 잠시 후 성 꼭대기에서 쏜 화살이 그의 가슴에 명중하여 그는 죽었다. 그 병졸이 없었다면 유인궤는 거의 날아온 화살에 맞을 뻔했다. (『조야첨재』)

唐靑州刺史劉仁軌, 知海運, 失船極多, 除名爲民. 遂遼東效力, 遇病, 臥平襄城下. 褰幕看兵士攻城, 有一卒直來前頭背坐. 叱之不去, 仍惡罵曰: "你欲看, 我亦欲看. 何預汝事?" 不肯去. 須臾, 城頭放箭, 正中心而死. 微此兵, 仁軌幾爲流矢所中. (出『朝野僉載』)

146 · 20(1367)
임지선(任之選)

당(唐)나라의 임지선은 장열(張說)과 동시에 과거에 응시했다. 나중에 장열은 중서령(中書令)이 되었지만 임지선은 끝까지 급제하지 못했다.

임지선이 장공(張公: 張說)을 찾아가자, 장공은 그에게 명주비단 1속(束: 5疋)을 주면서 식량과 가용에 보태 쓰라고 했다. 임지선은 그것을 가지고 집으로 돌아온 뒤, 이틀도 지나지 않아 큰 병에 걸렸다. 그래서 명주비단을 팔아서 약을 샀는데, 명주비단이 떨어지자 병이 저절로 나았다. 이번 일 뿐만 아니라 다른 일도 역시 그러했으니, 박명(薄命)함이 어찌 이리도 심하단 말인가! (『조야첨재』)

　　唐任之選, 與張說同時應擧. 後說爲中書令, 之選竟不及第. 來謁張公, 公遺絹一束, 以充糧用. 之選將歸至舍, 不經一兩日, 疾大作. 將絹市藥, 絹盡, 疾自損. 非但此度, 餘處亦然, 何薄命之甚也! (出『朝野僉載』)

태평광기 권제147 정수2

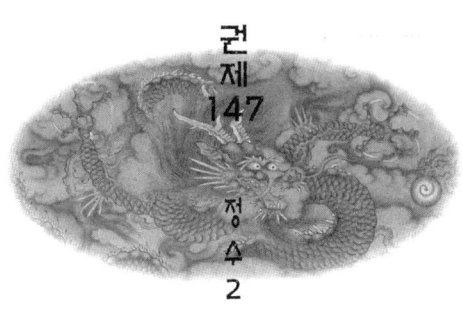

1. 전　예(田　　預)
2. 왕　준(王　　晙)
3. 고 지 주(高 智 周)
4. 왕　표(王　　僄)
5. 배 주 선(裴 伷 先)
6. 장 문 관(張 文 瓘)
7. 원 가 조(袁 嘉 祚)
8. 제　한(齊　　澣)
9. 장 수 규(張 守 珪)
10. 배 유 창(裴 有 敞)
11. 왕　초(王　　超)
12. 장 제 구(張 齊 丘)
13. 풍 칠 언 사(馮 七 言 事)
14. 환 신 범(桓 臣 範)
15. 장 가 정(張 嘉 貞)
16. 승 김 사(僧 金 師)

147·1(1368)
전 예(田 預)

　당(唐)나라 봉어(奉御: 唐나라 殿中省에 속한 六尙局의 장관으로, 六尙國은 尙食·尙藥·尙衣·尙舍·尙乘·尙輦을 말하는데, 六尙國에 奉御 두 사람씩 두어 그 일을 맡아보게 했음) 전예가 젊었을 때 해삼아(奚三兒)가 기가 빠지는 병을 앓아 먹고 자는 것이 편치 않은 것을 보고는 그를 위해 진단을 내려 약 한 제를 먹였더니 병이 나았다. 그래서 해삼아가 크게 기뻐하면서 말했다.

　"공께서 저를 위해 진심으로 병을 치료해주셨으니, 저도 마땅히 공을 위해 진심을 다해 공의 귀천(貴賤)을 미리 보아드릴 테니, 하룻밤 머물러주십시오."

　새벽이 되자 해삼아는 종이를 가져오게 해서 평생의 관록을 적었는데, 네 번째 관직에 이르자 이렇게 말했다.

　"교릉현승(橋陵縣丞)이 될 것입니다."

　당시에는 그런 관직이 없었기 때문에 전예가 [이에 대해] 따져묻자, 해삼아가 대답했다.

　"그때가 되면 절로 이 벼슬자리가 생겨날 것입니다."

　해삼아가 또 말했다.

　"24년 동안 봉어로 재직할 것입니다."

　천자가 붕어하자 전예는 정말 교릉현승에 임명되었고 후에 봉어가 되었다. 그로부터 24년 뒤에 관직이 바뀌었다. (『정명록』)

唐奉御田預, 自云少時見夢三兒患氣疾, 寢食不安, 田乃請與診候, 出一飮子方劑愈. 三兒大悅云: "公旣與某盡心治病, 某亦當與公盡心, 以定貴賤. 可住宿." 旣至曉, 命紙錄一生官祿, 至第四政, 云: "作橋陵丞." 時未有此官, 田詰之, 對云: "但至時, 自有此官出." 又云: "當二十四年任奉御." 及大帝崩, 田果任橋陵丞, 後爲奉御. 二十四年而改. (出『定命錄』)

147・2(1369)
왕 준(王 晙)

왕준은 위남(渭南)에 봉직한 지 여러 해가 되었을 때 스스로 이렇게 말했다.

"이 현에 너무 오래 머물러 있으니 싫증이 난다. 그저 포주사마(蒲州司馬)면 족할 텐데."

당시 해삼아가 북쪽에서 오다가 한 귀신을 보았는데, 귀신이 말했다.

"명부(明府: 縣令에 대한 존칭)의 벼슬자리가 바뀔 것이라는 것을 알려드리려 문서를 들고 위남으로 가는 중입니다."

무슨 벼슬이냐고 묻자 포주사마가 될 것이라 했기에 해삼아는 귀신과 함께 위남으로 와서 왕준을 보고 말했다.

"공께서는 곧 포주사마로 전임될 것입니다."

당시 귀신은 대청 계단아래서 몸을 굽히고 서 있었는데, 해삼아가 말을 다하자 걸어나갔다. 과연 며칠 지나지 않아 왕준은 포주사마로 전임되었다. 포주사마로 전임된 뒤 20여일 동안 칙령이 내려오지 않자, 왕준은 해삼아에게 [어찌된 일이냐고] 물어보았다. 해삼아가 후에 일전에 만났던 귀신에게 그 이유를 묻자, 귀신이 말했다.

"왕준께서 재임 기간동안 관의 돈을 남기셨기에 그것을 정산하고 있습니다. 지금 거의 다 정산되었으니 그 때가 되면 마땅히 그 자리에 오르실 것입니다."

후에 과연 그 말대로 되었다. (『정명록』)

王晙任渭南已數載, 自云: "久厭此縣. 但得蒲州司馬可矣." 時奚三兒從北來, 見一鬼, 云: "送牒向渭南, 報明府改官." 問何官, 云改蒲州司馬, 便與相隨來渭南, 見晙云: "公卽改官爲蒲州司馬." 當時鬼在廳堵下曲躬立, 三兒言訖, 走出. 果三數日改蒲州司馬. 改後二十餘日, 敕不到, 問三兒. 三兒後見前鬼, 問故, 鬼云: "緣王在任賸請官錢, 所以折除. 今折欲盡, 至某時, 當得上." 後驗如其言. (出『定命錄』)

147·3(1370)
고지주(高智周)

고지주는 의흥(義興) 사람이다. 그는 젊어서 안륙(安陸)의 학처준(郝處俊)·광릉(廣陵)의 내제(來濟)·부양(富陽)의 손처약(孫處約)과 함께 석중람(石仲覽)의 집에서 함께 지냈다. 석중람은 의성(宣城) 사람으로 광릉에 집이 있었는데, 재산이 거들 날 정도로 이 네 사람을 대접했기에 그 관계가 매우 돈독했다. 한번은 밤에 잠자리에 들었다가 각자 자신의 뜻을 말했다. 학처준이 먼저 말했다.

"나는 하루동안만 나라의 권력을 쥘 수 있으면 족하겠소."

고지주와 내제의 소원도 당연히 그러했다. [그 말을 들은] 손처약이 이불 속에서 급히 일어나 말했다.

"대장부가 중신이 되는 것은 어쩌면 불가능한 소원일지도 모르니, 나는 그저 통사사인(通事舍人: 唐나라때 천자의 칙령을 전해 알려주는 업무를 맡은 관리)이 되어 조정을 돌며 칙령이나 전할 수 있으면 족하겠소."

석중람은 평소 그들 네 사람을 중하게 여겼기에 한번은 관상쟁이를 불러다가 그들의 관상을 보였는데, 모두 가장 높은 신하의 자리에 오를 것이라고 하면서 석중람을 돌아보며 말했다.

"공께서는 이 네 사람 덕분에 출세할 것입니다."

후에 이들은 모두 주(州)와 군(郡)에서 벼슬살이했다. 내제가 이부(吏部)를 다스리고 있었을 때 손처약은 영주(瀛州)의 서좌(書佐: 州·郡·縣 및 王府의 屬官)로 있었다. 관직에서 물러날 때 그 재주에 따라 다시 관직을 수여했는데, 내제는 손처약의 이름을 보고 급히 붓을 들어 대령하면서 말했다.

"뜻대로 되겠구나."

그리하여 통사사인에 임명했다. 내제는 손처약을 통사사인에 임명한 뒤 계단을 내려와서 [이전에 그와 함께] 자신들의 평생 바램을 이야기한 적이 있었다며 그 일을 말해주었는데, 그로 인해 이 일은 당시의 미담이 되었다.

  고지주는 일찍이 출가하여 스님이 되었는데, 그 마을에서 고지주의 재주와 학식을 아껴 억지로 진사로서 추천해서 급제한 뒤 월왕부(越王府)의 참군(參軍)이 되었다가 다시 비현령(費縣令)으로 전임되어 속관들과 함께 봉급을 균등하게 나누어 가졌다. 후에 비서랑(秘書郞)이 되었다가 계속 전임되어 중서시랑(中書侍郞)·지정사(知政事)를 지낸 뒤 은청광록대부(銀靑光祿大夫)에 제수되었다. 고지주의 총명함과 지혜는 온 조정에서 따를 이가 없었으니, 하루에도 수만 자를 암송했고, 비석을 욀 정도로 아주 총명했다[원문은 覆局인데, 覆局은 다 둔 바둑판을 뒤집은 뒤 다시 그 자리에 바둑돌을 둔다는 뜻으로, 아주 총명함을 비유해서 이르는 말임]. 고지주는 벼슬자리에 연연해하지 않았지만, 매번 관직에서 물러날 때마다 번번이 다른 자리로 전임되어 가더니 결국 월주도독(越州都督)의 벼슬이 내려졌고, 정(定)이라는 시호가 내려졌다. (『어사대기』)

  高智周, 義興人也. 少與安陸郝處俊·廣陵來濟·富陽孫處約同寓於石仲覽. 仲覽宣城人, 而家於廣陵, 破産以待此四人, 其相遇甚厚. 嘗夜臥, 因各言其志. 處俊先曰: "願秉衡軸一日足矣." 智周·來濟願亦當然. 處約於被中遽起曰: "丈夫樞軸或不可冀, 願且爲通事舍人, 殿庭周旋吐納足矣." 仲覽素重四人, 嘗引相工視之, 皆言貴極人臣, 顧視仲覽曰: "公因四人而達." 後各從官州郡. 來濟已領吏部, 處約以瀛州書佐. 因選引時, 隨銓而注, 濟見約, 遽命筆曰: "如志如志." 乃注通事舍人. 注畢下階, 叙平生之言, 亦一時之美也.

  智周嘗出家爲沙門, 鄕里惜其才學, 勉以進士充賦, 擢第, 授越王府參軍, 累遷費縣令, 與佐官均分俸錢. 遷秘書郎, 累遷中書侍郎, 知政事, 拜銀靑光祿大夫. 智周聰慧, 擧朝無比, 日誦數萬言, 能背碑覆局. 淡泊於冠冕, 每辭職輒遷, 贈越州都督, 諡曰定. (出『御史臺記』)

147 · 4(1371)
왕 표(王 儦)

당(唐)나라 태자통사사인(太子通事舍人)으로 있던 왕표가 말했다.

"사람의 일은 모두 운명에 달려 있다. 전생의 업보가 미리 정해져 있어 길흉이 생겨나는 것이니, 구태여 삼가고 조심할 필요가 있겠는가?"

옛날 칙천무후(則天武后)가 황제의 종친을 죽일 때 그 가운데 적장자는 대리시(大理寺)에서 죽기로 되어 있었다. 이에 적장자가 탄식하면서 말했다.

"형벌을 면하기 어려운데 무엇 때문에 칼을 더럽히겠는가?"

그리하여 적장자는 밤이 되자 옷에 스스로 목을 매달고 죽었다. 그런데 적장자는 새벽이 되어 다시 살아나서 살아있을 때와 전혀 다름없이 담소를 나누고 음식을 먹었다. 며칠 뒤에 적장자는 사형에 처해졌는데, 얼굴 색 하나 변하지 않았다. 적장자가 막 소생했을 때 이렇게 말했다.

"내가 막 죽었을 때 저승관리가 버럭 화를 내며 이렇게 말했다.

'너는 마땅히 사형 당해야 하는데, 어찌하여 직접 왔는가? 속히 돌아

가서 형을 받거라!'

내가 그 까닭을 묻자 저승관리가 저승명부를 보여 주는데 보았더니, 전생에 내가 사람을 죽였기에 현세에서 그 대가를 치러야 끝나는 것으로 되어 있었다."

적장자는 그 사실을 알고 있었기 때문에 죽음을 받아도 전혀 꺼리는 기색이 없었던 것이다. (『기문』)

唐太子通事舍人王儦曰: "人遭遇皆繫之命. 緣業先定, 吉凶乃來, 豈必誠慎?" 昔天后誅戮皇宗, 宗子繫大理當死. 宗子歎曰: "旣不免刑, 焉用汚刀鋸?" 夜中, 以衣領自縊死. 曉而蘇, 遂言笑飮食, 不異在家. 數日被戮, 神色不變. 初蘇言曰: "始死, 冥官怒之曰: '爾合戮死, 何爲自來? 速還受刑!' 宗子問故, 官示以冥簿, 及前世殺人, 今償對乃畢報." 宗子旣知, 故受害無難色. (出『紀聞』)

147・5(1372)
배주선(裴仙先)

공부상서(工部尙書) 배주선은 열 일곱 살 때 태복시승(太僕寺丞: 종6품으로, 太僕寺의 日常事務를 관장하는 관리)이 되었다. 당시 상국(相國)으로 있던 배주선의 백부 배염(裵炎)이 [則天武后에게 豫王 李旦에게 정권을 돌려줄 것을 상주했다가] 피살되는 바람에 배주선도 평민으로 폐해져서 영외(嶺外)로 추방되었다.

배주선은 평소 강직한 성격이라 백부께서 죄 없이 돌아가신 것을 원통하게 생각하여 곧장 조정에 봉사(封事: 밀봉한 상주문)를 올려 칙천무후의 면전에서 정치의 득실을 진술할 것을 청했다. 칙천무후는 그 말을 듣고 크게 노하여 그를 조정으로 불러들인 뒤 성난 기세로 그를 대하며 배주선에게 말했다.

"네 백부가 나를 배반하고 나라 법을 어겨 스스로 이런 화를 자초했거늘, 그대는 무슨 할 말이 있는가?"

배주선이 대답했다.

"신은 지금 폐하를 위해 계책을 아뢰려고 만나 뵙기를 청했으니, 어찌 감히 억울함을 호소하겠습니까? 또한 폐하께서는 돌아가신 황제의 황후이시고 이씨 왕조의 며느님이십니다. 선제께서 돌아가신 뒤 폐하께서 조정에 임하시어 정사를 돌보셨는데, 아녀자의 도리로 보아 폐하께서는 마땅히 대신들에게 정권을 위임하시어 그 종묘사직을 지켜나가셔야 합니다. 동궁께서 장성하셨으니, 정권을 그에게 돌려주시어 천하 사람들의 바람을 이루어주십시오. 지금 폐하께서는 선제께서 돌아가신 지 얼마 되지 않아 급히 집안 사람들의 관직을 더하고 봉록을 높여 무씨 성을 가진 사람들을 내세워 왕으로 삼고, 이씨 종실을 내치신 뒤 스스로 황제라 칭하셨습니다. 그리하여 천하의 사람들은 분노에 넘쳐 탄식하고 있고 백성들은 실망하고 있습니다. 신의 백부께서는 이씨 왕실에 충성을 다했음에도 불구하고 도리어 무고죄에 걸려 자손들까지 살해되었습니다. 폐하의 계책이 이와 같으니, 신은 매우 통탄할 따름입니다. 신은 폐하께서 다시 이씨 사직을 세워 동궁에 계신 태자를 맞이하시길 바랄 뿐입니다. 이렇게 하시면 폐하께서는 베개를 높이 베고 편안하게 주무실 수 있으며 여러 무씨들도 안전할 수 있습니다. 만약 폐하께서 신의 청을 받아들이지 않으신다면 천하가 일시에 움직여 큰 일이 일어날 것입니다. [西漢때 呂后가 죽은 뒤 조정대신들에게 살해된 呂后의 친척] 여산(呂産)·여록(呂祿)의 교훈이 두렵지 않으십니까? 신은 폐하께서 지금 신의 말을 받아들이신다해도 늦지 않다고 생각합니다."

이 말을 들은 칙천무후는 버럭 성을 내며 말했다.

"도대체 어떤 놈이기에 감히 그런 말을 하는가!"

화가 난 칙천무후가 명을 내려 배주선을 끌어내게 했는데도 배주선은 여전히 뒤를 돌아보며 말했다.

"폐하께서 지금이라도 신의 말을 받아들이신다면 늦지 않습니다."

배주선은 이렇게 계속 세 번이나 말했다. 칙천무후는 조당(朝堂)으로 신하들을 불러들이고 배주선을 장형 100대에 처한 뒤 오랫동안 양주(攘州)에 있게 했다. 배주선은 옷을 벗고 매를 맞았는데, 열 대 받고 기절했다가 98대를 맞을 때 깨어나서 다시 두 대를 맞고 그 수를 채웠다. 배주선은 상처가 심했기에 당나귀가 끄는 수레에 누워서 유배지로 갔으나, 끝내 죽지 않았다.

배주선은 남쪽에서 몇 년 살다가 그곳에서 유랑민 노씨(盧氏)의 딸에게 장가들어 아들 배원(裵愿)을 낳았다. 노씨가 죽은 뒤 배주선은 배원을 데리고 몰래 고향으로 돌아왔다. 고향으로 돌아온 지 1년쯤 되었을 때 그 사실이 발각되어 배주선은 다시 장형 백대를 맞고 북정(北庭)으로 이사갔다. 배주선은 [북정에서] 5년 동안 재산을 증식하여 그 재물이 수천만에 달했다. 배주선은 어진 재상 배염의 조카로 하서(河西)를 왕래하면서 그곳 주(州) 자사(刺史)와 친분을 맺었다. 북정도호부(北庭都護府)

성 아래에 당(唐) 왕조에 투항한 소수민족 오랑캐가 만 가구정도 살고 있었는데, 그 왕이 예로서 배주선을 대하며 자신의 딸을 배주선에게 주어 아내로 삼게 했다. 왕은 독녀인 딸을 깊이 생각했기 때문에 배주선에게 많은 황금과 말, 소, 양을 주었다. 그리하여 배주선은 문하에 많은 식객들을 불러들였는데, 늘 그 수가 몇 천명이나 되었다. 배주선은 북정에서 동경(東京: 洛陽)에 이르는 길목마다 문객을 보내 동경의 소식을 알아보게 했기 때문에 조정 내에 무슨 움직임이 있으면 며칠 안에 반드시 알 수 있었다.

당시 보궐(補闕: 唐나라 則天武后때의 諫官으로, 당시 左·右補闕을 두었는데, 左補闕은 門下省에 속했고, 右補闕은 中書省에 속했음)로 있던 이진수(李秦授)가 중서성에서 숙직을 서다가 봉사를 올려 말했다.

"폐하께서 등극하신 이래로 이씨 종실을 죽이고 여러 대신들을 배척했으며 그 가족과 친척들을 외지로 유배 보냈는데, 신이 헤아려 보건대 그 수가 몇 만은 됩니다. 만약 그들이 하루아침에 같은 마음으로 사람들을 불러모아 모반을 일으킨다면 신은 사직이 위태로워질까 두렵습니다. 지금 '무씨(武氏)를 대신해서 유씨(劉氏)가 일어날 것이다.'라는 참언(讖言)이 나돌고 있는데, 무릇 유(劉)란 유(流)를 말합니다. 폐하께서 지금 그들을 죽이시지 않는다면 신은 그들이 큰 화근이 될까 두렵습니다."

측천무후는 그 말이 옳다고 생각하여 밤에 이진수를 불러들여 말했다.

"경의 이름이 진수인 것을 보니, 이것은 하늘이 경을 짐에게 보낸 것이다. 그렇지 않고서야 경이 어떻게 내 마음을 깨우쳤겠는가!"

그리고는 바로 이진수를 고공원외랑(考功員外郞: 進士시험을 주재하는 관리)에 제수하고 지제고(知制誥: 황제의 칙명을 초안하는 관리로서, 대개 中書舍人 등의 관리가 겸임했음)를 겸직하게 하면서 칙령으로 붉은 인끈을 내렸다. 그 외에도 기생 열 명과 많은 황금과 비단을 내렸다. 칙천무후는 이진수와 계책을 세워 칙사(敕使) 열 명을 십도(十道: 關內・河南・河東・河北・山南・隴右・淮南・江南・劍南・嶺南을 지칭)로 보내 유랑민들을 위로케 했다(사실은 墨敕[궁중에서 직접 發布하는 칙서로, 옥새의 빛이 검은 데서 붙여진 이름]을 牧守에게 보내어 유랑민이나 도성에서 추방된 사람들을 죽이게 한 것임). 칙령이 하달되었을 때 배주선은 이미 그 사실을 알고 있었다. 이에 배주선은 빈객들과 모여 회의를 했는데, 그들이 모두 배주선에게 오랑캐의 땅으로 들어가라고 했기에 배주선은 그 의견을 따랐다. 그 날 저녁 배주선은 성 밖에서 머물면서 여장을 꾸렸다. 당시에 날래고 힘이 센 철기과의(鐵騎果毅: 府兵을 통솔하는 총사령관) 두 사람이 죄를 받고 그곳에 유배되어 있었는데, 배주선이 평소 그들에게 잘 대해주었다. 출발할 때가 되어 배주선은 그들 두 사람에게 기병을 통솔하고 말 등에 낙타 80마리에 해당하는 황금과 비단을 싣게 했는데, 배주선을 따르는 빈객과 그 가솔들만 해도 300여명이 넘었다. 그들은 모두 갑옷을 입고 병기를 들었는데, 그 가운데 무소를 끌고 수레를 뛰어넘을 수 있는 자가 반이나 되었다. 또한 천리마 두 필은 배주선과 그 아내가 타고 갔다. 그들은 행장을 꾸리고 나서 급히 출발했다. 날이 밝은 뒤 사람들에게 발각되어도 그때는 이미 그들의 행렬이 오랑캐 땅의 국경 안으로 들어간 뒤였을 것이기 때문이다. 그러나 잠시 뒤에 길을 잃고 헤매는 바람에 날이 밝을 무렵 겨우 30사(舍: 30里를 말함)를 갔을 뿐이었으며, 그때부터 겨우 말을 달릴 수 있었다.

날이 밝은 뒤 후자(侯者: 군대에서 정탐이나 순찰을 위해 파견된 사람)가 배주선이 이미 달아났음을 알렸기에 북정도호부에서 기병 800명을 보내어 그들을 뒤쫓게 했다. 배주선의 장인인 오랑캐 왕도 기마병 500명을 보내어 그들을 뒤쫓게 하면서 그들에게 이렇게 주의를 주었다.

"배주선과 그 아내는 놔두고 동행하는 사람들을 모두 죽여라. 그러면 그들의 재물을 모두 너희들에게 상으로 주겠다."

추격하던 사람들이 변방에서 배주선을 따라잡자 배주선은 군대를 정비하여 그들과 전쟁을 벌였지만, 휘하의 사람들이 거의 죽었다. 날이 저물 때쯤 두 장수도 전사하고 추격해온 관부의 기마병 800여명도 살해했지만, 배주선은 결국 싸움에서 패했다. 배주선은 그 아내와 함께 포박당한 채 낙타 등에 실려 북정도호부로 잡혀갔다. 북정도호부에 도착해서 배주선은 형틀에 묶인 채 감옥에 갇혔다. 도호부에서는 조서를 꾸며 모든 사실을 조정에 아뢰고 그 답을 기다리고 있다가 황제의 사자가 도착하자 유랑민 수 백 명을 불러 들여 모두 죽였다. 배주선은 아직 답이 오지 않았기에 그 죽음에서 면할 수 있었다. 칙천무후는 유랑민들이 모두 죽었다고 생각하고 다시 사자를 보내 유랑민들을 위로하며 말했다.

"내가 앞서 십도에 칙사들을 보내 유랑민들을 위로하라고 했는데, 사자들은 어찌하여 내 뜻을 헤아리지 못하고 함부로 그들을 죽였단 말인가! 정말 참혹한 일이로다. 유랑민을 죽인 사자는 그 자리에서 목을 쇠사슬로 묶어 장차 유랑민들을 살해했던 곳으로 데려가 처단토록하여 죽은 혼들을 위로해주어라. 그리고 유랑민들 가운데 아직 죽지 않았거나 다른 일로 사로잡혀 있는 사람이 있으면 가족들과 함께 석방하여 집으로 돌려보내거라."

이에 배주선은 죽음을 면해 고향으로 돌아올 수 있었다.

당(唐)나라 왕실이 다시 재건되었을 때 배염은 그 죄가 사면되고 익주대도독(益州大都督)에 추증되었다. 조정에서 그 후손을 찾았기에 배주선은 비로소 조정으로 나와 첨사승(詹事丞: 太子三寺十率府의 사무를 보는 관리)에 임명되었다. 배주선은 1년에 4번 승진하여 진주도독(秦州都督)에 이르렀으며 다시 계광절제(桂廣節制: 嶺南東都節度使가 廣州 등 17州를 다스렸고, 桂管經略觀察使가 嶺南西道15州를 다스렸음)를 지냈다. 한번 유주절도사(幽州節度使)를 역임했고, 네 번 집금오(執金吾: 본래는 漢나라 때 설치된 관직으로 도성의 치안을 책임지는 관리였으나, 唐나라때는 실제 없었던 관직으로 여기서는 六軍의 長官을 지칭하는 말로 쓰임)를 지내면서 어사대부(御史大夫)·태원윤(太原尹)·경조윤(京兆尹)과 태부경(太府卿: 太府寺를 주관하던 관리로, 太府寺는 나라의 재정을 관장했음)을 겸직했다. 배주선은 이렇게 모두 3품관을 40번 가까이나 지냈다. 그가 다스리는 곳마다 그 명성과 치적이 높았기에 사람들은 그를 '당나라를 위한 신하[唐臣]'라고 불렀다. 배주선은 훗날 공부상서(工部尙書) 겸 동경류수(東京留守: 留守는 황제가 전국을 순행하거나 출정 나갈 때 임시로 설치한 관직임)로 있다가 죽었는데, 그때 나이 86세였다. (『기문』)

工部尙書裴伷先, 年十七, 爲太僕寺丞. 伯父相國炎遇害, 伷先廢爲民, 遷嶺外. 伷先素剛, 痛伯父無罪, 乃於朝廷封事請見, 面陳得失. 天后大怒, 召見, 盛氣以待之, 謂伷先曰: "汝伯父反, 干國之憲, 自貽伊戚, 爾欲何言?" 伷先對曰: "臣今請爲陛下計, 安敢訴寃? 且陛下先帝皇后, 李家新婦. 先帝棄世, 陛下臨朝, 爲婦道者, 理當委任大臣, 保其宗社. 東宮年長, 復子明辟, 以塞天人之望. 今先帝登遐未幾, 遽自封崇私室, 立諸武爲王, 誅斥李宗, 自稱皇帝. 海內憤惋, 蒼生失望. 臣伯父至忠於李氏, 反誣其罪, 戮及子孫. 陛下爲計若斯, 臣深痛惜. 臣望陛下復立李家社稷, 迎太子東宮. 陛下高枕, 諸武獲全. 如不納臣言, 天下一動, 大事去矣. 産・祿之誡, 可不懼哉? 臣今爲陛下用臣言未晚." 天后怒曰: "何物小子, 敢發此言!" 命牽出, 佃先猶反顧曰: "陛下採臣言實未晚." 如是者三. 天后令集朝臣於朝堂, 杖佃先至百, 長隷攘州. 佃先解衣受杖, 笞至十而佃先死, 數至九十八而蘇, 更二笞而畢. 佃先瘡甚, 臥驢輿中, 至流所, 卒不死.

在南中數歲, 娶流人盧氏, 生男愿. 盧氏卒, 佃先攜愿, 潛歸鄕. 歲餘事發, 又杖一百, 徙北庭. 貨殖五年, 致資財數千萬. 佃先賢相之姪, 往來河西, 所在交二千石. 北庭都護府城下, 有夷落萬帳, 則降胡也, 其可汗禮佃先, 以女妻之. 可汗唯一女, 念之甚, 贈佃先黃金馬牛羊甚衆. 佃先因而致門下食客, 常數千人. 自北庭至東京, 累道致客, 以取東京息耗, 朝廷動靜, 數日佃先必知之.

時補闕李秦授寓直中書, 封事曰: "陛下自登極, 誅斥李氏及諸大臣, 其家人親族, 流放在外者, 以臣所料, 且數萬人. 如一旦同心招集爲逆, 出陛下不意, 臣恐社稷必危. 讖曰: '代武者劉.' 夫劉者流也. 陛下不殺此輩, 臣恐爲禍深焉." 天后納之, 夜中召入, 謂曰: "卿名秦授, 天以卿授朕也, 何啓予心!" 卽拜考功員外郞, 仍知制誥, 勅賜朱紱. 女妓十人, 金帛稱是. 與謀發敕使十人於十道, 安慰流者(其實賜墨敕與牧守, 有流放者殺之). 敕旣下, 佃先知之. 會賓客計議, 皆勸佃先入胡, 佃先從之. 日晚, 舍於城外, 因裝. 時有鐵騎果毅二人, 勇而有力, 以罪流, 佃先善待之. 及行, 使將馬裝橐駝八十頭, 盡金帛, 賓客家僮從之者三百餘人. 甲兵備, 曳犀超乘者半. 有千里足馬二, 佃先與妻乘之. 裝畢遽發. 料天曉人覺之, 已入虜境矣. 卽而迷失道, 遲明, 唯進一舍, 乃馳.

旣明, 侯者言佃先走, 都護令八百騎追之. 妻父可汗又令五百騎追焉, 誡追者曰: "舍仙先與妻, 同行者盡殺之. 貨財爲賞." 追者及仙先於塞, 仙先勒兵與戰, 麾下皆殊死. 日昏, 二將戰死, 殺追騎八百人, 而仙先敗. 縛仙先及妻於橐馳, 將至都護所. 旣至, 械繫牢中. 具以狀聞, 待報而使者至, 召流人數百, 皆害之. 仙先以未報故免. 天后度流人已死, 又使使者安撫流人曰: "吾前使十道使安慰流人, 何使者不曉吾意, 擅加殺害! 深爲酷暴. 其輒殺流人使, 幷所在鐶項, 將至害流人處斬之, 以快亡魂. 諸流人未死, 或他事繫者, 兼家口放還." 由是仙先得免, 乃歸鄕里.

及唐室再造, 宥裴炎, 贈以益州大都督. 求其後, 仙先乃出焉, 授詹事丞. 歲中四遷, 遂至秦州都督, 再節制桂廣. 一任幽州帥, 四爲執金吾, 一兼御史大夫・太原・京兆尹・太府卿, 凡任三品官向四十政. 所在有聲績, 號曰'唐臣'. 後爲工部尙書・東京留守薨, 壽八十六. (出『紀聞』)

147・6(1373)
장문관(張文瓘)

장문관이 어렸을 때 한번은 어떤 사람이 그의 관상을 보며 말했다. "재상이 될 것임에 틀림없으나, 당(堂)에서 음식을 먹거나 마실 수는 없을 것입니다."

장문관이 재상의 자리에 올랐을 때, 그가 당에 올라 음식을 먹으려 할 때마다 배가 아프고 토사가 심했기에 매일 미음 한 그릇만을 먹을 뿐이었다. 몇 년 뒤에 당에 올라가 식사를 한번 했는데, 그는 그날 밤에 바로 죽었다. (『정명록』)

張文瓘少時, 曾有人相云: "當爲相, 然不得堂飯食喫." 及在此位, 每昇堂欲食, 卽腹脹痛霍亂, 每日唯喫一椀漿水粥. 後數年, 因犯堂食一頓, 其夜便卒. (出『定命錄』)

147 · 7(1374)
원가조(袁嘉祚)

원가조는 활주별가(滑州別駕)로 있으면서 재임기간 동안 청렴하다는 평을 받았으나, 늘 도성에서 멀리 떨어진 외직의 낮은 벼슬로만 옮겨다녔다. 이에 원가조가 소(蕭)·잠(岑) 두 재상을 만나 자신의 이야기를 하자 두 재상이 원가조를 꾸짖으며 말했다.

"공의 훌륭한 행적은 잘 알고 있지만, 어찌 이리도 조급하게 구하는가!"

이에 원가조는 부끄러움에 물러나 길 옆의 나무 아래서 쉬고 있는데, 황색 옷 입은 두 사람이 그를 보고 웃고 있었다. 원가조가 왜 웃냐고 묻자, 두 사람이 말했다.

"공 때문에 웃은 것이 아니라 저 두 재상 때문에 웃었을 뿐이오! 몇 개월 사이에 저 두 집안은 몰락할 것이며, 공께서 그 죄를 단죄할 것이오."

원가조가 놀라서 그 이유를 묻는 순간 두 사람은 갑자기 보이지 않았다. 며칠 뒤에 칙령으로 원가조는 형부낭중(刑部郞中)에 임명되었다. 만 한 달 뒤에 두 재상의 재산은 국고로 몰수되었고 정말 원가조가 그 죄를 처리했다. (『정명록』)

袁嘉祚爲滑州別駕, 在任得淸狀, 出官末遷('官末遷'三字原本無, 據明鈔本補). 接蕭・岑二相自言, 二相叱之曰: "知公好蹤跡, 何乃躁求!" 袁憨退, 因於路旁樹下休息, 有二黃衣人見而笑之. 袁問何笑, 二人曰: "非笑公, 笑彼二相耳! 三數月間並家破, 公當斷其罪耳." 袁驚而問之, 忽而不見. 數日, 敕除袁刑部郎中. 經旬月, 二相被收, 果爲袁公所斷. (出『定命錄』)

147・8(1375)
제 한(齊 瀚)

동경(東京: 洛陽)의 완고사(玩敲師)는 시랑(侍郞) 제한과 함께 이곳 저곳을 돌아다녔다. 제한이 이부시랑(吏部侍郞)에서 단주(端州) 고안현위(高安縣尉)로 폄적되었을 때 스님[즉 玩敲師를 가리킴]이 말했다.

"지금으로부터 십 년 뒤에 다시 돌아올 것이고 역시 중요한 관직을 맡을 것이오."

후에 약속한 날짜가 되자 제한은 조정으로 들어와 진류채방사(陳留採訪使)가 되었다. [제한이 좌천당했을 때] 완고사가 일찍이 그에게 이렇게 말한 적이 있다.

"시랑께서 전생에 사람 두 명을 때려 죽였기에 지금 그 죄를 받아 십 년 동안 좌천된 것이오."

(『정명록』)

東京玩敲師, 與侍郎齊瀚遊往. 齊自吏部侍郎而貶端州高安縣尉, 僧云: "從今十年, 當却廻, 亦有權要." 後如期, 入爲陳留採訪使. 師嘗云: "侍郎前身曾經打殺兩人, 今被謫罪, 所以十年左降." (出『定命錄』)

147 · 9(1376)
장수규(張守珪)

장수규는 일찍이 어떤 사람이 그의 관직 18개를 적었는데, 모두 그 말대로 되었다. 장수규는 괄주자사(括州刺史)가 되었을 때 병이 심해졌는데도 여전히 사람들에게 이렇게 말하는 것이었다.

"나는 양주도독(涼州都督)이 될 것이니 아직 죽을 때가 되지 않았소."

얼마 뒤에 장수규는 머리에 부스럼이 나고 상처가 더욱 심해지자 이렇게 말했다.

"내 형제들이 모두 이 부스럼 때문에 죽었으니, [나도 죽게 될 것이오.] 틀림없이 나는 사후에 양부도독(涼府都督)으로 추증될 것이오."

장수규는 술자리를 마련한 뒤 관리들과 이별하고 유서를 작성했는데, 병을 앓은 지 대엿새 뒤에 죽었다. 과연 그는 사후에 양부도독에 추증되었다. (『정명록』)

張守珪, 曾有人錄其官祿十八政, 皆如其言. 及任括州刺史, 疾甚, 猶謂人曰: "某當爲涼州都督, 必應未死." 旣而腦發瘍, 瘡甚, 乃曰: "某兄弟皆有此瘡而死必是死後贈涼府都督." 遂與官吏設酒而別, 并作遺書, 病五六日卒. 後果賜涼府都督. (出『定命錄』)

147 · 10(1377)
배유창(裴有敞)

당(唐)나라 항주자사(杭州刺史) 배유창은 그 병세가 심해지자 전당현(錢塘縣)의 주부(主簿) 하영(夏榮)에게 자신의 병세를 보게 했다. 그러자 하영이 말했다.

"사군(使君: 刺史에 대한 존칭)께서는 백에 하나도 염려하실 것이 없으시지만, 부인께서는 조만간에 선을 쌓고 복을 구해 병을 물리쳐야 합니다."

그러자 최부인이 말했다.

"병을 물리치려면 무엇이 필요합니까?"

하영이 말했다.

"사군께서 여자 두 명을 얻어 병세를 눌러야만 3년 뒤에 위험이 지나갈 것입니다."

그러자 최부인은 화가 나서 말했다.

"그런 미친 소리일랑 집어치우시오! 나는 아무런 병도 없소이다."

하영은 물러나면서 말했다.

"부인께서 제 말을 믿지 않으시니 저로서도 감히 더 이상 말씀드릴 수 없습니다. 사군께서는 세 명의 부인을 얻을 팔자인데, 만약 여자를 얻지 않으신다면 부인께 좋지 않은 일이 일어날 것입니다."

부인이 말했다.

"차라리 죽을지언정 이 일은 감당할 수 없소이다."

그해 배유창의 부인은 갑작스럽게 죽었고, 배유창은 다시 두 여자를 얻었다. [이로 보아] 하영의 말은 믿을 만하다. (『조야첨재』)

唐杭州刺史裴有敵疾甚, 令錢塘縣主簿夏榮看之. 榮曰: "使君百無一慮, 夫人早須崇福禳之." 而崔夫人曰: "禳須何物?" 榮曰: "使君娶二姬以壓之, 出三年則危過矣." 夫人怒曰: "此獠狂語! 兒在身無病." 榮退曰: "夫人不信, 榮不敢言. 使君合有三婦, 若不更娶, 於夫人不祥." 夫人曰: "乍可死, 此事不相當也." 其年夫人暴亡, 敵更取二姬. 榮言信矣. (出『朝野僉載』)

147 · 11(1378)
왕 초(王 超)

왕초는 예전에 사수현령(汜水縣令) 엄손지(嚴損之)를 위해 말했다.

"공께서는 지금부터 내직의 벼슬을 하시다가 그것이 끝나면 바로 하북(河北) 두 곳의 태수(太守)가 될 것입니다."

엄손지는 과연 조정으로 들어가 저작랑(著作郞)이 되었다가 도성을 나와 진정태수(眞定太守)로 임명되었고, 다시 경성태수(京城太守)로 전임되었다. 왕초는 또 사수현령 엄형(嚴逈)에게 말했다.

"공은 반드시 복을 닦아야 합니다."

엄형은 그 말을 믿지 않았다. 엄형은 과연 어떤 사람의 고소를 받아 관직에서 해임되고 유배지에 가서 죽었다. (『정명록』)

王超者, 嘗爲汜水縣令嚴損之曰: "公從此爲京官訖, 卽爲河北二太守." 後果入爲著作郞, 出爲眞定太守, 又改爲京城守. 超又謂汜水令嚴逈云: "公宜修福." 嚴不信. 果被人訴, 解官除名, 配流身亡也. (出『定命錄』)

147 · 12(1379)
장제구(張齊丘)

장제구는 처가 아이를 가졌을 때 출산 일이 몇 개월 지나도록 아이를 낳지 않자 이를 병이라 생각하고 약을 조제하여 치료하고자 했다. 그러자 오군(吳郡)의 비구니 보주(寶珠)가 그를 보고 말했다.

"삼가 약을 복용하지 마시오. 틀림없이 나중에 위좌(衛佐) 한 분을 낳을 것이오."

얼마 뒤에 장제구의 처는 아들을 출산했다. 장제구가 신분이 높아진 뒤 황제가 칙령을 내려 장제구의 한 아들에게 봉어(奉御: 唐나라 殿中省에 속한 六尙局의 장관으로, 六尙國은 尙食·尙藥·尙衣·尙舍·尙乘·尙輦을 말하는데, 六尙國에 奉御 두 사람씩 두어 그 일을 맡아보게 했음)의 벼슬을 내렸다. 이에 장제구가 상주를 올려 이렇게 말했다.

"저의 두 조카가 어려서 고아가 되었는데, 두 조카에게 그 벼슬을 내려주셨으면 합니다."

황제는 이를 훌륭하다고 생각하여 장제구의 두 조카에게는 따로 6품 이하의 벼슬을 내리게 했다. 그리고 장제구의 아들에게는 거듭 동궁위좌(東宮衛佐)라는 벼슬이 내려졌는데, 그때 나이 겨우 10살이었다. (『정명록』)

張齊丘妻懷姙, 過期數月不産, 謂是病, 方欲合藥療之. 吳郡尼寶珠見之曰: "愼勿服藥, 後必生一衛佐." 旣而果生男. 齊丘貴後, 恩敕令與一子奉御官. 齊丘奏云: "兩姪早孤, 願與姪." 帝嘉之, 令別與兩姪六品已下官. 齊丘之子, 仍與東宮衛佐, 年始十歲. (出『定命錄』)

147 · 13(1380)
풍칠언사(馮七言事)

진류군(陳留郡)에 풍칠이라는 술을 잘 마시는 사람이 있었는데, 그는 매번 술을 마실 때마다 다섯 말의 술을 마셨고, 그가 말하는 일마다 적중하지 않는 경우가 없었다. 얼마 지나지 않아 풍칠이 군좌(郡佐: 郡守의 屬吏)에게 이렇게 말했다.

"성안에 흰 기운이 감도니, 군수께서 죽을 것입니다."

태수 배돈(裴敦)이 그 말을 듣고 풍칠을 불러 [그런 사실이 있냐고] 물어보았더니, 풍칠이 말했다.

"그 기운이 아직 다 차지 않았지만, 빠르면 반년 이내에 몰려들 것입니다."

배공(裴公: 裴敦)은 갖은 방법을 다해 다른 자리를 구했다. 배공이 떠나간 뒤 위항(韋恒)이 태수가 되었는데, 위항은 진류군에 도착하기도 전에 죽었다. 어떤 사람이 "당신의 말이 맞아 떨어졌소?"하고 묻자, 풍칠이 대답했다.

"아직 아닙니다!"

얼마 뒤에 다시 장리정(張利貞)이 진류군을 다스리다가 성안에서 죽었다. 두화(杜華)가 예전에 진류군에 있는 법황(法晃) 스님을 만났는데, 법황 스님이 말했다.

"개봉현령(開封縣令) 심상(沈庠)은 경기(京畿) 지방의 현령(縣令)으로 전임될 것이며 15개월 뒤에 어사중승(御史中丞)이 될 것입니다."

두화가 그 말을 믿고 다시 풍칠을 만났을 때 이에 대해서 묻자, 풍칠이 말했다.

"심군(沈君: 沈庠)은 열흘을 넘기지 못할 것입니다."

이에 모두들 그 말을 믿지 않았다. 그러나 며칠 뒤에 심공(沈公: 沈庠)이 병가를 청했기에 두화가 찾아가 보았더니 심공이 말했다.

"그저 두통으로 고생할 뿐인데, 감당할 수 없을 정도로 아픕니다."

심공은 며칠 뒤에 죽었다. (『정명록』)

陳留郡有馮七者, 能飮酒, 每飮五豆斗, 言事無不中者. 無何, 語郡佐云: "城中有白氣, 郡守當死." 太守裴敦('敦'原作'郭', 據明鈔本改)復聞而召問, 馮七云: "其氣未全, 急應至半年已來." 裴公卽經營求改. 改後韋恒爲太守, 未到而卒. 人問得應否, 曰: "未!" 尋又張利貞主郡, 卒於城中. 杜華嘗見陳留僧法晃, 云: "開封縣令沈庠合改畿令, 十五月作御史中丞." 華信之, 又遇馮七問焉, 馮七云: "沈君不踰十日." 皆不之信. 經數日, 沈公以病告, 杜華省之, 沈云: "但苦頭痛, 忍不堪." 數日而卒. (出『定命錄』)

147 · 14(1381)
환신범(桓臣範)

여주자사(汝州刺史) 환신범이 직접 이렇게 말했다.

"전임자사가 도성으로 업적평가를 받으러 가던 길에 상주(常州)에 이르렀을 때 기생(曁生)이라는 점을 잘 보는 사람을 만났다. 기생은 삼일 동안 술을 마시고 취해 있더니, 나흘째 되던 날 쌀가루 반죽과 등잔심지를 가져왔다. 기생은 입에 등잔심지를 물고 갑자기 신의 목소리로 말했다. 그때 동경(東京: 洛陽) 구씨(緱氏) 집에서 노비가 왔기에 환신범이 그 집에 무슨 일이 있냐고 물어보았더니 기생이 말했다.

'그 집은 노씨 집안의 것이지 환씨 집안의 것이 아니오.'

그리고 한 하인을 보더니 다시 말했다.

'저 하인은 돈 2000천냥을 훔쳐 달아날 것입니다.'

다시 다른 하녀를 보더니 또 말했다.

'저 하녀는 머리를 맞아 피를 흘릴 것이오.'

자신이 지금 도성에 가면 어떤 벼슬에 임명될 것인지 묻자, 기생이 말했다.

'동북(東北) 일 천리 밖의 자사가 될 것인데, 반드시 '마액(馬厄)'을 조심하십시오.'"

환신범이 양부(揚府: 揚州)에 이르렀을 때 과연 그 하인이 돈 2000냥을 훔쳐 달아났다. 또 서주(徐州)의 경계지역에 이르렀을 때 그 하녀가 남편과 서로 다투다가 머리가 깨져 피를 흘렸다. 동경에 가자 환신범은 영주자사(瀛州刺史)로 발령났기에 비로소 기생의 말을 믿었다. 환신범은 ['마액'을 조심하라는 기생의 말에 따라] 늘 '마액'을 조심했다. 영주군에 이르러 태수에게 절을 하고 무릎을 꿇는 바람에 환신범은 왼쪽 다리가 붓고 아팠기에 더 이상 갈 수 없었다. 어떤 사람이 침으로 치료할 수 있다고 했는데, 침을 놓은 뒤 그 붓기가 더욱 심해져 갑자기 무릎까지 아팠다. 이에 환신범은 병가를 청하고 100일 동안 관청에 나아가지 않았다. 그 침을 놓았던 사람의 성이 마씨(馬氏)였는데, 그는 상좌(上佐: 府・州・郡의 주요 屬官)에게 사로잡혀 꾸지람을 들었다. 그리하여 환신범은 '마액'이란 바로 이 사람을 두고 한 말임을 알게 되었다. 환신범은 동도(東都: 洛陽)로 돌아와서 이궐(伊闕)에서 살았는데, 그 구씨 집이 노종원(盧從愿)에게 팔리는 것을 보고 [기생의 말이] 맞아떨어지지 않는 일이 없음을 알게 되었다. 이때부터 환공(桓公: 桓臣範)은 천명을 따를 뿐 더 이상 억지로 구하려고 애쓰지 않았다. (『정명록』)

汝州刺史桓臣範自說: "前任刺史入考, 行至常州, 有瞽生者, 善占事. 三日, 飲之以酒, 醉, 至四日, 乃將拌米幷火炷來. 瞽生以口銜火炷, 忽似神('似神'原作'以伸', 據明鈔本改)言. 其時有東京緱氏莊, 奴婢初到, 桓問以莊上有事, 瞽生云: '此莊姓盧, 不姓桓.' 見一奴, 又云: '此奴卽走, 仍偸兩貫錢.' 見一婢, 復云: '此婢卽打頭破血流.' 桓問今去改得何官, 瞽生曰: '東北一千里外作刺史, 須愼"馬厄".'" 及行至揚府, 其奴果偸兩千而去. 至徐州界, 其婢與夫相打, 頭破血流. 至東京, 改瀛州刺史, 方始信之. 常愼'馬厄'. 及至郡, 因拜跪, 左脚忽痛, 遂行不得. 有一人云解針, 針訖, 其腫轉劇, 連膝燉痛. 遂請告, 經一百日停官. 其針人乃姓馬, 被上佐械繫責之. 言'馬厄'者, 卽此人也. 歸至東都, 於伊闕住, 其緱氏莊賣與盧從愿, 方知諸事無不應者. 桓公自此信命, 不復營求. (出『定命錄』)

147 · 15(1382)
장가정(張嘉貞)

장가정이 아직 출세하기 전 몹시 빈곤했던 시절에 한번은 성 동쪽 길에서 한 노인이 점을 쳐주고 돈을 받는 것을 보고 장가정도 그 노인을 찾아갔다. 노인은 관록을 적은 종이 두루마리 두 개를 붙이더니 처음부터 끝까지 봉해둔 채 열어보지 말라고 거듭 당부했다. 그런데 매 관직의 임기가 끝날 때마다 종이 두루마리를 열어 보면 하나같이 맞아 떨어졌다. 후에 재상이 되고 어느 주(州)의 자사(刺史)를 지낸 뒤 정주자사(定州刺史)가 되었을 때 병세가 중하여 죽게 되자 장가정이 말했다.

"나는 아직 다른 두루마리에 적힌 관록을 열어보지 않았는데, 어떻게 바로 죽을 수가 있겠는가? 지금 몸이 고달프니 시험삼아 한번 열어보아야겠다."

다른 나머지 두루마리를 열어보았더니 종이에는 아무런 글자도 씌어 있지 않았고, 장가정은 결국 죽었다. (『정명록』)

張嘉貞未遇, 方貧困時, 曾於城東路, 見一老人賣卜, 嘉貞訪焉. 老人乃黏紙兩卷, 具錄官祿, 從始至末, 仍封令勿開. 每官滿, 卽開看之, 果皆相當. 後至宰相, 某州刺史, 及定州刺史, 病重將死, 乃云: "吾猶有一卷官祿未開, 豈能卽死? 今旣困矣, 試令開視." 乃一卷內並書空字, 張果卒也. (出『定命錄』)

147・16(1383)
승김사(僧金師)

수양(睢陽)에 신라(新羅)에서 온 김사라는 스님이 있었는데, 그는 녹사참군(錄事參軍) 방완(房琓)에게 이렇게 말했다.

"태수 배관(裴寬)께서 다른 벼슬로 전임될 것입니다."

방완이 언제 바뀔 것인지 물어보았더니 김사 스님이 말했다.

"내일 정오면 틀림없이 칙령이 올 것입니다. 공께서는 군의 서남쪽 모퉁이에서 저를 만날 것입니다."

방완은 오로지 그 때가 되기만을 기다렸다. 오전에 역사(驛使: 官府의 문서를 전달하는 사람)는 왔으나, 봉첩이 오지 않았기에 방완은 김사 스님의 말이 틀렸다고 생각했다. 그러나 정오가 되자 다시 한 역사가 문서를 가지고 와서 말했다.

"배공(裴公: 裴寬)께서 안륙별가(安陸別駕)로 전임되셨습니다."

방완은 급히 말을 보내 스님을 맞이하게 하고 자신도 직접 그를 맞이하러 갔는데, 정말 군 서남쪽의 모퉁이에서 그를 만났다. 배공이 김사 스님을 불러 어찌된 일이냐고 물어보았더니 김사 스님이 말했다.

"관직은 바뀌었으나, 관복은 바뀌지 않을 것입니다. 그렇지만 공의 생질은 서로 뿔뿔이 흩어질 것입니다."

후에 칙령이 내려왔기에 보았더니 별가로 제수되었지만, 관복과 인끈은 그대로 착용하라고 되어 있었다. 그리고 그의 생질도 뿔뿔이 흩어졌다. (『정명록』)

睢陽有新羅僧, 號金師, 謂錄事參軍房琬云: "太守裴寬當改." 琬問何時, 曰: "明日日午, 敕書必至. 當與公相見於郡西南角." 琬專候之. 午前有驛使, 而封牒到不是, 琬以爲謬也. 至午, 又一驛使送牒來, 云: "裴公改爲安陸別駕." 房遽命駕迎僧, 身又自去, 果於郡西南角相遇. 裴召問之, 僧云: "官雖改, 其服不改. 然公甥姪各當分散." 及後敕至, 除別駕, 紫紋猶存. 甥姪之徒, 各分散矣. (出『定命錄』)

태평광기 권제148 정수 3

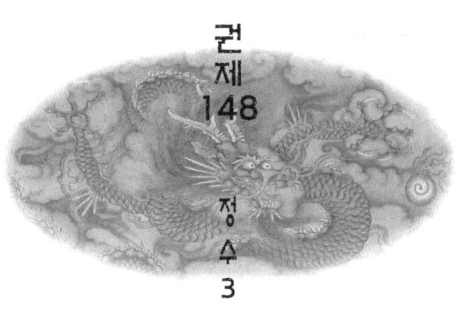

1. 위 씨(韋 氏)
2. 장 가 복(張 嘉 福)
3. 송 운(宋 惲)
4. 방 관(房 琯)
5. 손 생(孫 生)
6. 장 가 정(張 嘉 貞)
7. 두 섬(杜 暹)
8. 정 건(鄭 虔)
9. 최 원(崔 圓)

148 · 1(1384)
위 씨(韋 氏)

당(唐)나라 평왕(平王: 훗날의 玄宗인 李隆基)은 반역을 일으킨 위씨 일족을 주살했다. 최일용(崔日用)은 병사들을 거느리고 두곡(杜曲)을 공격하여 위씨 일족을 거의 몰살시켰고, 강보에 싸여있던 어린아이 역시 눌려 죽었다. 이 일로 해를 입은 두씨(杜氏)도 한둘이 아니었다. 부휴자(浮休子)가 말했다.

"이는 반역을 일으킨 위씨 일족의 죄 때문인데, 먼 친척에게 무슨 잘못이 있겠는가? 이는 또한 염민(冉閔)이 호(胡) 땅 사람들을 주살할 때 코가 높은 사람이 무고하게 죽고, 동탁(董卓)이 환관을 주살할 때 수염이 없는 사람이 억울하게 죽었던 일과 같으니, 살고 죽는 일은 운명이로다!"

(『조야첨재』)

唐平王誅逆韋. 崔日用將兵杜曲, 誅諸韋略盡, 糸朋子中嬰孩, 亦捏殺之. 諸杜濫及者非一. 浮休子曰: "此逆韋之罪, 踈族何辜? 亦如冉閔殺胡, 高鼻者橫死, 董卓誅閹人, 無鬚者狂戮, 死生命也!" (出『朝野僉載』)

148·2(1385)
장가복(張嘉福)

당(唐)나라에서 위씨(韋氏) 일족이 반역을 일으켰을 때 이부상서(吏部尚書)를 지내던 장가복은 하북도존무사(河北道存撫使)를 맡고 있었는데, 회주(懷州) 무척역(武陟驛)에 이르렀을 때 장가복이 당도하는 곳에서 그를 참수하라는 칙명이 내려졌다. 오래지 않아 그를 사면한다는 칙명이 내려졌는데, [칙명을 전하는] 사신이 말 위에서 잠들어 늦게서야 한 역참(驛站)에 도착했다. 사신이 도착했을 때 이미 장가복은 참수되었으니, 운명은 하늘에서 정하는 것인가? 하늘이 운명을 따르는 것인가? (『조야첨재』)

唐逆韋之變, 吏部尙書張嘉福河北道存撫使, 至懷州武陟驛, 有敕所至處斬之. 尋有敕放, 使人馬上昏睡, 遲行一驛. 比至, 已斬訖, 命非天乎? 天非命乎? (出『朝野僉載』)

148·3(1386)
송 운(宋 惲)

명황(明皇: 唐 玄宗을 가리킴. 玄宗의 諡號는 至道大聖大明孝皇帝인데, 이를 속칭 明皇이라고 했음)이 주부(州府)에 있을 때 강주자사(絳州子史) 송선원(宋宣遠)의 형 송운과 교분이 있었다. 명황이 등극한 후 늘 이 일을 기억하며 그를 관리로 등용하고자 했으나, 송운은 스스로 자신의 운명이 박복함을 알고 있었으므로 지방에 숨어 부모를 모시며 살았다. 하루는 송운이 정정문(定鼎門: 周 成王이 郟鄏에 九鼎을 세우고 그 남쪽에 定鼎門을 만든 후, 九鼎을 옮길 때 이 문을 통하도록 했음. 그 옛 治所는 河南省 洛陽縣 서쪽에 있었음) 바깥을 지나다가 명황의 근신 한 사람을 만났는데, 그 사람이 황궁으로 들어가 아뢰었다.

"마침 송운을 만났사옵니다."

명황이 기뻐하며 마침내 송운을 불러들여 말했다.

"10여 년이 지나도록 짐은 매번 그대에게 벼슬을 내리고자 했노라."

그러나 송운은 스스로 녹운(祿運)이 없음을 알고 아뢰었다.

"만약 저에게 벼슬을 내리신다면 이는 제 미천한 목숨을 재촉하는 일이 될 것이옵니다."

그 후 국자감승(國子監丞) 두유기(杜幼奇)가 좌찬선대부(左贊善大夫: 唐 龍朔 3년에 설치되어 太子·中允을 대체했으나, 咸亨 5년에 太子·中允의 벼슬이 복원되면서 따로 左·右贊善大夫를 설치했음)에 제수되자 관례에 따라 오품관(五品官) 1명을 임명하라는 조서가 내려졌고, 송운은 마침내 우찬선대부(右贊善大夫: 龍朔 3년에 太子舍人을 대체하는 관직으로 설치됨)에 제수되었다. 송운은 그날 밤 죽었다. (『정명록』)

明皇在府之日, 與絳州刺史宋宣遠兄惲有舊. 及登極之後, 常憶之, 欲用爲官, 惲自知命薄, 乃隱匿外州, 緣親老歸侍. 至定鼎門外, 逢一近臣, 其人入奏云: "適見宋惲." 上喜, 遂召入. "經十數年, 每欲與官." 即自知無祿, 奏云: "若與惲官, 是速微命." 後因國子監丞杜幼奇除左贊善大夫, 詔令隨例與一五品官, 遂除右贊善大夫. 至夜卒. (出『定命錄』)

148 · 4(1387)
방 관(房 琯)

　개원연간(開元年間: 713~741)에 방관은 노씨현령(盧氏縣令)을 지내고 있었다. 어느 날 진인(眞人) 형화박(邢和璞)이 태산(太山)으로부터 찾아오자 방관은 공손한 마음으로 공경의 예를 표하면서 그와 함께 손을 잡은 채 산보를 했는데, 자신도 모르게 수십 리를 걷게 되었다. 하곡촌(夏谷村)에 이르러 버려진 불당 앞을 지나게 되었는데 그 주위에는 소나무와 대나무가 빽빽하게 자라고 있었다. 형화박이 소나무 아래에 앉아 지팡이로 땅을 두드리며 하인에게 그 곳을 몇 척 깊이로 파게 하자 그 곳에서 병 하나가 나왔는데, 병 안에 들어있는 것은 모두 누사덕(婁師德)이 영공(永公)에게 보낸 서찰이었다. 형화박이 웃으며 말했다.

　"이것이 무엇인지 알겠소?"

　방관은 마침내 놀라면서 비로소 자신이 스님으로 있던 시절을 기억해냈는데, 영공은 바로 방관의 전신(前身)이었다. 형화박이 방관에게 말했다.

　"그대가 죽을 때는 반드시 생선회를 먹고 죽게 될 것이고, 죽은 후에는 반드시 가래나무로 만든 관을 쓸 것이오. 그러나 그대는 그대의 집에서 죽지 못할 것이니, 관소에서 죽지도 않고, 도관(道觀)이나 사원에서 죽지도 않으며, 친구의 집에서 죽지도 않을 것이오."

　그후 방관은 낭주(閬州)로 폄적되어 낭주의 자극궁(紫極宮)에 머물게 되었다. 방관은 병으로 며칠동안 자리에 누워 있었는데, 갑자기 태수(太守)가 생선회를 준비해놓고 방관을 자신의 처소로 초청했고, 방관 역시 흔쾌히 초청에 응했다. 방관은 회를 먹고 돌아와서 갑자기 죽었다. 태수는 관을 사서 자극궁으로 보내주었는데, 그 관은 가래나무로 만들어진 것이었다. (『명황잡록』)

　　開元中, 房琯之宰盧氏也. 邢眞人和璞自太山來, 房琯虛心禮敬, 因與才雋手閑步, 不覺行數十里. 至夏谷村, 遇一廢佛堂, 松竹森暎. 和璞坐松下, 以杖叩地, 令侍者掘深數尺. 得一缾, 缾中皆是婁師德與永公書. 和璞笑謂曰: "省此乎?" 房遂洒然, 方記其爲僧時, 永公卽房之前身也. 和璞謂房曰: "君歿之時, 必因食魚鱠, 旣歿之後, 當以梓木爲棺. 然不得歿於君之私第, 不處公舘, 不處玄壇佛寺, 不處親友之家."

　　其後譴於閬州, 寄居州之紫極宮. 臥疾數日, 使君忽具鱠, 邀房於郡齋. 房亦欣然命駕. 食竟而歸, 暴卒. 州主命攢櫝於宮中, 棺得梓木爲之. (出『明皇雜錄』)

148 · 5(1388)
손　생(孫　生)

　　개원연간(開元年間: 713~741) 말에 항주(杭州)에 손생이란 사람이 있었는데, 그는 관상을 잘 보았다. 그가 목주(睦州)에 가자 군수(郡守)가 그에게 관리들의 관상을 보게 했다. 당시 방관은 사호(司戶)를 맡고 있었고, 최환(崔渙)은 만년현위(萬年縣尉)를 지내다가 폄적되어 동려현승(桐廬縣丞)을 지내고 있었다. 손생이 말했다.

　　"두 분의 지위는 모두 태보(台輔: 三公 또는 宰相을 말함)에 이를 것입니다. 그러나 방관 나리는 국가의 정권을 손아귀에 넣게 되실 것이고, 최환 나리는 이후 항주자사(杭州刺史)가 되실 것입니다. 저는 비록 그렇게 될 날을 보지 못하겠지만, 역시 그 은혜는 입게 될 것입니다."

오래지 않아 방관은 재상의 신분으로 책봉(冊封)의 조서를 가지고 촉(蜀) 땅에서 영무현(靈武縣)으로 가서 숙종(肅宗)을 책봉했고, 최환은 그후 과연 항주자사가 되었다. 최환이 수레에서 내려 손생을 찾아갔으나 손생은 이미 열흘 전에 세상을 떠났다. 이에 최환은 손생의 아들을 아장(牙將: 副將)으로 삼고 곡식과 비단을 내려 그의 집안을 위로했다. (『명황잡록』)

開元末, 杭州有孫生者, 善相人. 因至睦州, 郡守令遍相僚吏. 時房琯爲司戶, 崔渙自萬年縣尉貶桐廬丞. 孫生曰: "二君位皆至台輔. 然房神器大寶, 合在掌握中, 崔後合爲杭州刺史. 某雖不見, 亦合蒙其恩惠." 旣而房以宰輔齎冊書自蜀往靈武授肅宗, 崔後果爲杭州刺史. 下車訪孫生, 卽已亡旬日矣. 署其子爲牙將, 以粟帛賑卹其家. (『明皇雜錄』)

148 · 6(1389)
장가정(張嘉貞)

개원연간(開元年間: 713~741)에 현종(玄宗)은 나라를 다스리는 데 조급해하고 특히 재상을 임명하는 일에 마음을 기울였는데, 늘 장가정을 재상으로 등용하고자 했으나 그의 이름을 잊고 말았다. 현종은 환관에게 촛불을 들고 중서성(中書省)으로 가서 숙직을 서고있는 사람이 누구인지 알아오게 했고, 그 궁인은 중서시랑(中書侍郎)인 위항(韋抗)이라고 아뢰었다. 현종은 곧 위항을 침전(寢殿)으로 불러들였다. 현종이 말했다.

"짐이 재상 한 사람을 임명하고자 하는데, 평소에 기억하기로 그의 풍모는 당시 중신(重臣)인 듯했고, 성은 장씨(張氏)에 이름은 두 자였으며, 현재 북방의 후백(侯伯: 지방의 州牧)을 맡고 있소. 측근들에게 묻고 싶지 않아 열흘 동안이나 생각했으나 결국 그의 이름을 잊고 말았으니, 경이 한 번 그의 이름을 생각해 보오."

위항이 아뢰었다.

"장제구(張齊丘)가 현재 삭방절도사(朔方節度使)를 맡고 있사옵니다."

현종이 곧 위항에게 조서의 초안을 만들게 하고 궁인(宮人)에게 촛불을 들어 비추게 하자, 위항은 어전에서 무릎을 꿇은 채 붓을 움직여 초안을 완성했다. 현종은 위항의 글재주가 민첩하면서도 전아(典雅)함을 크게 칭찬하고 곧 급히 조서를 쓰게 했으며, 위항에게는 중서성으로 돌아가 숙직을 서라고 명했다. 현종은 옷도 벗지 않은 채 아침을 기다리며 장차 그 조서를 내리려고 했다. 밤이 아직 절반도 지나지 않았는데 갑자기 궁인이 다시 위항을 재촉하며 침전으로 들어가 알현하게 했다. 현종이 위항을 맞이하며 말했다.

"장제구가 아니라 태원절도사(太原節度使) 장가정이었소."

현종이 따로 조서의 초안을 만들라고 명하면서 위항에게 말했다.

"짐의 뜻이 먼저 정해졌으니 이는 운명이라고 할 수 있겠소. 마침 짐은 근자에 대신들이 올렸던 상소문을 읽고 있었는데, 그 중 먼저 하나의 글을 집었더니 바로 장가정의 표문(表文)이었소. 이 때문에 갑자기 비로소 그의 이름을 기억해 내었으니, 이는 또한 하늘이 알려준 것이며 사람의 힘이 닿는 일이 아닐 것이오."

현종은 인재를 쓸 수 있게 된 일을 기뻐하면서도, 인재를 쓰고 버리는 일이 마치 누군가가 주재하는 듯 함에 거듭 탄식했다. (『명황잡록』)

開元中, 上急於爲理, 尤注意於宰輔, 常欲用張嘉貞爲相, 而忘其名. 夜令中人持燭, 於省中訪其直宿者誰('誰'原作'諸', 據明鈔本改), 還奏中書侍郎韋抗. 上卽令召入寢殿. 上曰: "朕欲命一相, 常記得風標爲當時重臣, 姓張而重名, 今爲北方侯伯. 不欲訪左右, 旬日念之, 終忘其名, 卿試言之." 抗奏曰: "張齊丘今爲朔方節度." 上卽令草詔. 仍令宮人持燭, 抗跪於御前, 援筆而成. 上甚稱其敏捷典麗, 因促命寫詔, 敕抗歸宿省中. 上不解衣以待旦, 將降其詔書. 夜漏未半, 忽有宮人復促抗入見. 上迎謂曰: "非張齊丘, 乃太原節度張嘉貞." 別命草詔, 上謂抗曰: "維朕志先定, 可以言命矣. 適朕因閱近日大臣章疏, 首擧一通, 乃嘉貞表也. 因此洒然, 方記得其名, 此亦天啓, 非人事也." 上嘉其得人, 復歎用捨如有人主張. (出『明皇雜錄』)

148·7(1390)
두 섬(杜 暹)

두섬이 어렸을 때 일찍이 포진(蒲津)으로부터 황하(黃河)를 건넌 적이 있는데, 그 때 황하의 물살이 매우 급했다. 당시 배에 오른 사람은 많았고, 사공은 이미 닻줄을 푼 상태였다. 그 때 기슭에 있던 한 노인이 두섬에게 잠시 내리라고 소리쳤는데 그의 말이 매우 간곡했다. 두섬은 어쩔 도리가 없어 배에서 내려 그 노인을 만났으며, 그 노인과 함께 한참동안 이야기를 나누었다. 사공은 기다리다가 두섬이 오지 않자 두섬의 봇짐을 기슭에 내려놓고 곧 출발했다. 두섬이 노인과 이야기를 미처 다 나누기도 전에 고개를 돌려보니 배가 이미 떠났으므로, 두섬은 속으로 매우 원망스러워했다. 이 날은 바람이 거세게 불고 물결이 크게 일었는데, 갑자기 물속에서 수십 개의 손이 나타나 배를 잡아당겨 가라앉히는 바람에, 동료들은 모두 죽고 오직 두섬만 살아남았다. 노인이 두섬에게 말했다.

"그대가 할 일이 매우 귀하기 때문에 일부러 와서 구해준 것이오."

노인은 말을 마치고 사라져버렸다. 두섬은 그후 승진을 거듭하여 공경(公卿)에까지 올랐다. (『광이기』)

杜暹幼時, 曾自蒲津濟河, 河流湍急. 時入舟者衆, 舟人已解纜. 岸上有一老人, 呼杜秀才可暫下, 其言極苦. 暹不得已往見, 與語久之. 船人待暹不至, 棄襆於岸便發. 暹與老人交言未盡, 顧視船去, 意甚恨恨. 是日風急浪驪, 忽見水中有數十手攀船沒, 徒侶皆死, 唯暹獲存. 老人謂暹曰: "子卿業貴極, 故來相救." 言終不見. 暹後累遷至公卿. (出『廣異記』)

148 · 8(1391)
정 건(鄭 虔)

개원(開元) 25년(737)에 정건은 광문박사(廣文博士)를 지내고 있었다. 당시 정상여(鄭相如)라는 사람이 있었는데, 나이는 쉰 살이 넘었고 농우(隴

右)로부터 명경과(明經科)에 응시하고자 와서 조카의 신분으로 정건을 찾아왔다. 정건은 그를 특별한 예로 대하지 않았다. 그후 정상여가 다시 찾아왔을 때 정건이 이전과 같은 예로 대하자 정상여가 정건에게 말했다.

"숙부께서는 제 능력을 조금 아십니까? 부자(夫子: 孔子)께서 '혹 주(周)나라를 계승하는 나라가 있다면 비록 백 대가 지난 후의 일이라도 알 수 있다'고 하셨는데, 저 역시 거의 그와 같은 사람입니다. 제가 만약 공자(孔子)의 문하에 있었다면, 감히 안자(顔子: 顔淵)에 견줄 수는 없겠지만 언언(言偃: 子游)이나 복상(卜商: 子夏)의 무리와 비교한다면 진실로 그들보다 부족함이 없습니다."

정건은 정상여의 말이 매우 기특하다고 생각하고 그 까닭을 물었는데, 정상여의 대답은 매우 훌륭했다. 정건은 이에 문을 닫아걸고 날마다 정상여와 대화를 나누며 가까이 하다가 그에게 물었다.

"만약 조카의 말과 같다면 조카는 어째서 일찍 과거에 응시하지 않고 이처럼 늦게야 응시한 것인가?"

정상여가 말했다.

"저는 내년이 비로소 명성을 이룰 해에 해당하니, 제가 미리 오지 않은 것은 때가 되지 않았기 때문입니다."

정건이 말했다.

"조카는 어떤 벼슬을 하게 되는가?"

정상여가 말했다.

"7년 후 선발되어 구주(衢州) 신안현위(信安縣尉)에 제수될 것인데, 그 해에 벼슬이 다할 것입니다."

정건이 말했다.

"나의 후일에 대해 들려줄 수 있겠는가?"

정상여가 말했다.

"지금부터 5년 후 나라에서 연호를 바꿀 것입니다. 다시 15년 후에 큰 도적이 유주(幽州)와 계주(薊州)에서 일어나며, 숙부께서는 이 때 욕을 당하실 것입니다. 만약 나라에 충성을 다하신다면 귀양을 가시는 것으로 그치겠지만, 그렇지 않으신다면 제가 헤아리기 어렵습니다."

다음 해 봄에 정상여는 과연 명경과에 급제했고, 7년 후 구주 신안현의 현위로 발탁되었다. 정상여가 장차 부임하기 전에 정건에게 영원히 작별한다고 말하면서 울며 이별했다. 3년 후 고사(考使: 三考를 담당하는 관리. 三考는 官吏의 實績을 3년에 한 번씩 살펴 賢否得失을 파악하는 것)가 찾아왔기에 정건이 정상여의 안부를 물었더니, 그 관리가 말했다.

"부임한 후 몇 달 뒤에 사원에서 갑자기 죽었습니다."

개원 29년(741)이 되자 연호는 천보(天寶)로 교체되었다. 천보 15년(756)에 안록산(安祿山)이 동도(東都: 洛陽)에서 난을 일으키고, 위서경유수(僞西京留守) 장통유(張通儒)를 장안(長安)에 파견하여 조정의 관리들을 동도인 낙양(洛陽)으로 데리고 갔다. 정건은 동도에 이르러 위수부랑중(僞水部郎中)에 임명되었다. 정건은 이에 정상여의 말을 생각해내고 거짓으로 중풍을 앓는 척 했으며, 시령(市令: 從九品上의 벼슬로, 唐代에 각 府·州 및 3천 戶 이상의 縣에 설치하여 市場을 관장했음)을 맡게 해달라고 요구하여 스스로를 욕되게 하면서 또한 몰래 황제에게 상소문을 올렸다. 숙종(肅宗)이 영무(靈武)에서 즉위하여 그 해에 동경(東京: 洛陽)을 평정하고, 삼사(三司: 唐代에 獄事를 담당하던 벼슬로, 侍御史·給事中·中書舍人을 가리킴)에 영을 내려 역적의 조정에서 벼슬을 한 자들의 죄를 다스리게 했다. 정건은 마음속으로 역적에 귀의하지 않았으므로 온주사호(溫州司戶)로 폄적되었다가 죽었다. (『전정록』)

開元二十五年, 鄭虔爲廣文博士. 有鄭相如者, 年五十餘, 自隴右來應明經, 以從子謁虔. 虔待之無異禮. 他日復謁, 禮亦如之, 相如因謂虔曰: "叔父頗知某之能否? 夫子云: '其或繼周者, 雖百世可知也.' 某亦庶幾於此. 若存孔門, 未敢鄰於顔子, 如言偃·子夏之徒, 固無所讓." 虔大異之, 因詰所驗, 其應如響. 虔乃杜門, 累日與言狎, 因謂之曰: "若然, 君何不早爲進取, 而遲暮如是?" 相如曰: "某來歲方合成名, 所以不預來者, 時未至耳." 虔曰: "君當爲何官?" 曰: "後七年, 選授衢州信安縣尉, 秩滿當年." 虔曰: "吾之後事, 可得聞乎?" 曰: "自此五年, 國家當改年號. 又十五年, 大盜起幽·薊, 叔父此時當被玷汚. 如能赤誠向國, 卽可以遷謫, 不爾, 非所料矣."

明年春, 相如果明經及第, 後七年, 調改衢州信安尉. 將之官, 告以永訣, 涕泣爲別. 後三年, 有考使來, 虔問相如存否, 曰: "替後數月, 暴終於佛寺." 至二十九年, 改天寶. 天寶十五年, 安祿山亂東都, 遣僞署西京留守張通儒至長安, 驅朝官就東洛. 虔至東都, 僞署水部郞中. 乃思相如之言, 佯中風疾, 求攝市令以自汚, 而亦潛有章疏上. 肅宗卽位靈武, 其年東京平, 令三司以按受逆命者罪. 虔以心不附賊, 貶溫州司戶而卒. (出『前定錄』)

148·9(1392)
최 원(崔 圓)

상국(相國) 최원은 젊어서 빈천하고 영락했으며, 그의 집은 강수(江水)

와 회수(淮水) 사이에 있었다. 그의 큰외삼촌인 이언윤(李彦允)이 형부상서(刑部尙書)를 지내고 있었으므로, 최공(崔公: 崔圓)은 남쪽에서 도성으로 가서 그를 찾아 뵙고 작은 벼슬을 구하고자 했다. 이공(李公: 李彦允)은 학교에 머물면서 자제들과 학업을 닦고 있었으며, 최공을 매우 업신여겼다. 어느 날 밤에 이공은 자신이 족쇄와 수갑을 차고 있는 꿈을 꾸었는데, 그와 함께 있던 2~3백 명이 무기에 에워싸인 채 큰 관부로 들어가게 되었다. 청사에 이르러 모두 자신의 성명을 외치며 들어갔는데, 붉은 옷을 입은 사람이 책상 앞에 앉아 있기에 이언윤이 그를 보았더니, 바로 최공이었다. 이언윤이 마침내 계단 아래에서 슬프게 소리치며 목숨을 애걸하자, 붉은 옷을 입은 사람이 웃으며 말했다.

"데려다 가두어라."

이언윤이 놀라 잠에서 깨었는데 그 꿈이 매우 이상해서 부인에게 말해주었다. 부인이 말했다.

"마땅히 그를 후하게 대해야 할 것입니다. 징험이 없으리란 것을 어찌 알겠습니까?"

이 때부터 이언윤은 최공을 점차 잘 예우하여, 별당에 머물게 하고 함께 중당(中堂)에서 식사했다.

몇 개월 후 최공이 떠나기를 청하며 장차 강남(江南)에서 벼슬을 구하고자 했다. 이공과 부인은 이에 성찬(盛饌)을 차리고 자식들과 자리를 함께 했다. 식사를 마친 후 최공이 감사하며 말했다.

"이처럼 은혜와 자애를 베풀어주시니, 장차 어떻게 보답할 지 모르겠습니다. 저는 매번 과분하다고 생각해 왔지만 아직 그 까닭을 모르겠습니다. 원컨대 큰외삼촌께서 가르쳐 주십시오."

이공은 웃으며 대답하지 않았다. 부인이 말했다.

"조카는 자식과 다름이 없으니 단지 대접이 소홀할까 근심했을 뿐인데, 또한 어찌 은혜와 자애를 베풀었다고 하시는가?"

이공이 자리에서 일어나자 부인이 이에 최공에게 말했다.

"외삼촌께서 예전에 이상한 꿈을 꾸셨는데, 조카는 반드시 귀한 신분이 될 것이네. 나중에 외삼촌께서 곤란을 당할 때 그 일이 조카의 손에 달려있을 것인데, 조카는 특별히 외삼촌을 구제해줄 수 있겠는가?"

최공이 말했다.

"어떻게 그런 일이 있겠습니까?"

이공이 돌아와 다시 그 이야기를 했다. 최공은 조심스러워할 뿐 다시 대답하지 못했다. 이공이 말했다.

"강수와 회수까지는 길이 멀고 벼슬을 구하기에 좋은 곳도 아니네. 내가 평소 양사공(楊司空: 楊國忠)과 친분이 두터워 부탁을 해 놓았네."

당시 양국충(楊國忠)은 재상(宰相)의 신분으로 서천절도사(西川節度使)를 맡고 있었는데, 최공은 그를 알현한 후 크게 예우받았다. 양국충은 이에 황제에게 최공을 절도순관(節度巡官)으로 임명하고 유후(留後: 唐 中葉 이후 藩鎭이 커지면서, 節度使에게 有故가 있으면 그 자제 또는 신임하는 관리에게 그 직무를 대행하게 했는데, 이를 節度留後 또는 觀察留後라고 했음)의 일을 돌보게 해 달라고 주청했다. 최공이 임지로 떠나는 날 이공은 돈과 비단을 후하게 주며 전송했다.

최공이 서천에 도착한 지 1년도 못되어 안록산(安祿山)이 반란을 일으켰다. 현종(玄宗)이 몽진(蒙塵)하자 최공은 마침내 절도사(節度使)가 되었고, 열흘 뒤 재상에 임명되었다. 당시 도성은 비로소 수복되었고,

안록산의 휘하에서 벼슬했던 진희렬(陳希烈) 등의 관리는 모두 주살되었다. 이언윤도 그 무리 안에 포함되어 이미 그의 죄가 논의되고 있었다. 최공은 중서령(中書令)으로서 그의 죄를 상세히 살펴 판결하게 되었는데, 과연 무기에 둘러싸인 채 들어왔고, 한 명 한 명 성명을 외치며 지나가면 법에 따라 처형한다고 판결했다. 이공의 차례가 되자 이공이 외쳤다.

"상공(相公: 崔圓)께서는 예전의 꿈 이야기를 기억하시는지요?"

최공이 그를 향해 고개를 끄덕이더니 데려다 가두라고 판결했다. 판결이 끝난 후 최공은 그 일을 상세히 갖추어 아뢰고, 자신의 벼슬로 이언윤의 죄를 면해줄 것을 주청했다. 숙종(肅宗)은 이를 허락하여 특별히 조서를 내려 사형을 면해주고 영외(嶺外: 嶺南. 지금의 廣東 및 廣西 지역)로 귀양보냈다. (『일사』)

崔相國圓, 少貧賤落拓, 家於江·淮間. 表丈人李彦允爲刑部尙書, 崔公自南方至京, 候謁, 將求小職. 李公處於學院, 與子弟肄業, 然待之蔑如也. 一夜, 李公夢身被桎梏, 其輩三二百人, 爲兵仗所擁, 入大府署. 至廳所, 皆以姓名唱入, 見一紫衣人據案, 彦允視之, 乃崔公也. 遂於階下哀叫請命, 紫衣笑曰: "且收禁." 驚覺甚駭異, 語於夫人. 夫人曰(原本無'曰'字, 據明鈔本補): "宜厚待之. 安知無應乎?" 自此優禮日加, 置於別院, 會食中堂.

數月, 崔公請出, 將求職於江南. 李公及夫人因具盛饌, 兒女悉坐. 食罷, 崔公拜謝曰: "恩慈如此, 不知何以報效. 某每度過分, 未測其故. 願丈人示之." 李公笑而不爲答. 夫人曰: "親表姪與子無異, 但慮不足, 亦何有恩慈之事?" 李公起, 夫人因謂曰: "賢丈人昨有異夢, 郞君必貴. 他日丈人迍難, 事在郞君, 能特達免之乎?" 崔公曰: "安有是也?" 李公至, 復重言之. 崔公踧踖而已, 不復致詞. 李公云: "江‧淮路遠, 非求進之所. 某素熟楊司空, 以奉託" 時國忠以宰相領西川節度, 崔旣謁見, 甚爲楊所禮. 乃奏崔公爲節度巡官, 知留後事. 發日, 李公厚以金帛贈送.

至西川, 未一歲, 遇安祿山反亂. 玄宗播遷, 遂爲節度使, 旬日拜相. 時京城初剋復, 脅從僞官陳希烈等並爲誅夷. 彦允在數中, 旣議罪. 崔公爲中書令, 詳決之, 果盡以兵仗圍入, 具姓名唱過, 判云准法. 至李公, 乃呼曰: "相公記昔年之夢否?" 崔公頷之, 遂判收禁. 旣罷, 具表其事, 因請以官贖彦允之罪. 肅宗許之, 特詔免死, 流嶺外. (出『逸史』)

태평광기 권제149 정수4

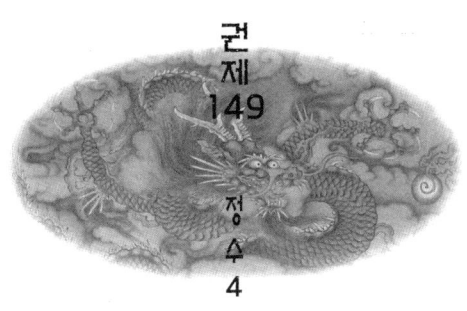

1. 국사명(麴思明)
2. 마유진(馬遊秦)
3. 소 화(蕭 華)
4. 일 행(一 行)
5. 술 사(術 士)
6. 두붕거(杜鵬擧)
7. 이서균(李栖筠)
8. 두사온(杜思溫)
9. 유 급(柳 及)
10. 위 범(韋 泛)

149 · 1(1393)
국사명(麴思明)

조동희(趙冬曦)는 이부상서(吏部尙書)를 지내고 있었다. 이부에서 인재를 선발할 때는 매년 전조(銓曹: 吏部의 별칭)의 관리가 구례(舊例)에 따라 각각 한 명의 원외(員外)를 선발 할 수 있었다. 또한 친족의 천거를 논하는 자리에 이르러서는 많은 사람이 모두 추천을 청했는데, 국사명이라는 영사(슈史) 한 사람만은 2년이 지나도록 추천과 관련한 말을 한 적이 없었기에 조동희가 그에게 말했다.

"전조의 관례에 따르면 각 부서에서 한 관리를 선발하게 되니, 혹 다른 사람을 천거해도 괜찮다."

그러나 국사명은 다시 아무 말 없이, 다만 "예"하고 대답하고는 물러났기에 조동희는 더욱 괴이하게 여겼다. 하루는 조동희가 국사명을 다시 불러 말했다.

"나의 지금 권세로 3천여 명의 선객(選客: 選拔에 應試한 선비들)들은 내가 붓을 댐으로써 가난에서 부자가 되고, 천함을 버리고 귀하게 되니, 배를 곯게도 배부르게도 하는 것이 모두 나의 붓으로부터 비롯된다. 사람마다 모두 청하는 바가 있는데 자네만 유독 아무 말도 않는 것은 무슨 까닭인가?"

국사명이 대답했다.

"무릇 사람의 생사는 운명에 달려있고, 부귀는 하늘에 달려있습니다.

관직이 마땅히 올 몫이라면 올 것인데 아직 얻지 못했다고 해서 어찌 걱정하겠습니까? 3천 명의 사람이 한 관직에 한 사람씩 다 명운에 따라 결정되는 것이나, 단지 상서 나리의 붓을 빌리는 것뿐입니다. 저는 아직 관운이 형통하지 않은 것을 스스로 알고 있으니, 감히 귀찮은 일로 상서 나리를 어지럽히지 않는 것입니다."

조동희가 말했다.

"자네의 말에 따른다면 마땅히 현인(賢人)이라 할 것인데, 자네는 능히 길흉과 화복도 알 수 있는가?"

국사명이 대답했다.

"현인이라 하심은 천만의 말씀이십니다. 저는 내년에 상서 나리에게서 한 관직을 제수받게 될 것이기에 청할 수 없었던 것입니다."

조동희가 말했다.

"내년에 무슨 관직을 제수받는다는 말인가?"

국사명이 말했다.

"그것은 잊어버렸습니다."

조동희가 말했다.

"그럼 어떻게 증명하겠는가?"

국사명이 말했다.

"지금 계단 아래에서 내년에 상서 나리에게서 관직을 제수하는 날짜와 봉록의 양을 적게 해주시고, 또한 상서 나리께서 그 기록을 동봉해 주십시오. 관청의 위쪽 벽을 허물어 기록된 글을 넣고 진흙으로 봉하여 두시기를 청합니다. 만약 내년에 관직을 받는 날에 한 글자라도 차이가 있다면 저는 이 계단아래에서 죽겠습니다."

그리고 나서 재배(再拜)하고 물러갔다. 조동희는 비록 말은 하지 않았지만 마음속으로 터무니없다고 여기면서 남다른 특이한 관직을 맡기리라 마음먹었다.

그러던 어느 날, 황제가 온천궁(溫泉宮)에 행차했다가 흰 사슴이 승천하는 것을 보고, 회창현(會昌縣)을 소응현(昭應縣)으로 개명했으며 이부에 칙령을 내려 소응현에서 근무할 관리를 선발하도록 했다. 조동희는 마침내 국사명을 그 현의 관리로 선발했다. 일이 끝나고 조동희는 국사명을 불러 물어보았다.

"어제 황제께서 온천궁에 행차하셨다가 흰 사슴이 승천하는 것을 보시고 그 현을 소응현이라 개명하셨다. 그 현 이름은 장안(長安)의 만년현(萬年縣)과 마찬가지로 오늘 그 관리를 선발했으니 그대는 또한 터무니없는 말을 했네. 어찌 그 일을 먼저 알 수 있었겠는가?"

국사명이 감사의 절을 올리며 말했다.

"청하옵건데 상서 나리께서 벽을 허물고 그 글을 점검해 보십시오."

마침내 벽을 허물어 봉한 것을 열고 써있는 글을 보니 바로 이러했다.

"내년 모월 모일에 황상께서 온천궁에 행차하시어 그 현을 소응현으로 고치시니, 은혜를 입어 관리로 선발되어 그 관직을 제수 받습니다."

그리고 봉록을 적은 바에 이르기까지 하나도 틀린 것이 없었다. 조동희가 매우 놀라 기이하게 여겼으며, 이후로 무슨 일이 있을 때마다 관리를 그에게 보내 물었는데 신기하게도 들어맞지 않은 적이 없었다.

조동희가 이부를 떠나게 되자 사람을 보내서 국사명에게 다시 어떤 관직을 얻게 될 것인가를 묻자, 국사명이 아뢰었다.

"서쪽지방에서 큰 군(郡)의 관직을 얻을 것입니다."

그 후 십여 일이 지나 황상께서 조동희를 불러 강서 지역의 풍토에 대해 물었다. 조동희가 어지(御旨)에 맞게 대답하여 아뢰자, 황제가 말했다.

"조동희는 진정한 예장(豫章)의 부모이다."

그리하여 조동희는 마침내 강남관찰사(江南觀察使)에 임명되었다. 군에 도착한 후에도 조동희는 일이 있을 때마다 국사명에게 사신을 보내 물어보게 했는데, 들어맞지 않은 적이 없었다. 두 해가 지나 조동희는 병이 위독해지자 사람을 보내어 물었더니, 국사명이 대답했다.

"집안 일을 정리하는 것이 좋겠습니다."

조동희는 병이 치료될 수 없음을 알았고, 그 병이 더욱 위중해져 죽었다. (『회창해이』)

趙冬曦任吏部尙書. 吏部參選事例, 每年銓曹人吏, 舊例各合得一員外. 及論薦親族, 衆人皆悉論請, 有令史魏思明一人, 二年之內, 未嘗有言, 冬曦謂曰: "銓曹往例, 各合得一官, 或薦他人亦得." 思明又不言, 但"唯"而退, 冬曦益怪之. 一日又召而謂曰: "以某今日之勢, 三千餘人選客, 某下筆, 卽能自貧而富, 捨賤而貴, 饑之飽之, 皆自吾筆. 人人皆有所請, 而子獨不言何也?" 思明曰: "夫人生死有命, 富貴關天. 官職是當來之分, 未遇何以悵然? 三千之人, 一官一名, 皆是分定, 只假尙書之筆. 思明自知命未亨通, 不敢以閑事撓於尙書." 冬曦曰: "如子之言, 當賢人也, 兼能自知休咎耶?" 思明曰: "賢不敢當. 思明來年, 始合於尙書下授一官, 所以未能有請也." 冬曦曰: "來年自授何官?" 思明曰: "此乃忘之矣." 冬曦曰: "如何?" 思明曰: "今請於階下書來年於尙書下授官月日, 及請授俸料多少, 亦請尙書同封記. 請裛廳上壁, 內書記, 却泥封之. 若來年授官日, 一字參差, 請死於階下." 乃再拜而去. 冬曦雖不言, 心常怪之妄誕, 常擬與注別異一官.

忽一日, 上幸溫泉, 見白鹿昇天, 遂改會昌縣爲昭應, 敕下吏部, 令注其官. 冬曦遂與思明注其縣焉. 及事畢, 乃召而問之曰: "昨上幸溫泉, 白鹿昇天, 改其縣爲昭應. 其縣與長安萬年不殊, 今爲注其官, 子且妄語. 豈能先知此乎?" 思明拜謝曰: "請尙書壞壁驗之." 遂乃拆壁開封, 看題云: "來年某月日, 上幸溫泉, 改其縣爲昭應, 蒙注授其官." 及所請俸料, 一無差謬. 冬曦甚驚異之, 自後凡有事, 皆發使問之, 莫不神驗.

冬曦罷吏部, 差人問思明, 當更得何官, 思明報云: "向西得一大郡." 且却後旬日, 上召冬曦, 問江西風土. 冬曦奏對稱旨, 乃曰: "冬曦眞豫章父母." 遂除江南觀察使. 到郡之後, 有事發使問之, 無不剋應. 却後二年, 疾病危篤, 差人問之, 思明報云: "可部署家事." 冬曦知其不免, 其疾危困而卒. (出『會昌解頤』)

149 · 2(1394)
마유진(馬遊秦)

이부령사(吏部令史) 마유진은 개원연간(開元年間: 713~741)에 임기가 다 차서 [다른 관직으로] 선임되어야 했다. 당시 이부시랑(吏部侍郞) 배광정(裴光庭)은 이전부터 이부의 관리로 있었던 마유진에게 추천하고자 하는 사람이 있는지를 물었더니, 마유진은 대답하지 않았다. 배광정이 한사코 묻자, 마유진이 대답했다.

"무슨 관직인지 이미 알고 있으니 감히 더 이상 드릴 말씀이 없습니다."

배광정이 말했다.

"그 일은 나에게 달린 일인데 어찌 그것을 아시는가?"

마유진은 대답하지 않으면서도 두려운 기색조차 없었다. 배광정은 노하여 말했다.

"이왕 알고 있다면 말할 수 있지 않는가?"

마유진이 말했다.

"이는 글로 적을 수는 있어도 발설할 수는 없습니다."

그리하여 배광정은 마유진에게 항목을 적어 그것을 기둥과 마룻대 사이에 숨겨 놓게 하고, 관리를 선발하는 때가 된 이후에 그것을 열어보기로 했다. 그 후 노군(老君: 老子)이 여산(驪山)에 현현(顯現)했는데, 천자가 그 곳으로 친히 행차했으므로 회창현(會昌縣)을 소응현(昭應縣)이라고 개명했다. 배광정은 이전에는 소응이라는 지명이 없었으므로 마유진이 알 리가 없다고 생각하고 그 현의 녹사(錄事)로 임명했다. 관리 선발을 공포하는 날 대들보 사이에 적어놓은 기록을 펼쳐보니, 그의 말과 똑 같았다. (『전정록』)

吏部令史馬遊秦, 開元中, 以年滿當選. 時侍郎裴光庭, 以本銓舊吏, 問其所欲, 遊秦不對. 固問之, 曰:"某官已知矣, 不敢復有所聞." 光庭曰:"當在我, 安得之?" 遊秦不答, 亦無懼色. 光庭怒曰:"旣知可以言乎?" 遊秦曰:"此可誌之, 未可言之." 乃命疏其目, 藏於楹棟之間, 期注唱後而發之. 後老君見於驪山, 鑾輿親幸其地, 因改會昌縣爲昭應縣. 光庭以舊無昭應之名, 謂遊秦莫得而知也, 遂補其縣錄事. 及唱官之日, 發棟間所誌之書, 則如其言爾. (出『前定錄』)

149 · 3(1395)
소 화(蕭 華)

소화는 비록 역적의 무리에 가담[安祿山의 亂때 叛亂軍에 가담했었음]했었지만, 일찍이 이필(李泌)이 그를 천거하였기에 훗날 이필이 죽은 후 숙종(肅宗)이 마침내 소화를 재상으로 삼았다. 소화는 오로지 설승(薛勝)이 조칙을 관장하도록 천거했으나 끝내 등용되지 못했다. 혹자가 이필에게 묻자, 이필이 말했다.

"설승은 관운이 보잘 것 없으니 높은 관직에 오르기 어렵소."

이에 소화는 설승이 지은 「발하부(拔河賦)」를 어상(御牀) 위에 올려놓고서 숙종이 그것을 보기를 바랐다. 마침내 재차 천거하자 숙종이 당도해 그 글을 읽었으나 마음에 들지 않아 이렇게 말했다.

"천자(天子)는 군왕의 아버지인데, 어찌 천자의 옥치(玉齒: 천자의 말씀)를 돈의 빛남에 비하겠는가?"

다른 날 소화가 설승을 다시 천거했으나 끝내 등용될 수 없었으니, 이것은 진실로 운명이었다. (『감정록』)

蕭華雖陷賊('賊'原作'城', 據明鈔本改)中, 李泌嘗薦之, 後泌歸山, 肅宗終相之. 唯擧薛勝掌綸誥, 終不行. 或問於泌, 泌云: "勝官卑, 難於發端." 乃置其「拔河賦」於案, 冀肅宗覽之. 遂更薦, 肅宗至, 果讀之, 不稱旨, 曰: "天子者君父, 而以天子玉齒對金錢熒煌乎?" 他日復薦, 終不得, 信命也. (出『感定錄』)

149・4(1396)
일 행(一 行)

스님 일행은 개원연간(開元年間: 713~741)에 일찍이 현종(玄宗)께 상주문을 올려 아뢰었다.

"폐하께서는 만리(萬里)에 행차하실 것이며, 당나라의 국운은 무궁할 것이옵니다."

현종이 천보연간(天寶年間: 742~756)에 동도(東都: 洛陽)로 행차하게 되자, 백성들이 수만이나 몰려들었다. 현종은 촉(蜀) 땅으로 행차해 만리교(萬里橋)에 이르러서야 불현듯 일행이 말한 뜻을 깨달았다. (『전재』)

沙門一行, 開元中, 嘗奏玄宗云, "陛下行幸萬里, 聖祚無疆." 故天寶中, 幸東都, 庶盈萬數. 及上幸蜀, 至萬里橋, 方悟焉. (出『傳載』)

149·5(1397)
술 사(術 士)

현종(玄宗) 때 한 술사가 있었는데, 그가 이렇게 말했다.

"저는 사람들이 먹는 음식을 판별하여 하나하나 미리 알 수 있습니다."

그리하여 공경대부들이 다투어 그 술사를 불러들여 대접했다. 그러나 오직 대부(大夫) 이서균(李栖筠)만은 그를 믿지 않았으므로, 술사를 불러 이렇게 말했다.

"내가 내일 어떤 음식을 먹게 될지 맞춰보게나."

술사가 한참 후에 말했다.

"떡 두 그릇과 귤피탕 스무 대접을 드실 것입니다."

이서균은 웃으며 요리사에게 음식을 마련하게 하고 다음 날 조정의 여러 대신들을 초대하게 했다. 그러나 다음 날 새벽에 칙명이 있어서 소대(召對: 皇帝의 부름으로 나아가 政見을 말함)하게 되었는데, 황상이 이렇게 말했다.

"오늘 경조윤(京兆尹)이 갓 추수한 찹쌀을 진상하여 찹쌀떡을 만들었으니 경(卿: 李栖筠)은 사양말고 드시오."

얼마 후에 떡이 금 쟁반에 담겨 나오자, 이서균은 절을 하고 먹었는데, 천자의 앞인지라 불편하게 먹었다. 황상은 기뻐하며 말했다.

"경은 참으로 맛있게 드는구료. 또 한 그릇을 내릴 터이니 다 드시오."

이서균이 그것을 다 먹고 집으로 돌아왔는데, 배가 심하게 아파서 다른 음식은 입에도 대지 못하고 오로지 귤피탕만 먹다가 한밤중이 되자 비로소 나아졌다. 아서균은 문득 술사의 말을 기억하고 좌우 시종들에게 말했다.

"내가 귤피탕을 얼마나 먹었느냐?"

시종들이 대답했다.

"스무 대접을 드셨습니다."

이서균은 오랫동안 감탄하다가, 서둘러 술사를 초청하여 후하게 금과 비단을 내렸다. (『일사』)

玄宗時, 有術士, 云: "判人食物, 一一先知." 公卿競延接. 唯李大夫栖筠不信, 召至謂曰: "審看某明日餐何物." 術者良久曰: "食兩盤糕糜, 二十椀橘皮湯." 李笑, 乃遣廚司具饌, 明日會諸朝客. 平明, 有敎('敎'明鈔本·陳校作'敕')召對, 上謂曰: "今日京兆尹進新糯米(原本'米'下有'糕'字, 據明鈔本刪), 得糕糜, 卿且唯

('唯'字明鈔本·陳校作'住')喫." 良久, 以金盤盛來, 李拜而餐, 對御强食. 上喜曰:"卿喫甚美. 更賜一盤, 又盡." 旣罷歸, 腹疾大作, 諸物絶口, 唯喫橘皮湯, 至夜半方愈. 忽記術士之言, 謂左右曰:"我喫多少橘皮湯?" 曰:"二十椀矣." 嗟嘆久之, 遽邀術士, 厚與錢帛. (出『逸史』)

149 · 6(1398)
두붕거(杜鵬擧)

재상 두홍점(杜鴻漸)의 부친의 이름은 두붕거로 부자의 이름이 마치 형제의 이름 같았는데, 여기에는 그럴만한 이유가 있었다. 두붕거의 부친이 일찍이 꿈에서 재상비(宰相碑)라는 큰 비석을 보았는데, 이미 재상이 된 사람들은 그 글자를 금으로 박아 넣었고, 아직 재상이 되지 않은 사람들은 기둥위에 이름을 새겨 놓기만 했다. 두붕거의 아버지가 꿈 속에서 물었다.

"두씨 집안의 아들도 있소?"

그러자 누군가 대답했다.

"있소이다."

그리고 그는 두붕거의 아버지에게 마음대로 직접 둘러보게 했다. 그가 비석을 살펴보니, 두씨 성(姓) 밑에 조(鳥) 편방(偏旁)에 무슨 글자가 붙어 있었는데 그 글자를 잊어버렸기에 아들 이름을 두붕거라고 했으며, 아들에게도 이렇게 일러주었다.

"네가 재상이 되지 못한다면 대대로 조(鳥) 편방에 무슨 글자가 붙은 글자를 이름으로 하여라."

그리하여 두붕거가 두홍점을 낳았으니, 이름 역시 전생에 이미 정해진 것일 진데 하물며 관운이나 수명에 있어서랴? (『집화록』)

杜相鴻漸之父名鵬擧, 父子而似兄弟之名, 蓋有由也. 鵬擧父(原本無'父'字, 據明鈔本補)嘗夢有所之, 見一大碑, 云是宰相碑, 已作者金塡其字, 未者刊名於柱上. "有杜家兒否?" 曰: "有." 任自看之. 視之, 記得姓下有鳥偏旁曳脚, 而忘其字, 乃名子爲鵬擧, 而謂之曰: "汝不爲相, 卽世世名字, 當鳥旁而曳脚也." 鵬擧生鴻漸, 而名字亦前定矣, 況其官與壽乎? (出『集話錄』)

149 · 7(1399)
이서균(李栖筠)

대부(大夫) 이서균이 아직 현달하지 못했을 때, 그는 관리 선발에 응하려 했다. 당시 양주(揚州)에 은사(隱士) 전산인(田山人)이 있었는데, 그는 앞일을 잘 알았다. 이서균이 그를 찾아가 만나보고 자신이 관직을 얻게 될지를 묻자, 그는 이렇게 대답했다.

"선주(宣州) 율양현위(溧陽縣尉)가 되겠습니다."

그러자 이공(李公: 李栖筠)이 말했다.

"저는 문무백관 중에 친척이 있긴 합니다만, 사실 그런 관직까지 바라지는 않습니다."

얼마 후에 전산인이 말했다.

"그 이상 높은 관직은 될 수 없을 것 같은데 나는 알 수 없으니, 이 편지를 초주(楚州) 백학관(白鶴觀)의 장존사(張尊師)께 드리십시오. 장존사께서는 마땅히 아실 것입니다."

이공이 초주에 도착해 백학관을 찾아갔으나, 쑥이 우거져 좁은 길을 뒤덮고 있는 모양이 사람이 살지 않는 듯했다. 문을 두드린 지 한참이 지나서야 비로소 응답하는 사람이 있었고, 그에게 이끌려 들어가 보니 아주 연로해 보이는 장생(張生: 張尊師)이 있었다. 그 노인이 말했다.

"전산인이 실없이 낭군(郎君: 李栖筠)께 망령되이 말씀을 드렸소. 낭군께서는 어떤 관직을 맡게 될지를 알고 싶지 않으시오? 그가 뭐라 하더이까?"

이서균이 말했다.

"선주 율양현위가 된다고 했습니다."

그러자 장도사가 말했다.

"아니오. 위주(魏州) 관도현(舘陶縣)의 주부(主簿)가 될 것이오. 그러나 이후에 높은 관직을 역임하게 되어 명성을 떨치게 될 것이니 지금의 관직에 개의치 마시오."

이서균이 도성에 당도하여 율양현위에 제수되자, 이공은 놀랍고도 기이해하면서 장도사(張道士: 張尊師)의 말이 맞지 않았다고 생각했다. 그러나 며칠 후에 칙령이 내려와 이미 발령한 것을 파기하고 이서균을 관도현의 주부로 다시 임명하자, 이서균은 그제서야 전산인과 장존사의 말이 모두 맞았다는 것을 알았다. 그 후 두 사람 모두 간 곳을 알 수 없었다. 다만 전생(田生: 田山人)의 동생이 강주사마(江州司馬)가 되었는데 이름이 전사옹(田士顒)이었다. (『일사』)

李大夫栖筠未達, 將赴選. 時揚州田山人, 煙霞之士也, 頗有前知. 往見之, 問所得官, 答曰: "宣州溧陽尉." 李公曰: "某朝列之內, 亦有親故, 所望之官, 實不至此." 良久曰: "勝則不可, 某亦未審, 將一書與楚州白鶴觀張尊師. 師當知矣." 李公至, 尋得觀院, 萬蓁塞逕, 若無人居. 扣門良久, 方有應者, 乃引入, 見張生甚古. 叟曰: "田子無端, 妄相告郎君語. 郎君豈不要知官否? 彼云何?" 曰: "宣州溧陽尉." 曰: "否. 魏州舘陶主簿. 然已後任貴, 聲華烜赫, 無介意於此也." 及到京, 授溧陽尉, 李公驚異, 以爲張道士之言不中. 數日, 敕破銓注, 改舘陶主簿, 乃知田・張相爲發明. 後兩人皆不知所之. 田生弟作江州司馬, 名士顒. (出『逸史』)

149・8(1400)
두사온(杜思溫)

정원연간(貞元年間: 785~805) 초에 태학생 두사온은 금(琴)을 잘 탔다. 그는 귀족들의 문관(門館: 빈객들의 숙소)에서 많이 노닐었기에, 매번 연회가 있을 때마다 자주 참여할 수 있었다. 일찍이 빈객들을 따라서 숙성현(宿城縣)의 구가취(苟家觜)에서 놀았는데, 한밤중에 산의 달빛이 밝아 대낮 같았다. 놀러 온 손님들은 모두 취했지만 두사온만은 홀로 금을 들고 강가로 가서 한가로이 배를 띄웠다. 홀연히 한 노인이 나타나 턱을 괴고 금 소리를 듣고 있었지만 두사온은 함께 자리했던 손님이라여기고 돌아보지 않았다. 그러나 곡을 끝냈을 때 그는 그 노인이 아까 같이 놀러 온 사람이 아닌 것을 알고 황급히 금을 놓고 일어서자, 노인이 말했다.

"젊은이는 두려워하지 마시게. 나는 진(秦)나라 때 하남태수(河南太守)였던 양척(梁陟)이라는 사람이오. 난리를 만나 육신이 이 강물에 빠졌소. 나는 평생 금 타기를 좋아했는데, 아까 그대가 금을 타는 소리를 들어보니 소리가 맑고 드높기에 와서 들었을 뿐이오. 지음(知音)은 만나기 어려운 법이니 사양말고 나를 위해 한 곡 타 주시게나."

두사온은 그를 위해 「침상(沉湘)」이라는 곡을 연주해 주었더니, 그 노인이 말했다.

"이 곡이 처음 완성되었을 때 내가 늘 이 곡을 탔었는데 그 중간 음을 짚는 것이 지금 한 것과 조금 달랐었소."

두사온이 다른 부분을 물어 그를 따라 바로잡자 거문고 소리는 옛 가락에 젖어들어 한이 맺힌 듯 애절했으니, 당시 사람들은 들어보지 못한 곡조였다. 노인이 두사온에게 말했다.

"그대는 태학(太學)의 학생이 아니신가?"

두사온이 대답했다.

"그렇습니다."

노인이 말했다.

"그대는 어찌하여 명예를 구하지 않고 늘상 귀족의 집에서 악사노릇이나 하고 있소?"

두사온은 놀라며 말했다.

"가르침을 받겠습니다. 또한 빈궁(貧窮)과 영달(榮達)의 일도 여쭙겠습니다."

그러자 노인이 말했다.

"내 막내아들은 인간 세상의 봉록을 적은 장부를 주관하고 있으니,

내가 마땅히 그대를 위해 아들에게 물어보리다. 이틀 후에 이곳에서 다시 만납시다."

약속한 날짜가 되어 두사온이 가보니 노인 역시 그곳에 와있었다. 그 노인이 말해주었다.

"애석하오! 그대는 평생 명성을 이루지 못할 것이며 또한 정식 관리도 되지 못할 것이오. 그러나 파촉(巴蜀) 지방에서 임시 관직을 맡을 것인데 19년 동안 봉록이 끊이지 않을 것이오. 그러나 삼가 무관직(武官職)은 하지 마시오. 무관을 하면 마땅히 큰 화가 있을 것이며 액막음으로도 피할 수 없을 것이오. 이를 반드시 기억해 두시게."

말을 마친 뒤 사라졌다.

두사온은 이듬해 또 과거에 낙방하자 과거보는 것을 그만 두고 서쪽으로 가서 성도(成都)에 이르러 자신의 기예를 가지고 위령공(韋令公)을 알현했다. 위령공은 그를 매우 중시하여, 누차 관적(官籍)에 그의 이름을 올려주었는데, 그가 17~18년 동안 군대를 따라다니며 받은 온갖 봉록이 최소한 월 2만 전은 되었다. 또한 대장군의 딸을 아내로 맞아들여 거마(車馬)와 저택이 매우 성대해졌다. 그러나 장인은 늘 두사온을 군영 안에 두려 했으나 두사온은 노인이 말을 기억하여 번번이 사양하고 나아가지 않았다. 이틀 후, 장인이 몰래 위령공에게 청하여 마침내 공석으로 있던 토격사(討擊使)로 임명하게 했다. 그는 공문을 보내고서야 비로소 두사온에게 알려주었기에 두사온도 감히 더 이상 사양할 수 없었다. 두사온은 늘 화가 미칠까 두려워하여 한직으로 가기를 청했으나 결국 그렇게 되지 못했다. 훗날 유벽(劉闢)이 모반을 일으켰을 때 두사온은 녹두성(鹿頭城)에 있었는데, 성이 함락되어 관군에게 피살되었으며 가족들도 어디로 갔는지 알 수 없었다. (『전정록』)

　　貞元初, 有太學生杜思溫, 善鼓琴. 多遊於公侯門舘, 每登臨宴, 往往得與. 嘗從賓客夜宿城苟家舊, 中夜山月如晝. 而遊客皆醉, 思溫獨携琴臨水鼔之. 忽有一叟支頤來聽, 思溫謂是座客, 殊不回顧. 及曲罷, 乃知非向者同遊之人, 遽置琴而起. 老人曰: "少年勿怖. 余是秦時河南太守梁陟也. 遭難, 身沒於此中. 平生好鼓琴, 向來聞君撫琴, 弦軫淸越, 故來聽耳. 知音難遇, 無辭更爲我彈之." 思溫奏爲「沉湘」, 老人曰: "此弄初成, 吾嘗尋之, 其間音指稍異此." 思溫因求其異, 隨而正之, 聲韻涵古, 又多怨切, 時人莫之聞也. 叟因謂思溫曰: "君非太學諸生乎?" 曰: "然." 叟曰: "君何不求於名譽, 而常爲王門之伶人乎?" 思溫竦然曰: "受教. 且問窮達之事." 叟曰: "余之少子, 主管人間祿籍, 當爲君問之. 此後二日, 當再會於此." 至期而思溫往見, 叟亦至焉. 乃告曰: "惜哉! 君終不成名, 亦無正官. 然有假祿在巴蜀, 一十九年, 俸入不絶. 然愼勿爲武職, 當有大禍, 非禳所免. 誌之誌之." 言訖, 遂不見.

　　思溫明年又下第, 遂罷擧, 西遊抵成都, 以所藝謁韋令公. 公甚重之, 累署要籍, 隨軍十七八年, 所請雜俸, 月不下二萬. 又娶大將軍女, 車馬第宅甚盛. 而妻父嘗欲思溫在轅門, 思溫記老人之言, 輒辭不就. 後二日, 密請韋令公, 遂補討擊使. 牒出方告, 不敢復辭. 而常懼禍至, 求爲遠使, 竟不果. 及劉闢反叛時, 思溫在鹿頭城, 城陷, 爲官軍所殺, 家族不知所在也. (出 『前定錄』)

149·9(1401)
유　급(柳　及)

　　유급은 하남(河南) 사람으로 정원연간(貞元年間: 785~805)에 진사에 급제한 유수(柳殊)의 아들이다. 그의 집은 예양(澧陽)에 있었는데, 일찍이 남해(南海)를 유람했다. 원주절도사(元州節度使)는 유급의 부친이 진신사림(搢紳士林) 사이에 명망이 있었기 때문에 유급에게 광주(廣州)에서 임시 하급관리직을 맡겼다. 그리고 오래지 않아 유급은 회장(會長) 잠씨(岑氏)의 딸을 처로 맞아 아들을 하나 두어, 이름을 유증증(柳甑甑)이라 했다. 유급은 친척이 있는 고향과 너무 멀리 떨어져 있어 만날 수 없었기에 참지 못하고 처자를 데리고 예양으로 돌아왔다.

두 해가 지나지 않아 유급은 집안 형편이 넉넉지 않다면서 홀로 수레를 타고 다시 남방지역을 유람했으며, 남방에 도착해서는 몽산(蒙山)에서 임시로 거처하면서 무선현(武仙縣)에서 심씨(沈氏)를 다시 부인으로 맞았다. 때마침 유급은 공무 때문에 군부(郡府)로 가게 되어 심씨와 그녀의 어머니 손씨(孫氏)만이 현청에 있었는데, 당시는 가을이라 한밤이 지나 하늘에는 구름 한 점 없고 달이 밝았다. 그때 홀연히 창 밖에서 한 아이가 나타나 손을 저어 심씨를 부르며 말했다.

"두려워하지 마세요, 두려워하지 마세요. 저는 당신 남편의 아들입니다."

유급의 아들은 일의 정황을 말해주었는데, 똑똑히 들을 수 있었다. 심씨가 이 일을 그녀의 어머니께 알렸고, 어머니는 그가 누구이며 원하는 바가 무엇인지 물었더니 그가 대답했다.

"저는 유증증이온데, 작년 7월에 죽었기 때문에 이별을 고하러 온 것입니다. 무릇 7살이 되기 전에 요절한 사람은 생시에 지은 죄가 없기 때문에 업보를 받지 않습니다. 설사 곧바로 환생하지 못하더라도 천조(天曹: 天上의 官廳)에 있는 권세가의 하인이 됩니다. 제가 맡은 일은 단지

문서를 전달하며 지부(地府: 冥府)를 왕래하는 일입니다. 천조에서는 사람의 선악을 기록하여 매달 한 차례 지부로 보내는데, 그 사이의 한가한 때를 얻어 다니러 온 것입니다."

심씨가 그에게 말했다.

"너의 아버지는 회계일을 보러 군으로 갔으니 곧 당도하실 것이다."

잠시 뒤에 유급이 돌아오자 심씨가 그간의 일을 모두 말해주었으나, 유급은 단호하게 그 말을 믿지 않으며 말했다.

"외딴 변경지방이라 마땅히 요괴가 있을 터이니, 사람의 일을 빗댄 것으로 보아 아마도 산의 정령이나 나무 도깨비가 하는 짓이 아니겠소?"

그날 저녁에 다시 유증증이 창 밖에서 손짓하여 유급을 불렀다. 유급은 처음에 의심하여 오히려 바른 말로 그를 꾸짖었으나, 이야기의 자초지종을 듣고 나서 다른 귀신이 아닌 자신의 아들임을 알게 되었다. 이에 눈물을 흘리며 흐느껴 울면서 요절한 까닭을 물었더니, 아들이 대답했다.

"작년 7월에 놀다가 이질에 걸렸는데 의약으로도 고치지 못해 이 지경에 이르게 되었으니, 이 또한 운명입니다. 지금은 천조의 부림을 받고 있으며, 아직 환생할 시기가 되지 않았습니다."

유급이 말했다.

"네가 이미 저승에 속해 있으니 인생의 미리 정해진 일을 알 수가 있겠구나. 나를 위해 빈궁(貧窮)와 영달(榮達), 그리고 수명(壽命)에 관한 일을 한번 와서 말해 주려무나."

유증증이 대답했다.

"알겠습니다."

그는 다음날 저녁에 다시 와서 말했다.

"저승에는 큰 성이 하나 있습니다. 귀천의 등급에는 모두 본래의 위치가 있어, 바둑판에 바둑돌이 펼쳐져 놓여있는 것과 같습니다. 이승 사람이 장차 죽을 때는 혹은 반년, 혹은 몇 개월 내에 먼저 성에서 그 이름을 부릅니다. 당시에 저는 이미 아버지의 이름이 호명되는 것을 들었으며, 번번이 속여 제가 대신 대답했습니다."

그리고는 비밀리에 심씨에게 말했다.

"아버지의 이름이 이미 불려졌으니 인간 세상에 오래 있지 못할 것입니다. 훗날 당신께 청혼하는 사람이 있을 터인데, 절대로 허락하지 마십시오. 만약 성이 주씨(周氏)이고 군대에서 직무를 보는 사람이라면 허락해도 좋으니, 반드시 백년해로하고 의식이 풍족할 것입니다."

그밖에 유증증이 말해준 근자의 일들도 들어맞지 않는 일이 없었다. 그 후 어느 날 저녁에 유증증이 다시 찾아와 말했다.

"제가 구속되어 심부름하는 일도 끝나 인간 세상에 내려올 수 없습니다. 이제부터는 영원히 이별입니다."

그는 애통하게 말하고 흐느껴 울며 떠나갔으며, 4달 후에 유급은 과연 죽었다.

심씨는 남해 일대를 정처 없이 이리저리 떠돌아 다녔다. 간혹 청혼을 해오는 자가 있었으나 번번이 받아들이지 않았다. 나중에 장사(長沙)에 주씨 성을 가진 소장(小將)이 있었는데, 그는 군(郡)의 부대의 재정을 관리하며 광주에서 장사를 하는 사람으로 심씨에게 청혼했다. 그녀는 한 마디로 승낙하여 지금에 이르고 있다. 평창(平昌)의 맹홍미(孟弘微)는 유급과 서로 아는 사이였기 때문에, 그 사실을 자세히 기록했다. (『전정록』)

　柳及, 河南人, 貞元中進士登科殊之子也. 家於澧陽, 嘗客遊至南海. 元帥以其父有名於搢紳士林間, 俾假掾於廣. 未幾, 娶會長岑氏之女. 生一男, 名甑甑. 及以親老家遠, 不克迎候, 乃携妻子歸寧於澧陽.

　未再歲後, 以家給不足, 單車重遊南中, 至則假邑於蒙, 於武仙再娶沈氏. 會公事之郡, 獨沈氏與母孫氏在縣廨, 時當秋, 夜分之後, 天晴月皎. 忽於牖中見一小兒, 手招沈氏曰: "無懼無懼. 某幾郎子也." 告說事狀, 歷然可聽. 沈氏以告其母, 母乃問是何人, 有何所請, 答曰: "某甑甑也, 以去年七月身死, 故來辭別. 凡人夭逝, 未滿七歲者, 以生時未有罪狀, 不受業報. 縱使未卽托生, 多爲天曹權祿驅使. 某使當職役, 但送文書來往地府耳. 天曹記人善惡, 每月一送地府, 其間有暇, 亦得閒行." 沈氏因告曰: "汝父之郡會計, 亦當卽至." 俄爾及歸, 沈氏具告, 及固不信, 曰: "荒徼之地, 當有妖怪, 假托人事, 殆非山精木魅之所爲乎?" 其夕, 卽又於牖間以手招及. 及初疑, 尚正辭詰之, 乃聞說本末, 知非他鬼. 乃歔欷涕泗, 因詢其夭橫之由, 答曰: "去年七月中, 戲弄得痢疾, 醫藥不救, 以致於此, 亦命也. 今爲天曹收役, 亦未有托生之期." 及曰: "汝旣屬冥司, 卽人生先定之事可知也. 試爲吾檢窮達性命, 一來相告." 答云: "諾." 後夕乃至, 曰: "冥官有一大城. 貴賤等級, 咸有本位, 若棋布焉. 世人將死, 或半年, 或數月內, 卽先於城中呼其名. 時甑甑已聞呼父名也, 輒給而對." 旣而私謂沈氏曰: "阿爺之名, 已被呼矣, 非久在人間. 他日有人求娶沈氏者, 愼勿許之. 若有姓周, 職在軍門者, 卽可許之, 必當偕老, 衣食盈羨." 其餘所述近事, 無不徵驗. 後一夕又來曰: "某以拘役有限, 不得到人間. 從此永訣矣." 言詞悽愴, 歔欷而去, 後四月, 及果卒.

　沈氏尋亦萍泊南海. 或有求納者, 輒不就. 後有長沙小將姓周者, 部本郡錢帛,貨殖於廣州, 求娶沈氏. 一言而許之, 至今在焉. 平昌孟弘微與及相識, 具錄其事.
(出『前定錄』)

149 · 10(1402)
위 범(韋 泛)

위범이라는 사람은 어디 출신인지 모른다. 그는 대력연간(大曆年間: 766~779) 초에 윤주(潤州) 금단현위(金壇縣尉)로 있다가 파직당하여 오흥(吳興) 지방을 유람하다가 흥국불사(興國佛寺)의 물가에 배를 대었다. 그 때는 정월 보름날 밤이라 처녀총각들이 많이 모여 있었는데, 위범은 한창 주위를 둘러보다가 돌연 갑작스럽게 죽었다. 현의 관리와 포(捕: 고대의 경찰인 巡捕의 준말)가 검시했으나 그 사건을 아직 끝맺지 못했는데, 하룻밤을 더 보내고 나자 위범이 깨어나 이렇게 말했다.

"한 관리가 공문서를 들고 와서 이렇게 말했소.

'관아에서 잡아오라고 합니다.'

결국 그와 동행하여 대략 몇 십 리를 가자 군사들이 엄중히 지키고 있는 한 성에 도착했는데, 들어가 보니 대부분 친척과 친구들이 오가고 있었소. 내가 놀라서 관리에게 물었소.

'여기가 어딥니까?'

관리가 대답해 주었소.

'여기는 인간세상이 아닙니다.'

나는 그때서야 비로소 죽은 것을 깨달았소. 잠시 후에 몇 명의 기병이 '물렀거라' 하며 길을 비켜 세우며 오는 것이 보였는데, 그 중의 한 사람은 의복이 곱고 화려하며 용모가 아주 훌륭하더이다. 내가 앞으로 나가 그를 살펴보니 바로 옛 친구였는데, 그가 놀라 나에게 물었소.

'그대는 어째서 이곳에 왔는가?'

내가 대답했소.

'관리에게 잡혀 왔다네.'

그 친구가 말했소.

'내 직분이 혼을 불러오는 일을 주관하는 것인데, 자네를 잡아온 일을 내가 아직 알지 못하고 있다니.'

친구는 그 일에 대해 생각해 보고는 말했소.

'아, 실수했구나! 잡아올 사람은 자네가 아니라, 바로 연주(兗州) 금향현위(金鄕縣尉) 위범일세!'

그는 서둘러 관리를 꾸짖고 나를 돌려보내게 했소. 나는 돌아갈 수 있게 되어 기뻐하며, 또 한편으로 그 친구에게 의지하여 봉록과 장수를 청했소이다. 그 친구는 어쩔 수 없이 은밀히 한 관리에게 일러 별원(別院)으로 이끌어 나를 문에 세워두라고 하더군요. 관리가 붉은 붓을 들고 들어와 왼손에 이렇게 썼소.

'앞에도 버드나무[楊] 뒤에도 버드나무[楊]인데, 뒤의 버드나무 한 해 한 해 강성해지네. 7월 절기에 현묘한 고향으로 돌아오리라.'

내가 나오자 일전에 나를 잡아왔던 관리가 전송해주었소."

그리고는 깨어나 그 일을 자세히 얘기해준 것이었다. 스님 법보(法寶)는 기이한 일을 좋아하여 그 사실을 모두 알았기에 이를 전했다.

6년 후에 위범은 태원(太原) 양곡현(楊曲縣)의 주부(主簿)에 제수되었다가, 임기가 만료되어 도성으로 왔는데, 마침 우연히 염철사(鹽鐵使)와 친분이 있는 옛 친구을 만나게 되어 그 친척이 양자현(楊子縣)의 순관(巡官: 巡察事務를 管掌하는 官吏)으로 천거해 준 덕분에 5년 동안 관직에 있었다. 위범은 건중(建中) 원년(780) 6월 28일에 관리 선발에 응하러 가다가 갑작스런 병으로 광릉(廣陵)의 한 여인숙에서 죽었는데, 그날이 바로 입추(立秋)였다. (『전정록』)

韋泛者, 不知其所來. 大曆初, 罷潤州金壇縣尉, 客遊吳興, 維舟於興國佛寺之水岸. 時正月望夜, 士女繁會, 泛方寓目, 忽然暴卒. 縣吏捕驗, 其事未已, 再宿而甦. 云: "見一吏持牒來, 云: '府司追.' 遂與之同行, 約數十里, 忽至一城, 兵衛甚嚴, 入見多是親舊往還. 泛驚問吏曰: '此何許也?' 吏曰: '此非人間也.' 泛方悟死矣. 俄見數騎呵道而來, 中有一人, 衣服鮮華, 容貌甚偉. 泛前視之, 乃故人也, 驚曰: '君何爲來此?' 曰: '爲吏所追.' 其人曰: '某職主召魂, 未省追子.' 因思之曰: '嘻, 誤矣! 所追者非追君也, 乃兗州金鄉縣尉韋泛也!' 遽叱吏送之歸. 泛旣喜得返, 且恃其故人, 因求其祿壽. 其人不得已, 密謂一吏, 引於別院, 立泛於門. 吏入, 持一丹筆來, 書其左手曰: '前楊復後楊, 後楊年年强. 七月之節歸玄鄉.' 泛旣出, 前所追吏亦送之." 旣醒, 具述其事. 沙門法寶好異事, 盡得其實, 因傳之.

後六年, 以調授太原楊曲縣主簿, 秩滿至京師, 適遇所親與鹽鐵使有舊, 遂薦爲楊子縣巡官, 在職五年. 建中元年, 六月二十八日, 將赴選, 以暴疾終於廣陵旅舍, 其日乃立秋日也. (出『前定錄』)

태평광기 권제150 정수5

1. 현 종(玄 宗)
2. 교 림(喬 琳)
3. 장거일(張去逸)
4. 이 필(李 泌)
5. 유막지(劉邈之)
6. 장인위(張仁禕)
7. 배 서(裴 諝)
8. 이 규(李 揆)
9. 도 소(道 昭)

150·1(1403)
현 종(玄 宗)

당(唐)나라 덕종(德宗)이 태어난 지 3일이 되었을 때 현종이 그를 보러 갔는데, 숙종(肅宗)과 대종(代宗)도 현종 곁에 차례로 서있었다. 보모가 강보에 덕종을 안고 와서 바쳤는데 덕종은 피부도 하얗지 않았으며 몸도 앞으로 엎어져 있었기에 숙종과 대종은 모두 좋아하지 않았다. 두 황제가 손으로 아이를 안아들고 전달해서 현종에게 바쳤는데, 현종은 아이를 한 번 보자마자 말했다.

"진정 내 새끼로구나."

현종은 숙종에게 말했다.

"너는 이 아이에 미치지 못할 것이다."

현종은 또 대종에게 말했다.

"너도 이 아이에 미치지 못할 것이니 이 아이는 꼭 나와 같구나."

덕종은 27년간 제위에 있다가 63세 때에 붕어했다. 숙종은 5년간 제위에 있었으며 대종은 15년간 제위에 있었으니 모두 덕종에 미치지 못했다. 후에 명황(明皇: 玄宗의 諡號인 至道大聖大明孝皇帝의 속칭)이 촉(蜀) 땅으로 행차하여 중로(中路: 漢中郡을 말함. 天寶 元年(742)에 梁州를 한중으로 개칭했다가 建元 元年(758)에 다시 양주로 환원함)에 이르렀을 때 이야기했다.

"초랑(峇郞)도 이 곳에 한 번 올 것이다."

덕종이 양주(梁州)로 행차하게 되었을 때[783년 朱泚의 반란으로 덕종이 奉天(陝西省 乾縣)으로 몽진한 일을 말함] 현종의 말은 사실로 증명되었다. 이로서 성인(聖人: 여기서는 황제를 지칭함)은 천명을 받았다는 것을 알 수 있으니, 나라를 다스린 년수가 긴 것이 어찌 아무런 이유 없이 된 것이겠는가? 『가화록』

唐德宗降誕三日, 玄宗視之, 肅宗·代宗以次立('視之'九字原本作'肅宗次之代宗又次之'). 保母襁褓德宗來呈, 德宗色不白晳, 龍身仆前, 肅宗·代宗皆不悅. 二帝以手自下遞傳, 呈上玄宗, 玄宗一顧之曰: "眞我兒也." 謂肅宗曰: "汝不及他." 又謂代宗曰: "汝亦不及他, 髥髭似我." 德宗('德宗'二字原作'而兒', 據明鈔本改)在位二十七年, 六十三崩. 肅宗登位五年, 代宗登位十五年, 是不及也. 後明皇幸蜀, 至中路曰: "嵒郎亦一遍到此來裏." 及德宗幸梁, 是驗也. 乃知聖人應天授命, 享國年深, 豈是徒然? (出『嘉話錄』)

150·2(1404)
교 림(喬 琳)

교림은 천보(天寶) 원년(742) 겨울에 태원(太原)에서 과거에 응시하러 길을 떠났다. 대량(大梁)에 이르러서 여관에 묵었는데, 그때는 혹한에 눈도 많이 내려 교림의 말이 죽고 종복들도 모두 도망가버렸다. 교림은 준의현위(浚儀縣尉) 유언장(劉彦莊)이 손님맞이하는 것을 좋아한다는 말을 듣고 마침내 그에게 가서 사정을 말했다. 유언장의 빈객 중에 신도생(申

屠生)이라는 사람이 있었는데, 사람을 잘 볼 줄 알았다. 그는 스스로 여든 살이 넘었다고 하면서 멋대로 행동하며 오만하게 굴었으며, 찾아오는 손님 중에 비록 명망있는 선비라고 할지라도 함께 예의로서 인사를 주고받지 않았다. 그런데 교림이 도착하자 그와 매우 친근하고 정성스럽게 말을 나누었기에 유언장은 이를 기이하게 생각했다. 교림이 나간 뒤 유언장이 신도생에게 말했다.

"다른 빈객들은 현명하든 어리석든 모두 선생과 말 한 번 주고받지 못했습니다. 방금 교생(喬生: 喬琳)은 일개 평민에 지나지 않는데 어찌 그리 친밀하게 이야기 하셨습니까?"

신도생이 웃으며 말했다.

"그는 진정 보통 사람이 아닙니다. 분명 당신보다 높은 관리가 될 것이니 반드시 그에게 잘 대접하면 틀림없이 그 보답을 받을 것입니다. 아까 그와 이야기 한 것은 모두 당신을 위해 좋은 관계를 맺기 위한 것일 뿐입니다. 그러나 애석하게도 그는 성정이 심기와 어긋나고 마음이 본성과 부합하지 않으니, 만약 높은 지위에 오른다고 해도 100일을 가지 못할 것이며 70세가 넘으면 반드시 비명횡사하게 될 것입니다. 당신은 이를 기억해 두십시오."

유언장은 마침내 그를 여러 날 묵게 한 뒤 수레와 말을 후하게 주어서 장안(長安)으로 가게 했다. 신도생도 작별을 고하며 말했다.

"제가 당신의 은혜를 입었는데 이제야 보답하게 되었습니다. 청컨대 이제 떠나고자 합니다."

결국 신도생이 어디로 갔는지 알 수 없었다.

교림은 뒷날 진사과에 급제하여 여러 차례 대부(大府: 丞相府)의 보좌

관이 되었다. 그는 대력연간(大曆年間: 766~779)에 회주자사(懷州刺史)에 제수되었는데, 당시 유언장이 수무현령(修武縣令)으로 있으면서 옥사를 잘못 판결하여 사람을 죽게 한 일이 있었다. 억울하게 죽은 사람의 집안에서 송사를 제기했기에, 조서가 내려와 유언장은 어사에게 그 일로 탄핵받게 되었다. 그러나 교림이 와서 유언장은 마침내 죄를 면하게 되었다. 건중연간(建中年間: 780~783) 초에 교림은 중서시랑평장사(中書侍郎平章事)에 제수되었으나 직위에 오른 지 87일만에 병으로 사임했다. 후에 주자(朱泚)가 반역을 저질렀을 때 교림은 막 삭발하고 스님이 되었는데, 주자가 이를 알고 그에게 역적의 명을 받으라고 강요했다. 수도가 회복된 뒤, 교림이 그때의 상황을 이야기했으며 태위(太尉)인 이성(李晟)도 그를 사형에서 면하게 해주고 싶었지만, 황제가 허락하지 않아서 마침내 주살되었다. 당시 그의 나이 71세였다. (『전정록』)

喬琳以天寶元年冬, 自太原赴擧. 至大梁, 舍於逆旅, 時天寒雪甚, 琳馬死, 傭僕皆去. 聞浚儀尉劉彦莊喜賓客, 遂往告之. 彦莊客申屠生者, 善鑒人. 自云八十已上, 頗箕踞傲物, 來客雖知名之士, 未嘗與之揖讓. 及琳至, 則言款甚狎, 彦莊異之. 琳旣出, 彦莊謂生曰: "他賓客賢與不肖, 未嘗見先生之一言. 向者喬生一布衣耳, 何詞之密歟?" 生笑曰: "此固非常人也. 且當爲君之長史, 宜善視之, 必獲其報. 向與之言, 蓋爲君結歡耳. 然惜其情反於氣, 心不稱質, 若處極位, 不至百日, 年過七十, 當主非命. 子其志之." 彦莊遂舘之數日, 厚與車馬, 遂至長安. 而申屠生亦告去, 且曰: "吾辱君之惠, 今有以報矣. 請從此辭." 竟不知所在.

琳後擢進士第, 累佐大府. 大曆中, 除懷州刺史, 時彦莊任修武令, 誤斷獄有死者. 爲其家訟冤, 詔下御史劾其事. 及琳至, 竟獲免. 建中初, 微拜中書侍郎平章事,在位八十七日, 以疾罷. 後朱泚搆逆, 琳方削髮爲僧, 泚知之, 竟逼受逆命. 及收復, 亦陳其狀, 太尉李晟, 欲免其死, 上不可, 遂誅之. 時年七十一. (出『前定錄』)

150 · 3(1405)
장거일(張去逸)

　숙종(肅宗) 장황후(張皇后)의 조모(祖母) 두씨(竇氏)는 현종(玄宗)의 이모이다. 현종은 모후(母后)께서 일찍 돌아가셨기에 두씨에게 길러준 은혜를 입었다. 경운연간(景雲年間: 710~712)에 두씨는 등국부인(鄧國夫人)에 봉해졌으며 황제가 그녀를 극진히 받들었다. 두씨에게는 거혹(去惑) · 거영(去盈) · 거사(去奢) · 거일(去逸)이라는 아들이 있었는데 이들은 어머니의 은혜와 황제의 총애에 힘입어 멋대로 사치를 부리며 권세를 뽐냈다. 하루는 형제간에 함께 위수(渭水) 굽이에서 사냥을 하고 있었는데 갑자기 2장(丈) 길이의 큰 뱀이 나타나 풀 위로 나는 듯이 민첩하게 미끄러져 갔다. 거일은 말을 달려 뱀의 뒤를 쫓아서 활을 당겼는데, 한 발에 맞춰서 따라온 기마병에게 죽은 뱀을 말에 매달아 오도록 했다. 잠시 후, 위수에서 안개가 피어오르더니 지척도 구분할 수 없을 정도로 어두워지면서 갑작스럽게 비가 몰아치고 천둥이 내리쳤는데 이를 피할 곳도 없었다. 거일은 들판의 절을 만나게 되자 말을 버리고 곧장 불당 안으로 들어갔다. 맹렬한 불길처럼 천둥과 번개가 치더니 마침내 크게 모여들어 막 번갯불이 불당으로 내리칠 때에 허공에서부터 이러한 소리가 들렸다.

"복야(僕射: 尙書僕射의 줄임말로 尙書省의 실질적인 장관)를 놀라게 하지 말라!"

번갯불은 곧 흩어졌으나 잠시 후 다시 모여들었다. 그러자 또 허공에서부터 소리가 들렸다.

"사공(司空: 정1품으로 三公의 하나)을 놀라게 하지 말라!"

번갯불은 즉시 멈췄다. 그러나 곧 다시 번개가 모여들자 또 허공으로부터 소리가 들렸다.

"태위(太尉: 정1품으로 三公의 하나)를 놀라게 하지 말라!"

곧 모여들었던 기운들이 모두 다 사라져서 마침내 그는 아무런 피해도 입지 않았다. 그러나 죽은 뱀과 따르던 기마병은 모두 사라져 버렸다. 거일은 이로부터 자신이 부귀해 질 것이라고 자부했다. 그는 몇년 지나지 않아 병에 걸려 죽었는데, 관직은 태복경(太僕卿: 3품으로 九卿에 해당함. 즉 앞에 말한 관직들에 못 미침)에 이르렀다. 천보연간(天寶年間: 742~756)에 그의 딸은 동궁(東宮)에 선발되어 양원(良媛: 太子의 女官)이 되었다. 양원은 숙종이 두 도성[長安과 洛陽]을 수복할 때에 보좌한 공이 컸기 때문에, 지덕(至德) 2년(757)에 숙비(淑妃: 황제의 九嬪[脩華·脩儀·脩容·淑妃·淑媛·淑儀·婕妤·容華·充華]중 하나)로 책봉되었다. 건원(乾元) 원년(758)에 황제는 중서령(中書令) 최원(崔圓)에게 조서를 내려 부절(符節)을 가지고 숙비를 황후로 책봉하도록 했다. 거일은 황후의 부친이었기에 전후로 세 번 관직이 추증(追贈)되었는데, 모두 허공에서 말한 것과 같았다. (『기문』)

肅宗張皇后祖母竇氏, 玄宗之姨母也. 玄宗先后早薨, 竇有鞠養之恩. 景雲中,封鄧國夫人, 帝甚重之. 其子去惑・去盈・去奢・去逸, 依倚恩寵, 頗極豪華. 一日, 弟兄同獵渭曲, 忽有巨蛇長二丈, 騰趕草上, 迅捷如飛. 去逸因蹤轡彎弧, 一發而中, 則命從騎掛之而行. 俄頃霧起於渭上, 咫尺昏晦, 驟雨驚電, 無所遁逃. 偶得野寺, 去逸旣棄馬, 徑依佛廟. 烈火震霆, 隨而大集, 方霆火交下之際, 則聞空中曰: "勿驚僕射!" 霆火遽散, 俄而復臻. 又聞空中曰: "勿驚司空!" 霆火登止. 俄復蘖集, 又聞空中曰: "勿驚太尉!" 旣而陰翳廓然, 終無所損. 然死蛇從馬, 則已失矣. 去逸自負坐須富貴. 不數年, 染疾而卒, 官至太僕卿. 天寶中, 其女選東宮, 充良媛. 及肅宗收復兩京, 良媛頗有輔佐之力, 至德二載, 冊爲淑妃. 乾元元年, 詔中書令崔圓持節冊爲皇后. 而去逸以后父, 前後三贈官, 皆如空中之告耳. (出『紀聞』)

150・4(1406)
이 필(李 泌)

천보(天寶) 14년(755) 3월 3일 이필은 낙양에서 나귀를 타고 별장으로 돌아가고 있었다. 길 가에는 큰문이 있었는데, 종자들이 아직 그를 뒤쫓아오기 전에 나귀가 제멋대로 곧장 그 문으로 들어갔다. 이때 그 집안 사람들이 각각 나귀와 말을 타고 무리지어 막 나오던 참에 이필과 만나게 되었다. 이필은 이들과 말을 주고받은 뒤 마침내 함께 자택으로 들어가게 되었으며, 집주인은 이필에게 안으로 들어오기를 청하여 자리에 앉게 한 뒤 처자식들을 나오게 하여 줄지어 절을 하게 했다. 이필은 왜 이렇게 대접하는지 알 수 없었기 때문에 요괴가 아닌가 의심했다. 집주인에게 성을 물었더니 두씨(竇氏)라고 했는데, 몰래 노복을 시켜 이웃 사람들에게 묻게 하여 실재로 그의 성이 두씨임을 알게 되었다. 이필이 자신을 이렇게 대하는 이유를 묻자 두씨가 대답했다.

"저는 두정분(竇廷芬)입니다. 청컨대 묵었다 가십시오."

그가 계속해서 이렇게 말했기에 이필은 어쩔 수 없이 유숙하게 되었지만 속으로 매우 두려웠다. 두정분이 말했다.

"중교(中橋)에 호로생(胡蘆生)이라는 점쟁이가 있는데 예전부터 그 재주가 신묘했습니다. 어제 점을 보는데 제게 말하기를 3년 안에 멸족(滅族)의 화가 있으니 황중군(黃中君)을 찾아야만 재앙을 면할 수 있다고 했습니다. 제가 그에게 어떻게 황중군을 찾을 수 있느냐고 물었더니 그가 말하기를 귀곡자(鬼谷子)에게 물어보라고 했습니다. 그래서 또 귀곡자를 어떻게 만날 수 있느냐고 물었더니 공(公)의 이름을 말해주면서 3월 3일 온 가족이 성을 나와 찾아보라고 했습니다. 공을 만나지 못하면 틀림없이 일족이 모두 죽을 것이지만, 만약 만나게 된다면 가족이 모두 나와 간곡하게 빌기만 해도 분명 화를 면할 수 있을 것이라고 했습니다. 마침 전 가족이 막 나와 찾다가 마침내 공을 만났으니, 이것은 하늘이 우리 일족의 생명을 구제해 주신 것입니다."

그들은 이필을 극진한 예로 모셨다. 다음날 이필이 떠나기를 청하며 영양장(潁陽莊)으로 돌아가겠다고 했다. 두정분은 한사코 그를 붙잡으며 시종을 시켜 영양장에 가서 간곡히 부탁하여 숙부의 편지를 가지고 오게 했다. 이필은 이처럼 10여일을 묵은 뒤에야 별장으로 돌아갈 수 있었다. 이때부터 두정분은 끊이지 않고 선물을 보내 왔다.

안록산(安祿山)이 난을 일으켰을 때, 숙종은 서경(西京: 長安)을 수복하고 진(秦) 땅을 돌아서 섬부(陝府)를 회복한 뒤 자사(刺史)인 두정분을 사로잡았다. 숙종은 그를 주살하고 가산을 적몰(籍沒: 죄인의 재산을 官에서 장부에 적어 몰수함)하도록 했다. 숙종은 또한 두정분이 현종의 외가로서 도적을 섬겼으므로 반드시 감옥에 가두어 주살해야 한다고 생각했다. 이필은 이전의 일을 모두 갖춰서 아뢰고 사신을 시켜 그 일을 알아보기를 청한 뒤, 손수 쓴 상소문으로 사실임을 증명했다. 숙종은 이로 인해 사신을 파견했는데, 사신이 돌아와서 이필의 말과 같이 아뢰었기에 크게 놀라서 급히 명을 내려 그들을 사면했다. 숙종이 황중군과 귀곡자가 누구인지 물었으나 두정분도 누군지 알지 못한다고 했다. 이때에 호로생도 이미 죽었었기에 숙종은 이 일에 대해 깊이 감탄하며 말했다.

"천하의 일이란 모두 이전에 정해져 있구나."

(『감정록』)

天寶十四載, 李泌三月三日, 自洛乘驢歸別墅. 從者未至, 路旁有車門, 而驢徑入, 不可制. 遇其家人, 各將乘驢馬群出之次. 泌因相問, 遂幷入宅, 邀泌入, 旣坐, 又見妻子出羅拜. 泌莫測之, 疑是妖魅. 問姓竇, 潛令僕者問鄰人, 知實姓竇. 泌問其由, 答曰: "竇廷芬. 且請宿." 續言之, 勢不可免, 泌遂宿, 然甚懼. 廷芬乃言曰: "中橋有筮者胡蘆生, 神之久矣. 昨因筮告某曰, 不出三年, 當有赤族之禍, 須覓黃中君方免. 問如何覓黃中君, 曰問鬼谷子. 又問安得鬼谷子, 言公姓名是也, 宜三月三日, 全家出城覓之. 不見, 必籍死無疑, 若見, 但擧家悉出哀祈, 則必免矣. 適全家方出訪覓, 而卒遇公, 乃天濟其擧族命也." 供待備至. 明日請去, 且言歸潁陽莊. 廷芬堅留之, 使人往潁陽, 爲致所切, 取季父報而還. 如此住十餘日, 方得歸. 自此獻遺不絶.

及祿山亂, 肅宗收西京, 將還秦, 收陝府, 獲刺史竇廷芬. 肅宗令誅之而籍其家. 又以玄宗外家而事賊, 固囚誅戮. 泌因具其事, 且請使人問之, 令其手疏驗之. 肅宗乃遣使, 使廻, 具如泌說, 肅宗大驚, 遽命赦之. 因問黃中君・鬼谷子何也, 廷芬亦云不知. 而胡蘆生已卒, 肅宗深感其事, 因曰: "天下之事, 皆前定矣." (出『感定錄』)

150 · 5(1407)
유막지(劉邈之)

유막지는 천보연간(天寶年間: 742~756)에 기주(岐州) 진창현위(陳倉縣尉)로 전임되었다. 유막지의 이종사촌인 오군(吳郡) 사람 육강(陸康)이 강남에서 동관현(同官縣)으로 왔다. 주부(主簿)인 양예(楊豫)와 현위(縣尉)인 장영(張穎)은 육강이 왔다는 소식을 듣고 유막지에게 축하하러 왔다. 당시는 추운 겨울이었기에 술을 마시다가 막 한창 술기운이 오를 무렵 산인(山人: 점쟁이) 위종(魏琮)이 찾아왔다. 유막지는 휘장을 내리라고 한 뒤 그를 마당에서 맞이하여 바라는 바가 무엇인지 물었다. 위종이 말했다.

"제가 산관(散關)에 들어가려고 하는데, 밥이나 한 끼 먹고 떠났으면 합니다."

유막지가 좌우를 돌아보며 객사에 식사를 차려주라고 명하자 위종이 말했다.

"객사에 차리는 것은 제가 기다릴 수 없으니, 이곳에서 먹고 지나가고자 합니다."

유막지는 막 술을 마시고 있던 차라 그의 청에 난색을 표하자 위종이 말했다.

"저는 사람을 볼 줄 압니다. 만약 허락해 주신다면 저 또한 알려드리는 바가 있을 것입니다."

유막지는 이를 듣고 기뻐하며 급히 휘장을 걷으라고 했다. 앉아있던 손님들도 그 이야기를 듣고 즐거워했고 모두 그와 읍양(揖讓)하며 앉았다. 그때에 육강은 술에 취해서 동쪽 평상에 누워있었다. 유막지는 곧 음식을 차리게 한 뒤 그가 다 먹자 관상을 봐달라고 청했다. 위종이 말했다.

"지금부터 두 번 명성을 떨칠 것입니다. 관직은 두 읍의 읍재(邑宰: 縣令)에 머물 것이지만 정무를 주로 하지 않을 것이며 25년 뒤에 끝날 것입니다."

말을 마치고 가려는데 양예와 장영이 그를 한사코 만류하며 모두 자신의 장래를 물었다. 위종이 양예에게 말했다.

"당신은 앞으로 8개월 동안 나귀의 고기를 먹지 마십시오. 나귀고기를 먹고 병에 걸리면 치료할 수 없을 것입니다."

다음으로 장영에게 말했다.

"당신은 나중에 행정관이 되거든 동료들과 좋은 관계를 맺어야 할 것입니다. 만약 잘 지내지 못한다면 반드시 해를 당할 것입니다."

양예와 장영이 이 말에 불쾌해하자 위종이 그 마음을 알아채고 말했다.

"제가 미리 안다고 해서 당신들을 위해 화를 복이 되게 할 수 없습니다."

그는 육강을 가리키며 말했다.

"여기 취해서 누워있는 분은 뉘신지 모르나 다음 해에 명성을 떨칠 것이며, 10여 군데의 관직을 거칠 것입니다. 그의 수명과 관직은 여러분들이 미칠 바가 아닙니다."

그가 말을 마치고 떠난 뒤, 간 곳을 알 수 없었다.

다음 해에 오랑캐가 반역을 일으켜 두 도성[長安과 洛陽]이 함락되자 현종(玄宗)이 촉(蜀) 땅으로 행차했는데 진창현은 그 중도에 있었다. 당시에 양예는 역참 일을 맡아보고 있었는데, 항상 종의 말을 염두에 두고서 이를 수판(手板: 笏, 조복을 입을 때 띠에 끼고 다니는 길쭉한 판으로 군명을 받았을 때 이것에 기록해 둠)에 적어놓았다. 역참에 말을 탄 사신들이 지나다니면서 때때로 안면이 있던 사람이 있어서 양예가 함께 밥을 먹었는데 잘못해서 나귀의 창자 몇 점을 먹게 되었다. 그는 날이 저물자 배가 차올라서 죽었다. 장영은 후에 임복현승(臨濮縣丞)이 되었다. 한번은 도적이 왔을 때에 군수가 이를 지키지 못해 도적에게 함락되었는데, 임복현령(臨濮縣令) 설경원(薛景元)이 관리와 무사를 이끌어 무기를 들고 도적들과 싸워서 도적들이 물러나 군이 평안해졌다. 절도사(節度使)가 이 소식을 듣고 설경원을 장사(長史)로 임명한 뒤 군의 업무를 다스리도록 했다. 그런데 장영은 과연 평상시 그와 잘 지내지 못했었기에 이때에 일에 연루되어 마침내 억울하게 죽고 말았다. 유막지는 후에 아무개 감독관 아래에서 과거에 급제해서 여주(汝州) 임여현령(臨汝縣令)에 제수되었다가 윤주(潤州) 상원현령(上元縣令)으로 전임되었다. 그는 재임기간에 별다른 치적이 없었기에 가연(假掾: 假左. 각 부의 문서관)

으로서 관직을 마감했다.

[위종의 이야기를 들은] 다음 해에 육강은 명경과(明經科)에 급제하여 비서성(秘書省) 정자(正字: 典籍의 文字 校勘 등을 담당)가 되었다가 농우순관(隴右巡官: 巡官은 節度使・觀察使・團練使 등 여러 使의 속관으로 순찰업무를 담당하며 判官, 推官의 아래 관직임)에 임명되었다. 그는 임기가 끝난 뒤 함양위(咸陽尉)로 전임되었으며 감찰어사(監察御史)・주지현령(盩厔縣令)・비부원외랑(比部員外郞: 唐宋代 刑部에 소속되어 詔書・律令・彈劾 등을 관장하는 比部司에서 比部郞中의 副職) 등을 지냈다. 그는 연이어 중요한 군(郡)을 다스리며 22개의 관직을 역임했다. (『전정록』)

劉遞之, 天寶中, 調授岐州陳倉尉. 遞之從母弟吳郡陸康, 自江南同官(『前定錄』無'同官'二字, 疑應在'來'字下)來. 有主簿楊豫・尉張穎者, 聞康至, 皆來賀遞之. 時冬寒, 因飲酒. 方酣適, 有魏山人琮來. 遞之命下簾帷, 迎於庭, 且問其所欲. 琮曰: "某將入關('關'原本作'門', 據『前定錄』改), 請一食而去." 遞之顧左右, 命具蒭米於館, 琮曰: "館則慮不及, 請於此食而過." 遞之以方飲, 有難色, 琮曰: "某能知人. 若果從容, 亦有所獻" 遞之聞之而喜, 遽命褰帷. 而坐客亦樂聞其說, 咸與揖讓而坐. 時康以醉臥於東榻. 遞之乃具饌, 旣食之, 有所請. 琮曰: "自此當再名聞. 官止二邑宰而不主務, 二十五年而終." 言訖將去, 豫・穎固止之, 皆有所問. 謂豫曰: "君後八月, 勿食驢肉. 食之遇疾, 當不可救." 次謂穎曰: "君後政官, 宜與同僚善. 如或不叶, 必爲所害." 豫・穎不悅, 琮知其意, 乃曰: "某先知者, 非能爲君禍福也." 因指康曰: "如醉臥者, 不知爲誰, 明年當成名, 歷官十餘政. 壽考祿位, 諸君子不及也." 言訖遂去, 亦不知所往.

明年, 逆胡陷兩京, 玄宗幸蜀, 陳倉當路. 時豫主郵務, 常念琮之言, 記之於手板. 及驛騎交至, 或有與豫舊者, 因召與食, 誤啗驢腸數臠. 至暮, 脹腹而卒. 穎後爲臨濮丞. 時有寇至, 郡守不能制, 爲賊所陷, 臨濮令薛景元率吏及武士持兵與賊戰, 賊退郡平. 節度使以聞, 旣拜景爲長史, 領郡務. 而穎果常與不叶, 及此因事陷('陷'原作'答', 據明鈔本改)之, 遂陰汚而卒. 邈之後某下登科, 拜汝州臨汝縣令, 轉潤州上元縣令. 在任無政, 皆假掾('掾'明鈔本作'祿')以終考.

明年, 康明經及第, 授秘書省正字, 充隴右巡官. 府罷, 調授咸陽尉, 遷監察御史·盩厔令·比部員外郎. 連典大郡, 歷官二十二考. (出『前定錄』)

150·6(1408)
장인위(張仁褘)

당(唐)나라 때 심군량(沈君亮)은 저승의 일을 알 수 있었다. 상원연간(上元年間: 760~762)에 이부원외랑(吏部員外郎) 장인위가 자리를 마련해서 심군량에게 물었다.

"명공(明公)께서는 제가 언제나 관직이 올라갈 것으로 보십니까?"

심군량이 말했다.

"대랑(臺郎: 御使에 대한 호칭. 여기서는 吏部員外郎인 장인위를 높여 부른 말)께서는 앉은 자리도 따뜻하게 하지 못할 텐데, 무슨 벼슬자리 옮기는 것을 생각하신단 말입니까?"

잠시 후 장인위가 화장실에 간 사이 심군량이 다른 사람들에게 말했다.

"장원외(張員外: 張仁褘)는 열흘 정도나 살 수 있을 것인데, 어찌 관직을 걱정할 겨를이 있겠습니까?"

7일 후에 장인위는 죽었다. (『조야첨재』)

唐沈君亮, 見冥道事. 上元年中, 吏部員外張仁禕延坐問曰: "明公看禕何當遷?" 亮曰: "臺郞坐不煖席, 何慮不遷?" 俄而禕如廁, 亮謂諸人曰: "張員外總十餘日活, 何暇憂官職乎?" 後七日而禕卒. (出『朝野僉載』)

150 · 7(1409)
배 서(裴 諝)

보응(寶應) 2년(763) 호부랑중(戶部郎中) 배서는 중앙관직에서 나와서 노주자사(廬州刺史)가 되었다. 그 군(郡)에는 좌천되어온 빈객이 두 명 있었는데, 한 명의 이름은 무철(武徹)로 전중시어사(殿中侍御史)에서 장사(長史)로 폄적되어 왔으며 또 한 명은 우중경(于仲卿)으로 형부원외랑(刑部員外郞)에서 별가(別駕)로 폄적되어 왔다. 배서가 군에 도착한지 3일이 되었을 때 두 명이 그에게 인사하러 왔다. 배서가 막 그들과 앉았는데 곧 한 관리가 명함을 가지고 와서 말했다.

"식객으로 있는 전(前) 소현주부(巢縣主簿) 방관(房觀)이 알현코자 합니다."

배서는 막 두 빈객과 옛 일을 이야기하던 중이었으므로 만나보고 싶지 않아서 관리에게 말했다.

"방주부(房主簿: 房觀)에게 날 찾아와 준 것은 고마우나 내가 막 두 손님을 만나고 있으니, 다른 날에 만나자고 하라."

관리가 방관에게 고하자 방관이 말했다.

"저는 사군(使君: 刺史의 尊稱)과 친분이 있어서 오늘 만나 뵈어야만

하니, 그 명령을 받들 수 없습니다."

관리가 다시 들어가서 배서에게 고하자 배서가 말했다.

"내 친척 중에 방씨 성을 가진 사람이 없다."

배서는 곧 방관에게 그의 부친과 조부의 관명과 이름을 적어 올리게 했다. 방관은 모두 적은 뒤 다시 품속에서 오래된 서신을 꺼내어 관리에게 주었다. 배서는 서신을 보자 정색을 하고서 급히 소복을 명한 뒤 동쪽 행랑에서 그를 맞이하여 조문했는데, 그 모습이 매우 애달팠다. 방관이 나간 뒤 배서는 상복을 바꿔입기도 전에 좌우를 돌아보며 물었다.

"이 부중(府中)의 관직에 월급 7천~8천 정도 받는 자리가 비어 있는가?"

좌우에서 말했다.

"관직의 명부를 찾아보면 필요한 자리가 있을 것입니다."

그는 즉시 관리에게 명부를 꺼내게 한뒤 방관의 이름을 적었다. 이때에 두 빈객은 서로 바라보며 매우 이상하게 여겼지만 감히 물어볼 수 없었다.

배서는 자리에 앉아서 탄식한 뒤 두 빈객에게 말했다.

"그대들은 폄적된 것을 더이상 걱정하지 마시오. 일이란 본디 예정된 것이라오. 내가 개원(開元) 7년(719)에 하남부(河南府)의 문학(文學: 學官名, 학생들에게 五經을 가르침)을 그만두고 대량(大梁)에 갔는데, 육사가(陸仕佳)라는 사람이 준의현위(浚儀縣尉)로 있었소. 내가 육사가를 찾아갔을 때 그는 진류현위(陳留縣尉) 이규(李揆)와 개봉주부(開封主簿) 최기(崔器)와 함께 막 밥을 먹고 있었는데, 전(前) 양주공조참군(襄州功曹參軍) 방안우(房安禹)가 왔었소. 당시 자리에 있던 사람들은 그가 관상을 잘 본다는 이야기를 듣고 모두 봐달라고 청했었소. 방안우는 사양치 않고 먼저 육사가에게 말했소.

'관직이 두 번 바뀔 것이며 13년 뒤에야 끝날 것입니다.'

그는 다음으로 최기에게 말했소.

'당신은 20년 뒤 관서(官署)의 장관이 될 것인데, 권력있는 지위는 있으되 관서의 업무를 보지는 못할 것입니다. 또한 수명을 누릴 것입니다.'

다음으로 이규에게 말했소.

'당신은 올해에 명성이 지극히 높아질 것이며 13년 안에 가장 높은 신하의 자리에 오를 것입니다. 그러나 12년 뒤에는 까닭도 모른 채 조정에서 버림받아 뜻을 잃게 될 것입니다.'

다음으로 내게 말했소.

'이후로 명망이 높은 관직을 지낼 것이지만 장군이나 재상이 되지는 않을 것입니다. 수명은 80에 이를 것입니다.'

그는 말을 마치고 떠나면서 내게 은밀히 말했소.

'다소간 부탁 드릴 것이 있으니 여관에 한 번 들러주십시오.'

방안우가 돌아간 뒤 나도 곧 뒤따라 찾아갔소. 내가 도착하자 그는 매우 친밀하게 이야기하며 말했소.

'당신은 28년 뒤에 정랑(正郞)을 따라 하남군수(河南郡守)가 될 것입니다. 저는 내년에 아들을 하나 낳을 것인데 후에 당신이 다스리는 군의 관리가 될 것이니 당신이 임지에 도착한지 3일째 되는 날에 찾아뵈러 갈 것입니다. 그런데 이 아들은 운명이 박복해서 많은 녹봉을 받을 수 없으니 만 석(石) 이하의 녹봉을 받게 해 주십시오.'

방관은 바로 방안우의 아들이오."

무철 등은 모두 이 일을 기이하게 생각했다. 육사가는 후에 거듭 감찰어사(監察御史)에 제수되었다가 죽었으며, 최기는 사농승(司農丞)이 되었다가 숙종(肅宗)이 영무(靈武)에 있을 때에 그가 올린 대책이 성지에 부합되었기에 곧바로 대사농(大司農)이 되었다. 숙종이 장안으로 돌아오자 최기는 계속해서 왕명을 받들어 사신이 되었기에 10여년이 지나도록 자신의 관서에 가지 못했다. 이규는 그 해에 우습유(右拾遺)에 제수되어 여러 관직을 지낸 뒤 재상이 되었다. 그러나 그는 후에 시세에 부합하지 못해서 남중(南中) 지역에 20년간 유배되었다. 나중에 국자감좨주(國子監祭酒)에 제수되었으며 토번회맹사(吐藩會盟使)가 되었으나 출발하려고 할 때에 죽고 말았다. 이 모든 것은 방안우가 한 말과 같았다. 방안우는 개원(開元) 21년(733)에 진사로 급제했으며 관직이 남양령(南陽令)에 이르렀다. (『전정록』)

寶應二年, 戶部郎中裴諝出爲盧州刺史. 郡有二遷客, 其一日武徹, 自殿中侍御史貶爲長史, 其一日于仲卿, 自刑部員外郎貶爲別駕. 諝至郡三日, 二人來候謁. 諝方與坐, 俄而吏持一刺云: "寄客前巢縣主簿房觀請謁." 諝方與二客話舊, 不欲見觀, 語吏云: "謝房主簿相訪, 方對二客, 請俟他日." 吏以告觀, 觀曰: "某以使君有舊, 宜以今日謁, 固不受命." 吏又入白諝, 諝曰: "吾中外無有房氏爲舊者." 乃令疏其父祖官諱. 觀具以對, 又於懷中探一紙舊書, 以受吏. 諝覽之愀然, 遽命素服, 引於東廡而弔之, 甚哀. 旣出, 未及易服, 顧左右問曰: "此有府職月請七八千者乎?" 左右曰: "有名逐要者是也." 遽命吏出牒以署觀. 時二客相顧, 甚異之, 而莫敢發問.

謂旣就榻歎息, 因謂二客曰: "君無爲復患遷謫. 事固已前定. 某('某'原作'其', 據許本改)開元七年, 罷河南府文學, 時至大梁, 有陸仕佳爲浚儀尉. 某住候之, 仕佳座客有陳留尉李揆·開封主簿崔器方食, 有前襄州功曹參軍房安禹繼來. 時坐客聞其善相人, 皆請. 安禹無所讓, 先謂仕佳曰: '官當再易, 後十三年而終.' 次謂器曰: '君此去二十年, 當爲府寺官長, 有權位而不見曹局. 亦有壽考.' 次謂揆曰: '君今歲名聞至尊, 十三年間, 位極人臣. 後十二年, 廢棄失志, 不知其所以然也.' 次謂某曰: '此後歷踐淸要, 然無將相. 年至八十.' 言訖將去, 私謂某曰: '少間有以奉託, 幸一至逆旅.' 安禹旣歸, 某卽繼往. 至則言款甚密, 曰: '君後二十八年, 當從正郎爲江南郡守. 某明年當有一子, 後合爲所守郡一官, 君至三日, 當令奉謁. 然此子命薄, 不可厚祿, 顧假俸十千已下.' 此卽安禹子也."

徹等咸異其事. 仕佳後再受監察御史卒, 器後爲司農丞, 肅宗在靈武, 以策稱旨, 驟拜大司農. 及歸長安, 累奉使, 後十餘年, 竟不至本曹局. 揆其年授右拾遺, 累至宰相. 後與時不叶, 放逐南中二十年. 除國子祭酒, 充吐蕃會盟使, 旣將行而終. 皆如其言. 安禹開元二十一年進士及第, 官止南陽令. (出『前定錄』)

150·8(1410)
이 규(李 揆)

상국(相國: 宰相) 이규는 진사로 선발되어 도성에 있었는데, 선평방(宣平坊)의 왕생(王生)이 역술에 뛰어나다는 말을 듣고 그에게 찾아가 앞일을 물었다. 왕생은 매번 500문(文)으로 점을 보아주었는데, 사람들이 구름처럼 몰려들었기에 아침부터 저녁까지 기다려도 차례가 돌아오지 않아 허탕치고 돌아가는 사람이 있을 정도였다. 이규가 한 번은 비단을 들고 새벽에 찾아갔는데, 왕생이 괘를 짚어보더니 말했다.

"그대는 문장(文章)으로 선발되지 않았소? 하남도(河南道)의 일개 현위(縣尉)는 되시겠군요."

이규는 자신의 재주를 자부하고있었기에, 이렇게 될 리 없다고 생각하며 불편해 하고 분을 내며 가려고 했다. 왕생이 말했다.

"그대는 불만스러워할 것 없소. 이제부터 몇 달 안에 좌습유(左拾遺)가 될 것이니, 앞일이 진정 끝은 아닙니다."

이규의 화가 아직 다 풀리지 않았는데 왕생이 말했다.

"만약 제 말대로 된다면 한번 왕림해 주십시오."

이규는 서판(書判: 唐代 人才選拔法으로 書法과 文章으로 우열을 판정하는 것)에 급제하지 못하여 변주(汴州)의 진류위(陳留尉)로 임명되었다. 비로소 왕생의 말이 현실로 드러난 것이었다. 나중에 이규가 왕생을 찾아가자 왕생은 안석 아래에서 10여 장은 될 듯한 봉해진 책을 하나 꺼내서 그에게 주며 말했다.

"그대는 습유(拾遺)에 제수되면 이 봉함을 열어보십시오. 그렇지 않으면 큰 화가 닥칠 것입니다."

이규는 이를 간직했다.

이규가 진류현에 이르렀을 때, 당시 채방사(採訪使)로 있던 예약빙(倪若氷)은 이규의 재주가 뛰어나며 친족들의 명망을 얻고 있었으므로 그를 머물게 하면서 잠시 부중(府中)의 일을 시켰다. 마침 그 때에 군에서 황제께 청원할 일이 생겼는데, 조정에 아는 사람이 있는 자를 뽑다보니 이규만한 사람이 없었기에 그에게 다녀오게 했다. 개원연간(開元年間: 713~741)에 군부(軍府)에서 상소를 올리는 이씨 성을 가진 사람들은 모두 먼저 종정(宗正: 皇族의 族籍을 맡아보던 관아)에 들러 인사했었다. 당시 이구(李璆)가 종정의 장관을 맡고 있었는데, 마침 존호(尊號: 제왕의 호)를 올릴 일이 생겼을 때 이규가 알현해오자 이구는 평소부터 그의 재주를 들어왔었기에 표문 세 통을 써보라고 청했다. 이구가 그가 쓴 순서대로 황제에게 바쳤더니 황제가 이구를 불러 말했다.

"백관들이 모두 표문을 올렸지만 경(卿)의 솜씨만한 것이 없었소. 짐은 매우 기쁘구려."

이구는 머리를 조아려서 사례하며 말했다.

"이것은 신이 쓴 것이 아니라 신의 조카인 진류현위 이규가 쓴 것입니다."

황제가 조서를 내려 이규를 불렀는데, 당시 이규는 회원방(懷遠坊)에 있는 노씨(盧氏)에게 시집간 고모 집에 머물면서 그 집 자제를 통해서 자신을 부른다는 소식을 들었지만 감히 조정에 나아가지 못했다. 그는 황제의 뜻이 그를 발탁하기 위함이란 것을 알게되고서야 조정에 나갔다. 황제를 알현하자 황제는 곧 재상과 신하들에게 명해서 그의 문장을 시험해보도록 했다. 당시에 황문시랑(黃門侍郎)으로 있던 진씨(陳氏)가 「자사성로낭부(紫絲盛露囊賦)」, 「답토번서(答吐蕃書)」, 「대남월헌백작표(代南越獻白孔雀表)」의 제목 세 개를 내놓았다. 이규는 정오부터 저녁까지 세 편의 글을 모두 완성했는데, 글이 봉해지고 난 뒤에 다시 청했다.

"앞의 두 글은 여한이 없지만 마지막 한 편은 좀 의심스러운 곳이 있으니 상세히 봤으면 합니다."

봉함을 뜯어도 된다는 허락을 받게 되자 그는 봉함를 뜯고 8글자를 지웠으며 옆으로 두 구의 주를 단 연후에 진상했다. 다음날 이규는 좌습유에 제수되었다. 열흘 뒤 이규가 왕생이 준 봉서를 열어보니 세 편의 글이 모두 그 안에 있었으며 글자를 지우고 주를 적은 것도 역시 같았다. 그는 급히 수레를 명하여 선평방에 가서 왕생을 찾았지만 결국 그를 다시 만날 수 없었다. (『전정록』)

李相國揆以進士調集在京師, 聞宣平坊王生善易筮, 往問之. 王生每以五百文決一局, 而來者雲集, 自辰及酉, 不次而有空反者. 揆時持一縑晨往, 生爲之開卦曰: "君非文章之選乎? 當得河南道一尉." 揆負才華, 不宜爲此, 色悒忿而去. 王生曰: "君無怏怏. 自此數月, 當爲左拾遺, 前事固不可涯也." 揆怒未解, 生曰: "若果然, 幸一枉駕." 揆以書判不中第, 補汴州陳留尉. 始以王生之言有徵. 後詣之, 生於几下取一緘書, 可十數紙, 以授之曰: "君除拾遺, 可發此緘, 不爾當大咎." 揆藏之.

旣至陳留, 時採訪使倪若氷以揆才華族望, 留假府職. 會郡有事須上請, 擇與中朝通者, 無如揆, 乃請行. 開元中, 郡府上書姓李者, 皆先謁宗正. 時李璆爲宗長, 適遇上尊號, 揆旣謁璆, 璆素聞其才, 請爲表三通. 以次上之, 上召璆曰: "百官上表, 無如卿者. 朕甚嘉之." 璆頓首謝曰: "此非臣所爲, 是臣從子陳留尉揆所爲." 乃下詔召揆, 時揆寓宿於懷遠坊盧氏姑之舍, 子弟聞召, 且未敢出. 及知上意欲以推擇, 遂出. 旣見, 乃宣命宰臣試文詞. 時陳黃門爲題目三篇, 其一曰「紫絲盛露囊賦」, 二曰「答吐蕃書」, 三曰「代南越獻白孔雀表」. 揆自午及酉而成, 旣封, 請曰: "前二道無所遺限, 後一首或有所疑, 願得詳之." 及許拆其緘, 塗八字, 旁注兩句, 旣進. 翌日授左拾遺. 旬餘, 乃發王生之緘視之, 三篇皆在其中, 而塗注者亦如之. 遽命駕往宣平坊訪王生, 則竟不復見矣. (出『前定錄』)

150 · 9(1411)
도 소(道 昭)

영태연간(永泰年間: 765~766)에 스님 도소는 스스로 난주(蘭州)사람이며 속성(俗性)이 강씨(康氏)라고 했다. 그는 어려서 질병에 걸려 나을 수 없었는데, 문득 잠에서 깨어나 말했다.

"저승에서 선악에 보응을 내리는 것을 보았습니다."

그는 마침내 출가하여 태행산(太行山)에 40년간 머물면서 계율을 받들어 정심으로 수련했다. 그가 때때로 사람들에게 장래에 있을 일을 말하면 처음에는 은밀하여 뜻을 이해할 수 없었지만 나중에는 모두 분명히 사실로 드러났다. 한 번은 명경과(明經科)에 급제한 요막(姚邈)이라는 사람과 이름은 기억나지 않지만 조상의 음덕으로 벼슬자리에 오른 장씨(張氏) 성을 가진 두 손님이 찾아오자, 스님이 장씨에게 말했다.

"그대는 4가지 관직을 받을 것인데 삼가 범양(范陽)에서 녹봉을 먹지는 마시오. 4월 8일에 질병을 얻으면 고칠 수 없습니다."

다음으로 요막에게 말했다.

"그대에게 잠홀(簪笏: 관에 꽂는 비녀와 홀로 예복을 입은 관리를 가리킴)은 이롭지 않으나 만약 군대일에 종사할 수 있다면 30년 동안 폄적되지 않을 것입니다. 병에 걸리더라도 오랑캐에게 치료를 받아서는 안됩니다."

그 해에 장씨는 양주(襄州)와 등주(鄧州) 지방의 관직에 제수되었다. 그는 이후로 여러 차례 전임되었는데, 항상 남주(南州)지역의 관직을 구해서 모두 그 쪽을 다스리게 되었다. 나중에 다시 전임되었는데 과연 곡주(虢州)의 노씨현령(盧氏縣令)에 제수되었다가 부임한 지 이틀만에 죽었다. 그가 죽은 날은 과연 4월 8일 이었다. 나중에야 범양이 바로 노씨의 출신지임을 알게 되었다[당시 范陽 盧氏는 隴西 李氏, 太原 王氏, 滎陽 鄭氏, 清河 崔氏와 함께 五大 閥族이었음]. 요막은 후에 과거에 급제하지는 못하고 용주(容州)에서 지인을 따라 임시로 군수(軍守)를 맡으면서 30년 동안 중요한 직책을 역임했다. 후에 따로 첩을 맞이하기 위해 손님접대하는 사람을 구하다가 중병을 얻어서 황씨(黃氏) 노파의 약을 먹고 죽었다. 나중에 황씨의 집안내력을 찾아보니 통주(洞主: 蠻族의 首長)가 쫓아낸 여종으로서 바로 오랑캐 여인이었다. (『전정록』)

永泰中, 有沙門道昭, 自云蘭州人, 俗姓康氏. 少時因得疾不救, 忽寤云: "冥司見善惡報應之事," 遂出家, 住太行山四十年, 戒行精苦. 往往言人將來之事, 初若隱晦, 後皆明驗. 嘗有二客來, 一曰姚邈, 擧明經, 其二曰張氏, 以資廕, 不記名, 僧謂張曰: "君授官四政, 愼不可食祿范陽. 四月八日得疾, 當不可救." 次謂邈曰: "君不利簪笏, 如能從戎, 亦當三十年無乏. 有疾勿令胡人療之." 其年. 張授官於襄・鄧間. 後累選, 常求南州, 亦皆得之. 後又赴選, 果授虢州盧氏縣令, 到任兩日而卒. 卒之日, 果四月八日也. 後方悟范陽卽盧氏望也. 邈後擧不第, 從所知於容州, 假軍守之名, 三十年累轉右職. 後因別娶婦求爲儐者, 因得疾, 服嫗黃氏之藥而終. 後訪黃氏本末, 乃洞主所放出婢, 是胡女也. (出『前定錄』)

태평광기 6

Translation ⓒ 2002 by 김장환·이민숙 外
ⓒ HAKGOBANG Press Inc., 2002, Printed in Korea.

발행인/하운근
발행처/학고방
교정·편집/박분이·박정옥

첫 번째 찍은 날/2002. 3. 20.
첫 번째 펴낸 날/2002. 3. 30.

등록번호/제8-134호
서울시 은평구 대조동 222-3 우편번호 122-030
대표(02)353-9907 편집부(02)356-9903 팩시밀리 (02)386-8308

ISBN 89-87635-35-X 04820

http://www.hakgobang.co.kr
E·mail: hakgobang@chollian.net

값: 24,000원

파본은 교환해 드립니다.